Verhandlungen

des

Achtzehnten deutschen Juristentages.

Herausgegeben

von

dem Schriftführer-Amt der ständigen Deputation.

Zweiter Band.

Berlin 1887.

Commissions-Verlag von J. Guttentag.

(D. Collin.

Inhaltsverzeichniß.

Stenographische Berichte.

I.

Verzeichniß der Mitglieder

der

ständigen Deputation.

1886/87.

Nr.	Name.	Stand.	Wohnort.
1	Anschütz	Justizrath	Leipzig.
2	Becker	Landgerichtspräsident	Oldenburg i. Großh.
3	Dr. Brunner	Professor	Berlin.
4	Consbruch	Oberlandesgerichtspräsident, Geh. Oberjustizrath	Kassel.
5	Dr. Drechsler	Reichsger.-Senatspräsident	Leipzig.
6	Dr. Enneccerus	Professor	Marburg.
7	Dr. Heinsen	Rechtsanwalt	Hamburg.
8	Dr. Hiller	Professor und Regierungsrath	Czernowitz.
9	Hopmann	Landgerichtspräsident	Wiesbaden.
10	Dr. Jaques	Hof- und Gerichtsadvokat	Wien.
11	Kleiner	Landgerichtspräsident	Schweinfurt.
12	v. Köstlin	Oberlandesger.-Senatspräsid.	Stuttgart.
13	Makower	Justizrath	Berlin. (Schatzmeister.)
14	Dr. Mörschell	Advokat	Würzburg.
15	Petersen	Reichsgerichtsrath	Leipzig.
16	Stenglein	Reichsanwalt	Leipzig.
17	v. Stößer	Oberlandesger.-Senatspräsid.	Karlsruhe.
18	Thomsen	Oberlandesgerichtsrath	Stettin.
19	v. Wilmowski	Geh. Justizrath	Berlin. (Schriftführer.)

Dr. Gneist, Professor und Wirkl. Geheim. Oberjustizrath, Berlin, **Vorsitzender.**

II.

Statut

des

deutschen Juristentages.

§ 1.

Der Zweck des deutschen Juristentages ist: eine Vereinigung für den lebendigen Meinungsaustausch und den persönlichen Verkehr unter den deutschen Juristen zu bilden; auf den Gebieten des Privatrechts, des Prozesses und des Strafrechts den Forderungen nach einheitlicher Entwickelung immer größere Anerkennung zu verschaffen, die Hindernisse, welche dieser Entwickelung entgegenstehen, zu bezeichnen und sich über Vorschläge zu verständigen, welche geeignet sind, die Rechtseinheit zu fördern.

§ 2.

Der deutsche Juristentag tritt in der Regel alljährlich zusammen; doch ist die ständige Deputation ermächtigt, aus Gründen der Zweckmäßigkeit ausnahmsweise die Wiedereinberufung des Juristentages erst in dem auf dessen letzten Zusammentritt folgenden zweiten Kalenderjahre vorzunehmen.

§ 3.

Zur Mitgliedschaft berechtigt sind die deutschen Richter, Staatsanwälte, Advokaten und Notare, die Aspiranten des Richteramts, der Anwaltschaft und des Notariats, sowie Jeder, der nach seinen Landesgesetzen zum Richteramte, zur Anwaltschaft oder zur Ausübung des Notariats für befähigt erkannt ist, ferner die Lehrer an den deutschen Hochschulen, die Mitglieder der gelehrten Akademieen, die Doctoren der Rechte und die rechtsgelehrten Mitglieder der Verwaltungsbehörden.

§ 4.

Die Mitgliedschaft beginnt mit dem Empfange der Mitgliedskarte. Sie berechtigt zur Theilnahme an den Verhandlungen und an der Abstimmung.

§ 5.

Der Beitrag der Gesellschaftsmitglieder beträgt Sechs Mark jährlich und ist innerhalb vier Wochen nach Beginn des neuen Jahres zu entrichten, widrigenfalls derselbe durch Postvorschuß eingezogen wird. Nimmt ein Mitglied den mit Postvorschuß beschwerten Brief nicht an, so wird dies einer ausdrücklichen Austrittserklärung gleich erachtet. — Für die am Orte des Juristentages selbst zu lösende Anmeldungskarte sind Drei Mark zu entrichten.

§ 6.

Den Plenarverhandlungen des deutschen Juristentages gehen der Regel nach Abtheilungsberathungen voraus. Zu diesem Zwecke werden durch freiwillige Einzeichnungen der Mitglieder folgende vier Abtheilungen gebildet:

1) Abtheilung für Privatrecht, insbesondere Obligationen- und Pfandrecht, juristisches Studium und praktische Ausbildung.
2) Abtheilung für Handels-, Wechsel-, See- und internationales Recht.
3) Abtheilung für Strafrecht, Strafprozeß und Gefängnißwesen.
4) Abtheilung für Gerichtsverfassung und Civilprozeß.

Die Abtheilungen wählen ihre Vorsitzenden, Schriftführer, Berichterstatter und benachrichtigen den Vorsitzenden der Plenarversammlung (§ 7), sobald ihre Berathungen über einzelne Gegenstände geschlossen sind; ihre Anträge sind schriftlich zu fassen. In jeder Abtheilung stimmen nur Diejenigen mit, welche sich in die betreffende Abtheilung bereits eingezeichnet haben.

Sämmtliche Beschlüsse der Abtheilungen werden in der Plenarversammlung mitgetheilt. Es findet jedoch eine Erörterung und Entscheidung im Plenum nur dann statt, wenn dieselbe von der betreffenden Abtheilung vorgeschlagen, oder wenn sie von mindestens zehn Mitgliedern beantragt und von der Plenarversammlung beschlossen wird. Ueber die Vorfrage, ob dem von mindestens zehn Mitgliedern gestellten Antrage auf Plenarentscheidung stattzugeben, wird nur einem der Antragsteller und dem Berichterstatter das Wort ertheilt.

§ 7.

Die Verhandlungen der Plenarversammlung leitet ein Vorsitzender, welcher für die Dauer eines jeden Juristentages in der ersten Plenarversammlung durch Stimmzettel oder Acclamation gewählt wird. Derselbe benennt zwei bis vier Stellvertreter und vier Schriftführer. Er bestimmt die Tagesordnung und kann einzelne Gegenstände, ohne Vorberathung in den Abtheilungen (§ 6), unmittelbar zur Plenarberathung stellen. Auch ist er befugt, Nichtmitglieder als Zuhörer zuzulassen.

§ 8.

Bei allen Beschlüssen der Plenarversammlung und der Abtheilungen entscheidet einfache Majorität der anwesenden Mitglieder, bei allen Wahlen relative Majorität und im Falle der Stimmengleichheit das Loos.

§ 9.

Wird Schluß der Debatte beantragt, so wird über diesen Antrag sofort abgestimmt. In der Plenarversammlung sind alle Anträge mit Ausnahme des Antrages auf Schluß der Debatte schriftlich zu stellen.

§ 10.

Vor dem Schlusse eines jeden Juristentages wird von der Plenarversammlung durch Acclamation oder in einem einzigen Scrutinium durch Stimmzettel eine aus neunzehn Mitgliedern und dem Präsidenten des letzten Juristentages als Ehrenpräsidenten bestehende ständige Deputation gewählt. Die Liste der zur Acclamation vorzuschlagenden Personen wird durch den Präsidenten der Plenarversammlung, seine Stellvertreter und je zehn von jeder Abtheilung gewählte Vertrauensmänner gemeinschaftlich festgestellt.

Die ständige Deputation hat folgende Befugnisse und Obliegenheiten:

1) sie sorgt für die Ausführung der von dem Juristentage gefaßten Beschlüsse, veranlaßt nach eignem Ermessen den Druck der Protokolle und Vorlagen, bewirkt die Vertheilung der Drucksachen an die Mitglieder und verwahrt alle Akten und Schriftstücke des Juristentages;
2) sie bestimmt Zeit und Ort des nächsten Juristentages, trifft die für denselben nöthigen Vorbereitungen, erläßt die Einladungen, stellt die vorläufige Tagesordnung auf, wobei sie in der Regel nur die bis zum 31. Mai des laufenden Jahres eingegangenen Vorlagen zu berücksichtigen hat, und bereitet Abänderungsvorschläge in Betreff der Geschäftsordnung für die Plenarversammlung vor;
3) sie nimmt die Beitrittserklärungen neuer Mitglieder entgegen, fertigt die Mitgliedskarten aus, empfängt die Beiträge, bestreitet die Ausgaben und legt der folgenden Deputation Rechnung;
4) sie ergänzt sich selbst, falls eins oder mehrere Mitglieder während des Geschäftsjahres ausscheiden.

Die Deputation wählt aus ihrer Mitte einen Vorsitzenden, einen Schriftführer, welcher ein von der Deputation festzusetzendes Pauschquantum für baare Auslagen erhält, und einen Kassirer. Der letztere ist verpflichtet, der ständigen Deputation bei ihrem jedesmaligen Zusammentritt einen Kassenabschluß vorzulegen. Die Deputation läßt durch eines oder mehrere ihrer Mitglieder die Rechnung prüfen und die Kasse revidiren.

Die Deputation bestimmt Ort und Zeit ihrer Zusammenkunft. Zur Gültigkeit ihrer Beschlüsse ist die Einladung sämmtlicher Mitglieder, sowie die Mitwirkung von wenigstens fünf Mitgliedern erforderlich.

§ 11.

Abänderungen dieses Statuts können zwar von der Plenarversammlung durch einfache Stimmenmehrheit, jedoch nur auf schriftlichen Antrag, der vier Wochen vor dem Zusammentritt des Juristentages der ständigen Deputation (§ 10) überreicht worden, beschlossen werden.

III.

Alphabetisches Verzeichniß

derjenigen

Mitglieder des deutschen Juristentages

welche

dem Verein im Jahre 1886 angehören.

Name.	Stand.	Wohnort.
Abel	Justizrath	Hannover.
Abesser	Amtsgerichtsrath	Kamburg a. d. Saale.
Ackermann, Max	Rechtsanwalt und Notar	Berlin.
Ackermann, Fr.	Landgerichtsdirektor	Dessau.
Ackermann	Geheimer Hofrath	Dresden.
Adams	Justizrath	Koblenz.
Ade	Rechtsanwalt	Schw. Hall.
Adickes	Amtsrichter	Neuhaus a. O.
Adler	Rechtsanwalt	Stuttgart.
Dr. Aegidi	Prof., Geh. Legationsrath z. D.	Berlin.
Mosig v. Aehrenfeld	Rechtsanwalt	Löbau (Sachsen).
Dr. Alberti	Rechtsanwalt	Wiesbaden.
Dr. Albrecht	Oberlandesgerichtspräsident	Frankfurt a. M.
Albrecht	Landgerichtsrath	Prenzlau.
Alexander, Mor.	Landrichter	Braunsberg i. Ostpr.
Alfken	Oberlandesgerichtsrath	Oldenburg (Großherzogth.).
Alster, G.	Justizrath	Kassel.
Dr. Althoff, Friedr.	Geheimer Regierungsrath	Berlin.
Amann	Landgerichtspräsident	Mosbach (Baden).
Dr. André	Oberbürgermeister	Chemnitz (Sachsen).
Angelbeck	Obergerichtsanwalt	Lüneburg.
Anschütz	Justizrath	Leipzig.
Anz	Justizrath	Essen a. d. Ruhr.
Dr. Apelt	Regierungsrath	Zwickau (Sachsen).
Dr. Arndt, C.	Oberlandesgerichtsrath	Hamburg.

Name.	Stand.	Wohnort.
Arndts	Justizrath	Berlin.
Arndts	Justizrath	Leipzig.
Dr. Aronheim	Rechtsanwalt	Braunschweig.
Dr. Aschrott	Gerichtsassessor	Berlin.
Asemißen	Rechtsanwalt	Detmold.
v. Auer	Advokat	München.
Bachelin	Landgerichtspräsident	Offenburg (Baden).
Bacher	Rechtsanwalt	Stuttgart.
Bachmann	Kreisrichter	Bielefeld.
Bader	Rechtsanwalt	Stuttgart.
Baist	Amtsgerichtsrath	Rinteln.
Bandmann, C. E.	Dr. iur.	Hamburg.
Dr. von Bar	Geh. Justizrath, Professor	Göttingen.
Dr. Baer, M.	Rechtsanwalt	Frankfurt a. M.
Bardeleben	Geheimer Ober-Justizrath	Berlin.
Dr. Bartels	Notar	Hamburg.
Bartels	Oberstaatsanwalt	Kassel.
Bartolomaeus	Landgerichtsdirektor	Breslau.
Dr. Bartsch	Rechtsanwalt	Konstantinopel.
Bärwinkel	Justizrath	Arnstadt.
Bärwinkel, Emil	Justizrath	Leipzig.
Dr. de Bary, E.	Rechtsanwalt	Frankfurt a. Main.
v. Basedow	Rechtsanwalt	Dessau.
Bauer	Landgerichtsrath	Berlin.
Bauer	Rechtsanwalt	Höchst a. Main.
Bauer	Landgerichtsrath	Konstanz.
Baunacke, Rob.	Rechtsanwalt	Pegau (Sachsen).
Baustaedt	Konsistorialrath	Stade.
Freiherr v. Beaulieu-Markonnay	Oberlandesgerichtspräsident	Oldenburg (Großherzogth.).
Beck, Kurt	Rechtsanwalt	Leipzig.
Beck, Hugo	Referendar	Leipzig.
Beck	Landgerichtsrath	Stuttgart.
Becker	Landgerichtspräsident	Oldenburg (Großherzogth.).
Dr. Beckh, Herm.	Rechtsanwalt	Nürnberg.
van Beeck	Amtsrichter	Wehen.
Dr. Behagel	Professor, Hofrath	Freiburg (Baden).
Dr. Behrend	Professor	Breslau.
Behrnauer	Landgerichtsdirektor	Zwickau (Sachsen).
Beiersdorf	Rechtsanwalt	Lauban.
Beisert	Kreisgerichtsdirektor a. D.	Berlin.
Beleites, Alb.	Oberlandesgerichtsrath	Celle.

Name.	Stand.	Wohnort.
Dr. Belmonte	Advokat	Hamburg.
Belser	Oberamtsrichter	Leonberg (Württemberg).
Dr. Benedix	Staatsanwalt	Ratibor.
Bensey	Obergerichtsanwalt	Hannover.
Dr. Berend	Rechtsanwalt	Hannover.
Berentzen	Justizrath	Osnabrück.
Dr. Bergas	Rechtsanwalt	Wiesbaden.
Berger, Jul.	Rechtsanwalt	Leipzig.
Berghofer	Advokat	München.
Bergold	Landgerichtsrath	Würzburg.
Bering, Rud.	Regierungsrath	Hannover.
Berlein	Rechtsanwalt	Rotenburg a. d. Fulda.
Dr. Berlin, H.	Amtsrichter	Nürnberg.
Dr. Berlin, Max	Landgerichtsrath	Nürnberg.
Bernert	Bürgermeister	Ratibor.
Dr. Bernhöft	Professor	Rostock (Mecklenburg).
Bernstein, E.	Dr. iur.	Berlin.
v. Bernuth	Staatsminister a. D.	Berlin.
Dr. Berolzheimer	Rechtsanwalt	Nürnberg.
Bertram	Erster Staatsanwalt	Marburg (Hessen).
Dr. Bertram	Appellationsgerichts-Vizepräsident a. D.	Wiesbaden.
Beschorner	Geheimer Hofrath	Dresden.
Dr. Beschütz	Sekretär d. Oberlandesgerichts	Hamburg.
Dr. Beseler	Geh. Justizrath, Professor	Berlin.
Dr. Beseler	Landgerichtsdirektor	Düsseldorf.
Beutler	Rechtsanwalt	Reichenbach.
Dr. Bielenberg	Rechtsanwalt	Hamburg.
Dr. Bierling	Professor	Greifswald.
Bierwirth	Landgerichtsrath	Verden (Hannover).
Dr. von Binder	Wirklicher Staatsrath	Stuttgart.
Dr. von Bingner	Senatspräsident	Leipzig.
Birkenbihl	Amtsgerichtsrath	Wiesbaden.
Dr. Birkmeyer	Professor	Schwabing b. München.
Dr. Blum, Hans	Rechtsanwalt	Leipzig.
Blume	Staatsanwalt	Hildesheim (Hannover).
Blumenbach	Landgerichtsdirektor	Altona.
Dr. Bockenheimer	Landgerichtsrath	Mainz.
Bödcher	Oberbürgermeister	Halberstadt.
Dr. Bohlmann, Otto	Justizrath	Leipzig.
Böhmer	Rechtsanwalt	Verden (Hannover).
Böhr, Rich.	Amtsgerichtsrath	Erfurt.

Name.	Stand.	Wohnort.
Dr. Boisselier, Th.	Reichsgerichtsrath	Leipzig.
Bojunga	Rechtsanwalt	Hannover.
Bölte	Rechtsanwalt	Grevesmühlen (Mecklenbg.)
Bolza	Notar	Landau (Pfalz).
Bong-Schmidt	Geheimer Justizrath	Flensburg.
Bonhard	Landgerichtsrath	Darmstadt.
Bönner	Rechtsanwalt	Siegen.
Dr. v. Bönninghausen	Advokat	Hamburg.
Dr. Borchardt, Oskar	Assessor	Berlin.
Borchers	Justizrath	Celle.
Bösche	Advokat	Leer (Hannover).
Dr. de Boselli	Amtsgerichtsrath	Frankfurt a. M.
Bossert	Erster Staatsanwalt	Kaiserslautern.
Bothführ, H. J.	Bürgermeister	Riga.
Dr. Böttcher	Rechtsanwalt	Weimar.
Boyens	Rechtsanwalt	Stettin.
Boysen	Landgerichtsdirektor	Hanau.
Dr. Brackenhöft	Rechtsanwalt	Hamburg.
Braikmann	Syndikus	Stade.
Bramigk	Justizrath	Köthen (Anhalt).
Bramm	Bürgermeister	Gießen.
Brandis	Amtsrichter	Schöppenstedt.
Brauer	Justizrath	Berlin.
Braun	Advokat	Augsburg.
Braun	Oberkonsistorialrath	Berlin.
von Braun	Oberamtsrichter	Karlsruhe (Baden).
Dr. Braun, Karl	Justizrath	Leipzig.
Braunbehrens	Oberlandesgerichtsrath	Celle.
Breede	Rechtsanwalt	Wandsbeck.
Bregenzer	Landrichter	Schw. Hall.
Breithaupt	Rechtsanwalt	Göttingen.
Breittung	Rechtsanwalt	Schweinfurt.
Breyer	Oberamtsrichter	Eltmann a. Main.
Broda, Gustav	Rechtsanwalt	Leipzig.
Brown	Landgerichtsrath	Berlin.
Dr. Bruch, Ludw.	Rechtsanwalt	Mainz.
Dr. Brück	Justizrath	Wiesbaden.
Dr. Brüger, Karl	Oberlandesgerichtspräsident	Jena.
Brügmann	Kreisgerichtsrath a. D.	Wiesbaden.
Brümmer	Senator	Rostock i. Mecklenburg.
Dr. Brunner, H.	Professor	Berlin.
Brunner	Justizrath	Gudensberg.

Name.	Stand.	Wohnort.
Brüstle	Rechtsanwalt	Ludwigsburg.
Buch	Rechnungsrath	Karlsruhe (Baden).
Bücher	Kreisgerichtsrath a. D.	Wiesbaden.
Dr. Buchheister	Richter	Hamburg.
Buchholtz	Landgerichtspräsident	Stade.
Buff	Reichsgerichtsrath	Leipzig.
Bülau, Ernst	Rechtsanwalt	Zwickau (Sachsen).
Bunsen, Friedr.	Amtsrichter	Rostock (Mecklenburg).
Burchardi	Amtsgerichtsrath	Glückstadt.
Busch, Ed.	Rechtsanwalt	M. Gladbach.
Bussenius	Justizrath	Leipzig.
Büstorff	Oberlandesgerichtsrath	Kassel.
Buttel	Bürgermeister	Neustrelitz.
Buttmann	Landgerichtsdirektor	Berlin.
Büttner, Kurt	Landgerichtsrath	Leipzig.
Dr. Cadenbach	Oberlandesgerichtsrath	Karlsruhe (Baden).
Callomon, Hugo	Rechtsanwalt	Breslau.
Cappell	Landgerichtsdirektor	Paderborn.
Cäsar	Justizrath	Frankfurt a. Main.
Cäsar	Regierungsrath	Wiesbaden.
Dr. Caspari, F.	Rechtsanwalt	Frankfurt a. Main.
Caspari, A.	Rechtsanwalt	Kassel.
Castagne, W.	Justizrath	Kiel.
Dr. von Chelius	Landgerichtsrath	Karlsruhe (Baden).
Christensen	Amtsgerichtsrath	Flensburg.
Clauß	Rechtsanwalt	Straßburg i. Els.
Clüsener	Rechtsanwalt	Detmold.
Dr. Cnyrim	Rechtsanwalt	Frankfurt a. Main.
Dr. Cohen, J.	Oberlandesgerichtsanwalt	Hamburg.
Dr. Cohen, M.	Advokat	Hamburg.
Dr. Cohn, Ludw.	Rechtsanwalt	Breslau.
Dr. Cohn	Professor	Heidelberg.
Cohn	Rechtsanwalt	Neustrelitz.
v. Cöllen	Rechtsanwalt	Köln a. Rhein.
Consbruch	Geh. Oberjustizrath, Präsident	Kassel.
Consbruch	Gerichtsassessor	Kassel.
Dr. Cosack	Professor	Berlin.
Coester, Karl	Amtsrichter	Brilon.
Courtin	Landgerichtsrath	Freiburg (Baden).
Creutzberger	Rechtsanwalt	Grünberg (Schlesien).
Cunow	Rechtsanwalt	Potsdam.
Dalcke	Oberstaatsanwalt	Marienwerder (Westpreußen).

Name.	Stand.	Wohnort.
Dann, Rud.	Notar	Stuttgart.
Dr. Darmstädter	Rechtsanwalt	Mannheim.
Dr. Daude	Universitätsrichter	Berlin.
Daudistel	Rechtsanwalt	Mainz.
Dauenhauer	Oberamtsrichter	Kaiserslautern.
Daumer	Amtsrichter	Ellwangen.
David, Cornelius	Rechtsanwalt	Frankenthal (Bayern).
Davidsohn, E.	Rechtsanwalt	Offenbach a. M.
v. d. Decken	Landgerichtspräsident	Verden (Hannover).
Deecke	Amtsrichter	Stadtoldendorf.
Deegen	Kammergerichtsrath	Berlin.
Dr. von Degenkolb	Professor	Tübingen.
Degner, Alfr.	Senatspräsident	Dresden.
Denso	Landrichter	Berlin.
Dr. Dernburg	Geh. Justizrath, Professor	Berlin.
Detmold	Landrichter	Celle.
Dettmar, H.	Justizrath	Hildesheim (Hannover).
Deumling	Amtsrichter	Paderborn.
Dr. Dickel	Amtsrichter	Berlin.
Dr. Diehl, Th.	Rechtsanwalt und Notar	Frankfurt a. Main.
Dierry	Rechtsanwalt	Gießen.
Diße	Justizrath	Münster (Westfalen).
Dr. Dittmar	Rechtsanwalt	Gießen.
Dr. Dittmar	Justizrath	Meiningen.
Döffinger	Landrichter	Altenburg (Sachs. Altenburg).
Dohrn, Eugen	Rechtsanwalt	Itzehoe.
Dölitzsch, Arthur	Rechtsanwalt	Altenburg (Sachs. Altenburg).
Dorn	Geheimer Justizrath	Leipzig.
Dorn, Rich.	Assessor	St. Johann (Saar).
Dorner	Ministerialrath	Karlsruhe (Baden).
Dorner, Christ.	Rechtsanwalt	Mosbach (Baden).
Dornseiff	Rechtsanwalt	Gießen.
Dose, Wolf	Rechtsanwalt	Neustadt (Holstein).
Dove, Heinr.	Landrichter	Frankfurt a. Main.
Dr. Drechsler	Senatspräsident	Leipzig.
Dr. Dreyer	Reichsgerichtsrath	Leipzig.
Dr. Drucker, M.	Rechtsanwalt	Leipzig.
Düesberg	Justizrath	Bochum.
Dürbig, Alfred	Rechtspraktikant	Schweinfurt.
Dürr	Advokat	München.
Dürrschmidt, Heinr.	Reichsgerichtsrath	Leipzig.
Dursy	Ministerialrath	Straßburg (Elsaß).

Name.	Stand.	Wohnort.
Ebel, Ludw.	Amtsrichter	Waldmichelbach i. Odenwald.
Ebel	Rechtsanwalt	Wiesbaden.
Eberhard	Justizrath	Hanau.
Eberlein	Oberamtsrichter	Forchheim (Bayern).
Dr. Ebner	Rechtsanwalt	Frankfurt a. Main.
Ebner	Staatsanwalt	Tübingen.
Ebner	Rechtsanwalt	Ulm.
Dr. Eck	Professor	Berlin.
v. Eck	Justizrath	Wiesbaden.
Dr. Eckels	Stadtsyndikus	Einbeck.
Eckhard, Karl	Bankdirektor	Mannheim.
Dr. Eckhardt	Oberlandesgerichtsrath a. D.	Frankfurt a. Main.
Dr. Eckstein	Rechtsanwalt	Leipzig.
Ehlers, Ulrich	Rechtsanwalt	Rostock (Mecklenburg).
Ehrenfried	Amtsrichter	Dettelbach.
Eichenmüller, H.	Oberamtsrichter	Schweinfurt.
Eigenbrodt	Oberamtsrichter	Rheinheim (Amt Waldshut).
Eisen	Landgerichtsrath	Freiburg (Baden).
Eißner	Rechtsanwalt	Pulsnitz (Sachsen).
Ekert	Geheimrath, Direktor	Freiburg (Baden).
Dr. Elder	Oberamtsrichter	Lübeck.
Eller	Amtsrichter	Gartz a. d. Oder.
Elsperger	Oberlandesgerichtsrath	Nürnberg.
Elven	Justizrath	Köln a. Rhein.
Dr. Elster	Professor	Königsberg (Preußen).
Elze	Rechtsanwalt	Halle a. d. Saale.
Dr. Emden, Ed.	Rechtsanwalt	Frankfurt a. Main.
Emmerling	Amtsrichter	Kissingen.
am Ende	Landgerichtsdirektor	Wiesbaden.
Enderlein	Rechtsanwalt	Ansbach.
Endres	Rechtsanwalt	Schweinfurt.
Dr. Engel, Max	Assessor	Rüdesheim (Rhein).
Engel, J.	Landgerichtsdirektor	Hamburg.
Engels	Justizrath	Potsdam.
Dr. Enneccerus	Professor	Marburg (Hessen).
Dr. Enzmann	Rechtsanwalt	Chemnitz (Sachsen).
Erler	Justizrath	Leipzig.
Erythropel	Rechtsanwalt	Leipzig.
v. Eschstruth	Landrichter	Wiesbaden.
Eßl	Obersthofmarschallstabskassir.	München.
Evers	Justizrath	Celle.
Eysoldt	Rechtsanwalt	Dresden.

Name.	Stand.	Wohnort.
Faas	Rechtsanwalt	Mannheim.
Dr. von Faber	Wirkl. Geheimrath, Staatsminister	Stuttgart.
Dr. Fabricius	Landgerichtsrath	Frankfurt a. Main.
Dr. Falker	Rechtsanwalt	Mainz.
Faßbender	Amtsgerichtsrath	Wiesbaden.
Faul	Rechtsanwalt	Ellwangen.
Dr. von Fäustle	Staatsminister der Justiz	München.
Fechner	Landgerichtsrath	Frankfurt a. Main.
Fechner	Justizrath	Hamm (Westfalen).
Feder	Anwalt	Mannheim.
Dr. Antoine-Feill	Rechtsanwalt	Hamburg.
Dr. Fels, Gustav	Justizrath	Leipzig.
Feudel	Amtsrichter	Hilchenbach (Westfalen).
Fenner	Justizrath	Leipzig.
Ferber	Rechtsanwalt	Danzig.
Dr. Fester, Adolf	Rechtsanwalt	Frankfurt a. Main.
Fey, Karl	Notar	Dettelbach.
Ficker	Rechtsanwalt	Leisnig.
Dr. Fiebiger	Rechtsanwalt	Leipzig.
Dr. Finger	Staatsminister	Darmstadt.
Fischer	Bürgermeister	Augsburg.
Dr. Fischer	Professor	Greifswald.
Fischer, J. J.	Justizrath	Köln a. Rhein.
Fischer	Landgerichtsrath	Wiesbaden.
Flechsig	Advokat	Zwickau (Sachsen).
Dr. Fleischauer	Senatspräsident	Leipzig.
von Flembach	Oberappellationsgerichtsrath	München.
Forkel, Fr.	Geheimer Justizrath	Koburg.
Förster	Amtsrichter	Lyck (Ostpreußen).
Dr. Fösser	Rechtsanwalt	Frankfurt a. Main.
Francke	Amtsgerichtsrath	Alfeld (Hannover).
Dr. Francke	Appellationsgerichtspräsident a. D.	Celle.
Frank	Kreisgerichtsrath	Frankfurt a. Oder.
Frank	Amtsgerichtsrath	Langfuhr bei Danzig.
Frankenburger	Rechtsanwalt	Nürnberg.
Frauenholz	Notar	Rothenburg a. d. Tauber.
Freege	Staatsanwalt	Potsdam.
Freiesleben	Rechtsanwalt	Heidenheim (Württemberg).
Frenckel	Rechtsanwalt	Kaiserslautern.
Frenkel	Justizrath	Leipzig.

Name.	Stand.	Wohnort.
Dr. Freudenthal	Rechtsanwalt	Würzburg.
Freund	Justizrath	Breslau.
Frey	Rechtsanwalt	Wiesbaden.
Freytag, Bernh.	Rechtsanwalt	Leipzig.
Freytag, Otto, Emil	Rechtsanwalt	Leipzig.
Dr. Friedberg	Justizminister	Berlin.
Dr. Friedberg	Geh. Hofrath, Professor	Leipzig.
Dr. Friedenthal	Staatsminister	Berlin.
Friedländer, Emil	Justizrath	Bielefeld.
Friedländer	Amtsrichter	Wongrowitz.
Dr. Friedleben, Fritz	Rechtsanwalt	Frankfurt a. Main.
Dr. Friedmann, F.	Rechtsanwalt	Berlin.
Friedmann, Isidor	Rechtsanwalt	Glogau.
Frieß	Rechtsanwalt	Kassel.
Fritsch	Landgerichtsrath	Görlitz.
Fromherz	Anwalt	Freiburg (Baden).
Dr. Fuchs	Prof., Oberlandesgerichtsrath	Jena.
Fuchs	Landgerichtsrath	Wiesbaden.
Frhr. v. Fuchs, Otto	Landgerichtsrath	Würzburg.
Dr. Fuld, L.	Justizrath	Frankfurt a. Main.
Dr. Fuld, L.	Rechtsanwalt	Mainz.
Funke	Richter	Bremerhaven.
Fürst, Alex	Anwalt	Heidelberg.
Gabler	Justizrath	Altenburg (Sachs. Altenburg).
Dr. Gädertz	Erster Oberbeamter des Stadt- und Landamtes	Lübeck.
Gättens	Amtsrichter	Hagenow (Mecklenburg).
Dr. Gaupp	Landgerichtsrath	Tübingen.
Dr. Gebhard	Ministerialrath	Berlin.
Gebhard	Amtsrichter	Gießen.
Gebhard	Erster Staatsanwalt	Straubing.
Dr. Geiger, B.	Rechtsanwalt	Frankfurt a. Main.
Geißmar, Joseph	Rechtsanwalt	Mannheim.
Dr. Gentzsch	Rechtsanwalt	Leipzig.
Genzmer, A.	Justizrath	Halberstadt.
Dr. Georgii	Landgerichtsrath	Stuttgart.
Gerhard, Otto	Rechtsanwalt	Braunschweig.
Gervinus	Rechtsanwalt	Kassel.
Gesenius	Direktor des Pfandbriefamtes	Berlin.
Dr. Getz	Justizrath	Frankfurt a. Main.
Geyer, Otto	Landrichter	Schorndorf (Württemberg).
Geyler, Ernst	Oberamtsrichter	Reichenbach (Voigtland).

Name.	Stand.	Wohnort.
Dr. Gierke	Professor	Heidelberg.
Dr. Gieschen, Heinr.	Rechtsanwalt	Hamburg.
Dr. Giese, Th.	Amtsrichter	Leisnig.
Dr. Giese	Bürgermeister	Rostock (Mecklenburg).
Giller	Justizrath	Nikolai.
Dr. Gilmer	Landgerichtsrath	Gießen.
Dr. Gitzler	Professor	Breslau.
Glasewald	Amtsgerichtsrath	Naumburg a. d. Saale.
Dr. Glöckner	Rechtsanwalt	Frankfurt a. Main.
Dr. Gneist	Professor, Oberverwaltungsgerichtsrath	Berlin.
Dr. v. Gohren	Rechtsanwalt	Schandau.
Dr. Goldschmidt	Geh. Justizrath, Professor	Berlin.
Dr. Goldschmidt	Rechtsanwalt	Berlin.
Dr. Gordan, F.	Staatsanwalt	Frankfurt a. Main.
Goering	Rechtsanwalt	Jena.
Goering	Rechtsanwalt	Stolp (Pommern).
Dr. Gorius	Rechtsanwalt	Köln.
Görlitz	Obergerichtsanwalt	Birkenfeld(Rhein-Oldenburg).
Görz	Oberlandesgerichtspräsident	Darmstadt.
Görz	Rechtsanwalt	Mainz.
Gotthard	Justizrath	Braunschweig.
Gotthelf	Advokat	München.
Götting, Karl	Justizrath	Hildesheim (Hannover).
Gottschalck, H. W. F.	Rechtsanwalt	Dresden.
Gottschalk	Kammergerichtsrath	Berlin.
Götz, Heinr.	Rechtsanwalt	Leipzig.
Dr. Gradenwitz	Privatdozent	Berlin.
Graf, Ed.	Notar	München.
Gräfe	Senatspräsident	Naumburg a. d. Saale.
Gräff	Rechtsanwalt	Koblenz.
Gralow, Ferd.	Amtsrichter	Polzin.
Gräper	Obergerichtsrath	Varel (Oldenburg).
Graßhoff	Landgerichtsrath	Göttingen.
Gräßner	Rechtsanwalt	Magdeburg.
Dr. von Grävenitz	Reichsgerichtsrath a. D.	Leipzig.
Grimm	Rechtsanwalt	Glauchau.
Dr. Grimm	Justizrath	Marburg (Hessen).
Grimm, Franz	Notar	München.
Grimm	Landesrath	Wiesbaden.
Gropp	Geheimer Justizrath	Hannover.
Groß	Rechtsanwalt	Mergentheim.

Name.	Stand.	Wohnort.
Freiherr Dr. v. Groß	Geheimer Staatsrath	Weimar.
Frhr. Groß v. Trockau	Landgerichtsrath	Würzburg.
Große	Rechtsanwalt	Hohenstein-Ernstthal.
Dr. Großmann	Justizrath	Wiesbaden.
Groth	Rechtsanwalt	Schwerin (Mecklenburg).
Gruner	Justizrath	Weimar.
Gülde	Rechtsanwalt	Rochlitz.
Dr. Gundermann	Rechtsanwalt	München.
Gunzenhäuser	Advokat	Fürth (Bayern).
Dr. Güterbock	Geh. Justizrath, Professor	Königsberg (Preußen).
Gutfleisch	Rechtsanwalt	Gießen.
Guth	Rechtsanwalt	Hof (Bayern).
Haas	Amtsrichter	Frankfurt a. Main.
Haberland	Landgerichtsrath	Holzminden.
Dr. Haeberlin	Rechtsanwalt	Frankfurt a. Main.
Hagedorn	Referendar	Kassel.
Hagemann II.	Landgerichtsdirektor	Hannover.
v. Hallberger	Obertribunalsrath	Stuttgart.
Hallwachs, L.	Geheimrath	Darmstadt.
Dr. Hambrook	Reichsgerichtsrath	Leipzig.
Dr. Hamburger	Justizrath	Frankfurt a. Main.
Hamburger, Jul.	Rechtsanwalt	Hanau.
Hammacher	Dr. iur.	Berlin.
Hammer	Rechtsanwalt	Chemnitz (Sachsen).
Hänel, Arthur	Rechtsanwalt	Dresden.
Hänle, J.	Rechtsanwalt	Ansbach.
Hanssen	Regierungsrath	Altona.
Dr. Harburger	Privatdozent	München.
Harder, H.	Gerichtsassessor	Wiesbaden.
Dr. Hardmuth	Gerichtsassessor	Ehrenbreitstein.
v. Harlessem	Justizrath	Hannover.
Dr. Harmening	Rechtsanwalt	Jena.
Harseim	Geheimer Kriegsrath	Berlin.
Harth, Leop.	Gerichtsvollzieher	Würzburg.
Hartmann, Bernhard	Rechtsanwalt	Nürnberg.
Dr. Hartmann, K. A.	Erster Staatsanwalt	Plauen (Voigtland).
Hartung	Senator	Waren (Mecklenburg).
Hase, Otto	Justizrath	Altenburg (Sachs. Altenburg).
Hattenbach	Oberlandesgerichtsrath	Oldenburg (Großherzogth.).
Hauck	Rechtsanwalt	Frankfurt a. Main.
Hauschild	Justizrath	Ronneburg.
Häusler	Justizrath	Braunschweig.

Name.	Stand.	Wohnort.
Haußmann	Erster Staatsanwalt	Heilbronn.
Hebel, Wilhelm	Bezirksamtmann	Scheinfeld.
Hebting	Ministerialrath	Freiburg (Baden).
Hecht, Max	Rechtsanwalt	Frankenthal (Bayern).
Dr. Hecht	Bankdirektor	Mannheim.
Heck	Gerichtsassessor	Frankfurt a. Main.
Hecke	Justizrath	Breslau.
Hecker, Georg	Rechtsanwalt	Dresden.
Hecker	Oberstaatsanwalt	Naumburg a. d. Saale.
Dr. Heilbluth	Rechtsanwalt	Hamburg.
Heilborn	Justizrath	Berlin.
Heilpern, S.	Rechtsanwalt	Leipzig.
Heim, Michael	Rechtsanwalt	Würzburg.
Dr. Heimsöth	Geheimer Ober-Justizrath, Präsident	Cöln a. Rhein.
Dr. Heink, P. Fr.	Advokat	Zürich.
Dr. Heinsen	Rechtsanwalt	Hamburg.
Heinsheimer	Oberlandesgerichtsrath	Karlsruhe (Baden).
Heintzmann	Landgerichtsrath	Dortmund.
Heinzemann	Erster Staatsanwalt	Limburg a. d. Lahn.
Heller, Michael	Notar	Kissingen.
Hellmann	Landrichter	Essen a. d. Ruhr.
Dr. Hellmann, Friedr.	Rechtsanwalt	München.
Dr. Hempel, C.	Rechtsanwalt	Zwickau (Sachsen).
Hemptenmacher	Justizrath	Wanzleben.
Hendrichs	Rechtsanwalt	Köln.
Dr. Ritter v. Henle, S.	Hofrath	München.
Dr. Henning	Rechtsanwalt	Greiz.
Hentschel, Oskar	Amtsgerichtsassessor	Leipzig.
Hentschel, Mor.	Rechtsanwalt	Leipzig.
Hermes	Bürgermeister	Röbel (Mecklenburg).
Herr	Rechtsanwalt	Köslin.
Hertz	Geheimer Oberjustizrath	Berlin.
Dr. Hertz, G.	Oberlandesgerichtsrath	Hamburg.
Dr. Herz	Rechtsanwalt	Mannheim.
Dr. Herz	Justizrath	Wiesbaden.
Herzfeld	Justizrath	Halle a. d. Saale.
Herzfeld II.	Rechtsanwalt	Halle a. d. Saale.
Herzog	Oberstaatsanwalt	Braunschweig.
Dr. Hesdörffer	Rechtsanwalt	Frankfurt a. Main.
Dr. Hesekiel	Amtsgerichtsrath	Berlin.
Heß, Jakob	Rechtsanwalt	Ulm a. Donau.

Name.	Stand.	Wohnort.
Heß	Bürgermeister	Wiesbaden.
Hetzer	Landgerichtsdirektor	Stettin.
Heubner	Stadtrath a.D., Rechtsanwalt	Zwickau (Sachsen).
Heuser	Rechtsanwalt	Bückeburg.
Heuser	Gerichtsassessor	Wiesbaden.
van der Heyde	Rechtsanwalt	Rüdesheim.
Dr. Heyden, C.	Syndikus u. Herausgeber der volkswirthschaftlichen Zeitschrift „die Spaarkasse"	Lindengut bei Essen a. d. Ruhr.
Heymann	Rechtsanwalt	Altona.
Dr. Heymann, S.	Rechtsanwalt	Hamburg.
Dr. Hick	Amtsrichter	Wiesloch (Baden).
Hilf	Justizrath	Limburg a. d. Lahn.
Hilpert	Rechtsanwalt	Nürnberg.
Dr. Hilse, Benno	Kreisgerichtsrath a. D., Syndikus	Berlin.
Dr. Hilse, Karl	Syndikus und Rechtslehrer	Berlin.
Dr. Hinschius	Geh. Justizrath, Professor	Berlin.
Dr. Hirl	Bezirksgerichtsrath a. D.	München.
Dr. Hirsch	Rechtsanwalt	Frankfurt a. Main.
Hirsch	Rechtsanwalt	Kassel.
Dr. Hirschfeld	Referendar	Berlin.
Hirschhorn	Rechtsanwalt	Gießen.
Hirschmann	Rechtsanwalt	Schw. Hall.
Hochbaum	Justizrath	Eisleben.
Hochstetter	Oberlandesgerichtsrath	Stuttgart.
Dr. Hoffmann, W.	Regierungsrath	Berlin.
Dr. Hoffmann, M. T.	Rechtsanwalt	Dresden.
Hoffmann, Konr.	Rechtsanwalt	Leipzig.
Hoffmann	Oberamtsrichter	Nürtingen.
Hoffmann, Th.	Landgerichtsrath	Regensburg.
Höffner	Justizrath	Nossen.
Hofmann	Amtsrichter	Rennerod.
Hofmann	Landgerichtspräsident	Wiesbaden.
Holbein	Rechtsanwalt	Apolda.
Dr. Holdheim	Rechtsanwalt	Frankfurt a. Main.
Dr. v. Holtzendorff	Professor	München.
Höniger	Rechtsanwalt	Inowrazlaw.
Hoppe	Justizrath	Hannover.
Dr. Horch, Hermann	Rechtsanwalt	Mainz.
Dr. Horwitz	Justizrath	Berlin.
Horten	Oberlandesgerichtsrath	Posen.

Name.	Stand.	Wohnort.
Höß	Ober-Auditeur und Kriegsministerial-Referent	München.
Dr. Hothorn, P.	Rechtsanwalt	Leipzig.
Hott, Heinrich	Landgerichtsrath	Mannheim.
Dr. Hübener	Bürgermeister	Burgdorf bei Celle.
Dr. Hübler	Geh. Oberregierungsrath, Professor	Berlin.
Dr. Huch II.	Rechtsanwalt	Braunschweig.
Huck	Rechtsanwalt	Gleiwitz.
Humbert	Justizrath	Berlin.
Dr. Humser	Rechtsanwalt	Frankfurt a. Main.
Huschke, Bruno	Justizrath	Erfurt.
Jacob	Amtsrichter	Braunsberg.
Dr. Jacoby, L.	Rechtsanwalt, Privatdozent	Berlin.
Jäger, Fr. W.	Geheimer Justizrath	Vilbel.
Dr. Jahrsdörffer	Rechtsanwalt	München.
Dr. Ickelheimer	Rechtsanwalt	Frankfurt a. Main.
Dr. Jeidels	Notariats-Aspirant	Würzburg.
Jelito, Emil	Oberamtsrichter	Neustadt a. d. Hardt.
Jentzsch, C.	Amtsrichter	Wanzleben.
Jerusalem	Landrichter	Saarbrücken.
Jöckel	Rechtsanwalt	Friedberg (Hessen).
Dr. Jolly	Staatsminister	Karlsruhe (Baden).
Jonas, Paul	Rechtsanwalt	Berlin.
Jonas	Rechtsanwalt	Marienthal b. Wandsbeck.
Jordan	Regierungsrath	Stuttgart.
Jordan	Rechtsanwalt	Tilsit.
Josephthal, Gust.	Rechtsanwalt	Nürnberg.
Dr. Israel, John	Rechtsanwalt	Hamburg.
Dr. Israel, Simon	Rechtsanwalt	Hamburg.
Ittmann	Amtsrichter	Michelstadt i. O.
Juch	Oberregierungsrath	München.
Jüdel	Rechtsanwalt	Hannover.
Dr. Jung, G. J.	Oberlandesgerichtsrath	Frankfurt a. Main.
Dr. Jung, G. W.	Amtsgerichtsrath	Frankfurt a. Main.
Jung	Geheimer Justizrath	Wiesbaden.
Dr. Jungk	Amtsrichter	Berlin.
Kahr	Rechtsanwalt	Kronach.
Dr. Katz, Alex.	Rechtsanwalt	Berlin.
Dr. Katz, Edwin	Rechtsanwalt	Berlin.
Kaufmann, Felix	Rechtsanwalt	Berlin.
Kaufmann	Amtsrichter	Pfalzburg.

Name.	Stand.	Wohnort.
Kaufmann, W.	Gerichtsassessor	Wiesbaden.
Kaulla, Max	Rechtsanwalt	Stuttgart.
Kayser	Gerichtsassessor	Wiesbaden.
Keck	Gerichtsassessor	Ehrenbreitstein.
Keferstein	Stadtsyndikus	Lüneburg.
Keibel	Geh. Oberjustizrath	Berlin.
Dr. Keil	Rechtsanwalt	Weimar.
Keim	Landgerichtsrath	Wiesbaden.
Keller	Bankdirektor	Stuttgart.
Kempner, M.	Rechtsanwalt	Berlin.
Kerckhoff	Landgerichtspräsident	Aurich.
Kern	Amtsgerichtsrath	Hameln a. d. Weser.
v. Kern	Oberlandesgerichtspräsident	Stuttgart.
Kern	Landgerichtsrath	Waldshut.
Kerstein	Landgerichtsrath	Dortmund.
Keßler	Amtsgerichtsrath	Magdeburg.
Keutner	Landgerichtsrath	Wiesbaden.
Kewer	Notar	Rheinberg.
Dr. Kierulff	Oberappellationsgerichtspräsident a. D.	Lübeck.
Dr. Kiesselbach	Oberlandesgerichtsrath	Hamburg.
Dr. Kilzer, W.	Rechtsanwalt	Frankfurt a. Main.
Kindler	Rechtsanwalt	Schönberg (Mecklenburg).
Dr. v. Kirchbach, W.	Amtsrichter	Berlin.
Dr. von Kirchenheim	Dozent der Rechte	Heidelberg.
Kirchgeßner, Gottfried	Landgerichtsrath	Würzburg.
Kirchner	Appellationsgerichtsrath a. D.	Frankfurt a. Main.
Kirschbaum	Landrichter	Aachen.
Kistemaker	Rechtsanwalt	Osnabrück.
Klein, Max	Amtsgerichtsrath	Ansbach.
Kleiner, Otto	Landgerichtspräsident	Schweinfurt.
Dr. Kleinfeller, G.	Privatdozent	München.
Kleinschmidt	Hofrath	Tangerhütte.
Klemm	Senatspräsident	Dresden.
Dr. Klemm	Rechtsanwalt	Leipzig.
Klinger	Rechtsanwalt	Burgstädt.
Klöppel	Rechtsanwalt	Jena.
Klotz	Landgerichtsrath	Berlin.
Klotz, Ernst	Referendar	Falkenstein (Sachsen).
Klotz, Joseph	Rechtsanwalt	Nürnberg.
Klüpfel	Finanzassessor a. D.	Essen a. d. Ruhr.
Dr. Knackfuß	Referendar	Chemnitz (Sachsen).

Name.	Stand.	Wohnort.
Dr. Kniep	Professor	Jena.
Knoch	Amtsgerichtsrath	Felsberg (Reg.-Bez. Cassel).
Kobbe	Gerichtsrath	Siegen.
Koch	Justizrath	Buchholz (Sachsen).
Koch	Rechtsanwalt	Glatz.
Kochann	Amtsgerichtsrath	Berlin.
Köchling	Rechtsanwalt	Bochum.
Köhler	Rechtsanwalt	Darmstadt.
Dr. Köhne, Paul	Assessor	Berlin.
Koob, Andr.	Rechtsanwalt	Würzburg.
Körner	Rechtsanwalt	Zwickau (Sachsen).
Korpulus	Rechtsanwalt und Notar	Breslau.
Kortum, H.	Justizrath	Halberstadt.
Kortum, Karl	Justizrath	Naumburg a. d. Saale.
Köster	Landgerichtsrath	Hagen (Westfalen).
v. Köstlin	Oberstaatsanwalt	Stuttgart.
Köth, Josef	Rechtsanwalt	Würzburg.
Krah	Amtsgerichtsrath	Diez.
Krampf, Josef	Rechtsanwalt	Würzburg.
Krauß	Landgerichtsrath	Ravensburg.
Kraußold	Advokat	München.
Dr. von Kräwell	Oberlandesgerichsrath, Geh. Justizrath	Naumburg a. d. Saale.
Kremer, L.	Landgerichtsrath	München.
Kreppel, Fr. Ludw.	Notar	Bamberg.
Dr. Freiherr von Kreß	Rechtsanwalt	Nürnberg.
Kretschmann	Justizrath	Magdeburg.
Dr. Kretschmar	Professor	Gießen.
Kretzschmar	Advokat und Stadtrath	Dresden.
Krieg, Emil	Rechtsanwalt	Leipzig.
Krobitsch	Staatsanwalt	Hannover.
Kröger	Rechtsanwalt	Elmshorn.
Dr. Kronecker	Amtsrichter	Berlin.
Kronecker, W.	Referendar	Berlin.
Krüger	Rechtsanwalt	Halberstadt.
Küchendahl	Justizrath	Stettin.
Kugler	Rechtsanwalt	Freiberg (Sachsen).
Kühn	Rechtsanwalt	Trachenberg (Schlesien).
Dr. Kühne	Oberlandesgerichtspräsident	Celle.
v. Kunowski	Landgerichtspräsident	Bielefeld.
v. Kunowski	Oberlandesgerichtspräsident	Posen.
Dr. Kuntze	Professor	Leipzig.

Name.	Stand.	Wohnort.
Kurlbaum II., E.	Geheimer Oberjustizrath	Berlin.
Kusel	Rechtsanwalt	Karlsruhe (Baden).
Laage	Kreisgerichtsrath a. D.	Nordhausen.
Labroisse, L.	Rechtsanwalt	Gießen.
Dr. Ladenburg	Rechtsanwalt	Mannheim.
Lägeler	Oberamtsrichter	Neuenburg (Württemberg).
Lahode, Max	Assessor	Großschönau (Sachsen).
Dr. Lahr	Amtsrichter	Zwingenberg b. Darmstadt.
Lambrecht	Amtsgerichtsrath a. D.	Naumburg a. d. Saale.
Dr. Lamey	Ministerialpräsident a. D.	Mannheim.
Lamm	Senatspräsident	Dresden.
Lammfromm	Oberjustizprokurator	Tübingen.
Dr. Lamprecht	Landrichter	Hamburg.
Dr. Lang	Rechtsanwalt	Frankfurt a. Main.
Dr. Lang, H.	Landgerichtsdirektor	Rottweil.
Lang	Landgerichtsrath	Straßburg (Elsaß).
Dr. Langbein, Oskar	Rechtsanwalt	Leipzig.
Langenbach	Rechtsanwalt	Darmstadt.
Langermann	Oberamtsrichter	Lich.
Laporte	Rechtsanwalt	Linden bei Hannover.
Dr. Lappenberg	Landgerichtsdirektor	Hamburg.
Lasker	Rechtsanwalt	Landsberg a. Warthe.
Laué	Geheimer Justizrath	Berlin.
Laué, Walter	Assessor	Berlin.
Lauff	Justizrath	Cöln a. Rhein.
Lautz	Staatsanwalt	Frankfurt a. Main.
Laux	Landgerichtsrath	Ravensburg.
Dr. Lebin	Rechtsanwalt	Berlin.
Lebrecht	Rechtsanwalt	Stuttgart.
Lehmann, Emil	Rechtsanwalt	Dresden.
Dr. Lehmann, Gustav	Rechtsanwalt	Dresden.
Dr. Lehmann, Eugen	Senator	Hamburg.
Leipheimer	Rechtsanwalt	Stuttgart.
Dr. Leisler jun.	Rechtsanwalt	Wiesbaden.
Dr. Lenel	Professor	Straßburg (Elsaß).
v. Lengrießer, J. N.	Landgerichtsrath a. D.	München.
Dr. Leo	Rechtsanwalt	Magdeburg.
Leonhard	Justizrath	Berlin.
Dr. Leonhard	Professor	Marburg (Hessen).
Leske, O. Fr.	Senatspräsident	Breslau.
Lesse	Justizrath	Berlin.
Lesser	Reichsgerichtsrath	Leipzig.

Name.	Stand.	Wohnort.
Lettgau	Landgerichtspräsident	Prenzlau.
Dr. Leuthold	Bergamtsdirektor	Freiberg (Sachsen).
Leuthold	Rechtsanwalt	Schöneck (Sachsen).
Levi	Rechtsanwalt	Stuttgart.
Dr. Levita	Rechtsanwalt	Mainz.
Dr. Levy	Advokat	Amsterdam.
Levy, M.	Justizrath	Berlin.
Lewald	Rechtsanwalt	Breslau.
Lewald	Rechtsanwalt	Leipzig.
Lezius	Justizrath	Köthen (Anhalt).
Libawsky	Rechtsanwalt	Kreuzburg (Oberschlesien).
Lichtschlag	Rechtsanwalt	Düsseldorf.
Liebster, Arno	Rechtsanwalt	Leipzig.
Dr. v. Lilienthal	Professor	Zürich.
Linckelmann	Justizrath	Hannover.
Graf von Linden	Hofmarschall	Stuttgart.
Lindner	Justizrath	Danzig.
Dr. v. Lingen	Rechtsanwalt	Bremen.
Graf zur Lippe	Staatsminister a. D.	Berlin.
Graf zur Lippe	Regierungsassessor	Wiesbaden.
Lippold	Rechtsanwalt	Altenburg (Sachs. Altenburg).
Dr. von Liszt	Professor	Marburg (Hessen).
Litthauer	Rechtsanwalt	Posen.
Dr. Loeb	Rechtsanwalt	Wiesbaden.
Loebell	Oberlandesgerichtsrath	Königsberg (Preußen).
Dr. Lochte	Justizrath	Magdeburg.
Dr. Lohe	Eisenbahndirektor	Köln a. Rhein.
Löhmann, R.	Landgerichtsdirektor	Hamburg.
Dr. Lohse, G.	Hofrath	Leipzig.
Dr. Lorey	Rechtsanwalt	Frankfurt a. M.
Löschbrand	Justiz- und Verwaltungsbeamter a. D.	Wernigerode.
Dr. Löwenfeld, H.	Bankdirektor	Berlin.
Löwenstein I.	Rechtsanwalt	Stuttgart.
Löwenstein II.	Rechtsanwalt	Stuttgart.
Löwenthal, F.	Rechtsanwalt	Schwerin (Mecklenburg).
Lubowski	Justizrath	Breslau.
Dr. Luden	Rechtsanwalt	Leipzig.
Dr. Ludolph, E.	Amtsrichter	Salzuflen.
Dr. Ludwig	Rechtsanwalt	Lüchow.
Ludwig, Königl. Hoheit	Prinz von Bayern	München.
Dr. Lürmann	Senator	Bremen.

Name.	Stand.	Wohnort.
Dr. Magnus	Rechtsanwalt	Braunschweig.
Mahlstedt	Landgerichtsrath	Flensburg.
Mainhardt	Rechtsanwalt	Mosbach (Baden).
Makower	Justizrath	Berlin.
Malblanc	Landgerichtsdirektor	Ellwangen.
Mallebrein	Oberamtsrichter	Baden-Baden.
Mandel	Kreisdirektor	Erstein (Elsaß).
Dr. von Mandry	Professor	Berlin.
Mangold	Justizrath	Celle.
Dr. Mann	Rechtsanwalt	Stettin.
Mannsfeld	Oberamtsrichter	Leipzig.
Mansfeld	Landgerichtspräsident	Braunschweig.
Dr. Marck	Stadtrath	Breslau.
Dr. Marquardsen	Professor	Erlangen.
Marquier	Rechtsanwalt	Konstanz.
von Marschall	Amtsrichter	Mosbach (Baden).
Dr. Marsson	Gerichtsassessor	Wiesbaden.
von Martens	Oberamtsrichter	Geislingen (Württemberg).
Dr. Martin, R.	Oberlandesgerichtsrath	Hamburg.
Martini, Oskar	Rechtsanwalt	Meerane (Sachsen).
Martins	Erster Staatsanwalt	Posen.
Martins	Oberbürgermeister	Glogau.
Martiny	Rechtsanwalt	Danzig.
Dr. Matsen	Advokat und Bibliothekar	Hamburg.
Maul, Rud.	Rechtsanwalt	Weida.
Maurer	Rechtsanwalt	Herbstein (Oberhessen).
Maurer	Landgerichtsrath	Mannheim.
Dr. May	Rechtsanwalt	Frankfurt a. Main.
Dr. May, Hermann	Rechtsanwalt	Hamburg.
Mayer, F.	Erster Staatsanwalt	Eichstädt.
Dr. Mayer, F. P.	Rechtsanwalt	Mainz.
Mayer, Ph.	Landgerichtspräsident	Neuburg a. d. Donau.
Dr. Mayer, Otto	Professor	Straßburg (Elsaß).
Dr. Mayer, C.	Amtsrichter	Oehringen (Württemberg).
Mecke	Justizrath	Leipzig.
Dr. Mehnert, P.	Rechtsanwalt	Dresden.
Meibauer	Rechtsanwalt	Konitz (Westpreußen).
Dr. v. Meibom	Professor, Reichsgerichtsrath	Leipzig.
Meier, Heinrich	Rechtsanwalt	Kiel.
Meischner	Rechtsanwalt	Penig.
Meisner	Rechtsanwalt	Bamberg.
Dr. Meisner	Oberlandesgerichtsrath	Posen.

Name.	Stand.	Wohnort.
Meister	Amtshauptmann	Nienburg a. d. Weser.
Meister	Landrichter a. D.	Wiesbaden.
Melchers	Landgerichtsrath	Erfurt.
Melchior	Justizrath	Dortmund.
Dr. Melly, H.	Rechtsanwalt	Leipzig.
Dr. Meltzer, M.	Rechtsanwalt	Leipzig.
Memelsdorff	Rechtsanwalt	Limburg a. d. Lahn.
Dr. Merkel	Professor	Straßburg (Elsaß).
Messerschmidt	Landgerichtsrath	Bromberg.
Metz	Rechtsanwalt	Gießen.
v. Metzsch, Hugo	Rechtsanwalt	Leipzig.
Dr. Meurer	Privatdozent	Breslau.
Meurer	Rechtsanwalt	Köln a. Rhein.
Meyen	Justizrath	Berlin.
Dr. Meyer	Geh. Oberregierungsrath	Berlin.
Meyer, Al.	Dr. iur.	Berlin.
Meyer, Sigmund	Justizrath	Berlin.
Dr. Meyer, Fritz	Rechtsanwalt	Frankfurt a. Main.
Dr. Meyer, Aug.	Rentier	Hamburg.
Dr. Meyer	Professor	Jena.
Dr. Meyer	Regierungsrath	Köln a. Rhein.
Meyer, Georg	Reichsgerichtsrath	Leipzig.
Meyer, H.	Rechtsanwalt	Rabingen bei Melle.
Dr. Meyer, Jul.	Rechtsanwalt	Wolkenstein.
Meyersburg	Justizrath	Celle.
Mezger	Oberamtsrichter	Blaubeuren.
Michaelis	Landgerichtsrath	Frankfurt a. Oder.
Milch	Rechtsanwalt	Breslau.
Minsberg	Justizrath	Bunzlau.
Dr. Mirus	Rechtsanwalt	Leisnig.
v. Mittelstädt	Amtsgerichtsrath	Halle a. d. Saale.
v. Mittelstädt	Justizrath	Neuwied.
Dr. Mittelstraß, A.	Rechtsanwalt	Hamburg.
Dr. Mittenzwey	Staatsanwalt	Eisenach.
Mittermaier, Franz	Dr. iur.	Heidelberg.
Mohr, O.	Rechtsanwalt	Rudolstadt.
Dr. Mohrmann	Rechtsanwalt	Hamburg.
Dr. Mohrmann	Reichsgerichtsrath	Leipzig.
Moll	Dr. iur.	Berlin.
Moll	Amtsrichter	Charlottenburg.
Möller	Oberlandesgerichtsrath	Marienwerder (Westpreußen).
Montigny	Amtsrichter	Rheydt (R.-B. Düsseldorf).

Name.	Stand.	Wohnort.
Moritz	Erster Staatsanwalt	Wiesbaden.
Mörschel, Karl	Rechtsanwalt	Würzburg.
Moßdorf, Henri	Rechtsanwalt	Erfurt.
Mosse	Amtsrichter	Berlin.
Müermann	Landgerichtsrath	Bielefeld.
Mugdan	Amtsrichter	Berlin.
v. Müldner	Justizrath	Kassel.
Müller, Boguse	Landgerichtsdirektor	Berlin.
Müller, Ottomar	Rechtsanwalt	Frankenthal.
Müller	Oberlandesgerichtsrath	Hamm (Westfalen).
Müller	Rechtsanwalt	Hofgeismar.
Dr. Müller	Justizrath	Kassel.
Müller, Alb.	Rechtsanwalt	Köln a. Rhein.
Müller, Heinrich	Rechtsanwalt	Lindenau-Leipzig.
Müller	Landgerichtsdirektor	Mannheim.
Müller, C. H.	Rechtsanwalt	Rostock (Mecklenburg).
Müller, L.	Rechtsanwalt	Verden (Hannover).
Münch	Amtsrichter	Gera (Reuß j. L.)
Munckel	Rechtsanwalt	Berlin.
Dr. Naumann	Justizrath	Celle.
Naumann	Rechtsanwalt	Lüneburg.
Neubauer	Oberlandesgerichtsrath	Berlin.
Neubig, Wilh.	Landgerichtspräsident	Würzburg.
Dr. Neukirch	Rechtsanwalt	Frankfurt a. Main.
Neumann, Adolf	Rechtsanwalt	Sorau (Niederlausitz).
Neumayer	Rechtsanwalt	Kaiserslautern.
Neundörfer	Amtsrichter	Wöllstein (Hessen).
Nick	Kanzleirath	Ravensburg.
de Niem	Amtsrichter	Wiesbaden.
Niemand	Landpfennigmeister	Heide (Holstein).
Dr. Nißen	Professor	Straßburg (Elsaß).
Nokk	Ministerialpräsident	Karlsruhe (Baden).
Nokk, Rud.	Reichsgerichtsrath	Leipzig.
Nöldeke	Oberappellationsgerichtsrath	Celle.
Oehme, O. F.	Justizrath	Leipzig.
Oldenburg, Heinr.	Dr. iur.	Hamburg.
Oelschläger	Wirklicher Geheimer Ober-Justizrath, Präsident	Berlin.
Dr. Olshausen	Landgerichtsdirektor	Schneidemühl.
Omeis	Notar	Nürnberg.
Dr. Oppe	Rechtsanwalt	Chemnitz (Sachsen).
Oppenheim	Obertribunalsrath a. D.	Berlin.

Name.	Stand.	Wohnort.
Dr. Oppenheim, Ludw.	Rechtsanwalt	Mainz.
Oppermann	Amtsgerichtsrath	Wiesbaden.
Oppert	Landgerichtsrath	Berlin.
Orb	Rechtsanwalt	Königstein (Sachsen).
Ordolff, W.	Domainenkanzleidirektor	Kastell (Bayern).
Oßwald	Oberbürgermeister	Altenburg (Sachs. Altenburg).
Dr. Oswalt	Rechtsanwalt	Frankfurt a. Main.
Dr. Oetker	Justizrath	Kassel.
Ott, Julius	Notar	Karlsruhe (Baden).
Dr. Otto	Rechtsanwalt	Heilbronn.
Dr. v. Oven	Senator	Frankfurt a. Main.
Patzki, Fr.	Justizrath	Leipzig.
Dr. Pechwell, Alfr.	Divisionsauditeur	Leipzig.
Peltasohn, Leop.	Rechtsanwalt	Liegnitz.
Dr. Pernice	Professor	Berlin.
Dr. Peters	Justizrath	Braunschweig.
Dr. Peters, W.	Amtsrichter	Schwedt a. d. Oder.
Petersen, L.	Rechtsanwalt	Dresden.
Petersen	Reichsgerichtsrath	Leipzig.
Petersen	Rath a. ob. Landesgericht	München.
Petiskus	Justizrath	Breslau.
Petri	Erster Staatsanwalt	Bautzen.
Petri	Rechtsanwalt	Mainz.
Petrich	Amtsrichter	Genthin.
Pfaff	Erster Staatsanwalt	Ulm.
Pfaffenzeller	Notar	Dachau (Bayern).
Pfannenstiel	Rechtsanwalt	Kolmar (Elsaß).
Pfister	Landgerichtsrath	Hechingen.
Pfizer	Landgerichtsrath	Ulm.
Pflesser	Amtsgerichtsrath	Görlitz.
Philipp	Justizrath	Altona.
Philler	Landgerichtspräsident	Elbing.
Dr. Pilling	Rechtsanwalt	Dresden.
Pinckert	Justizrath	Erfurt.
Pinder	Regierungsrath	Kassel.
Dr. Planck	Geheimer Justizrath	Berlin.
Dr. v. Planck	Geheimrath, Professor	München.
Dr. Pleißner	Rechtsanwalt	Dresden.
Plitt	Justizrath	Borken (R.-B. Cassel).
Pohl	Justizrath	Frohburg (Sachsen).
Prechtl	Advokat	Weiden (Bayern).
Preußer	Landgerichtsrath	Neuwied.

Name.	Stand.	Wohnort.
Priber	Rechtsanwalt	Frankenberg (Sachsen).
Probst	Rechtskonsulent	Stuttgart.
Protzen	Landgerichtsrath	Beuthen (Oberschlesien).
Pürkhauer, Karl	Notar	München.
Purpus	Notar	Haßloch i. d. Pfalz.
v. Puttkamer	Appellationsgerichtsrath a. D.	Deutsch-Carstenitz b. Hebronn-Damnitz.
Quentel	Landesrath	Wiesbaden.
Rabe	Erster Staatsanwalt	Aachen.
Rabert	Amtsgerichtsrath	Beeskow.
Raht	Justizrath	Weilburg.
Dr. Rau	Rechtsanwalt	München.
Dr. Reatz	Rechtsanwalt	Gießen.
v. Reden	Landgerichtsrath	Lüneburg.
Dr. Regelsberger	Professor	Göttingen.
Dr. Regensburger	Rechtsanwalt	Karlsruhe (Baden).
Rehm	Landgerichtsrath	Bayreuth.
Reich	Landgerichtsdirektor	Magdeburg.
Reichardt	Kreisgerichtsrath	Ulm.
Reiche-Eisenstuck	Oberstaatsanwalt	Dresden.
Reimkasten	Rechtsanwalt	Schwerin (Mecklenburg).
Dr. Reinach	Rechtsanwalt	Mainz.
Reincke	Reichsgerichtsrath	Leipzig.
Reinecke	Geheimer Regierungsrath	Hannover.
Reinhard	Landgerichtsdirektor	Offenburg (Baden).
Reinholdt	Rechtsanwalt	Frankenberg (Sachsen).
Reinking	Amtsgerichtsrath a. D.	Celle.
Reiß, Paul	Rechtsanwalt	Frankfurt a. Main.
Renz, Adolf	Landgerichtsrath	Schw. Hall.
Dr. Reuling	Rechtsanwalt	Leipzig.
Reusch	Landesbankrath	Wiesbaden.
Rheinwald	Oberlandesgerichtsrath	Stuttgart.
Richter	Justizrath	Leipzig.
Dr. Rieke, Gustav	Landrichter	Hamburg.
Rieß I.	Justizrath	Berlin.
Rieß	Justizrath	Kassel.
Dr. Rießer, J.	Rechtsanwalt	Frankfurt a. Main.
Rieth	Rechtsanwalt	Köln a. Rhein.
Riffart, J.	Rechtsanwalt	Köln a. Rhein.
Ritter	Divisionsauditeur	Hannover.
Ritter, Eug.	Notar	Stuttgart.
Rittler	Justizrath	Torgau.

Name.	Stand.	Wohnort.
Rizi	Amtsrichter	Kehl (Baden).
Robert	Justizrath	Berlin.
Dr. Rockinger, Ludw.	Geh. Staatsarchivar, Prof.	München.
Röder	Rechtsanwalt	Halberstadt.
Rödler	Landgerichtsdirektor	Metz.
Romberg	Justizrath	Leipzig.
Dr. Romeiß	Rechtsanwalt	Wiesbaden.
Dr. Römer	Amtsgerichtsrath	Frankfurt a. Main.
Roos, Karl	Oberlandesgerichtsrath	Karlsruhe (Baden).
Roscher	Landgerichtspräsident	Göttingen.
Dr. Roscher, Th.	Rechtsanwalt	Hannover.
Dr. Rosenberg II.	Rechtsanwalt	Gießen.
Dr. Rosenthal, Ed.	Professor	Jena.
Dr. Rosenthal, F.	Rechtsanwalt	München.
Rösler	Amtsrichter	Bad Oeynhausen.
Roßbach	Rechtsanwalt	Leipzig.
Dr. Roßhirt	Oberhofgerichtskanzler a. D.	Heidelberg.
Roßtäuscher	Oberstaatsanwalt	Dresden.
Dr. v. Roth, P.	Professor, Bibliothekar	Berlin.
Rottmann	Oberamtsrichter	Gerolzhofen.
Dr. Rubo	Professor, Amtsgerichtsrath	Berlin.
Dr. Ruhwandl, M. J.	Rechtsanwalt	München.
Dr Rumpf	Landgerichtsrath	Frankfurt a. Main.
Saaßen, J. H.	Notar	Wittlich.
Sachs, Emil	Rechtsanwalt	Leipzig.
von Sachs	Gerichtsassessor	Wiesbaden.
Dr. Samter	Rechtsanwalt	Berlin.
Sander	Rechtsanwalt	Berlin.
Sänger	Rechtsanwalt	Ulm.
Schäfer	Amtsrichter	Darmstadt.
Schall I.	Rechtsanwalt	Stuttgart.
Schall	Rechtsanwalt	Ulm.
v. Schamberger	Direktor	München.
Schanz, Rich.	Rechtsanwalt	Dresden.
Schaper	Reichsgerichtsrath	Leipzig.
Dr. Scharlach	Rechtsanwalt	Hamburg.
Scharmann	Justizrath	Darmstadt.
Schätzler	Notar	Erlangen.
Scheffer	Rechtsanwalt	Kassel.
Schellbach	Landrichter	Rudolstadt.
Schellenberg	Geheimer Regierungsrath	Wiesbaden.
Dr. Schenck	Geheimer Regierungsrath	Altenburg (Sachs. Altenburg).

Name.	Stand.	Wohnort.
Schenk	Anwalt	Berlin.
Schenke, Friedr.	Referendar	Erfurt.
Scherer	Rechtsanwalt	Aschaffenburg.
Dr. Scherer	Rechtsanwalt	Mainz.
Dr. Scherlensky	Rechtsanwalt	Frankfurt a. Main.
Scheuffler, Lebrecht	Rechtsanwalt	Leipzig.
Scheuffler	Rechtsanwalt	Meißen.
Scheurich	Justizrath	Krossen a. d. Oder.
Schiele	Staatsanwalt	Bernburg.
Schlegel I., Fz. Arthur	Rechtsanwalt	Dresden.
Dr. Schlesinger	Reichsgerichtsrath	Leipzig.
Schlick, Georg	Rechtsanwalt	Schleiz.
Schlieckmann, Alb.	Justizrath	Halle a. d. Saale.
Schlomka, Th.	Reichsgerichtsrath	Leipzig.
Schloß	Rechtsanwalt	Heilbronn.
Schlotter	Rechtsanwalt	Schleiz.
Schlüter	Oberlandesgerichtsrath	Celle.
Schmedes	Oberlandesgerichtsrath	Naumburg a. d. Saale.
Dr. Schmid	Oberlandesgerichtspräsident	Braunschweig.
Schmidt	Geh. Oberjustizrath, Präsident	Celle.
Schmidt, Fr. Chr.	Rechtsanwalt	Dresden.
Dr. Schmidt-Polex, K.	Rechtsanwalt	Frankfurt a. Main.
Dr. Schmidt	Rechtsanwalt	Fürth (Bayern).
Dr. Schmidt, Karl	Oberlandesgerichtsrath	Colmar (Elsaß).
Schmidt, C. Th.	Landgerichtsdirektor	Leipzig.
Schmidt, Paul	Appellationsgerichtsrath	Leipzig.
Schmidt	Geheimer Ministerialrath	Schwerin (Mecklenburg).
Schmidtmüller, F.	Rechtsanwalt	Kolmar (Elsaß).
Schmitt, Alexander	Landgerichtsdirektor	Berlin.
Dr. Schnapper	Rechtsanwalt	Frankfurt a. Main.
Schneider, Julius	Landgerichtsrath	Kaiserslautern.
Dr. Schneider	Rath a. ob. Landesgericht	München.
Dr. Schnell	Rechtsanwalt	Zittau (Sachsen).
Dr. Scholz	Landrichter	Hannover.
Scholz	Rechtsanwalt	Wiesbaden.
Schondorff	Senator, Rechtsanwalt	Röbel (Mecklenburg).
Schorcht	Rechtsanwalt	Hameln.
Schott	Rechtsanwalt	Ulm.
Schrader, A.	Landgerichtsrath a. D.	Göttingen.
Schramm, G.	Referendar	Dresden.
Schraub	Landrichter	Altona.
Dr. Schreiner	Rechtsanwalt	Köln a. Rhein.

Name.	Stand.	Wohnort.
Schrey	Rechtsanwalt	Leipzig.
Schröder	Justizrath	Altona.
Schröder	Justizrath	Eisleben.
Schröder W.	Kammergerichtsrath	Berlin.
Dr. Schröder	Professor	Göttingen.
Schröder	Gerichtsassessor	Wiesbaden.
Schubarth	Rechtsanwalt	Markneukirchen.
Schuberth	Erster Staatsanwalt	Regensburg.
Dr. Schultz	Rechtsanwalt	Hagen (Westfalen).
Dr. Schultz	Justizrath	Magdeburg.
Schultze, Gust.	Rechtsanwalt	Hirschberg (Schlesien).
Dr. Schulz, H.	Justizrath	Frankfurt a. Main.
Dr. Schulz	Professor, Bibliothekar	Leipzig.
Schulz	Landgerichtspräsident	Osnabrück.
Schulz	Amtsrichter	Zeitz.
Schumann, Heinr.	Rechtsanwalt	Mosbach (Baden).
Schuster	Landgerichtsrath	Heilbronn.
Schwartz	Amtsrichter	Langenburg (Württemberg).
Schwarz	Rechtsanwalt	Schw. Hall.
Schwarz	Reichsgerichtsrath	Leipzig.
Schwarz	Rechtsanwalt	Straubing.
Dr. v. Schwarze, Joh.	Amtsrichter	Dresden.
Schwauß	Polizeidirektor	Dresden.
Schwing	Rechtsanwalt	Wiesbaden.
Dr. von Seeger	Professor	Tübingen.
Seeger	Oberamtsrichter	Urach (Württemberg).
Dr. Seelemann	Rechtsanwalt	Hamburg.
Dr. Seelig	Rechtsanwalt	Leipzig.
Sehlmacher	Justizrath	Stettin.
Dr. Seibert	Rechtsanwalt	Darmstadt.
Seibert	Amtsrichter	Darmstadt.
Seidler	Amtsgerichtsrath	Kottbus.
Seiferling, Georg	Oberlandesgerichtsrath	Augsburg.
Seipp	Gerichtsassessor	Wiesbaden.
Dr. Seitz, Karl, Joseph	Landgerichtsrath	Schweinfurt.
Seligmann	Justizrath	Koblenz.
Dr. Seligsohn	Rechtsanwalt	Berlin.
Seligsohn	Rechtsanwalt	Wiesbaden.
Dr. Seuffert, H.	Professor	Breslau.
Seume	Advokat	Zwickau (Sachsen).
Sevin, J.	Notar	Karlsruhe (Baden).
v. Seydewitz	Landgerichtspräsident	Greifswald.

Name.	Stand.	Wohnort.
Dr. v. Sicherer	Professor	München.
Dr. Siebert	Justizrath	Frankfurt a. Main.
Siebert	Oberamtsrichter	Höchst (Odenwald).
Siebert	Rechtsanwalt	Wiesbaden.
Siegel	Rechtsanwalt	München.
Dr. Sieger	Rechtsanwalt	Frankfurt a. Main.
Sieger	Rechtsanwalt	Köln a. Rhein.
Siegfried, Herm.	Oberlandesgerichtsrath	Köln a. Rhein.
Sieveking	Rechtsanwalt	Altona.
Dr. Silberschlag	Oberlandesgerichtsrath	Naumburg a. d. Saale.
Dr. Simon, H. V.	Rechtsanwalt	Berlin.
Dr. Simon	Amtsrichter	Hannover.
Dr. Simonis	Bürgermeister	Rostock (Mecklenburg).
Dr. Simson	Präsident des Reichsgerichts	Leipzig.
Sinz	Amtsgerichtsrath	Siegen.
Sommer	Justizrath	Grottkau (R.-B. Oppeln).
Sonnenkalb	Geheimrath, Finanzminister	Altenburg (Sachs. Altenburg).
Spangenberg	Rechtsanwalt	Hannover.
Spohr	Justizrath	Kassel.
Staehler	Rechtsanwalt	Hadamar.
Stammler	Amtsrichter	Rosenthal.
Stangl, Franz	Amtsrichter	Bischofsheim i. Bayern.
Stapff	Rechtsanwalt	Weimar.
Stebel	Rechtsanwalt	Freiburg (Baden).
Stegemann	Justizrath	Leipzig.
Dr. Steidle, Georg	Bürgermeister, Hofrath	Würzburg.
Steinbach	Justizrath	Magdeburg.
Steinberger	Rechtsanwalt	Gießen.
Steinhausen	Kammergerichtsrath	Berlin.
Stellmacher	Oberstaatsanwalt	Celle.
Freiherr v. Stengel	Professor	Breslau.
Stenglein	Reichsanwalt	Leipzig.
Steubing	Amtsrichter	Wetzlar.
Dr. Stickel, Oscar	Divisionsauditeur, Justizrath	Kassel.
Stifft	Amtsgerichtsrath	Höchst a. M.
Stimmel	Finanzprokurator	Plauen (Sachsen).
Stinner	Justizrath	Eberswalde.
Dr. Stoeckel	Amtsrichter	Gnesen.
v. Stockhausen	Landgerichtspräsident	Liegnitz.
Stoltz	Landrichter	Hannover.
Stöpel	Justizrath	Potsdam.
Storr	Oberlandesgerichtsrath	Stuttgart.

Name.	Stand.	Wohnort.
v. Stößer	Senatspräsident	Karlsruhe (Baden).
Dr. Strauß	Rechtsanwalt	M. Gladbach.
Strauß, C.	Rechtsanwalt	Heilbronn.
Streitberg	Amtsrichter	Wiesbaden.
Strempel	Oberlandesgerichtsrath	Rostock (Mecklenburg).
Ströbel	Justizrath	Dresden.
Struckmann	Oberlandesgerichtsrath	Berlin.
Dr. Struckmann, J.	Geh. Oberjustizrath, Präsident	Hildesheim (Hannover).
Stüler, Ludw.	Amtsgerichtsrath	Heiligenstadt (R.-B. Erfurt).
Stumpff	Oberlandesgerichtsrath	Frankfurt a. Main.
Süpfle	Oberamtsrichter	Heidelberg.
Süpfle	Rechtsanwalt	Karlsruhe (Baden).
Sutro	Rechtsanwalt	Bochum.
Dr. von Szoldrski	Gerichtsassessor	Ems.
Tafel, Herm.	Rechtsanwalt	Stuttgart.
Dr. Täscher, Ad.	Rechtsanwalt	Leipzig.
Teichen	Syndikus, Senator a. D.	Berlin.
Dr. Teichmann	Professor	Basel.
Dr. Teuschner	Rechtsanwalt	Sonnenfeld.
Thalmann	Rechtsanwalt	Frankenthal (Bayern).
Theremin	Landgerichtsrath	Schweidnitz.
Thewalt	Amtsgerichtsrath	Königstein (R.-B. Wiesbaden).
Thewalt, Carl	Reichsgerichtsrath	Leipzig.
Thiemer sen.	Rechtsanwalt	Zittau.
Dr. Thöl	Landrichter	Lübeck.
Thomsen	Amtsgerichtsrath	Emden.
Dr. Thomsen	Rechtsanwalt	Leipzig.
Thomsen	Oberlandesgerichtsrath	Stettin.
Thönges	Justizrath	Wiesbaden.
Thönneßen	Notar	Randerath (R.-B. Aachen).
Throner	Notar	Kissingen.
Tiemann	Bürgermeister a. D.	Bielefeld.
Dr. Tiktin, G.	Rechtsanwalt	Berlin.
Tilmann,	Rechtsanwalt	Neuwied.
Dr. Timm	I. Beamter d. Erbschaftsamts	Hamburg.
Tornau	Rechtsanwalt	Bitterfeld.
Traub, Berth.	Landgerichtsrath	Mannheim.
Travers	Gerichtsassessor	Wiesbaden.
Treplin	Reichsanwalt	Leipzig.
Triebsees	Advokat	Rostock (Mecklenburg).
Trimborn	Justizrath	Köln a. Rhein.
Troitzsch, Emil	Rechtsanwalt	Leipzig.

Name.	Stand.	Wohnort.
Dr. Tröndlin	Bürgermeister, Justizrath	Leipzig.
Dr. Türck	Amtsrichter	Sontra.
Turban	Ministerialpräsident	Karlsruhe (Baden).
Dr. Ullrich	Oberlandesgerichtsrath	Hamburg.
Dr. Ulrichs	Rechtsanwalt	Bremen.
v. Ungern-Sternberg	Geheimer Legationsrath	Karlsruhe (Baden).
Urban	Rechtsanwalt	Zwickau (Sachsen).
Dr. v. Uttenhofen	Geh. Staatsrath	Meiningen.
Velde	Justizrath	Diez a. d. Lahn.
Dr. Versmann	Senator	Hamburg.
Vette	Justizrath	Wittenberg (R.-B. Merseburg).
Viëtor	Landrichter	Hildesheim (Hannover).
Dr. Voigt	Reichsoberhandelsgerichtsrath a. D.	Hamburg.
Volland	Kreisgerichtsrath a. D.	Suhl
Dr. Vollert	Geheimer Staatsrath	Gera (Reuß j. L.).
Dr. Voß, V. L.	Landgerichtsrath	Leipzig.
Waaser	Rechtsanwalt	Schw. Hall.
Dr. Wach	Professor	Leipzig.
Dr. Wachtel	Rechtsanwalt	Leipzig.
Wächter	Amtsrichter	Elze (Hannover).
Wagner, Aug.	Anwalt	Heidelberg.
Walcher	Rechtsanwalt	Stuttgart.
Walter	Justizrath	Beuthen (Oberschlesien).
Warmuth	Landgerichtsrath	Augsburg.
Warnkönig	Hofrath	Donaueschingen.
Wassermeyer	Justizrath	Bonn.
Weber	Amtsgerichtssekretär	Kahla.
Weber	Amtsgerichtsrath	Lauban.
Dr. Weber	Kaiserlicher Friedensrichter	Kolmar (Elsaß).
Dr. Weber	Rechtsanwalt	Offenbach a. Main.
Weber	Amtsgerichtsrath	Schmölln.
Dr. Weber	Notar	Würzburg.
Wedekind	Rechtsanwalt	Altona.
Wedekind	Landgerichtsrath	Danzig.
Wegelin	Oberamtsrichter	Vilbel (Oberhessen).
Wegner	Justizrath	Berlin.
Wegner	Landgerichtsrath	Stolp (Pommern).
Weichsel	Oberlandesgerichtsrath	Naumburg a. d. Saale.
Weidig	Amtsrichter	Schotten (Oberhessen).
Weidling	Dr. iur.	Berlin.
Dr. Weigel	Justizrath	Kassel.

Name.	Stand.	Wohnort.
Dr. v. Weinrich	Rechtsanwalt	Straßburg (Elsaß).
Weismann	Rechtsanwalt	Koburg.
Weißleder	Amtsrichter	Posen.
Weizsäcker	Landgerichtsrath	Oehringen (Württemberg).
Welcker	Rechtsanwalt	Marburg (Hessen).
Dr. Wendler sen., Emil	Domprobst, Rechtsanwalt	Leipzig.
Dr. Wendler, Eug.	Rechtsanwalt	Leipzig.
Wenning	Rechtsanwalt	Kassel.
Werner	Staatsanwalt	Celle.
Werner	Justizrath	Naumburg a. d. Saale.
Werner	Rechtsanwalt	Stettin.
Dr. Wesener	Rechtsanwalt	Wiesbaden.
Westerburg	Gerichtsassessor	Wetzlar.
Dr. Westerkamp	Professor	Marburg (Hessen).
Wettke	Landgerichtspräsident	Meseritz.
v. Widenmann	Generalauditeur	Stuttgart.
Dr. Wieding	Professor	Kiel.
Wielandt, Fr	Ministerialrath	Karlsruhe (Baden).
Wielandt, K.	Reichsgerichtsrath	Leipzig.
Dr. Wiener	Reichsgerichtsrath	Leipzig.
Dr. Wiesand	Oberlandesgerichtsrath	Dresden.
Wiester	Justizrath	Hirschberg (Schlesien).
Wiethaus	Landrichter	Hagen (Westfalen).
Wiggers	Justizrath	Rendsburg.
Dr. Wilckens, J.	Rechtsanwalt	Bremen.
Wilhelmi, Aug.	Prokurator a. D.	Hattenheim.
Wilhelmi	Landrichter	Wiesbaden.
Wilke	Justizrath	Berlin.
v. Wilmowski	Geheimer Justizrath	Berlin.
Windscheid	Steuerrath	Köln a. Rhein.
Dr. v. Windscheid	Geheimrath, Professor	Leipzig.
Windthorst	Amtsgerichtsrath	Bielefeld.
Winter, Hans	Rechtsanwalt	Neustadt a. d. Aisch.
Wintterlin	Direktor	Stuttgart.
Wißmann	Landgerichtsrath	Wiesbaden.
Witte, E.	Landgerichtsdirektor	Breslau.
Wittenbecher	Landgerichtsrath	Zwickau (Sachsen).
Wittgenstein, Jos.	Amtsrichter a. D.	Freiburg (Baden).
Wittmer	Rechtsanwalt	Mosbach (Baden).
Dr. Wolf I.	Rechtsanwalt	Dresden.
Wölfel	Rechtsanwalt	Merseburg.
Wolfenstätter	Landgerichtsrath	Traunstein.

Name.	Stand.	Wohnort.
Wolff	Justizrath	Frankfurt a. d. Oder.
Wolff	Landgerichtspräsident	Holzminden.
Wolff, W.,	Gerichtsassessor	Wiesbaden.
Dr. Wolffson, J.	Rechtsanwalt	Hamburg.
Dr. Wolfskehl	Rechtsanwalt	Mainz.
Wollaib	Landgerichtsdirektor	Ulm.
Woerrlein	Notar	Oettingen (Bayern).
Wörsch	Notar	Wöllstein (Rheinhessen).
Wulfert	Reichsgerichtsrath	Leipzig.
Wulff	Amtsgerichtsrath	Segeberg.
Wündisch	Rechtsanwalt	Zabern (Elsaß).
Wundt	Landgerichtsdirektor	Mosbach (Baden).
Wüstenfeld	Oberlandesgerichtsrath	Karlsruhe (Baden).
Zacke	Amtsgerichtsrath	Halle a. d. Saale.
Graf von Zech	Oberlandesgerichtsrath	München.
Zegelin	Bürgermeister	Wittenburg (Mecklenburg).
Dr. Zehme, F.	Rechtsanwalt	Leipzig.
Dr. Zeiß	Rechtsanwalt	Jena.
Dr. Zeller	Regierungsrath	Darmstadt.
Dr. Zenker, Oskar	Rechtsanwalt	Leipzig.
Zickermann	Rechtsanwalt	Schwerin (Mecklenburg).
Dr. Ziegler, A. Gottfr.	Privatier	Würzburg.
Ziehm, H.	Rechtsanwalt	Friedland (Mecklenburg).
Ziemessen	Amtsrichter	Stralsund.
Zinkeisen, Alex	Rechtsanwalt	Leipzig.
Zirkler	Oberjustizrath	Tübingen.
Zschucke, Th.	Bürgermeister	Markneukirchen.
Zückler	Rechtsanwalt	Glauchau.
Zutt, Otto	Rechtsanwalt	Mosbach (Baden).

Name.	Stand.	Wohnort.

Kaiserreich Oesterreich.

Dr. Adensamer	Advokat	Wien.
Dr. Angerer	Advokat	Wien.
Dr. Anthofer	Oberlandesgerichtsrath	Wien.
Dr. Atlaß	Advokat	Czernowitz.
Dr. Ritter v. Kremer- Auenrode	Professor	Prag.
Ritter von Auell	Staatsanwalt	Jicin.
Bareuther	Doktor der Rechte	Wien.
Dr. v. Benak	Advokat	Linz.
Dr. Berthold	Advokat	Wien.
Dr. Biach	Advokat	Wien.
Dr. von Bozoki	Professor	Großwardein.
Dr. Brezina	Advokat	Wien.
Dr. Brezina	Notar	Wien.
Dr. Brichta	Advokat	Wien.
Dr. Bruck	Notar	Wien.
Dr. Burian	Advokat	Wien.
Csemeghi, Carl von Excellenz	Wirkl. Geh. Rath, Senats- Präsident am Obersten Ge- richtshofe	Budapest.
Czuka, Eduard	Advokat	S. a. Ujhely.
Dr. Ritter v. Demel	Notar	Teschen.
Dr. Exner	Professor	Wien.
Dr. Fayer	Advokat und Privatdozent	Pest.
Dr. Ritter von Feist- mantel, Carl	Advokat	Wien.
Feldl	Advokat	Darda.
Dr. Ritter v. Mündel- Feldberg	Advokat	Wien.
Dr. Ritter von Floch	Finanzrath und Advokat	Pest.
Dr. Fochtmann	Notar	Buchau.
Dr. Foltanek	Notar	Wien.
Dr. Frantz	Advokat	Wien.
Landgraf zu Fürsten- berg, Excellenz	Wirkl. Geh Rath, Senats- Präsident am Obersten Ge- richtshofe	Wien.
Fürth	Notar	Steyr.
Dr. Ritter von Glanz	Advokat	Linz.
Dr. Freiherr von Hye- Glunek, Excellenz	Wirkl. Geh. Rath	Wien.

Name.	Stand.	Wohnort.
Dr. Freiherr von Hye-Glunek	Landesgerichtsrath	Wien.
Dr. Götz	Advokat	Nikolsburg.
Dr. Goldschmid	Advokat	Prag.
Dr. Graf	Advokat	Eger.
Dr. Groß	Advokat	Wien.
Dr. Edl. v. Gschmeidler	Advokat	Ober-Hollabrunn.
Dr. Guln	Advokat	Szabadka.
Dr. Haas	Eisenbahn-Central-Inspektor	Wien.
Dr. Ritter v. Haberler	Advokat	Wien.
Dr. Freiherr v. Haerdtl, Carl	Advokat	Wien.
Dr. Haele	Advokat	Ried.
Dr. Ritter von Harrasowsky	Hofrath	Wien.
Dr. Heil	Staatsanwalt-Substitut	Budapest.
Heinrich	Landesgerichtsrath	Prag.
Dr. Heller	Professor	Wien.
Dr. Ritter v. Hermann	Advokat	Wien.
Dr. Hiller	Professor	Czernowitz.
Dr. Hirsch	Advokat	Olmütz.
Dr. Hoffmann, Herm.	Advokat	Salzburg.
Dr. Hoke	Advokat	Linz.
Dr. Horn, Ferdinand	emeritirter Advokat	Wien.
Dr. Horowitz, Leo	Advokat	Krakau.
Dr. Huber, Ludw. Josef	Advokat	Wien.
Dr. Hugelmann	Hofsekretär	Wien.
Dr. Jäger	Advokat	Salzburg.
Dr. Jaques	Advokat	Wien.
Dr. Kaiser	Advokat	Ungarisch-Hradisch.
Dr. Ritter von Kaltenegger	Hofrath und Finanz-Prokurator	Wien.
Dr. Kaufmann	Advokat	Znaim.
Dr. Ritter von Keller	Vize-Präsident des Oberlandesgerichtes	Wien.
Dr. Kern, Theodor	Advokat	Budapest.
Dr. Kerpal	Advokat	Wien.
Dr. Ritter v. Kindinger	Hofrath und Landesgerichts-Präsident	Trient.
Dr. Kirchler	Advokat	Schwanenstadt.
Dr. Klob	Advokat	Brünn.
Koch	Staatsanwalt	Ried.

Name.	Stand.	Wohnort.
Konrad	Notar	Petschau.
Dr. Környei	Advokat	Budapest.
Dr. Kokoschinegg	Advokat	Graz.
Dr. Kolbe, Dominik	Advokat	Wien.
Dr. Kosjek	Advokat	Graz.
Dr. Kratky	Advokat und Vorstand des Wiener Zweig-Büreaus des Deutschen Juristentages	Wien.
Dr. Krausenek	Advokat	Triest.
Dr. Kunwald	Advokat	Wien.
Dr. Libitzky	Advokat	Wien.
Dr. Lichtenstern, Ludw.	Advokat	Wien.
Dr. Links	Advokat	Wien.
Dr. Löwy, M.	Advokat	Wien.
Dr. Machek	Advokat	Chrudim.
Dr. Markbreiter	Advokat	Wien.
Dr. Mauthner	Advokat	Wien.
Dr. Mayer	Professor	Wien.
Dr. von Menger, Max	Advokat	Wien.
Dr. Millanich	Advokat	Wien.
Dr. Mitlacher	Advokat	Wien.
Dr. Ritter von Mitscha	Regierungsrath und Bankvereinsdirektor	Wien.
Dr. Moosmann	Advokat	Ravelsbach.
Müller	Notar	Niemes.
Dr. von Nagel	Advokat	Mattighofen.
Dr. Neumann, Herm.	Advokat	Budapest.
Dr. Neußer	Advokat	Troppau.
Dr. Oberhuber	Advokat	Ried.
Dr. Pann, Arnold	Regierungsrath und Advokat	Wien.
Dr. Pfaff	Professor	Wien.
Dr. Pfob	Advokat	Wien.
Dr. Pisko	Advokat	Wien.
Dr. Plattner	Advokat	Steyr.
Dr. Pohl	Advokat	Eger.
Dr. Pokorny, Eduard	Advokat	Wien.
Prusik, Eduard	Stadtrath	Iglau.
Dr. Ptaczek	Advokat und Notar	Boskowitz.
Dr. Ritter v. Raimann	Oberlandesgerichtsrath	Wien.
Dr. Rechbauer, Exc.	Wirkl. Geh. Rath	Graz.
Dr. von Schrutka-Rechtenstamm	Professor	Wien.

Name.	Stand.	Wohnort.
Dr. Reif	Advokat	Wien.
Reindl	Notar	Urfahr-Linz.
Dr. Reiser	Advokat	Wien.
Dr. Reiser	Notar	Marburg.
Dr. Reißig	Advokat	Brünn.
Dr. Riehl	Advokat	Wiener-Neustadt.
Dr. Rosenbacher, Arn.	Advokat	Prag.
Dr. Rosian	Advokat	Salzburg.
Dr. Ritter v. Schmerling, Excellenz	Wirkl. Geh. Rath, Erster Präsident d. Obersten Gerichtshofes	Wien.
Dr. Schmettau	Advokat	Freiwaldau.
Dr. Schmeykal	Advokat	Prag.
Dr. Schmidt	Advokat	Elbogen.
Dr. Schmitt	Advokat	Wien.
Dr. Schneider	Advokat	Mauerkirchen.
Dr. Schreiter, Franz	Advokat	Komotau.
Dr. Schüßler	Advokat	Wien.
Schustler	Notar	Mährisch-Weißkirchen.
Dr. Senn	Advokat	Ried.
Dr. Freiherr v. Sommaruga	Advokat	Wien.
Dr. Spanner	Advokat	Wien.
Dr. Spitzer	emeritirter Advokat	Wien.
Ritter von Stahl	Ministerial-Sekretär a. D.	Wien.
Dr. Steinwender	Notar	Leonfelden.
Dr. Stern, Alfred	Advokat	Wien.
Dr. Strasser	Notar	Radstadt.
Dr. Strauß	Advokat	Wien.
Dr. Suchanek	Verwaltungsrath	Wien.
Dr. Thanner	Professor	Innsbruck.
Theumer	Notar	Elbogen.
Theumer	Oberlandesgerichtsrath	Prag.
Dr. Theumer	Advokat	Aussig a. d. Elbe.
Dr. Tobisch	Advokat	Bilin.
Dr. Tremel	Advokat	Wien.
Dr. Ullmann	Regierungsrath und Professor	Wien.
Dr. Unger, Excellenz	Wirkl. Geh. Rath, Präsident des Reichsgerichtes	Wien.
Dr. von Vaszary	Advokat	Kaposvár.
Dr. Volkelt	Advokat	Prag.
Dr. Wahlberg	Hofrath und Professor	Wien.
Wallaschek	Notar	Brünn.

Name.	Stand.	Wohnort.
Weinert	Bezirksrichter	Tepl.
Dr. Weißel, Edmund	Advokat	Wien.
Dr. Weißmann	Sektionschef a. D.	Wien.
Dr. Weitlof	Advokat	Wien.
Dr. Werner	Professor	Kaschau.
Dr. Widmann	Advokat	Salzburg.
Dr. Ritter v. Wiedenfeld	Advokot	Wien.
Dr. Willner	Advokat	Wien.
Dr. von Wlassics	Staatsanwalt-Substitut	Budapest.
Dr. Zapletal	Advokaturs-Candidat	Rudolfsheim bei Wien.
Dr. Zatecky	Advokat	Wien.
Dr. Zimmer	Advokat	Wiegstadtl.
Dr. Zimmermann	Advokat	Wien.
Dr. Zloch	Notar	Karlsbad.
Dr. Zoll	Regierungsrath und Professor	Krakau.
Dr. Zucker	Professor	Prag.

Abschluß der Kasse des

Einnahme.

1886			
1. Januar	Per Saldo	5102	15
4. Januar	„ Coupons von Preußisch. 4½% Centralbodencredit-Pfandbriefen	236	25
	„ Coupons von Pommerschen Pfandbriefen	474	00
	„ Verlooste Pommersche Pfandbriefe . .	1498	50
4. Februar	„ Coupons von Badischer Prämien-Anleihe	48	00
9. März	„ Cassa p. Post von Herrn Justizrath Makower	800	00
22. April	„ Coupons von Pommersch. 4% Pfandbriefen	294	00
	„ Differenz und Prämie aus convertirte M. 14700 Pommersch. 4% Pfandbriefe	220	50
11. Mai	„ Zahlung von J. Guttentag	3129	56
18. Mai	„ M. 10500 Preußisch. 4½% Central-Bodencredit-Pfandbriefe	11846	05
4. Juni	„ Coupons von Bayerischer Prämien-Anleihe	72	00
16. Juni	„ Zahlung von Herrn Justizrath Makower	138	00
30. Juni	„ Zinsen Nr. 7475 à 2%	41	50
	„ Saldo p. 1. Juli 1886	65	20
		23965	71

Berlin, den 30. Juni 1886.

Bestand der Werthpapiere am 30. Juni 1886.

M. 3 300 Pommersche 4% Pfandbriefe.
M. 3 000 Pommersche 4% Pfandbriefe, verloost p. 1. Juli 1886.
M. 1 200 Pommersche 4% Pfandbriefe, verloost p. 2. Januar 1887.
M. 4 800 Pommersche 3½% Pfandbriefe.
M. 29 700 Pommersche 3½% Pfandbriefe ohne Coupons p. 1. Juli 1886.
M. 1 800 Bayerische Prämien-Anleihe.
M. 2 400 Badische Prämien-Anleihe.

deutschen Juristentages.

Ausgabe.

1886			
19. Januar	An Zahlung an Herrn Geh. Justizrath von Wilmowski	600	00
	„ Cassa p. Post an Herrn Oberlandesgerichtsrath Thomsen	1000	00
7. April	„ M. 4 800 Pommersch. $3^1/_2$% Pfandbriefe	4820	70
17. April	„ Zahlung an Herrn Alexander Demuth	36	00
	„ Cassa p. Post an Herrn Kanzleirath Lilge	20	00
18. Mai	„ M. 15 000 Pommersch. $3^1/_2$% Pfandbriefe	14951	50
10. Juni	„ Zahlung an Herrn Justizrath Makower	1500	00
21. Juni	„ Zahlung an Herrn Geh. Justizrath von Wilmowski	600	00
23. Juni	„ Zahlung diverser Honorare	432	60
30. Juni	„ Porto und Spesen	4	91
		23965	71

Stenographische Berichte.

Erste Plenarsitzung
des
Achtzehnten deutschen Juristentages
im
Saale der „Kaiserhalle" zu Wiesbaden
am 9. September 1886.

(Beginn: Vormittags nach 9 Uhr.)

Reichsgerichtspräsident Dr. **Drechsler** aus Leipzig: Meine Herren! Im Auftrage der ständigen Deputation des deutschen Juristentages erkläre ich den XVIII. deutschen Juristentag für eröffnet.

Sie haben nun zunächst zu schreiten zur Constituirung des Bureaus, namentlich die Wahl eines Präsidenten vorzunehmen zur Leitung Ihrer Verhandlungen. Es ist bisher ohne Ausnahme Sitte gewesen, daß Sie auch in dieser Beziehung den Vorschlag Ihrer ständigen Deputation entgegengenommen und den Mann durch Acclamation zum Vorsitzenden gewählt haben, den Ihre ständige Deputation Ihnen vorschlug. Wir sind heute in der glücklichen Lage, den bewährtesten aller Präsidenten des deutschen Juristentages Ihnen aufs Neue zum Präsidenten vorzuschlagen; (Bravo!) ich meine unsern altbewährten Präsidenten Staatsrath Dr. Gneist. Wenn kein Widerspruch sich erhebt, nehme ich an, daß Sie mit diesem Vorschlage einverstanden sind (Lebhafte Zustimmung), und ersuche Herrn Professor Dr. Gneist, den Vorsitz zu übernehmen.

Präsident Oberverwaltungsgerichtsrath Professor Dr. **Gneist**: Meine hochverehrten Herren! Die wiederholte Wahl zum Vorsitzenden des deutschen Juristentags erweist mir eine Ehre, auf die ich nach Lage der Dinge wie der Person keinen Anspruch erheben könnte. Wenn Sie des corpus juris civilis sich von gestern Abend und auch von früher her freundlichst erinnern wollen, so könnte, wie die Sache heute liegt, sogar die Gefahr einer longi temporis praescriptio entstehen durch zehn- oder zwanzigjährigen Besitzstand, der weder für den Juristentag noch auch für meine Person geeignet wäre. Erlauben sie daher, daß ich die Gefahr einer solchen Verjährung durch ein „Anerkenntniß" beseitige, nämlich durch das ausdrückliche Anerkentniß: daß Sie mir eine Ehre erweisen, auf die ich durchaus keinen Anspruch habe neben so vielen Gleichberufenen. Da ich aber in einem Lebensabschnitt stehe, in dem man gern ein von den Berufsgenossen ertheiltes testimonium diligentiae dankbar annimmt, so folge ich dem ehrenvollen Rufe mit dem herzlichsten Danke, bitte nur um Ihre gütige Nachsicht für die Leitung der Geschäfte und hoffe — das kann ich heute wohl sagen, — daß ich künftig noch öfter nach Schweizer Ausdruck als Altpräsident an den Verhandlungen des Juristentages werde theilnehmen können.

Mir liegt nun zunächst ob, das Bureau zu konstituiren. Ich habe die Ehre, Ihnen vorzuschlagen als Vicepräsidenten des Juristentages den Herrn Oberlandesgerichtspräsidenten Dr. Albrecht-Frankfurt a. M., den Herrn Hof- und Gerichtsadvokaten Dr. Jaques aus Wien, den Herrn Landesgerichtspräsidenten Hopman von hier und den Herrn Geh. Justizrath Prof. Dernburg aus Berlin. Ich hoffe, daß dieser Vorschlag des stellvertretenden Präsidiums Ihren Beifall finden wird und bitte die geehrten Herren, die ich eben genannt habe, wenn es ihnen beliebt, auf der erhöhten Richterbank Platz nehmen zu wollen.

Sodann liegt es mir ob, für die Verhandlungen des Plenums Schriftführer zu ernennen, und ich erlaube mir, Ihnen vorzuschlagen von hier die Herren Regierungsrath Cäsar und Justizrath Dr. Brück, und von den auswärtigen den Herrn Justizrath Fenner vom Reichsgericht und Herrn Rechtsanwalt Dr. Heinsen-Hamburg.

Wir waren im Laufe des letzten Jahres in der freudigen Lage, die Erinnerung an das 25jährige Bestehen unseres Juristentages zu feiern, und der Herr Oberlandesgerichtsrath Dr. Thomsen-Stettin, der heute leider durch seinen Gesundheitszustand verhindert ist, theilzunehmen, hat unseren Mitgliedern einen ausführlichen Bericht über die Thätigkeit des Juristentages erstattet, der uns mit Genugthuung erfüllen kann, indem er darlegt, wie unter ungewöhnlichen, günstigen Umständen dieser Verein eine bewunderungswürdige Conkordanz mit dem Gange der Gesetzgebung zeigt, so daß, beiläufig gesagt, unter 120 Fragen von einiger Bedeutung, die hier verhandelt wurde, mehr als 100 Fragen durch die Gesetzgebung in unserem Sinne entschieden sind und die anderweitigen Entscheidungen der Gesetzgebung meistens minimale Verhältnisse betreffen. Aber, meine Herren, in derselben Periode hat uns auch der Verlust unseres Senior betroffen, unseres hochverdienten Generalstaatsanwalts Dr. von Schwarze, und ich darf an dieser Stelle im Kreise der alten Collegen von der ständigen Deputation wohl aussprechen, daß er als College uns lieb und werth, ja ich möchte sagen, für die dritte Abtheilung nahezu unersetzlich geworden ist. Schwarze war einer der ersten, die 1860 im deutschen Juristentag sich hervorthaten durch die feurige, aus tiefster Ueberzeugung kommende Befürwortung der nationalen Einheit des Rechts. Wir waren überrascht, von dieser Seite her den lauten patriotischen Ruf zu vernehmen, dem er gefolgt ist während einer viertelhundertjährigen Thätigkeit auch an dieser Stelle. Es ist sein Bestreben gewesen, von Niemandem übertroffen zu werden in treuer ausdauernder Arbeit für die einheitliche Entwickelung unseres deutschen Rechtes im nationalen Sinne, von keinem übertroffen zu werden im Bestreben, die nothwendigen Anforderungen der Staatsgewalt, insbes. der Strafjustiz zu vereinigen mit den Forderungen der Humanität, von keinem übertroffen werden an persönlicher Liebenswürdigkeit und konziliſanter Thätigkeit, die er auch in dankenswerthester Weise in der Reichsjustizcommission bewährt hat bei Berathung unserer großen Gesetzbücher. Ich glaube, wir erweisen unserem verewigten Senior den wohlverdienten Tribut, wenn ich Sie bitte, sich zum Andenken unseres hochverdienten Mitgliedes zu erheben und damit auszusprechen, daß wir ihm unvergeßlich ein treues Andenken bewahren werden. (Sämmtliche Anwesende erheben sich von ihren Plätzen.)

Das Wort vor der Tagesordnung hat noch Herr Dr. Jaques aus Wien.

Hof- und Gerichtsadvokat Dr. **Jaques** (Wien): Meine verehrten Herren! Wir haben soeben einer schmerzlichen Erinnerung Ausdruck gegeben. Ich gestatte mir nunmehr zu beantragen, daß wir uns jetzt auch sofort einer freudigen Erinnerung zuwenden möchten. Unser hochverehrter Herr Präsident hat vor wenig Wochen seinen 70jährigen Geburtstag gefeiert. Ich glaube, daß der Juristentag und wir Juristen alle dieses Fest mit begangen haben in freudiger Anerkennung der großen, der ausgezeichneten wissenschaftlichen Verdienste, die sich unser verehrter Herr Präsident erworben, sowie der Verdienste, die er sich speziell als Präsident des Juristentags durch eine lange Reihe von Jahren erworben hat. Dabei weiter zu verweilen, in Ihrem Kreise, das möchte ich mir nicht anmaßen. Würde ich auch nur versuchen, seine wissenschaftlichen Werke, von den formellen Obligationen angefangen bis zu dem jüngst erschienenen Werk über die englische Parlamentsverfassung, hier zu erwähnen, so würde er mir wahrscheinlich mit Rücksicht auf die Kürze der Zeit, welche dem Juristentag gegönnt ist, das Wort entziehen. Dem will ich mich nicht aussetzen, glaube aber, Ihren Gefühlen zu entsprechen, wenn ich Sie bitte, sich von Ihren Sitzen zu erheben, um unserem verehrten Präsidenten noch nachträglich den innigsten Glückwunsch zu seinem 70. Geburtstag auszusprechen und zugleich den Wunsch, daß er noch durch lange Zeit in derselben geistigen und körperlichen Frische, in der wir ihn heute seines Amtes walten sehen, seiner Thätigkeit pflegen und dem Vaterlande und der Wissenschaft Dienste leisten möge! (Lebhaftes Bravo.)

Präsident: Meine Herren! Sie beschämen mich tief durch die Ehrenbezeigung, die, denke ich, eigentlich uns allen zum 70. Geburtstage zukommen würde, und ich kann solche nur annehmen in dem Sinne eines gütigen testimonium diligentiae, welches ich bei dieser Gelegenheit von Ihnen erhalte. Ich kann Ihren Glückwunsch nur erwiedern mit dem Wunsche, meine Herren, daß Sie Ihren Siebzigsten Alle so munter erleben möchten, wie ich das Glück gehabt habe. (Bravo!)

Meine Herren, die Vertheilung der Geschäfte unter die Abtheilungen ist von der Deputation eigentlich schon geordnet, sowie die Materien es ergaben. Wir gebrauchen bei ungefähr gleichem Arbeitspensum eine erste Abtheilung für Privatrecht, eine zweite Abtheilung für Handelsrecht und eine dritte Abtheilung für Strafrecht. Die vierte Abtheilung für Gerichtsverfassung und Civilprozeß hat dieses Mal keine besonderen Themata, wie das in der Lage der Gesetzgebung einigermaßen begründet ist. Nun haben wir die Themata so geordnet, wie sie, kaum bestreitbar, auf die drei Abtheilungen sich vertheilen würden: 1 bis 4 für die I. Abtheilung. Die II. Abtheilung Frage 5 bis 8. Frage 9 und 10 sind selbstverständlich zwei criminalistische Fragen.

Ich habe sodann noch die Mittheilung zu machen den Herren Collegen von der Rechtsanwaltschaft, daß am 10. September 1886 Mittags 12 Uhr in der Kaiserhalle Bahnhofstraße 20, die II. ordentliche Generalversammlung der Hilfskasse für deutsche Rechtsanwälte stattfindet. Sie nehmen wohl davon gütigst Kenntniß.

Sodann, meine Herren, ist bei uns ein Schreiben eingegangen von dem Herrn Rechtsanwalt Beck aus Nürnberg, der seit 20 Jahren Theilnehmer des Juristentages stetig gewesen und diesmal verhindert ist. Das Schreiben beruht augenscheinlich auf einem Mißverständniß. Es enthält einen Protest gegen einen Hergang auf dem letzten deutschen Juristentage, der darauf geht, es habe über die Berufung in Strafsachen eine Abstimmung stattgefunden, der Vorsitzende habe das Resultat für „zweifelhaft" erklärt und dabei habe es sein Bewenden behalten, während Zählung hätte stattfinden müssen. Nun, meine Herren, das ist offenbar ein Mißverständniß, denn der stenographische Bericht ergibt das Gegentheil. Es ist Alles geschehen, was geschehen konnte: es hat Zählung stattgefunden, es ist auch im stenographischen Bericht wahrheitsgemäß erwähnt, und damit ist die Sache erledigt.

Uebrigens war die Deputation der Meinung, daß man diesen Fall nicht als Präcedenz gelten lassen könne. Es würde bedenkliche Folgen haben, wenn jedes Mitglied des Juristentags, welches einmal nicht kommen kann, einen schriftlichen Protest gegen diesen oder jenen Hergang einreicht, der dann hier zur Erörterung kommen soll. Die Sache ist nur erwähnt worden, weil sie sich als auf Mißverständnissen beruhend erledigt.

Ich glaube, meine Herren, wir können nunmehr zum Vortrag des **Generalberichts über den Gang der Gesetzgebung** in den verflossenen zwei Jahren übergehen.

Herr Geheimer Justizrath von Wilmowski wird die Güte haben, den Bericht zu erstatten.

Geheimer Justizrath **von Wilmowski** (Berlin): Während seit dem 1. Oktober 1881 die gesammte Reichskommission für die Redaktion des deutschen bürgerlichen Gesetzbuches die Entwürfe ihrer Redaktoren in Berathung gezogen hat, ohne daß bis jetzt dem juristischen Publikum sichere Resultate erkennbar geworden sind, hat in Erwartung der Ergebnisse auf dem umfassenden und zur Ausgleichung der verschiedenen Systeme allerdings schwierigen Gebiete des Civilrechts die Gesetzgebung aller deutschen Einzelstaaten, sowie des Reichs mit seltenen Ausnahmen sich der Thätigkeit fast vollständig enthalten, um der einheitlichen Regelung der Rechtsgrundsätze nicht vorzugreifen oder noch weitere Hindernisse in den Weg zu legen.

Um so mächtiger tritt das, schon im letzten Jahresberichte hervorgehobene, für das laufende Jahrzehnt charakteristische Streben des Reichs zur sozialistischen Fürsorge für die arbeitenden Klassen mit der Neubildung von Rechtsverhältnissen in den Vordergrund. Die Gesetzgebung des **Deutschen Reichs** ist davon so vorwiegend in Anspruch genommen, daß sie für andere Rechtsgebiete kaum noch Raum hat. Nach dem Erlasse der Reichsgesetze vom 15. Juni 1883 betreffend die Krankenversicherung der Arbeiter und des Unfallversicherungsgesetzes vom 6. Juli 1884 ist die Ausführung dieser Gesetze und die entsprechende Ausdehnung auf andere, von denselben noch nicht betroffenen Klassen der wesentlichste Gegenstand der Thätigkeit der Gesetzgebung und der Behörden geworden.

Die Bekanntmachung vom 22. Januar 1885 erklärte Arbeiter und Betriebsbeamte in einer Menge von Gewerbebetrieben für Bauten als versicherungspflichtig.

Das Gesetz vom 28. Mai 1885 erklärt das Unfallversicherungsgesetz auf den Betrieb der Post-, Telegraphen- und Eisenbahn-Verwaltungen, der Marine- und Heeres-Verwaltungen, einschließlich der von diesen Verwaltungen für eigene Rechnung ausgeführten Bauten, auf den Baggereibetrieb, gewerbsmäßigen Fuhrwerks-, Binnenschiffahrts-, Flößerei- und Fahr-Betrieb, Speditions-, Speicher- und Kellerei-Betrieb und den Gewerbebetrieb der für Güterspedition Beschäftigten anwendbar; unter entsprechender Modifikation der Vorschriften, indem bei den für staatliche Rechnung erfolgenden Verwaltungen an die Stelle der Berufsgenossenschaften das Reich bezw. der Staat, für dessen Rechnung die Verwaltung geführt wird, tritt und demgemäß einige Abweichungen für die Ausführung bestimmt sind.

Ebenso ist für dieselben Betriebe das Gesetz vom 15. Juni 1883 betreffend die Krankenversicherung anwendbar erklärt.

Laut Kaiserl. Verordnung vom 25. September 1885 ist das Unfallversicherungsgesetz vom 6. Juli 1884 im vollen Umfange und das eben erwähnte Gesetz vom 28. Mai 1885 für die Betriebe der Post-, Telegraphen-, Eisenbahnen-, Marine- und Heeres-Verwaltungen mit dem 1. Oktober 1885 in Kraft getreten; desgleichen ist laut Kaiserl. Verordnung vom 24. Juni 1886 das Gesetz vom 28. Mai 1885 für die andern darin bezeichneten Betriebe mit dem 1. Juli 1886 in Kraft getreten.

Personen des Soldatenstandes sind von den vorstehenden Bestimmungen ausgenommen. Demnächst ist indeß ein besonderes Gesetz vom 15. März 1886 zur Fürsorge für Beamten und Personen des Soldatenstandes bei nachtheiligen Folgen von Betriebsunfällen erlassen. Sie sollen, wenn sie durch einen Betriebsunfall dauernd dienstunfähig werden, $^2/_3$ ihres jährlichen Diensteinkommens, und bei sonstiger Beeinträchtigung ihrer Erwerbsfähigkeit einen entsprechenden Bruchtheil dieser Pension erhalten, sofern ihnen nicht nach sonstigen reichsgesetzlichen Vorschriften ein höherer Betrag zusteht. Den Hinterbliebenen der Personen, welche durch einen im Dienste erlittenen Betriebsunfall gestorben sind, namentlich den Wittwen und Kindern (ebenso den Anverwandten, wenn der Verstorbene ihr einziger Ernährer war) sind Renten bis zum Gesammthöchstbetrage von 60 Prozent des Diensteinkommens zugesichert. Die Ansprüche werden nicht gewährt für Unfälle, welche der Verletzte vorsätzlich oder durch ein solches Verschulden herbeigeführt hat, wegen dessen auf Dienstentlassung oder Verlust des Pensionsanspruchs oder der Fähigkeit zur Beschäftigung im öffentlichen Dienste erkannt ist.

Durch das Gesetz vom 5. Mai 1886 ist ferner die Unfall- und Krankenversicherung der in land- und forstwirthschaftlichen Betrieben beschäftigten Personen umfassend geordnet. Die Versicherung gegen Unfälle erfolgt für Alle, deren Jahresarbeitsverdienst 2000 Mark nicht übersteigt, unter statutarischer Ermöglichung der Versicherung auch bei größerem Einkommen. Die Versicherung erfolgt gegen Unfälle, welche Tödtung oder Körperverletzungen zur Folge haben, bei Verletzungen vom Ablauf der 13. Woche ab, während für die frühere Zeit die Fürsorge der Krankenversicherung bezw. der Gemeinde obliegen soll. Die Versicherung erfolgt auch hier, wie nach dem Gesetze vom 6. Juli 1884 auf Gegenseitigkeit durch die Unternehmer der betheiligten Betriebe, welche hierzu in Berufsgenossenschaften für bestimmte örtliche Bezirke vereinigt werden, und die Deckungsmittel durch Beiträge der Mitglieder nach jährlicher Umlegung aufzubringen haben. Die Bildung der Genossenschaften, die Beschließung des Statuts durch Vertreter aus der Mitte von Wahlmännern, welche die Gemeindevertretung bezw. Gemeindebehörde ernennt, der obligatorische Inhalt ihres vom Reichsversicherungsamte zu bestätigenden Statuts, Wahl und Funktionen des Genossenschaftsvorstandes und der Genossenschaftsversammlungen (der Vertreter der versicherungspflichtigen Unternehmen) sind eingehend geregelt; ebenso die Feststellung der Entschädigungen durch den Vorstand der Genossenschaft bezw. der Sektion, wenn die Genossenschaft in Sektionen getheilt ist; die Berufung gegen die Feststellung oder deren Ablehnung an ein Schiedsgericht; die Bildung dieses Schiedsgerichts in entsprechender Weise, wie nach dem Gesetze vom 6. Juli 1884, und der Recurs vom Schiedsgericht an das Reichsversicherungsamt, welchem auch die Aufsicht über die Genossenschaften zusteht. Für Betriebe, welche für Rechnung des Reichs oder eines Bundesstaats verwaltet werden, tritt das Reich bezw. der Staat an die Stelle der Berufsgenossenschaft und sind besondere Modifikationen im Einzelnen vorgeschrieben.

Die Landesgesetzgebung ist befugt, die Abgrenzung der Berufsgenossenschaften, deren Organisation und Verwaltung, das Verfahren bei Betriebsveränderungen, den Maßstab für die Umlegung der Beiträge und das Verfahren bei Umlegung und Erhebung abweichend zu regeln, sowie andre Organe für die Führung der Verwaltung und zur Uebernahme der Rechte und Pflichten der Vorstände zu bestimmen. Der Bundesrath und wenn die Genossenschaft auf Grund landesgesetzlicher Bestimmungen gebildet ist, die Landeszentralbehörde, können Berufsgenossenschaften wegen Leistungsunfähigkeit auflösen und die Betriebe zu anderen Genossenschaften zutheilen; die Rechtsansprüche und Verpflichtungen der aufgelösten Genossenschaft gehen dann auf das Reich bezw. den Bundesstaat über.

Hier, wie auch nach dem Gesetze vom 6. Juli 1884, können die Versicherten und ihre Hinterbliebenen gegen die Betriebsunternehmer, ihre Vertreter und Aufseher nur dann Schadensersatz beanspruchen, wenn gegen diese durch strafgerichtliches Urtheil festgestellt ist, daß sie den Unfall vorsätzlich herbeigeführt haben, und alsdann nur auf den die Entschädigung nach diesem Gesetze übersteigenden Betrag. Wenn gegen diese durch strafgerichtliches Urtheil festgestellt ist, daß sie den Unfall vorsätzlich oder fahrlässig mit Unterlassung der, durch Amt, Beruf oder Gewerbe ihnen besonders obliegenden Aufmerksamkeit herbeigeführt haben, haften sie ferner den Genossenschaften, Gemeinden und Krankenkassen für den nach diesem Gesetze oder dem Krankenversicherungsgesetze vom 15. Juni 1883 verursachten Schaden. Für die Haftung Anderer, als der Betriebsunternehmer, ihrer Vertreter und Aufseher bleiben die bestehenden gesetzlichen Vorschriften maßgebend; die Forderung der Entschädigungsberechtigten an den Dritten geht auf die Genossenschaft insoweit über, als die Entschädigungs-Verpflichtung der letzteren durch dies Gesetz begründet ist. — Das Krankenversicherungsgesetz vom 15. Juni 1883 findet für die in der Land- oder Forstwirthschaft gegen Gehalt oder Lohn beschäftigten Personen, wenn sie durch die Landesgesetzgebung der Krankenversicherung unterworfen werden, oder durch statutarische Bestimmungen die Anwendung jenes Gesetzes auf sie erstreckt wird, Anwendung, mit einigen Modifikationen, welche namentlich einer Minderung der Versicherungs-Verpflichtungen beim Bestehen anderer Ansprüche betreffen.

Durch Verordnung vom 5. August 1885 ist das Verfahren vor dem Reichsversicherungsamte und dessen Geschäftsgang geregelt, — mündliche Verhandlung mit schriftlicher Sachdarstellung eines Berichterstatters zur Entscheidung auf Rekurse gegen Schiedsgerichte und zu Entscheidungen vermögensrechtlicher Streitigkeiten bei Veränderungen des Bestandes der Genossenschaften; sonst mündlicher Vortrag der Berichterstatter. — Die Verordnung vom 2. November 1885 ordnet das Verfahren vor den Schiedsgerichten, — mündliche Verhandlung mit Darstellung des Sachverhältnisses durch den Vorsitzenden oder einen Berichterstatter.

Gegenüber diesen Gesetzen zur positiven Fürsorge für Arbeiter ist die Dauer des Gesetzes gegen gemeingefährliche Bestrebungen der Sozialdemokratie vom 21. Oktober 1878 durch das Gesetz vom 20. April 1886 wieder bis zum 30. September 1888 verlängert.

Entsprechend der staatssozialistischen Richtung und Fürsorge hat sich die staatliche Fürsorge auch auf dem Gebiete der Gewerbegesetzgebung geltend gemacht. Der bereits im letzten Jahresberichte erwähnte Vorschlag des Reichstages, daß die höheren Verwaltungsbehörden für den Bezirk einer Innung, deren Thätigkeit auf dem Gebiete des Lehrlingswesens sich bewährt hat, bestimmen können, daß Gewerbetreibenden, welche nicht Innungsmitglieder sind, das Halten von Lehrlingen untersagt wird, hat inzwischen durch das Reichsgesetz vom 8. Dezember 1884 Gesetzeskraft erhalten. Weitere Aenderungen der Gewerbeordnung sind durch das Gesetz vom 23. April 1886 bestimmt.

Den Innungsverbänden kann durch den Bundestag die Fähigkeit beigelegt werden, unter ihrem Namen Eigenthum und sonstige Rechte zu erwerben, Verbindlichkeiten einzugehen, zu klagen und verklagt zu werden. Sie werden durch den Vorstand vertreten, welcher auch die statutarisch beschlossene Aufsicht und die Abwickelung der Geschäfte zu besorgen und im Falle der Konkurseröffnung, welche den Verband auflöst, dessen Rechte im Konkurse wahrzunehmen hat. Der Verband unterliegt der Aufsicht der höheren Verwaltungsbehörde, in deren Bezirke der Vorstand seinen Sitz hat.

Durch Erlaß des Bundesraths vom 12. April 1886 sind detaillirte Vorschriften über die Einrichtung und den Betrieb der Bleifarben- und Bleizuckerfabriken mit der Wirkung der polizeilich zu erzwingenden Einstellung des Betriebs bis zur Herstellung des vorschriftsmäßigen Zustandes gegeben.

Eine umfassende Anordnung vom 27. Dezember 1884 bestimmt eine neue Regelung der zulässigen Längenmaaße, Flüssigkeitsmaaße, Fässer, Hohlmaaße für trockene Gegenstände, Gewichte, Waagen, der Meßwerkzeuge für weingeistige Flüssigkeiten, Gasmesser; sowie ihrer zulässigen Fehlergrenzen, ihrer Bezeichnung und Stempelung, unter Beifügung einer Aichgebührentaxe vom 28. Dezember 1884 und eines Erlasses vom 30. Dezember 1884, betreffend die Zulassungsfristen für ältere Maaße, Meßwerkzeuge, Gewichte und Waagen.

Zum Gebiete der staatlichen Fürsorge für Bedürftige sind endlich auch noch die Reichsgesetze vom 21. April 1886 für das Militär und für Reichscivilbeamte zu rechnen. Durch das Gesetz für das Militär werden die Sätze des Militärpensionsgesetzes vom 27. Juni 1871 für Offiziere und Militärärzte im Offiziersrang auf 15/60 des pensionsfähigen Diensteinkommens nach vollendetem 10. Dienstjahre mit Steigerung um je 1/60 für jedes fernere Dienstjahr bis zu 45/60 erhöht; mit Rückwirkung für die seit dem 1. April 1882 Pensionirten, und unter entsprechender Pensionserhöhung für diejenigen, denen für die Theilnahme am letzten Kriege gegen Frankreich mindestens ein Kriegsjahr in Anrechnung gebracht ist. — Das gleichzeitige Gesetz für die Reichscivilbeamten bestimmt die Pensionen in gleichen Bruchtheilen des Diensteinkommens, wie für die Offiziere, erklärt, daß bei 65jährigen Beamten die Dienstunfähigkeit nicht Vorbedingung des Anspruchs auf Pension ist, und bestimmt die Rückwirkung der Erhöhung der Pension für die seit dem 1. April 1882 pensionirten Beamten, sowie des entsprechenden Wittwen- und Waisengeldes für die Wittwen und Waisen, welche den Anspruch darauf seit dieser Zeit erlangt haben.

Gegen diese umfassenden Gesetzgebungswerke der staatlichen Fürsorge für das materielle Wohl Unterstützungs=Bedürftiger treten die sonstigen in den letzten Jahren erlassenen Gesetze, welche den Juristen als solchen interessiren, an Umfang und Bedeutung erheblich zurück. Sie beschränken sich auf einzelne Aenderungen der Reichsjustizgesetze von 1877, welche zur Beseitigung von Unzuträglichkeiten nöthig erachtet sind. Während der § 137 des Ger.=Verf.=Ges. für das Reichsgericht nur Entscheidungen der vereinigten Civilsenate statuirte, wenn ein Civilsenat von einer andern Civilsenatsentscheidung abweichen wollte, desgleichen Entscheidungen der vereinigten Strafsenate, wenn ein Strafsenat von einer andern Strafsenatsentscheidung abweichen wollte, und andrerseits kein Mittel zur Herstellung einer Einheitlichkeit gewährte, wenn Entscheidungen von Civilsenaten mit denen von Strafsenaten in Widerspruch traten, hat das Gesetz vom 17. März 1886 ferner bestimmt, daß es einer Entscheidung durch das Plenum bedarf, wenn ein Civilsenat von der Entscheidung eines Strafsenats oder der vereinigten Strafsenate oder wenn ein Strafsenat von der Entscheidung eines Civilsenats oder der vereinigten Civilsenate, oder ein Senat von der früheren Entscheidung des Plenum abweichen will. Die Entscheidung der Rechtsfrage durch die vereinigten Senate oder das Plenum, in der zu entscheidenden Sache bindend, erfolgt stets ohne vorgängige mündliche Verhandlung, indeß in Ehe= und Entmündigungssachen und vor Entscheidung des Plenums oder der vereinigten Strafsenate nach Anhörung des Oberreichsanwalts mit seinen schriftlichen Anträgen. Soweit die Sache eine mündliche Verhandlung erfordert, erfolgt sie vor dem erkennenden Senate auf Grund erneuter, von Amts wegen zu veranlassender mündlicher Verhandlung.

Die Civ.=Proz.=Ordn. hat in § 809 Abs. 2 die Vollziehung eines Arrestbefehls für unstatthaft erklärt, wenn zwei Wochen seit Verkündung oder Zustellung des Arrestbefehls an den Antragsteller verstrichen sind. Die Vollziehung setzt andererseits nach § 671 die vorgängige oder gleichzeitige Zustellung des Beschlusses an den Schuldner voraus, welche für öffentliche Zustellungen nach § 189 erst mit dem Ablaufe von zwei Wochen nach der Anheftung an der Gerichtstafel bewirkt ist. Behufs der, von Hamburg aus veranlaßten Beseitigung der hierdurch hervorgerufenen Unzuträglichkeiten hat das Gesetz vom 30. April 1886 den Konflikt derartig gelöst, daß es dem § 809 einen Zusatz dahin gab:

> „Die Vollziehung ist vor der Zustellung des Arrestbefehls an den Schuldner zulässig; sie ist jedoch ohne Wirkung, wenn die Zustellung nicht innerhalb einer Woche nach der Vollziehung und vor Ablauf der für diese im Abs. 2 bestimmten Frist erfolgt."

Ferner hat das Gesetz vom 3. Mai 1886 im naheliegenden Interesse des allgemeinen Verkehrs bestimmt, daß die Fahrbetriebsmittel der Eisenbahnen, welche Personen oder Güter im öffentlichen Verkehr befördern, von der ersten Einstellung in den Betrieb bis zur endgültigen Ausscheidung aus den Beständen der Pfändung nicht unterworfen, indeß im Konkursfalle von der Konkursmasse nicht ausgeschlossen sein sollen; hinsichtlich ausländischer Eisenbahnen soll die Unzulässigkeit der Pfändung nur insoweit Anwendung finden, als die Gegenseitigkeit verbürgt ist.

Der Vollständigkeit halber mag noch erwähnt werden, daß durch Gesetz vom 24. Juni 1886 einige Gesetze, welche an sich beschränktere Geltungsgebiete betreffen, aber wesentlich die Anwendung allgemeiner Gesetze auf einige Landestheile anordnen, betreffend die Stempelsteuer in Schleswig und Holstein vom 7. August 1867, und das Sportel-, Stempel- und Taxwesen in den Hohenzollernschen Landen vom 22. Juni 1875 als Gesetze bestimmt, deren Verletzung die Revision an das Reichsgericht begründet.

Das Gesetz vom 29. Mai 1885 hat die Reichsstempelabgaben unter Aenderung des Gesetzes vom 1. Juli 1881 neu geordnet.

Wenn schließlich noch erwähnt wird, daß durch die Kaiserliche Verordnung vom 28. Sept. 1885 dem Statthalter in Elsaß-Lothringen eine Reihe landesherrlicher Befugnisse übertragen ist, so ist damit die Gesetzgebung der letzten Jahre für das Innere des Reichs abgeschlossen.

Das Deutsche Reich hat indeß, zumal in unserem Jahrzehnt, seine Aufgabe auch in einem erhöhten Schutze deutscher Industrie und deutschen Handels nach auswärts und im Protektorate überseeischer Gebiete, insbesondere von dem, im Innern erst im Laufe unseres Jahrhunderts neu entdeckten dunkeln Erdtheil Afrika gefunden. Dies hat auch unserer Gesetzgebung und Justiz ein interessantes außergewöhnliches Gebiet für ihre Thätigkeit gewonnen. Das Gesetz vom 17. April 1886, betreffend die Rechtsverhältnisse der deutschen Schutzgebiete, bestimmt über dieselben im Allgemeinen: Die Schutzgewalt in den deutschen Schutzgebieten übt der Kaiser im Namen des Reichs aus. Das bürgerliche Recht, das Strafrecht, das gerichtliche Verfahren und die Gerichtsverfassung bestimmen sich nach dem Gesetze über Konsulargerichtsbarkeit vom 10. Juli 1879 mit der Maßgabe, daß zur Ausübung der Gerichtsbarkeit an Stelle des Konsuls ein dazu vom Reichskanzler ernannter Beamter, und an Stelle des Konsulargerichts ein entsprechendes Gericht des Schutzgebietes tritt. Die Zeit des Inkrafttretens wird durch Kaiserliche Verordnung festgesetzt. Durch Kaiserl. Verordnung kann ferner die Erweiterung der Gerichtsbarkeit über andere Personen, die Erhöhung der Befugnisse bei Erlaß polizeilicher Vorschriften, die Mitwirkung einer Staatsanwaltschaft und Modifikation des Strafverfahrens, die Ernennung von Berufungs- und Beschwerdegerichten und die Anordnung anderer Vorschriften über Zustellungen, Zwangsvollstreckungen und Kosten bestimmt werden. Das Gesetz vom 4. Mai 1870 über Eheschließung und Beurkundung des Personenstandes von Reichsangehörigen im Auslande findet für die Schutzgebiete mit der Maßgabe Anwendung, daß es durch Kaiserliche Verordnung auch auf andere Personen ausgedehnt werden kann und an Stelle des Konsuls andere Beamte als Personenstandsbeamte ermächtigt werden. — Auf Grund dieses Gesetzes ist darauf durch Kaiserliche Verordnung vom 21. April 1886 das Personenstandsgesetz vom 4. Mai 1870 für die Schutzgebiete von Kamerun und Togo bezüglich aller Personen, welche nicht Eingeborene sind, mit dem 1. Juli 1886 in Kraft getreten. Durch fernere Verordnung vom 5. Juni 1886 ist das Gesetz vom 17. April für das Schutzgebiet der Neu-Guinea-Kompagnie mit dem 1. September 1886 unter einigen Modifikationen betreffs der Zustellungen, der Zwangsvollstreckung und der Kosten in Kraft getreten. — Die erweiterten überseeischen Beziehungen des Deutschen Reiches ergeben außer der schon am 15. Mai 1883 abgeschlossenen Konvention mit Madagascar, dem Freundschafts- und Handelsvertrage vom 22. Januar 1885 mit der südafrikanischen Republik, und dem Handels-, Schiffahrts- und Konsularvertrage mit der dominikanischen Republik, insbesondere die Uebereinkunft vom 8. November 1884 zwischen dem Deutschen Reiche und der Internationalen Gesellschaft des Kongo und die auf der Konferenz zu Berlin vereinbarten Generalakte vom 26. Februar 1885, betreffend den Handel und Verkehr in dem Becken des Kongo und den angrenzenden Ländern, den Sklavenhandel, die Schiffahrt auf dem Kongo und dem Niger, sowie Besitzergreifungen an den Küsten von Afrika. Dahin gehören ferner die durch das Gesetz vom 6. April 1885 in ihren Grundzügen geregelten Postdampfschiff-Verbindungen des Deutschen Reichs mit Ostasien und Australien, deren thatsächliche Ausführung mit dem Juli 1886 begonnen hat.

Zur Vervollständigung in Betreff unserer internationalen Verhältnisse sind dann noch die in Lissabon beschlossenen Zusatzabkommen vom 21. März 1885 zum Weltpostvereinsvertrage, der Handels- und Schiffahrtsvertrag vom 9. Juli 1884 mit Griechenland und der Vertrag vom 29. April 1885 mit Belgien, betreffend die Bestrafung von Forst-, Feld-, Fischerei- und Jagd-Frevel zu erwähnen; desgleichen die Uebereinkunft des Deutschen Reichs mit Großbrittanien vom 2. Juni 1886, betreffend den gegenseitigen Schutz der Rechte an Werken der Litteratur und Kunst, und der Freundschafts-, Handels- und Schiffahrtsvertrag mit dem Sultan von Zanzibar vom 20. Dezember 1885.

Auch in der besonderen Gesetzgebung von **Preußen** sind es nicht die eigentlich juristischen Fragen, welche den Vordergrund einnehmen, sondern hier die kirchenpolitischen, insbesondere die Stellung des Staates zur römisch-katholischen Kirche. Bekanntlich ist seitens des Staats die in den Gesetzen vom 14. Juli 1880, 31. Mai 1882 und 11. Juli 1883 begonnene entgegenkommende Haltung gegen die katholische Kirche in dem Gesetze vom 21. Mai 1886 erheblich weitergehend fortgesetzt, gestützt darauf, daß gegen die staatliche Zusage einer ferneren vollständigen Revision der Falk'schen Kirchengesetzgebung der Papst darin gewilligt hat, daß von den Bischöfen die beabsichtigten Ernennungen zu vakanten Pfarrämtern dem Staate angezeigt und die Erklärungen der Staatsregierung darüber entgegengenommen werden. Nach der Auslegung, welche der für diese Phase seitens des hl. Stuhles zu Rom vermittelnde Bischof von Fulda gegeben hat, sollte diese Concedirung der Anzeigepflicht zugleich die Folge enthalten, daß, wenn eine Ernennung von der Staatsregierung beanstandet und ein Einverständniß darüber nicht erzielt würde, auch die Ernennung nicht erfolgen dürfe. Eine officielle Ermächtigung zu einer solchen Erläuterung oder eine officielle Bestätigung derselben seitens der katholischen Kirche ist nicht bekannt geworden. Abgesehen von der noch ferneren Revision der Kirchengesetze liegt zur Zeit als gewiß die durch das Gesetz vom 21. Mai 1886 erfolgte weitere Zerbröckelung der Falk'schen Gesetzgebung vor. Darnach soll zunächst, was die Vorbildung betrifft, zur Bekleidung eines geistlichen Amts die Ablegung einer wissenschaftlichen Staatsprüfung, welche das Gesetz vom 11. Mai 1873 im Interesse allgemeiner Bildung erfordert hatte, nicht mehr nöthig sein. Das theologische Studium, welches jenes Gesetz von 1873 nur in Seminarien gestattete, für welche der Minister der geistlichen Angelegenheiten anerkannte, daß das Studium geeignet sei, das Universitätsstudium zu ersetzen, soll nun in den bis 1873 bestandenen kirchlichen Seminarien absolvirt werden können. Neben der Mittheilung der Statuten, des Lehrplans, der Leiter und Lehrer, welche Deutsche sein müssen, und der Vorschrift, den Lehrplan dem Universitätsplane gleichartig zu gestalten, ist zur Anstellung an diesen Anstalten die wissenschaftliche Befähigung erforderlich, an einer deutschen Staatsuniversität in der Disciplin zu lehren, für welche die Anstellung erfolgt. Die Seminare sind, abgesehen von besondern ministeriell zu genehmigenden Ausnahmen, nur für Studirende des Sprengels bestimmt, für welche das Seminar errichtet ist. Für die Diözesen Gnesen-Posen und Kulm bleibt die Wiedereröffnung der Seminare einer Königlichen Verordnung vorbehalten. Die kirchlichen Obern können Konvikte für Zöglinge, welche Gymnasien, Universitäten und kirchliche Seminare besuchen, errichten, und die zur theologisch-praktischen Vorbildung bestimmten Prediger- und Priester-Seminare wieder eröffnen, unter der Verpflichtung, Statuten, Hausordnung und Namen der Leiter, Erzieher und Lehrer, welche Deutsche sein müssen, dem Minister mitzutheilen. Die weiter gehenden Vorschriften des Gesetzes vom 11. Mai 1873 betreffs der Staatsaufsicht über alle diese Anstalten sind aufgehoben.

Hinsichtlich der kirchlichen Disciplinargewalt über Kirchendiener ist die Vorschrift des § 1 des Gesetzes vom 12. Mai 1873, daß sie nur von deutschen kirchlichen Behörden ausgeübt werden dürfe, aufgehoben. Als Kirchendiener im Sinne jenes Gesetzes sind nur solche Personen erklärt, welche die mit einem geistlichen oder jurisdiktionellen Amte verbundenen Rechte und Verrichtungen ausüben. Die Vorschrift jenes Gesetzes, daß der Entfernung aus dem Amte ein geordnetes prozessuales Verfahren vorausgehen muß, soll nur dann anwendbar sein, wenn mit der Entfernung Verlust oder Verminderung des Amtseinkommens verbunden ist. Betreffs der Demeritenanstalten sind dem Minister Statuten, Hausordnung und die Namen der Leiter und der Demeriten mitzutheilen, und dem Oberpräsidenten ist von einer Verweisung in eine Demeritenanstalt für länger als 14 Tage oder einer Entfernung aus dem Amte Mittheilung zu machen. Die weitergehenden Vorschriften des Gesetzes vom 12. Mai 1873 wegen der Staatsaufsicht über Demeritenanstalten und wegen Mittheilung von kirchlichen Disciplinar-Entscheidungen sind aufgehoben. Auch der Königl. Gerichtshof für kirchliche Angelegenheiten und die Vorschriften über die Berufung an den Staat gegen kirchliche Disciplinarstrafen sind aufgehoben. Gegen die Entscheidung über die Entlassung eines Kirchenvorstehers oder eines Gemeindevertreters betreffs der kirchlichen Vermögensverwaltung findet nur noch Beschwerde an den Minister statt.

In Betreff der Anstellung ist die durch das Gesetz vom 31. Mai 1882 außer Wirksamkeit getretene Vorschrift des Gesetzes vom 14. Juli 1880 Art. 2, nemlich die der Regierung übertragene diskretionäre Befugniß, bei Ernennung von Bisthumsverwesern von dem für dieselben vorgeschriebenen Eide und von dem Nachweise der erforderlichen persönlichen Eigenschaften mit Ausnahme des Erfordernisses der deutschen Staatsangehörigkeit zu dispensiren, wieder in Kraft gesetzt.

Hinsichtlich der kirchlichen Thätigkeit soll die Versagung kirchlicher Gnadenmittel nicht zu den, nach dem Gesetze vom 13. Mai 1873 unzulässigen kirchlichen Straf- und Zuchtmitteln gehören. Das Lesen stiller Messen und das Spenden der Sterbesakramente seitens der nicht genehmigten Geistlichen soll nicht den bisherigen Strafbestimmungen unterliegen. Die im Art. 6 des Gesetzes vom 14. Juli 1880 gestattete ministerielle Zulassung von Genossenschaften ist ausgedehnt auf die Uebernahme von Pflege und Leitung in Waisen-, Rettungs-, Schutz-, Verpflegungs- und ähnlichen

Anstalten, Haushaltungs- und Handarbeitsschulen für Kinder, als Nebenthätigkeit der bestehenden ausschließlich krankenpflegenden Orden und ordensähnlichen Kongregationen.

Der Vorsitz im Vorstande einer katholischen Kirchengemeinde behufs der Vermögensverwaltung soll (vorbehaltlich der Regelung durch Königliche Verordnung für die Diözesen Gnesen-Posen und Kulm) auf die Pfarrer, Pfarrverweser bezw. Pfarrgeistliche übergehen, wo der Vorsitz nicht schon vor dem Gesetze vom 20. Juni 1875 einem weltlichen Mitgliede zustand.

Durch diese Vorschriften, welche der katholischen Kirche die Vorbildung der Geistlichen und die Disciplin über dieselben im Wesentlichen ohne staatliche Aufsicht zur autonomen Gestaltung zurückgeben, ist das Verhältniß des Staates zur katholischen Kirche noch nicht endgültig geordnet; und um den Frieden oder wenigstens einen definitiven modus vivendi zu finden, hat sich die Staatsregierung, wie bemerkt, noch eine fernere Revision der Falk'schen Gesetzgebung vorbehalten. Die Kritik der Vorschriften verbietet sich an diesem Orte.

Nächst diesen kirchenpolitischen Verhandlungen hat die Regierung namentlich in letzter Zeit die Stärkung des deutschen Elements in den Provinzen Westpreußen und Posen gegen polonisirende Bestrebungen in Aussicht genommen. Durch Gesetz vom 26. April 1886 ist zu diesem Zwecke der Regierung ein Fonds von 100 Millionen Mark zur Verfügung gestellt, um behufs Ansiedelung deutscher Bauern und Arbeiter Grundstücke käuflich zu erwerben und die Kosten der erstmaligen Einrichtung neuer Stellen von mittlerem oder kleinerem Umfange oder ganzer Landgemeinden, sowie der erstmaligen Regelung der Gemeinde-, Kirchen-, und Schulverhältnisse zu bestreiten. Die Ueberlassung der einzelnen Stellen soll gegen angemessene Schadloshaltung des Staats entweder in Zeitpacht oder zu Eigenthum gegen Kapital oder Rente erfolgen. Für den Fall, daß die Ueberlassung gegen Uebernahme einer festen Geldrente erfolgt, sind für solche Rentengüter nähere Bestimmungen getroffen, welche indeß im Wesentlichen fakultativ von der Vertragschließung abhängen. Von der Zustimmung beider Theile kann die Ablösbarkeit der Rente abhängig gemacht und durch Vertrag der Ablösungsbetrag und die Kündigungsfrist bestimmt werden, so daß jedoch der Rentenberechtigte nicht mehr, als den 25fachen Betrag der Rente fordern darf, wenn die Ablösung auf seinen Antrag erfolgt. Die Abreden sind im Grundbuche einzutragen; wenn dies nicht geschehen ist, gilt Dritten gegenüber die Rente als eine nach sechsmonatlicher Kündigung mit dem 20fachen Betrage abzulösende. Den festen Geldrenten sind feste Abgaben in Körnern gleich zu achten, welche nach dem jährlichen Marktpreise in Geld abzuführen sind. Der Eigenthümer kann in seiner Verfügung dahin beschränkt werden, daß die Zulässigkeit einer Zertheilung des Grundstücks oder der Abveräußerung von Theilen von der Zustimmung des Rentenberechtigten abhängig sein sollte. Die versagte Einwilligung kann durch richterliche Entscheidung der Auseinandersetzungsbehörde ergänzt werden, wenn Zertheilung oder Abveräußerung im gemeinwirthschaftlichen Interesse wünschenswerth erscheint. Dem Erwerber des Rentenguts kann vertragsmäßig die Pflicht auferlegt werden, die wirthschaftliche Selbständigkeit der Stelle durch Erhaltung des baulichen Gebäudezustandes, Erhaltung eines bestimmten Inventars oder durch andere Leistungen dauernd zu sichern und der Verpflichtete kann dann von dieser Verpflichtung befreit werden, wenn der Erhaltung der wirthschaftlichen Selbständigkeit der Stelle überwiegende gemeinwirthschaftliche Interessen entgegenstehen. In diesem Falle, so wie im Falle der Ergänzung der Zustimmung zur Zertheilung oder Abveräußerung kann der Rentenberechtigte, wenn im Vertrage nicht etwas Anderes bestimmt ist, die Ablösung der ganzen Rente zum 25fachen Betrage verlangen. Im Uebrigen sind die allgemeinen Rechtsgrundsätze der Vertragsfreiheit, der Zulässigkeit der Verschuldung und der Vererbung durch letztwillige Anordnungen oder nach dem allgemeinen Intestaterbrechte unberührt geblieben.

Diese Bestimmungen über Rentengüter haben insofern ein allgemeineres Interesse, als nach mehrfachen Andeutungen daran gedacht wird, die Vorschriften auch über den jetzt nach Oertlichkeit und Zweck bestimmten Geltungsbereich weiter auszudehnen, gegenüber der Bestimmung des Ablös.-Gesetzes vom 2. März 1850 § 91, wonach die Kündbarkeit der Ablösung auf länger als 30 Jahre nicht ausgeschlossen und ein höherer wie der 25 fache Betrag als Ablösungsbetrag nicht stipulirt werden darf. Es liegt indeß die Erwägung nahe, daß, wenn nicht von der Vertragsfreiheit in Betreff der Höhe der Rente, ihrer Ablösung bezw. der Unablösbarkeit und der Veräußerungsbeschränkung ein sehr mäßiger Gebrauch gemacht wird, durch den fehlenden persönlichen und dinglichen Kredit eines solchen Rentengutsbesitzers und durch die Erschwerung einer sachgemäßen Auseinandersetzung unter mehreren Miterben dem Rentenbesitze der Keim des Unterganges eingepflanzt würde.

Die Ausführung des Gesetzes wird einer, dem Staatsministerium unterstellten Kommission übertragen. Die näheren Bestimmungen in Betreff dieser Kommission sollen im Wege Königlicher Verordnung erfolgen. Demgemäß ist auch schon die Königliche Verordnung vom 21. Juni 1886 erlassen. Nach derselben besteht die Kommission aus den Oberpräsidenten von Westpreußen und Posen, den Kommissarien des Ministerpräsidenten, der Minister der Landwirthschaft, des Innern, der Finanzen und des

Unterrichts, und den vom Könige auf je 3 Jahre ernannten Mitgliedern. Durch Beschluß der Kommission können Kommissarien oder Subkommissionen bestellt und dazu auch Andere, als Kommissionsmitglieder berufen werden. Sitz und Thätigkeit der Kommission, die Obliegenheiten der Vorsitzenden und die Aufsicht über die Kommission sind geregelt. Die Verwaltung angekaufter Grundstücke geht an die Bezirksregierung über, soweit nicht die Kommission die Verfügung behufs der Ansiedelung verlangt.

Aus gleichen Motiven ist ferner durch Gesetz vom 4. Mai 1886 der Handelsminister ermächtigt, zur Errichtung und Unterhaltung von Fortbildungsschulen in den Provinzen Westpreußen und Posen den Gemeinden laufende Zuschüsse aus Staatsmitteln zu gewähren, auch solche Schulen selbst aus Staatsmitteln zu errichten und zu unterhalten. Die Verpflichtung zum Besuche von Fortbildungsschulen kann da, wo sie nicht schon durch Ortsstatut begründet ist, vom Handelsminister den Arbeitern unter 18 Jahren auferlegt werden. Doch darf an Sonntagen während des Hauptgottesdienstes Unterricht nicht ertheilt werden.

Durch Gesetz vom 15. Juli 1886 ist ferner bestimmt, daß in Westpreußen und Posen mit einzelnen geographischen Ausnahmen die Lehrer und Lehrerinnen an den öffentlichen Volksschulen vom Staate nach Anhörung des Gemeindevorstandes angestellt werden, daß sie disziplinarisch mit oder ohne Vergütung von Umzugskosten versetzt werden können, und daß sie bei Versetzungen im Interesse des Dienstes und bei Strafversetzungen, welche ohne Verlust des Bezuges von Umzugskosten verhängt sind, vom Staate entsprechend zu entschädigen sind.

Außer diesen mehr der Politik und der Verwaltung, als der Jurisprudenz angehörigen Gebieten ist die Gesetzgebung in Preußen für die letzten 2 Jahre für die speziell juristischen Fragen äußerst dürftig und betreffen auch für diese überwiegend die Grenzgebiete der Verwaltung. Hervorzuheben sind das Gesetz vom 29. Juli 1885, welches das Spielen in außerpreußischen nicht genehmigten Lotterien oder in solchen Ausspielungen beweglicher oder unbeweglicher Sachen, das Verkaufen und Vermitteln von Loosen zu solchen und das Veröffentlichen von solchen Gewinnresultaten in Zeitungen bei Strafe verbietet; ferner das Gesetz vom 14. März 1885, welches dem Justizminister die Anordnungen darüber überläßt, wie die Vertretung des Fiskus in bürgerlichen Rechtsstreitigkeiten betreffs der Angelegenheiten der Justizverwaltung zu erfolgen hat, und die hierfür erlassenen Justizministerialverfügungen vom 23. und 24. März 1885;

die Verordnung vom 4. August 1884, nach welcher auf die Zwangsvollstreckung wegen Geldbeträge, welche auf Anordnung einer Justizverwaltungsbehörde einzuziehen sind, das Verwaltungszwangsverfahren vom 7. September 1879 mit einigen Modifikationen anzuwenden ist;

die Verordnung vom 12. September 1885 über die Kompetenzbestimmung für das Verwaltungsstreitverfahren betreffs der Streitigkeiten in Folge der Kranken- und Unfallversicherungsgesetze; das Gesetz vom 6. Juli 1885, betreffend die Pensionirung der Lehrer und Lehrerinnen an öffentlichen Volksschulen, und etwa noch die Aenderungen des Land- und Feldmesser-Reglements vom 26. Aug. 1885. Die sog. lex Huene, das Gesetz vom 14. Mai 1885, betreffend die Ueberweisung von Beträgen, welche für Preußen aus landwirthschaftlichen Zöllen eingehen, an die Kommunalverbände wird ein juristisches Interesse nicht in Anspruch nehmen.

Die sonstigen Gesetze haben nur ein provinzielles, wenngleich theilweise intensives Interesse. Für Schleswig-Holstein ist eine Landgüterordnung vom 2. April 1886, entsprechend den in Jahren 1880 bis 1884 für die Provinzen Hannover, Herzogthum Lauenburg, Westfalen, Brandenburg und Schlesien erlassenen ergangen; desgleichen das Gesetz vom 15. Juni 1885 über wegepolizeiliche Vorschriften. Für Hannover sind zu erwähnen: der Erlaß vom 29. August 1884, betreffend die Verwaltung des landesherrlichen Lehnswesens, das Gesetz vom 13. April 1885 über die Abstellung von Berechtigungen zum Hauen oder Stechen von Plaggen, Haide u. s. w., der Erlaß vom 13. April 1885, betreffend die Gestaltung der Konsistorialbehörde der evangelisch-lutherischen Kirche, das Gesetz vom 6. Mai 1885, betreffend Aenderung der Kirchenverfassung dieser Kirche und die Verordnung vom 24. Juni 1885 über die Ausübung der Rechte des Staats gegenüber dieser Kirche. Die Rheinprovinz betreffen das Gesetz vom 20. Mai 1885 über die anderweite Regelung der Veräußerung und hypothekarische Belastung von Grundstücken im Geltungsbereiche des Rheinischen Rechts und das Gesetz vom 24. Mai 1885, betreffend die Zusammenlegung der Grundstücke im Geltungsbereiche des Rheinischen Rechts. Für Westfalen ist eine neue Kreisordnung vom 31. Juli 1886 erlassen. Für die Provinz Hessen-Nassau sind eine Kreisordnung vom 7. Juni 1885 und das Gesetz vom 8. Juni 1885 über die Einführung der Provinzialordnung vom 29. Juni 1875 erlassen; desgleichen das Gesetz vom 27. Juni 1886 über Bestrafung der Verletzung der Dienstpflichten des Gesindes; ferner das Gesetz vom 28. Mai 1885 zur Ergänzung des Gesetzes vom 29. Mai 1873 über das Grundbuchwesen im Bezirke des Oberlandesgerichts zu Kassel und das Gesetz vom 19. März 1886, betreffend die Kirchenverfassung im Bezirke des Konsistoriums zu Kassel. Für den Bezirk des Oberlandesgerichts zu Frankfurt a. M. ist durch Gesetz vom 28. Juni 1886 die Errichtung letztwilliger Verfügungen vor Amtsgerichten geordnet. Für die Hohenzollernschen Lande ist das Gesetz vom 23. Mai 1885, betreffend die Zusammenlegung der Grundstücke, Ablösung der Servituten und Theilung der Gemeinheiten gegeben.

Das Erhebliche aus der Gesetzgebung des Königreichs **Bayern** beschränkt sich im Wesentlichen auf 3 Gesetze vom 29. Mai 1886. Durch das eine werden mehrere Bestimmungen des Hypothekengesetzes geändert. Die Eintragung der Zehentpflichtigkeit, und der Art und Größe der Lehen- oder Grunddienstbarkeits-Lasten ist nicht mehr obligatorisch. Wenn der Hypothekengläubiger dem Uebernehmer des verpfändeten Grundstücks ausdrücklich oder durch Geltendmachung der persönlichen Haftung desselben als seinen Schuldner annimmt, so wird dadurch der bisherige Schuldner von seiner Haftung frei. Ferner ist die Beschwerde gegen das Hypothekenamt anders und zwar den Bestimmungen der C.-P.-O. entsprechend, unter Beilegung aufschiebender Wirkung, geordnet.

Ein zweites Gesetz, welches am 1. Januar 1887 in Kraft tritt, ändert die Bestimmungen über die Zwangsvollstreckung in unbewegliches Vermögen. Namentlich ist bestimmt:

Der Zuschlag wird, übereinstimmend mit dem Systeme des preußischen Gesetzes vom 13. Juli 1883 nur ertheilt, wenn durch das Meistgebot die der Forderung des beschlagnehmenden Gläubigers im Range vorangehenden Ansprüche — Hypotheken, auch wenn sie zugleich auf anderen Grundstücken eingetragen sind — sowie die Kosten gedeckt werden. Der Ansteigerer, welcher die, in das Geringste zulässige Gebot eingerechneten Hypothekenforderungen in Anrechnung auf das Kaufgeld zu übernehmen hat, tritt dadurch auch in die etwaige persönliche Haftung des bisherigen Besitzers ein. Diese Uebernahme von Hypothekenforderungen findet jedoch nicht statt, wenn dieselben ungetheilt auf verschiedenen Grundstücken haften und diese Grundstücke nicht sämmtlich von demselben Ansteigerer erworben werden. Die Zwangsvollstreckung wegen Geldforderungen kann auch durch Eintragung einer Vormerkung auf dem Grundbesitze des Schuldners erfolgen, welche nach Ablauf eines Monats zur Hypothek wird, wenn der Schuldner keine Einwendungen erhebt. Die Vormerkung ist auch bei nicht endgültigen, nur vorläufig vollstreckbaren Entscheidungen statthaft; die Umwandlung in eine Hypothek erfolgt dann erst nach rechtskräftiger Entscheidung.

Das dritte Gesetz vom 29. Mai 1886 hat, soweit durch die fürstl. Schwarzenberg'sche Verordnung vom 12. November 1784 die Prüfung und Bestätigung von Eheverträgen vorgeschrieben ist, dieselbe mit rückwirkender Kraft für bestehende Ehen aufgehoben.

Für das Königreich **Sachsen** ist das wichtigste Gesetz aus den letzten zwei Jahren das Gesetz vom 15. August 1884, welches die Zwangsversteigerung und die Zwangsverwaltung unbeweglicher und rechtlich gleichstehender Sachen, sowie ideeller Antheile daran im Wesentlichen nach gleichen Grundsätzen, wie das preußische Gesetz vom 13. Juli 1883, regelt. Im Kauf-Erlöse kommen die Ansprüche in folgender Ordnung zur Befriedigung:

1. nothwendige Verwendungen des betreibenden Gläubigers bei der Zwangsverwaltung, soweit sie durch diese nicht erstattet werden,
2. öffentliche Abgaben und Leistungen der letzten zwei Jahre,
3. Reallasten der letzten zwei Jahre, mit Ausnahme von Auszügen, Leibrenten und eisernen Kapitalien,
4. die Hypotheken nebst Zinsen der letzten zwei Jahre und Kosten, sowie zweijährige Rückstände von Auszügen, Leibrenten und eisernen Kapitalien,
5. Rückstände von Abgaben, Leistungen, Reallasten und Zinsen, soweit sie nicht an früherer Stelle in Ansatz kommen.

Vorgemerkte Forderungen werden nicht berücksichtigt.

Der Zwangsverkauf darf nur für einen Preis erfolgen, welcher den Gesammtbetrag der der Forderung des betreibenden Gläubigers im Range vorangehenden und bei Vertheilung des Kaufpreises zu berücksichtigenden Ansprüche zuzüglich der Kosten des Verfahrens übersteigt.

Der Kaufpreis ist durch Zahlung zu gewähren, soweit es zur Tilgung folgender Ansprüche erforderlich ist und der Kaufpreis dazu ausreicht:

Der Ansprüche für

1. für nothwendige Verwendungen, zweijährige Rückstände von öffentlichen Abgaben und Leistungen, sowie von Reallasten, mit Ausnahme von Auszügen, Leibrenten und eisernen Kapitalien,
2. für zweijährige Hypothekenzinsen, Kosten des Verfahrens, zweijährige Rückstände von Auszügen, Leibrenten und eisernen Kapitalien, für Rückstände von öffentlichen Abgaben und Leistungen, sowie von Reallasten und Zinsen, soweit sie nicht an früherer Stelle in Ansatz kommen,
3. für Terminzahlungen auf Forderungen, deren Zahlung laut Eintragung in bestimmten Terminen und Beträgen erfolgen soll, soweit sie vor dem Versteigerungstermine fällig geworden,
4. zur Tilgung der Hauptforderung des betreibenden Gläubigers und
5. der dieser im Range gleich- oder nachstehenden hypothekarischen Hauptforderungen.

Der Gesammtbetrag der oben unter 1, 2 und 3 bezeichneten Ansprüche ist im Versteigerungstermine zu erlegen oder sicherzustellen. Die Zahlungszeit zur Tilgung der übrigen Forderungen bestimmt das Gericht.

Die hypothekarischen Schulden, welche der Forderung des betreibenden Gläubigers vorgehen, sind, soweit sie nicht aus dem Kaufpreise zu zahlen sind, vom Ersteher in Anrechnung auf den Kaufpreis zu übernehmen.

Blieb das Versteigerungsverfahren erfolglos, weil ein den zulässigen Mindestbetrag erreichendes Gebot nicht erlangt worden, so kann der betreibende Gläubiger und jeder im Range nachstehende Pfandgläubiger ohne Einwilligung des Schuldners dem betr. Pfandgläubiger Zahlung leisten und dadurch in die Forderung des letzteren eintreten.

Ein im Miteigenthume verschiedener Personen befindliches Grundstück, dessen ideelle Theile mit besonderen Hypotheken nicht belastet sind, kann nur als Ganzes versteigert werden.

Das Verfahren ist durch allgemeine Bestimmungen, sowie durch besondere für das Verfahren bis zum Versteigerungsbeschluß, die Einstellung des Verfahrens, das Verfahren nach dem Beschluß bis zum Versteigerungstermin und in letzterem selbst, den Vertheilungsplan und die Rechtsmittel, sowie die Ausführung des Verkaufs eingehend geregelt.

Ist über das Vermögen oder den Nachlaß des Schuldners Konkurs anhängig, so stehen in dem auf Antrag eines Hypothekengläubigers eröffneten Zwangsversteigerungsverfahren die im Gesetz dem Schuldner beigelegten Rechte dem Konkursverwalter zu. Nach Eröffnung des Konkurses kann von jedem Hypothekengläubiger, für dessen Forderung eine persönliche Haftung des Schuldners oder dessen Erben begründet ist, die Zwangsversteigerung des verpfändeten Grundstücks beantragt oder Beitritt zu dem anhängigen Zwangsversteigerungsverfahren erklärt werden, dafern der Konkursverwalter die Forderung anerkennt.

Der Zuschlag auf ein Gebot ohne Rücksicht auf die Höhe desselben findet statt, wenn

1. das Grundstück zur Konkursmasse einer Aktiengesellschaft und dergl., oder zu einer ausgeschlagenen Erbschaft gehört,
2. ein Bergbaurecht aufgegeben oder entzogen worden ist, sowie ein Erbstolln in Folge bestimmter Zuwiderhandlungen des Erbstöllners verloren geht,
3. die Erfüllung auf dem öffentlichen Rechte beruhender Verbindlichkeiten des Eigenthümers durch Zwangsvollstreckung in das bewegliche Vermögen des Schuldners nicht zu erlangen ist.

In Betreff der Zwangsverwaltung sind ausführliche Bestimmungen getroffen. Zur Ausführung des Gesetzes ist eine Verordnung vom 16. August 1884 ergangen.

Durch Verordnungen vom 19. bezw. 31. Juli und 8. August 1884 ist die Ausführung der Bestimmung des § 109 Abs. 1 des Unfallversicherungsgesetzes vom 6. Juli 1884;

des Reichsgesetzes über die eingeschriebenen Hilfskassen vom 7. April 1876 bezw. 1. Juni 1884, und

des Reichsgesetzes über die Sprengstoffe vom 9. Juni 1884 geregelt.

Durch Verordnung vom 30. Juli 1885, die Winkelschriftsteller und Winkelagenten betr., ist bestimmt, daß die Verwaltungsbehörden der Staatsanwaltschaft von Personen, welche den fraglichen Gewerbebetrieb angezeigt haben, und welchen derselbe untersagt worden ist, und die Gerichte der Staatsanwaltschaft von Fällen Mittheilung zu machen haben, worin der Gewerbebetrieb zur Erscheinung kommt und Bedenken auftauchen.

Fernere Verordnungen vom 14. 22. 26. September und 19. Oktober 1885 betreffen die Ausführung des Reichsgesetzes über die Ausdehnung der Unfall- und Krankenversicherung vom 28. Mai 1885.

Das Gesetz vom 15. April 1886 ordnet zu Abgrenzung der Aufenthaltsbeschränkungen, welche nach § 3 Abs. 1 des Bundesgesetzes über die Freizügigkeit vom 1. November 1867 bestrafte Personen nach den Landesgesetzen unterworfen werden können, an:

daß die Sicherheitspolizei-Behörden befugt sein sollen, solche Personen, wenn sie in einem näher bestimmten Maße bestraft worden sind, den Aufenthalt an einem oder mehreren Orten ihres Bezirks zu verbieten, falls nach den örtlichen oder persönlichen Verhältnissen zu befürchten ist, daß dieser Aufenthalt dem Bestraften in besonderem Grade Gelegenheit zur Wiederholung von Rechtsverletzungen darbieten und dadurch Gefährdungen der öffentlichen Sicherheit und Ordnung verursachen werde; daß aber von Erlaß eines Aufenthaltsverbot abzusehen sei

a) gegenüber einer bestraften Ehefrau, wenn die Ausweisung die Trennung dieser ihrer häuslichen Gemeinschaft mit ihrem Manne zu Folge haben würde,

b) gegenüber bestraften Personen, welche in ehrbarer, häuslicher Gemeinschaft mit Anderen stehen und von diesen aus gesetzlichem Grunde Unterhalt oder Pflege erhalten, wenn sie durch die Ausweisung dieser Unterstützung verlustig gehen würden,

c) in Beziehung auf den Ort, an welchem eine bestrafte Person wenigstens zwei Jahre vor der letzten Bestrafung sich ununterbrochen aufgehalten und einen ständigen ehrbaren Erwerb gehabt hat,

d) insofern die bestrafte Person aus einem Orte ausgewiesen worden ist, in Beziehung auf einen andern, von jenem Orte mindestens

25 Kilometer entfernten Ort, so lange nicht nach der Ausweisung zu der Bestrafung, auf Grund deren die Ausweisung erfolgte, eine neue Bestrafung hinzugetreten ist.

Die Befreiungsgründe zu a und b sollen nicht eintreten, wenn die Bestrafung wegen einer nach § 180, 181, 183, 361 Nr. 6 des Strafges. strafbaren Handlung, oder wenn im Falle a die Eheschließung erst nach der Bestrafung, durch welche die Ausweisung begründet wird, erfolgt ist.

Ein unter Polizeiaufsicht Stehender kann wegen der dieselbe begründenden strafbaren Handlung auf Grund dieses Gesetzes einer Aufenthaltsbeschränkung nicht unterworfen werden. Für die Dauer einer dem Bestraften von dem Armenverbande seines Unterstützungswohnsitzes gewährten öffentlichen Unterstützung ist ihm der Aufenthalt an diesem Wohnsitze nicht zu verbieten. Das Recht der Polizeibehörde zum Erlasse eines Verbotes besteht ein Jahr lang von dem Tage der Strafverbüßung ab; diese Frist ruht während der Verwahrung in einer Korrektionsanstalt. Die zulässige Längstdauer eines Verbotes ist zwei Jahre.

Das Gesetz vom 19. April 1886 gewährt den Notaren insofern eine Erleichterung, als zu Protokollen nur dann Zeugen zugezogen zu werden brauchen, wenn die betreffenden Verhandlungen mit Personen, welche nicht schreiben können, oder mit stummen oder tauben Personen oder in einer fremden Sprache stattfinden, sowie bei Errichtung eines letzten Willens.

Außerdem sind noch Verordnungen zur Ausführung von Reichsgesetzen und bundesräthlichen Erlassen, sowie in Bezug auf innere Angelegenheiten der Verwaltung ergangen.

Im Königreiche **Württemberg** hat eine Königliche Verordnung vom 10. Oktober 1884 die Ausfolge des pflegschaftlichen Vermögens bei Beendigung oder Uebergang der pflegschaftlichen Verwaltung geordnet. Die Uebergabe soll in der Regel unter Leitung des Bezirksnotars oder (auf Antrag der Betheiligten) des Vorstands des Waisengerichts (Ortsvorstehers) erfolgen. Eine amtliche Mitwirkung unterbleibt, wenn der verfügungsfähig gewordene Pflegling und der Pfleger darauf verzichten. Vor der Uebergabe an einen volljährig gewordenen Pflegling hat die Vormundschaftsbehörde zu entscheiden, daß der Vermögensausfolge kein Hinderniß im Wege steht.

Eine Verfügung der Ministerien der Justiz und des Innern vom 19. Februar 1885 bestimmt die zuständigen Behörden und das Verfahren in Fällen eines nicht natürlichen Todes oder bei Auffindung von Leichen, sowie die Mittheilung von Sterbefällen an das Standesamt, unter den Voraussetzungen des § 157 der Strafprozeßordnung.

Das Gesetz vom 7. Juni 1885 regelt die Entschädigung für an

Milzbrand gefallene Thiere (Pferde, Esel, Maulthiere und Rindvieh), für dergleichen gemäß dem Reichsgesetz vom 23. Juni 1880 auf polizeiliche Anordnung getödtete Thiere, wenn eine Entschädigung nach § 62 Ziff. 1 des Reichsgesetzes nicht stattfindet, ebenso unter letzterer Voraussetzung für die ohne polizeiliche Anordnung getödteten Thiere, und für gefallene oder getödtete, deren Cadaver wegen Verdachts des Milzbrands nach § 33 des Reichsgesetzes sofort unschädlich beseitigt werden müssen. Die Beträge sind von den Besitzern der Thiere der genannten Gattungen aufzubringen.

Eine Verfügung der Ministerien der Justiz und des Innern vom 31. Dezember 1885 betrifft das Verfahren und die Stellung der Aerzte bei der richterlichen und polizeilichen Leichenschau und Leichenöffnung.

Das Gesetz, betreffend die Feldbereinigung vom 30. März 1886, ist erlassen, um eine Aenderung oder Neuanlegung von Feldwegen zur bessern landwirthschaftlichen Benützung von Grund und Boden, oder eine neue Feldeintheilung ausführen zu können, wenn nicht sämmtliche betheiligte Grundeigenthümer zugestimmt, oder berechtigte Dritte ihre Zustimmung versagt haben. Der Antrag auf Feldbereinigung ist bei dem Oberamt zu stellen und von diesem der Centralstelle zu vorläufiger Prüfung vorzulegen. Die Centralstelle besorgt die Oberleitung der Feldbereinigungen und die Aufsicht über den Geschäftsbetrieb der aus einem Feldmesser und drei Landwirthen zu bildenden Vollzugskommission und der ihr unterstellten Oberämter. Hat sich die Centralstelle für die Nützlichkeit und Zweckmäßigkeit ausgesprochen, so werden die betheiligten Grundeigenthümer zur Abstimmung und zur Wahl der Mitglieder der Vollzugskommission von dem Oberamt geladen. Die Feldbereinigung gilt als bei der Abstimmung beschlossen, wenn mehr als die Hälfte der betheiligten Grundeigenthümer zugestimmt hat, und mehr als die Hälfte des Grundsteuerkapitals auf diese Mehrheit fällt. Die Minderheit kann innerhalb zwei Wochen Beschwerde an die Centralstelle erheben. Gegen den desfalsigen Bescheid der Centralstelle ist nur eine Rechtsbeschwerde an den Verwaltungsgerichtshof zulässig, wenn der Abstimmungsbeschluß nicht gültig zu Stande gekommen, oder ein Grundstück einbezogen ist, welches nach den speziellen Bestimmungen des Gesetzes zu dem Unternehmen nicht hätte beigezogen werden sollen.

Streitigkeiten der betheiligten Grundeigenthümer unter sich oder gegen die Gemeinschaft oder gegen Dritte über die Art der Ausführung werden von der Centralstelle entschieden. Gegen desfallsige Entscheidungen der Centralstelle ist in mehreren Fällen die Rechtsbeschwerde an den Verwaltungsgerichtshof statthaft. Im Uebrigen wird die Zulässigkeit des Rechtsweges und die Zuständigkeit der Verwaltungsgerichte nicht berührt.

Im Großherzogthum **Baden** ist betreffs der Gerichtsorganisation durch

Gesetz vom 16. April 1886 die Zuständigkeit der Gemeindegerichte innerhalb der reichsgesetzlichen Grenzen erweitert (auf den Streitwerth von 60 Mk., die Anordnung des dinglichen Arrestes, und den Erlaß einstweiliger Verfügungen) und sind ihre Entscheidungen vorläufig vollstreckbar erklärt. Ueber das Verfahren enthalten dies Gesetz und die Verordnung vom 20. Mai 1886 (Dienstweisung für die Gemeindegerichte) nähere Vorschriften. Das der preußischen Schiedsmannsordnung vom 29. März 1879 nachgebildete Gesetz vom 16. April 1886 regelt ferner die Bestellung von Vergleichsbehörden in streitigen Rechtsangelegenheiten. Die von der Gemeindevertretung freigewählten, einer staatlichen Genehmigung nicht bedürfenden Bürgermeister oder deren gesetzliche Stellvertreter werden als Schiedsmänner bestellt und stehen unter der Dienstaufsicht der Amtsgerichte. Eine Sühneverhandlung darf außer wegen Beleidigungen und Körperverletzungen nur über vermögensrechtliche Ansprüche, welche nicht zur Zuständigkeit der Gemeindegerichte gehören und keinen höhern Streitwerth als 300 Mark haben, auf Antrag stattfinden. Der Schiedsmann kann gegen die im Termine unentschuldigt Ausgebliebenen Geldstrafen von 50 Pf. bis 1 Mk. festsetzen. Er kann im Einverständnisse mit den Parteien Zeugen und Sachverständige, welche freiwillig vor ihm erscheinen, hören (nicht beeidigen). Ist der Schiedsmann zugleich der Bürgermeister oder dessen gesetzlicher Stellvertreter für diejenige Gemeinde, in deren Bezirk der Schuldner Wohnsitz, Niederlassung oder Aufenthalt im Sinne der §§ 18, 21 C.-Pr.-O. hat, so findet aus den vor ihm abgeschlossenen, zu Protokoll festzustellenden Vergleichen die gerichtliche Zwangsvollstreckung statt, ebenso aus Vergleichen, welche vor einem Bürgermeister über vermögensrechtliche Streitigkeiten über mehr als 300 Mark auf freiwilliges Erscheinen beider Theile abgeschlossen werden. Zu diesem Gesetze sind Vollzugsvorschriften in den Verordnungen vom 24. April und 10. Mai 1886 erlassen.

Für die Besetzung der Kammern für Handelssachen sind Verordnungen vom 1. und 6. Mai 1885 erlassen; desgleichen für die Vorbereitung zum höhern Justiz- und Verwaltungsdienst die Verordnung vom 26. Oktober 1885 (betreffend die Einrechnung der einjährigen Militärdienstzeit in einzelnen Fällen). Durch die Dienstvorschriften für die Staatsanwaltschaften vom 25. Januar 1885 sind die früheren vom 23. September 1879 geändert. Für die Gerichtsschreibereien sind Dienstweisungen vom 6. Dezember 1884 und 10. Mai 1886 erlassen. Die Gerichtsvollzieher-Ordnung vom 28. November 1884 nebst den Verordnungen vom 1. Dezember 1884 (Dienstweisung) und 10. Mai 1886 ist an die Stelle der Verordnungen vom 17. Juli 1879 und 12. Juli 1881 getreten.

In Betreff des Hinterlegungswesens sind Verordnungen vom 7. Dezember 1884 ($2^4/_{10}$% Zinsfuß für staatlich hinterlegte Gelder) und vom 30. Dezember 1884 erlassen. Ueber Ladungen und Zustellungen bestimmen Verordnungen vom 19. August und 1. Dezember 1884, wovon die letztere insbesondere für Sachen vor Gemeindegerichten die Formen und Kosten vereinfacht. Die Bestimmungen über Gebühren von Zeugen und Sachverständigen sind durch Verordnungen vom 16. Juli 1884 und 18. März 1885, und über Kosten durch Verordnungen vom 19. September 1884, 11. und 27. Januar und 18. März 1885 geändert.

Für das bürgerliche und Handelsrecht hat das Gesetz vom 24. April 1885, theils durch die Aktiengesetzgebung des Reichs vom 11. Juni 1870 und 18. Juli 1884, theils durch die Reichsjustizgesetze vom 1877 veranlaßt, Ergänzungen und Aenderungen des badischen Einführ.-Gesetzes zum Handelsgesetzbuch, sowie Bestimmungen über das gerichtliche Verfahren in den durch das Handelsgesetzbuch veranlaßten Angelegenheiten im Anschlusse an die deutschen Prozeßordnungen nach dem Vorbilde des preußischen Ausführungs-Gesetzes vom 24. März 1879 angeordnet.

Ueber das Theilungsverfahren und die Veräußerung von Mündelgütern und von Gütern Minderjähriger hat das Gesetz vom 26. April 1886 — dem preuß. Gesetze vom 18. April 1855 und dem elsaß-lothringischen vom 1. November 1873 zur Beseitigung der Unzuträglichkeiten der Art. 827, 852, 459 Code civile nachfolgend — Aenderungen getroffen. Bei Theilung eines Nachlasses, an welchem Minderjährige, Mundlose oder Abwesende betheiligt sind, kann vereinbart werden, daß Liegenschaften, welche sich füglich nicht theilen lassen, unter der Hand oder durch außergerichtliche Versteigerung veräußert werden können, daß von der Bildung der Erbloose und von der Regel gleicher Vertheilung Umgang genommen werden kann und daß die Liegenschaften ganz oder theilweise einem oder mehreren Erben zugetheilt werden können. Der Verkauf der Mündelgüter oder der Liegenschaften gewaltentlassener Minderjähriger kann unter Beiwirkung des Gegenvormunds aus freier Hand erfolgen, wenn der Familienrath aus Gründen überwiegender Zweckmäßigkeit hierzu ermächtigt. Dabei ist das Verfahren (Abschätzung 2c.) geordnet und sind die zur Berathung berufenen Personen und Behörden bestimmt. Hierzu ist eine Vollzugsverordnung vom 26. April 1886 erlassen.

Ein anderes Gesetz vom 26. April 1886, die Ausübung und den Schutz der Fischerei betreffend, ergänzt und ändert auf Grund der bisherigen Erfahrungen die frühere Gesetzgebung behufs Förderung der Fischerei und der Fischzucht unter thunlichster Berücksichtigung der dabei entgegengesetzten Interessen der Grundeigenthümer, Fischerei-Berechtigten und Gewerbsleute.

Durch Gesetz vom 29. April 1886 ist das Jagdgesetz vom 2. Dezember 1850 geändert. Die Grundlage des letzteren, insbesondere der Grundsatz, daß in dem Grundeigenthume zugleich das Recht zur Jagd auf eigenem Grund und Boden begründet ist, daß jedoch nur dem Eigenthümer einer zusammenhängenden Fläche von mindestens 72 Hekt. die Ausübung der Jagd gestattet und solche in anderen Fällen von den Gemeinden durch öffentliche Versteigerung zu verpachten sei, ist zwar beibehalten. Indeß betreffen erhebliche Aenderungen namentlich die Bezeichnung der wilden, jagdbaren und schädlichen Thiere und ihre Erlegbarkeit, die Zusammenlegung von Jagdbezirken und Bildung von Jagdgenossenschaften, die Beschränkung der Pächter auf drei Personen und den Ausschluß der stillen Theilnehmer, die Taxe, Versagung und Entziehung des Jagdpasses, die Schonzeiten, die Strafandrohungen und die Jagd-Aufsicht und Polizei. Der warme Wunsch nach gemeinsamer Regelung dieser Angelegenheit unter den benachbarten deutschen Staaten ist dabei zu Tage getreten.

Die Aufstellung und Führung von Lagerbüchern ist Gegenstand mehrerer Verordnungen vom 22. und 27. Dezember 1884 und 11. Februar 1885.

Die Standesbeurkundung für die Mitglieder des Großherzoglichen Hauses und deren Eheschließung ist durch Verordnung vom 27. Juli 1885 mit Aufhebung derjenigen vom 17. Januar 1876 neu geregelt. Der Präsident des Staatsministeriums als Minister des Großherzoglichen Hauses fungirt als Standesbeamter; für die Großherzogliche Familie werden besondere Standesbücher geführt; für Eheschließungen außerhalb der Residenz ist eine besondere Bestimmung getroffen.

Verkündet ist ferner durch Verordnung vom 2. September 1885 das Abkommen vom 18/30. Juli 1885 mit Rußland über Anerkennung der Aktiengesellschaften.

Als Strafgesetze sind (außer den Gesetzen über Fischerei und Jagd) noch Vollzugsverordnungen vom 1. September 1884 und 27. März 1885 zum Reichsgesetze vom 9. Juli 1884 über den Gebrauch von Sprengstoffen zu erwähnen. — Das Gesetz vom 4. Mai 1886, die staatliche Fürsorge für die Erziehung verwahrloster jugendlicher Personen betreffend, gestattet die Unterbringung jugendlicher Personen, welche das 16. Lebensjahr noch nicht vollendet haben, auf Grund einer gerichtlichen Entscheidung in einer Familie oder einer Erziehungs- oder Besserungsanstalt, wenn ihr sittliches Wohl durch Mißbrauch des Erziehungsrechts oder Vernachlässigung gefährdet ist oder die Erziehungsgewalt der Eltern oder Fürsorger und die Zuchtmittel der Schule zur Verhütung ihres völligen Verderbens unzulänglich sind. Die Einleitung des Verfahrens erfolgt auf Antrag des

Bezirksamts oder von Amtswegen; die Entscheidung durch das Amtsgericht unter Zulassung der Beschwerde an das Landgericht, und im Falle der Abänderung weiter an das Oberlandesgericht. Der Vollzug liegt dem Bezirksamte ob. Das Recht der Zwangserziehung hört in der Regel mit dem vollendeten 18. Lebensjahre auf, kann aber auch bis zum vollendeten 20. Lebensjahre ausgedehnt werden.

Schließlich sind zum Strafverfahren noch die Verordnungen vom 23. Dezember 1884 über Herbeiführung der Vollstreckung von Freiheitsstrafen und vom 21. Februar 1885 über Strafregister und Mittheilung von Strafurtheilen zu erwähnen.

Weit mäßiger ist die Gesetzgebung im Großherzogthum **Hessen** gewesen.

Im Gebiete des Staatsrechts hat die Verordnung vom 15. November 1884 innerhalb der obersten Staatsbehörde das Institut der „Geheimen Staatsräthe“ als regelmäßiger Vertreter der Ministerialvorstände im Falle der Verhinderung der letzteren geschaffen. Die Verantwortlichkeit der Ministerialvorstände und ihrer Vertreter bemißt sich nach den bestehenden Vorschriften. Ferner ist durch das Gesetz vom 6. Juni 1885 eine durch das Gesetz über die Gemeindeumlagen bedingte Modifikation bezüglich der aktiven und passiven Wahlfähigkeit der Wahlmänner der Landtagsabgeordneten herbeigeführt worden.

Im Verwaltungsrecht hat das Gesetz vom 13. Mai 1885, die Gemeindeumlagen betreffend, die neu eingeführten Kapitalrentensteuerkapitalien auch für die Veranlagung der Kommunalsteuer herangezogen und einige Erleichterungen für die untersten Klassen der Kommunalsteuerpflichtigen eingeführt; und das Gesetz vom 15. Mai 1885, die Wahlen zur Vertretung und Verwaltung der Gemeinden, Kreise und Provinzen betreffend, hat einige Bestimmungen des seitherigen Rechts über die aktive Wahlfähigkeit der Ortseinwohner geändert.

Das Gesetz vom 26. Juli 1884, die Enteignung von Grundeigenthum betreffend, stellt Vorschriften über die Zulässigkeit der Enteignung für ein zum öffentlichen Nutzen dienendes Unternehmen gegen vollständige Entschädigung auf, und regelt das Enteignungsverfahren. Ein Vorverfahren, von dem Kreisrath geleitet, betrifft die Begutachtung der wichtigeren Fragen durch eine Lokalkommission (Kreisrath, Kreisbaumeister, Bürgermeister der betreffenden Gemeinde und 2 Ortsvorstandsmitglieder). Darauf folgt ein Verhandlungs- und Entscheidungsverfahren vor dem Provinzialausschuß der Provinz, mit Instanzenzug an das Ministerium des Innern und der Justiz. Es sind detaillirte Bestimmungen über die Besitzeinweisung vor beendetem Verfahren, sowie über die Findung der Entschädigungssumme gegeben, letzteres unter Vorbehalt des Rechtswegs für die ordentlichen Gerichte;

desgleichen über die Enteignung unterirdischer Naturprodukte und über ein außerordentliches Enteignungsrecht bei Ueberschwemmungen, Kriegsereignissen, ansteckenden Krankheiten und Feuersgefahr.

Das Gesetz vom 30. August 1884 über die Erbschafts- und Schenkungssteuer dehnt die Steuerpflicht gegenüber dem seitherigen Rechte aus, und erhöht die Steuer.

Durch das Gesetz vom 17. Juni 1885 ist, in Abänderung des Einführungsgesetzes zur Strafprozeßordnung, bestimmt, daß die zu Freiheitsstrafen Verurtheilten die Kosten der Verbüßung im Landeszuchthause oder in dem Gefängnisse zu tragen haben, ihnen solche aber unter gewissen Voraussetzungen auch ganz oder theilweise erlassen werden können.

Am mäßigsten ist auch diesmal die Gesetzgebung des Großherzogthums **Oldenburg**.

Im Juli 1884 ist zur Ausführung der §§ 483, 485, 486 des Strafgesetzbuchs eine Verordnung, betreffend Vollstreckung der Todesstrafe erlassen. Bis dahin hatte ein Bedürfniß nicht vorgelegen.

Sodann ist durch Gesetz vom 5. Dezember 1884 das Staatsministerium zur Anordnung ermächtigt, daß in den zur Zuständigkeit des Landgerichts und Oberlandesgerichts gehörigen Sachen das Hinterlegungsgeschäft dem Amtsgericht in Oldenburg überwiesen wird, und hat von dieser Ermächtigung durch Bekanntmachung vom 30. September 1885 Gebrauch gemacht.

Die Gesetzgebung der zu dem gemeinsamen **Thüringer** Oberlandeslandesgericht Jena vereinigten Staaten hat sich in der Zeit vom April 1884 bis jetzt wesentlich mit innern Verwaltungsangelegenheiten, mit dem Bau von Eisenbahnen, darauf bezüglichen Verträgen und mit Ausführungsverordnung zu den die Verwaltung betreffenden Reichsgesetzen beschäftigt.

In Ansehung des in Bezug auf die Reichsjustizgesetze und des partikularen Privatrechtes erlassenen Gesetze und Verordnungen ist zu erwähnen:

Im Großherzogthume **Sachsen** wurde im Jahre 1884 durch Gesetz vom 10. Januar in Abänderung der Bestimmungen des Gesetzes vom 25. November 1880 zum Schutze der Holzungen, Baumpflanzungen 2c. vorgeschrieben, daß die Vollstreckung der über Leistung des Schadensersatzes ergangenen Entscheidung nicht nach den Vorschriften über Vollstreckung der Urtheile der Civilgerichte, sondern nach dem für die Beitreibnng der Gerichtskosten geltenden Verfahren durch die hierfür zuständigen Behörden zu erfolgen habe. Das Gesetz vom 10. Dezember führt für alle Fälle der Feststellung der Entschädigung in Enteignungsfällen eine Berufungsinstanz, und zwar von dem in erster Instanz die Verhandlungen leitenden Amtsgerichte an das Landgericht, von dem ernannten Kommissar an das

Ministerium mit 10tägiger Nothfrist ein. Im Jahre 1885 wird durch die Ministerialbekanntmachung vom 13. Mai die von den Landesjustizverwaltungen der Bundesstaaten getroffene Uebereinkunft über Auslegung der Vorschrift im § 105, 1 des deutschen Gerichtsverfassungsgesetzes zur öffentlichen Kenntniß gebracht und durch die vom 18. August das Verfahren bei Beschaffung von in einem anderen Bundesstaate wohnhaften Sachverständigen erforderlichen Gutachten geregelt. Im Jahre 1886 ist durch Gesetz vom 3. März über Führung und Gebrauch von Waffen Seitens der Beamten in Straf- und Gefangenen-Anstalten das Maßgebende bestimmt worden.

Im Herzogthum **Altenburg** ist ein den Civilstaatsdienst ordnendes, sehr ins Einzelne gehende Gesetz unter dem 24. Februar 1886 ergangen, und auf Grund der §§ 483, 3, 487, 488 der deutschen Strafprozeßordnung über die Vollstreckung erkannter Strafen eine eingehende Ministerialverfügung erlassen worden.

Für das Herzogthum **Gotha** ist durch Gesetz vom 24. Juni 1884 bezüglich des Mißbrauchs des Vereinigungs- und Versammlungs-Rechts auf Grund des Reichsgesetzes vom 21. Oktober 1878, die gemeingefährlichen Bestrebungen der Socialdemokratie betreffend, nähere Bestimmung getroffen. Für das Privatrecht der Herzogthümer **Coburg-Gotha** ist von maßgebender Bedeutung das Gesetz vom 4. April 1885, die Sicherstellung der Rechte der Besitzer von Pfandbriefen betreffend. Es werden darin die Bedingungen festgesetzt, unter denen korporative Aktiengesellschaften 2c., welche statutenmäßig auf Grund hypothekarischer Beleihung von Grundeigenthum Schuldverschreibungen ausgeben, den Pfandbriefgläubigern an den hypothekarischen Forderungen Faustpfandrechte im Sinne des § 40 der Konkursordnung einräumen können. Hierauf ist dann das revidirte Statut der Deutschen Grundkreditbank zu Gotha gegründet. (Ges.-Samml. von 1886 S. 12 ff.)

Für die Gesetzsammlung des Herzogthums **Meiningen** sind durch Gesetz vom 1. Juli 1885 Abänderungen und Nachträge zu den zur Ausführung der Reichsjustizgesetze erlassenen Landesgesetzen bestimmt und durch eine Ministerialbekanntmachung von demselben Tage die Neuredaktion der Schiedsmannsordnung vom 24. Juni 1879 veröffentlicht.

In dem Fürstenthume **Reuß ält. Linie** ist durch Gesetz vom 7. Juni 1884 (erläutert durch Verordnung vom 9. desselben Monats) in Bezug auf die Führung der Vormundschaften, namentlich in Ansehung der Anlegung des Vermögens und der Veräußerung von Grundstücken der Mündel Bestimmung getroffen. Das Gesetz vom 9. Januar 1886 über die Organisation und den Geschäftsbereich des Landarmenverbandes betrifft zugleich die Errichtung einer Spruchbehörde für Entscheidung von Streitigkeiten der Armenverbände, indem das Landrathsamt in erster Instanz, und ein als Heimathsamt ernanntes Kollegium in zweiter Instanz entscheidet. Durch die Regierungsverordnung vom 10. Februar 1886 wird nähere Bestimmung über die mit der Dienstaufsicht des Staatsanwalts am Landgerichte verbundenen Befugnisse getroffen.

Aus der Gesetzgebung des Fürstenthums **Reuß jüngere Linie** ist etwas Besonderes nicht hervorzuheben.

Für das Fürstenthum **Schwarzburg-Rudolstadt** ist durch Ministerialbekanntmachung vom 6. November 1884 angeordnet, daß die Beamte, welche als Zeugen oder Sachverständige in Civilprozeß- oder Strafsachen vernommen werden sollen, rechtzeitig der vorgesetzten Dienstbehörde davon Anzeige zu machen haben, damit diese prüfe, in wie weit die Vernehmung im Dienstinteresse unzulässig oder nachtheilig sei. Durch Gesetz vom 28. November 1884 wird bestimmt, daß in allen nach dem Gesetz vom 27. Dezember 1870 zum Schutze der Holzungen 2c. zu beurtheilenden Fällen das in der Berufungsinstanz entscheidende Gericht aus drei Mitgliedern einschließlich des Vorsitzenden zu bestehen habe. Die Ministerialbekanntmachungen vom 27. Mai und 31. August 1885 enthalten die nämlichen Bestimmungen wie die für das Großherzogthum Sachsen am 13. Mai und 18. August 1885 erlassenen.

Aus der Gesetzgebung von **Hamburg** seit Juli 1884 ist hervorzuheben:

Das Gesetz, betreffend die Löschzeit der Seeschiffe im hamburgischen Hafen vom 30. Januar 1885, bestimmt die Löschzeiten je nach Art und Größe der Schiffe und nach der Jahreszeit, ferner den Anfangstermin der Löschzeit, die in dieselbe nicht einzurechnenden Tage und die Verpflichtungen des Schiffers während der Löschzeit.

Nach dem Gesetz, betreffend die Verpfändung von Schiffen vom 27. April 1885, entsteht ein auch gegen dritte Erwerber wirksames und im Falle des Konkurses des Rheders das Recht auf Absonderung gewährendes vertragsmäßiges Pfandrecht an Seeschiffen und größeren Flußschiffen, welche in die hamburgischen Schiffsregister eingetragen sind, durch Eintragung der Summe, für welche Schiff und Zubehör verpfändet sein sollen, in das Schiffsregister. Das Gesetz bestimmt Näheres über die Voraussetzungen der Eintragung und der Löschung, über die Priorität der durch Eintragung erworbenen Pfandrechte unter einander und sonstigen reichs- und landesgesetzlichen oder vertragsmäßigen Pfandrechten gegenüber, und über die Uebertragung der Eintragungen in die Schiffspapiere.

Bei Gelegenheit der zum Zollanschlusse Hamburg's massenhaft erforderlich gewordenen Expropriationen ist durch Gesetz vom 11. Mai 1883 das Verfahren für diese Expropriationen in einer von dem in dem revidirten Expropriationsgesetz von 1879 vorgesehenen Verfahren wesentlich abweichenden Weise geregelt. Die Erfahrungen in Folge dieses neuen Verfahrens haben zum Erlaß des Expropriationsgesetzes vom 5. Mai 1886 geführt. Danach können Expropriationen nur für Anlagen zum allgemeinen Besten, und gegen vollen Ersatz aller dem Eigenthümer entstehenden Schäden und nur auf Grund eines auf den einzelnen Fall bezüglichen übereinstimmenden Beschlusses von Senat und Bürgerschaft erfolgen. Durch diesen Beschluß wird über die Expropriationspflicht endgültig entschieden. Diese Pflicht erlischt, wenn sie nicht in 8 Monaten nach dem Beschlusse von dem Unternehmer, zu dessen Gunsten sie beschlossen ist, in Anspruch genommen wird. Die Höhe der Entschädigung wird mangels gütlicher Verständigung durch eine aus einem rechtsgelehrten Vorsitzenden, zwei nicht rechtsgelehrten Beisitzern und einem Protokollführer gebildete Sektion einer jährlich zu ernennenden Schätzungskommission festgesetzt. Das Verfahren ist eingehend geregelt. Nach öffentlicher Aufforderung zur Anmeldung nicht eingetragener Ansprüche setzt die Sektion einen Termin an, worin die Betheiligten ihre Anträge stellen und begründen. Die Sektion erforscht die Sachlage von Amtswegen, muß jedoch zu allen Verhandlungen die Parteien laden. Sodann haben zwei von der Sektion zu beeidigende und zu instruirende Sachverständige schriftliche Gutachten über die Entschädigung einzureichen. Nach mündlicher Schlußverhandlung der Parteien giebt die Sektion das Endurtheil ab, gegen welches den Parteien die Berufung an eine endgültig entscheidende stärker besetzte Kommission zusteht.

Alle auf die Feststellung der Entschädigung und die Besitzeinweisung bezüglichen Fragen stehen unter Ausschluß des ordentlichen Rechtsweges zur alleinigen Entscheidung der Schätzungskommission.

In **Lübeck** ist unter dem 20. Oktober 1885 ein Unterrichtsgesetz erlassen, welches in 4 Abtheilungen von der Oberschulbehörde, von der Schulpflicht, von den Schülern und von den Lehrern handelt. Nach einem Gesetz vom 4. Dezember 1885 kann eine letztwillige Verfügung rechtsbeständig vor 2 Notaren oder 1 Notar und 2 Zeugen dadurch errichtet werden, daß der Testator seinen Willen entweder mündlich erklärt oder ein Dokument mit der Versicherung, daß es seinen letzten Willen enthalte, dem Notar übergiebt, und über diesen Akt eine notarielle Urkunde aufgenommen wird. Unter dem gleichen Datum ist eine neue Notariatsordnung erlassen.

In **Bremen** ist unter dem 4. September 1884 das Recht der Armenverbände gegen die unterstützungspflichtigen Verwandten der Hülfsbedürftigen, sowie die Art der Verwirklichung dieses Rechts gesetzlich geregelt. Durch Gesetz vom 19. Januar 1886 betreffend den Uebergang des Eigenthums an beweglichen Sachen und das Vorrecht und Zurückbehaltungsrecht des

Vermiethers und Verpächters ist bestimmt, daß der Eigenthumsübergang an beweglichen Sachen beim Kauf und allen auf Eigenthumsübertragung gerichteten Verträgen durch die Tradition bewirkt wird, und daß an dieser Folge auch Abreden der Contrahenten nichts ändern können; solche Nebenberedungen vielmehr lediglich persönliche Ansprüche begründen können. Nur in den Fällen, in welchen gegen Baarzahlung verkauft oder eine sofortige Gegenleistung bedungen ist, bleibt dem Veräußerer sein Eigenthumsrecht vorbehalten, wenn er gegen den Erwerber innerhalb 14 Tagen nach der Uebergabe Klage auf Rückgabe oder auf die Gegenleistung erhoben, oder innerhalb dieser Zeit der Konkurs über das Vermögen des Erwerbers eröffnet ist. Dasselbe Gesetz gewährt dem Vermiether oder Verpächter das Vorausbefriedigungsrecht für die Mietheforderung ꝛc. aus den vom Miether eingebrachten Gegenständen ꝛc., Waaren ausgenommen, so lange sich solche Gegenstände auf dem vermietheten Grundstück befinden, sowie ein Zurückbehaltungsrecht an diesen Sachen für die fällige und innerhalb eines Jahres fällig werdende Miethe bezw. Pachtforderung. Das Zurückbehaltungsrecht erstreckt sich jedoch nicht auf Sachen, welche der Pfändung nicht unterworfen sind. Durch Gesetz vom 28. Mai 1886 ist die Verwaltung und Veräußerung von Gemeinheiten geordnet.

In sämmtlichen drei Hansestädten sind außerdem Einführungsgesetze und Ausführungsvorschriften zu den in den fraglichen Zeitraum fallenden Reichsgesetzen erlassen.

Die **österreichische** Justizgesetzgebung hat seit Juli 1884 fast gänzlich gefeiert; man kann wohl sagen, sie habe Rückschritte gemacht, und den Kreis der von ihr zu lösenden Aufgaben verengert. Im Frühjahre 1885 wurde der im Jahre 1879 gewählte Reichsrath aufgelöst, ohne daß er die Reformen des österr. Civilprozeßrechtes, oder des Strafgesetzes nur ernstlich versucht hätte. Dem neuen im Herbste 1885 zusammentretenden Reichsrathe wurden beide Entwürfe bis jetzt nicht vorgelegt; die Hoffnungen des Juristenstandes auf das endliche Zustandekommen dieser Codificationen sind auf das Minimum reducirt; denn bei den derzeitigen Verhältnissen in Oesterreich ist kaum zu erwarten, daß die von ganz anderen Bestrebungen erfüllte Majorität des Reichsrathes sich einer Arbeit widmen werde, welche volle parteilose Hingebung an die Sache voraussetzt. Es mögen auch die neuerlichen Controversen im Deutschen Reiche über den Werth des Civilprozesses nicht ohne Einfluß auf den Entschluß der Regierung geblieben sein. Weniger erfindlich ist, weshalb die Regierung, nachdem sie dem vorigen Reichsrathe ein Aktiengesetz unterbreitete, auch auf diese Reformarbeit nunmehr verzichtet zu haben scheint.

Dagegen hat der Reichsrath das Gebiet der socialpolitischen Gesetzgebung, dem Beispiele Deutschlands folgend, mehr gepflegt. Abgesehen von dem Gesetze vom 24. Mai 1885, „womit strafrechtliche Bestimmungen in Betreff der Zulässigkeit der Anhaltung in Zwangsarbeits- und Besserungsanstalten getroffen werden,“ welches gegen geschäfts- und arbeitslose Individuen strenge Strafen ausspricht und wegen seiner ungenauen Fassung wohl auch für die Sicherheit der Bevölkerung vor unnützen Verfolgungen nicht ohne Gefahr sein dürfte, sowie abgesehen von der zweiten Novelle zur Gewerbeordnung, ist in erster Reihe der Entwurf eines Unfallversicherungsgesetzes zu nennen, welcher zur Zeit noch in einer Kommission des Herrenhauses ruht. Die lobenswerthe Tendenz braucht nicht besprochen zu werden; zu bedauern ist aber, daß manche von der Linken des Abgeordnetenhauses angestrebten Verbesserungen von der Mehrheit nicht acceptirt wurden. Die Hauptfragen dabei betreffen die Einbeziehung der landwirthschaftlichen Arbeiter in die Unfallversicherung, Ausdehnung derselben auf den Eisenbahnbetrieb, Berufsgenossenschaften, Umlageverfahren, Freilassung der Arbeiter von den Beiträgen zu den Versicherungsprämien. Die Regierungsvorlage, welche abweichend von deutschen Gesetzen Territorialversicherungsanstalten an die Stelle der Berufsgenossenschaften setzt, und ein Kapitaldeckungsverfahren nebst Arbeiterbeiträgen einführen will, ist hierin nicht geändert.

Der Entwurf eines Kranken-Versicherungs-Gesetzes ist in der parlamentarischen Behandlung nur bis zur Vorlegung des Ausschußberichtes an das Haus gediehen.

Zu den socialpolitischen Gesetzentwürfen gehört in gewissem Sinne auch die Vorlage wegen Abänderung einzelner Bestimmungen der Exekutionsordnung, die jedoch noch im Justizausschusse des Abgeordnetenhauses ruht. Die unentbehrlichsten Kleidungsstücke, Möbel, Werkzeuge, Nahrungsmittel u. dgl. sollen von der Exekution ausgeschlossen werden. Bei der Immobilarexekution sollen zwei bisher in Oesterreich unbekannte Institutionen eingeführt werden, das Ueberbot, und unter Umständen die Unzulässigkeit der Feilbietung wegen Unzulänglichkeit des Anbotes.

An strafrechtlichen Gesetzen ist zu nennen: das eben ins Leben getretene sog. Anarchistengesetz, welches der Staatsanwaltschaft anheimgibt, „anarchistische“ Delikte der Jurisdiktion der Geschworenen zu entziehen und der Judikatur der Erkenntnißgerichte zu unterwerfen. Wie bekannt, waren in drei Gerichtssprengeln Niederösterreichs (darunter Wien) die Schwurgerichte seit einigen Jahren fast für alle und insbesondere auch für alle Preßdelikte suspendirt. Diese Ausnahmsbestimmungen sind in Folge des neuen für ganz Cisleithanien giltigen, aber auf zweijährige Dauer beschränkten und gegenständlich engbegrenzten Gesetzes fortgefallen.

Verwandt damit ist das Gesetz vom 27. Mai 1885 „gegen den gemeingefährlichen Gebrauch von Sprengstoffen." Herstellung, Besitz und Verkauf von Sprengstoffen sind nur bei behördlicher Bewilligung zulässig. Die Uebertretung wird mit Geldstrafen, unter Umständen mit Arrest geahndet. Wer vorsätzlich durch Anwendung von Sprengstoffen als Sprengmittel Gefahr für Eigenthum, Gesundheit oder Leben eines Andern herbeiführt, wird mit schwerem Kerker von mindestens 5 Jahren und eventuell mit lebenslänglichem Kerker bestraft. Auch wer von dem Vorhaben eines derartigen Verbrechens Kenntniß hat, und vorsätzlich unterläßt, die Behörde zu verständigen, macht sich unter Umständen eines Verbrechens schuldig, das mit Kerker event. bis zu 5 Jahren bestraft wird.

Zu erwähnen sind schließlich noch das Gesetz vom 15. Mai 1885, wodurch der gesetzliche Zinsfuß von 6 auf 5 % herabgesetzt wurde, und das Gesetz vom 2. April 1885, betreffend die Gerichtsbarkeit über die Landwehr, welches feststellt, in welchen Fällen die Landwehrleute der Militär-Strafgerichtsbarkeit unterliegen.

Interessant und erfreulich ist auch diesmal der Parallelismus der gesetzgeberischen Bestrebungen im Deutschen Reiche und in Oesterreich, welcher die Zusammengehörigkeit des deutschen Rechts in beiden Reichen zeigt. Hoffen wir das Beste davon für die Lösung der immer neu auftauchenden Rechtsprobleme, insbesondere hinsichtlich der Gesetzgebung für den vierten Stand, deren Resultate erst die Zukunft zeitigen kann. An mannichfachen ernsten Bestrebungen, wie wir sehen, fehlt es nicht. Ist nach dem bekannten Lessing'schen Worte das Streben nach der Wahrheit selbst wünschenswerther, als die Wahrheit, so bliebe uns kaum etwas zu wünschen übrig, als — der Wahrheit wenigstens immer näher zu kommen.

Präsident: Meine Herren, wir sind Herrn Geh. Justizrath v. Wilmowski jederzeit zu Dank verpflichtet gewesen und heute verpflichtet für die sachgemäße Berichterstattung.

Ich habe schon wiederholt den Wunsch ausgesprochen, den ich noch für erfüllbar halte, daß wir nämlich die 18 Generalberichte, die für den Juristentag erstattet und die im Buchhandel zum großen Theil vergriffen sind, nochmals in abgekürzter Gestalt zusammenarbeiten lassen und den verehrten Mitgliedern als Extraband gratis mittheilen. Es ist ein sehr werthvolles Material, denn wir haben kaum ein gedrängteres und umfassenderes Repertorium der Gesetzgebung des letzten Vierteljahrhunderts, als in diesen Generalberichten gegeben ist.

Endlich bitte ich Sie entgegenzunehmen den Kassenbericht des Herrn Schatzmeisters Justizrath Makower.

Justizrath **Makower**: Meine Herren, vor etwa zwei Monaten ist die Kasse von der ständigen Deputation revidirt worden; es wird genügen, wenn ich das Resultat mittheile. Wir hatten vor zwei Monaten etwa 50000 Mark; seit dieser Zeit sind ungefähr 9000 M. ausgegeben. Wir haben also noch einen Bestand von etwa 41000 Mark. Die Details werden Sie in dem Conto finden, welches mit unsern diesjährigen Verhandlungen abgedruckt werden wird.

(Es folgen noch mehrere geschäftliche Mittheilungen, unter anderen über den Eingang einer Schrift des königl. preußischen Oberforstmeister Dr. Borggreve über die Entschädigung der Wildschäden in 125 Exemplaren, welche der I. Abtheilung zur Vertheilung überwiesen werden.)

Wird aus der geehrten Versammlung heraus kein Gegenstand angeregt, — und es geschieht nicht — so schließe ich hiermit die erste Plenarsitzung und bitte die Abtheilungen, um 1/2 11 Uhr sich zu versammeln.

(Schluß der Sitzung 1/4 11 Uhr Vormitags.)

Erste Sitzung der ersten Abtheilung am 9. September 1886.

Auf den Vorschlag des Professor Dr. Enneccerus aus Marburg, welcher im Auftrage der ständigen Deputation ½11 Uhr die Sitzung eröffnet, wird durch Akklamation Reichsgerichtspräsident Dr. Drechsler aus Leipzig zum Präsidenten und Geh. Justizrath Dorn ebendaher zum Vicepräsidenten gewählt. Als Schriftführer wird Gerichtsassessor Kaufmann aus Wiesbaden bestellt.

Präsident: Es sind der ersten Abtheilung 4 Gegenstände zur Berathung überwiesen; sie sind heute schon mitgetheilt worden. Ich glaube auch, daß keine Veranlassung vorliegt, bezüglich der Reihenfolge der Berathung von der gedruckten Tagesordnung abzuweichen. Wir würden also zunächst in die Berathung eintreten über Frage 1:

Soll in das deutsche bürgerliche Gesetzbuch die Entschädigung für Wildschaden aufgenommen werden?

Es liegen Ihnen zwei gedruckte Gutachten vor, die Ihnen bekannt sein werden, und Herr Prof. Dr. Enneccerus aus Marburg hat die Güte gehabt, das Referat zu übernehmen. Herr Professor Dr. Mayer aus Straßburg, der, wie ich sehe, nicht anwesend ist, war als zweiter Referent bestellt. Zu diesem Gegenstande ist ferner eine Schrift des Professor Dr. Borggreve, kgl. preußischen Oberforstmeister und Forstakademiedirektor zu Münden, an die Versammlung übersandt worden. (Die letztgedachte Schrift gelangt zur Vertheilung.)

Ich bitte nun den Herrn Referenten das Wort zu ergreifen.

Referent Professor Dr. **Enneccerus** aus Marburg: Meine hochgeehrten Herren! Bezüglich der Frage, die uns heute vorliegt, sind zwei

Gutachten dem Juristentage erstattet, das eine von dem Herrn Amtsrichter Francke zu Berlin, das andere von dem Herrn Rechtsanwalt Dr. Mörschell zu Würzburg. Beide Gutachten zeichnen sich durch reichhaltiges Material und scharfsinnige Begründung aus. Ich darf mir das Recht daraus herleiten, eine Reihe von Fragen nur kurz zu berühren und speziell, was das vergleichende Material betrifft, Sie auf diese Gutachten selbst, die Ihnen ja bekannt sind, zu verweisen. Ich werde mich daher im Wesentlichen mit den Hauptangelpunkten unserer Frage zu beschäftigen haben; die Uebersicht der Gesetzgebung überlasse ich den Gutachten, die eigentlichen technischen Fragen wie, um nur eine hervorzuheben, die Frage, ob für Hasenschaden Ersatz geleistet werden soll oder ob derselbe zu geringfügig ist, übergehe ich, als dem Juristentage weniger anheimfallend, gänzlich. Ich werde daher mich darauf beschränken, Ihnen folgende drei Fragen zu beantworten, zunächst: Läßt sich legislatorisch eine Begründung des Wildschadenersatzes geben, lassen sich mit andern Worten Gründe anführen, welche das Gesetz veranlassen müssen, den Wildschadenersatz zu statuiren? Ich werde dann zweitens fragen, ob das, was uns als legislatorisch nothwendig erscheint, durch das bisherige Recht bereits gegeben ist oder ob es einer besonderen Gesetzgebung bedarf, und ich werde drittens die Frage anschließen, ob diese besondere Gesetzgebung durch das Reichscivilgesetzbuch zu geschehen hat oder nicht. Es thut mir sehr leid, bei allen diesen Fragen vorläufig auf das mir erst in diesem Momente zu Gesicht gelangende Gutachten des Oberforstmeisters Borggreve „zu Nr. 1 der Berathungsgegenstände des achtzehnten deutschen Juristentags" nicht eingehen zu können, weil ich es noch nicht habe lesen können. Da es aber verhältnißmäßig kurz ist, so werde ich in meinem Schlußworte auch auf dieses Gutachten noch einzugehen im Stande sein.

Wollen wir die legislatorische Begründung des Wildschadens geben, so haben wir meines Erachtens auszugehen von der volkswirthschaftlichen Bedeutung der Jagd. Nach einer Mittheilung, die im preußischen Abgeordnetenhause vor einigen Jahren gemacht wurde, ist die volkswirthschaftliche Bedeutung der Jagd eine große. Allein in Preußen wird der Werth des alljährlich erlegten Wildes auf etwa 6½ Millionen Mark geschätzt, und um damit zur Controle eine andere Nachricht zu vergleichen, theile ich mit, daß von Hagen in seiner Schrift: „Die forstlichen Verhältnisse Preußens" allein den Erlös des Wildes, welches in den Staatswaldungen Preußens erlegt wurde, auf nahezu 3 Millionen Mark schätzt. Schauen wir hinüber in das cisleithanische Oesterreich, so finden wir, wie ebenfalls einer der Herren Gutachter, Herr Dr. Mörschell, ausgeführt hat, daß dort fast 60000 Stück größeres Wild, einschließlich Gemsen und Rehwild, alljährlich erlegt werden und etwa 1 700 000 Hasen, Kaninchen, Fasanen und Rebhühner. Wir sehen also, die Jagd, die durch das Jagdrecht und Schonzeit geschützt ist, hat einen bedeutenden volkswirthschaftlichen Werth. Daneben kommt die sanitäre Bedeutung der Jagd in Betracht. Sie verschafft einem erheblichen Theile gerade derjenigen Bevölkerungsklassen, denen sonst körperliche Anstrengung fernzubleiben pflegt, eine gesunde und erfrischende Bewegung in freier Luft, und daß auch dieser Punkt kein unbedeutender ist, möchte vielleicht am besten daraus hervorgehen, daß allein in Preußen die Zahl der jährlich zur Verausgabung kommenden Jagdkarten auf 120 000 bis 130 000 zu schätzen ist; manche schätzen sie noch höher. Diese erheblichen Vortheile werden nun aber keineswegs ohne Weiteres durch die Natur gegeben; sie sind, wie die Verhältnisse jetzt liegen, unzweifelhaft zum weitaus größten Theil, wenn nicht ganz vollständig, eine Wirkung staatsgesetzlicher Bestimmungen, gesetzlicher Vorschriften. Meine Herren, wir dürfen den Satz aufstellen, daß in Deutschland im gegenwärtigen Momente keine oder nur eine ganz verschwindende Jagd existiren würde, wenn das Wild dem freien Thierfange des römischen Rechts unterstände. Wer sich eine Vorstellung davon machen will, wie dieser freie Thierfang auf unseren Wildstand wirken würde, braucht sich nur des Jahres 1848 zu erinnern, wo in ganz kurzer Zeit, in wenigen Wochen und Monaten eine ganze Reihe, ich darf sagen tausende von Jagden durch den freien Thierfang fast bis zur völligen Vertilgung des Wildstandes ruinirt wurden. Und wenn wir weiter vergleichen, wie andere nicht durch Jagdrecht und Schonzeit geschützte Thierarten, die früher in Deutschland bestanden, verschwunden sind, wie von den Hunderttausenden von Luchsen beispielsweise kaum einer übrig geblieben ist u. s. w., so können wir uns nicht verhehlen: der volkswirthschaftliche Nutzen der Jagd würde ohne Jagdrecht, ohne das ausschließliche Occupationsrecht verhältnißmäßig Weniger, und ohne Schonzeiten verschwinden, ja längst verschwunden sein. Der Jagdnutzen ist, wie die Verhältnisse heutzutage und bei uns liegen, im Wesentlichen eine Folge des Jagdrechts und der Schonzeit.

Aber, meine Herren, wenn diese Bestimmungen den Vortheil bringen, so ist doch mit diesem Vortheile auch ein erheblicher Nachtheil, ein Schaden verknüpft. Ich muß es gleich von Anfang an scharf betonen, daß der Wildschaden nicht mit dem Schaden, der etwa durch Maikäfer oder durch Heuschrecken verursacht wird, auf eine Stufe gestellt werden kann. Das sind reine Naturschäden, das sind Schäden, die deshalb von demjenigen, den sie betreffen, hingenommen werden müssen. Der Wildschaden aber wird wesentlich verursacht durch denselben Faktor, der uns den Jagdnutzen erhält, durch Jagdrecht und Schonzeit. Wenn nun, meine Herren, der

Wildschaden dieselben Personen träfe, zu deren Gunsten eben Jagdrecht und Schonzeit wirkt, und zwar in demselben Verhältnisse, in dem sie an diesem participiren, dann würden wir, meine ich, uns mit der Lehre von dem Wildschaden nicht weiter zu beschäftigen haben. Aber das ist keineswegs der Fall. Das Jagdrecht steht in Deutschland, von Mecklenburg abgesehen, den Grundeigenthümern zu — die besonderen mecklenburgischen Verhältnisse berühre ich nicht — der Vortheil der Jagd fällt den Grundeigenthümern zu nach Verhältniß ihrer dem Jagdrecht unterstehenden Flächen. Der Wildschaden aber trifft sie nicht in einem bestimmten Verhältnisse, der Wildschaden trifft den Einzelnen und mit sehr verschiedener Härte, er trifft erfahrungsmäßig in der Gemeinde gewöhnlich nur einige wenige Personen, welche besonders exponirte Grundstücke besitzen, namentlich die dem Walde nahegelegenen oder gar in den Wald eingreifenden Grundstücke. Der Wildschaden trifft auch ganz besonders häufig gerade die Aermeren, weil gerade diese häufig in den Besitz jener entlegenen Grundstücke sich befinden. Also, um kurz zu recapituliren, der Eine trägt einen verhältnißmäßig großen Vortheil von Jagdrecht und Schonzeit davon, den Anderen trifft ein verhältnißmäßig großer, vielleicht der fast alleinige Schaden. Es ist ein Postulat der Gerechtigkeit, hier ausgleichend zu wirken. Es muß der Wildschaden denjenigen auferlegt werden, denen der Jagdnutzen zufällt. Wir müssen den Grundsatz aufstellen: **wenn das Gesetz durch Jagdrecht und Schonzeit gewissen Personen einen Vortheil gewährt, mit dem für andere Personen ein Schaden untrennbar verbunden ist, so muß das Gesetz auch den Ersatz dieses Schadens ausgleichsweise den ersteren Personen in demselben Verhältniß auflegen, in welchem sie an dem Vortheile participiren.**

Es wird geboten sein, dieses Erforderniß der Gerechtigkeit in seinen einzelnen Konsequenzen zu verfolgen. Ich bespreche zunächst den Wildschadenersatz innerhalb des einzelnen Jagdbezirks. Es macht hier keinen wesentlichen Unterschied, ob das Jagdrecht oder dessen Ausübung einer besonders gebildeten Jagdgenossenschaft zusteht, die dasselbe dann durch Verpachtung oder auch, was übrigens viel seltener ist, durch eigene Jäger ausübt, oder ob der Nutzen aus der Jagd an die Gemeinde fällt. In beiden Fällen kommt ja den Grundbesitzern der betreffenden Gemeinde bezw. sämmtlichen Gemeindemitgliedern dieser Vortheil zu Gute, in dem einen Falle den Grundbesitzern direkt nach dem Verhältniß ihrer der Jagd unterstehenden Flächen, im anderen Falle indirekt den sämmtlichen Gemeindegenossen, und zwar nach dem Verhältniß der Gemeindesteuern, da ja natürlich durch das Aufkommen der Jagdpacht die Gemeindesteuern in entsprechendem Verhältniß sich mindern werden. Ich bespreche also der Einfachheit wegen nur den häufigeren und wichtigeren Fall, daß in dem Jagdbezirke die einzelnen Grundbesitzer zu einer Jagdgenossenschaft vereinigt sind. Hier wird, wie schon hervorgehoben, der Jagdertrag nach der Größe der der Jagd unterstehenden Flächen des Einzelnen getheilt. Wir haben also eine vom Staate geschaffene Genossenschaft, welche regelmäßig und dauernd nach einem bestimmten Verhältniß die einzelnen Personen bereichert, und wir haben, solange uns die Wildschadenersatzpflicht fehlt, damit verbunden die Erscheinung, daß eben aus derselben Ursache, aus dem Grunde von Jagdrecht und Schonzeit einzelne wenige andere Personen einen unter Umständen sehr beträchtlichen Schaden, den Wildschaden erleiden. Wir haben eine wahre societas leonina. Der Eine trägt den Vortheil oder wenigstens viel mehr Vortheil davon, als er an dem Schaden participirt; der Andere hat den Schaden zu tragen oder wenigstens viel mehr Schaden, als er an dem Vortheil participirt; der Eine wird auf Kosten des Andern bereichert, der Andre zu Gunsten des Einen geschädigt. Deshalb, meine Herren, hat der Ausgleich stattzufinden, daß die Gesammtheit der Jagdgenossen in derselben Weise, wie sie den Vortheil aus der Jagd repartirt, in derselben Weise aufzukommen hat für den Wildschaden, oder wenn ich die Gemeinde hinzuziehe: wenn die Gemeinde Vortheile aus der Jagd bezieht, hat sie auch den damit verbundenen Schaden, den Wildschaden zu tragen. Es ist eine reine Zweckmäßigkeitsfrage, meine Herren, ob man nun anstatt der Jagdgenossenschaft bezw. der Gemeinde den Jagdpächter haften lassen will. Auch wenn das Gesetz vorschreibt, daß der Jagdpächter allgemein den Wildschaden zu tragen habe, trägt ja mittelbar die Jagdgenossenschaft oder die Gemeinde denselben, denn natürlich wird sich der Ertrag der Pacht um den muthmaßlichen Betrag des Wildschadens in solchen Fällen vermindern. Setzt man nun den Pächter bezüglich des Wildschadens an die Stelle der Jagdgenossenschaft oder der Gemeinde, so ist damit ein Vortheil verbunden, nämlich der, daß er durch sein eigenes Interesse veranlaßt wird, mit dem Abschuß nicht säumig zu sein, da sich sonst die von ihm zu tragenden Wildschäden erhöhen; aber es verursacht auf der andern Seite auch einen Nachtheil. Gegen den einzelnen Mann, den Jagdpächter, der in sehr vielen Fällen außerhalb des Jagdbezirks wohnt, werden leicht unbegründete Wildschadensklagen angebracht oder wenigstens außergerichtliche Versuche, unbillige und unbegründete Ersatzforderungen zu erheben, gemacht werden können. Setzen wir die unmittelbar interessirte Jagdgenossenschaft dagegen an die Stelle, so wird es sich anders verhalten: man wird den nächsten Nachbarn gegenüber sehr schwer in der Lage sein, unbegründete Ansprüche geltend zu machen. Ich meine also, meine Herren, da Vortheil und Nachtheil hier einander gegenübersteht, so wird man besser thun, diese Frage nicht gesetzlich ein für allemal zu regeln. Ich halte es für geeigneter, die Frage, ob Gemeinde bezw. die Jagdgenossenschaft bei einer Verpachtung den Pächter haftbar machen will für Wildschaden an ihrer Stelle, so daß sie nur eventuell im Falle der Insolvenz haften würde, lediglich dem freien Ermessen zu überlassen.

Es ist nun die Behauptung aufgestellt, es brauche überhaupt durch das Gesetz weder die Jagdgenossenschaft bezw. die Gemeinde noch auch der Jagdpächter haftbar gemacht zu werden; man hat gesagt: wenn ein Bedürfniß dafür vorhanden ist, dann kann ja die Gemeinde oder die Jagdgenossenschaft das selbst unter sich ausmachen, sie kann den Schaden repartiren, sie kann den Jagdpächter bei der Pacht verantwortlich machen. Aber, meine Herren, dabei ist die Hauptsache übersehen; es ist übersehen, daß die Majorität nicht geneigt sein wird, zu Gunsten derjenigen Minorität, die erfahrungsmäßig vom Wildschaden allein oder vorwiegend betroffen wird, auf den Vortheil höherer Pachterträge zu verzichten oder sich die Haftung für den Wildschaden aufzubürden. Der Schutz der Minorität verlangt es deshalb, daß hier die gesetzliche Regel eintrete. Mit ganz derselben Logik könnte man sagen, daß es z. B. keine Bereicherungsklagen zu geben brauche, denn der Bereicherte und der Geschädigte könnten sich untereinander durch bloßen Vertrag auseinandersetzen.

Ich komme also für den einzelnen Jagdbezirk zu dem Satze, daß der Jagdberechtigte, also — sofern nicht nur ein Jagdberechtigter da ist, wie bei größeren Grundstücken, für welche es deshalb keiner besonderen Bestimmung bedarf — die Jagdgenossenschaft resp. die Gemeinde, der der Nutzen zufällt, auch den Wildschaden tragen soll.

Etwas komplicirter gestaltet sich die Frage, was die Haftung zwischen den verschiedenen Jagdbezirken betrifft. Ich darf zunächst einen Fall ausscheiden. Es kommt ja häufig vor, daß von Feldjagd zu Feldjagd Wild, namentlich das niedere Wild, wechselt; allein auf diesen Punkt braucht keine Rücksicht genommen zu werden. Einmal ist in einem solchen Falle kein Beweis zu erbringen, zweitens gleicht solcher Schaden sich aus. Wenn von der einen Jagd in die andere gewechselt wird, so auch von der andern in die eine, und endlich, m. H., kann man gar nicht sagen, wer schließlich den Vortheil derartig wechselnden Wildes haben wird. Schadenersatz von Jagdbezirk zu Jagdbezirk zu verlangen, also von dem einen Jagdbezirk Ersatz zu verlangen für den Wildschaden, der in dem andern Jagdbezirke eingetreten ist, das ist nur dann gerechtfertigt, wenn das Wild in dem einen Jagdbezirk seinen regelmäßigen Aufenthalt, seinen Standort hat, in dem andern aber nächtlich auf Aesung geht, also, m. H., nur da, wo

Feldbaugrundstücke an größere Waldungen anstoßen. Der Großwaldbesitzer allein ist im Stande, namentlich das Rothwild, welches in seinen Forsten steht, zu erlegen. Durch einige wenige Treibjagden ist, wie ganz richtig der eine Herr Gutachter ausführt, der Großwaldbesitzer stets in der Lage, sich alles oder fast alles Standwildes zu bemächtigen. Er hat also den Vortheil; es hat daher auch ein Ausgleich stattzufinden für den Schaden, den sein — ich brauche den üblichen, wenn auch nicht juristischen Ausdruck — den sein Standwild dem Nachbar zufügt.

Die Anstellung einer solchen Schadenersatzklage hat natürlich zur Voraussetzung, daß das Wild, welches in dem Walde des Verklagten steht, den Schaden angerichtet hat. Dazu genügt aber, m. H., nach den allgemeinen Regeln unseres Beweises Folgendes. Ich muß beweisen erstens, daß das Wild aus seinem Walde ausgetreten ist, daß es daher gekommen ist. Ich muß zweitens beweisen, daß Wild solcher Art dort seinen Standort hat. Dagegen, wenn er nun behauptet, daß gleichwohl es nicht sein Wild, sondern anderes durchgewechseltes Wild gewesen sei, daß nicht seine Hirsche, die in seinem Bezirke ihren Standort haben, sondern durchgewechselte fremde den Schaden angerichtet haben, also durch sein Grundstück hindurchgekommen sein sollen auf das geschädigte Feld, so hat er das zu beweisen, denn wie die Verhältnisse nun einmal liegen, so wird bei seiner Beweiswürdigung jeder Richter, der sich sagt: das Wild kam daher, Wild dieser Art steht dort, aus diesen beiden Umständen, wenn nicht das Gegentheil nachgewiesen wird, schließen, daß auch das dort stehende Wild dieser Art den Schaden angerichtet habe. Man hat nun behauptet, diese Beweise könnten nicht erbracht werden. M. H., ich glaube, daß das Gegentheil nicht allein theoretisch, sondern auch praktisch sehr leicht zu erweisen ist. Es giebt ja erfahrungsmäßig außerordentlich viele Gemeindebezirke, bei denen größere Waldflächen liegen, die lediglich in der Hand eines einzigen Besitzers, ganz besonders des Staates, sich befinden. Wenn ich in meine heutige Heimat, den Regierungsbezirk Kassel schaue, so liegt es wohl in der Mehrzahl aller Gemeinden — d. h. derjenigen, die überhaupt Wildschaden erleiden — offenbar auf der Hand, daß das Wild aus Staatswaldungen herstammt, eben weil alle in der Umgebung liegenden dem Wilde als Standort dienenden größeren Waldungen dem Staate gehören. Sehr ähnlich liegen die Verhältnisse in Hannover, und wenn ich nicht sofort auch für andere Gegenden gleiches anführe, so liegt es nur an der mangelnden Kenntniß der einschlagenden Verhältnisse. Es wird sich ähnliches beinahe überall wiederholen. In vielen Fällen ist also ein besonderer Beweis gar nicht nothwendig, in anderen Fällen wird ohne weiteres durch die Fährte des austretenden Wildes der Beweis erbracht.

M. H., auch das ungeübteste Auge sieht, wo ein großes Rudel Hochwild — und das ist der größte Schaden — ausgebrochen ist. Endlich, m. H., die Lage des Grundstücks! Wenn in einem weiten Thale, etwa auf einer Seite des Thales die Waldung des A, auf der andern Seite die Waldung des B sich befindet und unweit des Waldes des A liegende oder gar in diesen vorspringende Grundstücke geschädigt sind, ja m. H., ich glaube, daß in diesem Falle weder Richter noch Sachverständiger Anstand nehmen werden, zu erklären, daß das Standwild des A — welches ich als vorhanden annehme — und nicht das Standwild des B den Schaden angerichtet habe. Ferner, m. H., beweist das Beispiel Frankreichs. In Frankreich muß der hier erforderte Beweis stets erbracht werden und wird, wie zahlreiche Wildschädenprozesse beweisen, in der That erbracht. Es beweist das Beispiel Hannovers, wo ähnliche Dinge vorkommen und bewiesen sind.

Dennoch ist bereitwillig zuzugestehen, daß einzelne Fälle übrig bleiben werden, in denen der Beweis nicht wird erbracht werden können. Aber es wäre doch nichts verkehrter als deshalb, weil einzelne Fälle übrig bleiben, in denen die Entschädigungspflicht wegen des mangelnden Beweises nicht helfen würde, nun die Entschädigungspflicht vollständig auch für ganz klare Fälle auszuschließen. Es wäre das nichts anderes als wollte man den Diebstahl deshalb nicht bestrafen, weil erfahrungsmäßig nicht alle Diebe ertappt werden.

Weit gewichtiger, meine Herren, erscheint ein anderer Einwand. Es läßt sich nicht leugnen, daß, wenn auch behauptet werden muß, daß der Großwaldbesitzer den Hauptvortheil von dem Jagdrechte in Bezug auf sein Standwild hat, doch auch der Feldjagdpächter oder die Feldjagdgenossenschaft im Stande sein wird, eines Theils dieser Vortheile sich zu bemächtigen. Er muß also nach dem Entwickelten auch einen Theil des Schadens mit tragen, er hat gleichsam den Vortheil mit dem Schaden zu kompensiren. Eine solche Abrechnung im einzelnen Falle ist nun natürlich nicht thunlich, sie führt zu Weiterungen, die das Gesetz nicht veranlassen darf. Es ergeben sich aber doch zwei Wege, auf denen wir ein ähnliches Resultat erreichen können. Zunächst ein einfacherer, aber etwas unvollkommenerer Weg. Man erklärt den Jagdberechtigten des Jagdbezirks, in welchem der Schaden erfolgte, zunächst haftbar für alle Wildschäden, man giebt ihm aber eine Regreßklage gegen den Jagdberechtigten des Bezirks, dessen Standwild einen bestimmten Schaden angerichtet hat. Hierdurch erhält jener primo loco Haftende einen Vortheil, aber er erleidet auch einen Nachtheil. Er hat den Vortheil, daß jener Großwaldbesitzer den Schaden für die Fälle ganz trägt, in denen der Beweis, daß sein Standwild schädigt, erbracht werden kann. Das ist ein Vortheil gegenüber dem aufgestellten

Grundgedanken. Er erleidet aber den Nachtheil, daß er gar keinen Schadenersatz bekommt, gar keine Regreßklage hat für diejenigen Fälle, in welchen er den betreffenden Nachweis zu erbringen nicht im Stande ist. Er mag diesen Vortheil und diesen Nachtheil mit einander kompensiren. Zu diesem Resultate gelangte auch das preußische Abgeordnetenhaus in der zweiten Lesung des Jagdordnungsentwurfes. Der zweite Weg, meine Herren, ist etwas komplicirter in der Einrichtung, aber darum um so einfacher nachher in der praktischen Ausführung. — Es wird ein Jagdbezirk, in dem von auswärtigem Standwilde erfahrungsmäßig Schaden angerichtet wird, mit den Bezirken, in denen das betreffende Wild steht, zu einem Wildschadenverbande vereinigt und es wird alsdann durch Sachverständige periodisch festgestellt, in welchem Verhältniß die Jagdberechtigten der einzelnen Bezirke den Schaden zu tragen haben. Dies bietet einen doppelten Vortheil. Einmal kann so eine den Verhältnissen angemessene gerechtere Vertheilung des Wildschadens bewirkt werden und andererseits werden die Beweise ganz außerordentlich erleichtert, indem in solchen Fällen nichts weiter nachzuweisen ist als die Existenz des Wildschadens und, wenn der Verband haftbar gemacht werden soll, die Anrichtung durch derartiges Standwild.

So, meine Herren, könnte man vielleicht dasjenige, was ich eben angeführt habe, in folgenden Worten zusammenfassen:

> Als Hauptgesichtspunkt für die in das deutsche bürgerliche Gesetzbuch aufzunehmende — dies werde ich später begründen — Regelung des Wildschadens ist der Grundsatz anzuerkennen, daß diejenigen, welche an dem durch Jagdrecht und Schonzeit gesicherten Nutzen der Jagd theilnehmen, in gleichem Verhältnisse auch den durch jagdbares Wild angerichteten Schaden zu tragen haben.

Sollte ein Eingehen auf die hauptsächlichsten Konsequenzen des Princips beabsichtigt werden, so würde ich weiter empfehlen, folgende Sätze hinzuzufügen:

Im Besonderen empfehlen sich daher die folgenden Regeln:

a) Für den innerhalb eines Jagdbezirks durch jagdbares Wild angerichteten Schaden sind die Jagdberechtigten nach demselben Verhältnisse ersatzpflichtig, nach dem ihnen der aus dem Jagdrechte entspringende Nutzen zufällt;

b) wegen des durch jagdbares Wild, welches in einem andern Jagdbezirke seinen ständigen Aufenthalt hat (Standwild), angerichteten Schadens ist ein Regreßrecht gegen den Jagdberechtigten dieses Jagdbezirks anzuerkennen; und endlich

c) der Landesgesetzgebung ist es freizustellen, mehrere Jagdbezirke zu Wildschadensverbänden zu vereinigen, für welche das Verhältniß, nach dem die Jagdberechtigten der einzelnen Jagdbezirke den Wildschaden zu tragen haben, periodisch festgestellt wird.

Ich habe geglaubt, diese Formulirungen schon jetzt geben zu sollen um des Zusammenhanges willen; muß mich nun aber zu den beiden noch ausgesetzten Fragen wenden, also zunächst zu der: Bedarf es zur Durchführung solcher Grundsätze gesetzlicher Bestimmungen? Wenn ich auch im Ganzen auf die Gutachten verweisen darf, so ist doch mit wenigen Worten aus dem dort mitgetheilten Material zu zeigen, wie verschiedenartig und wie ungenügend der Rechtszustand Deutschlands in dieser Frage ist. Der Wildschadenersatz ist völlig ausgeschlossen in den altpreußischen Provinzen, in Nassau, in Schleswig-Holstein mit Lauenburg, in Württemberg, Baden, Weimar, Braunschweig und einer Reihe von kleineren Ländern; es findet Wildschadensersatz statt, aber vielfach nur so, daß der Regreß gegen den Großwaldbesitzer ausgeschlossen ist, bisweilen auch mit diesem Regreß: in Hannover, Kurhessen, Bayern, Sachsen, Großherzogthum Hessen und kleineren Staaten. Endlich ist eine sehr beschränkte Ersatzpflicht auf Grundlage des gemeinen Rechts oder eine etwas weitere, aber auch noch beschränkte, auf Grundlage des französischen Rechts angenommen ohne besondere Wildschadenbestimmungen in Mecklenburg — nach den Mittheilungen des einen Herrn Gutachters, ich selbst habe diese Frage nicht im Einzelnen prüfen können — in Oldenburg und in den linksrheinischen Ländern.

Es sind also ohne Zweifel, wenn wir den entwickelten Grundsätzen Geltung verschaffen wollen, gesetzliche Bestimmungen geboten. Alles, was ich Ihnen auszuführen die Ehre hatte, war ja nur eine legislatorische Begründung, keine Begründung für das bestehende Recht. Ich habe es als ein Gerechtigkeitspostulat bezeichnet, daß derjenige, der von Jagdrecht und Schonzeit den Vortheil hat, auch den dadurch verursachten Schaden, den Wildschaden trage; aber wenn das Gesetz dieses Gerechtigkeitspostulat nicht anerkennt, wenn es einfach und nackt sagt, daß Jagdrecht und Schonzeit gelten, und über den Wildschaden nichts bestimmt, so sind wir nicht berechtigt, den Wildschadensersatz ohne weiteres in das Gesetz hinein zu interpretiren. Wir können ihn als ein Postulat der Gerechtigkeit aufstellen, aber dieses Postulat der Gerechtigkeit ist noch nicht ohne besondere gesetzliche oder gewohnheitsrechtliche Bestimmung erfüllt.

Nun existiren aber Ansichten, nach denen das Bestehen einer Wildschadenersatzpflicht aus allgemeinen Gründen schon für das jetzige gemeine Recht deducirt werden kann. Wir haben zu prüfen, ob diese Konstruktionen richtig sind, und was noch viel wichtiger ist, ob sie dem Bedürfniß genügen, ob sie zum Wildschadenersatz in allen den Fällen oder wenigstens in der Mehrzahl der Fälle führen, in welchen wir den Wildschadenersatz für gerecht, für geboten halten. Ich entwickle zunächst die Ansicht, welche in sehr ansprechender Weise ausgeführt worden ist von dem Herrn Gutachter Amtsrichter Francke. Er nimmt nach gemeinem Recht einen Ersatzanspruch wegen übermäßiger Hegung des Wildes an. Die Begründung erkenne ich in ihren wesentlichen Zügen als richtig an; ich möchte sie Ihnen, wenn auch nicht mit den Worten Francke's, sondern in eigener Form und nur in kürzerer Weise gegenüber der ausführlichen Darlegung Francke's auseinandersetzen. Durch Anlocken, durch künstliche Erhaltung im Winter, durch Fütterung, kurz durch alle Maßregeln, welche die Erhaltung oder Vermehrung des Wildes fördern, wird mittelbar der Wildschaden gefördert und hervorgerufen. Erwächst nun ein erheblicher Schaden aus allen diesen Hegungsmaßregeln, — denn sie alle fassen wir unter dem Begriff der Hegung zusammen — so entsteht dadurch ein Anspruch der geschädigten Nachbarn gegenüber dem Wildheger. Zwar ist anzuerkennen, daß Jeder im Allgemeinen sein Grundstück benutzen darf wie er will, so darf er es auch zur Wildhegung benutzen, aber es tritt doch eine Schranke ein. Die Benutzung zur Wildhegung, wo sie eine übermäßige ist, erhält zugleich eine unerlaubte Einwirkung auf fremde Grundstücke, auf welche das Wild durch den Naturtrieb zum Suchen der Nahrung hinübergezogen wird. Schon das römische Recht hat die Immission von festen oder flüssigen Bestandtheilen auf Nachbargrundstücke mit der Schadenersatzpflicht belegt. Etwas ähnliches kann man analog auch hier sagen; man kann sagen, daß derjenige, der das Wild hegt, von dem er weiß, daß es sein Naturtrieb auf Nachbargrundstücke zur Aesung hinübertreibt, mittelbar dieses Wild dorthin führt, daß auch hier ein immittere in gewissem Sinn vorliegt. Ich glaube, daß diese Analogie zulässig ist. Auch ein Urtheil des Obertribunals vom 15. Juni 1879 in einer freilich andern, aber gemeinrechtlichen Sache läßt sich hierfür verwerthen. Es heißt da: „der Eigenthümer hat für die aus der Benutzungsweise seines Grundstücks sich ergebende außerordentliche und über das gewöhnliche Maß des Erträglichen hinausgehende Schädigung und Belästigung des Nachbargrundstücks oder seiner Bewohner aufzukommen." Wir können sagen: wer sein Grundstück in der Weise zur Wildhegung benutzt, daß dadurch dem Nachbar ein übermäßiger Schaden erzeugt wird, hat zu haften. Ich glaube also, daß es anzuerkennen sein wird, wenn Herr Francke eine actio negatoria auf Ersatz des Schadens durch übermäßige Hegung statuirt, weil eben diese übermäßige Hegung einen wenn auch mittelbaren, doch sicheren Eingriff in das Eigenthum der Nachbarn, die durch das Wild geschädigt werden, involvirt. Ganz ähnlich, m. H., wenn auch nicht gleich, ist die Theorie des französischen Rechts. Diese Theorie hat zur Grundlage die

Artikel 1382 und 1383 des code civil, welche denjenigen, welcher durch schuldhafte Handlung oder auch ohne solche durch Nachlässigkeit oder Unvorsichtigkeit einen Schaden verursacht, zum Ersatze verpflichten. Solche Verschuldung findet nun die französische Praxis in dem attirer des Wildes, in dem multiplier, retenir, exposer, garder pour le plaisir de chasse. Die Ansicht der französischen Praxis unterscheidet sich also in den Resultaten dadurch von der von Herrn Francke vertheidigten Theorie, daß sie das Uebermaß der Hegung nicht verlangt, sondern jede Hegung als einen schuldhaften Uebergriff in das Eigenthum des Nachbarn auffaßt.

Wenn ich mich nun zur Beurtheilung dieser beiden Theorien wende, so will ich diejenige von Francke als richtig anerkennen, wenn auch freilich nicht als so sicher, daß man mit absoluter Klarheit wüßte, alle Gerichte würden danach entscheiden; ebenso will ich auch bezüglich des französischen Rechts unter Berücksichtigung der besonderen Schuldtheorie, welche dort nicht dem Namen nach, aber in Wahrheit herrscht, annehmen, daß die französische Theorie richtig sei. Ich komme also diesen Theorien soweit irgend möglich entgegen. Allein dennoch, m. H., muß ich beide Theorien als vollkommen ungenügend bezeichnen. Zunächst setzen beide Theorien die Hegung, also positive Maßregeln zur Förderung des Wildstandes voraus, ein bloßes Nichtabschießen ist nicht genügend, denn, m. H., eine besondere gesetzliche Pflicht, Wild abzuschießen, existirt nicht. Es können aber ganz gewaltige Wildschäden entstehen ohne irgend welche Hegung. Mir selbst sind Bezirke bekannt, wo ich trotz meiner sehr genauen Kenntniß der forstlichen Verhältnisse und namentlich der jagdlichen Einrichtungen nicht einen einzigen Punkt anführen könnte, auf den ich die Behauptung, es würde dort Wild gehegt, stützen könnte. Und dennoch, m. H., wird namentlich durch Hochwild ein großer, in einzelnen Fällen ein ganz besonders harter Schaden verursacht. Alle diese Fälle würden also — und das halte ich für den Hauptvorwurf — ersatzlos bleiben. Ferner muß ich daran erinnern, daß selbst dann, wenn wirklich Hegungshandlungen vorliegen, doch der Beweis derselben außerordentlich schwer sein kann, sofern nicht dauernde Vorrichtungen zur Hegung vorhanden sind.

Wie halten Sie es z. B., wenn Jemand in seinem Walde Hafer säet an bestimmten Stellen, um Wild dadurch anzuziehen? Ist das eine Hegungshandlung? und wie, wenn er diesen Hafer auch nicht aberntet, um ihn dadurch dem Wilde zukommen zu lassen? Sie werden schwer die Absicht beweisen können, und selbst, wenn Sie sie beweisen könnten, ist es eine unerlaubte Handlung, wenn ich auf meinem Grundstücke etwas vornehme, was Jedem vorzunehmen erlaubt ist? Wenn Jemand nicht durchforstet und dadurch undurchdringliche Dickichte entstehen läßt, welche den

Wildstand mehr wie irgend ein anderer Umstand zu heben geeignet sind, ist diese Unterlassung der Durchforstung, die auch auf andern Gründen — z. B. auf einer wenn gleich verkehrten Waldwirthschaft — aber man hat nun einmal die Ansicht — beruhen kann, ist dieser Mangel der Durchforstung eine Hegung? ist in diesem Falle eine Schadenersatzklage begründet? Und wenn wir uns auf den Boden des gemeinen Rechts, nicht des französischen, stellen: Was ist „übermäßige“ Hegung? Wie wollen Sie Beweise bringen, daß in einem Falle übermäßig gehegt wird, und was ist überhaupt „übermäßig“? Ist hier die Größe des Schadens, sind hier die einzelnen Schadensfälle oder ist der Gesammtschaden entscheidend oder was sonst? Die große Schwierigkeit dieser Ansicht führt den Gutachter Amtsrichter Francke dahin, als übermäßig diejenige Hegung zu bezeichnen, welche über das in dem betreffenden Jagdbezirke Uebliche hinausgeht. Aber was ist „üblich“? Erbringen Sie in einzelnen Fällen einmal den Beweis, daß in einem Jagdbezirke seit unvordenklicher Zeit nur so und soviel Wild steht und daß jetzt der Wildstand ein größerer ist, daß also eine übermäßige Hegung vorliegt. Sie werden zugestehen, daß das ein außerordentlich schwieriger Beweis ist und namentlich, da der Wildstand vor 30, 40, 50 Jahren ein viel größerer war als heutzutage, auch kein irgend wie genügendes Resultat, keinen ausreichenden Schutz verschafft. Endlich, m. H., ist noch auf einen besonders wichtigen Punkt hinzuweisen. Den als nothwendig erkannten Ausgleich zwischen den einzelnen Mitgliedern derselben Jagdgenossenschaft führt diese Theorie in keiner Weise herbei; denn den einzelnen Jagdgenossen kann keine Hegung vorgeworfen werden. Innerhalb des einzelnen Jagdbezirks ist also ein Ausgleich durch diese Theorie gar nicht gegeben; nur wenn der Jagdpächter übermäßig hegt, wird man ihn vielleicht für haftbar erklären können. Was das bloße Nichtabschießen betrifft, so glaube ich freilich, würde man daraus auch nicht einmal dem Jagdpächter einen Vorwurf machen können. Ich halte es für sehr fraglich, ob nicht die Absicht der Kontrahenten bei der Jagdpacht nur darauf gerichtet ist, daß dem Jagdpächter das Recht gegeben ist, die Jagd zu nutzen. Ich halte es nicht ohne Weiteres für erwiesen, daß mit dem Jagdrecht auch eine Pflicht des Jagens verbunden sei. Ich bezweifle also sehr, ob man den Jagdpächter bloß deshalb für haftbar erklären darf, weil er nicht abschießt und dadurch bedeutender Schaden entsteht.

So komme ich zu der Meinung, daß diese beiden Theorien der Haftung wegen Hegung nach gemeinem und nach französischem Recht, wenn man sie auch in der wohlwollendsten Weise beurtheilt, dennoch ungenügend sind, indem sie eine sehr große Anzahl erheblicher Wildschäden nicht decken, für welche unser Gerechtigkeitsgefühl den Wildschadenersatz fordert.

Ich glaube, in Frankreich würde man längst weitergekommen sein, wenn dort nicht das Rothwild sehr zurückträte. Der Schaden, der durch Rothwild angerichtet wird, trifft ja gerade den Einzelnen besonders hart, von Sauen will ich absehen aus besonderen Gründen. Der Schaden durch Rothwild erfordert ganz besonders, daß nicht nur im Fall der Hegung ein Eingriff stattfindet, sondern auch in dem Falle, wo ohne Hegung erhebliches Standwild vorhanden ist.

Wenn ich diese Theorien als praktisch ungenügend bezeichnet habe, so gilt das im verstärkten Maße von der Haftung mit einer actio legis Aquiliae utilis, welche Francke konstruirt. Er sagt so: wer Feuer auf seinem Felde anzündet und nicht überwacht, so daß es hinüberschlägt in das Nachbargrundstück, oder 'wer seine zahmen Thiere ohne Aufsicht umherstreifen läßt, haftet für Verschuldung, wenn diese Thiere, wie jenes Feuer Schaden verursachen. Daraus aber, m. H., folgt wieder auch bei der wohlwollendsten Auslegung doch nur, daß derjenige haftet, welcher positive Handlungen vornimmt, welche das Wild anlocken oder vermehren, und dann nicht die gehörige Aufmerksamkeit anwendet, um die durch jene positiven Handlungen hervorgerufene Gefahr abzuwenden, mit anderen Worten: wer hegt und nicht das Möglichste, was ihm zugemuthet werden kann, thut, um die durch Hegung entstandene Gefahr abzuwenden. Auch hier wird also wieder Hegung und außerdem noch culpa vorausgesetzt, auch hier finden wir dieselben Mängel wie bei der vorigen Theorie.

Sodann hat Francke hingewiesen auf den Satz: Wer Vieh hält, muß Vieh hüten, d. h. wer das Vieh hält, haftet aber nicht als Eigenthümer, sondern weil er das Vieh wirthschaftlich nutzt. Wenn dieser Grundsatz auch kein gemeinrechtlicher ist, so gilt er doch partikularrechtlich vielfach. Aber die daraus gezogene Analogie scheint mir doch sehr bedenklich zu sein. Francke entwickelt, wie dieser Grundsatz gelte, müsse auch der andere gelten: wer Wild hegt, der muß Wild hüten. Aber ich mache darauf aufmerksam, daß gerade in den beiden entscheidenden Punkten hier ein wesentlicher Unterschied waltet. Das Verhältniß des Viehhalters zum Vieh ist ein viel engeres, festeres, wie das Verhältniß des Wildhegers zum Wild, und die Viehhütung ist viel leichter wie die Wildhütung. Wenn nun das engere Verhältniß des Viehhalters eine Pflicht zum Viehhüten erzeugt, eine leichtere Pflicht, so ist darum noch nicht die Analogie gegeben, daß das losere Verhältniß des Wildhegers zum Wilde auch die schwerere Pflicht der Wildhütung involvirt. Diese Konstruktion scheint mir also höchst bedenklich und außerdem, m. H., sie setzt wieder Hegung voraus, sie leidet an denselben Mängeln wie die vorhergehende.

Was den Schaden durch ungehegtes Wild betrifft, so hat die französische Praxis hier einen Ersatzanspruch gegeben, wenn der Eigenthümer, nachdem bereits früher Schaden angerichtet war, weder selbst das Wild abschießt, soweit er kann, noch auf Erfordern dem Geschädigten den Abschuß gestattet. Auch dies, m. H., dürfte gemeinrechtlich schwer zu konstruiren sein; es setzt nämlich im Grunde doch eine Verpflichtung des Eigenthümers zu einem Handeln, dem Abschießen, bezw. zu einem Dulden, dem Dulden des Betretens des Grundstücks durch Andre zum Zwecke des Abschusses, voraus, und eine solche Verpflichtung bezw. Eigenthumsbeschränkung sind wir nicht berechtigt ohne Gesetz oder ohne Gewohnheitsrecht ohne Weiteres anzunehmen. Solches Gesetz oder Gewohnheitsrecht ist aber bei uns in Deutschland meines Wissens wenigstens nicht vorhanden.

Ich komme so zu dem Resultate, daß aus dem geltenden gemeinen Rechte die Bestimmungen über einen genügenden Wildschadenersatz nicht deducirt werden können, daß es gesetzlicher Bestimmungen bedarf.

Es fragt sich zuletzt, ob der Erlaß dieser Bestimmungen durch das Reichscivilgesetzbuch erfolgen soll oder ob man die Sache partikularrechtlicher Regelung überlassen darf. Ich spreche, m. H., für die gemeinrechtliche Regelung der Sache durch das bürgerliche Gesetzbuch. Ich stimme in dieser Beziehung mit dem Herrn Gutachter Dr. Mörschell überein. Francke dagegen schlägt vor, im Reichscivilgesetzbuche die allgemeine Schadenersatzpflicht zu ordnen, nicht für Wildschäden besonders, sondern überhaupt, und dann die Bestimmung hinzuzufügen, daß durch Particularrecht diese Consequenz der allgemeinen Schadenersatzpflicht für den Wildschadenersatz nicht ausgeschlossen werden dürfe. Ich halte, wie gesagt, diesen Weg nicht für genügend. Ich glaube, daß man nicht ohne besondere gesetzliche Bestimmung zu einer genügenden Wildschadenersatzpflicht kommt, wie bei der Besprechung der einzelnen Theorien bereits erwähnt ist. Ist aber eine besondere Gesetzgebung nöthig, so empfiehlt es sich auch, die Frage durch das Civilgesetzbuch zu ordnen. Zunächst ist es ja eine privatrechtliche Frage, um die es sich hier handelt. Wenn aber das Privatrecht allgemein neu codificirt werden soll, so sehen wir wenigstens auf den ersten Blick nicht ein, warum nicht die rein privatrechtliche Frage des Wildschadenersatzes durch das allgemeine bürgerliche Gesetzbuch mit geordnet werden soll. Dazu kommt ein Anderes. Es handelt sich hier unzweifelhaft um eine Frage nicht nur der Zweckmäßigkeit, sondern vor allen Dingen der Gerechtigkeit und eine Frage, welche die Bevölkerung unmittelbar berührt. Es ist nun, meine ich, tief zu bedauern, wenn in einer solchen Frage der Gerechtigkeit beispielsweise in Hannover etwas anderes gilt als in Altpreußen, wenn in Hessen anders geurtheilt wird als in der unmittelbar angrenzenden Provinz Westphalen oder in Nassau. Man hat sich nun auf die Verschiedenheiten der jagdrechtlichen Bestimmungen in den einzelnen Staaten bezogen. Es ist ja zuzugeben, daß eine Reihe solcher Verschiedenheiten besteht, namentlich sind die jagdpolizeilichen Vorschriften verschieden, z. B. die Vorschriften über die Eingatterung, über Jagdscheine ꝛc. Auch einzelne Bestimmungen des Jagdrechts differiren. So ist z. B. die Größe der Grundstücke, welche zur Ausübung der Jagd berechtigt, in den einzelnen Gegenden verschieden, und auch andere Dinge sind mannichfaltig geordnet. Aber, m. H., alle diese Bestimmungen kommen für unsere Frage kaum in Betracht. Die Grundlage des Jagdrechts ist im Ganzen, abgesehen von Mecklenburg, einheitlich durch ganz Deutschland geordnet, und wenn diese Grundlage im Wesentlichen wenigstens einheitlich ist, so kann der Wildschadenersatz unzweifelhaft daran angeschlossen werden. Der allgemeine Grundsatz, den ich vorhin aufstellte, paßt für jedes Jagdrecht. Mag das Jagdrecht einer Jagdgenossenschaft, einem Einzelnen oder einer Gemeinde zustehen; immer ist der Grundsatz anzuwenden: wer den Jagdnutzen hat, hat den Wildschaden mit zu tragen. Die Erledigung durch die Reichsgesetzgebung enthält ferner für viele Länder einen erheblichen Fortschritt, der von der Partikulargesetzgebung schwerlich zu erwarten ist. In manchen Ländern haben sich — ich brauche nicht auf das Einzelne einzugehen, die Gutachter, namentlich Herr Mörschell, haben dies genügend erörtert — große Schwierigkeiten bei Erledigung der Sache gezeigt. Ich erinnere nur an das Scheitern der Jagdordnung in Preußen. Endlich kann ich auch die preußische Regierung für diese Ansicht ins Feld führen, denn der preußische Entwurf einer Jagdordnung hat selbst auf die Regelung derartiger Fragen durch das allgemeine bürgerliche Gesetzbuch verwiesen. Ich glaube deshalb Ihnen eine Bejahung der uns vorgelegten Frage empfehlen zu sollen.

Ich wende mich nun noch einmal zu dem Einzelnen zurück. Ich schlage Ihnen vor zunächst eine sehr kurze These, die sich lediglich auf das allgemeine Princip beschränkt und die Ausführung selbst, was die Hauptkonsequenzen betrifft, der Gesetzgebung überläßt:

> Als Hauptgesichtspunkt für die in das deutsche bürgerliche Gesetzbuch aufzunehmende Regelung des Wildschadens ist der Grundsatz anzuerkennen, daß diejenigen, welche an dem, durch Jagdrecht und Schonzeit gesicherten, Nutzen der Jagd theilnehmen, in gleichem Verhältnisse auch den durch jagdbares Wild angerichteten Schaden zu tragen haben.

M. H., diese These beschränkt sich nur auf jagdbares Wild; der Schaden, den nicht jagdbares Wild angerichtet, erscheint als Naturereigniß, ihn muß Jeder, den er betrifft, hinnehmen, nur wenn eine Verschuldung eines Andern vorliegt, werden wir hier eine Haftung statuiren dürfen. Hier werden also die entwickelten allgemeinen Theorien über die Haftung für Schadenersatz Anwendung finden können und deshalb ist es vermieden, diesen Fall besonders zu regeln. Für diesen Fall halte ich, weil ein besonderer Grund für den Ersatz dieses Wildschadens fehlt, eine gesetzliche Regelung für unnöthig. Hier trifft, wie ich glaube, zu, was Francke sagt, daß, wenn die allgemeinen Gründe des Schadenersatzes durch das Civilgesetzbuch geregelt sind, auch dieser Fall in ausreichender Weise mit berührt ist.

Ich beschränke mich zunächst auf den Vorschlag dieser einen These, ich überlasse es dem Gange der weiteren Verhandlung, ob es angezeigt ist, spezieller auf das Einzelne einzugehen. Freilich, m. H., auf eigentliche Spezialia rathe ich in keinem Falle zu kommen, das geht nicht; aber es hat doch einigen Vortheil, wenigstens die Hauptkonsequenzen des aufgestellten Princips auf die beiden Hauptfälle zu erläutern. Wenn also ein weiteres Eingehen auf die hauptsächlichsten Konsequenzen des Princips von der Abtheilung beabsichtigt wird, dann werde ich empfehlen, noch folgende Sätze hinzuzufügen:

Im Besonderen empfehlen sich daher die folgenden Regeln:

a) Für den innerhalb eines Jagdbezirkes durch jagdbares Wild angerichteten Schaden sind die Jagdberechtigten nach demselben Verhältnisse ersatzpflichtig, nach dem ihnen der aus dem Jagdrecht entspringende Nutzen zufällt.

Nach den gegebenen Erläuterungen werde ich darüber nicht weiter zu reden haben.

b) Wegen des durch jagdbares Wild, welches in einem anderen Jagdbezirke seinen ständigen Aufenthalt hat (Standwild), angerichteten Schadens ist ein Regreßrecht gegen den Jagdberechtigten dieses Jagdbezirks anzuerkennen.

Hier brauche ich nur einen Punkt nachzuholen, m. H. Es würde durchaus unzweckmäßig sein, wenn wir eine unmittelbare Haftung bald dem Jagdberechtigten des geschädigten Bezirkes, bald dem Jagdberechtigten des anderen Bezirkes — Letzterem für den durch sein Standwild angerichteten Schaden — auflegen wollten. Das würde unzweckmäßig sein, weil hier der durch Wild Geschädigte nicht wüßte, an wen er sich halten sollte. Er könnte den Einen verklagen und dann den Andern und immer würde der Eine sagen, der Andre sei ersatzpflichtig. Daher ist es hier schon aus praktischen Gründen geboten, dem Einen die prinzipale Haftung für alle Fälle aufzulegen, und ihn durch eine Regreßklage gegen den Andern zu sichern. Ich habe für diese Art der Regelung auch noch als zweiten Grund angeführt, daß auf diese Weise eine gewisse Ausgleichung stattfindet, worauf ich nicht weiter zurückkomme. — Endlich:

c. Der Landesgesetzgebung ist es freizustellen, mehrere Jagdbezirke zu Wildschadensverbänden zu vereinigen, für welche das Verhältniß, nach dem die Jagdberechtigten der einzelnen Jagdbezirke den Wildschaden zu tragen haben, periodisch festgestellt wird.

Ich will also annehmen, daß eine Gemeinde auf einer Seite von großen Staatswaldungen, auf der andern Seite von Privatwaldungen des A begrenzt wird. Hier wird die Gemeinde mit dem Walde des A und den Staatswaldungen zusammen zu einem Wildschadensverbande vereinigt und bestimmt, daß der Schaden, der in dem Jagdbezirke der Gemeinde eintritt, in einem gewissen, von Sachverständigen 2c. festgestellten Verhältnisse für eine gewisse Reihe von Jahren vertheilt wird auf die Jagdberechtigten des Gemeindebezirks, auf den Staat und auf den A.

Ich schließe, m. H., mit der Bitte, die allgemeine These anzunehmen. Ich behalte mir vor, eventuell die mitgetheilten spezielleren Anträge zu stellen, worauf ich vorläufig noch verzichte. Nehmen Sie die allgemeine These an, so werden Sie, wie ich glaube, einen erheblichen Fortschritt befürworten, einen Fortschritt, der durch den Gerechtigkeitssinn des Volkes getragen wird. (Bravo!)

Präsident: Ich frage noch einmal, ob Herr Professor Dr. Mayer aus Straßburg anwesend ist. — Es scheint nicht so. Indeß hat ja Herr Professor Dr. Enneccerus auf Grund der Gutachten und in eigener Entwickelung die Frage so erschöpfend dargestellt, daß es wohl eines zweiten Referats für unsere Berathung auch kaum bedarf.

Ich eröffne nun die Verhandlung und bitte, sich zum Worte zu melden. — Herr Rechtsanwalt Dr. Mörschell hat das Wort.

Rechtsanwalt Advokat Dr. **Mörschell** aus Würzburg: Meine sehr verehrten Herren! Da Ihnen mein Gutachten vorliegt, so werde ich mich in die Einzelheiten nicht einlassen, umsoweniger als ich die Freude habe konstatiren zu können, daß der Herr Berichterstatter im Wesentlichen auf demselben Standpunkt steht, den ich eingenommen habe in meinem Gutachten, nämlich auf dem Standpunkt, Ihnen die Bejahung der gestellten Frage zu empfehlen. Die Frage des Wildschadens ist ja eine von denjenigen, die schon viel Staub aufgewirbelt haben, obgleich man vielleicht anerkennen kann, daß die Wichtigkeit der Frage nicht so groß ist, als es nach den Verhandlungen, die darüber gepflogen, und den Schriften, die darüber geschrieben worden sind, scheinen möchte. Aber immerhin ist sie juristisch so interessant und in der Meinung des Volkes nicht nur, sondern auch hauptsächlich vom nationalökonomischen Gesichtspunkte aus von solcher Bedeutung, daß sie der Aufmerksamkeit und Würdigung des Juristentags in hohem Maße werth ist. Sie werden sich nun zunächst schlüssig machen müssen über die präjudicielle Frage: ob überhaupt eine Wildschadenersatzpflicht anerkannt werden soll. Denn, m. H., wenn Sie der Ansicht wären, daß man eine Ersatzpflicht für den Wildschaden überhaupt nicht anerkennen will, dann würde ja die Frage, die an Sie von der ständigen Deputation gestellt ist, selbstverständlich zu verneinen sein. Aber, m. H., die Verneinung der Frage, ob Wildschadenersatz gewährt werden soll, wird heutzutage kaum möglich sein. Selbst die enragirtesten Gegner der Wildschadenersatzpflicht mußten bei den bekannten Verhandlungen des preußischen Landtags über den demselben vorgelegten Entwurf eines Jagdgesetzes in einem gewissen Maße eine Entschädigungspflicht zugestehen. Man fühlt, daß man in denjenigen deutschen Bundesstaaten, in denen man zufolge der Jagdgesetzgebung des Jahres 1848 zur Aufhebung der früheren Bestimmungen über die Wildschadenersatzpflicht gelangt ist, ich darf wohl sagen, von theoretischen Grundsätzen aus, damit nicht ausreicht. Es ist kein Zweifel, das Rechtsbewußtsein des Volkes verlangt dringend, daß die Entschädigungspflicht für Wildschaden gewährt werde, und gewiß, es würde sich heutzutage wohl nicht leicht ein deutscher Landtag finden, der die Verneinung der Frage proklamiren würde, ob eine Wildschadensentschädigung stattfinden soll. Wenn man sich aber, m. H., auf den Standpunkt stellt, daß Wildschadenersatzanspruch gewährt werden soll, dann tritt das Erforderniß an uns heran, daß wir auch gewisse Grundsätze aufstellen, von denen hierbei auszugehen ist, und diese Grundsätze sind zweifellos diejenigen, daß angesichts der besonderen Natur des Wildschadenersatzanspruchs die Rechtshilfe an möglichst geringe Voraussetzungen, an eine möglichst wenig erschwerte Beweisführung und deshalb an möglichst einfache Sätze geknüpft wird. Es muß deshalb alles ausgeschieden werden, was erfahrungsgemäß die Realisirung des Wildschadenersatzanspruchs erschwert und von diesem Gesichtspunkte aus, m. H., werden wir allerdings zu dem Standpunkte gelangen, den Ihnen der Herr Referent empfohlen hat, nämlich nicht bloß soll die Frage bejaht werden, ob die Wildschadenersatzpflicht in das bürgerliche Gesetzbuch aufzunehmen sei, sondern es soll auch eine allgemeine Schadenersatzpflicht festgestellt werden — so fasse ich wenigstens die These des Referenten auf. M. H., es ist vorhin ausgeführt worden, daß man mit der Frage des Verschuldens beim Wildschadenersatz absolut ungenügende Resultate erreicht, und das ist wahr. Das ist in der That ein Erfahrungssatz: sowie wir die Frage des Verschuldens hineinziehen, dann werden wir den Leuten, die einen Anspruch auf Wildschadenersatz geltend machen wollen, wohl schlechte Dienste erweisen; da wird es in den allermeisten Fällen mit dem Beweise sehr schwierig werden und es wird den Leuten, die in der Regel von den Wildschäden betroffen werden, ein schlechter Dienst erwiesen werden, wenn wir ihnen zwar die Möglichkeit einen Prozeß anzufangen gewähren, aber die Möglichkeit, den Prozeß auch zu gewinnen, nahezu ausschließen. Man hat ja die Erfahrung in denjenigen Ländern gemacht, in welchen das Verschulden die Voraussetzung des Wildschadenersatzanspruchs ist, daß in den wenigsten Fällen ein Beweis erbracht werden kann. Man hat die Erfahrung gemacht, daß selbst die Frage der übermäßigen Hegung, von der gemeinrechtlich in der Regel der Wildschadenersatzanspruch abhängig gemacht wird, in der verschiedensten Weise beurtheilt wurde je nach dem Personenkreise, aus welchem die betreffenden Sachverständigen ausgewählt wurden. Diejenigen, die dem Forstfach und den Jägerkreisen angehören, werden natürlich allemal wo möglich sagen: es ist keine übermäßige Hegung, und diejenigen, die den landwirthschaftlichen Kreisen angehören, werden bereit sein, immer die Frage der übermäßigen Hegung zu bejahen. Ich führe also nur dieses einzige Beispiel an aus der Reihe von Fällen, die ich anführen könnte, um Ihnen zu zeigen, daß es absolut nothwendig ist, mit möglichst wenig Erschwerungen an die Frage der Wildschadenersatzbehandlung heranzutreten. Gerade von diesem Gesichtspunkte aus habe ich gegen die Vorschläge des Herrn Professor Enneccerus ein Bedenken, und zwar in zweifacher Richtung. Einmal halte ich es für absolut nothwendig, daß — vorausgesetzt, wir lassen uns überhaupt auf Detailfragen ein, was ich aber vorschlagen möchte — wir es nicht bewenden lassen bei der Bestimmung, daß die mehreren Jagdberechtigten nach dem Verhältniß ihrer Theilnahme an dem Nutzen der Jagd auch an dem durch Jagd und Schonzeit veranlaßten Schaden theilnehmen, es muß auch noch Vorsorge getroffen werden, daß derjenige, der einen Schadensersatzanspruch geltend machen will, nicht die sämmtlichen Jagdbetheiligten (Jagdberechtigten) belangen muß, was mit den erheblichsten Schwierigkeiten verbunden wäre, Schwierigkeiten, die natürlich um so größer wären, je größer der Kreis der Betheiligten ist, ich will also sagen, der Kreis einer Gemeinde. Hier ist mit Recht in denjenigen Gesetzgebungen, die eine Verantwortlichkeit für alle Wildschäden konstruiren, gesagt, daß die verschiedenen Jagdberechtigten solidarisch haften. Es würde sich also vielleicht empfehlen, dem Satze, den Herr Professor Dr. Enneccerus aufgestellt hat, einen Zusatz zu geben, etwa in der Weise: „und zwar mehrere gegenüber den Beschädigten solidarisch, unter sich nach Verhältniß der Theilnahme an dem Nutzen der Jagd".

Mein zweites Bedenken ist dasjenige, welches aus der Theorie über den Ersatz von Jagdbezirk zu Jagdbezirk, um einmal den landläufigen kürzeren Ausdruck zu gebrauchen, hergenommen ist. Herr Professor Enneccerus stellt sich also, wie wir gehört haben, auf den Standpunkt, daß ein solcher Ersatz zu leisten ist. Man begegnet freilich dabei der Schwierigkeit, die auch von Seiten des Herrn Berichterstatters schon angeregt ist, daß man unter Umständen nicht den Beweis wird liefern können, aus welchen von mehreren nahe beisammen gelegenen Forsten die schädigenden Thiere ausgetreten sind. Man versucht dieser Schwierigkeit dadurch zu begegnen, daß man eine Zusammenlegung von mehreren solchen Jagdbezirken, Forsten u. dgl. zu Wildschadenersatzverbänden erstrebt. Das führt nun zu erheblichen Schwierigkeiten deshalb, weil wir hier offenbar eine jagdpolizeiliche Maßregel beantragen, und ich meine, das begegnet einem Bedenken. Wir sollten alle diejenigen Dinge, die in das jagdpolizeiliche Gebiet einschlagen, überhaupt nicht berühren, und wenn Sie, m. H., der Ansicht sind, daß man den Ersatz von Jagdbezirk zu Jagdbezirk gewähren sollte, so meine ich, sollte man lieber die Vorschläge ganz unterlassen, die auf eine desfallsige Regelung hinausgehen. Das hat ja auch noch einen praktischen Gesichtspunkt. Nämlich gerade in dem soeben vertheilten Gutachten des Herrn Borggreve ist angegeben, es habe sich die betreffende Bestimmung der hannoverschen Gesetzgebung in der Praxis gar nicht bewährt, es werde in der Regel gar kein Gebrauch gemacht von dem Ersatzanspruch von Jagdbezirk zu Jagdbezirk. Das, m. H., möchte ich Ihnen zu bedenken geben, ehe Sie sich der Ansicht des Herrn Professor Dr. Enneccerus über diesen Punkt anschließen.

Das ist im Allgemeinen dasjenige, was ich mir erlauben wollte kurz noch zu bemerken. Ich wünschte ebenso lebhaft wie der Herr Referent, daß wir mit einer ins Gewicht fallenden Mehrheit, wo möglich mit Einstimmigkeit der Ueberzeugung Ausdruck gäben, daß die Entschädigungspflicht für Wildschäden ganz allgemein gewährt werden muß und daß das nur durch das bürgerliche Gesetzbuch für Deutschland geschehen kann.

Präsident: Darf ich um schriftliche Formulirung bitten? —

Ich habe den Herrn Professor Dr. Enneccerus so verstanden und sein mir übergebener schriftlicher Antrag lautet auch dahin, daß er zunächst nur empfehlen will, den Hauptgesichtspunkt durch Beschluß zu erledigen, den er dahin formulirt hat, daß als Hauptgesichtspunkt für die in das deutsche bürgerliche Gesetzbuch aufzunehmende Regelung des Wildschadens der Grundsatz anzuerkennen ist, daß diejenigen, welche an dem, durch Jagdrecht und Schonzeit gesicherten, Nutzen der Jagd theilnehmen, in gleichem Verhältnisse auch den durch jagdbares Wild angerichteten Schaden zu tragen haben. Er bejaht damit die Frage, die gestellt ist, er bejaht die Frage, daß die Regelung des Wildschadens durch das deutsche bürgerliche Gesetzbuch geschehe, daß dieselbe also nicht überlassen werden soll der Landesgesetzgebung. Wenn das neue deutsche bürgerliche Gesetzbuch hierüber nichts enthalten würde, so würde dieser Gegenstand eben als nicht berührt, nicht geregelt nach wie vor den Landesgesetzgebungen überlassen bleiben. Das ist auch der Hauptunterschied, den, wie ich sehe, das Gutachten des Herrn Borggreve betont. Herr Borggreve wünscht einen Beschluß des Juristentages zu extrahiren, daß allgemeine Bestimmungen über die Entschädigungspflicht zunächst einmal nicht in das bürgerliche Gesetzbuch aufgenommen werden, und dann, daß sie den Landesgesetzgebungen überlassen bleiben. Was nun den Hauptgesichtspunkt des Herrn Professor Enneccerus betrifft, so hat Herr Rechtsanwalt Advokat Dr. Mörschell hervorgehoben, daß er eine Modifikation gerade auch in dieser Beziehung beantragen möchte, die mir schriftlich bisher nicht vorliegt, die aber den Inhalt hat, daß der von dem Schaden Betroffene jeden Jagdberechtigten auf das Ganze soll belangen dürfen und daß nunmehr, wenn ein Schadenersatz geleistet ist, der den Ersatz Leistende darauf hingewiesen wird, die Schadenleistung seinerseits zu repartiren, damit der Geschädigte nicht in der Lage ist, wenn ich richtig verstanden habe, alle Berechtigte zu belangen. Er kann sich also, wie es sonst wohl auch vorkommt bei Delikten, beliebig Einen herausgreifen, den er in solidum belangt. Wenn auch kein Delikt vorliegt, soll es doch quasi ex delicto geordnet werden. So habe ich Sie verstanden, Herr Dr. Mörschell.

Wünscht vielleicht noch einer der Herren, die sich mit der Sache näher beschäftigt haben, das Wort zu ergreifen?

(Es meldet sich Niemand.)

Dann würden Sie (zum Referenten gewendet) wohl zur Erläuterung noch etwas hinzuzufügen wünschen.

Referent Professor Dr. **Enneccerus**: M. H.! Ich möchte zunächst auf einige Punkte antworten, die Herr Dr. Mörschell erwähnt hat. Wenn zunächst Herr Dr. Mörschell sagt, daß es sich empfehlen würde, die Mitglieder der Jagdgenossenschaft solidarisch haftbar zu machen und nur unter ihnen dann wieder im Wege des Regresses Theilung eintreten zu lassen, so muß ich sagen, daß ich ähnliches selbstverständlich beabsichtigt habe, wenn auch in anderer Form. Ich habe so gemeint: die Jagdgenossenschaft als solche zieht den Vortheil der Jagd durch Verpachtung, die Jagdgenossenschaft als solche, man mag sie als juristische Person betrachten oder nicht, hat den Schaden zu bezahlen, infolge dessen vertheilt sie ihn auf ihre einzelnen Mitglieder. Ich habe aber geglaubt, derartige Spezialbestimmungen nicht in die allgemeinen Principien aufnehmen zu sollen. Das sind Ausführungsbestimmungen und ich hoffe, daß der Herr Vorredner darin zustimmen wird, daß wir uns besser mit dieser Frage nicht beschäftigen. Was dann die Frage betrifft nach der Bildung von etwaigen

Wildschadenverbänden, so mache ich darauf aufmerksam, daß ich dieselbe nicht als allgemeine Maßregel vorgeschlagen habe, sondern bloß gesagt, es möge von Seiten der Reichsgesetzgebung den Einzelstaaten freigestellt werden, derartige Jagdgenossenschaften zu bilden. Es ist das, wenn ich so sagen darf, ein Sicherheitsventil, um für die Fälle, wo etwa sich erweisen sollte, daß die vorgeschlagenen allgemeinen Regeln doch zu einer Ungerechtigkeit führen würden, die Möglichkeit zu haben, ausgleichend zu wirken. Eine solche Freistellung einer Maßregel, deren Ausführung auf gesetzlicher Grundlage den Landesbehörden zufallen würde, halte ich aber für unbedenklich. Wenn endlich die Frage aufgeworfen wird, ob ich die spezielle Regelung, wie sie in meinen weiteren eventuellen Thesen ausgesprochen ist, wünsche, so kann ich nur wiederholen, was ich vorhin sagte: ich möchte das von dem Willen der Herren abhängig machen. Im Wesentlichen besagt der Hauptgrundsatz dasselbe wie die einzelnen daran geknüpften Konsequenzen. Wünscht die Versammlung, daß spezialisirt wird, so mag sie sich dafür aussprechen und dann bringe ich sofort diese einzelnen Anträge zur Abstimmung. Aber in einer solchen praktischen Frage möchte ich nicht Anträge stellen, die man möglicher Weise deshalb ablehnen könnte, weil man sie für zu speziell hält, nicht deshalb, weil man sie sachlich oder inhaltlich nicht billigt. Es würde offenbar unrichtig sein, in einer derartigen Frage, die ihre große praktische Bedeutung hat, ein Votum des Juristentags zu erzielen, das in irgend welcher Weise mißverstanden werden könnte, und deshalb schlage ich vor, zunächst nur über die erste These abzustimmen, dann aber darüber, ob man überhaupt noch eine Spezialisirung wünscht, und erst wenn das von der Versammlung bejaht werden sollte, über die einzelnen weiteren Thesen. Dann wird jedes Mißverständniß ausgeschlossen, und diejenigen, die etwa in der Minorität sich befanden bezüglich der Frage, ob man spezialisiren sollte, werden selbstverständlich, wenn die Spezialisirung einmal beschlossen ist, den Thesen sich anschließen, sofern sie gegen dasjenige, was darin gesagt ist, nichts einzuwenden haben.

Ich wende mich nun zunächst, meine Herren, zu dem allerdings nur in der Geschwindigkeit und ganz kurz durchgesehenen Gutachten des Herrn Borggreve. Ich muß gestehen, daß ich darin nicht allzuviel gefunden habe, was mich irgendwie geneigt machen könnte, auch nur eine Modifikation meiner Ausführungen eintreten zu lassen. Zunächst, m. H., ist von dem Grundsatze, den ich an die Spitze gestellt habe: wer den Jagdnutzen davon trägt, soll auch für den Wildschaden haften, in dem ganzen Gutachten gar nicht die Rede. Dieser Grundsatz, wenn auch nicht genau in der Weise formulirt — das pflegt ja bei parlamentarischen Verhandlungen nicht zu geschehen — ist aber der Sache nach soviel in parlamentarischen Verhandlungen, namentlich des preußischen Abgeordnetenhauses, hervorgetreten, ist so anerkannt von den meisten Parteien, daß gerade hierauf in erster Linie hätte eingegangen werden müssen. Die Begründung, die ich Ihnen gegeben habe, wird überhaupt nicht tangirt

Sehen wir nun die Gegengründe ganz kurz an. Zunächst wird gesagt, daß die jagdbaren Thiere herrenlose Sachen seien. Das wird nirgends bestritten. Ich habe niemals aus dem Eigenthum an wilden Thieren versucht eine Entschädigungspflicht zu construiren; dieser Einwand ist für uns vollkommen gegenstandslos. Ferner wird gesagt, daß Keinem ein unbedingtes Aneignungsrecht zustehe. Das ist ja richtig, das Aneignungsrecht besteht nur innerhalb eines bestimmten Bezirks; das Faktum, daß derjenige, der in einem Bezirke das Jagdrecht hat, innerhalb dieses Bezirkes die Thiere sich aneignen kann, bleibt aber bestehen; wenn es auch durch die Schonzeiten und den Ausschluß gewisser Fangarten gemildert ist, bleibt doch die Behauptung, die ich bezüglich des Standwildes aufstellte, aufrecht, daß durch eine Anzahl von Treibjagden jeder Jagdbesitzer seines Standwildes sich zu bemächtigen im Stande ist. Dann ist gesagt, daß die jagdbaren Thiere nach den bestehenden Jagdschongesetzen nicht einmal mit den erfolgreichsten Mitteln und zu den hierfür günstigen Zeiten vermindert resp. ausgerottet werden dürfen.

Allein diese Beschränkungen sind, wie schon gesagt, keineswegs so groß, daß der Jagdberechtigte nicht die Möglichkeit hätte, innerhalb des Jagdbezirkes das Standwild zu beseitigen oder so zu vermindern, daß der Wildschaden verschwindet. Dann wendet sich das Gutachten gegen die Hegung. Unter 5 wird gesagt, daß der Thatbestand einer Hegung oder gar übermäßigen Hegung jagdbarer Thiere, abgesehen von eingefriedigten Wildgärten, rechtlich ebenso wenig abzugrenzen ist wie der Begriff „Standwild". M. H., „Standwild" ist ein forstbegrenzter Begriff, es ist das Wild, das seinen regelmäßigen Standort in einem gewissen Waldbezirke hat. Was die Hegung betrifft, so ist nicht zu leugnen, daß große Schwierigkeiten mit der praktischen Verwerthung dieses Begriffes verbunden sind, sobald wir auf den Fall der Hegung oder gar der übermäßigen Hegung die Ersatzpflicht für Wildschaden beschränken. Da dies aber für die Ihnen entwickelte Ansicht in keiner Weise zutrifft, so ist für uns dieser Einwurf bedeutungslos. Dann wird angeführt, daß in manchen Fällen nicht mit genügender Sicherheit die Frage beantwortet werden könnte, ob ein Schaden durch Wild oder anderes, zahmes Vieh geschehen sei. M. H., das gebe ich zu, für diese Fälle entfällt dann praktisch die Entschädigungspflicht, für sie wollen wir sie aber auch nicht einführen. Wir verlangen den

Nachweis, daß durch Wild der Schaden angerichtet sei, der übrigens in vielen Fällen ganz eklatant erbracht werden kann. M. H., ich habe Haferfelder gesehen, die ganz und gar von Hochwild vertreten waren, wo Sie Fährte auf Fährte sahen — daß die Unbeweisbarkeit in einzelnen Fällen kein Grund sein kann, auch in den Fällen, wo der Beweis klar ist, den Schadenersatz auszuschließen, wird keiner Erläuterung bedürfen. Es wird ferner hervorgehoben, daß in manchen Gebieten, namentlich in Schleswig-Holstein, sogar die Haftbarkeit des Eigenthümers für den Schaden ausgeschlossen sei, den das doch im Eigenthum befindliche und auch hütbare Vieh anrichte. Ja, m. H., das beruht auf ganz besonderen Verhältnissen, Dort — wenn ich richtig unterrichtet bin, sonst bitte ich mich zu korrigiren, denn ich habe diese Frage vorher zu prüfen keine Veranlassung gehabt — dort hegt Jeder sein Grundstück selbst ein, um der Hütungspflicht des Viehes entbunden zu sein, und da dies ganz allgemein geschieht und natürlich die doppelte Wirkung hat, das eigene Vieh von den fremden, das fremde von den eigenen Grundstücken fern zu halten, so ist eine solche Bestimmung ganz vernünftig; aber sie auf die freien, nicht geschützten Grundstücke, wie wir sie in dem größten Theile des übrigen Deutschland haben, anzuwenden, wird Niemanden einfallen, und wenn es Niemandem einfällt, so ist auch die Sache für das Wild absolut nicht verwerthbar. Sodann wird angeführt, daß in großen Gebieten des übrigen Deutschlands für den durch Vieh oder sonstige Hausthiere auf uneingefriedigten Grundstücken angerichteten Schaden der Eigenthümer dieses Viehes nur bedingt haftbar sei, und Pfandgelder zu erlegen habe, aber nicht vollen Schadenersatz. Nun, m. H., dieses Pfandgeld ist eben ein Auskunftsmittel für den Schadenersatz. Wenn wir das Pfandgeld bei Wild anwenden könnten, wenn wir das Wild als Pfand fassen könnten, dann würden wir allerdings zweifelhaft sein können, ob wir nicht statt des Wildschadenersatzes Pfandgeld einführen sollten. Aber diese Frage cessirt hier, ich scheide sie daher aus. Ferner heißt es unter 10, daß in vollkommener Konsequenz der Aufhebung des Jagdrechts auf fremdem Grund und Boden der Ersatz von Wildschaden thatsächlich in dem größten Theile von Deutschland ausgeschlossen ist. M. H., der Grund ist gänzlich unbeweisend. Früher ruhte die Wildschadenersatzpflicht auf einem ganz anderen Rechtsgrunde. Da nämlich das Recht an fremdem Grund und Boden bestand, dort ausschließlich Wild zu occupiren, da ein jus in re aliena vorhanden war, so wurde bezüglich dieses jus in re aliena der Grundsatz aufgestellt, daß es pfleglich ausgeübt werden müsse zur möglichst geringen Belästigung des Grundeigenthümers, daß mit anderen Worten der Berechtigte nicht hegen dürfe, zu einem gewissen Abschuß verpflichtet und eventuell für den Wildschaden haftbar sei. Dieser Grund für den Wildschadenersatz entfiel mit der Beseitigung des Jagdrechtes auf fremdem Boden und in Konsequenz dessen hat man damals allerdings an vielen Orten den damaligen Wildschadenersatz, der aus der Pflicht pfleglicher Ausübung des Jagdrechts folgte, aufgehoben. Jetzt aber kommen wir auf Grund ganz anderer Verhältnisse zu ganz anderen Folgerungen bezüglich des Wildschadens, zu Ersatzansprüchen, welche mit der Aufhebung des damaligen ganz anders gearteten und ganz anders begränzten Ersatzanspruches schlechterdings nichts zu thun haben, und ich darf sagen, daß es die herrschende Meinung ist, daß ein Wildschadenersatz auf anderer rechtlicher Grundlage wieder eingeführt werden muß. Sodann führt Herr Borggreve an, daß Beschwerden über Schaden von Rehwild fast nirgends, von Hochwild nur aus ganz einzelnen Gebietstheilen laut geworden sind. M. H., wo keine Klagen sind, wird kein oder kein nennenswerther Wildschaden sein, und wo kein nennenswerther Wildschaden ist, wird auch unser Gesetz nicht oder nur unbedeutend wirken; für diese Gegenden nützt es vielleicht nichts, es schadet aber auch nichts; für andere Gegenden aber ist es nothwendig. Ich halte also diesen Grund für unzutreffend. Endlich wird gesagt in Bezug auf Schwarzwild, daß diese Wildart wegen ihres besonders unsteten Naturells von keinem Grundbesitzer im Freien gehegt wird und gehegt werden kann. Ich gebe zu, m. H., ein Regreßanspruch gegen Großwaldbesitzer wegen Schwarzwild wird in manchen Fällen nicht zu machen oder doch nicht zu erweisen sein, weil dasselbe in manchen Gegenden vorübergehend erscheint, ohne daselbst als Standwild dauernd vorzukommen, hier entfällt also der Regreßanspruch an den Großwaldbesitzer. Zutreffend bleibt aber immer der andere Grundsatz, daß die Jagdgenossen, wie sie in einem bestimmten Verhältniß den Vortheil der Jagd, also auch des Schwarzwildes, unter sich theilen, so auch für den Schaden einzustehen haben. Die Deduktion des Herrn Borggreve trifft also in Wahrheit nur den Fall, wo auch wir für Schwarzwild, welches nicht Standwild ist, keinen besonderen Regreßanspruch beantragen; in dem Fall dagegen, wo nach unserem Antrage Wildschadenersatz für Schwarzwild soll gefordert werden können, ist der Angriff des Herrn Borggreve nicht gerechtfertigt. Daß der Jagdpächter nicht für Wildschaden ersatzpflichtig zu machen ist durch allgemeine Regel, habe ich Ihnen selbst empfohlen; ich brauche also auf Nummer 15 nicht weiter einzugehen und ebensowenig auf den Punkt 16, der mit unseren Anträgen durchaus nicht zusammenhängt.

Ich glaube also, m. H., da ich die in Betracht kommenden Punkte sämmtlich erörtert habe, doch diese Anführungen des Herrn Borggreve nicht für irgendwie beweisend halten zu dürfen. — Noch auf Eins muß ich zurückkommen, ich habe es in der Schnelligkeit übersehen. Herr Borggreve führt unter Nr. 13 an, daß auch in dem Rest von Deutschland die — praktisch vorzugsweise in Betracht kommende — Entschädigungs-Regreßpflicht von Jagdbezirk zu Jagdbezirk nirgends oder fast nirgends wirklich zu Recht besteht, namentlich auch nicht in der Provinz Hannover, für welche dieses vielfach generell behauptet resp. angenommen wird. Ja, m. H., ich gebe das zu; das Regreßrecht besteht in Hannover von Jagdbezirk zu Jagdbezirk allgemein nur für Schwarzwild, für anderes Wild nur in beschränkter Weise; es ist das in dem Gutachten richtig referirt. Aber, m. H., beweist das etwas gegen die Möglichkeit und die Billigkeit? Gegen die Möglichkeit des Ersatzes beweist es nichts, wie uns das Beispiel von Frankreich zeigt, und gegen die Billigkeit kann die Thatsache, daß bis jetzt leider ein solcher Schadenersatzanspruch nicht oder nur unvollkommen existirt, doch unmöglich in Betracht kommen.

M. H., ich möchte Ihnen nun zum Schlusse wiederholend vorschlagen, daß wir über These 1 abstimmen, daß wir zweitens abstimmen darüber, ob noch spezialisirt werden soll, und wenn diese Frage bejaht wird, über die weiteren Thesen, die ich für diesen Fall dann übergeben werde.

Rechtsanwalt Advokat Dr. **Mörschell**: Ich möchte nach den Erläuterungen, die vom Herrn Kollegen Enneccerus jetzt gegeben worden sind, die Erklärung abgeben, daß ich zu Gunsten einer möglichst einheitlichen Abstimmung auf die Beifügung eines Amendements zu der von Herrn Professor Enneccerus aufgestellten These verzichten will und nur für den Fall darauf zurückkommen würde, zu a dieses Amendement beifügen zu lassen, wenn die Versammlung beschlösse, auf die speziellen Fragen einzugehen.

Geheimer Justizrath v. **Wilmowski** aus Berlin: M. H., ich glaube, daß anzunehmen ist, da kein Widerspruch erfolgt ist, daß wir die allgemeine These einstimmig annehmen. Ich halte es für sehr wünschenswerth und verstehe die Erklärung des Herrn Mörschell dahin, daß er zu Gunsten der Einstimmigkeit von seinem Amendement absieht, zumal eine Deklaration vom Herrn Professor Dr. Enneccerus dahin abgegeben ist, daß in der Sache selbst ein Widerspruch zwischen beiden Herren nicht vorhanden ist, sondern daß seine These dahin zu verstehen ist, daß nur in Betreff der Vertheilung der Jagdgenossen untereinander das angegebene Verhältniß maßgebend bleibt. Andererseits bin ich der Meinung, daß aus dem gleichen Grunde die Einstimmigkeit auch für die speziellen Thesen zu erreichen ist, da sie nur die Konsequenzen des an die Spitze gestellten Grundsatzes ziehen und über das Maß der bei dem Juristentage üblichen, nur prinzipiellen Entscheidungen nicht hinausgehen. Ich wünsche daher, daß auch über die speziellen Thesen sofort abgestimmt wird, und ich bitte, daß sowohl das allgemeine Princip wie auch die speziellen Thesen des Herrn Professor Enneccerus einstimmig angenommen würden.

Präsident: Aus dem Kreise der hier Anwesenden ist ja ein Widerspruch gegen die Bejahung der ersten Frage überall nicht hervorgetreten und wird also die Voraussetzung des Herrn Geh. Justizrath v. Wilmowski wohl richtig sein. Wenn kein Widerspruch erfolgt, so ist das die einstimmige Meinung der hier anwesenden Juristen, daß in das deutsche bürgerliche Gesetzbuch die Entschädigung für Wildschaden aufgenommen werden soll. — Ich kann das als Ihre einstimmige Meinung ansehen. Nun wäre der Hauptgrundsatz, nach welchem die Regelung erfolgen soll, auszusprechen. Das ist ja erst das Fleisch, welches wir dem Gerippe geben, und der Hauptgrundsatz — ich kann ihn ja noch einmal verlesen — ist dem Inhalt nach der, daß diejenigen, welche an dem, durch Jagdrecht und Schonzeit gesicherten, Nutzen der Jagd theilnahmen, in gleichem Verhältnisse auch den durch jagdbares Wild angerichteten Schaden zu tragen haben. Das soll also der Grundsatz sein der gesetzlichen Regelung, nicht mit diesen Worten natürlich, sondern in der Weise eines Gesetzesparagraphen, dieser Inhalt soll in das Gesetzbuch aufgenommen werden. Ist das die einstimmige Meinung?

(Niemand widerspricht).

Der erste Theil wäre als einstimmig angenommen zu bezeichnen. Nun käme es darauf an, ob die Herren wünschen, daß wir auch über die eventuellen Anträge heute noch Beschluß fassen. Da ist es mir nun selbst zweifelhaft, ob die Voraussetzung derjenigen, die Einstimmigkeit wünschen, die richtige ist. Es ist sonst, wie auch Herr Professor Enneccerus selbst wohl gemeint hat, indem er diese Anträge nur als eventuelle bezeichnet hat, immer Grundsatz des Juristentags gewesen, zwar diese speziellen Regelungen in der Debatte hervorzuheben, aber in den Beschlüssen sich immer zu beschränken auf einen einzelnen bestimmten Grundsatz. Wenn überhaupt unsere Beschlüsse eine Einwirkung gehabt haben auf die Gesetzgebung, so ist es namentlich dieser weisen Rücksicht zuzuschreiben, daß wir uns nicht in specialia eingelassen haben, und ich für meine Person bin doch zweifelhaft, ob es wünschenswerth ist, diese speziellen Sätze aufzunehmen.

Referent Professor Dr. **Enneccerus**: Ich möchte nur das, was ich vorhin gesagt habe, in einer Beziehung feststellen. Es ist ja unzweifelhaft richtig, daß die unter 2 aufgestellten drei Thesen spezieller sind als das unter 1 gegebene allgemeine Princip; aber auch sie halten sich doch noch so innerhalb der großen Hauptfragen unter Abschneidung von eigentlichen Spezialitäten, daß dasjenige, was der Herr Präsident soeben sagte, auch für sie noch zutrifft. Ich mache besonders darauf aufmerksam, daß es doch einigen Werth haben kann, die besonders bestrittene Frage des Wildschadenersatzes zwischen Jagdbezirk und Jagdbezirk noch besonders zu entscheiden, weil dadurch der unberechtigte, aber doch vielleicht nicht ausbleibende Einwand gänzlich abgeschnitten wird, als sei durch die Entscheidung des allgemeinen Princips diese noch nicht mitgetroffen. Wenn also die Abtheilung es für wünschenswerth hält, diesen freilich ohnehin unberechtigten Einwand noch besonders abzuschneiden, so würde es angezeigt sein, auch die beiden ersten Sätze der zweiten These anzunehmen. Der dritte dagegen wird ohne Schaden hier wegfallen und der Ausführung vorbehalten bleiben können.

Die Mehrheit der Versammlung entscheidet sich dafür, über die speziellen Thesen nicht abzustimmen. — Weiter beschließt man, den gefaßten Beschluß dem Plenum zur Kenntnißnahme zu unterbreiten; mit der Berichterstattung wird der Referent Professor Dr. Enneccerus beauftragt.

Hierauf wählt die Abtheilung zu Vertrauensmännern für die Wahl der ständigen Deputation außer dem Präsidenten Dr. Drechsler noch die Herren:

1. Geh. Justizrath Dr. Dorn, Leipzig,
2. Oberlandesgerichtspräsident Dr. Albrecht, Frankfurt a. M.,
3. Rechtsanwalt Dr. Mörschell, Würzburg,
4. Justizrath v. Eck, Wiesbaden,
5. Rechtsanwalt C. Scholz, Wiesbaden,
6. Advokat Dr. Kerpal, Wien.
7. Geh. Justizrath v. Wilmowski, Berlin,
8. Professor Dr. Enneccerus, Marburg,
9. Oberlandesgerichtsrath Heinsheimer, Karlsruhe.

Präsident: Wir kommen nun zu der Frage, die wir heute noch erledigen wollen:

Wieweit soll der Arbeitgeber für außerkontraktliches Verschulden seiner Arbeiter haften?

Diese Frage hat den vorigen Juristentag schon lebhaft beschäftigt. Es liegen jetzt vier Gutachten vor. Die Frage ist nach allen Seiten hin bereits erwogen, aber es wird dadurch die Aufgabe unseres Herrn Referenten umso schwieriger.

Herr Reichsgerichtsrath Dr. Petersen wird die Güte haben, uns das Referat zu erstatten.

Referent Reichsgerichtsrath **Petersen** aus Leipzig: Meine verehrten Herren! Wie bereits vorgetragen wurde, ist die Frage, wieweit der Arbeitgeber für außerkontraktliches Verschulden seiner Arbeiter haften soll, bereits bei dem letzten Juristentage verhandelt worden und zwar als Theil einer allgemeinen Frage. Die Frage, die gestellt war, lautete dahin: „Wieweit hat der Arbeitgeber für das Verschulden seiner Arbeiter zu haften?" Der Juristentag hat einstimmig die Frage bejaht, ob der Arbeitgeber in obligatorischen Verhältnissen für das Verschulden seiner Arbeiter haften solle; dagegen bezüglich der Frage, die uns heute beschäftigt, beschlossen, dieselbe dem nächsten Juristentage wieder vorzulegen. Es sind in der Frage die Gutachten schon dem letzten Juristentage erstattet gewesen und zwar von Herrn Reichsgerichtsrath Dr. Dreyer, Herrn Professor Dr. Meyer und Herrn Professor Dr. Leonhard. Die beiden ersten sprachen sich über Bejahung der Frage aus, das Gutachten des Herrn Dr. Leonhard dagegen. Es ist nun ein weiteres Gutachten noch von mir verlangt und erstattet worden, das im Wesentlichen auf demselben Standpunkte steht wie die beiden ersterwähnten Gutachten meines Kollegen Dreyer und des Herrn Professor Meyer. Ich kann im Allgemeinen voraussetzen, daß diese Gutachten bekannt sind, und werde mich deshalb möglichst kurz halten, insbesondere bezüglich des sehr in's Einzelne gehenden reichhaltigen Materials, das in den Gutachten mitgetheilt ist. Es handelt sich im Wesentlichen darum, ob bezüglich der Frage wenigstens als Regel an den Grundsätzen des gemeinen Rechts, die in Deutschland auch in den meisten Gesetzgebungen, z. B. im preußischen Landrecht, und im sächsischen bürgerlichen Gesetzbuch beibehalten worden sind, festgehalten, oder ob eine Erweiterung der Haftpflicht stattfinden soll, wie sie in einer ganzen Reihe von anderen Ländern besteht. Der Grundsatz, daß der Arbeitgeber für das Verschulden seiner Arbeiter haftet, soweit dasselbe in Ausführung der ihnen übertragenen Verrichtungen erfolgt ist, gilt vor Allem in England, in Nordamerika; er gilt ferner in Frankreich un in einer Reihe von Staaten, in denen der code Napoléon eingeführt oder nachgebildet worden ist. Derselbe steht in Geltung in Italien, Holland, Belgien, er ist in neuerer Zeit auch eingeführt worden in der Schweiz, in deren allgemeinen Obligationenrecht. Es bestehen jedoch Unterschiede bezüglich des Umfangs, in dem der Satz Annahme gefunden hat. In einzelnen Ländern tritt nämlich die Haftung nur ein, sofern der Arbeitgeber nicht beweist, daß er alle den Umständen nach gebotene Sorgfalt bethätigt hat. Diese Beschränkung besteht in Holland und in der Schweiz; auch wurde dieselbe angenommen in Baden, wo im Uebrigen die Grundsätze des code civil gelten. Wie sie aus den von mir gestellten Anträgen bezw. dem letzten, eventuellen Antrage ersehen, wird wohl auch Gegenstand der Verhandlung die Frage sein, ob die vorgeschlagene Haftung mit oder ohne diese Beschränkung aufzunehmen ist.

Ich beschäftige mich nun zunächst mit den Meinungsverschiedenheiten, die bei dem letzten Juristentage bezüglich der Frage hervorgetreten sind.

Es waren, wie ich noch erwähnen muß, bei dem letzten Juristentage Referent Herr Dr. Jaques, Korreferent Herr Dr. Enneccerus. Herr Dr. Jaques stand im Allgemeinen auf dem Standpunkte der beiden ersten Gutachter, welche die Ausdehnung der Haftpflicht vorschlugen, stellte jedoch dann einen Vertagungsantrag, weil er meinte, es sei die Frage noch nicht reif genug, so daß eine communis opinio sich noch nicht bilden könne. Herr Professor Enneccerus hatte im Wesentlichen, wenn auch mit einigen Abweichungen, den Standpunkt vertreten, den Professor Leonhard in seinem Gutachten eingehalten hatte, nämlich Festhalten an den Bestimmungen des gemeinen Rechts. Auseinander gingen die Ansichten sowohl in den Gutachten als auch bei den Verhandlungen selbst hauptsächlich nach zwei Richtungen. Einmal wurde darüber gestritten, ob überhaupt ein Bedürfniß nach einer Erweiterung der Haftpflicht, nach einer Erweiterung des im gemeinen Rechte geltenden Grundsatzes bestehe, daß jeder Arbeitgeber nur für eigenes Verschulden, nicht für Verschulden seiner Arbeiter hafte. Die zweite Differenz war dann die: läßt es sich überhaupt juristisch konstruiren und mit den Geboten der Gerechtigkeit vereinbaren, daß man den Arbeitgeber über sein eigenes Verschulden hinaus haftbar erklärt für die Arbeiter? Da ich annehme, daß die Debatte sich auch heute wohl um diese zwei Punkte drehen wird, werde ich Ihnen in der angegebenen Reihenfolge berichten über die einzelnen Gründe, die vorgetragen wurden und die entscheidend sein können. Vorher ist aber noch ein weiterer Punkt zu erledigen, der für den Gang der Debatte, ja vielleicht auch für die Entscheidung maßgebend ist. Bei der letzten Verhandlung zeigte sich auch eine erhebliche Meinungsverschiedenheit über den Umfang der gestellten Frage. Herr Professor Enneccerus hat damals den Gegnern eine Reihe von Zugeständnissen gemacht und insbesondere erklärt, er sei seinerseits gar nicht abgeneigt, für besonders gefährliche Gewerbe eine Erweiterung der Haftpflicht zuzugestehen. Aber nach seiner Auffassung gehörte diese besondere Haftbarkeit gar nicht zu der Frage, die an den Juristentag gestellt war. Vielmehr meinte er, sie könne nur Gegenstand der Berathung für einen anderen Juristentag sein, mit anderen Worten, diese speziellen Fragen ständen gar nicht auf der Tagesordnung. Aehnlich hatte Professor Leonhard sich ausgesprochen, der aber darin vom Referenten abwich, daß er erklärte, er halte das Haftpflichtgesetz überhaupt nicht für gerechtfertigt. Da dasselbe einmal bestehe, könne man es allerdings nicht wieder zurückziehen, man könne eine Wohlthat oder ein Privilegium, das der Bevölkerung gewährt sei, nicht wieder aufheben; aber die ganze Frage der Haftpflicht bei gefährlichen Gewerben sei nicht Gegenstand der Debatte. Hier muß ich von vornherein vorausschicken, daß ich die Ansicht, nach welcher wir diese

Beschränkung einzuhalten hätten, nicht theilen kann. Die gestellte Frage geht allgemein dahin, wieweit der Arbeitgeber für außerkontraktliches Verschulden seiner Arbeiter haften solle. Eine solche Haftung besteht nach dem Haftpflichtgesetze bekanntlich wenigstens für das Verschulden gewisser Arbeiter, und welches Mittel das geeignetste ist, um dem bestehenden Bedürfnisse zu genügen: das Weiterfortgehen auf dem Wege der Spezialgesetzgebung oder die Aufstellung eines anderen Grundsatzes, der auch als Ausnahme von der allgemeinen Regel über Haftung gelten kann und doch nicht so spezialisirt ist wie die Bestimmung des Haftpflichtgesetzes, das scheint mir gerade eine der wichtigsten Fragen für die Verhandlung zu sein. Ja für manches Mitglied der Abtheilung mag diese Frage die allerwichtigste sein. Jedenfalls besteht eine Nothwendigkeit für uns in keiner Weise, uns auf die allgemeine Frage zu beschränken und die spezielle Frage auszuscheiden. Ich meine vielmehr, es könne erst am Schluß der Debatte darüber entschieden werden, ob der eine oder der andere von beiden Wegen der bessere ist. Man kann nicht ohne Weiteres annehmen, daß dieser Weg der Spezialgesetzgebung vorzuziehen ist. Ist nun die gestellte Frage in dem erwähnten Umfange zu erörtern, so kommt man zunächst wieder auf die Frage des Bedürfnisses. In dieser Beziehung muß ich zunächst einen Ueberblick über die bisherige Rechtsentwickelung und über die Versuche zu einer Erweiterung der Haftpflicht geben. Ich werde mich aber möglichst kurz fassen, da in den Verhandlungen und den Gutachten des letzten Juristentags das Material ausführlich dargelegt worden ist. Das römische Recht hat bekanntlich die Regel aufgestellt, daß Jeder nur für eigenes Verschulden hafte, aber Ausnahmen zugelassen, Ausnahmen, die nach Ansicht der Gegner auch heute noch aufrecht erhalten, aber nicht erweitert werden sollen. Ich erinnere besonders an die Vorschriften über Haftbarkeit der Wirthe, der Schiffer, der Stallhalter, der Zollpächter für Entwendungen und Beschädigungen, welche ihre Leute verursacht haben, dann an das edictum de effusis et dejectis. Daß in Rom ein weitergehendes Bedürfniß nach einer Haftung nicht bestand, läßt sich im Allgemeinen nicht sagen, weil die Verhältnisse sehr verschieden von den unsrigen waren, insbesondere eine Haftung für die durch Sclaven verübten Beschädigungen bestand. Ich will aber auf diesen Punkt nicht eingehen, sondern sofort weitergehen auf die Bedürfnisse, die in Deutschland selbst hervorgetreten sind. Da ist nun zunächst zu erwähnen, daß bei Abfassung des deutschen Handelsgesetzbuchs zuerst der Vorschlag gemacht wurde, die Prinzipale für haftbar zu erklären für das außerkontraktliche Verschulden der Prokuristen, der Handlungsbevollmächtigten und der Handlungsgehilfen. Das wurde gerechtfertigt durch die Rücksicht auf die Sicherheit des Verkehrs und es war auch bei der ersten

Lesung die Vorschrift, soweit es sich um Prokuristen und Handlungsbevollmächtigte handelte, angenommen worden. Bei der zweiten Lesung wurde die Streichung beschlossen und zwar hauptsächlich deshalb, weil gesagt wurde, man würde hier die Grundsätze des bürgerlichen Rechts durchbrechen. Nur auf dem Gebiete des rheinischen Rechts galt ein solcher Grundsatz allgemein. Man hielt es deshalb nicht für geeignet, die Frage, welche in dem allgemeinen Obligationenrecht zu regeln sei, jetzt schon im Handelsgesetzbuche anders zu regeln, als sie nach den allgemeinen Grundsätzen des bürgerlichen Rechts geregelt sei. Es wurde im Handelsgesetzbuch nur eine Ausnahme, die vorher schon im Wesentlichen in Geltung war, von den Grundsätzen des gemeinen Rechts getroffen. Nämlich die Bestimmung des Art. 451, nach welchem der Schiffseigenthümer für die Beschädigungen haftet, die Jemand von der Schiffsmannschaft einem Dritten zugefügt hat. Bei den Entwürfen zu einem allgemeinen bürgerlichen Gesetzbuche, beziehungsweise zu einem bürgerlichen Gesetzbuche für einzelne Staaten, trat dieselbe Meinungsverschiedenheit hervor, wie sie sich bei dem letzten Juristentage gezeigt hat. In dem Dresdener Entwurfe ist man im Wesentlichen bei den Bestimmungen des gemeinen Rechts geblieben; dagegen hat man sich in Bayern bei den Bestimmungen des allgemeinen Obligationenrechts auf den Standpunkt gestellt, daß der Arbeitgeber für Verschulden seiner Arbeiter zu haften habe. Dies geschah aber mit der ausdrücklichen Beschränkung, die auch bei dem Entwurf zum Handelsgesetzbuch schon vorgesehen war, daß die Haftung nur dann eintreten dürfe, wenn die Beschädigung *in Ausführung der Dienstverrichtung* erfolgt sei. Dieselbe sollte dagegen nicht bestehen, wenn die Beschädigung nur *bei Gelegenheit der Ausführung einer Dienstverrichtung* erfolgte. Das ist ein Unterschied, der, wie ich schon jetzt bemerken will, von großer Bedeutung ist. Die Härten, die man in der Anordnung des vorgeschlagenen Gesetzes findet, lassen sich fast immer auf solche Fälle zurückführen, in denen die Rechtsprechung in Frankreich angenommen hat, der Arbeitgeber hafte auch für solches Verschulden der Arbeiter, das bei Gelegenheit der übertragenen Dienstverrichtungen erfolgt sei. Ich bemerke bei dieser Gelegenheit, daß von den Gutachten des letzten Juristentages keiner diese Ausdehnung der französischen Rechtsprechung gebilligt hat, sondern man darüber einig war, bei der Fassung stehen zu bleiben, wie sie im Art. 451 des Handelsgesetzbuchs und wie im Haftpflichtgesetze festgehalten ist. Es handelt sich hier um technische Ausdrücke, die sich in unseren Spezialgesetzgebungen schon vorfinden und mit Absicht gewählt wurden. Ueberall bei den erwähnten Entwürfen und den angeführten gesetzlichen Vorschriften hat man mit vollem Bewußtsein diese bezeichnete Grenze eingehalten und gesagt:

es soll nicht gehaftet werden für dasjenige, was der Arbeiter nur gelegentlich der Verrichtung eines Dienstgeschäfts gethan hat. Wenn ein Arbeiter sich beispielsweise gelegentlich einer Dienstesverrichtung in einen Streit verwickelt und Jemand getödtet hat, dann kann von einer Haftpflicht des Arbeitgebers nicht die Rede sein. Von dieser Auffassung bin auch ich in meinem Gutachten ausgegangen und ebenso ist, wie ich sogleich vorausschicken will, derr Herr Korreferent damit vollständig einverstanden, der sogar erwogen hat, ob es nicht nöthig sei, schon in dem von uns gestellten Antrage die angegebene Grenze zu bezeichnen und zu erklären, daß außerdem nur im Falle des Verschuldens die Haftung eintreten solle.

Nun komme ich auf ein Gebiet, das mir das wichtigste zu sein scheint, nämlich auf die Haftung bei den sogenannten gefährlichen Gewerben. In dieser Beziehung ist, wie mir scheint, ein Bedürfniß nach einer Erweiterung der Bestimmungen des römischen Rechts in Deutschland in unzweifelhafter Weise und zwar schon früher hervorgetreten, besonders auch in der Rechtsprechung. Es ist von einem früheren Gutachter, Herrn Professor Leonhard, schon hervorgehoben worden, wie, besonders seitdem die Eisenbahnen aufgetreten sind und auch nach anderer Richtung, in der Praxis sich gezeigt hat, daß man mit den Bestimmungen des römischen Rechts absolut nicht auskommen könne, und wie von allen Seiten, auch von der Rechtsprechung, nach einer Erweiterung gedrängt wurde. Auf die einzelnen Fälle, die in dem Gutachten aufgeführt sind, will ich nicht eingehen, sondern nur bemerken, daß Herr Professor Dr. Leonhard erklärt hat, er betrachte die Erscheinung als ein Seitenstück zu dem Art. 1384, in dessen Richtung sich die Rechtsprechung vielfach bewegt habe, wenn es auch zweifelhaft sei, ob ein Gewohnheitsrecht bereits bestehe. Das Reichsoberhandelsgericht hat angenommen, es habe sich ein solches Gewohnheitsrecht nach einer bestimmten Richtung bereits gebildet. In einem Urtheile vom 17. Dezember 1873 hat dasselbe ausdrücklich ausgesprochen, nach den Grundsätzen des reinen römischen Rechts könnten Eisenbahnen und sonstige Transportanstalten zwar nicht haftbar gemacht werden für Verschulden ihrer Arbeiter, Beamten und Organe, aber es habe sich in Deutschland ein neues Gewohnheitsrecht gebildet, nach welchem diese Haftbarkeit allerdings begründet sei; was bezüglich der Eisenbahnen in dem preußischen Eisenbahngesetze und in dem Haftpflichtgesetze ausgeführt sei, sei nichts anderes, als was vorher schon gewohnheitsrechtlich gegolten habe. Hiernach scheint es mir, bezüglich der Bedürfnißfrage, von der ich jetzt allein spreche, sei in dieser Richtung festgestellt, — gleichviel ob man annimmt, daß ein Gewohnheitsrecht bestanden habe oder nicht — denn es wurde auch gegenüber dem Reichsoberhandelsgericht vielfach bestritten, daß ein solches Gewohnheitsrecht bestehe — daß die bestehenden Bestimmungen gegenüber den Verkehrsbedürfnissen, wie sie sich im praktischen Leben zeigen, nicht genügen. Das Haftpflichtgesetz ist denn auch ein weiterer Beleg dafür, daß man mit dem Grundsatze, es könne die Haftung nur im Falle des eigenen Verschuldens eintreten, nicht auskommen könne. Wir brauchen uns nur im Allgemeinen daran zu erinnern, wie die öffentliche Meinung sich gebildet hat bezüglich der Unglücksfälle, die bei Bergwerken u. s. w. vorkamen, wie in unwiderstehlicher Weise die Nothwendigkeit sich geltend gemacht hat, in irgend einer Weise hier zu sorgen, und wie man nun nicht bloß für die Eisenbahnen eine ganz besonders strenge Haftung für nothwendig gehalten hat, sondern auch in § 2 des Haftpflichtgesetzes ganz ausdrücklich den Grundsatz der Haftbarkeit für gewisse untergebene Personen zur Geltung brachte. Nun sagt man allerdings: das sind eben gefährliche Gewerbe oder besonders gefährliche Gewerbe, für die andere als die gewöhnlichen Grundsätze gelten. Dem möchte ich aber schon an dieser Stelle, weil ich auf diesen Punkt ein besonderes Gewicht lege, entgegenhalten, daß, soviel man auch von allen Seiten mit der Frage sich beschäftigt hat, ob das Haftpflichtgesetz gerechtfertigt sei, ob es genüge und ob eine Erweiterung desselben geboten sei, noch Niemand vermocht hat, bezüglich der darunter zu begreifenden Gewerbe eine richtige Grenze zu finden, oder den Begriff des gefährlichen oder des besonders gefährlichen Gewerbes zu definiren. Sowohl bei den Verhandlungen im Reichstage als außerhalb desselben wurde vielmehr immer wieder hervorgehoben, diese Frage sei nicht zu lösen. Ein gefährliches Gewerbe in dem Sinne, daß auch bei der größten Sorgfalt Gefahren und Beschädigungen nicht vermieden werden können, giebt es eigentlich kaum; jedenfalls gehören dazu die gewöhnlichen Fabriken nicht. Mit Aufbietung der größten Sorgfalt kann man die meisten Schädigungen vermeiden. Auf der andern Seite giebt es auch kaum ein Gewerbe, bei welchem gar keine Gefahr für Dritte möglich wäre; gäbe es solche, so würden sie durch die Haftpflicht nicht benachtheiligt werden, denn wo kein Schaden eintritt, kann auch nicht eine Verpflichtung zu Schadenersatz in Frage kommen. Es handelt sich bei der Bestimmung der Grenze, die mehr oder weniger willkürlich ist, im Wesentlichen um thatsächliche Verhältnisse. Man hat es nicht mit einem Rechtsbegriffe zu thun, der sich genau fixiren läßt, sondern es wird aus den Gewerben eine Anzahl herausgegriffen und gesagt: bei diesen kommen erfahrungsgemäß mit einer gewissen Häufigkeit Beschädigungen vor; deshalb sollen dieselben strenger behandelt werden. Die anderen Gewerbe, bei welchen Beschädigungen nicht so häufig sind, sollen dagegen der strengeren Haftpflicht nicht unterstellt werden. Kaum war das Haftpflichtgesetz in

Kraft, so zeigte es sich, daß die Grenze unrichtig gegriffen sei. Es trat nicht nur das Streben nach einer Erweiterung des Haftpflichtgesetzes hervor, sondern man wies statistisch nach, daß viele Gewerbe, welche die meisten Unfälle aufzuweisen haben, z. B. das Baugewerbe, nicht unter das Gesetz fallen, dagegen andere durch das Gesetz betroffen werden, bei welchen Unfälle nur selten vorkommen. Es wurde ein großer Anlauf genommen mit der Tendenz, das Haftpflichtgesetz zu erweitern auf eine größere Zahl von Gewerben oder auf alle Gewerbe. Aber schließlich stand man immer vor der Schwierigkeit, eine Grenze zu finden, die besser sei. Das war ja gerade der Hauptgrund dafür, daß man, soweit es sich um den Schutz der Arbeiter handelt, überhaupt mit dem ganzen Systeme gebrochen hat in der Erkenntniß, die verlangte Unterscheidung könne nicht gemacht werden, sie sei unmöglich, und nun auf den Weg der Unfallversicherung gekommen ist. Ob nun jetzt, nachdem dieses Gesetz für die große Zahl der Arbeiter, die am meisten der Beschädigung ausgesetzt sind, seine Bedeutung nahezu verloren hat, zu erwarten ist, daß eine Erweiterung des Haftpflichtgesetzes, soweit es sich um die Beschädigung Dritter handelt, überhaupt noch erfolgen werde, ist mir außerordentlich zweifelhaft. Ich bin der Meinung, daß die Regelung, wie wir sie jetzt in dem Haftpflichtgesetze haben, eine außerordentlich ungenügende und unvollkommene ist, und daß man auf diesem Wege zu einem befriedigenden Ergebnisse überhaupt nicht kommen kann, während doch ein durch die Schaffung des Gesetzes selbst anerkanntes Bedürfniß besteht, eine Haftbarkeit der Arbeitgeber für das Verschulden der Arbeiter zu haben und sich nicht zu beschränken auf die Haftbarkeit für eigenes Verschulden. Eine Aufhebung des Haftpflichtgesetzes, eine Rückkehr zu dem früheren Zustande scheint mir ebenso unmöglich zu sein wie das andere, sodaß ich nur sagen kann: ein unzweifelhafter Vortheil für die Gesetzgebung würde vorliegen, wenn die Bestimmung, wie sie in den meisten großen Kulturstaaten außerhalb Deutschlands besteht, in England, Amerika, Frankreich u. s. w., auch bei uns Annahme fände; man würde dann mit dem ganzen Haftpflichtgesetze nichts mehr zu thun haben, es würde entbehrlich sein.

Ein anderes Gebiet, das noch etwas ferner liegt, will ich auch noch kurz berühren, ein Gebiet, auf dem sich auch gezeigt hat, daß man mit dem strengen Grundsatze, daß Jedermann nur für eigenes Verschulden hafte, nicht auskommen könne, daß damit dem vorhandenen Bedürfnisse nicht genügt wird. Wie ich in meinem Gutachten bereits ausgeführt habe, kommt nämlich auch die Frage in Betracht: ob und inwieweit die juristischen Personen, insbesondere der Staat für Versehen ihrer Organe und Beamten haften sollen? Mit dem strengen Grundsatze des römischen Rechts kommt man, wie auch Professor Leonhard bemerkt hat, unbedingt zu einer Verneinung der Haftbarkeit, denn der juristischen Person selbst kann man begrifflich ein Verschulden nicht zur Last legen, sondern nur ihren Vertretern, ihren einzelnen Organen und Beamten. Man hat nun auch in Deutschland, nachdem man längere Zeit im Anschlusse an die Grundsätze des germanischen Rechts die Korporationen und juristischen Personen haftbar gemacht hat, unter Bezugnahme auf das römische Recht wieder geltend gemacht, die Haftung der juristischen Personen und besonders des Staats für ihre Organe und Beamten sei nicht zu rechtfertigen, sie sei nach dem germanischen Rechte begründet gewesen, aber nach den neueren modernen Anschauungen, wie sie auf der Grundlage des römischen Rechts gelten, könne eine solche Haftbarkeit juristisch nicht begründet werden. Das ist ein Standpunkt, den auch Professor Leonhard in aller Schärfe hervorgehoben hat: das Allerunsinnigste und Verwerflichste bei dem französischen Systeme, bemerkt derselbe, sei, daß sogar die Aktiengesellschaften haften sollten, während doch die Aktionäre gewiß kein Verschulden treffe, sie das Verschulden der Arbeiter nicht hindern könnten. Aber auf dem Gebiete der Gesetzgebung und der Rechtsprechung und überall, wo das Bedürfniß des Lebens hervorgetreten ist, ist immer stärker und stärker die Nothwendigkeit betont worden, die juristischen Personen nicht von der Haftung zu befreien. Es würden sonst alle Aktiengesellschaften vollständig privilegirt sein; sie würden nicht bloß für Versehen der gewöhnlichen Arbeiter, sondern auch für solche Versehen nicht haften, die bei der Geschäftsleitung gemacht wurden und die sonst der einzelne Besitzer der Fabrik vertreten muß. Der Direktor ist eben nicht die Aktiengesellschaft selbst, sondern nur deren Vertreter.

Damit will ich meine Erörterungen bezüglich der Bedürfnißfrage schließen und nur noch meine Ansicht dahin resumiren, daß mir unzweifelhaft ein Bedürfniß zu bestehen scheint, weiter zu gehen auf dem Gebiete der Haftbarkeit, als es nach den Grundsätzen des römischen Rechts gerechtfertigt ist, und daß für die Haftbarkeit für das Verschulden der Arbeiter ein gewisses Bedürfniß unzweifelhaft besteht. Hiernach würde also nur noch die Frage bleiben, ob sich diese Haftung juristisch begründen läßt, ob sie vereinbar ist mit den Forderungen der Gerechtigkeit. In dieser Beziehung möchte ich aber noch eine kurze Bemerkung machen bezüglich unserer gesammten Gesetzgebung. Diese würde sich, wie mir scheint, sehr viel harmonischer gestalten, wenn der von mir vorgeschlagene Grundsatz als gerechtfertigt anerkannt und durchgeführt würde. Dann hätte nämlich die ganze höchst schwierige und bestrittene Frage bezüglich der Haftung der juristischen Personen ihre Bedeutung nahezu verloren. Es würde dann der Staat für seine Beamten, soweit es sich um eine geschäftliche Verrichtung handelt, haften, und es würden unter derselben Voraussetzung alle Aktiengesellschaften für haftbar zu erklären sein, was unzweifelhaft ein großer Vortheil sein würde. Herr Professor Leonhard hat selbst ausgeführt, soweit es sich um die Haftung in obligatorischen Fällen handle, sei die Haftung der Arbeitgeber für ihre Arbeiter ein unzweifelhafter Vortheil, weil die entgegengesetzte Auffassung ein Privilegium bilde für reiche große Besitzer und besonders für die Aktiengesellschaften. Der kleine Mann — so hat er ausgeführt — macht Fehler wie jeder Andere und haftet, der große Besitzer aber, wenn seine Leute Fehler machen, haftet nicht und die Aktiengesellschaft kann dann gar nicht haftbar gemacht werden. Ganz dasselbe würde gelten für die Haftung für außerkontraktliches Verschulden; es würde, wenn der von uns Referenten vorgeschlagene Grundsatz verworfen wird, die Folge eintreten, daß der kleine Mann wohl haften und zahlen muß, wenn etwas passirt, aber der große nicht und immer weniger, je größer er ist, daß auch für die Haftung des Staats eine juristische Grundlage schwer aufzufinden wäre. Außerdem würden sich noch andere Vortheile finden — ich will diese aber bei einer anderen Gelegenheit darlegen und komme nun zur Frage: Kann eine solche Erweiterung der Haftpflicht auch juristisch gerechtfertigt werden? Da muß ich kurz auf die verschiedenen Versuche, diese Haftbarkeit zu konstruiren, eingehen. Zunächst wird häufig geltend gemacht, — das ist auch in den Motiven zum Haftpflichtgesetze geschehen — die Arbeiter kämen eben sonst nicht zu einer Entschädigung, diese stehe immer auf dem Papier, weil der Mitarbeiter, welcher den Schaden angerichtet habe, in der Regel nichts besitze; zweitens wurde ausgeführt, der Arbeitgeber habe die Möglichkeit, den Schaden entweder aus dem Geschäftsgewinne zu bestreiten oder auf dem Wege der Versicherung wieder von sich abzuwälzen. Das sind Gründe, die nach meiner Ansicht von großer Bedeutung sind, soweit es sich um die Abwägung praktischer Vortheile und Nachtheile der Einrichtung handelt. Es kommt ja in der That bei der Gesetzgebung nicht darauf an, ob man irgend eine Bestimmung hat, die theoretisch schön aussieht, sondern darauf, ob sie praktisch wirksam ist, und in Wirklichkeit ist dem Arbeiter oder dem Dritten, der beschädigt wird, mit seinem theoretischen Anspruche gegen denjenigen, dem das Verschulden zur Last fällt, in den weitaus meisten Fällen nicht gedient, weil dieser nichts besitzt. Es läßt sich auch nachweisen, daß, wo der Grundsatz bestanden hat, der Weg der Versicherung mit Erfolg betreten wurde, selbst von kleinen Gewerbtreibenden. Die Unfallversicherungen haben gegen die Gefahr, die den Gewerbtreibenden aus Art. 1384 des code civil droht, versichert, unter der Herrschaft dieser Gesetzgebung haben sich vielfach die Gewerbtreibenden in corpore versichert um ganz kleine Beträge, so daß der Vorwurf der Härte gegen den Einzelnen durch die Versicherung nahezu beseitigt wird. Allein man kann als Grundlage für die juristische Begründung der Sache mit diesen Gesichtspunkten doch nichts ausrichten. Das sogenannte Assekuranzprincip das Ubbelohde aufgestellt hat und das insbesondere bei der Frage der Haftung in obligatorischen Verhältnissen geltend gemacht worden ist, dient nicht zur juristischen Grundlage. Man kann nicht sagen: Eine bestimmte Person ist eigentlich juristisch verpflichtet zum Schadenersatz, aber da sie nichts hat, so greife ich zu einer andern, die zahlungsfähig ist. Es muß also noch ein anderes Princip gesucht werden. Das zweite Princip, welches Dreyer in Verbindung mit dem Vertretungsprincip empfohlen hat, ist das alte germanische Princip der objektiven Haftung ohne Rücksicht auf subjektives Verschulden, die sogenannte Veranlassungs- oder Verursachungstheorie. Man hat versucht auszuführen, daß das römische Recht nach der Richtung zu weit gegangen sei und daß man sich begnügen müsse mit der Thatsache, daß die Beschädigung verursacht oder veranlaßt würde durch eine bestimmte Person, und demgemäß die Frage des Verschuldens ganz bei Seite gelassen. Diesem Princip kann ich mich nun auch nicht anschließen. Im älteren Rechte hatte man überall, auch im älteren römischen Recht, wie im deutschen Recht diese etwas grobe Rechtfertigung der Schadenersatzpflicht. Ich halte es aber für einen Fortschritt, daß man dazu gekommen ist, im Allgemeinen nicht bloß die Verursachung, sondern auch Verschuldung zu verlangen, und ich würde es für einen Rückschritt halten, wenn wir diesen allgemeinen Grundsatz aufgeben und von dem Verschulden ganz absehen wollten. Aber es folgt daraus noch nicht, daß man nicht für bestimmte Fälle auch in anderen Umständen eine Rechtfertigung der Haftung finden kann als im Verschulden; sonst müßten wir auch unsere Bestimmungen über die Haftung der Rheder wieder aufheben, und müßte das Haftpflichtgesetz ohne Weiteres wieder aufgehoben werden. Auch dieses Gesetz läßt sich ja in der angegebenen Weise nicht rechtfertigen. Man hat beim Haftpflichtgesetze wohl gesagt: ja, es dürfe eigentlich Niemand ein Gewerbe treiben, das einen Anderen beschädigt, und mit Rücksich darauf, also weil das Gewerbe ein besonders gefährliches sei, könne man dem Gewerbtreibenden eine strengere Haftbarkeit auferlegen. Wenn aber dieser Grundsatz richtig ist, dann muß er auch für ein allgemeineres Gebiet gelten und nicht bloß für diese besonders gefährlichen Gewerbe. Und in der That glaube ich, daß derselbe Grundsatz, der zur Anerkennung der Haftpflicht in obligatorischen Verhältnissen geführt hat, auch hier durchschlagend ist. Herr Professor Enneccerus hat als den richtigen Grund für die Haftung des

Arbeitgebers in obligatorischen Verhältnissen bezeichnet, derselbe habe für die Diligenz seiner Arbeiter zu haften, und wenn es an dieser Diligenz fehle, so müsse er für die Folgen davon eintreten. Diese Haftbarkeit wurde allerdings aus dem Vertragsverhältnisse abgeleitet und von einem solchen Vertragsverhältnisse kann ja hier keine Rede sein. Aber nichtsdestoweniger scheint es mir sehr wohl mit den Forderungen der Gerechtigkeit vereinbar zu sein, daß man, wenigstens unter gewissen Verhältnissen, diese Haftbarkeit für die Diligenz der Arbeiter auch außerhalb obligatorischer Verhältnisse verlangt. Ein allgemeiner Grundsatz ist der, daß Jeder, der Geschäfte betreibt, durch deren Betrieb Dritte beschäftigt werden können, verpflichtet ist, selbst die äußerste Sorgfalt oder wenigstens das gewöhnliche Maß der Sorgfalt anzuwenden, die nöthig ist, um Beschädigungen von diesen Dritten abzuhalten, welche sich bei dem Betriebe dieses Gewerbes herausstellen können. Von diesem Gesichtspunkte allein läßt sich das Haftpflichtgesetz rechtfertigen. Nun kommt der Arbeitgeber und sagt: ich will das Geschäft nicht für mich selbst führen, ich überlasse es Andern. Es bildet sich aus einem Einzelunternehmen, wo wenigstens der Chef noch die Haftung hat für Verschuldungen, eine Aktiengesellschaft. Soll man nun sagen: das ist eine juristische Person, die kann kein Verschulden treffen? Sie darf diese Haftbarkeit auf Andere abladen. Ich glaube, man würde mit Recht sagen: Ihr dürft den Geschäftsbetrieb nur unter der Bedingung auf Andere übertragen, daß ihr für die diligentia der Personen haftet, welche Ihr an die Spitze des Geschäfts stellt, und ebenso für die diligentia der anderen Personen, welche Eure Geschäfte besorgen. Dies muß jedenfalls dann geschehen, wenn das Gewerbe Gefahren für dritte Personen mit sich bringt. Das kann man nach meiner Auffassung verlangen. Man kann mit Recht verlangen, daß der Geschäftsinhaber für solche Personen innerhalb gewisser Grenzen eintritt, dafür eintritt, daß sie das Geschäft, das ihnen aufgetragen ist, auch in sorgfältiger Weise führen. Diesen Grundsatz haben wir auch bereits auf dem Gebiete des Haftpflichtgesetzes anerkannt. Denn nichts andres als der Umstand, daß der Betrieb des Geschäfts nach außen hin Dritte schädigen kann, hat dazu geführt zu sagen: wer solche Gewerbe treibt, muß einstehen für die Versehen gewisser Arbeiter. Nun scheint mir, wenn man soweit geht und das annimmt, darin nicht mehr eine grundsätzliche Frage enthalten zu sein, wo man mit diesem Grundsatz anfangen und aufhören soll. Denn, wie ich früher schon ausgeführt habe, die Frage, ob die Unfälle mehr oder weniger häufige sind, ist keine Rechtsfrage, sondern nur eine Zweckmäßigkeitsfrage. Wieweit diese Verpflichtung der Haftung für die Diligenz der Arbeiter den einzelnen Gewerbtreibenden aufgelegt werden soll, ob nur den Fabrikanten, wie jetzt im Haftpflichtgesetze steht, oder auch anderen Gewerbtreibenden, ob auch den Baugewerben; ob wir das in einem Spezialgesetze machen oder mit einem allgemeinen Grundsatze erreichen, das sind lediglich Fragen der Zweckmäßigkeit. Mir scheinen aber überwiegende Gründe der Zweckmäßigkeit dafür zu sprechen, daß man den vorgeschlagenen Grundsatz annimmt, damit die sehr schlecht geregelte Materie des Haftpflichtgesetzes beseitigt und zugleich eine Grundlage gewährt wird auch für die Haftung der juristischen Personen, die man eben nur gewinnen kann, wenn man Ausnahmen von dem Satze annimmt, daß nur für eigenes Verschulden zu haften sei.

Nun hat man gegen diese Ausdehnung noch andere Gründe geltend gemacht, die ich noch berühren muß. Zunächst hat Professor Leonhard ausgeführt, es sei höchst zweifelhaft, ob die Industrie als solche eine derartige Last tragen könne. Das scheint mir nun das unbegründetste von allen Bedenken zu sein. Einmal bestehen solche Vorschriften seit unendlich langer Zeit in England, Amerika und seit sehr langer Zeit in Frankreich und den anderen Ländern des französischen Rechts. Dort ist aber nie geklagt worden. Im Gegentheil, man hat theilweise nach Erweiterung gestrebt. Ich will ein übertriebenes Gewicht auf den Umstand nicht legen, daß nicht geklagt worden ist, denn es werden auch drückende Bestimmungen oft mit einer gewissen Leichtigkeit ertragen, wenn sich die Bevölkerung daran gewöhnt hat. Aber wichtiger ist, daß man den Grundsatz überall ausgedehnt hat, daß in der Schweiz, wo in der Hälfte der Kantone das französische Princip gegolten hat, in der anderen Hälfte die Grundsätze unseres gemeinen Rechts, man, sobald die Frage gestellt wurde, zur Erweiterung gegriffen hat. So geschah es in der Schweiz, so in Italien, desgleichen in Bayern, wo man aus Erfahrung beide Systeme kannte — denn in der Pfalz galt das französische Princip — und wo man auch in dem Entwurfe eines Obligationenrechts zu dieser Erweiterung der Haftpflicht übergegangen ist. Dazu kommt, daß unsere Industrie jetzt weniger als früher gedrückt werden könnte durch die vorgeschlagene Regelung, womit ihr ja eine große Last, soweit es sich um die Entschädigung der Arbeiter handelt, durch die Unfallversicherung nicht gerade abgenommen, aber doch wesentlich erleichtert worden ist. Ich meine: wenn man vorher unter der Herrschaft des Haftpflichtgesetzes diese Last ertragen konnte, so wird man es jetzt umsomehr können. Außerdem hätte eine Regelung, wie ich sie vorschlage, noch den großen Vortheil, daß der Unterschied zwischen den einzelnen Gewerben wegfiele. Darüber hat ja die Industrie immer mit Recht Beschwerde geführt, daß man hier eine ungerechtfertigte Grenze gemacht habe. Eine gleichmäßige Regelung, die alle Gewerbe trifft, wird weniger drückend empfunden werden als eine ungleichmäßige, wie sie entsteht, wenn man sich darauf steift, eine Grenze zwischen gefährlichen und ungefährlichen Gewerben zu machen, die sich in befriedigender Weise nicht auffinden läßt.

Etwas ernster ist der Einwand, daß in einzelnen Fällen diese Haftung sehr hart für den Betroffenen werden könnte. Das gebe ich ohne Weiteres zu. Es lassen sich einzelne Fälle finden, in denen Jemand verpflichtet wird, Entschädigung zu zahlen, obgleich ihn ein Verschulden nicht trifft, und in denen dies ihn sehr hart trifft. Es bleibt hier die Wahl zwischen zwei Unschuldigen, und es wird die Haftung für den Gewerbetreibenden oft hart sein, wenn auch der Andere dadurch gewinnt. Aber das ist ein Punkt, der nicht bloß bei der Haftung für außerkontraktliches Verschulden besteht. Ganz dasselbe gilt bei der Haftung für Verschulden in obligatorischen Verhältnissen. Man sagt nun freilich, und für uns Juristen ist das sehr verständlich, daß sich hier die Haftbarkeit aus dem Vertrage ergiebt. Aber man darf doch nicht übersehen, daß im gewöhnlichen Leben diese Haftung immer auf dem Willen der Vertragschließenden beruht. Nein, in der großen Mehrzahl der Fälle haftet auch hier der Betroffene nur, weil es in dem Gesetze steht. Die Leute denken gar nicht an die Frage; sie wissen gar nichts von der Haftung, und wenn der Schaden kommt, wird die Haftbarkeit zwar vom Standpunkte des Juristen so angesehen, als sei sie die Wirkung eines Vertrages. Aber in den meisten Fällen ist es das Gesetz, das die Verpflichtung herbeiführt. In obligatorischen Verhältnissen soll nun nach den Beschlüssen des Juristentags für Verschulden der Arbeiter gehaftet werden; da kann es auch jeden Tag einem Arbeitgeber passiren, daß er für einen Schaden einstehen muß, obgleich nicht er schuld daran war, sondern ein Arbeiter, und er gar keine Mittel hatte, das zu verhindern. Ich will noch einen Schritt weiter gehen und sagen, daß es auch ein Vortheil für das System wäre, wenn der Unterschied zwischen Haftung in obligatorischen und nicht obligatorischen Verhältnissen beseitigt wird. Denn auch darin müssen wir Juristen uns an den Gedanken gewöhnen, daß die große Menge der Bevölkerung die Sache nicht so auffaßt, wie wir es thun, und daß wir mit Begriffen operiren, die den Laien ganz fern liegen, und die man ihm außerordentlich schwer verständlich machen kann. Ich habe in meinem Gutachten einige Beispiele angeführt, die ich in Kürze wiederholen will. Ein Fuhrwerksunternehmer soll einen Reisenden fahren. Er fährt ihn nicht selbst, sondern schickt einen Kutscher. Dieser wirft den Wagen durch Nachlässigkeit um; der Reisende wird beschädigt, er bricht ein Bein. Da soll der Unternehmer haften aus dem Vertrage, den er abgeschlossen hat. Wenn aber der Reisende ausgestiegen war und der Kutscher hat ihn eine Minute später umgefahren, dann haftet er nicht, und ebensowenig, wenn der Kutscher einen Dritten beschädigt. Ebenso ist es mit Sachen, z. B. Geschirr, das Jemand auf den Markt fahren läßt. Beschädigt der Kutscher diese Waaren, so haftet der Geschäftsherr dafür. Wenn er aber in den Geschirrmarkt hineinfährt, dann haftet der Geschäftsherr nicht. Wir Juristen können uns das leicht konstruiren. Aber die Laien werden den Unterschied schwer begreifen. Ich würde es deshalb für einen Vortheil ansehen, wenn die Regelung eine einheitliche, harmonische wäre und nicht ein Unterschied gemacht würde. Zum Schlusse will ich aber noch darauf hinweisen, daß bei diesen Härten — die nicht verhindert haben, daß man in anderen Ländern, in welchen der vorgeschlagene Grundsatz besteht, man diesem Princip den Vorzug gegeben hat — die oben erwähnte Beschränkung von der größten Bedeutung ist, nach welchen man nicht haften soll für Vergehen, die gelegentlich der Ausübung einer Dienstverrichtung verübt werden, sondern nur für diejenigen, welche in Ausübung der Dienstverrichtung bewirkt werden. Eine Reihe von hierher gehöriger Beispiele sind bereits von Dreyer in seinem Gutachten schon hervorgehoben worden. Er hat bemerkt, daß fast alle Fälle, in welchen man besondere Härten gefunden hat, solche sind, die wegfallen, wenn man sich auf die von ihm vorgeschlagene Haftbarkeit beschränkt. Es würde gewiß, wenn nicht die französische Rechtsprechung — die übrigens auch in neuerer Zeit eine Schwenkung gemacht hat zum strengeren Princip — lange Zeit auf dem Wege gewesen wäre, die Haftung auszudehnen auf das gelegentlich der Ausübung von Dienstverrichtungen verübte Verschulden, bei uns der vorgeschlagene Grundsatz nicht auf die große Abneigung gestoßen sein, welche sie gefunden hat. Nun sagt man wohl, es handle sich hier um eine sehr schwierige Unterscheidung. Ich glaube aber, daß man namentlich jetzt, wo wir eine einheitliche Rechtsprechung haben, wohl erwarten darf, daß dieser an sich nicht so sehr schwere Unterschied nicht so schwer zu definiren ist. Das Reichsoberhandelsgericht und das Reichsgericht haben denn auch schon sehr genaue Definitionen gegeben und die Grenze genau bezeichnet. Handelt es sich doch um genau denselben Unterschied bei der Haftbarkeit des Rheders. Der haftet auch nicht, wenn einer von der Schiffsmannschaft Einen zusammensticht, sondern er haftet nur für das Verschulden, das in Ausführung der Dienstverrichtungen verübt wird, und Beispiele für die Begrenzung sind in allen Kommentaren zum Seerecht angeführt. Dort hat die Unterscheidung gar keine großen Schwierigkeiten gemacht. Auch bei dem Haftpflichtgesetze selbst haben wir wieder diese Beschränkung der Haftbarkeit. Auch dieses Bedenken, dem ich nicht jedes Gewicht absprechen will, wird sonach meines Erachtens weitaus überwogen durch die großen Vortheile, welche die Erweiterung der Haftpflicht des Arbeitgebers in der vorgeschlagenen Weise haben würde. Auch möchte ich noch hervorheben, daß man sich bei der Gesetzgebung doch in der Hauptsache nicht nur fragen darf, ob nicht in dem oder jenem Falle etwas Ungeschicktes aus einer Bestimmung hervorgehen könne? sondern daß es sich im Wesentlichen darum handelt, ob die Bestimmung im Großen und Ganzen für die Bevölkerung ein Fortschritt ist, ob die Einrichtung überwiegende Vortheile gewährt oder ob überwiegende Nachtheile zunächst zu erwarten sind.

Nun muß ich zum Schlusse noch einige Worte sagen über die Beweisfrage. Wenn die Ansicht, die ich hier vertrete, nicht die Mehrheit finden sollte, dann würde es meines Erachtens keineswegs geboten sein, es bei den Grundsätzen des gemeinen Rechts ohne Weiteres zu belassen, sondern sich höchstens empfehlen, etwa die Einrichtung, wie sie in der Schweiz und in Baden besteht, zu treffen und dem Arbeitgeber, dem Unternehmer die Möglichkeit zu geben, sich durch Führung eines Entlastungsbeweises von der Haftpflicht zu befreien. Ich habe meinen zweiten, eventuellen Antrag nur gestellt für den Fall, daß der erste Antrag abgelehnt werden sollte und trete voll und ganz nur für den ersten ein, der dahin geht:

Der Juristentag wolle beschließen:

> Es empfiehlt sich, die Arbeitgeber außerhalb obligatorischer Verhältnisse für den von ihren Arbeitern einem Anderen zugefügten Schaden insoweit für haftbar zu erklären, als die Beschädigung in Ausführung der den Arbeitern übertragenen Verrichtungen begangen worden ist.

Ich habe nur eventuell, weil ich mir sage: wenn ich das, was ich allein für zweckmäßig halte, nicht erreichen kann, so will ich mich lieber mit etwas weniger begnügen, als daß es vollständig bei dem früheren Zustande verbleiben soll, meinen zweiten Antrag gestellt, welcher lautet:

Der Juristentag wolle beschließen:

> Es empfiehlt sich, die Arbeitgeber außerhalb obligatorischer Verhältnisse für den durch ihre Arbeiter Andern in Ausführung der ihnen übertragenen Verrichtungen zugefügten Schaden insoweit für haftbar zu erklären, als sie nicht nachweisen, daß sie alle erforderliche Sorgfalt angewendet haben, um einen solchen Schaden zu verhüten.

Ich glaube, dieser Antrag könnte auch von principiellen Gegnern des Grundsatzes, den wir vertreten, angenommen werden. Es ist nach meiner Ansicht nicht, wie mein Kollege Dr. Dreyer angeführt hat, unlogisch, wenn man von dem Standpunkte aus, den wir Referenten principiell vertreten, auch diesen Beweis noch annehmen will. Dieser Beweis ist nicht nothwendig, der erste Vorschlag ist vielleicht konsequenter. Aber man kann die Konstruktion auch so fassen, daß man sagt: Jeder, der ein Geschäft betreibt, dessen Ausübung Dritte gefährdet, haftet für die Diligenz der Arbeiter, sofern er nicht nachweist, daß er alle Sorgfalt angewendet hat; wenn er das beweist, so ist er frei. Vor Allem scheint es mir aber von dem Standpunkte des Gegners vollständig zulässig, wenigstens diesen zweiten Antrag anzunehmen. Nach den Grundsätzen, wie sie in neuerer Zeit ziemlich allgemein bezüglich der Beweislast gelten, scheint es mir auch dann, wenn man von dem Grundsatze ausgeht: der Arbeitgeber haftet nur für eigenes Verschulden, gerechtfertigt zu sein, daß nicht der Dritte beweisen muß, daß der Arbeitgeber alles das nicht gethan hat, wozu er die Verpflichtung hat. Es muß vielmehr genügen, wenn er beweist: ich bin durch das Verschulden deiner Arbeiter beschädigt worden, und daß er behauptet: du wärest verpflichtet gewesen, sie besser zu überwachen, zu leiten 2c. Liegt die Sache so, so muß der Arbeitgeber seinerseits beweisen, daß er diejenige Sorgfalt, zu der er verpflichtet war, auch bethätigt hat. In dem Sinne hat sich Professor Leonhard schon ausgesprochen. Ebenso hat sich Goldschmidt, der auch Gegner der Erweiterung der Haftpflicht ist, dahin geäußert, mit einer richtigen Vertheilung der Beweislast sei zu helfen. — Ich würde also empfehlen, den ersten Antrag anzunehmen, wie er hier vorliegt, aber falls derselbe abgelehnt werden sollte, bitten, dann über den zweiten Antrag abzustimmen und diesen anzunehmen. (Bravo!)

Korreferent Oberlandesgerichtsrath **Heinsheimer** aus Karlsruhe: M. H.! Da der Herr Referent und Ihr Korreferent einen gemeinschaftlichen Antrag Ihnen vorgelegt haben, so wäre es eigentlich zweckmäßig gewesen, wenn ich meine Bemerkungen bis nach den Reden der Gegner unseres Antrags verschoben hätte. Allein ich möchte an dieser Stelle als Korreferent auf einen Punkt besonders eingehen. Ich weiche von den Ausführungen des Herr Kollegen Petersen, obgleich Badenser, darin ab, daß er in seinem eventuellen Antrage die badische Abänderung des Art. 1384 Ihnen wenigstens eventuell empfohlen hat. Ich kann das nicht. Der code civil in seinen Bestimmungen Art. 1382—86 ist leider in der badischen Bearbeitung, ich möchte beinahe sagen, verschlimmbessert worden; z. B. die actio de pauperie des Satzes 1385 ist geradezu illusorisch geworden dadurch, daß Brauer in falscher Uebersetzung des Artikels denselben mit den Worten: „In gleicher Weise" beginnen läßt, und damit auch für das Ausschlagen eines bösen Thieres den Beweis der Voraussehbarkeit der Handlung, welche den Schaden versetzt, verlangt hat. Der zweite Civilsenat des Reichsgerichts hat in rheinpreußischen Fällen den Satz 1385 in den letzten Jahren wiederholt angewendet; in Baden sind alle diese Urtheile gescheitert an den Eingangsworten: „In gleicher Weise.“ So ist es auch mit dem Satze 1384. Der Satz 1384 läßt für einige der dort vorgesehenen Fälle den Gegenbeweis, daß man den Schaden nicht hindern konnte, zu, aber für die maîtres et commettants läßt er ihn nicht zu, und das ist sehr einfach zu erklären aus der Gegenüberstellung der Fälle. Die Eltern und Vormünder dürfen den Beweis führen wegen ihrer Kinder und Mündel, die Lehrherrn dürfen ihn führen wegen ihrer Lehrbuben und die Pensionsvorsteher wegen ihrer Zöglinge. Das sind lauter Haftungen, bei denen man sagen muß: ja, es kann doch die Haftung nicht bis ins Unendliche fortgehen; wenn der Vater seinen Sohn in eine gute Schule schickt und in der Schule stellt der Sohn etwas an, so kann man doch nicht die Zumuthung den Eltern stellen, zur Beaufsichtigung ihrer bösen Buben mit in die Schule zu gehen; dort fängt eine andere Beaufsichtigung an. Das sind also Fälle, in denen man den Beweis zuläßt; aber für die maîtres et commettants hat man ihn nicht zugelassen. Superior respondeat, cui prodest. Da liegt der Gesichtspunkt vor, warum die maîtres et commettants strenger behandelt werden und für die durch Handlungen der ihrer Ueberwachung und Leitung Unterstellten entstehenden Schaden ohne diesen Beweis einzustehen haben. Es ist bekanntlich in den Motiven zum Art. 1384 der Irrthum, als wenn sich dieser Unterschied erklärte aus der culpa in eligendo vel custodiendo; daß das ein Irrthum ist, ist von der Doktrin ziemlich ohne Widerrede festgestellt. Es ist der Grundsatz der Präposition für eine gewisse Arbeit. Die Geschäftsthätigkeit, der Geschäftskreis, der dem Arbeiter anvertraut ist, würde bei regelmäßigem Verlaufe der Dinge dem Arbeitgeber, dem maître et commettant Nutzen bringen. Ohne diese Seite der Sache würde es dem Betreffenden nicht einfallen, einen Arbeiter zu verwenden. Der Arbeitgeber will Nutzen haben, er soll nun aber auch den Schaden tragen, wenn bei Verrichtung, in Ausführung der übertragenen Geschäfte der Arbeiter ein Versehen begeht, durch welches ein Dritter geschädigt wird.

M. H., der Herr Referent hat mit Recht hervorgehoben, daß, nachdem der vorige Juristentag den Satz der unbedingten Haftung innerhalb der Vertragsverhältnisse bejaht hat, einstimmig bejaht hat, wir heute in einen kolossalen Widerspruch kommen würden mit dem in Würzburg eingenommenen Standpunkt, wenn wir nun, nachdem auch noch in weitem Umfange die Krankenversicherung und Unfallversicherung zwangsweise durchgeführt ist, uns heute nicht entschließen könnten zu sagen: das Versehen, durch welches ein Arbeiter einen Dritten schädigt, gilt für den Ersatz des Schadens als Versehen desjenigen, der die Arbeit aufgetragen hat. Ich glaube nicht, daß es irgendwie nöthig ist, zu unterscheiden je nach dem Gefährlichen und Nicht-Gefährlichen des Handwerks und der Berufsarten. Die Unterscheidung ist gar schwer. Man kann doch nicht sagen: wenn Schaden eintritt, ist es ein gefährliches, und wenn kein Schaden eintritt, ist es ein ungefährliches, harmloses Handwerk. Bei einer harmlosen Beschäftigung kann Schaden eintreten; nun soll der ihn tragen, den die Arbeit nichts angeht? Nein, wenn der Schaden von dem Arbeiter zugefügt worden ist, so soll nicht bloß der Nebenarbeiter, nicht bloß derjenige, der mit dem Herrn in einem Vertragsverhältnisse gestanden hat, sondern es soll auch jeder Dritte entschädigt wrden, welcher durch den Arbeiter bei Ausführung der diesem übertragenen Arbeit Schaden erlitten hat. Der Herr Referent hat dies bereits des Näheren ausgeführt.

Wegen der verschiedenen, in den früheren Berathungen hervorgetretenen Bemerkungen, „ja, wo ist denn eigentlich die Grenze", habe ich vorgehabt, Ihnen einen zweiten Satz vorzuschlagen. Ich will das nicht thun, allein ich will doch, da dies angeregt wurde, Ihnen zeigen, wie unschwer man in einem 2. Satze den direkten Gegensatz zu unserem Grundsatz ausdrücken könnte. Ich hatte es so entworfen:

> „Außerhalb eines obligatorischen Verhältnisses oder abgesehen von demselben hat der Arbeitgeber für Verschulden seines Arbeiters insofern und insoweit zu haften, als das Verschulden in Ausführung der dem Arbeiter übertragenen Verrichtung begangen worden ist."
>
> „Für das nur anläßlich der Ausführung einer übertragenen Verrichtung eintretende Verschulden eines Arbeiters haftet der Arbeitgeber nur, wenn ihn bezüglich der Anstellung oder Ueberwachung des Arbeiters ein Verschulden trifft oder er die Haftung für jedes Verschulden der Arbeiter übernommen hat."

Der erste Satz stimmt in unseren beiderseitigen Entwürfen vollständig überein, der Gegensatz der beiden Möglichkeiten „in Ausführung" oder „anläßlich" sollte im Satze 2 ersichtlich gemacht werden.

Ich habe nach Besprechung mit Herrn Reichsgerichtsrath Petersen den Antrag als nicht nothwendig nicht aufrecht erhalten.

Ich möchte, ehe ich schließe, noch auf ein ziemlich neues Urtheil des Reichsgerichts aufmerksam machen, wo in einem reichsländischen Fall die Grenze mit Artikel 1384 code civil so scharf gezogen wurde. Dem Kassirer einer Sparkasse, welche nach ihren Statuten nur Einzahlungen bis zur Höhe von 300 M. auf einmal erlaubt, wurden von einer Bauersfrau ein paar Tausend Mark in sein Geschäftszimmer gebracht, um dafür Staatspapiere zu kaufen. Es wurde gegen die Sparkasse geklagt, sie ist auch in Colmar verurtheilt worden, der zweite Civilsenat hat aber das Urtheil am 8. Dezember 1885 aufgehoben und hat revidirt, indem er sagt: die Haftung der maîtres et commettants auf Grund des Artikel 1384 setzt voraus, daß ihre Bediensteten einen Schaden zugefügt haben, dans les fonctions, auxquelles ils les ont employés. Nun fehlt aber gerade die Feststellung, daß die Empfangnahme von Geld nicht lediglich als Sparkasseneinlage, sondern über den statutenmäßigen einmaligen Betrag von 300 M. hinaus, und mit dem Auftrage, dafür Werthpapiere anzuschaffen, zu den Funktionen des Kassirers gehörte. An sich würde der Fall, weil die Frau mit der Sparkasse in Vertragsverhältniß treten wollte, zu der These des XVII. Juristentages gehören, allein für unsere Auffassung des Artikel 1384, und für die Empfehlung der nicht durch Gegenbeweise eingeschränkten Haftung des Arbeitgebers für von seinem Arbeiter in Ausführung der ihm übertragenen Geschäfte zugefügte Beschädigungen, wird auch dieses Urtheil eine gute Richtschnur geben.

Ich kann Sie nur bitten, den Hauptantrag, den Ihr Referent gestellt hat, anzunehmen.

Professor Dr. **Enneccerus** (Marburg): Wenn ich in etwas unzusammenhängender Weise meine gegentheilige Ansicht entwickele, so hat das seinen Grund darin, daß ich nicht die Absicht hatte, in dieser Weise das Wort zu nehmen, daß ich auch nicht in der Lage gewesen bin, mich mit derselben aufs Neue zu beschäftigen, und also wesentlich zehre von demjenigen, was ich bei der ersten Bearbeitung für den Juristentag vor zwei Jahren an Material durchgesehen und an Begründung mir zurecht gelegt habe. Jetzt aber ist die Lage in vielen Beziehungen eine andere geworden und ich muß das besonders demjenigen gegenüber hervorheben, was Herr Reichsgerichtsrath Petersen zum Beginn seines Vortrags, nachdem er den Stand der Frage im Allgemeinen erörtert hatte, mir gegenüber ausführte. Ich habe mich allerdings in den Verhandlungen des vorigen Juristentags dafür ausgesprochen, die Frage, ob derjenige, welcher ein gefährliches Gewerbe betreibt, für den dadurch entstehenden Schaden haften solle, von der damaligen Verhandlung auszuscheiden. Ich hielt dies damals geradezu für nothwendig. Bedenken Sie, m. H., die damaligen Gutachten. Wir hatten Gutachten, in denen die allgemeine Haftung des Arbeitgebers für Verschulden seiner Arbeiter auf nicht weniger als vier verschiedene Weisen konstruirt wurde. Diese vier Theorien mußten geprüft und entweder anerkannt oder verworfen werden. Bei einer so schwierigen Lage der Sache war es gewiß angemessen, die andere Frage, ob nicht bei besonders gefährlichen Gewerben eine gewisse Haftung — ob nur für Verschulden der Arbeiter oder weitergehend, lasse ich vorläufig ganz dahingestellt — anzunehmen sei, deshalb auszuscheiden, weil sie, wie jeder zugeben wird, auf einem ganz anderen juristischen Grunde beruht. Hätten wir sie in die Verhandlungen hineingezogen, ich glaube, wir wären erst recht nicht zum Ziele gekommen. Dazu kam noch ein anderer Grund: in erster Linie beschäftigte uns damals die Frage der Haftung aus obligatorischen Verhältnissen, für welche die Sache ja wieder ganz anders lag. Jetzt ist Klärung eingetreten; was die Haftung in obligatorischen Verhältnissen betrifft, so ist dieselbe durch den vorigen Juristentag erledigt; was die verschiedenen Theorien betrifft, welche dem vorigen Juristentage vorgelegt und von mir bekämpft wurden, so freue ich mich konstatiren zu können, daß sowohl der Herr Referent wie, wenn ich ihn richtig verstanden habe, auch der Herr Korreferent auf keine derselben zurückgekommen ist, keine derselben als richtig anerkannt hat. Der Herr Referent hat das bei jeder einzelnen Theorie ausdrücklich gesagt, aus den Ausführungen des Herrn Korreferenten, die mit Rücksicht auf die Ausführungen des Herrn Referenten in dieser Frage sich beschränkten, glaubte ich, dasselbe entnehmen zu können. Also die Frage ist außerordentlich vereinfacht. Der einzige Streitpunkt, der uns jetzt noch vorliegt, ist: Soll in außerobligatorischen Verhältnissen allgemein die Haftung für Verschulden des Arbeiters stattfinden? Oder soll nur bei besonders gefährlichen Gewerben eine Haftung statuirt werden und zwar bloß für Verschulden des Arbeiters oder weitergehend? Um nun der Beantwortung näher zu treten, gehe ich im Ganzen denselben Weg wie der Herr Referent. Ich frage zunächst: ist eine Ausdehnung der jetzigen Grundsätze über Haftung in außerobligatorischen Verhältnissen geboten? und ich bekenne von vornherein, daß ich allerdings glaube, daß das Bedürfniß irgend eine Ausdehnung erfordert. Ich glaube auch, daß das Haftpflichtgesetz dem Bedürfniß nicht genügt. Ja, ich gehe noch weiter: ich glaube, eine bloße Vermehrung der in den Paragraphen des Haftpflichtgesetzes genannten Gewerbe würde auch nicht genügend sein, um dem Bedürfniß Befriedigung zu verschaffen. Die andere Frage ist aber, auf welchem Wege nun diesem bisher nur in ganz unsicheren Umrissen erkannten Bedürfnisse Rücksicht zu tragen ist. Dieser Wege scheint es mir zwei zu geben. Wenn wir uns die Fälle, welche man vorzugsweise als Beweis eines solchen Bedürfnisses anzuführen pflegt, vergegenwärtigen, so werden Sie in allen — ich bitte mir sonst anders geartete anzuführen — finden, daß dadurch, daß Jemand ein derartiges Gewerbe, z. B. Baugewerbe, gewisse Transportgewerbe, Fabriken, Bergwerke 2c., betreibt, eine Reihe von Gefahren hervorgerufen wird, so daß er also, wenn er den Betrieb eines solches Gewerbes beginnt, sich sagen muß: „Ich setze damit andere, dritte Personen, das Publikum, einer Gefahr aus". Ich kann nicht zustimmen, wenn der Herr Korreferent ausgeführt hat, eine Gefahr sei eigentlich bei jedem Gewerbe vorhanden; wo Schaden entstehe, sei ja die Gefahr da; denn daß Schaden entstehe, beweise die Gefahr. Denn nicht darauf kommt es an bei dieser Frage, ob es denkbar ist, daß im Zusammenhang mit einer Thätigkeit möglicherweise irgend ein Schaden entstehen kann, sondern ob die Gefährlichkeit der Thätigkeit einen gewissen Grad erreicht, so daß derjenige, der das Gewerbe betreibt, sich sagen muß und die ganze Welt sich sagt, daß damit eine beachtenswerthe Gefahr für das Publikum verbunden ist. Es ist nun, meine ich, ein Grund der Haftung in derartigen Fällen sehr wohl zu konstruiren, d. h. legislatorisch, nicht juristisch. Man kann von ganz ähnlichen Gedanken ausgehen wie wir es vorhin bei dem Wildschaden gethan haben; man kann sagen: wenn das Gesetz gewissen Personen gestattet oder jedem Beliebigen gestattet, ein gefährliches Gewerbe zu betreiben und dadurch das Publikum bis zu einem gewissen Grade in Gefahr zu bringen, dann muß es ihm diese zu seinem Vortheile — damit er dieses Gewerbe betreiben könne — dem Publikum auferlegte Gefahr auch aufbürden, so daß er den etwa entstehenden Schaden zu ersetzen hat. Er muß sich diesen Schaden in seine Geschäftsunkosten einrechnen. Ich finde hier also einen Grund der Haftung, und diese Haftung geht, was ich besonders hervorhebe, in gewissen Beziehungen weiter als die Anträge des Herrn Referenten und des Herrn Korreferenten. Indem Sie einmal vom Haftpflichtgesetz absehen, bitte ich Sie, sich folgenden Fall zu vergegenwärtigen. Es ist unzweifelhaft, daß durch den Eisenbahnbetrieb eine Reihe von Gefahren hervorgerufen wird. Ich will von Körperverletzungen u. dergl. ganz absehen und will nur den einen Punkt hervorheben: das Ueberspringen von Funken der Lokomotive, durch welches Brände hervorgerufen werden. Nehmen Sie nun an, daß nicht allein derjenige, der das Gewerbe betreibt — das ist beispielsweise der Staat — sondern, daß auch alle Beamten, Unterbeamten und Arbeiter die höchste Sorgfalt auf Verhütung dieser Feuersgefahr angewendet haben, daß also eine Haftung wegen culpa eines Arbeiters durchaus nicht zutrifft, so werden Sie doch mir darin Recht geben, daß hier die Billigkeit die Haftung des Eisenbahnunternehmers erfordert: Wer überhaupt das Gewerbe des Transports durch Eisenbahnen betreibt, hat die dadurch Anderen verursachten Schäden auszugleichen, er hat also in diesen Beziehungen selbst für casus zu haften. Man hat mir nun entgegen gehalten: auf diesem Wege dürfe man doch nicht weiter gehen, das Schicksal des Haftpflichtgesetzes mahne hier selbst ab, da man ja einen andern Weg als den des Haftpflichtgesetzes durch die neuen Gesetze über Unfallversicherung eingeschlagen habe. Ja, m. H., diese neuen Gesetze sind nicht ein Grund gegen dasjenige, was ich Ihnen ausgeführt habe, sondern im Gegentheil dafür, denn diese Unfallversicherungsgesetze treten nicht nur bei culpa, sondern ebenso bei kasueller Beschädigung der betreffenden Person ein, an ihnen zeigt sich, daß man hinausgehen muß über die Haftung, die uns der Herr Referent und der Herr Korreferent vorschlagen.

Und noch ein Anderes! Man hat geltend gemacht, es sei eine Abgrenzung zwischen gefährlichen und ungefährlichen Gewerben nicht möglich. Allein diese Abgrenzung kann sehr wohl erfolgen, einmal durch die Jurisprudenz, welche, wenn nur das Princip ausgesprochen wäre, sehr wohl den richtigen Weg finden würde, noch besser aber durch Spezialgesetzgebung. Es ist sehr wohl möglich, wenn auch nicht vollkommen richtig, so doch einigermaßen zutreffend, durch spezielle Bestimmungen diejenigen Gewerbe zu bezeichnen, welche als besonders gefährliche unter das Gesetz fallen sollen. Einen Beweis hierfür liefert schon das Haftpflichtgesetz, wenn auch allerdings über dasselbe hinausgegangen werden muß.

Ich wende mich nun zu der Theorie, welche der Herr Referent und der Herr Korreferent erwähnten. Ich frage mit ihnen: läßt sich ein Grund angeben, durch den die Haftung für das Verschulden der Arbeiter legislatorisch gerechtfertigt werden könnte? Läßt sich ein Gerechtigkeitsgrund für diese Haftung konstruiren? Ich antworte mit nein. Die Haftung des Arbeitgebers für den Arbeiter ist eine Haftung für casus, denn das Verschulden des Arbeiters ist für den Arbeitgeber nichts anderes als casus. Wenn er — was hierbei vorausgesetzt wird — mit vollkommener Sorgfalt, mit der größten Vorsicht den Arbeiter instruirt und beaufsichtigt hat, so ist das Verschulden des Arbeiters für ihn casus und also die Frage nur, ob er für casus haften soll. Wenn angenommen werden soll, daß für Verschulden des Arbeiters einzustehen ist, so müßte auch die andere Konsequenz, daß für jeden von dem Arbeiter kasuell angerichteten Schaden zu haften sei, gezogen werden.

Herr Reichsgerichtsrath P e t e r s e n hat nun versucht, mich mit meinen eigenen Waffen zu schlagen, dadurch daß er gesagt hat, die Theorie, die ich für die Haftung in obligatorischen Verhältnissen aufgestellt habe, ließe sich auch auf die nicht obligatorische Haftung ausdehnen. Ich muß daher mit ein paar Worten auf diese Theorie zurückgehen. Ich habe damals folgendes entwickelt: Es ist nicht richtig oder trifft das Wesen der Sache wenigstens nicht vollständig, wenn man die Obligation auffaßt als eine Verpflichtung zu eigener Handlung. Sie wird ja häufig definirt als eine Verpflichtung zu einer Handlung. Man braucht dann nur, als scheinbar selbstverständlich hinzu zu setzen: Verpflichtung zu einer e i g e n e n Handlung und man kommt zu dem Schlusse: Obligation ist die Haftung für eigene Handlung, für eigene sorgfältige Handlung, also kann man, da man nur eigene sorgfältige Handlung schuldet, auch nur für eigene, nicht für fremde culpa einstehen. Dieser, wie ich glaube irrigen Deduktion gegenüber, ging ich damals aus von einem Begriff der Obligation, welcher dieselbe faßt als das Einstehen dafür, daß ein gewisses Privatinteresse des Gläubigers erfüllt werde. Es ist die Hartmann'sche Theorie. Legen wir sie zu Grunde, so können wir keineswegs allgemein sagen, der Schuldner hafte für eigene Handlung. Möglich ist, daß er für eigene Handlung haftet, wenn nämlich das Privatinteresse des Gläubigers gerade darin besteht, daß er persönlich die Handlung vornehme; möglich ist aber auch, daß er die Leistung eines Dritten schuldet, wenn nämlich in dieser das Privatinteresse des Gläubigers, dessen Erfüllung geschuldet wird, besteht; endlich kann er drittens eine Leistung schulden, welche in persönlicher Beziehung nicht bestimmt ist, sondern durch irgend Jemand, eine unbestimmte Person, nach des Schuldners Auswahl vorgenommen werden soll. In allen diesen Fällen ist nun die Haftung entgegen dem Wortlaut der übernommenen Verpflichtung, welcher die Haftung für casus involviren würde, darauf beschränkt, daß nur für ordentliche sorgfältige Ausführung gehaftet wird, und zwar haftet der Schuldner, wenn er eigene Ausführung versprochen hat, für eigene ordentliche Ausführung, also für eigene culpa. Hat er die Ausführung durch einen Andern versprochen — hat also zum Beispiel A versprochen, daß der X die und die Arbeit vollführen werde, so haftet A dafür, daß X die Arbeit ordentlich ausführt, er haftet also auch für die culpa des X, hat er endlich schlechthin Ausführung versprochen, zum Beispiel Erbauung des Hauses — wie ja das R. R. sich in solchen Fällen auszudrücken liebt — so haftet er dafür, daß ordentlich ausgeführt werde. Durch wen? Durch den, den er damit beauftragt, durch den, durch den er die Obligation erfüllen läßt. Hafte ich für eigene Handlung, so hafte ich für eigene Diligenz; hafte ich für fremde Handlung, so hafte ich für fremde Diligenz; hafte ich überhaupt für die Handlung ganz abstract, so hafte ich für Diligenz dessen, durch den ich die Handlung ausführen lasse. So kommen wir zu dem Resultate, daß derjenige, der Handlung schlechthin versprochen, dafür haftet, daß sie ordentlich ausgeführt wird. Läßt er sie nicht ordentlich ausführen, so haftet er für die culpa dessen, durch den er sie in nicht ordnungsmäßiger Weise hat besorgen lassen. Es ist aber ganz klar, daß diese Deduction, sofern sie richtig ist, nur zu beziehen ist auf den Fall der Haftung in obligatorischen Verhältnissen. Ich hafte hier eben, weil ich ordentliche Ausführung schulde. Einem beliebigen Dritten gegenüber hafte ich zunächst für nichts, und es wird nicht möglich sein, die Brücke zu ziehen zwischen dem beiden, was hier mit einander verglichen werden soll, zwischen der obligatorischen und der nicht obligatorischen Haftung. Eben die Obligation, das Einstehen für die ordentliche Ausführung, die ich versprochen habe, ist der Grund jener Haftung für die Schuld meiner Arbeiter, und dieser Grund fehlt, wo es sich um die Haftung außerhalb obligatorischer Verhältnisse handelt. Es ist also die von mir aufgestellte Theorie für die uns jetzt beschäftigende Frage in keiner Weise verwendbar.

Wenn Sie nun nochmals einen Blick zurücksenden und anerkennen: das Recht kann, indem es bestimmt, daß bei der Betreibung gefährlicher Gewerbe jeder das Risiko dafür zu übernehmen hat, daß Anderen kein Schaden dadurch entstehe, das Bedürfniß erweiterter Haftung erfüllen; wenn sie sich zweitens sagen, daß die Haftung für das Verschulden des Arbeiters einerseits nicht ausreicht, andererseits weit über das Bedürfniß hinausgeht, wenn Sie sich drittens sagen, daß dieselbe wenigstens durch die bisher aufgestellten Begründungen nicht legislatorisch gerechtfertigt erscheint, dann, m. H., können einige Zweckmäßigkeitsgründe zu ihrer Empfehlung nicht mehr ausreichen. Ich würde für meine Person deshalb genöthigt sein, bei demjenigen Votum, welches am vorigen Juristentag von mir befürwortet ist und die lebhafteste Unterstützung gefunden hat von einer ganzen Reihe von Herren, die allerdings diesmal zufällig nicht anwesend sind, bleiben zu müssen.

Anders stehe ich zu der eventuellen These, welche der Herr Reichsgerichtsrath Petersen Ihnen vorgeschlagen hat. Sie besagt, daß jeder haftet für die größte Sorgfalt, wenn er durch Arbeiter irgend etwas verrichten läßt. Damit sind wir unzweifelhaft alle einverstanden. Sie besagt zweitens: ihm braucht nicht nachgewiesen zu werden, daß er unsorgfältig gewesen ist, sondern er hat umgekehrt den Entlastungsbeweis zu führen. Diese Verschiebung der Beweislast halte ich aus praktischen Gesichtspunkten für geboten. Sie ist geboten, weil der Geschädigte nicht in der Lage ist nachzuweisen, welche Instruktionen der Geschäftsherr gegeben hat, ob und wie oft er den Arbeiter kontrolirt, ob er den Arbeiter gehörig geprüft hat, ob er über ihn die nöthigen Erkundigungen eingezogen u. s. w. Das alles sind interne Verhältnisse zwischen Arbeitgeber und Arbeiter, die zu übersehen der geschädigte Dritte nicht in der Lage ist. Und deshalb würde eine gesetzliche Bestimmung, welche dem Arbeitgeber den Entlastungsbeweis auflegt, m. H., zu empfehlen sein. Das ist auch derselbe Boden, auf den sich die Schweiz und Baden gestellt haben.

M. H., ich verweise ganz besonders darauf, daß uns diese beiden Gesetzgebungen in gewisser Beziehung ein Muster darbieten. In der Schweiz bestand in unserer Frage verschiedenes Recht, in einem Theile das französische, in einem Theile das deutsche Princip. Hier lag es am nächsten, die beiden Systeme gegen einander abzuwägen und das bessere zu behalten. Und wozu ist man gekommen? Man ist dazu gekommen, die Haftung des Arbeitgebers nur dann anzunehmen, wenn er nicht im Stande ist, den Beweis eigener Vorsicht und Sorgfalt in der Auswahl der Arbeiter u. s. w. zu führen. Und ähnlich liegt die Sache in Baden. Auch da ist die rückläufige Bewegung gemacht, auch da hat man, während man den code Napoléon zu Grunde legte, den Entlastungsbeweis zugelassen, auch da hat man sich überzeugt, daß man ohne Zulassung des Entlastungsbeweises die Regeln der Gerechtigkeit und Billigkeit überschreitet.

Deshalb, m. H., möchte ich Ihnen nur die eventuelle These des Herrn Petersen empfehlen. Es wird aus demjenigen, was ich erörtert habe, vielleicht gefolgert werden können, ich müsse noch eine weitere These vorschlagen, welche besagt, daß derjenige, welcher gefährliche Gewerbe betreibt, die dadurch für Andere hervorgerufene Gefahr tragen müsse. Allein Sie werden mir zugeben, daß es nicht wünschenswerth ist, diese Frage ohne spezielle Gutachten, namentlich über die Abgrenzung der gefährlichen und ungefährlichen Gewerbe zu schneller, vielleicht vorschneller Entscheidung zu bringen. Ich werde also in dieser Beziehung zur Zeit keinen Antrag einbringen.

Hof- und Gerichtsadvokat Dr. **Jaques** (Wien): Es ist eigenthümlich, daß die Situation von vor 2 Jahren in Bezug auf meine Stellung gegenüber dem verehrten Herrn Vorredner heute gleichsam wiederkehrt, nur in umgekehrter Ordnung. Damals hatte ich als Referent die These zu vertreten, welche sich auf die Haftung des Arbeitgebers für die Arbeiter in Bezug auf kontraktliche Verhältnisse bezog; der verehrte Herr Vorredner war der Korreferent und wir traten einander so gegenüber, wie schon der verehrte Herr Referent Reichsgerichtsrath Petersen ausgesprochen hat. Gegenwärtig befinde ich mich in derselben Lage, nur daß diesmal der verehrte Kollege vor mir gesprochen hat und ich in die Lage komme, jetzt gegen ihn zu polemisiren.

Ich anerkenne, daß in den Ausführungen des verehrten Herrn Professors Enneccerus ein Punkt vollkommen zutreffend ist, ein Punkt, bezüglich dessen ich glaube, daß der hochverehrte Referent Petersen etwas mehr behauptet hat, als sich vollständig aufrecht erhalten läßt. Ich anerkenne also, es sei richtig, daß die Fragen der Haftung in kontraktlichen und in nichtkontraktlichen Verhältnissen sich vollständig von einander trennen und daß man nicht sagen könne, man wende dasselbe Princip, welches in Bezug auf die Haftung in obligatorischen Verhältnissen gilt, auch auf nicht obligatorische Verhältnisse an. Es scheint mir zutreffend zu sein, wenn der verehrte Herr Vorredner sagt: in obligatorischen Verhältnissen haftet der Arbeitgeber im Sinne der bekannten Hartmann'schen Theorie aus dem Kontrakt für das Zustandekommen der Leistungen, die er versprochen hat, in einer ordentlichen Weise, und also, wenn er diese Leistung nicht selbst vornimmt, dafür, daß auch durch seine Arbeiter die Leistung in ordentlicher Weise zu Stande komme, er haftet also für die diligentia der Arbeiter. Das aber gehe ganz speziell aus der Natur des obligatorischen Verhältnisses hervor und daraus ergäben sich noch nicht stringente Konsequenzen für das Verhältniß der Haftung in außerobligatorischen Verhältnissen. Es sei in diesem letzteren Falle ein anderer Rechtsgrund zu suchen. Das anerkenne ich, vollständig divergire ich aber von dem verehrten Herrn Vorredner Professor Enneccerus, wenn er den Weg geht, auf dem wir ihm mit dem größten Interesse gefolgt sind, und folgendermaßen argumentirt: Er konzedirt, daß in einer Reihe von Fällen die Haftung zu wünschen ist, daß sie in ausgedehnterer Weise, als sie bisher besteht, festgestellt werden soll. Er konzedirt auch, daß eine bloße Vermehrung der Gewerbe, die im § 2 des Haftpflichtgesetzes aufgezählt sind, nicht einmal genügt. Er konzedirt, daß es eine Reihe von gefährlichen Gewerben giebt, in Bezug auf welche der Unternehmer sich sagen muß: durch die Ausübung dieser Gewerbe kann für dritte Personen eine Gefahr entstehen, und indem mit der Ausübung dieser Gewerbe diese Gefahr verbunden ist, habe er die Haftung für diese Gefahr auf sich zu nehmen, habe die Kosten dafür in die Betriebskosten aufzunehmen und in dieser Grenze sei also die Haftung gerecht. Er konzedirt weiter, in solchen Fällen reicht nicht einmal die Haftung, wie wir sie bisher in obligatorischen Fällen festgestellt haben, aus, sondern es muß auch noch für casus gehaftet werden, aber immer unter der Voraussetzung — das ist seine unverrückbare Prämisse —: es solle ein solches Gewerbe sein, bei welchem der Gewerbtreibende sich selbst hat sagen müssen, es seien mit dem Betriebe dieses Gewerbes gewisse Gefahren verbunden. Nun, ich behaupte, wenn man diesen Ausgangspunkt acceptirt, so muß man in Konsequenz des eigenen Princips dazu kommen, die Ausführungen und den Antrag 1 der beiden Herren Referent und Korreferent auch zu acceptiren. Denn ich behaupte, in jedem Gewerbe — bei der vollkommenen Unmöglichkeit der Durchführung einer strikten und klaren Abgrenzung zwischen gefährlichen und ungefährlichen — in jedem Gewerbe muß sich der Arbeitgeber sagen, daß mit der Ausübung desselben die Möglichkeit von Gefahren verbunden ist und daß er also genöthigt ist, für die Gefahren, die beim Betriebe dieses Gewerbes sich ergeben können, auch wirklich aufzukommen. Da ist nun der Punkt, wo ich glaube, daß man über das Postulat — und das ist vielleicht der eigentliche Scheidepunkt für die divergirenden Ansichten — daß man über das Postulat des Haftenmüssens für diligentia und selbst für das höchste Maß von diligentia, noch um eine Linie hinausgehen und sagen muß: mit dem Betriebe der Gewerbe ist in jedem Falle das verbunden, daß bei ihrer Ausübung irgend welcher Schaden durch die mit der menschlichen Natur unausbleiblich verbundene und so häufig eintretende Nachlässigkeit, Unvorsichtigkeit u. s. w. entstehen kann. Es muß also dann der Gewerbeunternehmer im Sinne der Ausführungen des Herrn Professor Enneccerus selbst diesen Fall von vornherein mit aufnehmen in die Berücksichtigung derjenigen Umstände, welche bei seinem Gewerbebetriebe überhaupt vorkommen können, und in Folge dessen ist er dann genöthigt zu haften, und es ist vollkommen gerechtfertigt, wenn er haftet. Es ist also nach meiner Ueberzeugung nicht richtig, wenn der verehrte Herr Professor Enneccerus sagt: diese weitere Haftung läßt sich legislatorisch nicht konstruiren, läßt sich juristisch nicht konstruiren, es ist eine Haftung für casus. Es ist nach meiner Anschauung nicht richtig, daß es eine Haftung für casus sei, sondern es ist eine Haftung für alle diejenigen Vorfälle, Außerachtlassungen, Nachlässigkeiten, welche nach dem gewöhnlichen Stande und nach der gewöhnlichen Lage der Dinge und Verhältnisse mit dem Betriebe irgend eines Gewerbes unausbleiblich verbunden sind, welche vorkommen können und bei denen niemand Anderer haften soll und haften kann als der Arbeitgeber. Jeder Versuch — scheint mir — eine solche Abgrenzung vorzunehmen, wie sie der Herr Professor Enneccerus nicht formulirt sondern nur supponirt hat, jeder solcher Versuch wird immer scheitern. Nehmen Sie irgend ein beliebiges, im gewöhnlichen Leben als ganz ungefährlich bezeichnetes Gewerbe, z. B. das gewöhnliche Tischlergewerbe: da wird wohl allerdings mit der Säge hantirt, Niemand hat aber deshalb noch die Meinung ausgesprochen, das Gewerbe sei ein gefährliches. Durch leichtsinniges Handhaben der Säge kann nun dem Mit-, dem Nebenarbeiter ein schwerer Schaden zugefügt werden. Kann man nun mit Recht sagen, ist es juristisch aufrecht zu erhalten, zu sagen: In diesem Falle hat der Arbeitgeber die Möglichkeit einer Gefahr, welche aus seinem Gewerbe für dritte Personen hervorgeht, nicht ins Auge zu fassen gebraucht, hätte er aber ein spezifisch gefährliches Gewerbe betrieben, dann habe er sie ins Auge fassen müssen. Nur in diesem letzteren Falle solle aber seine Haftung bis zum casus gehen, in dem anderen Falle nicht. Ich glaube, daß wir da eine vollständig schwankende und unsichere Grundlage vor uns haben. Ich glaube, daß es vollständig gerechtfertigt ist, wenn der erste Herr Referent gesagt hat: es sind das nur mehr thatsächliche Unterschiede; die Konsequenz aber ist, daß wir ein allgemeines Princip aussprechen müssen, und zwar ein allgemeines Princip in dem Sinne, wie die verehrten Herren Referent und Korreferent sie aufgestellt haben. Nun, meine verehrten Herren, wenn der Grundsatz richtig ist, es sei zu haften für Schädigungen, welche mit dem Betriebe von Gewerben unausweichlich — aber nicht nach der willkürlichen Unterscheidung zwischen dem, was wir gerade als gefährlich ansehen wollen, und zwischen dem, von dem wir glauben, daß es in der Regel nicht gefährlich ist — verbunden sind, also für die nach der gewöhnlichen Lage der Verhältnisse eintretenden Unfälle, so ist damit die Haftung als allgemeines Princip vollkommen gerechtfertigt. Und ich frage nun weiter: wenn man diesen Grundsatz nicht acceptirt, wenn man das culpa-Princip, das Princip des eigenen Verschuldens festhält als die unverrückbare Grundlage mit Ausnahme solcher Fälle, die man willkürlich aus dem gesammten Betriebe von Unternehmungen und Gewerben als gefährliche herausgreift, wie kommt man dann z. B. dazu, die Haftung des Staates zu konstruiren in Fällen, wo es doch aufliegend ist, daß von Seiten des Staates jede nur mögliche Sorgfalt, jede nur mögliche Diligenz aufgewendet worden ist. Dessenungeachtet ist aber die Meinung unter uns wohl so ziemlich eine übereinstimmende, daß Haftung des Staates für das Verschulden seiner Beamten Platz zu greifen habe, unabhängig von einer culpa in eligendo vel custodiendo, ebenso wie man auch Entschädigung für unschuldig Verurtheilte eintreten lassen will, wobei ja doch in concreto von der Voraussetzung ausgegangen wird, daß alle Richter ihre Aufgaben vollständig erfüllt haben, daß aber dessenungeachtet eine Haftung des Staates eintreten soll. Es wird nicht eine culpa in eligendo vel custodiendo zur Bedingung gemacht, vielmehr von dem Grundsatze ausgegangen: wenn die regelmäßige sachgemäße Ausübung der Justizhoheit des Staates für dritte Personen Beschädigungen nach sich zieht, so hat der Staat dafür zu haften.

Ich will nun nur noch beiläufig erwähnen, daß bei solcher Auffassung der Gedanke, auf eine Spezialgesetzgebung zurückzugreifen, vollständig entfällt, weil man da auf das Gebiet der Willkür, der subjektiven Unterscheidnng des Grades der Gefährlichkeit oder der Frage überhaupt, ob ein Gewerbe gefährlich sei, hinauskommt. Uebrigens hat Herr Kollege Enneccerus jetzt von Spezialgesetzgebungen nicht mehr gesprochen. Ich will weiter erwähnen, daß in England, wo man sehr langsam, sehr allmählich diese Lehre weiter und im Sinne der Ausdehnung der Haftung gefördert hat, die Richtung der Gesetzgebung dahin geht, die seltsamen Unterschiede, die früher bestanden haben, wonach trotz der Haftung des Arbeitgebers für das Verschulden der Arbeiter diese Haftung gegenüber solchen Arbeitern, die mit Anderen zusammenarbeiten, nicht mehr platz zu greifen hatte (nach der Theorie des sogenannten common employment, der gemeinschaftlichen Arbeit), immer mehr aufgegeben werden. Es besteht heute ein bis jetzt nur transitorisch, bis Ende 1887 geltendes Gesetz, nach welchem in einer Reihe von Fällen auch dafür gehaftet wird, wenn einem Arbeiter von einem andern Arbeiter in der Ausübung seiner Verrichtungen Schaden zugefügt ist. Ich will endlich mit einem Worte darauf hinweisen, daß die Unterscheidung zwischen der Haftung in Ausübung der Dienstverrichtungen des Arbeiters und zwischen einer Haftung bei Gelegenheit solcher Dienstverrichtungen, wie sie von Herrn Kollegen Petersen aufgestellt worden ist, nicht so schwer zu handhaben ist, wie das vielfach behauptet wird. Die Sache scheint nämlich principiell so zu stehen: solange der Arbeiter und insoweit der Arbeiter in der Ausübung seiner Dienstverrichtungen begriffen ist, ist er wirklich nur soviel als der Dienstgeber selber, er ist vollständig an dessen Stelle. In dem Augenblicke, wo er aus diesem eng umschriebenen Rahmen der Ausübung seiner Funktion heraustritt, sowie also das eintritt, was im französischen Recht bezeichnet wird: à l'occasion de l'exercice de ses fonctions, in diesem Augenblicke hat das Verhältniß, welches zwischen ihm und dem Arbeitgeber bestand, aufgehört, er ist eine selbständige Person geworden; es ist also vollkommen gerechtfertigt, an der Unterscheidung festzuhalten, daß bei der Ausübung der Funktionen der Arbeitgeber für den Arbeiter haftet, aber für das, was außerhalb der Funktionen geschieht, die Haftung des Arbeitgebers für ihn nicht einzutreten hat. Der geehrte Vorredner, Herr Professor Enneccerus, hat in einem Momente seiner Ausführungen zurückgegriffen auf das, was er bei dem Wildschaden gesagt hat, und hat die Meinung durchblicken lassen: die Ausübung der Jagd ist ein gefährliches Gewerbe, sie gehört in die Kategorie der gefährlichen Gewerbe. (Widerspruch.)

Ich stelle ganz anheim, ob es so gemeint war, aber jedenfalls möchte ich sagen: wenn der Satz aufgestellt wird, wer den Nutzen des Gewerbes hat, hat auch den Schaden zu tragen, so glaube ich diesen Grundsatz in dem Sinne anwenden zu können, daß der Arbeitgeber, welcher den Nutzen seiner Betriebsunternehmungen hat, auch für den Schaden zu haften hat, welcher mit dem Betriebe des Gewerbes verbunden ist, wonach also ein Moment, das beim Wildschaden ausgeführt worden ist, auch hier zur Geltung kommt.

Nun seien noch mit einem Worte die Anträge berührt. Es will mir scheinen, in dem Eventuellantrage trete gerade die bedenkliche Seite der nicht auf eine principielle Grundlage zurückzuführenden, der unsichern Haftung nach dem Gedanken der culpa zu Tage. Denn wenn Sie nach dem Eventuellantrage sagen, es soll, um die Haftung abzuwenden, der Nachweis geführt werden, daß alle mögliche Sorgfalt angewendet wurde, so frage ich: worauf kann dieser Beweis hinauskommen? Kann er nur darauf hinauslaufen, daß weder culpa in eligendo noch culpa in custodiendo stattgefunden hat, daß alle möglichen Instruktionen gegeben worden sind, damit der Arbeiter seine Arbeit ordentlich durchführt? Wir kommen dann vom eigentlichen Princip im Wesentlichen vollständig ab. Es ist also nicht damit genügt, daß man nur die Beweislast verschiebt, sondern man muß davon ausgehen, daß für alle Schäden gehaftet wird, welche in Ausführung der dem Arbeiter aufgetragenen Verrichtungen verübt werden. Nur so wird der Grundsatz gewahrt, daß es sich bei der Haftung um alle diejenigen Beschädigungen handeln soll, welche mit dem Betriebe der Gewerbe nach der gewöhnlichen Lage der Dinge, nach den Verhältnissen unausweichlich verbunden sind, während es aber unmöglich ist, eine scharfe, eine begriffliche Grenze zwischen typisch gefährlichen Gewerben zu finden und zwischen solchen, welche nur im gegebenen Falle durch Unvorsichtigkeit, Nachlässigkeit derjenigen, die da fungiren, zu gefährlichen werden. Deshalb glaube ich die Annahme des ersten Antrags lebhaft empfehlen zu sollen.

Rechtsanwalt Dr. **Scherer** (Mainz): Nach meiner Ansicht, m. H., handelt es sich bei der Entscheidung der Frage, da es sich heute um eine legislatorische Frage handelt, darum allein: was ist zweckmäßiger? das französische System, welches heute in Italien, auch in Belgien und in Holland gilt, oder dasjenige System, was von Herrn Prof. Enneccerus empfohlen wird, das System des gemeinen Rechts mit einigen Aenderungen, durch welche man näher an das französische Recht herankommt? Nach meiner Ansicht ist das französische System vorzuziehen, und zwar aus folgenden Gründen. Bereits das römische Recht hat eine sehr weit gehende Haft für fremde culpa eingeführt. Ich erinnere in dieser Hinsicht an die Haftung für die Sklaven, ich erinnere weiter an die actiones adjectitiae qualitatis, die actio exercitoria et institoria und die actio quod jussu; und namentlich weise ich hin auf die Stelle, die von dem fullo handelt und den Pandektisten ziemliche Mühe macht, um sie in das System des römischen Rechts einzufügen. Nach römischem Recht gab es sonach eine sehr weitgehende Haftung für fremde culpa, an welche sich auch die actio de pauperie bis zu einem gewissen Grade anschließt. Die Auffassung, welche jene Bestimmungen des römischen Rechts fanden, war in der französischen Jurisprudenz vor 1789 eine andere, als sie sich bei uns entwickelt hat. Die Franzosen sagten: diese Ausnahmen gehen soweit, daß namentlich die actio institoria fast als Regel zu betrachten ist, und damals bereits hat sich in der französischen Jurisprudenz die Bahn gebrochen, welche identisch ist mit dem Art. 1384 c. c. Es kam auf diese Weise das Princip zur Geltung, welches im Art. 1384 verkörpert ist und welches die französischen Gesetzgeber nicht als eine Ausnahme von dem römischen Recht, sondern als das dem Corpus juris bereits einverleibte erachteten. Es stehen sich die beiden Principien, Haftung für fremde culpa oder keine Haftung für außerkontraktliche culpa, schon seit fast 2000 Jahren gegenüber, und die ganze Strömung der neueren Zeit ist dahin gegangen, die Haftung für die fremde culpa einzuführen. Man sagt, aus dem Princip der Gerechtigkeit lasse sich die Ansicht nicht begründen, daß der Arbeitgeber für das außerkontraktliche Verschulden seiner Arbeiter haften soll. Es kommt in dieser Hinsicht in erster Linie nicht auf das Princip an, sondern es fragt sich: was ist zweckmäßiger? dem Arbeitgeber, der so und soviel hundert Arbeiter annimmt, zu sagen: du haftest auch für das, was deine Arbeiter thun; oder zu sagen: dafür, was deine Arbeiter thun, haftest du nicht, sondern wenn einem Dritten ein Unglück passirt, verweisest du ihn an deinen Arbeiter, der in der Regel nichts hat, verweisest ihn mit seinen Ansprüchen an den Himmel?

Deshalb hat sich die neue Theorie dahin gebildet, daß man sagt: diese Verweisung mit eueren Ansprüchen an den Himmel ist unpraktisch und unbillig; es ist praktischer zu sagen: der Arbeitgeber haftet auch für allen eintretenden Schaden, wir wälzen das Risiko auf ihn ab.

Ich glaube, daß dieses Princip eine gewisse Berechtigung hat. Der Arbeitgeber hat so und so viel mehr auf die Unkosten zu schlagen, er hat die Arbeit so und so viel theuerer herzustellen, und wir sehen, daß die Gewerbe weder in Belgien noch in Italien, noch auch in Frankreich daran zu Grunde gegangen sind.

Außerdem kann man sagen, der Arbeiter erscheint gewissermaßen als die verlängerte Hand des Arbeitgebers, eine Theorie, die ich nicht aufstelle, sondern die man z. B. in Schäffle's Nationalökonomie bereits entwickelt findet. Wenn man die Arbeiter, die Arbeitergehilfen als die verlängerte Hand des Arbeitgebers betrachtet, dann kann man auch sagen: der Arbeitgeber, der du nicht selbst arbeitest, sondern der du andere billige Arbeitsgehilfen für dich einstellst, mußt auch für diese haften; es ist das wenigstens im Interesse der Dritten, die eventuell durch diese Arbeiter geschädigt werden, sehr vortheilhaft und jedenfalls für das allgemeine Beste zweckentsprechender, als dem Dritten einfach zu sagen: Verklage den Arbeiter, der nichts hat und sieh, wo du später irgend etwas bekommst. Hiermit zusammen hängt auch die Haftung für gefährliche Arbeiten, für Maschinen. Was ist schließlich in den Augen des Arbeitgebers der einzelne Arbeiter anders als eine Maschine? Der Arbeitgeber kann sich einzelne Maschinen hinstellen, die gefährlich sind, er kann einzelne Arbeiter anstellen; die einen wie die andern müssen ihm gehorchen, die einen wie die andern sind sein verlängerter Arm, für beide muß er einstehen.

Ich glaube deshalb, daß aus Zweckmäßigkeitsgründen es sich sehr empfehlen dürfte, das französische System, wie es im Art. 1384 formulirt ist, anzunehmen, zumal wir hierdurch auch in Uebeinstimmung kommen mit einem weithin herrschenden Recht und zweitens mit einem Recht, dem im Allgemeinen der Zug der Zeit entspricht. Und es sind da nicht einzelne Aenderungen herbeizuführen, es ist nicht gewissermaßen das Princip, das man aufstellt, zu durchlöchern und auf diese Weise ein unsicherer Rechtszustand herbeizuführen. Auch das Haftpflichtgesetz hat sich diesem System angeschlossen und es hat immerhin im Allgemeinen ganz wohlthätig gewirkt, obschon es bereits auf dem neuen Boden gestanden hat.

Präsident Dr. **Drechsler**: Ich mache darauf aufmerksam, daß, wenn noch der eine oder andere Herr sich aussprechen will, er mit Rücksicht auf die vorgeschrittene Zeit sich kurz zu fassen hat.

Wollen die Herren Berichterstatter noch sprechen?

Professor Dr. **Enneccerus** (Marburg): Meine Herren! Ich bin genöthigt, auf einige Ausführungen, die speziell gegen mich gerichtet sind und von denen die eine, wenn richtig, von großer Bedeutung sein würde, einzugehen.

Herr Dr. Jaques hat mit scheinbarer Folgerichtigkeit mir eine Nichtfolgerichtigkeit vorgeworfen, und zwar in folgender Weise. Er sagte etwa — nicht mit denselben Worten aber dem Inhalt nach —: „Was Enneccerus von den gefährlichen Gewerben behauptet, das trifft bei allen Gewerben zu; denn bei jedem Gewerbe muß sich der Arbeitgeber sagen, daß mit der Ausübung des Gewerbes irgend welche Gefahr für Andere verbunden ist, folglich muß Ennneccerus auch zu der Konsequenz kommen, daß auch jeder Arbeitgeber diese Gefahr als Risiko hinnehmen muß. Mit anderen Worten: jedes Gewerbe ist ein gefährliches." Scheinbar sehr folgerichtig. Wo der Fehler steckt, werde ich gleich erörtern. Zunächst einmal ein praktisches Beispiel. Ist das Schneidergewerbe ein gefährliches Gewerbe? Sie werden mir gewiß zugeben, daß das nicht der Fall ist. Sie werden darin ganz gewiß übereinstimmen, daß der Mann, der sich entschließt, Schneider zu werden, nicht die Vorstellung hat, dadurch das Publikum im Allgemeinen in Gefahr zu bringen. Trotzdem kann auch da Schaden entstehen. Der Schneider sendet den fertigen Rock durch den Lehrburschen Jemandem ins Haus: der Lehrbursche ist sehr ungeschickt und fällt die Glasthür ein oder verursacht sonstigen Schaden bei der Ueberbringung des Rockes, also bei der Ausführung; oder der Geselle bügelt den ihm übergebenen Rock so gewaltsam, daß ihm das Bügeleisen entfliegt und einen zufällig Anwesenden verletzt. Also auch da ist eine Gefahr denkbar. Trotzdem aber wird Niemand sagen können, daß der Schneider ein gefährliches Gewerbe betreibt. Wohin kämen wir aber, wenn wir mit Herrn Dr. Jaques jetzt folgerten: Da mit jedem Gewerbebetrieb eine Gefahr verbunden ist, so muß jeder, der sich sagt: ich will dieses Gewerbe gewissermaßen auf die Gefahr Anderer betreiben, diese Gefahr übernehmen. Wir kämen dadurch ganz konsequent zu dem Grundsatz: wenn Jemand irgend etwas thut, — alles kann unter Umständen gefährlich werden, nicht bloß ein Gewerbebetrieb — so muß er sich sagen, daß er, indem er dies thut, möglicherweise für andere Personen eine Gefahr hervorruft, und er darf dies nur um den Preis thun, daß er auch die Haftung für diese Gefahr, also für den eventuellen Schaden übernimmt. Kurz wir kommen zu der Haftung für casus; wir kommen dazu, daß Jeder, der irgend etwas thun will, sich sagen muß: damit kann eine Gefahr verbunden sein, wenn ich es gleichwohl thue, trage ich die Gefahr. Das heißt aber nichts Anderes als die Haftung für den casus. Wir kommen ganz zu denselben Resultaten, wie sie uns von Seiten des Herrn Professor Meyer als der richtige „objektive Standpunkt", das soll heißen das Einstehen für jeden casus, auf dem vorigen Juristentag entwickelt worden sind. Das ist die Konsequenz, nicht aber die Annahme des Antrags des Referenten. Nun, wo steckt der Fehler der ganzen Entwicklung? Ganz einfach in Folgendem. Das Recht muß nothwendig mehrerlei und zwar nicht bloß zweierlei, sondern sogar dreierlei Handlungen unterscheiden: einmal solche, die so gefährlich sind, daß sie überhaupt verboten werden. Es giebt eine ganze Menge von Handlungen, die an sich durchaus erlaubt sein würden, wenn nicht wegen ihrer Gefährlichkeit Verbote einträten, z. B. Pulver in größeren Massen im eigenen Lager oder Hause zu haben, ist verboten, wenn nicht eine gewisse Entfernung von allen bewohnten Gebäuden und dadurch die Gefährlichkeit ausgeschlossen ist. Wir haben also Handlungen, die durchaus nicht vorgenommen werden dürfen wegen ihrer Gefährlichkeit. Andere sind zwar nicht so gefährlich, daß sie ganz verboten sind und so nothwendig, daß man sie nicht ganz verbieten kann. Bei diesen statuirt man, daß sie zwar vorgenommen werden dürfen, daß aber der, welcher sie vornimmt, die Gefahr tragen soll. Das sind die gefährlichen Gewerbe in dem Sinne, wie ich diesen Begriff vorhin benutzt habe. Bei den dritten endlich sagt das Gesetz: Sie sind in der Regel nicht gefährlich, sie kann Jeder vornehmen und wenn dennoch Schaden dadurch entsteht, so hat ihn der zu tragen, den er betrifft, es sei denn, daß auf anderer Seite culpa vorliege. Das sind die gefahrlosen Handlungen und die gefahrlosen Gewerbe, die allerdings ganz ausnahmsweise auch Schaden hervorrufen können. So kommen wir also dahin, zu konstatiren, daß erheblich gefährliche Gewerbe, deren Abgrenzung das Gesetz zu machen hat, denjenigen, der sie betreibt, zur Uebernahme des Risikos verpflichten sollen: er haftet aus dem Gewerbebetrieb, er haftet, auch wenn der Schaden nur ein kasueller ist.

Ich wende mich nun mit wenigen Worten zu den Ausführungen des letzten Redners. Er hat mir vorgehalten, das römische Recht habe weit über dasjenige, was ich empfehle, hinaus die Haftung für Sklaven angenommen. Wer haftet aber für die Delicte der Sklaven? Nicht derjenige, der Sklaven gebraucht als Arbeitgeber, sondern der Eigenthümer, die Haftung ist eine vollständig andere und auch ganz anders begründet, aber darauf will ich der Kürze wegen hier nicht eingehen.

Dann ist mir vorgehalten worden die Haftung mit den actiones adjectitiae qualitatis. Wenn der geehrte Herr doch so freundlich gewesen wäre, die Verhandlungen des letzten Juristentages über diese Sache sich anzusehen, dort habe ich diese Dinge besprochen, und ganz richtig sind auch die beiden Referenten darauf nicht zurückgekommen. Diese Haftung bezieht sich ja nur auf obligatorische Verhältnisse. Mit der actio quod jussu, exercitoria oder institoria haftet man keinem Dritten gegenüber, sondern nur dem gegenüber, mit dem der Kontrakt von dem Haussohn oder Schiffsführer oder Institutor geschlossen ist. Genau so liegt es mit der Stelle über dem fullo, wie man sie auch sonst interpretiren mag.

Dann ist gesagt, man solle den Geschädigten nicht an den Himmel verweisen. M. H., das ist kurz gesagt und klingt gut, es läßt sich nicht leugnen, aber ist der Umstand, daß ich geschädigt bin und von dem, der mich geschädigt hat, wegen seiner Insolvenz keinen Ersatz erhalte, nun Grund genug, einen Dritten, der schuldlos ist, haftbar zu machen?

Endlich ist eine ganze Reihe von Bildern gebraucht worden. Man sagt: der Arbeiter ist das verlängerte Ich, die lange Hand, die der Arbeitgeber gebraucht, er ist seine Maschine oder sein Werkzeug wurde im vorigen Juristentag einmal gesagt. M. H., das sind Bilder, aber keine Konstruktionen, und diese Bilder sind falsch, ich will Ihnen gleich dies nachweisen. Wenn ich eine Maschine, ein Werkzeug verwende und die höchste Sorgfalt meinerseits dabei anwende und trotzdem durch die Maschine oder das Werkzeug Jemand zu Schaden kommt, so brauche ich nicht zu haften, denn eine solche Haftung wäre Haftung für casus, welche nicht anerkannt wird, auch dann nicht, wenn die Thesen der beiden Herren Referenten zur Wirklichkeit werden sollten. Also das Bild trifft nicht zu. Gerade eben weil ich für die Güte meines Werkzeugs, wenn mich keine Verschuldung trifft, nicht einstehe, gerade deshalb stehe ich auch ohne eigenes Verschulden nicht für den Arbeiter ein, den ich als Werkzeug gebraucht habe. Das verlängerte Ich endlich und die lange Hand sind nur Bilder, bei denen ich mir nichts denken kann; denn gerade dasjenige, was unsere Frage überhaupt erst möglich macht und zugleich ihre Schwierigkeit bedingt, daß nämlich der Arbeitgeber und der Arbeiter verschiedene Menschen sind mit verschiedenem Charakter, mit verschiedener Verschuldung, mit verschiedenen Pflichten, gerade das ist in diesen Bildern geleugnet. Ich glaube also, diese Argumente dürfen uns am Allerwenigsten bestimmen. (Bravo!)

Hof- und Gerichtsadvokat Dr. **Jaques** (Wien): Der verehrte Herr Professor Enneccerus hat darauf hingewiesen, daß meine Ausführung zu dem Resultate führen müßte, daß, wenn beispielsweise ein Schneider seinen Lehrjungen schickt und dieser bei dem Kunden oder wo anders, wo er den Rock hinträgt, ein Fenster einschlägt, der Herr dafür zu haften hat. Dieser Fall fällt nach der Auffassung, die wir haben, und nach dem Sinn der Bestimmungen, von denen wir sprachen, unter die Kategorie der occasionellen Schadenszufügung, es ist also der Fall ein ganz anderer, als diejenigen, in welchen wir die Haftung eintreten lassen wollen.

Das zweite Bedenken, das der verehrte Professor Enneccerus angeführt hat, ist: meine Ausführungen führten zu dem Resultat, daß eine Haftung für casus stattfände und die unausbleibliche Konsequenz wäre, daß in Zukunft in allen Gewerben immer für Zufall gehaftet werden müsse. Dabei ist von seiner Seite nach meinem Erachten außer Acht gelassen, zu bedenken, daß es sich immer um eine Haftung für Verschulden des Arbeiters handelt. Es ist also immer die Kausalität des Arbeiters dasjenige gewesen, was mitgewirkt hat, und von einem casus ist in keinem dieser Fälle die Rede. Es scheint mir also nicht zutreffend gewesen zu sein, wenn der verehrte Herr Professor Enneccerus mir das entgegengehalten hat.

Referent Reichsgerichtsrath **Petersen** (Leipzig): M. H., mit Rücksicht auf die vorgeschrittene Zeit werde ich mich kurz fassen und Herrn Professor Enneccerus nur auf 2 Punkte antworten. Zunächst, soweit es sich um die gefährlichen Gewerbe und deren Abgrenzung handelt. Er sagt, die Abgrenzung könne man der Rechtsprechung oder der Gesetzgebung überlassen. Nun möchte ich darauf aufmerksam machen, daß es mit diesem Begriff „gefährliche" oder „besonders gefährliche Gewerbe" es insofern nicht genau genommen wird, als man den Ausdruck in verschiedener Bedeutung gebraucht. In dem Sinne, in welchem Eisenbahnen gefährliche Gewerbe sind, gebe ich die Möglichkeit einer Abgrenzung zu. Es handelt sich hier um Gefahren, die, wie z. B. das Funkensprühen, nicht wohl zu vermeiden sind. Für die Eisenbahnen haben wir deshalb auch noch weitergehende Bestimmungen, als § 2 des Haftpflichtgesetzes; da haben wir § 1, bei dem es sich nicht um die Haftung für Arbeiter, sondern um eine ganz allgemeine Haftung handelt. Aber in anderer Richtung, wo Herr Professor

Enneccerus soweit gehen will, daß auch das Haftpflichtgesetz noch wesentlich erweitert werden soll: in Beziehung z. B. auf Baugewerbe, Fuhrwerke u. s. w. möchte ich nach wie vor behaupten, daß eine Abgrenzung der gefährlichen Gewerbe unmöglich ist. Selbst bei dem von Herrn Professor Enneccerus als ganz unschuldig hingestellten Schneidergewerbe kann es vorkommen, daß mit dem heißen Bügeleisen einem Dritten gefährliche Verletzungen zugefügt werden. Gewisse Gefahren sind bei jedem Gewerbe denkbar, z. B. kann auch einem Friseur mit seinem Rasirmesser allerlei Unglück passiren. Der Umstand, daß Beschädigungen vorkommen können, wird denn auch nicht bestritten. Nun frage ich aber immer wieder: wo soll die Grenze liegen? Màn kann diese nur da finden, wo Beschädigungen mit einer gewissen Häufigkeit vorkommen. Das ist aber kein Grundsatz und darum meine ich, daß es sich bei der Frage, wieweit man mit der Haftbarkeit der einzelnen Gewerbe gehen solle, nur um eine Zweckmäßigkeitsfrage handelt. Nun komme ich zu dem Hauptpunkt, der juristischen Begründung. In dieser Beziehung möchte ich zunächst konstatiren, daß Herr Professor Enneccerus auf einem wesentlich anderen Standpunkt steht, als auf demjenigen, der früher immer geltend festgehalten wurde. Er hat den Grundsatz mit vollem Bewußtsein aufgegeben, daß das einzige Haftungsprincip die eigene culpa sei. (Widerspruch.)

Ich sage nicht, daß Herr Professor Enneccerus dieses Princip früher behauptet und jetzt aufgegeben hat, ich meine nur, er hat den von anderer Seite aufgestellten Grundsatz von vorn herein aufgegeben.

Es ist ein ganz wesentlicher Punkt für uns, ob man sagt: außer dem Haften für eigenes Verschulden giebt es überhaupt keine regelmäßige Haftbarkeit, sondern höchstens ein Haften in einigen Ausnahmefällen, oder ob man sagt: es giebt noch andere Fälle, aber in jedem einzelnen Falle muß besonders untersucht werden, ob die Haftbarkeit begründet ist. Herr Professor Enneccerus geht soweit, daß, wo eine gewisse Gefahr bei dem Gewerbebetrieb besteht, der Eigenthümer haften soll, obschon ihn kein eigenes Verschulden trifft; denn er soll in diesem Falle das Risiko übernehmen. Mit anderen Worten, die Gesetzgebung soll berechtigt sein, ihm das Risiko im Interesse Dritter aufzulegen. Ein Verschulden trifft den Arbeitgeber auch in diesen Fällen nicht. Man kann also auch hier fragen: wie steht es mit den Forderungen der Gerechtigkeit? Der Mann betreibt ein erlaubtes Gewerbe, wärum soll er für casus eintreten? Denn eine Haftung für casus liegt auch hier vor. Das Wort casus wird auch in zweierlei Bedeutung gebraucht. Im Allgemeinen haftet derjenige immer für casus, der für etwas anderes als sein eigenes Verschulden haften soll; auch das fremde Verschulden, für das er haftet, ist für ihn casus, da er nichts dafür kann, daß der Arbeiter ungeschickt oder nachlässig ist. Aber es besteht doch ein Unterschied zwischen der Haftung für fremdes Verschulden und sonstigen casus; man braucht deshalb, wenn man die Haftung für fremdes Verschulden annimmt, keineswegs so weit zu gehen, daß man den Arbeitgeber auch für jeden anderen casus für haftbar erklärt. Dazu drängt die Konsequenz in keiner Weise. Nun möchte Herr Professor Enneccerus aus der Art des Gewerbes als solches und der Häufigkeit der damit für das Publikum verbundenen Gefahr die Verpflichtung für den Arbeitgeber ableiten, das Risiko zu übernehmen für den ganzen Geschäftsbetrieb. Er sagt: eine besondere Gefahr besteht bei allen derartigen Gewerben, welche regelmäßig eine Gefahr mit sich bringen — dagegen sollen andere Gewerbe durch die Bestimmung nicht getroffen werden. Eine Gefahr besteht nun aber auch darin, daß der Geschäftsinhaber nicht selbst die Handlungen vornimmt, welche gefährdend sind, sondern sie einem Andern überträgt und insofern die Verpflichtung, die er hatte, auf diesen abwälzt. Und man kann meines Erachtens mit ganz demselben Rechte, wie aus der Gefährlichkeit eines Gewerbes an sich, auch daraus eine gesetzliche Verpflichtung zur Uebernahme des Risikos oder jedenfalls ein Recht der Gesetzgebung ableiten, die Uebertragung von Verrichtungen, welche Dritte gefährden, nur unter der Bedingung zu gestatten, daß der Arbeitgeber für dasjenige Verschulden haftet, das in Ausführung der Verrichtung erfolgt. Denken Sie sich nun einen Fall, in welchem die Gefahr der Beschädigung sehr nahe liegt — z. B. denjenigen, daß ein großer sehr werthvoller Spiegel bei Vornahme einer Verrichtung leicht zu Grunde gehen kann, indem man mit der Leiter hineinfährt. Hier, sagt sich der Geschäftsinhaber, will ich vorsichtig sein und lieber einen Arbeiter hinschicken, damit nicht ich für den etwaigen Schaden hafte, sondern die Haftbarkeit nur den Arbeiter trifft. Dies Beispiel beweist, daß eine gewisse Gefahr auch in der Erlaubniß des Arbeitgebers besteht, sich vertreten zu lassen. Wenn nun für solche und ähnliche Fälle das Gesetz dem Arbeitgeber sagt: wir erlauben dir, dich vertreten zu lassen, aber nur unter der Bedingung, daß nicht die Gefahr für den Dritten sich vergrößert; daß du nicht an deine Stelle eine Person setzest, deren Haftbarkeit für den Dritten werthlos ist, und so dich selbst von der Gefahr befreist, die an die Handlung geknüpft ist, so ist das, glaube ich, nicht ungerecht. Ich meine vielmehr, das läßt sich mit den Forderungen der Gerechtigkeit vereinbaren. Für gewisse Fälle giebt Herr Professor Enneccerus den Satz auch zu, nämlich für besonders gefährliche Fälle. Do kommen wir aber wieder auf den alten Fleck, auf die Frage, wo man mit der Haftbarkeit aufhören soll. Da sich die vorgeschlagene Abgrenzung aber nicht durchführen läßt, meine ich, es sei mit der vorgeschlagenen Bestimmung zu helfen, die man auch als Ausnahmsbestimmung bezeichnen kann. Ich komme nun noch mit wenigen Worten auf das Verhältniß zwischen Gerechtigkeit und Zweckmäßigkeit. Die Gerechtigkeit der vorgeschlagenen Maßregel besteht darin, daß deren Anwendung kein Unrecht zuläßt. Der Geschäftsmann, dem gesagt wird, du kannst so und so viel Arbeiter anstellen, wenn du die eine Gefahr übernimmst, für deren Verschulden Dritten gegenüber zu haften, kann sich nicht beschweren. Es ist hier den Forderungen der Gerechtigkeit in derselben Weise genügt, wie da, wo man demjenigen, welcher ein gefährliches Gewerbe treibt, dies nur gestattet, wenn er das Risiko der Haftung übernimmt. Wieweit man aber auf diesem Wege gehen soll, kann nur nach Gründen der Zweckmäßigkeit entschieden werden. Es kommt darauf an, ob die Gesetzgebung im Großen und Ganzen auf die eine oder andere Weise praktischer ist, und welche Vorschrift den Bedürfnissen des Verkehrs und des praktischen Lebens am meisten entspricht; schließlich werden die Gesetze doch dazu gemacht, daß sie den praktischen Bedürfnissen des Lebens entsprechen, daß sie eine Verbesserung auf diesen Gebieten herbeiführen und das ist für mich der entscheidende Punkt und deshalb möchte ich nochmals die Annahme des ersten Antrag empfehlen.

Präsident: Es ist diese Frage vielfach erörtert worden, aber lange noch nicht nach allen Gesichtspunkten erschöpfend, indessen für den Juristentag muß doch ein Abschluß gefunden werden. Ich möchte nun, indem ich die Berathung schließe, und da Herr Professor Enneccerus einen Antrag nicht formulirt hat . . . .

Professor **Enneccerus**: Ich habe keinen Antrag gestellt.

Präsident: Ich meine in Bezug auf den ersten Antrag ließe sich sehr leicht der Gegensatz formuliren, wenn hinzugefügt würde:

> „als die Beschädigung bei dem Betriebe eines gefährlichen Gewerbes begangen worden ist."

Das wäre vollständig. Der erste Antrag, der lautet nun so:

> „Der Juristentag wolle beschließen, es empfiehlt sich, die Arbeitgeber außerhalb obligatorischer Verhältnisse für den von ihren Arbeitern einem Anderen zugefügten Schaden insoweit für haftbar zu erklären, als die Beschädigung in Ausführung der den Arbeitern übertragenen Verrichtungen begangen worden ist."

Der Gegensatz gegen diesen Antrag würde sein, eventuell auszuspechen:

> „auf Beschädigung beim Betriebe gefährlicher Gewerbe",

aber ein bestimmter Antrag liegt nicht vor.

Geh. Justizrath v. **Wilmowski**: Zur Fragstellung! Ich bin der Meinung, daß die Ansicht des Herrn Professor Enneccerus dahin geht, den, vom Referenten gestellten Antrag zu verneinen und daß er absichtlich keinen Antrag stellen will.

Präsident: Eventuell? (Zustimmung). Ich bitte also die Herren, welche dem Antrage des Referenten zustimmen, sich zu erheben. (Geschieht.) Ich bitte um die Gegenprobe. (Geschieht.) Der Antrag ist durch Stimmenmehrheit angenommen und es würde damit der eventuelle Antrag erledigt sein. Es wäre wohl zweckmäßig, wenn Herr Reichsgerichtsrath Petersen die Güte hätte, die Mittheilung im Plenum zu übernehmen.

Professor **Enneccerus**: Ich weiß nicht, ob es nicht im Interesse der Herren Referenten wäre, den eventuellen Antrag mit einer kleinen Aenderung der Fassung doch aufrecht zu erhalten für den Fall, daß die Reichsgesetzgebung auf ihre weiter gehenden Wünsche nicht eingehen sollte. Auch könnte dann, wenn ich die Stimmung richtig beurtheile, für diesen eventuellen Antrag vielleicht ein ziemlich einstimmiges Votum erzielt werden.

Referent Reichsgerichtsrath **Petersen**: Ich habe den zweiten Antrag nur eventuell gestellt, habe aber nichts dagegen, daß festgestellt wird, im Falle der Ablehnung des ersten Antrags würde der zweite einstimmig angenommen worden sein. Nur möchte ich Herrn Professor Enneccerus bemerken, daß der Zweck, den er verfolgt, schon erreicht ist durch seine Erklärung und durch die ganze Debatte, da doch das Hauptgewicht nicht in dem gefaßten Beschlusse, sondern in den Verhandlungen liegt. Ich habe auch als selbstverständlich angenommen, daß der zweite Antrag, im Falle der Ablehnung des ersten, einstimmig angenommen werden würde. Aber dies ist doch schon durch die Debatte festgestellt worden.

Präsident: Ich bin noch nicht fertig mit dem Antrage. Ich würde den Herrn Referenten bitten, die Güte zu haben, diesen Beschluß dem Plenum mitzutheilen, aber nicht zur Berathung, und die Situation dahin zu erläutern, daß darüber Alle einstimmig der Ansicht gewesen wären, daß in der eventuellen Ausführung das Minimum enthalten sei. Damit würden die Herren wohl einverstanden sein. Dann bitte ich die Herren morgen früh 9 Uhr hier zu erscheinen.

Schluß der Sitzung 3 Uhr 5 Minuten.

Zweite Sitzung der ersten Abtheilung am 10. September 1886.

Die Sitzung wird um $9^1/_4$ Uhr durch den Reichsgerichtspräsidenten Dr. Drechsler eröffnet und, nachdem an Stelle des gestern zum Vertrauensmann der Abtheilung gewählten Oberlandesgerichtspräsidenten Dr. Albrecht aus Frankfurt a. M., welcher als Vicepräsident des Plenums ohnehin Vertrauensmann ist, Justizrath Dr. Anschütz aus Leipzig zu diesem Amte berufen worden ist, die Frage 3:

> In welchen Kollisionsfällen des internationalen Privatrechts ist das Recht des Wohnorts durch das vermöge der Staatsbürgerschaft eintretende Recht zu ersetzen?

zur Verhandlung gestellt. Das Wort erhält zur Einleitung derselben

Referent Hof- und Gerichtsadvokat Dr. **Jaques** aus Wien: Meine verehrten Herren! Die Frage lautet, wie der hochverehrte Herr Präsident soeben erwähnt hat:

> In welchen Kollisionsfällen des internationalen Privatrechts ist das Recht des Wohnorts durch das vermöge der Staatsbürgerschaft eintretende Recht zu ersetzen?

Die Frage ist in dieser Fassung eine so außerordentlich allgemeine, daß ich es zweckmäßig finde, gleich von vornherein zu sagen, in welcher Begrenzung ich sie zu behandeln beabsichtige, und ich glaube, daß diese Begrenzung, sowie durch den Inhalt der Gutachten, auch durch meine Ausführungen sich rechtfertigen wird. Es handelt sich nach dem Sinne und nach der Absicht der Fragestellung darum, in welchen die Rechts- und Handlungsfähigkeit, die familienrechtlichen und die erbrechtlichen Verhältnisse betreffenden Kollisionsfällen des internationalen Privatrechts an die Stelle des bisher in Deutschland zumeist geltenden Rechts des Wohnsitzes in Bezug auf die Behandlung der Inländer im Auslande und der Ausländer im Inlande das Recht der Staatsangehörigkeit, das Staatsbürgerrecht etwa zu treten haben soll. In Bezug auf diese Frage — ich muß das gleich vorausschicken — bestehen zwei große Systeme, und wie wir im internationalen Privatrechte ja überhaupt unsern Blick auf die ganze civilisirte Welt richten müssen, so müssen wir es auch da gleich von vornherein thun, indem wir sagen: von diesen zwei großen Systemen läßt das eine sich bezeichnen als das nordamerikanisch-englische und deutsche, welches in Bezug auf die Verhältnisse des persönlichen Rechts — ich darf das wohl als die richtige Bezeichnung annehmen, sie ist ja die allgemein übliche — bei der Behandlung der Ausländer im Inlande und der Inländer im Auslande das Recht des Wohnsitzes zu Grunde legt, und dem steht gegenüber das französisch-belgisch-italienische System, welches in Bezug auf die angegebenen Verhältnisse davon ausgeht, daß das Recht der Staatsangehörigkeit zu Grunde zu legen sei. Die Frage hat eine außerordentlich umfassende Literatur. Man muß sie natürlich innerhalb und auch weit über die Grenzen Deutschlands hinaus überschauen, und da kann ich denn sagen, daß insbesondere in Bezug auf das System, welches ich das französisch-belgisch-italienische genannt habe, vor allem Mancini und das neue italienische codice civile im Vordergrund stehen, ferner in Belgien Laurent mit seinem allerdings, wie mir scheint, mehr durch Breite als durch Tiefe hervorragenden Werke über das internationale Privatrecht. Auf demselben Standpunkte stehen unsre beiden Gutachter Dr. Bähr und Professor Dr. Bar, wobei ich auch hier gleich hinzufügen muß, daß man die Lehren dieser beiden ausgezeichneten Vertreter unserer Wissenschaft nicht aus den vorliegenden Gutachten allein zu schöpfen im Stande ist, vielmehr bei Bar zurückgreifen muß auf sein bekanntes „Internationales Privat- und Strafrecht“ und auf seine „Kritik des Wharton'schen internat. Privatrechts“ im 15. Bande der Münchener kritischen Vierteljahrsschrift, sowie bei Bähr — er verweist selbst darauf — auf den Aufsatz über „Wohnsitzrecht und Heimathrecht“ im 21. Bande der Ihering'schen Jahrbücher. Daran reiht sich als eine sehr werthvolle Arbeit die von dem Princip, daß das Recht der Staatsbürgerschaft zu Grunde zu legen sei, ausgehende Abhandlung Friedrich Mommsen's im 61. Bande des Archivs für die civilistische Praxis: „Wie soll in dem künftigen deutschen Civilgesetzbuche das Recht der Ausländer geregelt werden?“ In Bezug auf das deutsche System des „Domicilrechts“ muß man anerkennen, daß Savigny schon insbesondere zwei außerordentlich werthvolle Arbeiten vorausgegangen waren: das des berühmten Amerikaners Story on the conflict of laws und die bekannten beiden Aufsätze von Wächter im 24. und 25. Bande des Archivs für die civilistische Praxis. Daran reiht sich nun vor Allem der 8. Band des „Systems" von Savigny, dessen Darstellung so recht eigentlich die Grundlage gebildet hat und — man darf das wohl noch heute sagen — bildet, auf welchem die germanistische und romanistische Forschung in Bezug auf unsere Frage ruht. Hieran schließt sich weiter das englische Werk von Westlake, welches 1874 in zweiter Auflage erschienen und von Holtzendorf übersetzt und warm empfohlen worden ist, während ich in Bezug auf das französische System noch erwähnen will, daß zwei bedeutsame Zeitschriften auch wesentlich der Vertretung desselben gewidmet sind; die bekannte Revue du droit international, die mit dem Institut du droit international zusammenhängt, und das Journal de droit privé international von Clunet und Demangeat in Paris. Sie sehen wohl schon aus dieser kurzen Aufzählung, wie vielumfassend die ganze Lehre und wie nothwendig es ist, wenn man sie vor dem deutschen Juristentage in der kurzen Frist, die uns vergönnt ist, behandelt, sich möglichst zu begrenzen.

Indem ich nun in die Sache selbst eingehe, möchte ich vor Allem die Frage kurz erledigen, in welchen Punkten die beiden Systeme, von denen ich das eine als das System des Wohnsitzrechts, das andere als das System des Staatsbürgerrechts bezeichne, mit einander übereinstimmen, so daß also in dieser Richtung gar keine Differenz besteht. Beide Systeme verhalten sich gleichgiltig in Bezug auf die Frage der Reciprocität, auf die Frage, ob in den andern Staaten, rücksichtlich unserer Staatsangehörigen, materiell oder formell dieselben Rechtsprincipien zu gelten haben, und zwar verhält das deutsche System ganz insbesondere — auf das andere komme ich noch — sich gegen die Frage der Reciprocität deshalb gleichgiltig, weil es ja nach dem obersten Grundsatze Savigny's davon ausgeht, daß bei jedem Rechtsverhältnisse dasjenige Recht auszusuchen sei, welchem dieses Rechtsverhältniß nach seiner eigentlichen inneren Natur unterworfen ist, eine Frage, die natürlich von der Frage der Reciprocität ganz unabhängig ist. Der zweite Punkt, in Bezug auf welchen beide Systeme gleich sind, ist, daß von allen Seiten anerkannt wird, es gebe gewisse zwingende Rechtsgrundsätze, welche anzuwenden sind nach lex fori, anzuwenden von demjenigen Richter, vor welchen die betreffenden Fragen gebracht werden, ganz unabhängig davon, ob als Grundsatz für das persönliche Recht das Recht des Wohnsitzes oder das Recht der Staatsangehörigkeit feststeht, zwingende Rechtsgrundsätze, d.h. nach Savigny solche, welche vermöge des sittlichen Inhalts der betreffenden Normen oder des polizeilichen, des politischen, des volkswirthschaftlichen

Inhalts derselben unbedingt in den einzelnen Staaten zur Geltung gebracht werden müssen, wie denn dazu auch noch gehört, daß wir nach der allgemein recipirten Lehre, in Bezug auf solche Rechtsinstitutionen, die in unserm Staate überhaupt gar nicht existiren, gar nicht anerkannt sind, unser Recht als das zwingende ansehen, das fremde ausschließen müssen. Ich bitte die verehrten Herrn insbesondere dieses Moment festhalten zu wollen, daß es also ein Gebiet gebe, auf welchem die Unterscheidung des Domizilrechts und des Staatsbürgerrechts gar nicht mehr von Bedeutung ist, weil dasjenige Recht von dem Richter angewendet werden muß, welches in dem Lande gilt, in welchem die bezüglichen Rechtsverhältnisse zur gerichtlichen Verhandlung kommen, nnd ist dies für die ganze Frage von erheblichem Belange.

Daran reiht sich nun weiter die Frage der Begründung des bisher auf deutschem Boden überwiegend geltenden Princips, des Wohnsitzrechts. Sie hat eine historische zu sein und eine sachliche, eine innerliche. Historisch hat ja, wie bekannt, ursprünglich im frühen Mittelalter das System der Personalrechte gegolten, wonach jeder Stand nach seinem Rechte lebte, als ob es einen Staat, als ob es eine Vereinigung dieser Stände zum Staate gar nicht geben würde. Daran hat sich das Recht der Territorialität gereiht, welches den Grundsatz acceptirte, daß Jeder nach dem Rechte des Landes oder des Stammes zu beurtheilen sei, in dessen Mitte er lebt. Diesen beiden ist nun allerdings die Entstehung eines gemeinen Rechts gefolgt, aber ihm gegenüber und über ihm stand eine unzählige Masse von Particularrechten, sodaß es in jedem Falle fraglich war, ob die betreffende Person, um die es sich handelte, dem Landrechte oder dem Particularrechte unterliege. Nun möchte ich es gleich von vornherein mit voller Bestimmtheit aussprechen, daß dort, wo nicht Rechtseinheit in einem Staate besteht, sondern wo Particularrechte in großem Umfange vorhanden sind, die Anwendung des Systems der Staatsangehörigkeit überhaupt unmöglich ist, daß also die Frage dort sich schon damit löst, daß es gar nicht möglich ist, da zurückzugreifen auf die Staatsangehörigkeit des Einzelnen. Denn wie soll dies dort möglich sein, wo mit der Erledigung der Frage der Staatsangehörigkeit, über die Frage, welchem Rechte der Einzelne untersteht, noch gar nichts entschieden ist, wo man vielmehr in jedem einzelnen Falle untersuchen muß, welchem Particularrechte der Einzelne untersteht? Da giebt es nichts Anderes und hat es nichts Anderes geben können als das Recht des Wohnsitzes, welches eine klare und greifbare objektive Grundlage bildet, welches allerdings die Lösung der Frage ganz unabhängig von der Rechtsangehörigkeit macht, aber für die einzelnen Fälle ein sicheres Kriterium darbietet. Und so ist es denn auch sehr bedeutsam zu konstatiren, daß insbesondere

Wharton, der heutige hauptsächlichste Schriftsteller Nordamerikas, über das internationale Recht sich ganz unbedingt auf den Standpunkt der allein möglichen Geltung des Wohnsitzrechts stellt, indem er sagt: Die Verhältnisse in Nordamerika und die auf dem europäischen Kontinent sind total verschieden. Zahlreiche Massen von Einwanderern, den verschiedensten Civilisationsstufen, Staaten und Staatsbürgerrechten angehörig, kommen nach Amerika, theils um sich dort naturalisiren zu lassen, theils aber auch, um, ohne eine Naturalisation vorzunehmen, ihrer Heimath angehörig zu bleiben. Wie soll man da im praktischen Leben vorgehen? Soll man etwa, indem man das Staatsbürgerrecht zu Grunde legt, stets diese verschiedenen Rechtsmomente, die verschiedensten Stufen des Rechts berücksichtigen, um das bezügliche Verhältniß zu regeln? Das ist eine positive Unmöglichkeit. Er führt z. B. den Fall an, daß die Chinesen bei allen Kontraktsabschlüssen der väterlichen Einwilligung unterworfen seien. Sollte es möglich sein, etwa das chinesische einheimische Recht zu berücksichtigen? Dazu kommt aber noch etwas Anderes. Es sei eine politisch hochwichtige Aufgabe für Nordamerika, abzusehen soviel als möglich von allen den, wie er sagt: „artificial incapacities", künstlichen Unfähigkeiten und Beschränknngen, welche in den europäischen, den kontinentalen Staaten bestehen. Es sei z. B. im Interesse Nordamerikas auch eine Aufgabe, die Ehen möglichst zu fördern. Wenn also ein Nordamerikaner, welcher fähig ist nach nordamerikanischen Gesetzen, unfähig nach ausländischen Gesetzen, im Lande eine Ehe geschlossen hat, so muß diese Ehe in Amerika unbedingt giltig sein. Der Grundgedanke ist hierbei der: es giebt ein zweifaches Bürgerrecht, das politische Bürgerrecht in Bezug auf die Union selbst, und das den Civilstatus begründende in den einzelnen Staaten. Ganz anders natürlich dort, wo Rechtseinheit besteht. Diese speziellen Momente nun, die in Bezug auf Nordamerika so maßgebend sind und auch unsern zweiten Gutachter Bar, welcher selbst auf dem Boden des Princips der Staatsangehörigkeit steht, veranlassen zu erklären, daß für Nordamerika die Anschauungen Whartons vollständig begründet sein — diese Momente haben in Deutschland natürlich nicht mitgewirkt. Aber im umfassendsten Maße hat nächst dem, was ich in historischer Beziehung kurz angedeutet habe, die Wissenschaft auf die deutsche Rechtsentwickelung eingewirkt und die Art, wie insbesondere Savigny den Einfluß der Reception des römischen Rechts auf diese Lehre charakterisirt hat.

Savigny ist davon ausgegangen, daß im römischen Staat ein ganzes Netz von Stadtgemeinden bestanden habe, daß man Angehöriger dieser Stadtgemeinden sowohl durch Heimath als durch Wohnsitz geworden sei; und er hebt hervor, daß dort, wo Wohnsitz und Heimath zusammentrafen, nach R. R. das Heimathrecht zum Grunde gelegt worden ist. Wie folgert er aber nun weiter? Dieses Netz von Stadtgemeinden existirt nicht mehr, die Art, wie heute das Bürgerrecht entsteht, ist eine total andere als sie in Rom war, die Lehre von der römischen origo kann also heute nicht mehr zur Geltung kommen. Anders aber steht es in Bezug auf den Erwerb und den Verlust von Domizil. Da ist kein Grund, die römischrechtlichen Grundsätze nicht zur Anwendung zu bringen, und folglich haben wir auch die römischrechtliche Lehre vom Domizil als recipirt anzusehen.

Nun, meine verehrten Herren, hier ist allerdings zunächst zu konstatiren, es habe diese Auffassung eine solche Bedeutung für die ganze Lehre erlangt, daß man wohl sagen darf, es sei kein Schriftsteller, in Deutschland sowohl als in den anderen Staaten, der nicht die Verpflichtung anerkennt, gegenüber von Savigny Stellung zu nehmen, und es sei vielleicht kaum Ein deutscher Schriftsteller, der nicht in den Hauptprincipien der Savigny'schen Lehre gefolgt wäre. Und dennoch ist diese Savigny'sche Lehre insofern eine widerspruchsvolle, als man ja doch, wie ich glaube, mit voller Bestimmtheit aussprechen kann und muß: die Frage, welchem örtlichen Recht jemand untersteht, ist keine privatrechtliche, sondern ist eine Frage des öffentlichen Rechtes; Savigny aber hat ja doch an die Spitze seiner Lehre gleich im ersten Band den Grundsatz gestellt, daß das öffentliche Recht, das Staatsrecht nicht mitrecipirt sei. Dessenungeachtet war nun, wie gesagt, zu der Zeit, da das Staatsbewußtsein ein sehr schwaches war, da die Partikularrechte das gemeinsame Recht überwucherten, eine andere Doctrin als die, von Fall zu Fall den Wohnsitz zum Grunde zu legen, so gut wie nicht möglich. Ganz anders ist das aber von dem Zeitpunkte an, in welchem Rechtseinheit besteht oder in Aussicht genommen wird, das Staatsbewußtsein sich kräftigt und insbesondere neue Kodifikationen Platz greifen, was ja immer nur mit einer Stärkung des staatlichen Bewußtseins im Zusammenhang stehen kann. So, wenn wir auf den geschichtlichen Gang der Dinge zurückblicken, ist es gekommen, daß schon im französischen code civil der bekannte Grundsatz des Art. 3 erscheint: „L'état et la capacité des personnes régissent les Français, même résidant en pays étranger", daß im österreichischen bürgerlichen Gesetzbuche in Bezug auf die Kapazität, also die Rechts- und Handlungsfähigkeit, der Inländer auch im Ausland den Gesetzen seines Staates unterworfen bleibt; daß dieselben Grundsätze in dem Schweizerrecht, insbesondere in dem Züricher Gesetzbuch von Bluntschli zur Geltung gelangten. Daß im sächsischen bürgerlichen Gesetzbuch das Princip der Staatsangehörigkeit, wenn auch durchaus nicht ausnahmslos, acceptirt worden ist — das sächsische bürgerliche Gesetzbuch eigentlich in der Mitte zwischen den beiden Systemen steht und daß der Grundsatz zur umfassendsten Geltung gekommen ist in dem neuen italienischen Civilgesetzbuch.

Und nun bin ich an den Punkt gekommen, wo ich die Frage zu stellen habe: gibt es dort, wo es sich um eine neue Kodifikation handelt, gewisse Erwägungen und Momente, welche dafür sprechen, an die Stelle des Rechtes des Wohnsitzes in Bezug auf die Verhältnisse des persönlichen Rechts das Recht der Staatsangehörigkeit zu setzen, also, um ganz klar zu sein, die Inländer im Ausland und die Ausländer im Inland nach demjenigen Recht, welches für sie nach ihrer Staatsangehörigkeit gilt, zu behandeln?

Da glaube ich denn nun, und ich glaube es in Uebereinstimmung mit unseren beiden Gutachtern, mit Friedrich Mommsen und denjenigen Gesetzgebungen, von denen ich früher gesprochen habe — daß es richtig, daß es geboten ist, in Beziehung auf diese Rechtsverhältnisse das Recht der Staatsbürgerschaft zu Grunde zu legen.

Ich werde mir nun erlauben, kurz eine Reihe von Gründen vorzutragen, welche nach unserer Ueberzeugung dafür sprechen.

Es ist vor Allem ganz evident, daß man zu einer wirklichen Reciprocität unter den Staaten, zu der comitas gentium, auf welche ja in den internationalen Beziehungen mehr und mehr hinzuarbeiten ist, nur kommt, wenn man dieses Princip zum Grunde legt. Das Princip des Wohnsitzes verhält sich ganz gleichgültig gegen die Staatsangehörigkeit. Das Princip, von dem ich rede, anerkennt, daß nicht allein unsere Staatsbürger im Ausland, sondern daß auch die Ausländer im Inland nach ihrer Staatsangehörigkeit behandelt werden sollen. Das System anerkennt also die vollkommene Gleichberechtigung der ausländischen Staaten mit dem Inland. Es kann ganz gewiß keine stärkere Aufforderung, den Grundsatz der Reciprocität zur Anerkennung zu bringen, geben, der geeigneter wäre als dieses Princip. Es kann weiter keinen Gedanken geben, zur Annäherung, zur allmählichen Uebereinstimmung der Staaten in den wichtigsten Beziehungen ihres internen Rechtes zu führen, als dieser. Das ist das Erste.

Ein zweites Moment, meine verehrten Herren ist: die Rechts- und die Handlungsfähigkeit gehören ganz gewiß recht eigentlich zu denjenigen Momenten, deren Normirung bestimmt werden muß durch die in dem betreffenden Lande selbst gegebenen Verhältnisse. Sie sind abhängig von den klimatischen Bedingungen. Dort wo eine frühere Reife eintritt, wird die Großjährigkeit und die Handlungsfähigkeit nach den physischen Bedingungen früher eintreten als dort, wo eine spätere Reife eintritt. Die Frage des ehelichen Rechtes, des Erbrechtes wieder hängt auf das tiefste zusammen mit den ethischen Ueberzeugungen jedes einzelnen Volkes. Es ist also gewiß naturgemäß, daß man bei diesen Fragen nicht das indifferente Recht des Wohnsitzes zum Grunde legt, sondern dasjenige Recht, welches mit den tiefsten Bedürfnissen, mit den tiefsten Ueberzeugungen, welche in den einzelnen Staaten zur Normirung durch die Gesetzgebung in diesem bestimmten Sinne geführt haben, übereinstimmt.

Ein drittes Moment ist, — und das ist namentlich von Mommsen hervorgehoben worden — daß der Zusammenhang mit dem Staate, das Staatsgefühl, gewiß am meisten gekräftigt wird, wenn man das Recht der Staatsangehörigkeit in diesen wichtigsten Beziehungen des Lebens zu Grunde legt.

Ein viertes Moment ist: der Wohnsitz ist ein äußerliches, ein subjektives, ein willkürliches Verhältniß; die Staatsangehörigkeit ist ein innerlich nothwendiges, objektives Verhältniß. Es ist nach meiner Ueberzeugung und nicht nach meiner allein, ein Irrthum, der sich zu einem großen Theil auch durch die deutsche Behandlung des Gegenstandes hindurchgezogen hat, daß man sagt: mit der Wahl eines bestimmten Wohnsitzes ist auch die stillschweigende Unterwerfung unter die Gesetze dieses Wohnsitzes verbunden. Das, meine verehrten Herren, glaube ich, schwebt in der Luft. Was kann man hier etwa mit Recht sagen? Man kann mit Recht behaupten, daß der Einzelne, der in einem bestimmten Staat seinen Wohnsitz genommen hat, sich dem unterwirft, was ich als die zwingenden Gesetze dieses Staates früher bezeichnet habe, und daß er sich weiter dem unterwirft, was die Verkehrsverhältnisse in diesem Staate regelt, wo er seinen Wohnsitz genommen hat, weil ja das mit das Moment ist, welches ihn bestimmt hat, seinen Wohnsitz dort zu nehmen. Aber kann man mit Recht sagen: er hat sich unterworfen in Bezug auf die Rechts- und Handlungsfähigkeit, in Bezug auf die familienrechtlichen, in Bezug auf die erbrechtlichen Verhältnisse? Soll man da gerade dieses lose Band des Domizils zur Grundlage nehmen, welches durch die äußerlichsten Umstände verändert werden kann — freiwillig und auch gezwungen? Aber auch abgesehen von dem Zwange einer Expulsion allein — exempla sunt odiosa — auch gezwungen z. B. dadurch, daß z. B. ein Beamter zeitweilig an einen andern Ort versetzt wird, daß ein Lehrer etwa für kurze Zeit sein Domizil wo anders zu nehmen hat, daß Jemand wegen seiner commerciellen Beziehungen sein Domizil wechselt. Lauter Momente, bezüglich deren die Anschauung, daß man sich mit der Wahl eines bestimmten Wohnsitzes dem gesammten Rechte, welches an diesem Wohnsitz gilt, unterworfen habe, sich absolut nicht halten läßt.

Ein weiteres Moment. Wenn man eine neue Kodification sich giebt, so ist es gewiß am wünschenswerthesten, die Uebereinstimmung mit anderen

Staaten möglichst zu fördern. Da es nun unverkennbar ist, — wie ich früher mir erlaubte zu charakterisiren — daß der Zug der Zeit, der Zug der Gesetzgebung dahin geht, in den einzelnen Staaten für diese Verhältnisse das Recht der Staatsangehörigkeit zum Grunde zu legen, so ist es gewiß wünschenswerth, daß das auch bei dem deutschen Gesetzbuch der Fall sein möge.

Noch weiter. Inwieweit hat denn überhaupt der Staat ein praktisches Interesse, die Rechtsverhältnisse der Ausländer nach seinem Gesetz zu regeln? Der Staat hat dieses praktische Interesse gewiß dort immer, wo diese Rechtsverhältnisse zurückwirken auf seine eigenen Unterthanen. Wo es sich aber ausschließlich oder der Wesenheit nach um Verhältnisse handelt, die in allererster Linie das Interesse der Ausländer allein berühren oder die wieder auf das Ausland zurückwirken, da hat der Staat gar kein Interesse, sein eigenes Recht zum Grunde zu legen, und er kann da mit Fug und Recht das Recht des fremden Staatsangehörigen zur Geltung kommen lassen.

Nun ist aber noch eine ganze Reihe von eclatanten praktischen Inconvenienzen der Lehre von der Anwendung des Wohnsitzrechtes zu berücksichtigen, von praktischen Inconvenienzen, die längst zu Tage getreten sind und auch wieder mehrere Staaten, in welchen der Hauptsache nach Domizilrecht gilt, veranlaßt haben, Einzelbestimmungen zu treffen, die sehr eng sich anschließen an den Gedanken der Geltung des Heimathsrechtes. Nehmen Sie z. B. folgenden einfachen Fall. Nach dem deutschen Civilgesetzbuch wird Jemand mit 21 Jahren großjährig. Das fand also auch auf einen Oesterreicher, der in Deutschland seinen Wohnsitz genommen hat, Anwendung. Dieser Oesterreicher kommt nun nach Oesterreich zurück, und da ist er wieder durch drei Jahre, bis er das 24. Lebensjahr vollendet hat, minorenn, weil das österreichische Recht von dem Grundsatz ausgeht, daß die Rechts- und Handlungsfähigkeit der Oesterreicher auch im Ausland nach den Grundsätzen des heimischen Rechtes zu beurtheilen sind.

Wie ist es ferner in Bezug auf die Verhältnisse der Ehe, und zwar sowohl in Bezug auf die Eheschließung als die Ehehindernisse, Ehescheidung, Ehetrennung? Da will ich — ich glaube es ist das Kürzeste — Ihnen nur ein paar Entscheidungsgründe vorlesen, welche von dem Reichsgericht in einer wichtigen Entscheidung festgestellt worden sind. Daß der Ausländer, dessen Ehe ein deutsches Gericht den Gesetzen seines Heimathsortes zuwider dem Bande nach geschieden hat, Gefahr läuft, in seinem Staate als nicht geschieden behandelt, bei einer Wiederverheirathung vielleicht sogar strafrechtlich verfolgt zu werden; daß ferner das Inlandsgesetz dem Ausländer die Möglichkeit der Umgehung der ihn verpflichtenden Gesetze des Heimathsstaates giebt — alles das ist nicht zu verkennen. Das sind also lediglich Konsequenzen der Anwendung des Wohnsitzrechtes. Und damit hängt denn nun zusammen, daß z. B. das Sächsische Gesetz vom 4. März 1879 den Grundsatz aufgestellt hat: „Die Ungültigkeit sowie die Trennung einer Ehe kann, wenn der Ehemann weder im Königreiche Sachsen noch in einem anderen deutschen Bundesstaate die Staatsangehörigkeit besitzt, nur dann ausgesprochen werden, wenn nach den Gesetzen desjenigen Staates, welchem der Ehemann angehört, das Urtheil in diesem Staate als wirksam anerkannt wird." Aehnlich bestimmt ein Schweizer Bundesgesetz vom 24. Dezember 1874 Art. 31: „Wenn bei einer Eheschließung der künftige Ehemann nicht der Schweiz angehört, so kann die Veröffentlichung und resp. die Eheschließung nur stattfinden, wenn eine Erklärung der fremden kompetenten Behörden vorgewiesen wird, welche konstatirt, daß die Ehe auch in dem betreffenden Staate, dem derselbe angehört, mit allen ihren gesetzlichen Folgen anerkannt werden wird." Und Art. 56 desselben Gesetzes sagt: „Was die Ehen zwischen den Fremden anbelangt, so kann keine Scheidungs- oder Nullitätsklage zugelassen werden durch die einheimischen Gerichte, wenn es nicht festgestellt ist, daß der Staat, dem die Ehegatten angehören, das Urtheil anerkenne, welches gesprochen werden wird." Ich getraue mich nicht länger bei zwei Entscheidungen des Obertribunals in Stuttgart zu verweilen, auf welche auch Mommsen hinweist, welche sich im XXXI. Bande von Seuffert unter Nr. 104 befinden, und in welchen derselbe Grundsatz eine sehr scharfe und präcise Formulirung gefunden hat.

Das sind die Momente, meine verehrten Herren, welche nach unserer Ueberzeugung — ich meine dabei mit unsere Gutachter, Friedrich Mommsen, und ich darf hinzufügen, daß auch der verehrte zweite Herr Referent auf demselben Standpunkte steht — das sind also die Momente, welche dafür sprechen, in Bezug auf die persönlichen Rechtsverhältnisse der Inländer im Ausland und der Ausländer im Inland das Recht der Staatsangehörigkeit an die Stelle des Wohnsitzrechtes treten zu lassen.

Und nun gestatten Sie mir nur in aller Kürze, indem ich gleichsam nur markire, die Konsequenzen anzuführen, welche sich aus diesem Grundsatze ergeben.

Es handelt sich zuerst um die Rechts- und Handlungsfähigkeit. Alle Folgen, ohne Unterscheidung, ob die allgemeine Qualifikation der Rechts- und Handlungsfähigkeit oder ob ihre Wirkungen, ob allgemeine oder besondere Handlungsfähigkeit in Frage ist, sind nach dem Recht der Staatsangehörigkeit zu beurtheilen. Hier muß man — es muß darüber wohl Uebereinstimmung bestehen — den Grundsatz aufstellen, daß eine Ausnahme zu machen ist analog der, welche im Art. 84 der Wechsel-Ordnung (beiläufig bemerkt eine derjenigen jüngeren deutschen Kodifikationen, in denen der Gedanke der Staatsangehörigkeit schon zum Durchbruch gekommen ist) in der bekannten Bestimmung besteht, daß die Rechts- und Haftungsfähigkeit sich zwar grundsätzlich nach der Staatsangehörigkeit richtet, daß aber ein Ausländer, der sich im Inlande wechselmäßig verpflichtet hat, sich der Verpflichtung dann nicht entziehen kann, wenn er auch nur nach dem inländischen Gesetz handlungsfähig erscheint. Dieselbe Ausnahme muß aus Rücksichten der Verkehrssicherheit für unsere inländischen Staatsangehörigen auch bei der Zugrundelegung der Staatsangehörigkeit acceptirt werden.

Ein Zweites. Für die Eingehung der Ehe — von der Form natürlich nicht zu sprechen, denn da gilt der Grundsatz: locus regit actum — für die Eingehung und Auflösung der Ehe ist maßgebend die Staatsangehörigkeit des Ehemannes, ebenso wie für Ehehindernisse und Scheidungsgründe. Da sind wir bei einem erheblichen Punkte, und es liegt mir ganz besonders am Herzen, da noch eine Bemerkung zu machen, von der ich wünschte, daß es möglich wäre, ihr eine weitere Würdigung zukommen zu lassen. Es ist nämlich hochwichtig, daß man sehr behutsam ist in Bezug auf die Frage, welche Ehehindernisse und welche Scheidungsgründe als „zwingender Natur" angesehen werden sollen, auf welche der Grundsatz anzuwenden ist, daß nur das inländische Recht zur Geltung kommen darf; ist man in dieser Beziehung nicht ökonomisch — wenn ich kurz mich so ausdrücken darf — so könnte der ganze Werth des Grundsatzes wieder verloren gehen, indem sonst z. B. die Vornahme der Ehe eines Ausländers im Inlande schon dann nicht zulässig wäre, wenn ein nur inländisches Hinderniß entgegensteht oder eine ausländische Scheidung nicht anerkannt werden, wenn nicht ein inländischer Scheidungsgrund vorhanden ist. Ich muß also da der Anschauung Ausdruck geben, wie außerordentlich wünschenswerth es wäre, wenn die comitas gentium mehr und mehr durchgeführt werden soll, daß die Gesetzgebung behutsam sei in Bezug auf die Feststellung dessen, was sie auf diesem Gebiete als *zwingend* ansieht, und daß man sich mehr und mehr dem Gedanken anschließen möge, daß nur dasjenige als sittlich nothwendig und deshalb zwingend angesehen werde, worüber die civilisirten christlichen Völker miteinander übereinstimmen, nicht aber das in irgendwelchem Staate als zwingend gelte, worin sie *divergiren*. Das ist natürlich ein Gedanke, der in diesem Momente nur gestreift werden kann, aber ich glaube, daß ein sehr großes Gewicht auf ihn fällt, weil man sonst sehr leicht dazu kommen könnte, bei Geltung des einen oder des anderen Systems, in den wichtigsten Beziehungen den eigenen Grundsatz immer wieder dadurch zu durchbrechen, daß man zwingende Normen wegen der öffentlichen Ordnung, des öffentlichen Rechts oder der good morals — wie die Engländer sagen — anerkennt. So führt Wharton nicht ohne Ironie gegen den Hauptvertreter des italienisch-belgischen Systems Laurent aus: Ja, principiell ist eigentlich kein großer Unterschied zwischen uns, die wir das Domizilrecht wollen, und zwischen euch, die ihr das Staatsangehörigkeitsrecht wollt; denn in all denjenigen Fällen, wo wir speziell von dem Domizil oder von der lex actus reden, gehen wir davon aus, daß die good morals, die Sittlichkeit und die öffentliche Ordnung eine bestimmte Norm erheischen, und dieses Princip erkenne ja auch Laurent an. Also ist eigentlich die Differenz principiell keine so große.

In Bezug auf das eheliche Güterrecht gilt derselbe Grundsatz. Da allerdings wird sich wieder die Nothwendigkeit darstellen, in einem Punkt eine Ausnahme zu statuiren, und das ist insbesondere, wenn man sich Dritten gegenüber auf das ausländische Güterrecht berufen will. Denn da tritt wieder dieselbe Berücksichtigung der Verkehrssicherheit und der Rechtssicherheit für die Dritten, welche kontrahiren, ein, die ich früher in Bezug auf die Handlungsfähigkeit selbst zu charakterisiren mich bemüht habe. Beiläufig will ich hier nur noch bemerken, daß die Anwendung des Gesetzes der Staatsangehörigkeit auf das eheliche Güterrecht auch noch die Konsequenz mit sich bringt, die vielleicht nach einer bekannten Entscheidung des Reichsgerichts nicht mehr von solcher Bedeutung sein mag, als sie es früher gewesen wäre, daß damit die Kontroverse über die Wandelbarkeit und Unwandelbarkeit des ehelichen Güterrechts größtentheils abgeschnitten wird. Allerdings wird eine sichernde Maßregel wohl für die Fälle zu treffen sein, wo nach dem deutschen Gesetz vom 1. Juni 1870 der Ehemann seine Staatsangehörigkeit wechselt, ohne daß dies auch bezüglich der Frau stattfindet. Da wird es nothwendig sein, durch eine Ausnahmebestimmung für die Gattin zu sorgen.

Die väterliche Gewalt hat sich zu richten nach der Staatsangehörigkeit des Vaters, die vormundschaftliche nach der Staatsangehörigkeit des Pupillen. Bestehen zwingende Bestimmungen in Bezug auf die Veräußerungsunfähigkeit von Immobilien, so wird die lex rei sitae zu gelten haben.

Ich will nun noch mit einem Worte vom Erbrecht sprechen, weil ich accentuiren möchte, daß vielleicht an keinem Punkte die Frage sich so zuspitzt und sich so klarstellt, wie wünschenwerth es ist, die Gesetze der Staatsangehörigkeit an die Stelle der Gesetze des Wohnortes zu setzen, als im Erbrecht. Gewiß interessirt die Verfügung, die den Inländer im Ausland trifft, das Inland ganz wesentlich nur insoweit, als es sich um den im Inland befindlichen Nachlaß, und um die im Inland befindlichen Notherben handelt, und gewiß interessirt uns die Verfügung, die der Ausländer im Inland trifft, nicht, insoweit es sich um im Ausland belegenes Vermögen und um ausländische Notherben handelt. Beide Principien werden in ihr Gegentheil verkehrt, wenn nicht das Recht der Staatsangehörigkeit, sondern wenn das Recht des Domizils als Grundlage genommen wird.

Ich glaube, daß diese Betrachtungen vielleicht genügen dürften, um den Antrag zu rechtfertigen, den ich stelle und in dem ich mich auch im Einklang befinde mit dem verehrten zweiten Referenten. Die Fassung dieses Antrags ist eine ganz kurze und präzise, und sie ist es umsomehr, weil auch da und in weit erhöhtem Maße das gilt, was wir gestern in Bezug auf eine andere Frage gehört haben, und worüber auch gestern der Beschluß der Abtheilung gefaßt worden ist, daß wir nämlich nur einen Grundsatz aussprechen dürfen und die Ausnahmen offen lassen dürfen, da wir ja nicht im Stande sind, in die Details der einzelnen Ausnahmen einzugehen. Nähme man nur etwa eine von den Ausnahmen, die ich im Laufe meiner Deductionen erwähnt habe, mit auf, so wäre dies nicht erschöpfend, weil man die anderen nicht erwähnt, und alle zu erwähnen ist eine Unmöglichkeit. Deßhalb habe ich im Einklang mit dem verehrten Kollegen Dorn den Antrag in folgender Weise formulirt:

> In den, die Rechts- und Handlungsfähigkeit, ferner die familienrechtlichen und die erbrechtlichen Verhältnisse betreffenden Kollisionsfällen des internationalen Privatrechts ist von dem Grundsatz auszugehen, daß das Recht des Wohnsitzes durch das vermöge der Staatsangehörigkeit eintretende Recht zu ersetzen sei.

Dieser Satz ist die direkte Beantwortung der von der ständigen Deputation aufgestellten Frage: in welchen Kollisionsfällen? Sie stellt zweitens den Grundsatz fest, und indem sie nur sagt „von dem Grundsatz auszugehen", ist es klar, daß sie zweien Reihen von Ausnahmen nicht präkludirt, denjenigen nämlich in Bezug auf die zwingenden Gesetze, die ja auch bei dem Wohnsitzrecht selbstverständlich immer haben bei Seite bleiben müssen, und denjenigen in Bezug auf die Handlungsfähigkeit, auf den Wechsel der Staatsangehörigkeit von Seiten des Ehemannes die erwähnte, sowie einer weiteren, die ich gern noch hätte erwähnen mögen, in Bezug auf den Wechsel der Staatsangehörigkeit des Vaters. Ich wage nicht noch länger hier zu verweilen. Also diesen Ausnahmefällen wird in keiner Weise präjudicirt. Infolge dessen glaube ich der verehrten Abtheilung empfehlen zu dürfen, daß sie diesen Antrag zum Beschluß erhebe. Ich meine schließlich, die Wirkungen dieses Antrags sollen die sein, die ich mich bemüht habe zu charakterisiren: die Beseitigung aller der abnormen Konsequenzen, welche sonst eintreten, insbesondere durch die Divergenz der Gesetzgebungen für das Eherecht und das Familienrecht überhaupt, und die Anbahnung der wirklichen Reciprocität, der echten comitas gentium zwischen den einzelnen civilisirten Staaten. In diesem Sinne empfehle ich meinen Antrag zur Annahme. (Bravo!)

Korreferent Geh. Justizrath Dr. **Dorn** (Leipzig): M. H.! Ich stimme sowohl dem Antrag des Herrn Berichterstatters Kollegen Jaques bei als auch durchaus den Gründen, die derselbe für seinen Antrag geltend gemacht hat. Ich glaube, aus rationellen Gründen empfiehlt sich die Annahme des Antrags und auch aus praktischen Gründen.

Ich will deshalb verzichten, den Ausführungen meines Herrn Kollegen irgend etwas jetzt hinzuzufügen, und ziehe es vor, abzuwarten, ob etwa entgegen lautende Stimmen sich erheben werden. Meinerseits kann ich nur der Empfehlung beitreten, mit der der Herr Kollege Jaques seinen Antrag Ihnen vorgelegt hat, nämlich ihn rundweg zu acceptiren, indem ich — wie bereits von Seiten des Herrn Dr. Jaques geschehen ist — darauf aufmerksam mache, daß Ausnahmebestimmungen, wie sie schon durch den Hinweis auf Art. 84 der Wechselordnung im Interesse des öffentlichen Verkehrs gegeben seien und berechtigt sein können, durch die Acceptation des allgemeinen Grundsatzes selbstverständlich nicht ausgeschlossen sind.

Justizrath Dr. **Fels** (Leipzig): M. H.! Ich möchte Ihnen einen gegentheiligen Antrag zur Annahme vorschlagen. Ich möchte Ihnen vorschlagen, zu beschließen:

Der Juristentag empfiehlt auszusprechen:

für die allgemeine rechtliche Stellung einer Person ist das Recht ihres Wohnsitzes maßgebend.

Ich sage, „für die allgemeine rechtliche Stellung einer Person." Was ich darunter verstehe, ist ja klar. Ich will aber für den Fall, daß diese Fassung keinen Beifall finden sollte, vorschlagen, dafür zu setzen:

für den Status und die Handlungsfähigkeit einer Person ist das Recht ihres Wohnsitzes maßgebend.

Es hat mich gewundert, daß beide Referenten, meine verehrten Herren Kollegen, sich den beiden Gutachtern angeschlossen haben. Ich hätte erwartet, daß diese bedeutende Abweichung von dem bestehenden Recht, welche in das neue bürgerliche Gesetzbuch aufgenommen werden soll, doch wenigstens an einem der Herren Kollegen einen Vertheidiger gefunden hätte.

Ich würde nun Ihre Geduld zu sehr in Anspruch nehmen, wenn ich alle Gründe, sowohl die theoretischen als die praktischen Gründe, die hier zur Begründung des Antrags der Herren Referenten angeführt sind, widerlegen wollte. Ich glaube, es ist auch nicht nöthig, daß ich auf die theoretischen Gründe näher eingehe, wenn sich ergeben wird, daß praktische Gründe entschieden für die Beibehaltung des bisherigen Rechtes sprechen.

Wenn ein bisheriger Rechtszustand abgeändert werden soll, so müssen ganz bedeutende praktische Gründe dafür sprechen, es müssen bedeutende Unzuträglichkeiten im Verkehr hervorgetreten sein, sonst läßt man's bei dem bestehenden Rechte. Ich will nun also auf die theoretischen rechtsphilosophischen Ausführungen nicht eingehen, aber auf die praktischen Gründe will ich eingehen. Nur glaube ich das vorab bemerken zu müssen, daß die praktischen Gründe, die von dem Herrn Referenten vorgetragen sind, eigentlich auch nur gedachte Gründe sind. Ich weiß nicht, daß Unzuträglichkeiten — das hat wenigstens der Herr Referent nicht nachgewiesen — Unzuträglichkeiten im praktischen Rechtsleben hervorgetreten sind im Gebiete des gemeinen und des preußischen Rechts. Er hat allerdings auf eine Unzuträglichkeit verwiesen in Bezug auf eine Ehescheidung. Das ist ein Punkt, auf den komme ich nachher. Das ist aber gerade nicht beweisend für die Ansicht des Referenten, denn das betrifft einen Fall des österreichischen Rechts.

Wenn ich nun also mich auf den praktischen Standpunkt stelle, so muß ich zunächst darlegen, wieweit die Abweichung von dem bisherigen Rechtsstandpunkt geht. Es ist gesagt worden, daß der Antrag der Referenten das enthielte, was bisher in Frankreich Gesetz gewesen sei, daß das französische System hier adoptirt werden sollte. M. H., das ist nur scheinbar, das ist nicht vollkommen richtig. Der code civil bestimmt allerdings, daß die persönlichen Verhältnisse der Franzosen im Auslande nach französischem Recht zu beurtheilen sind; allein er bestimmt ferner, daß ein Franzose, welcher seinen Wohnsitz in das Ausland verlegt in der Absicht dort immer zu bleiben und nicht nach Frankreich zurückzukehren, die Qualität eines Inländers damit ohne weiteres verliert. Nach französischem Recht lebt also der Ausgewanderte fortan nach dem Rechte seines Domizils. Bei uns ist das nun aber anders. Wollten wir die vorgeschlagenen Bestimmungen in das neue bürgerliche Gesetzbuch aufnehmen, so würde das in Folge einer abweichenden Bestimmung eines bereits bestehenden Reichsgesetzes zu einem ganz anderen praktischen Resultat führen. Für unsere Staatsangehörigen — und das Staatsbürgerrecht soll ja maßgebend sein für die Beurtheilung unserer Mitbürger, wenn sie im Ausland wohnen — bestimmt das Reichsgesetz vom Jahre 1870, betreffend den Erwerb und Verlust der Reichs- und Staatsangehörigkeit, daß dieselbe nur verloren geht zunächst durch Entlassung auf Antrag; — sie geht nicht durch einfachen Verzicht verloren — und diese Entlassung auf Antrag muß ertheilt werden, wenn der Deutsche im Auslande eine andere Staatsangehörigkeit eworben hat, aber nicht eher — und zweitens, wenn keine Rücksichten auf die Militärpflicht entgegenstehen. Ueberdies kann bei ausbrechendem Krieg oder Kriegsgefahr überhaupt die Entlassung verweigert werden. Dann ferner bestimmt das

Reichsgesetz vom Jahre 1870, daß nur durch zehnjährigen Aufenthalt im Ausland die deutsche Staatsangehörigkeit verloren geht, selbst dann nur durch zehnjährigen Aufenthalt, wenn inzwischen der Deutsche eine fremde Staatsangehörigkeit erworben haben sollte; nur kann in einem solchen Falle durch Staatsvertrag die zehnjährige Frist auf eine fünfjährige herabgesetzt werden. Nach dem Antrag des Referenten würde also der Deutsche in Fällen, in denen der Franzose nicht mehr als Inländer betrachtet und nicht mehr nach inländischem Recht beurtheilt wird, immer noch nach deutschem Recht zu beurtheilen sein, und wir würden in der That etwas anderes bestimmen als das französische Recht.

Nun kann man, wenn man sich auf den praktischen Standpunkt stellt, unterscheiden, die Frage zunächst aufwerfen und getrennt behandeln: Ist der Fremde, der in Deutschland seinen Wohnsitz hat, nach dem Recht seiner Heimath zu beurtheilen, oder nach unserem Recht? Diese Frage kann man trennen von der anderen Frage: Ist der Deutsche, wenn er im Ausland wohnt, nach deutschem Recht oder nach dem Recht seines Wohnsitzes zu beurtheilen? Nur vom praktischen Standpunkt aus! vom theoretischen Standpunkt aus müßte man die Fragen vielleicht in gleicher Weise behandeln. So unterscheidet auch das österreichische Recht. Das österreichische Recht bestimmt, daß der Fremde in Oesterreich nach österreichischem Recht beurtheilt wird, während der Oesterreicher im Auslande hinsichtlich seiner persönlichen Verhältnisse dem Gesetze der Heimath unterworfen bleibt.

Nun meine ich, die Bestimmung, daß der Ausländer im Inlande nach dem inländischen Recht beurtheilt wird, würde sich aus den praktischen Gründen ganz offenbar empfehlen. Denn wohin soll das führen, welcher bunte Rechtszustand und welche Unsicherheit im Verkehr würde entstehen, wenn, so wie ich mit einem Italiener oder einem Franzosen oder einem Holländer oder einem Dänen u. s. w. in Verkehr trete und ich weiß, daß er ein Ausländer ist, ich mich jedesmal erkundigen müßte, ob er nach dem Recht seiner Heimath handlungsfähig ist oder nicht? Dasselbe würde auch im Falle einer Eheschließung vorkommen, wenn die Frau, die sich mit einem Ausländer verheirathet, der hier domizilirt ist, hier wohnt und lange gewohnt hat, in dasjenige eheliche Güterrecht einträte, welches an dem Orte seiner Heimath gilt und vielleicht sehr abweicht von dem hiesigen; wenn sie, ohne sich nach dem Inhalte des fremden Güterrechts zu erkundigen, in den Ehestand träte, da würden Ueberraschungen vorkommen, die sehr unliebsam wären.

Also es geht im praktischen Verkehr nicht. Diese bunte Mannichfaltigkeit der Rechte, die wir gerade durch das neue Civilgesetzbuch aufheben wollen, würde in anderer Weise wieder zur Hinterthüre eingeführt werden,

Und ich meine auch, daß die Fremden, die bei uns wohnen, sich keineswegs darüber beklagen können, wenn wir ihnen sagen: ihr wohnt hier, ihr lebt unter unserem Schutz, ihr habt den Mittelpunkt anderer Verhältnisse hier, ihr wollt hier immer bei uns bleiben; so wollen wir euch als unsere Mitbürger ansehen, ihr sollt dieselben Rechte, dieselben Pflichten haben im Privatrecht wie wir.

Nun komme ich auf die Frage: sind die Deutschen, die im Ausland ihren Wohnsitz haben, nach deutschem Recht zu beurtheilen, oder nach dem Recht ihres Wohnsitzes? Hier will ich zunächst darauf aufmerksam machen, daß wir in dieser Beziehung im Privatrecht keine freie Hand haben. Ich meine, gewisse Bestimmungen unserer C. P. O. binden uns die Hände. Ich will statt weiterer Ausführungen einen Fall herausgreifen, den der Herr Bähr in seiner Abhandlung hervorgehoben hat, und der auch heute von dem Herrn Referenten erwähnt ist.

Es ist der Fall einer Ehescheidung. Der Fall ist abgedruckt im 3. Band der Entscheidungen des R. G. Ein österreichisches Ehepaar katholischer Konfession lebte in Dresden, gerieth in Ehestreitigkeiten. Es wurde eine Ehescheidungsklage angestellt. Das O. L. G. zu Dresden wies die Klage auf Scheidung ab, weil es theils nach österreichischem Recht, theils aber auch nach Bestimmungen des sächsischen Rechts annahm, daß das Recht der Staatsangehörigkeit für diese Oesterreicher entscheidend sein müßte und darnach eine Ehescheidung nicht stattfinden könnte. Das R. G. war anderer Ansicht. Das R. G. beurtheilte den Fall nach dem Reichsgesetz, betreffend die Beurkundung des Personenstandes und die Eheschließung, erkannte auf Ehescheidung und führte aus, daß die Bestimmungen des sächsischen Gesetzbuchs nicht in Betracht kommen könnten nach dem Grundsatz: Reichsrecht bricht Landesrecht. Beiläufig bemerkt, dieser Konflikt zwischen dem O. L. G. zu Dresden und dem R. G. ist noch nicht erledigt. Es mag ein halbes Jahr oder etwas länger her sein, habe ich noch eine Sache zu vertreten gehabt, wo in einem ganz gleichen Falle das O. L. G. zu Dresden die Scheidung verweigert hatte, während das R. G. die gegentheilige Ansicht vertrat, und es ist nicht abzusehen, wann dieser Konflikt aufhören wird. Ich glaube, es wird hierbei wohl nicht die Regel befolgt werden: der Klügste giebt nach.

Nun knüpft Herr Bähr hieran folgende Bemerkung. Er sagt: „Auf diese Weise können Zustände entstehen, wonach ein und dieselbe Ehe in dem einen Lande als geschieden, in dem andern als noch fortbestehend, ein sich wieder verheirathender Ehegatte in dem einen Lande als rechtmäßig verheirathet, in dem andern Lande als in Bigamie lebend gilt." Diese Scheidungen werden nämlich in Oesterreich nicht anerkannt. „Solche Zustände, die man vernünftiger Weise innerhalb der Kulturstaaten für unmöglich halten müßte, können nur auf Gesetzen oder Entscheidungen beruhen, denen eine falsche Theorie zu Grunde liegt."

Ich bin auch der Ansicht, daß hier eine falsche Theorie zu Grunde liegt, aber ich bin der Ansicht, daß die Theorie des österreichischen Rechts falsch ist. Jedenfalls wird ein solcher Fall bei einem Deutschen, der im Ausland lebt, gar nicht vorkommen können und zwar nach den Bestimmungen der C.-P.-O. Die C.-P.-O. bestimmt in § 568, daß für Ehesachen das Gericht des Wohnsitzes des Mannes zuständig sein soll. Sie macht da nur eine Ausnahme. Wenn im Auslande der Mann die Frau verlassen hat, dann kann die Frau gegen den Mann Ehesachen anhängig machen bei dem Gericht des letzten Wohnortes des Mannes in Deutschland. Von dieser Ausnahme abgesehen gilt also als zuständiges Gericht das des Wohnortes. Und damit erkennt das deutsche Recht auch an, daß das ausländische Gericht des Wohnortes competent ist und folgenderweise ferner, daß der ausländische Richter, wenn nach seinem Gesetz die Eheleute zu beurtheilen sind nach dem Rechte ihres Wohnortes, eben nach diesem Gesetze zu entscheiden habe. Und ferner bestimmt der § 660 der C.-P.-O., daß ausländische Urtheile, wenn sie nach dem Recht des Auslandes rechtskräftig sind, im Deutschen Reich ohne Prüfung der Gesetzmäßigkeit der Entscheidung zu vollstrecken sind, vorausgesetzt, daß das ausländische Gericht nach Maßgabe unserer Gesetze zuständig war und daß die Gegenseitigkeit verbürgt ist. Wir müssen also, wenn ein Deutscher, der in Amerika lebt und dort geschieden ist, oder umgekehrt, wenn eine Ehe dort für gültig erklärt ist, die nach unserem Gesetz nicht gültig wäre oder umgekehrt, dieses Urtheil anerkennen, vorausgesetzt nur, daß eine Gegenseitigkeit verbürgt wäre, was ja nur von dem Willen der amerikanischen Regierung abhinge; wir müssen es hier vollstrecken. Wir können also nicht in einen Konflikt gerathen mit einem Erkenntniß des Auslandes. Wollen wir nun in dem bürgerlichen Gesetzbuch bestimmen, daß für Eheleute, wenn sie im Ausland wohnen, in Bezug auf die Ehe und die sonstigen persönlichen Verhältnisse das Recht ihrer Heimath maßgebend ist, dann müßten wir auch jene Bestimmungen der C.-P.-O. abändern. Entweder müßte ausgesprochen werden, daß überhaupt ein ausländisches Gericht nicht kompetent ist, über die persönlichen Verhältnisse Deutscher zu urtheilen und daß im Ausland domizilirte Deutsche auch einen Gerichtsstand im Inland haben — wenn wir die Kompetenz des ausländischen Richters nicht anerkennen, so müssen wir ihnen doch im Inland einen Gerichtsstand schaffen —; oder wir müßten das Princip, daß ausländische Urtheile gleich den inländischen für vollstreckbar zu erklären sind, aufheben. Ohne Aenderung der bürgerlichen Prozeßordnung geht's also nicht, und ich glaube, man wird sich schwer entschließen, diesen Grundsatz der Reciprocität in Bezug auf die Vollstreckung der Urtheile, der soeben durch diese Bestimmung der C.-P.-O. angebahnt ist, wieder fallen zu lassen.

Damit glaube ich, habe ich den ersten Hauptgrund widerlegt, den der Herr Referent angeführt hat. Er meint, durch den gegentheiligen Grundsatz würde die Reciprocität der Staaten untereinander gefördert. Ich glaube, gerade umgekehrt nur dann, wenn gegenseitig anerkannt wird, daß diejenigen, die in einem Lande wohnen, in Rechten und Pflichten den eigenen Staatsbürgern in jeder Beziehung gleich behandelt werden.

Dann sind noch einige andere praktische Gesichtspunkte aufgeführt — wie ich bereits hervorgehoben, mehr gedachte als solche, bei denen sich Unzuträglichkeiten im Verkehr ergeben haben. Es ist da auf die klimatischen Verhältnisse Bezug genommen und gesagt: Die persönlichen Verhältnisse, die Großjährigkeit hängen zusammen mit der origo, mit der ursprünglichen Heimath. Ich glaube, das trifft nicht zu. Wir müssen uns auf den Standpunkt stellen, daß diejenigen Fremden, die nach dem hiesigen Gesetz beurtheilt werden sollen, hier wohnen, und vielleicht schon lange gewohnt haben, also acclimatisirt sind.

Dann ist gesagt, das Staatsgefühl würde gestärkt werden durch die Annahme des französischen Grundsatzes. Das scheint mir ein etwas bedenklicher Grund zu sein. Ich halte es nicht für zuträglich, daß das Saatsgefühl der verschiedenen Nationen besonders gestärkt, besonders gefördert würde. Ich halte es für zweckmäßiger, wenn das Staatsgefühl möglichst abgeschwächt wird, wenn die Angehörigen der europäischen Nationen, aller civilisirten Nationen sich als Mitbürger ansehen und dieser Gedanke immer mehr und mehr gefördert wird. Und es handelt sich hier ja nur um civilisirte Nationen. Wenn unsere Staatsangehörigen in unkultivirten Ländern leben, wenn sie in Japan, in Ostasien, im Orient leben, wo bekanntlich überall eine Konsulargerichtsbarkeit besteht, da leben ja die Deutschen nicht nach fremdem Recht, genießen sie die Exterritorialität, um mich so auszudrücken. In allen Konsulargerichtsbezirken gilt der Grundsatz, daß ein jeder nach dem Rechte seiner Nationalität lebt, da lebt der Deutsche nach dem Reichsrecht, beziehungsweise nach dem preußischen Landrecht.

Ferner ist hervorgehoben, daß der Wohnsitz nur ein äußerliches veränderte Kriterium sei. Das meine ich gar nicht. Man muß nicht den Fall denken, daß Jemand alle paar Jahre seinen Wohnsitz wechselt, sondern der Wohnsitz ist der Ort wo er bleiben will und der Regel nach auch dauernd bleibt.

Ich habe diese praktischen Gründe, m. H., nur andeuten wollen. Es ließe sich über die Frage noch manches sagen, ich glaube aber, daß, namentlich da ich mich auf den praktischen Standpunkt stelle, es hinreichen wird, diese Punkte nur mehr anzudeuten und das Weitere bitte ich Sie auszuführen. Ich empfehle Ihnen meinen Antrag zur Annahme.

Rechtsanwalt Dr. **Scherer** (Mainz): Nach meiner Ansicht, m. H., liegt der Schwerpunkt der Entscheidung der Frage weniger in einem Princip des Civilrechts als vielmehr auf dem Gebiet des Prozesses. Es kommt bei der Entscheidung der Frage darauf an: Erkennt das Ausland dieses Urtheil an? Wird das Ausland unser Urtheil respektiren oder wird es unser Urtheil nicht respektiren?

In dieser Hinsicht gehe ich zunächst auf die Standesfrage über. Hier ist ein spezieller Fall herausgegriffen, die Frage der Ehescheidung. Unser Reichsgesetz über die Eheschließung, das Personenstandsgesetz, hat das System angenommen, daß man auch den Ausländer bei uns wirksam scheiden kann, wenn selbst nach dem System des Auslandes es nicht gestattet ist. Nunmehr wird hier von dem Herrn Vorredner der Fehler darin gefunden, daß die Oesterreicher das Recht des Domizils nicht respektiren. Allein ich glaube, dieses System wird nie durchdringen. Nehmen Sie an, m. H., ein Land gestattet die Ehescheidung nicht oder in einem geringen Maße, das andere ist in dieser Hinsicht sehr leicht. Was wird dann der Oesterreicher thun, der geschieden sein will, oder was wird der Deutsche thun, der geschieden sein will? Der geht dorthin, wo es am bequemsten ist. Der Ehemann ist ja Herr über alles, er verlegt sein Domizil in das Gebiet, in welchem die Ehescheidung erleichtert ist; die Ehe wird geschieden, und nunmehr kann man doch dem ausländischen Staat, wo der Betreffende heimathsberechtigt ist, nicht zumuthen, ein solches Ehescheidungsurtheil anzuerkennen, beziehungsweise ich glaube nicht, daß bei den heutigen Verhältnissen jemals der ausländische Staat sich dazu hergeben wird, das Ehescheidungsurtheil anzuerkennen. Deshalb haben die Franzosen das Princip aufgestellt: in Statusfragen halten wir uns einzig und allein an das Recht des Heimathstaates, an das forum originis; und sie gehen so weit, zu sagen: wir scheiden den Ausländer, der in Frankreich sein Domizil hat, überhaupt nicht, sondern wir verweisen den Russen nach Moskau, den Deutschen nach Deutschland, den Amerikaner nach Amerika; er mag sich dort nach dem Recht seines Heimathstaates scheiden lassen und dann wird das Urtheil überall respectirt. Ich glaube, daß in Statusfragen dies der einzige mögliche Weg ist, durchzudringen beziehungsweise dafür zu sorgen, das das Urtheil überall anerkannt wird.

Das Recht der Handlungsfähigkeit dürfte eine separate Behandlung verdienen, namentlich bezüglich der Frage, wieweit sich der Betreffende verpflichten kann. Unser Reichsrecht hat ja noch einen zweiten Grundsatz aufgestellt bezüglich Immobilien und hat gesagt: bei Immobiliarklagen erkennen wir nur die Gerichtsbarkeit des forum rei sitae an. Dann kann man dem Ausland also auch in dieser Beziehung das Recht nicht bestreiten, daß ein ausländisches Gericht irgendwie ein Urtheil mit Wirkung spricht, beziehungsweise bis jetzt sind die Staaten noch nicht soweit gekommen, daß sie in dieser Beziehung ein ausländisches Urtheil anerkennen, sondern sie schaffen hier einen zwingenden Gerichtsstand. In dieser Beziehung steht also unsere Prozeß-Ordnung auf dem entgegengesetzten Standpunkt wie in Bezug auf die sehr wichtige Frage der Ehescheidung.

Auch für den Fall des Konkurses haben wir eine diesbezügliche reichsgesetzliche Bestimmung. Ich glaube, daß im Konkursverfahren bezüglich der Mobilien, bezüglich aller derjenigen Gegenstände, die zur Masse gehören, einzig und allein das Recht von den Gerichten in Deutschland gehandhabt wird, welches in Deutschland gilt, und daß nicht z. B. irgend Jemand, eine Ehefrau aus einem Lande, in welchem das Dotalprivilegium gilt, kommen und einwenden könnte: ich verlange jetzt die ganze Masse.

Sie sehen also, wir haben eine ganze Reihe von Punkten, die bei uns reichsgesetzlich geregelt sind, und es scheint mir, daß die Frage nicht absolut als Princip gelöst werden kann, sondern daß es nothwendig ist, auf die einzelnen Materien einzugehen und bei der Behandlung dieser einzelnen Materien auf die Stellung der verschiedenen Staatensysteme Rücksicht zu nehmen beziehungsweise auf die Gesetzgebung, die in den verschiedenen Ländern gilt. In Frankreich ist ja z. B. bezüglich der Immobilien der Grundsatz durchgeführt: was die Immobilien anlangt, wird nur das französische Recht anerkannt. Und das geht soweit, daß es sogar auf die Erbschaft ausgedehnt ist und gesagt wird: wenn Jemand in Frankreich Immobilien hat, dann werden die Immobilien in Frankreich stets getheilt nach dem in Frankreich geltenden Erbrecht.

Es sind dies also Punkte, die nach meiner Ansicht zum großen Theil nur durch Staatsvertrag geregelt werden können, und insoweit wir sie heute im Civilgesetzbuch regeln können, kann höchstens ein Princip aufgestellt werden, und dann müssen vom Princip so und soviel Ausnahmen gemacht werden. Nimmt man das Domizilprincip als Grundlage, nimmt man das Nationalitätsprincip als Grundlage, so wird man immer so und soviel Ausnahmen machen müssen. Ich glaube, daß die beste Regelung der Frage dahin geht, daß man die einzelnen Rechtsmaterien durchgeht und bestimmt, wie es in dieser Frage gehalten wird. Ich bin der Ansicht, in Statusfragen wird man nie zu dem Princip kommen, daß das Domizilrecht überall anerkannt wird, weil der Heimathstaat es nie billigen kann, daß derjenige, der ein strenges Ehescheidungsrecht hat, sich nach demjenigen Land begiebt, welches die Ehescheidung am leichtesten gestattet.

Rechtsanwalt Dr. v. **Weinrich** (Straßburg): M. H.! Ich will Ihre Geduld nicht lange in Anspruch nehmen, nachdem diese Frage bereits sehr eingehend geprüft wurde und ziemlich ausführliche Erörterungen darüber gepflogen worden sind. Ich will den Gesichtspunkt, den der Herr Vorredner vorhin hervorgehoben hat, zu einem bestimmten Antrag formuliren, dahin gehend, daß der Juristentag den Wunsch äußere, unsere Frage auf dem Wege von Staatsverträgen zu lösen. Betrachtet man zunächst die Frage, ob eine Ausländerehe im Inland geschieden werden kann, so wird man finden, daß dieselbe niemals auf dem Wege der Gesetzgebung und niemals auf dem Wege der Rechtsprechung zu lösen ist. Das eine Gericht entscheidet so, das andere Gericht entscheidet anders. Wie uns vorhin Herr Justizrath Fels auseinandergesetzt hat, hat das O.-L.-G. Dresden auf die Ehescheidungsklage eines in Deutschland wohnenden Oesterreichers auf Trennung von Tisch und Bett erkannt, während das Reichsgericht die Ehe geschieden hat. Das O.-L.-G. Dresden besteht indeß auf seiner Ansicht fort.

Betrachten wir die verschiedenen Staaten! In Oesterreich wird ein Oesterreicher, der sich in Deutschland hat scheiden lassen, im Falle seiner Wiederverheirathung wegen Bigamie verfolgt, während in Deutschland seine zweite Ehe für rechtmäßig geschlossen erachtet wird. Es ist also eine bestimmte Lösung auf diesem Wege nicht möglich. Die einzige Lösung der Frage ist nur auf dem Wege von Staatsverträgen möglich. Und ich glaube daher den Antrag stellen zu können, daß der Juristentag es für wünschenswerth erkläre, daß in denjenigen Fällen, in denen eine Kollision des ausländischen mit dem inländischen Recht eintritt, auf dem Wege von Staatsverträgen die Frage zu lösen sei, die dann unter Mitwirkung der verfassungsmäßigen Organe in den betreffenden Staaten zu Gesetzen erhoben werden sollen. Ich glaube, daß dieser Antrag jedenfalls der Sachlage entspricht, und daß dadurch die einzig mögliche Lösung der vielen Kollisionen, die das internationale Privatrecht hervorruft, gefunden werden kann.

Rechtsanwalt Dr. Hermann **May** (Hamburg): Der Vorschlag, den der Herr Vorredner gemacht hat, trifft nicht eine Entscheidung der Frage, um welche es sich hier handelt. M. H.! die Frage, welche aufgestellt ist, heißt: Was halten wir für unsere künftige Gesetzgebung für wünschenswerth in Bezug auf diese Kontroverse? Der Herr Vorredner sagt: wir wollen uns gar nicht darüber aussprechen, sondern es diplomatischen Verhandlungen überlassen, wie die Frage beantwortet werden soll.

Ich möchte ein Wort sagen für den Antrag des Herrn Referenten, und zwar auch von einem praktischen Gesichtspunkte aus. Ich bin aus einer Stadt — ich legitimire mich damit zu dieser Bemerkung — in welcher die Frage, ob Domizil oder Nationalität für die Beurtheilung eines Rechtsverhältnisses angewendet werden muß, häufig beantwortet werden muß. Hamburg ist der Aufenthaltsort einer ganzen Reihe von Ausländern. Ich brauche absichtlich den Ausdruck, weil es häufig nicht ein fester Punkt ist, an welchem der Ausländer dauernd seinen Wohnsitz nimmt, sondern ein Rennen und Gehen desselben bezeichnet werden soll. Ob ein Wohnsitz in dem Sinne, wie er verlangt werden würde für die Beurtheilung eines Rechtsverhältnisses, vorliegt, ist solchenfalls häufig außerordentlich schwer zu entscheiden. Es kommt jemand, der drüben, wie wir zu sagen pflegen, sein Bürgerrecht hat, nach Hamburg, bleibt einige Jahre und geht wieder hinüber. Wir sind auch häufig in der Lage zu sehen, daß man, um das ausländische Gesetz nicht auf sich anwenden zu lassen, speziell betreffs Ehescheidungen, in ein Land geht, in welchem nach dem Gesetz eine Ehescheidung ermöglicht wird. Daß man dazu nichts weiter zu thun haben soll als einen Wohnsitz zu nehmen — nicht etwa mit der Absicht, einen ständigen Wohnsitz zu haben, sondern lediglich in der Absicht, seine Ehescheidung, die man sonst nicht erreichen kann, durchzusetzen, das — ich habe immer das Gefühl gehabt und ich glaube, die Versammlung hat es auch — das sollte das Gesetz in einem solchen Fall nicht begünstigen, sondern das inländische Gesetz sollte das bindende Gesetz des Auslandes, unter welchem der Betreffende, abgesehen von der Frage der Ehescheidung, gelebt hat und eigentlich weiter leben will, auch respektiren.

Und, m. H., wir machen auch die Erfahrung, daß, wenn man die Frage des Wohnsitzes für die Beurtheilung der Statusfrage in den Vordergrund stellt, eine Unruhe und eine fortwährende Unsicherheit in der Beurtheilung der Personenfragen entstehen muß. Heute — ich weiß es sehr gut — ist das noch viel drastischer als es später sein wird. Bei der außerordentlichen Verschiedenheit unserer Civilrechte in dieser Beziehung erleben wir ein vollständiges Durcheinander, bei welchem eine große Unsicherheit in Bezug auf die persönlichen Verhältnisse entsteht, speziell auch in Bezug auf die erbrechtlichen Verhältnisse.

Ein oberster Grundsatz wird allerdings Allem vorangestellt werden müssen, daß nämlich die Rechte der Inländer im Verhältniß zum Ausländer geschützt werden müssen und daß namentlich bei kontraktlichen Verhältnissen der Inländer gesichert sein muß, daß nicht ausländisches Recht ihm zum Nachtheil zur Anwendung kommen kann. In solchem Sinne hat z. B. das O. L. G. Hamburg entschieden, — und das Reichsgericht hat ihm zugestimmt — daß bei uns es gebietendes Recht sei, daß das Vermögen für die Schulden des Ehemannes hafte und daß dieses Recht — als Recht des Wohnsitzes — trotz des entgegenstehenden ausländischen Rechtes, unter dessen Herrschaft sonst die Eheleute stehen mögen — auch trotz entgegenstehender Ehekontrakte — angewendet werden muß.

M. H.! Mit der Sicherung der Rechte in solcher Richtung genügt meiner Auffassung nach das inländische Recht den Inländern vollständig, und abgesehen davon hat es die Verpflichtung, das Recht des Ausländers gelten zu lassen und denselben nach seinem Recht zu beurtheilen. Und viel mehr noch ist nach meiner Ueberzeugung für den Fall, wenn der Inländer ins Ausland geht, dafür zu sorgen, daß das Recht, welchem er angehören will und nach welchem er sonst gerichtet wird, auch im Ausland respektirt wird. Die Härte, welche solchenfalls in gewisser Hinsicht bisweilen entsteht, löst sich einfach dadurch, daß derjenige, der wirklich losgelöst sein will von seinem eigenen Recht und das Recht des Wohnsitzes in Anspruch nehmen will, die Möglichkeit hat, dies auf dem entscheidenden Wege kund zu geben, indem er das Staatsbürgerrecht dort erwirbt und damit eine Aenderung des Verhältnisses herbeiführt. Auch auf diese Weise können Härten in Bezug auf vorher entstandene Rechtsverhältnisse, z. B. in Bezug auf das Notherbenrecht vorkommen. Aber, m. H., sobald nur festgehalten wird, daß die Gesetzgebung Ausnahmen in der Weise, wie der Herr Referent es erklärt hat, zulassen muß, ist es unbedingt richtiger und sicherer den Grundsatz zur Geltung zu bringen, den der Herr Referent aufgestellt hat, als denjenigen, den Herr Kollege Fels aufstellt und ich empfehle Ihnen deshalb die Annahme desjenigen, was der Herr Referent beantragt hat.

Rechtsanwalt Dr. v. **Weinrich** (Straßburg): Ich habe meinen Antrag nun formulirt. Er lautet dahin:

> Der Juristentag erklärt es für wünschenswerth, daß dahin gewirkt werde, daß über diejenigen Fälle, in denen eine Kollision des ausländischen Rechtes mit dem inländischen eintritt, welche Kollisionsfälle in den Verhandlungen des XVIII. deutschen Juristentags des näheren bezeichnet sind, Verträge mit den verschiedenen Staaten von Europa und Amerika abgeschlossen werden, welche Verträge dann durch die gesetzgebenden Organe der einzelnen Staaten zu Gesetzen erhoben werden sollen.

Korreferent Geh. Justizrath Dr. **Dorn** (Leipzig): M. H.! Ich wollte mit einigen Worten versuchen, diejenigen Gründe zu widerlegen, die mein Kollege Fels gegen den Antrag des ersten und zweiten Referenten hervorgehoben hat.

Der geehrte Herr Kollege Fels begann seine Ausführungen damit, darauf hinzuweisen, daß es immer bedenklich sei, von dem bisherigen abzuweichen, sich auf neue Bahnen zu begeben, was hier geschehe, indem nach dem bisherigen Recht — so drückte er sich aus — das Recht des Wohnsitzes in den fraglichen Kollisionsfällen als entscheidendes Recht zur Anwendung zu kommen habe. Nun zunächst einmal würde ein solches Fest halten an dem bisherigen sich dann doch jedem Fortschritt entscheidend entgegenstellen. Wenn man nicht beweisen kann, daß das bisherige gut gewesen ist, dann wird man wohl sich entschließen, den Fortschritt zu wagen.

Principaliter aber ist die Frage höchst streitig, ob denn der Zustand, den Herr Kollege Fels festhalten will, wirklich der bisherige Rechtszustand ist; es ist ja das auch eine Kontroverse. Die beiden Herren Gutachter, R.-G.-R. Bähr und Professor v. Bar leugnen, daß die von Herrn Fels vertheidigte Ansicht die communis opinio in Deutschland sei. Aber gesetzt, es wäre dies der Fall, so bleibt zu berücksichtigen, daß wir hier mit einer gesetzgeberischen Frage uns beschäftigen. Es empfiehlt sich also, von dem bisherigen abzugehen, sobald ernste Bedenken gegen die Zweckmäßigkeit und Angemessenheit des gegenwärtigen Rechtes sich geltend machen.

Der Kollege Fels hat vorzugsweise behauptet, es ergäben sich praktisch Unzuträglichkeiten in fraglichen Kollisionsfällen bei Festhaltung der Anwendung des Nationalitätsrechtes, dem die betreffende Person unterworfen ist. Nun, Unzuträglichkeiten — das kann nicht geleugnet werden — ergeben sich ebenfalls, wenn man das Recht des Wohnsitzes als maßgebend hinstellt. Im einen wie im anderen Falle giebt es Unzuträglichkeiten; und daß solche überhaupt vorhanden sind und nicht vollkommen werden beseitigt werden können, das ergiebt sich ja eben schon daraus, daß wir es mit Kollisionsfällen zu thun haben, das Vorhandensein von Reibungen und Schwierigkeiten also vorausgesetzt wird. Es fragt sich nun, in welcher Weise begegnet man ihnen? oder richtiger: auf welcher Seite liegen die geringeren Unzuträglichkeiten?

Ich bin der Meinung, wenn man dem diesseits vorgeschlagenen Antrag zustimmt, so ergeben sich weniger Unzuträglichkeiten als bei Annahme der entgegengesetzten Ansicht, und die Unzuträglichkeiten, die etwa bleiben, können durch Ausnahmebestimmungen gemildert werden, für welche der Art. 84 der Wechselordnung, dessen Grundsatze man eine Erweiterung geben könnte, den Weg zeigt.

Der Herr Kollege Fels meint, das Verkehrsinteresse müsse leiden, wenn derjenige, welcher im Inlande mit einem hier seit Jahren unangefochten domizilirenden Ausländer kontrahiren will, genöthigt sein solle, Nachforschungen darüber anzustellen, ob dieser Ausländer nach den Gesetzen seines Staates handlungsfähig ist. Indessen ist zu berücksichtigen, daß ziemlich die gleichen Schwierigkeiten eintreten, wenn man das im Wohnsitze des Gegenkontrahenten geltende Recht zur Anwendung bringen will; die

Schwierigkeiten steigern sich in diesem Falle noch, wenn eine Gesetzgebung in Frage kommt, nach welcher mehrere Domizile nebeneinander bestehen können. Beispielsweise ist darauf hingewiesen worden, wie schwer es sein würde, vor Eingehung einer Ehe sich darüber Gewißheit zu verschaffen, ob der Ausländer nach den Gesetzen seines Staates zur Schließung einer Ehe befugt ist und ob dem Abschlusse gerade dieser Ehe nach jenen Gesetzen ein Ehestandshinderniß nicht entgegensteht. Auch in dieser Beziehung darf aber behauptet werden, daß die mit der Erforschung der Verhältnisse verbundenen Schwierigkeiten keine größeren sein werden, wenn man dem Rechte des Wohnsitzes das vermöge der Staatsangehörigkeit eintretende Recht substituirt. Als Regel wird der Grundsatz nicht aufgegeben werden können, daß die Handlungsfähigkeit jedes Kontrahenten nach dessen persönlichem Rechte zu bemessen ist und daß jeder Kontrahent sich über das Vorhandensein der Handlungsfähigkeit seiner Gegenkontrahenten zu vergewissern hat. Gilt dies von dem Abschluß gewöhnlicher Geschäfte, so muß es auch gelten, wenn es sich um die Eingehung einer Ehe oder um ein sonstiges Verhältniß handelt, welches das öffentliche Recht berührt.

Wie schon bemerkt wurde, sind die mit der Erkundigungspflicht verbundenen Schwierigkeiten nicht zu vermeiden, und wir können auch für den Fall, daß der Inländer in das Ausland geht, durch unsere Gesetzgebung nicht dahin wirken, daß der Ausländer nach unseren Gesetzen dort behandelt werde. Das Auskunftsmittel, welches einer der Herren Vorredner vorschlug, durch herbeizuführende Staatsverträge dahin zu wirken, daß der hier vorgeschlagene Rechtsgrundsatz auch von den ausländischen Staaten adoptirt werde, mag ganz gut sein, um eine Reciprocität anzubahnen; aber wir haben uns hier nur mit der Rechtsfrage zu beschäftigen, ob das Recht des Domizils oder aber das Recht, welches aus der Staatsangehörigkeit zu folgern sein würde, anzuwenden ist: wir können uns nicht damit beschwichtigen und beruhigen, daß Staatsverträge dies sehr gut ordnen könnten. Wir müssen uns meines Erachtens für einen Grundsatz entscheiden. Und da glaube ich, ist — was auch schon in den beiden Gutachten, namentlich in dem des R.-G.-R. Bähr hervorgehoben ist — nicht außer Betracht zu lassen, daß es leichter sein wird, festzustellen, welcher Nationalität jemand, der unter uns lebt, angehört, als zu ermitteln, ob ein Wohnsitz bei uns oder wo sonst vorliegt. Einmal weil ja Duplicität und Triplicität des Wohnsitzes vorhanden sein kann; sodann, weil ein feierlicher Akt mit der Wohnsitznahme gewöhnlich nicht verbunden zu sein pflegt; während, wenn jemand seine Staatsangehörigkeit aufgiebt und er eine neue gewinnen will, dieß ein Akt ist, der auf unzweideutige Weise in die äußere Erscheinung tritt, und dem man also nachforschen kann. Es wird also in der

That leichter sein, die Staatsangehörigkeit und damit mittelbar das Recht festzustellen, welches in den fraglichen Kollisionsfällen zur Anwendung kommen soll, als zu ermitteln, ob die Voraussetzungen eines Domizils vorhanden sind.

Die Annahme, daß das Recht des Domizils maßgebend sei, führt zu der Konsequenz, die Anwendbarkeit oder Nicht-Anwendbarkeit gewisser Gesetze in Kollisionsfällen der vorliegenden Art von dem freien Entschluß einer Partei abhängig zu machen. Der Domizilwechsel hängt mehr oder weniger von dem Belieben des Einzelnen ab. Es wechselt, wie häufig vorkommt, jemand sein Domizil, um eine Scheidung, die an dem bisherigen Wohnort nicht möglich sein würde, an dem anderen Orte zu ermöglichen. Solche Eventualitäten möglich zu machen, scheint mir nicht die Aufgabe des Gesetzgebers zu sein.

Der Herr Kollege Scherer steht ja eigentlich auf unserer Seite; er sagt nur: es geht nicht so mit einem allgemeinen Grundsatz die Sache abzuthun, es müssen die einzelnen Materien behandelt werden, und bei jeder einzelnen Materie muß festgesetzt werden, ob das Heimathsrecht, ob das Wohnsitzrecht zur Anwendung zu gelangen hat.

Nun, ich glaube, das würde doch nicht richtig sein. Wir müssen von einem Princip ausgehen und das, was Herr Kollege Scherer erreichen will, das wollen wir ja durchaus nicht absolut ausschließen, sondern das kann in die Kategorie von Ausnahmefällen gebracht werden. Ich denke mir in dieser Beziehung eine Bestimmung etwa wie sie § 35 der Einleitung zum preußischen L. R. enthält oder wie sie dem § 8 des sächsischen B. G. B. entspricht, und wie sie auch der mehr erwähnte Art. 84 der deutschen Wechsel-Ordnung aufstellt. Dieser Artikel sagt bekanntlich:

> „Die Fähigkeit eines Ausländers, wechselmäßige Verpflichtungen zu übernehmen, wird nach den Gesetzen des Staates beurtheilt, welchem derselbe angehört. Jedoch wird ein nach den Gesetzen seines Vaterlandes nicht wechselfähiger Ausländer durch Uebernahme von Wechselverbindlichkeiten im Inlande verpflichtet, insofern er nach den Gesetzen des Inlandes wechselfähig ist."

Die Bestimmung ist praktisch und sie gereicht dem Ausländer auch nicht zur Beschwerde. Das natürliche und das billige, auch im Hinblick auf das Verlangen einer Reciprocität von Seiten anderer Staaten, in dieser Beziehung ist, daß man zunächst den Ausländer nicht schlechter behandelt wie den Inländer. Mehr kann eigentlich der Ausländer nicht verlangen. Außerdem nehmen wir Rücksicht auf sein Nationalitätsrecht. Die Handlungsfähigkeit wird danach bemessen, aber es tritt die Modifikation hinzu: wenn die Verpflichtung, von einem Inländer übernommen, gültig wäre, so soll sie auch gegen den Ausländer Bestand haben. Man kann solche Modifikationen statuiren, und die Ausführungen des Herrn Kollegen Jaques haben schon darauf hingewiesen, daß dieselben durch Annahme des Antrages der Referenten nicht abgeschnitten sein sollen. Ich halte es aber für richtig, daß wir uns mit Feststellung des allgemeinen Grundsatzes begnügen und nicht mit der Feststellung der Ausnahmen beschäftigen, welche im Interesse des Verkehres wünschenswerth sein können. Es würde dies eine Kodifizirung der ganzen Materie erheischen.

Eine Bemerkung habe ich noch nachzuschicken. In dem einen der vorliegenden Gutachten wird erwähnt, daß auch das Staatsgefühl geweckt würde, wenn man auf das durch die Nationalität bedingte Recht Rücksicht nimmt, nicht auf das Recht des jeweiligen jedem Wechsel unterworfenen Domizils. Ich bin der Meinung, daß diese Ansicht richtig ist. Wer seine Gesetze so zu sagen mit in das Ausland nimmt, fühlt sich doch mehr angehörig dem Staate, dem er entstammt und zu dem er die Staatsangehörigkeit durchaus nicht aufgeben will. Der Kollege Fels bemerkt, er wolle im Gegentheil gar nicht eine solche Stärkung des Staatsgefühls; das Staatsgefühl, das nationale Gefühl müsse abgeschwächt werden. Das scheint mir gesetzgeberisch kein richtiger Standpunkt zu sein. Wenn das Staatsgefühl durch Annahme des vorgeschlagenen Rechtsgrundsatzes gestärkt werden kann, dann wäre das erst recht ein Motiv für die Annahme. Ich lasse jedoch diesen Punkt ganz bei Seite. Wir haben uns hier allein mit der privatrechtlichen Seite der Sache zu beschäftigen, und in dieser Beziehung scheint mir der Grundsatz, der in dem Antrag des Herrn Jaques aufgestellt ist, durchaus richtig, und ich wiederhole nur, daß nach der Idee, die dem Antrage zu Grunde liegt, gewisse Ausnahmen, die gemacht werden können im Interesse der Sicherheit des Verkehrs, nicht ausgeschlossen sind.

Rechtsanwalt Dr. **Gorius** (Köln): M. H.! Ich habe gegen den Antrag der Herren Referenten ein Bedenken und ich möchte mit ganz kurzen Worten demselben Ausdruck geben, um, wenn möglich, dessen Beseitigung herbeizuführen.

Der erste Herr Referent, Herr Jaques, hat mit vollem Recht an die Spitze seiner Ausführungen den Satz gestellt, daß die Voraussetzung der Geltung des Nationalitätsprincips ein einheitliches Recht in der betreffenden Nation ist und sein muß. Das ist ja ein Grundsatz, der sich auch gar nicht verkennen läßt. Nun sind wir Deutsche im Begriff, ein einheitliches Recht zu erhalten. Indessen die ganze Frage des Nationalitätsprincips ist doch wesentlich eine der Gegenseitigkeit, und es läßt sich meines Erachtens gar nicht verkennen, daß bei einer Reihe von Staaten und Völkern — ich denke augenblicklich an Nord-Amerika, ich kann auch die Schweiz in Betracht ziehen, die Beispiele ließen sich natürlich vervielfältigen

— eine einheitliche Kodifikation nicht existirt, und mein Bedenken gegen den Antrag der Herren Referenten ist einfach das: Wenn in das neue deutsche C. G. B. der Grundsatz aufgenommen wird: es entscheidet das Recht der Nationalität — wie stellen sich dann die Fälle, wenn im Ausland ein nationales einheitliches Recht überhaupt nicht besteht? Wie werden wir den Nordamerikaner, bei dem in verschiedenen Materien eine ganze Reihe verschiedenartiger Grundsätze gilt, wie werden wir eventuell den Schweizer, bei dem in den Kantonen ebenfalls eine ganze Reihe von Verschiedenheiten obwalten, hier behandeln? Und ich leite daraus das fernere Bedenken ab, ob nicht wenigstens die These, die von den Herren Referenten vorgeschlagen worden ist, irgend eine Modifikation dahin erleiden muß, daß eben, sofern ein einheitliches Recht in den anderen Staaten nicht besteht, es doch vorläufig wenigstens bei dem Wohnsitz bleiben muß.

Ich möchte diesen Punkt eben angeregt haben und würde ganz gewiß sehr dankbar sein, wenn er seine Widerlegung fände, da, was mich persönlich angeht, ich, abgesehen von diesem Bedenken, ganz unzweifelhaft dem Gutachten der Herren Referenten beitreten möchte.

Präsident: Zur Erläuterung. Ich habe den Antrag so verstanden, daß das Recht der Staatsangehörigkeit zur Grundlage genommen werden soll als Regel, und daß, wenn in einem Staat, z. B. einem Bundesstaat, der Bundesstaat aus verschiedenen Territorien besteht, das Recht des Territoriums dasjenige ist, welches als Recht der Staatsangehörigkeit gilt, z. B. das Recht des Kantons Bern, das Recht des Kantons Basel; das ist Schweizerrecht, aber Schweizerrecht in diesem Sinn, daß nicht sowohl der Wohnsitz urgirt werden müsse als das Territorium des Staates. Der Kanton ist doch auch ein selbstständiger Staat in diesem Sinne. So habe ich den Antrag verstanden. Will vielleicht einer der Herren Referenten sich darüber äußern? Herr Dr. Jaques?

Rechtsanwalt Dr. **Gorius** (Köln): Dann würde meines Erachtens immerhin vielleicht eine Präzisirung des Antrags doch zweckmäßig erscheinen.

Referent Hof- und Gerichts-Advokat Dr. **Jaques** (Wien): Ich möchte zuerst den letzten Punkt nur mit ein paar Worten berühren.

Ich sehe ab von der Frage der Rechtseinheit, da wir ja nicht die Rechtseinheit anderer Staaten durch unsere Bestimmungen herstellen können, meine aber, das letztberührte Bedenken erledigt sich damit, daß, wenn in anderen Staaten das Recht des Wohnsitzes gilt, die Anwendung des fremden Rechtes ja auf die Anwendung des Rechtes des Wohnsitzes zurückführt. Es wird naturgemäß dann derjenige, der im Auslande nach seinem Wohnsitzrecht beurtheilt würde, wenn er hier sein Domizil hat, infolge der Anwendung des ausländischen Rechtes wieder nach dem hiesigen Wohnsitzrecht beurtheilt. Ich glaube, daß das ausreicht, um die Bedenken des verehrten Herrn Vorredners zu beseitigen. Eine Formulirung, welche das noch speziell hervorhebt, scheint mir wenigstens vollständig überflüssig zu sein.

Ich will, ehe ich auf ein paar weitere Bemerkungen so kurz als möglich zurückkomme, noch erwähnen, daß von mehreren Seiten bemerkt worden ist, es sei wünschenswerth, unsere These in Bezug auf Regel und Ausnahmen, auf den leitenden Grundsatz und dessen Einschränkungen, von denen ich ja selbst eingehend gesprochen habe, in dem Antrag selbst so präzis als irgend möglich zum Ausdruck zu bringen. Ich glaube also, daß es zweckmäßig ist, anstatt „es sei von dem Grundsatz auszugehen" lieber zu sagen „es sei als Regel der Grundsatz aufzustellen." Dies entspricht dem Wunsche einiger Herren und es soll damit jedes mögliche Mißverständniß beseitigt und ganz präzis zum Ausdruck gebracht sein, welchen Werth man auf die Ausnahmen legt. Ich zweifle nicht, daß auch der verehrte Herr Korreferent damit einverstanden sein wird, es ändert natürlich an der Sache selbst gar nichts.

Nun lassen Sie mich, nachdem mein verehrter Herr Vorredner seinem speziellen Kollegen schon mehreres entgegengehalten hat, noch einiges hinzufügen.

Herr Kollege Fels scheint davon ausgegangen zu sein, es sei meine Absicht gewesen, dafür einzutreten, daß das französische System solle adoptirt werden. Das ist mir gar nicht eingefallen. Ich habe von den verschiedenen Systemen gesprochen, und da mußte ich natürlich das französische als dasjenige anführen, welches von der Geltung der Staatsangehörigkeit ausgeht; aber deshalb das französische System zu adoptiren ist mir gar nicht in den Sinn gekommen. Wenn also der verehrte Herr Redner mir dann entgegengehalten hat, daß das französische Recht eine andere Bestimmung für den Fall trifft, als jemand seinen Wohnsitz dauernd im Ausland genommen hat, so wird er mir hoffentlich zutrauen, daß ich den Satz des französischen Rechts „sans esprit de retour" nicht ignorirt habe. Aber ich möchte dann doch bitten zu sagen, — ich glaube, es dürfte außerordentlich schwer sein — wie diese Bestimmung des französischen Rechts in der Praxis ausgelegt wird und ob nicht die höchst mannigfache Auslegung zeigt, daß man gewiß keinen Grund hat, sich an eine solche Bestimmung anzuschließen; wie denn überhaupt — ich accentuire das — von den französischen Schriftstellern, Praktikern und Theoretikern mehr und mehr anerkannt wird, daß das französische Recht in der ganzen Lehre ein außerordentlich schwankendes geworden ist. Der eine Satz ist klar, den ich citirt habe, der Art. 3, den ich für den richtigen halte. Im Uebrigen ist das französische Recht dürftig und unsicher; ich erinnere nur an die Bestimmungen des Erbrechts und das droit d'aubaine, welches durch das Gesetz vom Jahre 1819 modifizirt worden ist, aber noch immer nicht in einer Weise, welche den modernen Rechtsanschauungen entspricht.

Nun ist mir in den Ausführungen des verehrten Kollegen Fels eins eigenthümlich vorgekommen. Er hat den Grundsatz aufgestellt: für die allgemeine rechtliche Stellung einer Person ist das Recht ihres Wohnsitzes maßgebend, — und dann hat er gesagt: es soll der Fremde nach unserem Recht beurtheilt werden, und das muß er auch acceptiren; wir sind nicht berufen, ein anderes Recht auf ihn anzuwenden u. s. w. — und dann hat er als auf ein höchst wichtiges Moment sich darauf berufen, daß dort, wo von der Vollstreckung der Urtheile in der deutschen C.-P.-O. die Rede ist, die Gegenseitigkeit vorgesehen ist. Wie sich die Dinge combiniren, zu erklären: es soll im materiellen Recht keine Gegenseitigkeit bestehen, wir sollen das Recht des Wohnsitzes für den Inländer für den Status gelten lassen und die Ausländer nach unserem einheimischen Recht beurtheilen, und damit soll Hand in Hand gehen, daß die Vollstreckung der Urtheile unter der Bedingung des Eintritts der Gegenseitigkeit erfolge — auf das Gebiet dieser Kombination kann ich dem verehrten Kollegen Fels nicht folgen.

Nun eine weitere Frage, die Ehescheidung. Da ist auf jenen Konflikt zwischen dem sächsischen Obergericht hingewiesen worden und zwischen dem R.-G., der vielfach erwähnt wird, der offenbar eine bedeutende Erregung hervorgerufen haben muß und bei dem die Frage in den Vordergrund trat, inwieweit das sächsische Gesetz, das ich selbst angeführt habe, durch die Entscheidung des R.-G. als nicht mehr vollständig geltend anzusehen sei. Es liegt also da etwas vor, was noch speziell meine Heimath betrifft, schwankende Entscheidungen in Bezug auf eine Ehescheidung, bei welcher Oesterreicher in Frage kommen. Nun, ich frage Sie, m. H., kann es wo ein besseres Argument für die Grundsätze geben, die wir hier zu vertreten uns erlaubt haben, als die Möglichkeit solcher Konflikte und solcher Divergenzen und als die Anerkennung des R.-G. in der Ehescheidung, auf die ich mir hinzuweisen erlaubt habe? Welche Schwierigkeiten, welche Aufforderung zu Umgehungen des Gesetzes, und welcher abnorme Zustand durch die Geltung einer Ehescheidung in einer gewissen Form, in dem fremden Lande, und die Ungültigkeit in dem eigenen Lande! Ich erinnere Sie an den famosen Fall Beaufremont, der ja zu einer ganzen Literatur Anlaß gegeben hat. Naturalisation in Deutschland, infolge dessen Eingehung einer zweiten Ehe, und die durchgreifende Behauptung, daß diese Ehe in Frankreich null und nichtig ist. Ich erinnere Sie an gewissermaßen analoge Fälle, die wir in Bezug auf unsere siebenbürgischen Ehen haben, bezüglich ihrer der oberste Gerichtshof in der neuesten

Zeit erklärt hat, daß sie durch Umgehung des Gesetzes hervorgerufen und demnach ungültig seien. Lauter Fälle, wo die Geltung der Principien des gegenwärtigen Rechtes zu Konflikten und zu ganz abnormen Zuständen führt; lauter Fälle, welche eine Reihe von Gerichten schon dahin gedrängt haben, im Wege ihrer Urtheilsbegründung das herbeizuführen, was die Bestimmung des sächsischen Gesetzes vom Jahre 1879 und die Bestimmung des schweizer Bundesgesetzes, die ich Ihnen citirt habe, festgestellt haben, daß nämlich eine Eheschließung gar nicht stattfinden, eine Ehetrennung ferner nicht ausgesprochen werden soll, wenn man sich früher nicht vergewissert hat, daß dieses Urtheil, daß dieses Erkenntniß in dem Heimathslande zur Geltung kommen wird. Die Interpretation formirt sogar mitunter die gesetzlichen Normen, die da bestehen, unter der Einwirkung des revoltanten Gefühls, das jeder haben muß, wenn er sieht, daß in den wichtigsten Lebensbeziehungen, Eingehung der Ehe, Frage der Legitimität der Kinder, alles abhängig gemacht ist von Bestimmungen, welche gar keine Garantie einer einheitlichen Rechtsprechung geben.

Nun sagt der eine verehrte Herr Kollege: Staatsverträge. Gewiß, das ist gut; aber ich meine: da muß auch der andere wollen. Wie können wir ihn denn dazu zwingen? Und man weist hin auf die Reciprocität. Da muß ich denn doch sagen: einer muß den Anfang machen. Das gilt auch gegenüber den Worten des letzten Sprechers. Auf den ersten Anfang kommt es an. In Italien ist er gemacht worden und es ist außerordentlich zweckmäßig, wenn wir auf demselben Gebiete nachfolgen; denn dies fördert die wahre Reciprocität und ruft sie hervor, ich möchte sagen, zwingt moralisch dazu sie einzuführen, wenn man dem fremden Staatsbürger sein Recht anerkennt nach seinem Land, und wenn man ihm nicht das heimische Recht aufdrängt.

Wie erwähnt, es ist eine Frage, die so unendlich viele Gesichtspunkte darbietet, daß man sich selbst die äußerste Einschränkung auferlegen muß. Ich möchte also nicht weiter auf das eingehen, was der verehrte Herr Kollege Fels noch in Bezug auf das Staatsgefühl gesagt, was übrigens schon Kollege Dorn berührt hat; ebensowenig auf die Einwendungen gegen die Behauptung, die ich aufgestellt habe, daß die Rechts- und Handlungsfähigkeit eng zusammenhängen mit den lokalen, ich möchte sagen mit den physikalischen Zuständen des Landes. Dem gegenüber wurde gesagt, wenn sich jemand bei uns acclimatisirt und längere Zeit bei uns wohnt, so geht das auch auf ihn über. Das verstehe ich nicht so ganz. Wenn man z. B. Grund hat anzunehmen, daß etwa ein Südländer früher reif wird als ein Nordländer, so ist das eine Thatsache, die mit den physischen Verhältnissen zusammenhängt, und wenn z. B. jemand bei uns, ein Oesterreicher, nach dem italienischen Süden hinuntergeht und er auch noch so lange dort wohnt, so wird an diesen Naturanlagen nach meinem Erachten nicht das allergeringste geändert. Man kann also nicht behaupten, daß der Wohnsitz irgend ein Moment enthielte, das sich auf die Frage des Zeitpunkts der Handlungsfähigkeit anwenden ließe.

Dasselbe ist's endlich und schließlich mit der Behauptung, es sei nicht wahr, daß der Wohnsitz ein äußerliches Kriterium ist. Es ist ja ganz gewiß, daß der Wohnsitz sich durch seine Dauer und Form zu einer Form entwickeln kann, die der Staatsangehörigkeit außerordentlich ähnlich ist. Wenn jemand seinen Wohnsitz durch zwanzig Jahre an einem und demselben Ort hat, so wird er natürlich so ziemlich dahin kommen, diesem Staate, in dem er wohnt und alle seine Lebensverhältnisse bestehen, bis zu einem gewissen Grade sich zugehörig zu fühlen. Aber was ist denn der Gegenstand meiner Behauptung gewesen? Der Wohnsitz sei eine ganz wechselnde, eine willkürliche, eine subjektive Thatsache, er könne von einem Tag zum anderen geändert werden, und deshalb sei es nicht korrekt, ist es nicht richtig, die wichtigsten Lebensverhältnisse, wie den Status, wie die Ehe, wie die Familienverhältnisse abhängig zu machen von dem äußerlichsten aller Kriterien, welches lediglich abhängig ist von der Willkür des Einzelnen.

Nur eins will ich noch hinzufügen. Es betrifft die Frage der Veränderung des ehelichen Güterrechts durch den Wechsel des Wohnsitzes. Soll etwa die Stellung der Frau abhängig gemacht werden — wir sehen dabei ab von der Unwandelbarkeit, für die das deutsche Reichsgericht sich schon erklärt hat — werden von der Frage, wohin der Ehemann zu gehen Lust hat? So sind also die Konsequenzen, zu denen man durch die Zugrundelegung des Wohnsitzrechtes unausbleiblich kommt, gerade für die wichtigsten, für die ethischen Beziehungen, für das, was den Menschen am tiefsten erfüllt und sein ganzes Leben am meisten beherrscht.

Das sind die Gründe, — ich wage nicht noch länger zu sprechen — welche es rechtfertigen, daß wir den Antrag in dieser behutsamen, die Ausnahmen nicht präkludirenden Form, vom Standpunkte der Abtheilung aus dem Juristentage zur Annahme empfehlen wollen. (Bravo!)

Justizrath Dr. **Fels** (Leipzig): M. H.! Nur einige Worte.

Ich möchte einen Punkt, den Herr Kollege Dr. Jaques in meiner Ausführung unklar gefunden hat, aufklären.

Ich habe zunächst auszuführen gesucht vom praktischen Standpunkte aus, daß wir die Ausländer, die bei uns domizilirt sind, in Bezug auf ihre bisherige Stellung nach dem inländischen Recht beurtheilen sollen. Dann habe ich gesagt, wir könnten nun allerdings, wenn wir den praktischen Maßstab anlegen, die andere Frage: sollen die Deutschen, die im Ausland domizilirt sind, auch nach dem Recht ihres Wohnsitzes beurtheilt werden, oder nach dem Recht des Staatsbürgerrechtes? anders beantworten. Allein auch hier zwängen praktische Gründe, namentlich die Rücksicht auf unsere C.-P.-O. uns, das Recht des Wohnsitzes als maßgebend anzuerkennen; sonst kämen wir in einen Konflikt. Wir erkennen nach der C.-P.-O. an, daß das ausländische Gericht competent ist, in Angelegenheiten unserer Mitbürger zu urtheilen, und wir kommen in die Lage, solche Urtheile eines ausländischen Gerichtes, bei denen das ausländische Gericht in Bezug auf unseren Mitbürger nicht unser Recht, sondern sein Recht, das Recht des Wohnsitzes angewendet hat, vollstrecken zu müssen. Würden wir nun, wenn die Angelegenheiten unseres Mitbürgers zufällig in Deutschland gerichtlich abzuurtheilen sind, anders entscheiden, so würden wir demjenigen, was wir auf der einen Seite zugeben, widersprechen. Die ausländischen Gerichte können wir ja einmal nicht zwingen, unser Recht anzuwenden. Wir konzediren ihnen, daß sie ihr eigenes Recht, das Recht des Wohnsitzes anwenden. Wir würden also die Angelegenheiten unserer Mitbürger in Verwirrung bringen, sie würden bald so, bald anders beurtheilt werden, wenn das Recht des Wohnsitzes in unseren Gerichten nicht maßgebend wäre.

Referent Hof- und Gerichtsadvokat Dr. **Jaques**: Ich dachte, daß ich schon das Schlußwort gehabt hätte. Ich will mir nun eine einzige Bemerkung noch zu machen erlauben.

Ich möchte den verehrten Herren anheimgeben, in Erwägung zu ziehen, ob nicht die Bemerkungen, die der verehrte Herr Kollege Fels gemacht hat und die auch früher wiederholt gemacht worden sind, darauf beruhen, daß man die Frage des materiellen Rechtes und die Frage des Prozeßrechtes nicht ganz scharf auseinanderhält. Ich sehe ab davon, das jetzt noch weiter zu begründen, aber mir kommt es vor, daß es mehrfach der Fall gewesen ist, und daß die Aeußerung über die Frage der Regelung des Gerichtsstandes, über die Kompetenzfrage doch im allerentferntesten nicht maßgebend sind für die Frage des materiellen Rechtes; man hat also da wohl Civilrecht und Civilprozeß in eine Kombination oder Verbindung gebracht, die nicht vollkommen zutrifft.

Präsident: Es liegen drei Anträge vor. Der Inhalt der Anträge ist folgender.

Antrag der beiden Herren Referenten — ich lese ihn gleich in der modifizirten Form vor —:

> In den, die Rechts- und Handlungsfähigkeit, ferner die familienrechtlichen und die erbrechtlichen Verhältnisse betreffenden Kollisionsfällen des internationalen Privatrechts ist als Regel der Grundsatz aufzustellen, daß das Recht des Wohnsitzes durch das vermöge der Staatsangehörigkeit eintretende Recht zu ersetzen sei.

Antrag des Herrn Justizrath Dr. Fels:

Der Juristentag empfiehlt:

für die allgemeine rechtliche Stellung einer Person ist das Recht ihres Wohnsitzes maßgebend.

„für die allgemeine rechtliche Stellung" dafür würden eventuell die Worte:

für den Status und für die Handlungsfähigkeit einer Person, substituirt werden können.

Der Antrag des Herrn Dr. von Weinrich:

Der Juristentag erklärt es für wünschenswerth, daß dahin gewirkt werde, daß über diejenigen Fälle, in denen eine Kollision des ausländischen Rechtes mit dem inländischen eintritt, welche Kollisionsfälle in den Verhandlungen des achtzehnten deutschen Juristentags des näheren bezeichnet sind, Verträge mit den verschiedenen Staaten von Europa und Amerika abgeschlossen werden, welche dann in den verschiedenen Staaten zu Gesetzen erhoben werden.

Ich verstehe nun diesen letzten Antrag dahin, daß, gleichviel ob das Princip der Staatsangehörigkeit acceptirt wird oder das Princip des Wohnsitzes, noch ein Wunsch dahin angeknüpft werden kann, daß Staatsverträge abgeschlossen werden, so daß also dieser Antrag jedenfalls zur Abstimmung kommen wird, während im übrigen die beiden Anträge sich entgegenstehen. Der Herr Justizrath Fels verneint die gestellte Frage. Er sagt, das vermöge der Staatsbürgerschaft eintretende Recht soll nicht das jetzt geltende Recht des Wohnsitzes verdrängen; er will sogar positiv aussprechen, daß es richtig sei, als jetzt geltendes Recht anzuerkennen, daß das Recht des Wohnsitzes maßgebend sei. Diejenigen Herren, welche dem Antrage des Herrn Justizrath Fels zustimmen wollen, müßten den Antrag der beiden Herren Referenten verneinen. Wird der Antrag der beiden Herren Referenten, den ich zuerst zur Abstimmung bringen will, angenommen, so halte ich damit den Antrag des Herrn Justizrath Fels für erledigt, und ich werde dann noch den Antrag des Herrn v. Weinrich zur Abstimmung bringen. Umgekehrt wird der Antrag der beiden Herren Referenten abgelehnt, so werde ich den Antrag des Herrn Justizrath Fels wegen der Fassung zur Abstimmung bringen und immer noch den Antrag des Herrn v. Weinrich.

Ich bitte nun diejenigen Herren, welche dem Antrag der beiden Herren Referenten zustimmen wollen, daß also das Princip der Staatsangehörigkeit als Regel eintreten soll, sich zu erheben. (Geschieht.)

Ist mit sehr großer Mehrheit angenommen. Damit ist der Antrag des Herrn Justizrath Fels erledigt.

Nun wäre noch die Frage, ob der Wunsch vom Juristentag ausgesprochen werden soll, daß dahin gewirkt werde, Staatsverträge über diese Verhältnisse unter den Kulturstaaten abzuschließen.

Diejenigen Herren, welche einen solchen Wunsch noch außerdem aussprechen wollen, bitte ich sich zu erheben. (Geschieht.)

Der Antrag ist abgelehnt.

Ich weiß nicht, welcher von den beiden Herren Referenten dem Plenum Bericht erstatten will. Ich überlasse es ihnen, sich darüber zu verständigen, wer die Mittheilung an das Plenum zur Kenntnißnahme machen will.

Wir kommen jetzt zur letzten Frage unter 4, eine ganz speziell das französische Recht betreffende Frage:

> Finden die Beschränkungen der deutschen C. P. O. für die Zwangsvollstreckung (§ 715) nach rheinischem Rechte Anwendung auf das Recht des Vermiethers an Sachen des Miethers?

(Die Mehrzahl der Anwesenden entfernt sich.)

M. H., wollen Sie einen Augenblick noch verweilen. Wenn wir in so geringer Zahl übrig bleiben, daß irgend ein Nutzen der Berathung nicht eintreten kann, so wäre es vielleicht zweckmäßiger, diese Frage einer nähern Erörterung überhaupt nicht zu unterziehen. (Zustimmung.)

Ich gebe aber jedenfalls dem Herrn Rechtsanwalt Strauß noch das Wort, der eine Mittheilung in Bezug auf diesen Gegenstand machen wollte.

Rechtsanwalt Dr. **Strauß** (M.-Gladbach): M. H.! Ich hatte nur um einige Worte gebeten, um im Anschluß an den Punkt, der jetzt zur Berathung steht, mich eines Auftrages zu entledigen und eine Anregung für einen der nächsten Juristentage zu geben. Es ist mir Seitens des Centralverbandes der deutschen Haus- und städtischen Grundbesitzervereine der Auftrag geworden, Sie zu bitten, sich recht bald bei einem der kommenden Juristentage damit zu beschäftigen, daß das deutsche Miethrecht sich mehr und mehr einheitlich gestalte und zweckmäßig geregelt werde und Sie zu bitten, bei dieser Gelegenheit auch darauf Rücksicht zu nehmen, daß eine einheitliche Gesetzgebung geschaffen wird, welche dem Vermiether gegen böswillige und säumige Miether eine genügende Sicherheit und Handhabe giebt. Die Frage, die heute hier zur Debatte stand, die aber nicht mehr zur Besprechung kommen wird, hat mir Veranlassung gegeben, in dieser Abtheilung diesem Wunsche Ausdruck zu geben und dieses Auftrages mich zu entledigen. Der Verbandstag der deutschen Haus- und Grundbesitzervereine hat im vorigen Monat in Halle stattgefunden, und ich habe bei dieser Gelegenheit den angegebenen Auftrag bekommen, dessen ich mich jetzt entledige und zwar entledige mit Zustimmung des Herrn Geh. Justizrath v. Wilmowski und des verehrten Vorsitzenden Herrn

Präsidenten Dr. Drechsler. Ich richte daher nunmehr öffentlich an den Herrn Präsidenten Dr. Drechsler die Bitte, bei der ständigen Deputation dem von mir vorgetragenen Wunsche Ausdruck zu geben und zu veranlassen, daß bei einem der nächsten deutschen Juristentage in dieser Beziehung geeignete Schritte geschehen. Der Centralverband der deutschen Haus- und Grundbesitzervereine ist der Ansicht, daß dadurch, daß dem Vermiether eine sichere Handhabe und eine schnelle Justiz gegen böswillige und säumige Miether gegeben wird, eine Hebung und Stärkung des städtischen Grundbesitzes, der gegenwärtig in vielen Beziehungen darniederliegt und sich seiner Schwäche bewußt ist, bewirkt wird.

Präsident: Ich will in dieser Beziehung bemerken, daß von der ständigen Deputation diese Anregung jedenfalls in weitere Erwägung gezogen werden und wenn thunlich, dem Wunsche entsprochen werden wird. Ich möchte nur den Herrn Sprecher ersuchen, die Wünsche seiner Auftraggeber nach einer bestimmten Richtung in formulirter Gestalt vielleicht dem Herrn Schriftführer Geh. Justizrath v. Wilmowski gelegentlich zugehen zu lassen, denn wir können mit einer ganz allgemeinen Bezeichnung hier nicht durchkommen, wir müssen immer etwas spezieller eingehen.

Rechtsanwalt **Strauß**: Ich darf mir vielleicht noch ein Wort im Anschluß daran gestatten. Wir haben bereits mit Rücksicht auf das bürgerliche Gesetzbuch, welches wir erwarten, eine Eingabe bei dem Reichsjustizamt eingereicht und darin eine Reihe von Thesen aufgestellt, welche wir eventuell der Begutachtung des Juristentags unterbreiten könnten.

Präsident: Dann wären, wenn dieser vierte Gegenstand nicht insofern mehr Anklang findet, daß eine Berathung stattfinden könnte, die Verhandlungen der Abtheilung geschlossen, und kann ich Ihnen nur danken für die Ausdauer, die Sie heute und namentlich auch gestern bewiesen haben.

Ich schließe also die Sitzung.

(Schluß der Sitzung 11 Uhr 35 Minuten.)

Erste Sitzung der zweiten Abtheilung am 9. September 1886.

(Beginn: Vormittags 10½ Uhr.)

Justizrath **Makower** (Berlin): M. H., im Auftrage der Deputation eröffne ich die Sitzung der Abtheilung. Das erste Geschäft ist die Wahl des Vorsitzenden. In den Verhandlungen des vorigen Juristentages war Herr Landgerichtspräsident Becker aus Oldenburg Vorsitzender der Abtheilung und die Deputation schlägt Ihnen vor, demselben Herrn wieder den Vorsitz zu übertragen. Wenn kein Widerspruch erfolgt, darf ich annehmen, daß die Versammlung mit dem Vorschlage einverstanden ist. (Es erfolgt kein Widerspruch.) Ich ersuche demnach den Herrn Landgerichtspräsidenten Becker den Vorsitz zu übernehmen.

Landgerichtspräsident **Becker** (Oldenburg): Ich eröffne die Sitzung und erlaube mir vorzuschlagen, als meinen Stellvertreter Herrn Justizrath Dr. Herz zu wählen. Als Schriftführer hat sich erboten Herr Gerichtsassessor Dr. Marsson. Wenn derselbe verhindert sein sollte, wird vielleicht einer oder der andere der Herrn bereit sein, an seine Stelle einzutreten. Als geschäftliche Mittheilung bemerke ich anschließend an die Worte des Herrn Präsidenten, daß wir bald zur Vorbereitung der Wahlen für die ständige Deputation schreiten werden. Ich ersuche daher die Herren, welche in Bezug auf die Wahlen der Vertrauensmänner Vorschläge machen wollen, Ihre Wünsche dem Schriftführer mitzutheilen, heute während der Sitzung. Am Schluß der Sitzung werden wir die Namen zusammenstellen und ich werde die Ehre haben, das Resultat Ihrer Wahlen zur Deputation in der nächsten Sitzung mitzutheilen. Ich erlaube mir weiter zu bemerken, daß nach verschiedenen der Deputation zugekommenen Wünschen aus der Mitte der Versammlung man der Ansicht ist, daß die ständige Deputation sich etwas mehr, als die bisherigen Wahlen ergeben haben, erneuern möchte, und die Deputation den Beschluß gefaßt hat, Ihnen vorzuschlagen, wenigstens 4 Mitglieder aus der Deputation ausscheiden zu lassen. Diese 4 Mitglieder sind, abgesehen von dem verstorbenen Generalstaatsanwalt Dr. v. Schwarze, Oberlandesgerichtspräsident Dr. Kühne, Landesgerichtspräsident Bardeleben, beide verhindert durch Krankheit, und außerdem Herr Reichsgerichtsrath Petersen. Die Mittheilung, die ich Ihnen in dieser Hinsicht gemacht habe, ist eine unmaßgebliche und nur sofern Sie mit dem Vorschlage einverstanden sind, sind wenigstens für diese 4 Herren neue Mitglieder in die ständige Deputation einzustellen. Was nun unsere heutigen Geschäfte anlangt, so wird es wohl das Richtigste sein, wenn wir die Reihenfolge, in der uns die Fragen zur Beantwortung vorliegen, festhalten und heute wenigstens die Fragen 5 und 6 erledigen. Wir sind durch den Umstand dazu gezwungen, daß unser geehrtes Mitglied Herr Rechtsanwalt Dr. Rießer aus Frankfurt a. M., Referent für Nr. 5 und Gutachter über Frage 6, an der morgenden Sitzung theilzunehmen verhindert ist. Was die Reihenfolge betrifft, so möchte ich vorschlagen, die Frage, die voraussichtlich die wenigste Zeit in Anspruch nimmt, vorweg zu nehmen, und diejenige, die längere Zeit beanspruchen wird, folgen zu lassen. Demgemäß möchte ich mit Frage 6:

Sind im deuschen bürgerlichen Gesetzbuche Grundsätze über den Konto-Korrentverkehr aufzustellen?

Gutachter Dr. Rießer, Referent Justizrath Makower, beginnen. Wenn kein Widerspruch gegen diese Tagesordnung erfolgt, werde ich Herrn Justizrath Makower bitten, uns sein Referat zu erstatten. Wer das Wort zu haben wünscht, den ersuche ich sich deshalb beim Schriftführer zu melden.

Referent Justizrath **Makower**: M. H.! Ueber die Frage: Sind im deutschen bürgerlichen Gesetzbuche Grundsätze über den Konto-Korrent-Verkehr aufzustellen? hat Herr Dr. Rießer ein Gutachten erstattet. Derselbe macht zunächst darauf aufmerksam, daß eine Regelung dieser Materie in das H.-G.-B., nicht in das bürgerliche Gesetzbuch gehören würde, verneint dann aber überhaupt ein Bedürfniß, solche Grundsätze zu codificiren und erklärt, daß dies nicht einmal wünschenswerth sei.

Die Frage nach dem Orte, wo die Regelung eventuell zu erfolgen hätte, kann wohl auf sich beruhen; so richtig es ist, daß der Konto-Korrent-Vertrag dem Handelsverkehr entsprungen ist und ein solcher Vertrag auch unter Nicht-Kaufleuten nach den Anschauungen des Handelsverkehrs zu beurtheilen ist, so läßt sich doch noch nicht übersehen, ob und in welchem Umfange ein besonderes H.-G.-B. neben dem künftigen bürgerlichen Gesetzbuche erforderlich sein wird. Auch scheint mir, daß die gestellte Frage gar nicht auf eine Entscheidung über den Ort abzielt, wo eventuell Bestimmungen zu treffen sind.

In der Hauptsache trete ich aber ganz dem Gutachten des Herrn Dr. Rießer bei. Zwei Schwierigkeiten sind in dieser Materie vorhanden: 1. die Findung einer für alle Fälle zutreffenden Definition und 2. die Entscheidung im einzelnen Falle, ob die Voraussetzungen des Konto-Korrent-Vertrages vorliegen.

Die zutreffende Definition zu finden ist nicht Sache des Gesetzgebers, sondern der Wissenschaft, welche wenn auch nicht über den besten Wortlaut doch im Großen und Ganzen genommen sich über den Begriff geeinigt hat. Die Beurtheilung des konkreten Falles, ob wirklich ein Konto-Korrentvertrag geschlossen, ist Sache des Richters, welcher theils darin Schwierigkeiten finden wird, daß dieser Vertrag häufig nur stillschweigend geschlossen wird, theils darin, daß der Verkehr sich der Formen des Konto-Korrents bedient, wo in Wahrheit ein solcher Vertrag nicht zu Grunde liegt. In allen diesen Beziehungen kann das Gesetz wenig helfen.

Herr Dr. Rießer legt seinen Ausführungen folgende Definition zu Grunde:

> Der Kontokorrentvertrag ist ein Vertrag, welcher auf gegenseitige Kreditgewährung mit der Maßgabe gerichtet ist, daß erst die durch (periodischen) Rechnungs-Abschluß zu ermittelnde Differenz zwischen der ganzen Debet- und Kredit-Masse feststellen soll, wer Gläubiger und wer Schuldner ist.

Diese Definition ist ausführlicher als die von dem Holländischen Rechtsgelehrten Levy in seinem bekannten Buche über den Kontokorrentvertrag gegebene, wäre aber vielleicht doch noch am Schlusse in etwas zu ändern. Hier ist aber nicht der Ort, auf die allerspitzesten Fassungsfragen einzugehen und deshalb glaube ich kann man mit Herrn Dr. Rießer von seiner Definition ausgehen. Von dieser Grundlage aus geht der Herr Votant darauf über, nachzuweisen, welche Konsequenzen sich daraus ergeben, daß bedungen ist, es solle die gegenseitige Kreditgewährung so geschehen, daß die einzelnen Leistungen nur als Faktoren der künftigen Abrechnung und als Theile des gewährten, als Einheit gedachten Kredits gelten sollten. Es folge hieraus der Ausschluß der Kompensation bis zur Zeit des bedungenen Rechnungsabschlusses, der Ausschluß der Gesetze über die Anrechnung von Zahlungen, die Unmöglichkeit der Einforderung einzelner Posten des Kontokorrents, daher auch die Unmöglichkeit sie zum Gegenstand des Arrestes und der Exekution zu machen, endlich der Ausschluß der Verjährung der einzelnen Posten, resp. das Ruhen der Verjährung bis zur Abrechnung. Dies Alles seien jedoch Konsequenzen, über welche die

Wissenschaft und Rechtsprechung einig seien, so daß es deren Feststellung durch Gesetz nicht bedürfe.

Einige Kontroversen blieben übrig, welche allerdings aus der Natur des Kontokorrentvertrags heraus zu entscheiden seien, namentlich ob auch Wechselforderungen u. dergl. während der Dauer des Kontokorrent-Verhältnisses im Zweifel nicht einklagbar seien, ob die Anerkennung des Saldo die Wirkung der Novation hat und ob durch dieselbe die Sicherheit und Vorzugsrechte der Einzelposten erlöschen.

Mit Recht bemerkt Herr Dr. Rießer, daß der Gesetzgeber nicht jede Kontroverse entscheiden solle und daß sich ein dringendes Bedürfniß für deren Erledigung bisher nicht geltend gemacht hat. — Auch über diese Fragen liegen übrigens Entscheidungen des Reichsgerichts vor, die nicht immer mit einander übereinstimmen, weshalb es gerathen scheint, die wiederholte Erörterung jener Kontroversen den Gerichten zu überlassen, bis sich eine bestimmte Ansicht herausgebildet hat. Diese Vertiefung würde durch ein positives Eingreifen der Gesetzgebung eher verhindert werden.

Endlich bemerkt Herr Dr. Rießer, daß eine große Anzahl von Fragen, welche bei Erörterung des Kontokorrentvertrages in der Literatur angeregt sind, gar nicht aus der Natur dieses Vertrages zu entscheiden seien, sondern nach anderen allgemeinen Grundsätzen. Hierhin rechnet er vorzüglich die Fragen, welche überall wiederkehren, wo eine Rechnung mit Debet und Kredit aufgemacht wird und es zu einer Anerkennung kommt, namentlich ob der Rechnungssteller an seine Aufmachung gebunden ist, wenn der andere Kontrahent sein Debet bestreitet, ob auf Rechnungsstellung geklagt werden kann, welche Wirkung die Abrechnung und die Anerkennung des Saldo hat, namentlich ob die gemeinschaftliche Feststellung das Saldo novirt, ob die Anerkennung des Saldo anfechtbar ist, ob die Kredit-Hypothek und inwieweit sie gültig ist u. dgl. m.

In der That können alle diese Fragen nicht für den Kontokorrentvertrag allein, sondern müssen allgemein regulirt werden. Es bleibt daher für den Gesetzgeber kaum mehr über den ersteren zu sagen übrig, als in dem einen oder in den zwei bezüglichen §§ des Handelsgesetzbuchs gesagt ist.

Der Herr Gutachter schließt mit der Bemerkung, daß es nicht nur nicht erforderlich, sondern nicht einmal wünschenswerth wäre, Bestimmungen über den Kontokorrentvertrag zu treffen, weil dadurch derogirende Handelsgebräuche unmöglich gemacht und ergänzende erschwert würden, was bei einem in der Entwickelung begriffenen Institute des Handelsverkehres sehr bedauerlich wäre.

Ich kann nur wiederholen, daß ich in allen diesen Beziehungen mich vollkommen dem Gutachten des Herrn Dr. Rießer anschließe und mit ihm den Beschluß empfehle:

> Die Abtheilung erachtet es nicht für wünschenswerth, daß im deutschen bürgerlichen Gesetzbuche Grundsätze über den Kontokorrentverkehr aufgestellt werden.

Der Beschluß würde den Sinn haben, daß auch in ein künftiges Handelsgesetzbuch nach Ansicht der Abtheilung nicht mehr Bestimmungen über den Kontokorrentvertrag aufzunehmen seien, als in dem jetzt geltenden Handelsgesetzbuch enthalten sind.

Präsident: Wünscht jemand das Wort? Vielleicht können wir, da der Herr Gutachter mit dem Referenten einverstanden ist, und sich sonst niemand zum Wort meldet, ohne Weiteres zur Abstimmung über den Antrag des Referenten übergehen, der dahin geht:

> Es empfiehlt sich nicht, im deutschen bürgerlichen Gesetzbuche Grundsätze über den Konto-Korrentverkehr aufzustellen.

Referent Justizrath **Makower**: Ich habe eine kleine Erklärung hinzuzufügen, damit man es nicht so versteht: im bürgerlichen Gesetzbuche nicht, warum nicht im Handelsgesetzbuche? Darum habe ich es für nöthig gehalten, den Sinn etwas näher anzugeben.

Präsident: Wünschen Sie eine Aenderung des Antrages?

Rechtsanwalt Dr. **May**: Darf ich um das Wort zu der Frage bitten? — Es geht mir eine Kleinigkeit zu weit, was der Herr Referent in diesem Augenblick in seinen Antrag hineingebracht hat. Mit dem Gutachten des Herrn Kollegen Rießer und gestützt durch die Auktorität des Herrn Referenten bin ich auch der Meinung, daß die Lehre von dem Konto-Korrent noch als etwas ganz im Flusse befindliches anzusehen ist. Wer sich viel mit handelsrechtlicher Praxis abzugeben hat, der muß das Gefühl haben, daß speziell das, was über den Konto-Korrent bis jetzt geschrieben ist, namentlich auch das Buch des Kollegen Levy mit den Zusätzen des Kollegen Rießer etwas stark theoretisirt, und daß eine ganze Reihe von Momenten in der praktischen Behandlung des Konto-Korrents eintreten, über welche man eine Klarheit aus diesen Schriften nicht gewinnen kann. Das Leben gestaltet den Konto-Korrentverkehr sehr verschieden und er verläuft nicht immer ganz so, wie er in diesen Schriften angenommen ist. Ich bin auch immer der Meinung gewesen, daß wir sehr gut auskommen könnten mit dem, was an Bestimmungen über den Konto-Korrent existirt, oder wenn man die zahlreichen handelsrechtlichen Präjudicien des Reichsoberhandelsgerichts, wie sie z. B. in der Ausgabe des Handelsgesetzbuches von Litthauer zusammengestellt sind, durchsieht und ferner vergleicht, was das Reichsgericht bereits in dieser Materie erkannt hat, so sagt man sich, daß es weiterer gesetzlicher Bestimmungen nicht bedarf. Soweit gehe ich konform; nun aber heute, wo von der Aenderung eines Handelsgesetzbuches nicht die Rede ist, schon auszusprechen, daß in einem demnächstigen Handelsgesetzbuche, als in einer nicht absehbaren Zeit, zu empfehlen sei nichts anderes hinzuzusetzen über den Konto-Korrentverkehr, als was im Handelsgesetzbuche existirt, also ein oder zwei Bestimmungen, die nicht einmal den eigentlichen Konto-Korrentverkehr, sondern auch den kleinen Verkehr der Kaufleute berühren, also auszusprechen, daß niemals weitere Bestimmungen, nicht bloß beim bürgerlichen Gesetzbuche, sondern auch nicht bei einer Durchsicht des Handelsgesetzbuches über das Konto-Korrentrecht zu treffen seien, als solche, aus denen man Grundsätze abzuleiten vermag für Kaufleute, die mit einander verabredet haben im Konto-Korrentverkehr zu stehen, das scheint mir etwas zu weit zu gehen, und ich halte es nicht für praktisch politisch, das auszusprechen. Der Juristentag sagt, wir haben für jetzt kein Bedürfniß dafür zu sein, daß irgendwie etwas festgestellt wird über den Konto-Korrentverkehr, so finde ich das richtig, aber zu sagen, unsere Bestimmungen sind so gut und sie genügen so sehr, daß, wenn wir ein Handelsgesetzbuch herstellen, nichts weiter über das Konto-Korrent hineinzubringen nöthig sei, das scheint mir zu weit zu gehen. Ich möchte anheimgeben, ob sich der Referent nicht mit dem begnügen will, was in seinem Antrage, den er hat abdrucken lassen, ausgedrückt ist.

Präsident: Ich erlaube mir zu bemerken, wenn kein besonderer Antrag gestellt wird, bleibts lediglich bei dem bereits gedruckten Antrage. Ueber den Sinn kann eine Abstimmung nicht erfolgen.

Rechtsanwalt Dr. **May**: Ich verstand es auch so. Ich hätte das Wort nicht ergriffen, hätte nicht der Referent gesagt und das schien vom Herrn Präsidenten gebilligt, „das schließt das in sich, daß" u. s. w. So hat es der Referent gesagt.

Präsident: Das hat der Herr Referent gesagt, aber ich nicht. Es scheint mir richtig, über die Worte des Herrn Referenten abzustimmen; nicht über den Sinn, den der Referent denselben unterlegt, wenn auch aus dem Mangel jeden Widerspruchs ein Einverständniß mit diesem Sinn zu folgern sein mag.

Referent Justizrath **Makower**: Die Sache erklärt sich so: ich bin zweifelhaft, ob, wenn erst ein bürgerliches Gesetzbuch geschaffen ist, wir ein besonderes Handelsgesetzbuch bekommen, und in welchem Umfange, ob man vielleicht bloß das Gesellschaftsrecht, das Fracht- oder Transportrecht besonders behandelt und im Uebrigen die andern Materien durch besondere Bestimmungen im Civilgesetzbuch erledigt findet. Wenn der Anerkennungsvertrag und die Lehre über die Anfechtung anerkannter Rechnungen gehörig regulirt werden, so sind damit $^3/_4$ aller praktischen Fragen über Anerkennung des Saldo erledigt. Durch meine Erklärung soll dem Mißverständniß vorgebeugt werden, als ob wir sagen wollten, derartige Bestimmungen sind nicht in das Gesetzbuch aufzunehmen, wohl aber in das Handelsgesetzbuch. Andererseits soll der Beibehaltung der Bestimmungen, welche wir bereits haben, nicht widersprochen werden.

Rechtsanwalt Dr. **Heinsen** (Hamburg): Ich möchte mir erlauben vorzuschlagen in Uebereinstimmung mit der Meinung des Herrn Referenten, die Frage so zu beantworten: „es empfiehlt sich nicht, gesetzlich Grundsätze über den Konto-Korrentverkehr aufzustellen." Ich glaube nicht, daß es nothwendig ist, wie das der Meinung des Herrn Dr. May entsprechen würde, zu sagen: es empfiehlt sich zur Zeit nicht, gesetzlich Grundsätze für den Konto-Korrentverkehr aufzustellen; denn das versteht sich von selbst. Jedes Gesetz unterliegt einmal, wenn die Verhältnisse und Bedürfnisse sich ändern, auch einer Aenderung. Darüber braucht man nichts weiter zu sagen. Alles was man sagt, sagt man für heute, und es ist nicht ausgeschlossen, daß auch der Juristentag auf Grund veränderter Verhältnisse später einmal zu von den heutigen abweichenden Ansichten und zu anderen Beschlüssen gelangt. Für jetzt wird es sich nur darum handeln, was heute unsere Meinung ist, und da bin ich in Uebereinstimmung mit dem Referenten der Ansicht, man soll nicht sagen: „im deutschen bürgerlichen Gesetzbuch", um das Mißverständniß auszuschließen, daß die Materie im Handelsgesetzbuche oder einem anderen besonderen Gesetze zu behandeln sei; ich glaube jedoch, wir werden diesem Mißverständnisse am besten und am einfachsten ausweichen, indem wir den Beschluß so wie von mir angegeben formuliren: es empfiehlt sich nicht, gesetzlich Grundsätze über den Konto-Korrentverkehr aufzustellen.

Rechtsanwalt Dr. **May**: Wenn ich auch einsehe, daß es ganz richig ist, daß die Worte „zur Zeit" oder „heute" an und für sich selbstverständlich sind und man sie nicht hineinzusetzen braucht, so macht sich es doch wieder etwas wunderbar, wenn man sagt, es empfiehlt sich nicht, gesetzlich Grundsätze über den Konto-Korrentverkehr aufzustellen. Wir sind eigentlich alle derselben Meinung. Ich ziehe den Antrag des Hern Dr. Heinsen dem des Herrn Referenten vor, ich will aber anheimgeben, ob nicht der Herr Referent etwa folgende Fassung auch annehmen würde: es bedarf nach der Ansicht des Juristentags einer gesetzlichen Feststellung von Grundsätzen über den Konto-Korrentverkehr nicht. Es hat das den Unterschied, daß man nicht sagt „es empfiehlt sich nicht, gesetzlich etwas festzustellen", eine Form, an die ich mich schwer gewöhnen kann.

Rechtsanwalt Dr. **Rießer** (Frankfurt a. M.): Wenn Herr Dr. May uns vielleicht vorschlüge, zu sagen: „es bedarf nach Ansicht der Abtheilung einer Codificirung der Grundsätze des Konto-Korrentverkehrs" nicht, würde es richtiger sein.

Rechtsanwalt Dr. **May**: Das entspricht ganz meiner Meinung, wenn man nur einen andern Ausdruck für Codification wählen würde.

Referent Justizrath **Makower**: Man könnte vielleicht statt „Codificirung" „einer umfassenden Regelung" sagen. Ihr Antrag schließt aber nicht aus, daß auch die Bestimmungen fortfallen sollen, die wir haben. Das möchte ich nicht. Das sind subsidiäre Bestimmungen, die wir brauchen, während man es wohl verstehen wird, wenn wir sagen: es empfiehlt sich nach der Meinung der Abtheilung nicht, umfassende Grundsätze über Regulirung des Konto-Korrentverkehrs gesetzlich festzustellen.

Rechtsanwalt **Kaulla** (Stuttgart): Ich möchte die Abtheilung nicht aufhalten und nur das Motiv auch hinzufügen, aus welchem, meines Erachtens, die Abtheilung recht daran thut, eine gesetzliche Regelung der Grundsätze über den Konto-Korrentverkehr nicht zu verlangen. Es ist nämlich durchaus nicht ausgeschlossen, daß auch unter Nichtkaufleuten der Konto-Korrentverkehr besteht und es liegt daher auch kein Grund vor, ihn gerade im Handelsgesetzbuch zu regeln. Wenigstens sind mir in der Praxis zwei wichtige Fälle von eigentlichem Konto-Korrentverkehr unter Nichtkaufleuten vorgekommen.

Es läßt sich daher Alles ganz schön dahin vereinigen, daß die Fassung für den Beschluß der Abtheilung gewählt wird, die ich meine gehört zu haben, und ich bitte daher nur, daß dieselbe nochmals verlesen werde.

Referent Justizrath **Makower**: „Es empfiehlt sich nicht, gesetzlich umfassende Grundsätze für den Konto-Korrentverkehr aufzustellen" würde der Antrag lauten.

Präsident: Ist das der jetzige Antrag? (Zustimmung.)

Rechtsanwalt Dr. **May**: Wenn der Herr Referent nicht etwa einverstanden ist zu sagen statt „es empfiehlt sich nicht", „die Abtheilung erklärt, es bedarf nicht" u. s. w.

Präsident: Der Antrag des Referenten geht jetzt dahin, zu sagen: Die Abtheilung spricht aus, nach ihrer Ansicht empfiehlt es sich nicht, gesetzlich umfassende Grundsätze für den Konto-Korrentverkehr aufzustellen. Wie stellt sich jetzt zu diesem Antrage das Amendement zu dem früheren Antrage von Seiten des Herrn Dr. Heinsen.

Rechtsanwalt Dr. **Heinsen**: Ich ziehe meinen Antrag zurück.

Präsident: Wir haben also lediglich noch diesen Antrag. Wünscht noch jemand über den Antrag das Wort?

Rechtsanwalt Dr. **Fuld** (Frankfurt a. M.): In der Sache selbst scheint man vollständig einig zu sein. Es genügen die kurzen Andeutungen, die im Handelsgesetzbuche enthalten sind. Der jetzt modificirte Antrag des Referenten scheint mir aber das Gutachten und das Referat zu entkräften, indem er das Wort „umfassende" Grundsätze aufnimmt und somit nur umfassende Grundsätze ausschließen will. Ich glaube wir könnten uns einfach mit dem Satze begnügen: es empfiehlt sich nicht, gesetzlich Grundsätze über den Konto-Korrentverkehr aufzustellen. Damit ist nicht gesagt, daß die alten wegfallen sollen, sondern wird nur negirt, daß neue zu schaffen seien, damit nicht eine Erstarrung eintrete. Ich möchte den Referenten bitten, das Wort „umfassende" zu streichen. Ich glaube wir werden allseitig damit einverstanden sein. Mit Kollege May bin ich nicht einverstanden, daß man sage, es ist kein Bedürfniß vorhanden, Grundsätze aufzustellen, sondern ich möchte eher umgekehrt sagen, es ist ein Bedürfniß, keine aufzustellen.

Referent Justizrath **Makower**: Sie meinten, wir sollten sagen, es empfiehlt sich nicht, gesetzlich weitere Grundsätze über den Konto-Korrentverkehr aufzustellen. Das ist richtig, das ist unser Sinn, aber die Fassung „weitere" klingt schlecht, wenn man nicht hinzufügt: „als solche, welche wir bereits haben."

Rechtsanwalt Dr. **Fuld**: Ich glaube es genügt, wenn Sie „umfassende" streichen; denn es handelt sich ja nur darum, daß keine neuen gesetzlichen Bestimmungen getroffen werden, mögen sie umfassend sein oder nicht, während niemand daran denkt, die bereits in dem Handelsgesetzbuch enthaltenen Sätze abzuschaffen.

Präsident: Die Sache liegt jetzt so: Der Antrag des Referenten geht dahin, „es empfiehlt sich nicht, gesetzlich umfassende Grundsätze über den Konto-Korrentverkehr aufzustellen." Zu diesem Antrage liegt der wiederaufgenommene Antrag des Dr. Heinsen vor, statt dessen zu sagen, „es empfiehlt sich nicht, gesetzlich Grundsätze über den Konto-Korrentverkehr aufzustellen." Wenn der Referent nicht noch das Wort zum Schlusse wünscht, kommen wir zur Abstimmung. Das Amendement kommt zunächst zur Abstimmung. Wenn es angenommen wird, ist damit der Antrag des Referenten erledigt, wenn es abgelehnt wird, kommt der Antrag des Referenten zur Abstimmung. Ich ersuche nun diejenigen Herren, welche dem ursprünglichen, nachher wieder aufgenommenen Antrage des Herrn Dr. Heinsen entsprechend sagen wollen, daß die Abtheilung ausspricht,

> „es empfiehlt sich nicht, gesetzlich Grundsätze über den Konto-Korrentverkehr aufzustellen",

sich zu erheben. (Geschieht.) Das ist die Majorität. Damit ist das Wort „umfassend" gefallen. Ich kann ohne Weiteres vorschlagen, wenn kein

Widerspruch erfolgt, daß der Referent die Güte haben möge, das Resultat unserer Verhandlung im Plenum zur Kenntnißnahme mitzutheilen, da die Angelegenheit zur Berathung im Plenum sich nicht eignet.

Referent Justizrath **Makower**: Vielleicht übernimmt einer der Herren das ganze Referat der Abtheilung, der Bericht über die vorliegende Sache ist ja nur negirend.

Präsident: Es kann ja immer abgeändert werden, lassen wir es jetzt dabei. Es erfolgt kein Widerspruch. Wenn kein anderer Beschluß gefaßt wird dahin, daß Einer alle Referate übernimmt, so wird Herr Makower die Freundlichkeit haben, die Sache im Plenum vorzutragen.

Zweiter Gegenstand, Frage 5. Es sind verschiedene geschäftliche Behandlungen möglich. Es können für alle hier in Frage kommenden Fälle dieselben Gesichtspunkte geltend gemacht werden, auf der anderen Seite ist das konkrete Detail so überwiegend bei den einzelnen Fragen, daß es mir nicht wünschenswerth erscheint, Referat wie Verhandlung zu gleicher Zeit über alle vier Fragen zu erstrecken. Ich schlage im Einverständniß mit beiden Referenten vor, für die vier Theile Referat, Verhandlung und Beschlußfassung zu theilen. Es wird gegen diese Geschäftsbehandlung Widerspruch nicht erhoben.

Justizrath **Makower**: Dürfen wir nicht eins und zwei kombiniren, so sehr ich anderntheils damit einverstanden bin, drei und vier besonders zu behandeln?

Präsident: Es ist dagegen nichts zu erinnern, ich will nur darauf aufmerksam machen, daß über das Gutachten des Herrn Dr. Hecht aus Mannheim eine verschiedene Antwort ertheilt ist.

Rechtsanwalt Dr. **Rießer**: Ich möchte bitten, es bei den Vorschlägen des Herrn Präsidenten zu belassen. Die Gesichtspunkte, aus denen die Fragen eins und zwei und drei und vier zu erwägen sind, sind durchaus nicht die nämlichen.

Justizrath **Makower**: Ich ziehe meinen Antrag zurück.

Präsident: Wir schreiten zur Verhandlung über den ersten Satz: „Es soll bestraft werden, wer öffentlich in Bekanntmachungen wissentlich falsche Thatsachen vorspiegelt oder wahre Thatsachen entstellt, um zur Betheiligung an einem Anlehen zu bestimmen." Das erste Wort hat der Referent Herr Dr. Heinsen. Ich erlaube mir noch zu bemerken, daß der Antrag des Gutachters der Besprechung, aber nicht der Abstimmung unterliegt, wenn er nicht von einem der Herren aufgenommen wird.

Referent Rechtsanwalt Dr. **Heinsen** (Hamburg): Bereits zwei Juristentage haben sich mit dem Spekulationsverkehr in Zeitkaufsgeschäften beschäftigt. Auf dem 16. Juristentage stand zur Frage, ob Differenzgeschäfte zu verbieten oder zu beschränken seien, die Frage wurde verneint auf Grund der Ueberzeugung, daß der Spekulation, auch wenn sie in der Form sogenannter Differenzgeschäfte auftrete, als unentbehrlicher treibenden Kraft des Handelsverkehrs überhaupt ein Hinderniß nicht bereitet werden dürfe, trotz der manchen Mißbräuche und Auswüchse, welche bei diesen Geschäften und bei dem Verkehr mit den zur Spekulation besonders geeigneten Objekten vorkommen. — Daß aber solche Mißbräuche und Auswüchse vorkommen, sowie daß die bisherige Gesetzgebung zu deren Repression nicht ausreiche, daß aber ein Bedürfniß hierzu in derartiger Weise bestehe und deshalb auf Mittel gesonnen werden müsse, denselben in wirksamer Weise entgegenzutreten, das wurde unter Beifall des größten Theiles der Versammlung von verschiedenen Seiten geltend gemacht.

Als nächstliegendes Schutzmittel hatte man an die Herstellung einer Börsenordnung und die Ausstattung der Börsenorgane mit einer straffen Disciplinargewalt gedacht, und eine darauf gerichtete Frage wurde dem 17. Juristentage zur Beantwortung vorgelegt. Auch diese Frage wurde jedoch verneint, weil dieses Mittel nur eine Einengung der dem Handel erforderlichen freien Bewegung zur Folge haben werde, ohne dessen Auswüchse abzuschneiden, und man überhaupt eine Befriedigung des fraglichen Bedürfnisses nicht durch den Handelsverkehr allgemein treffende Maßregeln zu suchen habe, der Gesetzgeber vielmehr sein Augenmerk auf ein Einschreiten gegen die einzelnen speziellen in die Erscheinung tretenden Handlungen zu richten habe, in denen die schlimmsten beim Spekulationsverkehr vorkommenden Mißbräuche zu finden seien.

Als solche wurden von dem Referenten diejenigen vier aufgestellt, welche den Gegenstand der dem heutigen Juristentage vorgelegten Fragen bilden. Im Wesentlichen trat auch hierin der vorige Juristentag seinem Referenten bei, er glaubte aber behufs besserer Vorbereitung die Entscheidung dem nächsten Juristentage überlassen zu sollen, und wie Recht er damit that, beweist das heute vorliegende Gutachten des Herrn Dr. Hecht, der für sämmtliche vier Fragen zu einer verneinenden Antwort gelangt, und das zum Theil aus Gründen, die in der vorigen Versammlung noch gar nicht einer Erörterung unterzogen waren.

Von den viererlei Handlungen, respektive Handlungsweisen, deren Strafbedrohung heute in Frage steht, betrifft die erste das Emissionsgeschäft, nur die zweite das Verfahren des Spekulanten, die beiden letzten aber die Fernhaltung gewisser Personenklassen von einer Betheiligung am Spekulationsverkehr durch Zeitkaufsgeschäfte.

Die einzelnen Fragen betreffen verschiedene völlig selbständige Handlungen. In Uebereinstimmung mit dem Gutachten werde ich auf jede einzelne für sich eingehen.

Die erste Frage lautet:

> Ist mit Strafe ꝛc. zu bedrohen: Wer öffentlich in Bekanntmachungen wissentlich falsche Thatsachen vorspiegelt oder wahre Thatsachen entstellt, um zur Betheiligung an einem Anlehen zu bestimmen?

Es ist dies eine Wiederholung des Art. 249 d Nr. 1 des neuen Aktiengesetzes, angewandt auf Anlehen statt wie dort auf Aktienunternehmen, mit dem einzigen wohl kaum beabsichtigten und den Sinn nicht verändernden Unterschiede im Eingang: „wer öffentlich in Bekanntmachungen“ statt wer „in öffentlichen Bekanntmachungen ꝛc.“

Man wird daher auch die aufgestellte Frage in derselben Weise zu verstehen haben, wie dieselben Ausdrücke des Art. 249 d Nr. 1 zu verstehen sind und respektive verstanden werden.

Demnach ist die Beifügung des Wortes „öffentlich“ nicht mit dem Gutachter für überflüssig zu erachten, sondern dessen Bedeutung die: auszudrücken, daß es sich nicht um für einen beschränkten Interessentenkreis berechnete Bekanntmachungen, sondern nur um solche Bekanntmachungen handelt, welche derart erlassen werden, daß sie zur Kenntniß von gleichviel wie viel oder welchen Personen gelangen können.

Vergl. Motive zum St.-G.-B. (5. Abschn. VI.) p. 87. — Ring, Kommentar zur Aktiengesellschaft p. 586. — Fuld im Gerichtssaal XXXVII. p. 449.

Erheblicher ist eine Meinungsdifferenz, in der ich mich mit dem Herrn Gutachter darüber befinde, was in der uns vorliegenden Frage resp. dem Art. 249 Nr. 1 unter den „vorgespiegelten falschen Thatsachen“ zu verstehen sei. Der Herr Gutachter will hierunter nur solche Thatsachen verstehen, welche geeignet sind einen Irrthum zu erregen, unter Bezugnahme auf das Nahrungsmittelgesetz, welches im § 12 Nr. 1 denjenigen mit Strafe belegt, welcher wissentlich Gegenstände verkauft ꝛc., deren Genuß die Gesundheit zu schädigen geeignet ist, und Patentgesetz § 40, welcher mit Strafe bedroht diejenigen, welche für Gegenstände, deren Verpackung, oder in öffentlichen Anzeigen oder sonstigen Kundgebungen, sich einer Bezeichnung bedienen, die geeignet ist den Irrthum zu erregen, daß ein Patentschutz vorhanden sei. Diese Beispiele lassen sich leicht vermehren, z. B. St.-G.-B. Art. 186, 187, 189 (Verleumdung in ihren verschiedenen Richtungen), 229 und 324 (Vergiftung), 308 (Brandstiftung an Eigenthum des Brandstifters), 346 (Strafentziehung durch einen Beamten).

Aber gerade die ganz gewöhnliche Wiederkehr dieser ausdrücklichen Bestimmung in unserer Gesetzgebung, wenn dieselbe beabsichtigt, den bösen Willen (resp. ein Verschulden) zu strafen ohne Rücksicht auf den Eintritt oder Nichteintritt des Erfolges, dagegen aber auch nur dann, wenn die Willensäußerung zur Hervorrufung des Erfolges wenigstens geeignet war, muß einiges Bedenken erregen, ohne weiteres in gleicher Weise ein Gesetz zu behandeln, das solche Bestimmung nicht enthält.

Der Herr Gutachter scheint zu seiner von mir angefochtenen Interpretation wesentlich auch nur dadurch bewogen zu sein, weil sie ihm ein Mittel zu bieten schien zur Vereinigung der sonst in den beiden Thatbeständen: „Vorspiegelung falscher Thatsachen" und „Entstellung wahrer Thatsachen", in Bezug auf die Irrthumserregung gefundenen, vom Gesetzgeber gewiß nicht beabsichtigten, Verschiedenheit. Während er nämlich letztes bezeichnet als „Thatsachen, welche existiren, sind anders dargestellt worden, als sie existiren", charakterisirt er die Vorspiegelung falscher Thatsachen als „Thatsachen, welche gar nicht existiren, sind als existirend hingestellt worden, indem man es verstanden hat einen Irrthum zu erregen." Der Herr Gutachter übersieht, daß auch wenn man unter Vorspiegelung die Mittheilung falscher Thatsachen, welche geeignet sind Irrthum zu erregen, versteht, damit eine Vereinigung mit dem anderen Thatbestande der Entstellung noch keineswegs gewonnen würde, weil in dem Begriff der Entstellung nicht mit Nothwendigkeit enthalten ist, daß sie zur Irrthumserregung geeignet sei, wie dies der Gutachter auch selbst nicht behauptet. Ich meine aber, daß das Moment der Irrthumserregung gar nicht in dem Begriff der Vorspiegelung, sowenig wie in dem Begriff der Entstellung enthalten ist, sondern nur die Wirkung einer erfolgreichen Vorspiegelung resp. Entstellung ist, diese selbst aber nur in der Hinstellung nicht existirender Thatsachen als existirend allenfalls mit dem Bestreben, den irrigen Glauben an das Hingestellte zu erwecken, besteht,

so auch Ring zu art. 249d, und so wird auch im Str. G. B. 263 die Irrthumserregung als Folge der Vorspiegelung erfordert.

Entscheidend gegen die Meinung des Herrn Gutachters scheint mir aber folgende Erwägung zu sein. — Bekanntlich hat das Reichsgericht in einer vom 24. Mai 1880 datirenden Entscheidung der vereinigten Straffenate*) den Versuch mit untauglichen Mitteln für strafbar erklärt und diesen Grundsatz mit voller Konsequenz auch später in einzelnen Fällen zur Anwendung gebracht: 1880 Entscheidung I. p. 451 (Tödtungsversuch an einem todtgeborenen Kinde); 1883 Entscheidung VIII. p. 198 (Abtreibungsversuch bei einer nicht Schwangeren); 1883 Entscheidung VIII.

---

*) S. Entsch. Bd. I. p. 439.

p. 351 (Versuch der Urkundenfälschung durch Herstellung einer Nichturkunde); speziell aber auch bei dem Betrugsversuch mit zur Irrthumserregung nicht geeigneten Darstellungen [1881 18. Februar II. S. s. Blum's Annalen III. p. 241]. Es ist hier nicht meine Aufgabe, diese vielseitig angefochtenen Entscheidungen auf ihre Richtigkeit einer Prüfung zu unterziehen. Zweifellos waren dieselben den Verfassern des Aktiengesetzentwurfes vom Jahre 1884 und den denselben berathenden Kommissionen bekannt. Wenn nun, wie dies die Motive ergeben, den Verfassern und Berathern des neuen Aktiengesetzes die Strafvorschriften der bisherigen Gesetzgebung nicht genügten und deren Verschärfung dadurch gesucht wurde, daß man aus dem Betrugsbegriff des § 263 St.-G.-B. einzelne Requisite ausschied, den Rest aber als selbstständiges Delikt im Art. 249 d. Nr. 1 aufstellte; und wenn hierbei ferner als alleinige Einschränkung die Nichtaufnahme der Unterdrückung wahrer Thatsachen in den Thatbestand des Art. 249 d. Nr. 1 hervorgehoben wurde; — so ist denn doch gewiß nicht anzunehmen, daß auch noch die fernere Einschränkung beabsichtigt wurde, daß die Vorspiegelung und Entstellung von Thatsachen, um strafbar zu sein, zur Irrthumserregung geeignet sein müßten. Wäre eine solche Absicht vorhanden gewesen, so würde Angesichts der erwähnten Reichsgerichts-Entscheidungen dies sicherlich zum klaren unzweideutigen Ausdruck gebracht und der Art. 249 d Nr. 1 nicht so formulirt sein, wie er uns jetzt vorliegt.

Ich bin somit der Meinung, daß im Art. 249 d. Nr. 1 die Vorspiegelung falscher Thatsachen wie die Entstellung wahrer Thatsachen, auch wenn dieselbe zur Irrthumserregung nicht geeignet ist, mit Strafe bedroht ist, und deshalb dasselbe auch als Sinn unserer Frage anzunehmen ist.

Im Uebrigen werde ich mich über deren Verständniß einer Ausführung enthalten können, indem ich nur hervorhebe, daß in dem nachcitirten Art. des neuen Aktiengesetzes, und somit auch nach der ihm nachgebildeten Frage nicht mit Strafe bedroht sein soll die Aeußerung von Meinungen, Hoffnungen, Urtheilen, sondern nur von falschen Thatsachen, ferner, wie schon erwähnt, nicht die Unterdrückung wahrer Thatsachen, daß die Vorspiegelung und respective Entstellung geschehen muß zu dem Zweck zur Theilnahme an einem A.-Unternehmen — hier an einem Anlehn — zu bestimmen, und daß das wissentlich geschehen muß sowohl in Rücksicht auf die Falschheit, wie auf den Zweck der Falsifikaten. Weder eine gewinnsüchtige Absicht noch eine Vermögensbenachtheiligung, die Beabsichtigung oder das Bewußtsein einer solchen wird erfordert. (S. Verhandlungen des Reichstags.)

Und nun zur Beantwortung der Frage selbst.

Der Herr Gutachter verneint dieselbe. Er meint, die Bejahung würde ein Gesetz sanktioniren, dessen Zweck allein die Erzwingung der Wahrheit in Bekanntmachungen sei, ein Gesetz, welches, indem weder das Merkmal der Irrthumserregung noch der Vermögensbeschädigung ihm wesentlich sei, lediglich das subjektive Verhalten in Erwägung ziehe, damit aus dem Rahmen unseres Strafrechtssystems trete und jedes organischen Zusammenhanges mit unserer wissenschaftlichen Erkenntniß und Forschung entbehre. Der lediglich subjektive Thatbestand einer wahrheitswidrigen Bekanntmachung genüge nicht zur Konstruktion einer straffälligen Handlung, es müsse mindestens eine Irrthumserregung hinzutreten, ohne deren Forderung unsere gesammte strafrechtliche Wissenschaft und Praxis ohne jeden ersichtlichen Grund durchbrochen werde.

Müsse man aber eine Irrthumserregung fordern, so sei auch bei mangelnder Vermögensbeschädigung, wenn eine gewinnsüchtige Absicht vorhanden, der Thatbestand eines Betrugsversuches gegeben, also die Erlassung eines besonderen Gesetzes überflüssig. Fehle es dagegen an einer gewinnsüchtigen Absicht, so erscheine es doch nicht angemessen, über den hier in Frage stehenden Fall für sich allein einen Beschluß zu fassen, sondern empfiehlt der Gutachter, auf einem späteren Juristentage die Strafbarkeit aller Fälle der nicht gewinnsüchtigen fraudulosen Benachtheiligung zur Frage zu stellen und zugleich auch die Erweiterung der civilrechtlichen Haftbarkeit derjenigen in Erwägung zu ziehen, welche wissentlich in öffentlichen Angeboten von Aktien (Promessen oder Interimsscheinen) oder Obligationen oder in einer zur Vorlegung an das Handelsgericht bestimmten Erklärung oder Urkunde falsche Thatsachen vorspiegelten oder wahre Thatsachen entstellten.

Gegenüber diesen letzten zwei einem späteren Juristentage zur Erwägung empfohlenen Fragen erlaube ich mir nur zu bemerken, daß eine civilrechtliche Haftbarkeit doch wohl von dem Vorhandensein eines Schadens zu bedingen, und zur Frage zu stellen sein würde: die Erweiterung der civilrechtlichen Haftbarkeit der Erlasser von öffentlichen Angeboten auf Schadenersatz.

Und betreffs der anderen Frage nach der Strafbarkeit aller Fälle der nicht gewinnsüchtigen fraudulosen Benachtheiligung, daß „nicht gewinnsüchtig" und „fraudulos" einen Widerspruch enthält, da fraudulos = betrügerisch das Merkmal der Gewinnsucht einschließt. Nach den vom Gutachter angeführten Beispielen wird er statt fraudulos vermuthlich haben sagen wollen „absichtlich."

Mag aber ein folgender Juristentag sich mit den von dem Herrn Gutachter angeregten Fragen beschäftigen, es kann uns dies nicht abhalten, auf die heute uns vorliegende Frage näher einzugehen, weil es sich bei dieser weder um eine civilrechtliche Haftbarkeit noch um eine Benachtheiligung, auch nur eine nothwendiger Weise beabsichtigte Benachtheiligung handelt, sie also von jenen Fragen des Gutachters nicht ergriffen wird.

Aber auch sonst kann ich mit dem Herrn Gutachter weder im Resultat noch in seinen Erwägungen übereinstimmen.

Allerdings ist mit dem Art. 249 d Nr. 1 ein neues Delikt in unsere Strafgesetzgebung eingeführt und dasselbe geschieht durch eine Erweiterung desselben auf Bekanntmachungen, welche die Bestimmung zu einem Anlehen bezwecken.

Ueber die Merkmale dieses Delikts speziell im Vergleich zum Betrug und Betrugsversuch habe ich mich bereits ausgelassen und es wird daraus hervorgehen, daß selbst bei vorliegender gewinnsüchtiger Absicht das hier in Rede stehende Delikt keineswegs mit dem Betrugsversuch zusammenfällt, weil dieser stets das Bewußtsein einer mit der Handlung verknüpften Vermögensbeschädigung erfordert (s. R.G. Entscheid. V. p. 279), was bei dem fraglichen Delikt nicht der Fall ist. Die entgegengesetzte Annahme beruht auf der irrigen Ansicht, daß die Uebertretung eines Gefährdungsverbotes, sogar eines Verbotes schlechthin der Versuch einer verbotenen Verletzung sei. S. dagegen Binding Normen I. p. 46 (die vorsätzliche höchstmögliche Gefährdung eines Menschenlebens ist noch keineswegs Tödtungsversuch. Es fehlt der Wille.) Aber ich kann insbesondere nicht zugeben, daß dieses neue Delikt außerhalb unseres Strafrechtsystems stehe, in keinen Zusammenhang mit unserer wissenschaftlichen Erkenntniß zu bringen sei, und dies dadurch, weil der Thatbestand dieses neuen Delikts das Moment der Irrthumserregung nicht enthält, wie ich auch nicht zugeben kann, daß eine Bekanntmachung gefährlich nur dann sei, wenn wenigstens in einem einzelnen Falle eine durch sie bewirkte Irrthumserregung konstatirt werden könne.

Ich habe schon angeführt, daß nach ergangenen höchstgerichtlichen Entscheidungen der Betrugsversuch keine Irrthumserregung erfordere, es nicht einmal nöthig sei, daß die Vorspiegelung oder Entstellung der Thatsachen zur Irrthumserregung geeignet sei. Auch die Strafbarkeit der Verleumdung ist nicht davon bedingt, daß dieselbe Glauben gefunden habe. Wer erdichtete oder entstellte Thatsachen, wissend, daß sie erdichtet oder entstellt sind, öffentlich behauptet oder verbreitet, um dadurch Staatseinrichtungen oder Anordnungen der Obrigkeit verächtlich zu machen, verfällt der Strafe des Art. 131 des St.-G.-B., ohne daß es darauf ankäme, ob die Behauptung oder Verbreitung Glauben fand oder nicht. Die Strafbarmachung einer öffentlichen Kundgebung ohne Rücksicht auf eine durch dieselbe bewirkte Irrthumserregung ist unserem Strafrecht also durchaus nicht fremd.

Auch reiht sich das in Rede stehende Delikt dem Organismus unseres Strafrechtssystems völlig passend ein, und tritt mit unserer strafrechtlichen Wissenschaft in keinen Widerspruch. Ich will mich hierbei auf den auch von dem Herrn Gutachter als höchste Autorität anerkannten Schriftsteller, Binding, stützen. Wie dieser in seinen Normen I § 7 und Handbuch des Strafrechts I § 32 ausführt, giebt es überhaupt und so auch in unserem positiven Strafrecht dreierlei verbietende Normen.

1. Die Verbote, gewisse Veränderungen in der Rechtswelt herbeiführen. Diese bilden die Hauptgruppe: Verbot des Tödtens, Stehlens, Ehebrechens u. s. w. Man bezeichnet sie kurz als „Verletzungsverbote" resp. „Verursachungsverbote" (der Veränderung).

2. Die Verbote bestimmter Handlungen, sofern sie die Gefahr in sich tragen, Ursachen eines bestimmten verletzenden Erfolges zu werden. Die gefährliche Handlung wird als solche verboten, ohne Gefahr ist sie erlaubt. Diese Verbote nennt man „Gefährdungsverbote". Es gehören hierher z. B. Verbot der Ueberschwemmungsstiftung mit gemeiner Gefahr für Menschenleben oder fremdes Eigenthum (St.=G.=B. 312—314), Brandstiftung an der eigenen Sache mit Gefahr für menschliche Wohnungen oder fremdes Eigenthum (St.=G.=B. 308) u. s. w.

3. Verbote von Handlungen, welche regelmäßig eine Gefahr für bestimmte Güter in sich bergen. Diese Verbote, welche gewisse Handlungen betreffen, nicht nur sofern sie gefährlich sind, sondern schlechthin, einerlei, ob im einzelnen Falle gefährlich oder der Gefahr ledig, mit Binding „Verbote schlechthin." Beispiele hierfür bieten St.=G.=B. 83—86: Vorbereitende Handlungen bezüglich eines hochverräthischen Unternehmens; Art. 300: Offenbarung von Privatgeheimnissen; Art. 366 Nr. 6 Hetzen (zahnloser) Hunde auf Menschen; Art. 159: Unternehmen der Verleitung zum Meineid; Art. 180: Gewohnheitsmäßige oder eigennützige Gelegenheitsbietung zur Unzucht; Art. 286: Ohne obrigkeitliche Erlaubniß veranstaltete Lotterien oder Ausspielungen u. s. w.

(In den Motiven p. 137 zum Art. 286 heißt es: Die gegen die Veranstaltung öffentlicher Lotterien ohne obrigkeitliche Genehmigung angedrohte Strafe soll eine Gewähr gegen das allzu häufige Vorkommen solcher, den wirthschaftlichen Wohlstand leicht gefährdenden Ausspielungen geben.)

In diese letzte Klasse gehört auch, und diesem letzterwähnten der bestehenden Strafgesetzgebung entnommenen Beispiele aus derselben, wegen Gleichheit des zu schützenden Rechtsgutes, reiht sich an das Verbot, in öffentlichen Bekanntmachungen wissentlich falsche Thatsachen vorzuspiegeln oder wahre Thatsachen zu entstellen, um zur Betheiligung an einem Aktienunternehmen resp. an einem Anlehen zu bestimmen.

Damit scheinen mir die principiellen Einwendungen des Herrn Gutachters erledigt.

Die Berechtigung des Gesetzgebers, eine für die Rechtsordnung ihm gefährlich erscheinende Handlung zu verbieten und mit Strafe zu bedrohen, wird an sich gewiß nicht in Zweifel gezogen werden, wie denn in allen Gesetzgebungen ein reichlicher Gebrauch davon gemacht ist und täglich gemacht wird.

Ob der Gesetzgeber von dieser Berechtigung Gebrauch zu machen hat, ist in jedem konkreten Fall aber lediglich eine Frage der Zweckmäßigkeit, deren Beantwortung aus der Abwägung einerseits des durch den Werth des zu schützenden Rechtsgutes, die Art, die Häufigkeit resp. Leichtigkeit und Wahrscheinlichkeit des unerwünschten Erfolges der Handlung bestimmten Bedürfnisses, andererseits der durch das Verbot eintretenden Beschränkung der Rechtssphäre und der Interessen des Einzelnen und der Gesammtheit sich ergeben muß.

Diese Erwägung muß meines Erachtens zu einer Bejahung der uns gestellten Frage führen, wie sie die gesetzgebenden Faktoren zu einer Bejahung bezüglich Aktienunternehmungen führte, da die in Betracht kommenden Umstände für beide im Wesentlichen dieselben sind.

Es ist wohl eine unbestrittene Thatsache, daß bei der Emission neuer Werthpapiere nicht selten unwahre öffentliche Darstellungen zur Anwendung gebracht werden, um das durch dieselben getäuschte Publikum zur Uebernahme der zu emittirenden Papiere zu bestimmen. Namentlich der Gründerschwindel der Jahre 1872 ff. zeitigte eine größere Zahl solcher Produkte, die vorzugsweise freilich die Unterbringung der Aktien neuer Unternehmungen bezweckte. Selbstverständlich wurde mit besonderer Sorgfalt dabei darauf geachtet, daß die durch die bestehenden Strafgesetze gezogenen Grenzen nicht überschritten wurden, und so lange die steigende Tendenz jener Milliarden und Gründungsperiode anhielt, erlitten die durch solche falsche Darstellungen etwa — denn zumeist bekümmerte sich niemand um dieselben — verleiteten Personen keinen Schaden. Aber auch später konnte es, zumal nachdem die gegebenen Papiere wiederholt den Eigenthümer gewechselt, nur selten gelingen, diejenigen zur strafrechtlichen Verantwortung zu ziehen, welche in den versandten oder in Zeitungen veröffentlichten Prospekten durch Vorspiegelungen und Entstellung der Thatsache das Publikum über die Verhältnisse und die Aussichten eines ins Leben zu rufenden resp. auch schon bestehenden Unternehmens oder über die Kreditwürdigkeit des Anlehensuchers getäuscht hatten, weil nur selten ein ursächlicher Zusammenhang zwischen der Täuschung und der zur Anwendung des Betrugs straferforderlichen Vermögensbeschädigung nachweisbar ist. Das waren die Erwägungen, aus denen zur Beseitigung dieses die öffentliche Moral verletzenden Zustandes in das die Kommanditgesellschaft und die Aktiengesellschaft betreffende Gesetz vom 18. Juli 1884 die Bestimmung des Art. 249d Nr. 1 aufgenommen wurde.

Die Bestimmung des Art. 249d Nr. 1 bezieht sich nur auf Aktienunternehmen, aber gewiß nur deshalb, weil die Verfasser des Aktiengesetzes durch die Grenzen ihres Mandats behindert waren, derselben eine weitere Ausdehnung zu geben. Denn wenn auch die gedachten, auf die Ausbeutung des Publikums berechneten Veröffentlichungen vorzugsveise die Unterbringung von Aktien im Auge hatten und nur in viel geringerem Maße die Unterbringung von Obligationen zu kontrahirender Anlehen, so ist dieser Unterschied doch lediglich ein quantitativer. — Qualitativ besteht ein solcher nicht, und wurden die fraglichen Publikationen sowohl für Anlehen wie für die Begebung von Aktien ins Werk gesetzt. Dies zeigte sich am klarsten in denjenigen Fällen, in welchen für eine zu begründende oder auch eine bereits existirende Aktiengesellschaft die Aufbringung der gewünschten Fonds nicht nur durch Aktien, sondern zum Theil auch durch Anleihe (Obligationen) auf Grund ein und desselben Prospektes gesucht wird.

Doch auch außerdem ist es ja etwas ganz Gewöhnliches, daß für Staaten, Städte und sonstige Gemeinwesen, daß für industrielle Unternehmungen und selbst für einzelne Personen auf Grund von Prospekten gesucht wird ein Anlehen zu erheben. Begreiflicherweise finden sich unter den Kreditsuchern auch solche, die entweder von Anfang an kreditunwürdig sind oder bei denen das neue Anlehen nur alte Sünden decken oder einen unausbleiblichen Zusammenbruch noch einige Zeit hinausschieben soll. Diese pflegen bezüglich der zu bewilligenden Provision die liberalsten zu sein.

Es fehlt daher weder an Gelegenheit noch an Veranlassung und Versuchung für Kreditsucher und deren Vermittler, um die Aufnahme eines Anlehengesuches glatter zu gestalten, die für die Beurtheilung der Kreditwürdigkeit des Schuldners und der von ihm gebotenen Sicherheiten maßgeblichen Thatsachen in einer von der Wahrheit abweichenden verleitlichen Weise darzustellen.

Freilich ist die Betheiligung an einem Anlehen in Rücksicht auf die Gefahr für das Vermögen der sich betheiligenden Personen nicht unbedingt auf die gleiche Stufe mit der Betheiligung bei einer Aktienzeichnung zu stellen. In dem ersterwähnten Falle der Aufbringung von Fonds für dasselbe Unternehmen, theils auf Obligationen, theils durch Aktien ist durch falsche Angaben des Prospekts der Nehmer von Obligationen weit weniger gefährdet als der Nehmer von Aktien, weil, während jeder Minderwerth des Aktienunternehmens eine entsprechende Vermögenseinbuße des Aktionärs bildet, der Obligationsinhaber als Gläubiger erst bei der Insolvenz der Aktiengesellschaft, allererst nach Verlust des gesammten Aktienkapitals in Mitleidenschaft gezogen wird und weit seltener einem Totalverlust seines Kapitals ausgesetzt ist. Aber dieser Gesichtspunkt trifft keineswegs auch in allen anderen Fällen zu, namentlich dann nicht, wenn der Anleiher zur Zeit des Anlehens bereits überschuldet ist oder wenn die Rechtsverfolgung desselben — man denke z. B. an auswärtige Staaten — eine schwierige ist.

Es ist ferner nicht zu verkennen, daß bei Anlehen der versprochene Zins die Gewinngrenze bildet, zumeist wenigstens nicht hoch genug, um die Leidenschaft in gleicher Weise zu erregen und zu unbesonnener Betheiligung zu veranlassen, wie bei den die Chancen eines ungewissen Gewinnes in Aussicht stellenden Aktien. Aber eben der keinen Schwankungen unterworfenen fixirten wenn auch mäßigen Einnahme wegen eignen sich Anlehen in hervorragender Weise zur Benutzung als Anlagepapiere und betheiligt sich bei ihnen vorzugsweise das sogenannte Privatpublikum, welches weniger urtheilsfähig um so dringender eines Schutzes bedürftig ist.

Welch' erhebliche Kapitalien an Anlehen verloren und rechtmäßig zu beanspruchende Zinsen eingebüßt werden können, dafür brauche ich als Beispiel nur an die von den zentralamerikanischen Republiken nach ihrer Losreißung von Spanien in England emittirten Anleihen, welche die Krisis von 1825 zur Folge hatten, zu erinnern. Wen es interessirt, des Näheren zu erfahren, in wie weit die bei diesen Gelegenheiten und am Ende der 60er und 70er Jahre an den Markt gebrachten Anlehen erlassenen Prospekte, um mich eines Kunstausdruckes zu bedienen — geschmeichelt — waren, der möge den Bericht der vom englischen Unterhause Kommission on loans to foreign states von 1875 lesen und die demselben beigegebenen Anlagen und Zeugenvernehmungen einsehen. Manchem von Ihnen werden aber auch, hiervon abgesehen, Fälle bekannt sein, in denen bei Aktiengesellschaften, Bergwerken und sonstigen Gründungen, für die das Kapital mit prahlerischen Prospekten zusammengebracht wurde, nicht nur das Aktienkapital, sondern auch das der Obligationsinhaber ganz oder zum guten Theil verloren ging.

Ein hinreichendes dem Gesetzgeber zur Erlassung des fraglichen Verbotes Veranlassung gebendes Bedürfniß ist somit vorhanden und es fragt sich nur noch, ob dem in überwiegender Weise zu berücksichtigende Interessen Einzelner oder der Gesammtheit entgegenstehen?

Das ist aber durchaus nicht der Fall, da durch ein Verbot, in öffentlichen Bekanntmachungen wissentlich falsche Thatsachen vorzuspiegeln oder wahre Thatsachen zu entstellen, um zur Betheiligung an einem Anlehn zu bestimmen, füglich die Rechtssphäre und ein berechtigtes Interesse weder des Einzelnen, der die Bekanntmachung erläßt, noch der Gesammtheit verletzt werden kann.

In verschiedenen außerdeutschen Gesetzgebungen ist daher auch nicht nur bezüglich Aktienemissionen, sondern auch bezüglich Anlehnsofferten, wenigstens wenn es sich um Gesellschaften handelt, der Versuch, durch fälschliche Veröffentlichungen oder Spekulationen irgend welcher Art Zeichnungen oder Zahlungen zu gewinnen, mit Strafe bedroht; so das französische Gesetz vom 24. Juli 1867 Art. 15 und 45, portugiesisches Gesetz vom 22. Juli 1867 Art. 52, belgisches Gesetz vom 18. Mai 1873 Art. 132 Nr. 1, italienisches H.=G.=B. Art. 246, luxemburger Entwurf und Gesetz für Handelsgesellschaften.

Ich gelange somit zur Bejahung der gestellten Frage.

Dagegen bin ich der Meinung, wir sollen dem Redakteur einer Zeitung auch in unserem Falle den gleichen Schutz angedeihen lassen, den das neue Aktiengesetz demselben in Bezug auf öffentliche Bekanntmachungen zur Veranlassung einer Betheiligung an Aktienunternehmungen gewährt und ich beantrage, der Bejahung unserer Frage hinzuzufügen:

> Ist die öffentliche Bekanntmachung in einer periodischen Druckschrift erfolgt, so findet § 20 al. 2 des Gesetzes über die Presse vom 7. Mai 1874 keine Anwendung.

Es scheint mir das nothwendig, um bezüglich Bekanntmachungen betreffend Anlehn nicht strenger zu verfahren, als das bestehende Gesetz betreffend Aktienunternehmen verfährt, da doch hierfür ein besonderer Grund nicht vorliegt. Sodann weil mir der Grund, welcher zu dieser Einschränkung in dem Aktiengesetze bestimmte, durchaus zutreffend erscheint. Es ist von dem Redakteur einer Zeitung — namentlich Nichtfachzeitung — vernünftiger Weise nicht zu beanspruchen, daß er in der kurzen Zeit, welche ihm zwischen Einlieferung und Abdruck eines Inserats zur Verfügung steht, die in demselben in Bezug auf eine ihm völlig fremde Sache gemachten thatsächlichen Angaben auf ihre Richtigkeit prüfe.

Was schließlich die Strafe betrifft, so ist es nicht Sache des Juristentages, deren genaues Maß anzugeben; in Anlehnung an den Art. 249 d nicht nur, sondern auch den Art. 263 wird jedoch anzuerkennen sein, daß geeigneten Falles auch auf Verlust der bürgerlichen Ehrenrechte erkannt werden könne, wenn auch gewiß nur in den allerschwersten Fällen, und stets nur in Fällen nachgewiesener gewinnsüchtiger Absicht.

Korreferent Rechtsanwalt Dr. **Rießer**: M. H.! Ich kann mich wesentlich kürzer fassen, als Herr Kollege H e i n s e n, welcher ja der geistige Vater der uns vorliegenden Anträge ist, also „der Nächste dazu" ist, sie zu begründen und zu vertheidigen. Ich betrachte mich nur als eine Art Hilfsmannschaft und werde da, wo ich mit dem Herrn Referenten übereinstimme, das Feuer der Diskussion zu löschen suchen, die sich etwa gegen ihn richtet, im Uebrigen aber werde ich lediglich dafür sorgen, daß nicht das Feuer, das Herr Heinsen entfacht hat, die ganze Nachbarschaft angreift und so unübersehbaren Schaden anrichtet; da helfe ich denn lieber, das gefahrdrohende Gebäude niederzureißen. Sie bekommen eine bunte Musterkarte von Anträgen, das will ich immer hervorheben. Der Herr Gutachter empfiehlt Ihnen Verneinung der 4 Thesen, der Herr Referent Dr. Heinsen die Bejahung der 4 Thesen und ich, M. H., lediglich die Bejahung der zwei ersten und Verneinung der beiden letzten Thesen.

Nach dem Beschluß der Abtheilung werde auch ich zunächst lediglich die erste These besprechen, welche lautet:

> Ist gesetzlich mit Strafe und eventuell mit dem Verluste der bürgerlichen Ehrenrechte zu bedrohen:
>
> 1. wer in öffentlichen Bekanntmachungen wissentlich falsche Thatsachen vorspiegelt oder wahre Thatsachen entstellt, um zur Betheiligung an einem Anlehen zu bestimmen.

Der Herr Gutachter empfiehlt die Verneinung der Frage und zwar im Wesentlichen aus folgenden Gründen:

1. Der Wortlaut sei ein verfehlter, da in dem Worte (falsche Thatsachen) vorspiegeln der Begriff der Irrthumserregung enthalten sei, der bei dem andern Theile des Thatbestandes (wahre Thatsachen entstellt) fehle.
2. Wenn man annehmen wolle, daß gesagt sein sollte: „wer in Bekanntmachungen wissentlich falsche Thatsachen mittheilt, welche geeignet sind einen Irrthum zu erregen, oder wahre Thatsachen entstellt u. s. w., so sei es bedenklich, ein singuläres Polizeidelikt zu schaffen, welchem weder des Merkmal der Irrthumserregung, noch das der Vermögensbeschädigung wesentlich sei und welches lediglich das subjektive Verhalten des Angeschuldigten in Erwägung ziehe.

   Sei weder ein Irrthum erregt, noch eine Vermögensbeschädigung erfolgt, so liege kein strafrechtlicher Thatbestand vor und sei für die Schaffung eines außerhalb des Strafrechtsystems stehenden besonderen Polizeidelikts keinerlei Grund ersichtlich.
3. Sei eine Bekanntmachung wirklich gefährlich, so werde sie im konkreten Falle dies dadurch äußern, daß sie in einer größern Anzahl von Personen zum Mindesten einen Irrthum errege; dann

aber sei der Thatbestand des Betrugs bezw. des Betrugsversuchs gegeben.

4. Solle aber mit der gestellten Frage ein Fall der nicht gewinnsüchtigen fraudulosen Benachtheiligung getroffen werden, so lasse sich nicht einsehen, warum aus der ganzen Kategorie der hierher gehörigen Fälle dieser Einzelfall herausgegriffen werden solle. Es sei vielmehr zunächst — was der Gutachter anregt — durch den deutschen Juristentag ganz allgemein die Vorfrage zu prüfen, ob und inwieweit eine strafrechtliche (bezw. civilrechtliche) Haftung in den Fällen der nicht gewinnsüchtigen fraudulosen Benachtheiligung einzutreten habe.

Soweit das Referat, richtiger Korreferat, über die Begutachtung der von Herrn Dr. Heinsen auf dem letzten Juristentage angeregten ersten These. Soll, wie dies von der ständigen Deputation gewünscht wird, hierüber hinaus ein besonderer Antrag auch seitens des Korreferenten gestellt und begründet werden, so muß ich vorausschicken, daß ich vollständig mit dem Satze des Herrn Gutachters übereinstimme: „die vornehmste Aufgabe des deutschen Juristentags besteht darin, an dem organischen Ausbau des bestehenden Rechtes mitzuarbeiten, nicht aber an der Schaffung von Spezialgesetzen." Das Niveau der Aufgaben und Berathungen des Juristentages sollte nicht durch die Stellung solcher Detailfragen herabgedrückt werden, deren Bejahung oder Verneinung keinerlei principielle Bedeutung haben kann, und noch dazu nicht allein von juristischen sondern geradezu von politischen Gesichtspunkten beherrscht wird.

Wer den § 249d Nr. 1 des Aktiengesetzes freudig begrüßt, weil dieser Paragraph das „betrügliche Reklamewesen" u. s. w. zu treffen im Stande sei, wird ohne Weiteres bereit und geneigt sein, die Ausdehnung dieses Paragraphen, wie sie durch die These 1 angestrebt wird, zu befürworten.

Wer den Kreis strafrechtlicher Bestimmungen überhaupt beschränken will, oder auch auf diesem Gebiete für das Princip der laisser faire und laisser aller ist, wird versucht und gewillt sein, gegen die Erweiterung des § 249d sich auszusprechen. Es ist daher aus den angedeuteten doppelten Gründen ein gewisses Unbehagen, mit welchem man an die Prüfung der ersten These herantritt. Ist nun aber einmal die Frage zur Debatte gestellt, so möchte ich mich — abweichend von dem Herrn Gutachter — für deren Bejahung aussprechen.

Die Gegengründe scheinen mir nicht ausreichend.

Sowohl der Thatbestand des Betruges als der des Betrugsversuches fordert, daß in einer bestimmten Person ein Irrthum erregt wird;

der Thatbestand des vollendeten Betruges fordert ferner das Moment der Vermögensbeschädigung. Es läßt sich aber meines Erachtens nicht verkennen, daß es eine Lücke in unserem Strafrechtssysteme wäre, wenn so grave Handlungen, wie sie die erste These voraussetzt, um deswillen straflos bleiben sollten, weil das Requisit des vollendeten Betruges (Vermögensbeschädigung) oder auch nur des versuchten Betruges (Irrthumserregung bei einer bestimmten Person) fehlt. In der That liegt, wie die Motive zu § 249 d meines Erachtens mit vollem Rechte bemerken, sowohl die Gefährlichkeit, wie die Strafbarkeit der in der These 1 gedachten Handlungen schon in der öffentlichen Bekanntmachung selbst, welche durch die Vorspiegelung falscher oder Entstellung wahrer Thatsachen die Betheiligung an einem Aktienunternehmen (sc. Anlehen) herbeizuführen bezweckt. Damit würden, die Richtigkeit und durchschlagende Relevanz dieser Bemerkungen vorausgesetzt, die Gegengründe des Herrn Gutachters, wie ich sie oben unter 1 und 2 zusammenstellte, beseitigt sein. Es muß nur mit aller Schärfe darauf hingewiesen werden, daß im § 249 d Nr. 1 des Aktiengesetzes — und dementsprechend in der These 1 — sowohl von dem Kriterium der Vermögensbeschädigung, als von dem der Irrthumserregung in bewußter Absicht völlig abgesehen wird (vgl. die Motive a. a. O. „ebendeshalb muß von der Irrthumserregung bei einer bestimmten Person abgesehen werden") und ich kann dem Herrn Gutachter, dessen beide Gegengründe sich auf dieser Auslegung aufbauen, nicht zugeben, daß der Ausdruck „vorspiegeln" den Begriff der Irrthumserregung enthalte. Nicht der physikalische Sinn des Wortes (Gutachten p. 106), sondern der im § 263 des Str. G. B. enthaltene bezw. gewollte Sinn ist im § 249 d Nr. 1 des Aktiengesetzes und dem entsprechend in der These 1 enthalten. — Vergl. Ring's „Kommentar zum Aktiengesetz" p. 587 —:

> „Das Vorspiegeln begreift, wie im § 263 des Str. G. B.,[1]) die wissentliche Behauptung der falschen Thatsachen mit dem Bestreben, daß Andere die behauptete für eine wahre halten möchten."

Ob der Irrthum wirklich erregt ist, ja ob die vorgespiegelte Thatsache auch nur geeignet war, einen Irrthum zu erregen oder zur Betheiligung wirklich zu bestimmen, ist (vergl. Kayser: „Gesetz, betreffend die Komm.-Gesellsch. auf Aktien" p. 151 Nr. 7, in Ring's „Kommentar p. 587) gleichgiltig. Es ist daher auch die Vermuthung des Herrn Gutachters nicht begründet, daß man mittelst der These 1 habe sagen wollen:

> „Wer in Bekanntmachungen wissentlich falsche Thatsachen mittheilt, welche geeignet sind, einen Irrthum zu erregen, oder wahre Thatsachen entstellt" 2c.

---

[1]) der ja das „Vorspiegeln" neben der Irrthumserregung erwähnt.

Wird daher in der ersten These (ebenso wie in der zweiten) der Thatbestand in Wirklichkeit absichtlich lediglich nach der subjektiven Seite konstruirt, wodurch er sich bewußt und scharf von dem Thatbestand des Betruges unterscheidet, so sind die oben angedeuteten Gründe für mich bestimmend, demungeachtet für These 1 zu stimmen, obwohl (beziehungsweise auch wenn) hiermit, wie der Herr Gutachter hervorhebt, ein Einzelfall der nicht gewinnsüchtigen (?) fraudulosen Benachtheiligung mit Strafe belegt wird, ohne daß der Juristentag sich über die Strafbarkeit solcher Fälle generell schlüssig gemacht hat. Eine solche Beschlußfassung kann ja auch die Absicht derjenigen nicht ändern, welche für die These 1 einzutreten entschlossen sind, sicherlich nicht deren Bejahung; aber auch nicht deren Verneinung, da trotz der Verneinung des Princips die Strafbarkeit besonders graver Einzelfälle nicht ausgeschlossen sein würde.

Ich beantrage daher: die These 1 zu bejahen.

Da jedoch ungeachtet des Ausdrucks „wissentlich" nach § 20 des Preßgesetzes der Redakteur einer periodischen Druckschrift, welche die öffentliche Bekanntmachung gebracht hat, — wie dies bei der dritten Lesung des Aktiengesetzes von verschiedenen Seiten lebhaft betont wurde (vergl. Sten. Berichte S. 976—982, 1155—1158) — möglicher Weise doch als Thäter oder Theilnehmer bestraft werden könnte, so beantrage ich weiter den auch im Art. 249d des Aktiengesetzes enthaltenen Zusatz aufzunehmen:

> „Ist die öffentliche Bekanntmachung im Inseratentheil einer periodischen Druckschrift erfolgt und der Verfasser des Inserats nicht nur in demselben genannt, sondern auch in dem Bereiche der richterlichen Gewalt eines deutschen Bundesstaates, so findet der § 20 al. 2 des Gesetzes über die Presse vom 7. Mai 1874 keine Anwendung.

Präsident: Ich eröffne die Debatte und erlaube mir an die Rücksicht zu erinnern, die wir den Referenten gegenüber zu nehmen haben, daß wir möglichst alle 4 Thesen zur Erledigung bringen, und deshalb bitte ich kurz zu sein.

Kreisgerichtsdirektor a. D. **Beisert** (Berlin): Ich werde mich sehr kurz fassen. Ich lasse mich auf die juristischen Gründe nicht ein. In Bezug auf die Bedürfnißfrage glaube ich aber allerdings doch noch etwas Neues für die Abtheilung heranbringen zu können; denn die Herren Referenten haben von dieser Thatsache anscheinend keine Kenntniß erhalten. Seit der Juristentag sich mit der Frage beschäftigt, hat auch der Handelsstand eine Korrektur des früheren ungeordneten Verfahrens in die Hände genommen. Er hat sie sogar schon früher angestrebt; es ist aber nicht möglich, daß eine Korporation, welche den Handelsstand repräsentirt, so schnell arbeitet, denn sie kann ihre Resultate immer nur durch allmähliche Observanzen erzielen. Im Jahre 1871 fing die Berliner Kaufmannschaft bereits den ersten Schritt an zu thun, um zu einem vernünftigen System bei der Einführung von Papieren zu gelangen, und die Emissionsthätigkeit unter Kontrole zu nehmen. Im Jahre 1882 war die Sache soweit gediehen, daß dekretirt werden konnte: wer ein neues Papier an der Börse einführen will, muß zuvor einen Prospekt, welcher sämmtliche für die Bedeutung des Effekts wichtige Thatsachen enthält, vorlegen. Dieser Prospekt wird von sachverständiger Seite (von dem Börsenkommissariat) geprüft. Wird der Prospekt unvollständig befunden oder entspricht der Prospekt etwa nicht den Thatsachen, die in dem Statut oder sonstigen Angaben enthalten sind, so wird natürlich die Zulassung des Effekts verweigert. Es ist seit den Jahren, die ich bezeichnet habe, der gewöhnliche Fall, daß ein solcher Prospekt in irgend welcher Richtung vervollständigt werden muß. Also es wird eine ernste Kontrolle darüber geübt, ob der Prospekt alle Thatsachen wiedergiebt, welche für die Bedeutung der Effekten wichtig sind und damit wird dem Publikum, welches sein Geld in Papieren anlegen will, ein besserer Schutz geboten, als mit Einführung formulistischer Strafparagraphen. Mit solchen Strafparagraphen wird weiter gar nichts erzielt, als daß man sagt, wenn jemand so leichtsinnig ist einen Prospekt zu erlassen, so wird er gestraft, wenn er wissentlich etwas Falsches gesagt hat. Die Kaufmannschaft hat sich besser geholfen, sie hat gesagt, es ist Jeder verpflichtet, der ein Papier emittirt, einen Prospekt zu erlassen, also auch für Rentenpapiere das zu thun, was für Aktien von vielen Seiten für besser erachtet worden ist, als die Kautelen des Aktiengesetzes. Diese Uebung, welche die Kaufmannschaft eingeführt hat seit 1882, hat jetzt von Seiten des Handelsministers durch Bestätigung einer revidirten Börsenordnung für Berlin die Garantie der Dauer erhalten. Diese Bestimmung hat der Handelsminister, der seinen Einfluß auch auf die Frankfurter Börsenleitung ausübte, auch bei der Frankfurter Börse durchgesetzt und ich bin davon überzeugt, daß damit viel mehr Schutz geschaffen wird, als durch einen Strafgesetzparagraphen, gegen den man ja an und für sich nicht viel anderes einzuwenden hätte, als daß er überflüssig ist; aber man diktirt doch nicht gern überflüssige Strafparagraphen.

Ferner möchte ich noch eins hervorheben. Die Herren haben in ihrem Antrage gesagt, „wenn jemand zur Betheiligung an einem Anlehen bestimmt werden soll", da ist mir nicht recht klar, was heißt „Betheiligung" an einem Anlehen? Soll damit das erste Stadium getroffen werden, in welchem ein Konsortium zusammentritt und die gewünschten Millionen übernimmt, um sie demnächst an den Markt zu bringen? Da wäre der Ausdruck Betheiligung am Platze. Oder soll die Betheiligung verstanden werden für das Stadium, wo das Konsortium an die Oeffentlichkeit tritt und das Publikum zur Theilnahme einladet? Oder ist unter Betheiligung an einem Anlehen verstanden, wenn das Anlehen bereits klassirt ist und von Hand zu Hand geht, um die jetzigen Inhaber der Anlegscheine zum Kauf oder Verkauf zu bestimmen? Das scheint mir denn doch der Klärung zu bedürfen und dann weiß ich nicht, ob das Wort Anlehen auch ausreichen wird, das, was der Referent jedenfalls beabsichtigt, zu denken, ob auch Pfandbriefe, Hypothekenbriefe, Grundschuldenpfandbriefe, wie sie die neuere Zeit bringt, unter die Strafbestimmung fallen, wenn jemand in Bezug auf solche Objekte wissentlich Falsches behauptet. Ich kann die Ueberzeugung von der Nothwendigkeit eines solchen Gesetzes nicht gewinnen. Aus dem Aktiengesetze ist die Nothwendigkeit nicht ohne Weiteres zu folgern. Der Korreferent hat vollkommen recht, wenn er sagt, es war dies vielmehr die Frage der Politik. Die Mitglieder der Kommission des Reichstags für das Aktiengesetz, welche in der Minorität waren, haben einfach über den Strafparagraphen nicht gesprochen, weil sie von vornherein der Ueberzeugung waren, daß die Majorität diesen Paragraphen annehmen würde und daß sie sich ganz vergebliche Mühe machen würden, dem entgegen zu treten.

Rechtsanwalt Dr. **Katz** aus Berlin: Ich schließe mich wie der Herr Vorredner an die Worte des Herrn Korreferenten an, indem ich aus seiner Rede die Worte herausgreife: die Jurisprudenz schweigt bei dem § und die blasse Farbe, die der Redner dem § gegeben hat, kennzeichnet ihn zur Genüge, um mit dem Gutachter übereinzustimmen und das Bedürfniß für diesen § zu verneinen. Ich bin nicht in der glücklichen Lage wie der Vorredner, etwas Neues, einen interessanten Punkt für die Beurtheilung des hier vorliegenden § zu bringen. Ich will nicht über die Bedürfnißfrage reden, die der Herr Vorredner erörtert hat. Ich will nur einige juristische, speziell kriminalistische Bedenken anzuführen mir erlauben. Der Referent hat ausgesagt, daß dieser § wissenschaftlich vollständig zulässig sei in der Form, wie er hier vorliegt. Was heißt „wissenschaftlich zulässig"? Ich kann mir das nicht anders erklären, als daß er eingereiht werden kann in die kriminalistische Wissenschaft. Wogegen wendet sich nun die Handlung, welche hier gestraft werden soll? Die kriminalistische Bestrafung richtet sich hier gegen eine Handlung gegen das Vermögen. Ein Punkt, den ich bei den Ausführungen vermißt habe, ist gerade die Vermögensbenachtheiligung, auf die ein sehr großes Gewicht zu legen ist, und nach meiner Meinung ist auch eben diese das Bedürfniß gewesen, aus dem die Bestimmung des Aktiengesetzes hervorgegangen ist. Gerade der Begriff der Vermögensbenachtheiligung fehlt in diesem hier vorgeschlagenen Paragraphen. Es heißt: „wer in öffentlichen Bekanntmachungen wissentlich falsche Tatsachen vorspiegelt oder wahre Thatsachen entstellt, um zur Betheiligung an einem Anlehen zu bestimmen.“ Es sind wissentlich falsche Thatsachen in öffentlichen Bekanntmachungen behauptet. Jetzt kommt ein Anlehen zu Stande, es hat Erfolg. Wir sind im Strafrecht noch unbedingt an das alte deutsche Princip des Erfolges gebunden insoweit, daß wir, wenn ein Vermögensnachtheil nicht direkt beabsichtigt ist, wenn er außerdem nicht eingetreten ist, nicht strafen können. Wir werden nicht sagen, daß hier der erfolgte Vermögensnachtheil beabsichtigt ist, daß es zum Thatbestande gehört, jemanden zu einem Anlehen zu bestimmen, wo ein Vermögensnachtheil nicht eintritt. Wo also bleibt das Bedürfniß für die Strafbarkeit? Die Delikte aber, die wir im Strafgesetzbuch kennen, sind aus dem Bedürfniß des Verletzten nach Vergeltung hervorgegangen. Aus diesen juristischen Gründen meine ich dieses Delikt, dessen Bedürfnißfrage verneint worden ist, auch in Uebereinstimmung mit dem Antrage des Gutachters nicht zur Annahme empfehlen zu können.

Justizrath **Makower** (Berlin): Nur kurz, um mein Votum abzugeben, nehme ich das Wort. Ich schließe mich dem an, was Herr Direktor Beisert gesagt hat. Würde ich bei der betreffenden Bestimmung der Novelle zum Handelsgesetzbuch mitzusprechen gehabt haben, so würde ich auch dort dagegen gestimmt haben. Mit all' diesen Strafbestimmungen hilft man sehr wenig. Man macht die Leute nur vorsichtiger im Ausdruck. Derselbe kann mit einigem Geschick so gewählt werden, daß es höchst zweifelhaft bleibt, was Thatsache und was Urtheil ist; z. B. bei den Werthbestimmungen. Ich glaube, daß es wünschenswerth ist, wenn der Handelsstand nicht durch so zahlreiche Strafbestimmungen ängstlich gemacht wird; sein Unternehmungsgeist wird dadurch lahm gelegt. Das scheint mir sicher zu sein, daß unser ganzes großes Eisenbahnnetz, welches fast nur durch Gesellschaften geschaffen worden ist, unter den jetzigen Verhältnissen mit den zahlreichen Strafandrohungen niemals gebaut worden wäre. Der Gedanke der Novelle ist, daß Aufforderungen, welche an die Allgemeinheit gehen, nach einem anderen Princip strafbar sind als individuelle Aufforderungen. Es bedürfe bei jenen nicht des Nachweises, daß eine bestimmte Person geschädigt ist; dieser Nachweis mache der Staatsanwaltschaft zu viel Mühe. Man sollte aber meinen, daß bei der großen Anzahl Betheiligter ein Geschädigter leicht zu finden sei. Es soll die bewußte Verletzung der Wahrheit bestraft werden! Warum aber nur, wenn öffentlich mit Fälschung von Thatsachen zur Betheiligung an einem Anlehen und nicht auch zur Betheiligung an einem Kaufe von „Kaffee oder sonstigen

Waaren" aufgefordert wird? Ich sehe keinen Unterschied. Ist das Princip richtig, daß die Verletzung der Wahrheit an sich unter den angegebenen übrigen Voraussetzungen bestraft wird, dann muß es ganz allgemein sein. Hier aber finden wir uns vor dem Vorschlage, daß nur in einem einzelnen Falle eine Bestrafung eintreten soll. Die ratio des Gesetzes führt aber viel weiter. Meine Meinung wäre, daß der Juristentag die These ablehnt und es bei dem beläßt, was wir jetzt im Aktiengesetz haben und was wahrscheinlich mit der Zeit wieder einmal fortfällt.

N. N.: Ich wollte einen der Herren bitten, zu erklären, was sie eigentlich unter dem Wort „Anlehen" verstehen. Denn die Frage, die Herr Direktor Beisert aufgeworfen hat, ist entscheidend für den Ausgang des Antrags. Die Herren möchten doch die Güte haben, nicht auf das Schlußwort zu warten, um uns ihre Meinung zu sagen.

Präsident: Wünscht einer der Herren Referenten das Wort?

Korreferent Dr. **Rießer** (Frankfurt a. M.): Ich habe zweifellos mit dem Wort „Anlehen" sämmtliche Fälle, die Herr Direktor Beisert erwähnte, umfaßt, also auch Pfandbriefe u. s. w.

N. N.: Die Frage, was hier unter „Anlehen" zu verstehen sei, kann nicht ohne bestimmte Antwort bleiben. Wenn man soweit geht, wie Herr Direktor Beisert gesagt hat, daß man die Obligationen auch darunter versteht, so ist es unmöglich, für diesen Theil des Antrages zu stimmen.

Justizrath Dr. **Fuld** (Frankfurt a. M.): M. H.! Die Debatte hat schon lange gedauert, ich möchte mich daher darauf beschränken, mich auf das Entschiedenste den Entwickelungen des Herrn Justizrath Makower anzuschließen. Wie schlimm solche Spezialgesetze sind, ist schon erwähnt worden. Wir wollen die „plurimae leges" verhüten, damit nicht Rückschlüsse nach dem bekannten Satz „pessima republica" gezogen werden.

Man erkennt, wie nachtheilig derartige unbestimmte Spezial-Strafgesetze wirken, wenn man im praktischen Verkehrsleben thätig ist und sieht, wie sie den Unternehmungsgeist lähmen. Man sollte keine Gesetze machen, ohne die Konsequenzen nach allen Richtungen reiflich zu erwägen. Sehen Sie sich die Fassung an, so ergiebt sich schon die Unhaltbarkeit der vorgeschlagenen Spezialbestimmungen. Herr Justizrath Makower hat bereits hervorgehoben, warum soll bestraft werden, wer Unrichtiges, aber nicht in betrügerischer Absicht behauptet, bloß in Bekanntmachungen, die Anlehen betreffen? Wie ist es bei Genossenschaften, Gewerkschaften, wie ist es bei allen anderen Unternehmungen? Warum soll die Bestimmung nur für Anlehen gelten? Und wenn die Gefährlichkeit ins Auge gefaßt wird, ist es nicht ebenso gefährlich zu gestatten, durch unrichtige Behauptungen von der Betheiligung an einem Anlehen abzurathen oder zu veranlassen, die Betheiligung aufzugeben? Nehmen Sie den Fall an, — es hat sich ein solcher nach dem neuen Aktiengesetz gezeigt — es handle sich um ein gemeinnütziges Unternehmen, bei dem keinerlei Gewinn in Aussicht steht, und die Aufnahme einer Staats- oder Kommunal-Anleihe in gefährlichen politischen Zeiten. Wie wollen Sie da denjenigen strafen, der vielleicht wissentlich eine Unrichtigkeit behauptet hat, aber lediglich aus Patriotismus, ohne eine schlimme Nebenabsicht?

Aber, m. H., wollen Sie auch denjenigen strafen, der wissentlich mit falschen Behauptungen und Entstellungen von einem solchen Unternehmen abhält? Nein, das letztere soll nach dem Antrag gestattet sein, für den anderen Fall aber ein Spezialgesetz gemacht werden.

Konsequent wäre es nur, zu sagen, die wesentliche Verletzung der Wahrheit, gleichviel ob sie geschieht, um zur Betheiligung an finanziellen oder an gewerblichen Unternehmungen zu bestimmen oder um davon abzuhalten, soll strafbar sein.

Und weiter, was heißt denn „öffentliche Bekanntmachung"? Soll es als eine „öffentliche Bekanntmachung" gelten, wenn ein Kaufmann Cirkulare, Briefe etwa hektographisch herstellen läßt und sie an einzelne Kunden schickt? Fast möchte man es meinen. Sind Sie der Meinung auch?

(Zuruf: Gewiß!)

Ja dann ist keine Grenze zu ziehen, wieviel Exemplare sind zur „Oeffentlichkeit" nöthig? In dieser Fassung ist die Bestimmung absolut unhaltbar und wie gefährlich sie ist, hat Herr Justizrath Makower, dessen Erfahrung in diesem Gebiete hoch zu schätzen ist, hervorgehoben.

Solche Kautschukparagraphen, die anfangen „wer wissentlich" — wer sieht ins Herz? — sie haben alle das Bedenkliche, daß sich anständige Leute selbst von guten nützlichen Unternehmungen fernhalten, aus Scheu, in Folge von unbegründeten Denunciationen oder üblen Nachreden in Untersuchungen gerathen zu können, während sie halbanständige veranlassen, andere vorzuschieben und sonstwie sich vorzusehen — und die schlechten, die halten sie auch von schlimmen Dingen, wenn sie Gewinn bringen können, überhaupt nicht ab. Also in jeder Beziehung bedenklich, gefährlich und unnütz ist diese Bestimmung, und daß sie auch von anderen Gesichtspunkten aus überflüssig ist, hat Herr Direktor Beisert bereits nachgewiesen. Der Handelsstand weiß, wenn ein Bedürfniß vorhanden ist, selbst besser zu helfen und zu schützen.

Professor Dr. **Cosack** (Berlin): Ich wollte nur bemerken, ganz überflüssig ist diese Bestimmung trotz der Ausführungen des Herrn Direktors Beisert nicht, und zwar deshalb nicht, weil die kaufmännischen Korporationen über alle formelle Fragen bei einer neuen Anleihe — z. B.

die Vollständigkeit des Prospekts — volle Klarheit erlangen können; dagegen kann eine kaufmännische Körperschaft die thatsächlichen Angaben bei einer Emission — z. B. die beigegebenen Werthtaxen — auf ihre faktische Richtigkeit in vielen Fällen unmöglich prüfen. (Rufe: Doch!)

So viel ich weiß, läßt sich das nicht durchführen, und es können Prospekte mit thatsächlich unwahren Angaben ganz leicht auch bei Anleihen vorkommen, die zur kaufmännnischen Notirung zugelassen sind. Hier griffe die Strafbestimmung dann ein.

Justizrath **Makower** (Berlin): Herr Direktor Beisert kennt die Verhältnisse viel besser, als ich. Aber auch ich weiß aus Erfahrung, daß, wenn solche Anleihen an die Berliner Börse gebracht werden, die Sachverständigen-Kommission sich alle Urkunden einfordert, sie genau prüft und daß sie auch schon, nachdem der Prospekt gedruckt und zum Theil versendet war, die Betreffenden gezwungen hat, ihn zurückzuziehen, z. B. wegen ungenauer oder unzutreffender Daten über die früheren Erwerbspreise. Ja sogar juristische Bedenken hat die Kommission geltend gemacht bei Ausgabe von Schuldbriefen u. s. w. Also die Börse hilft sich, soweit sie kann. Freilich muß ich mit Herrn Kollegen Beisert sagen, nicht überall ist die Börse so organisirt, wie in Berlin. In Hamburg z. B. ist es nicht möglich, es so zu machen; dort wird sich die Börse aber anderweit helfen.

Präsident: Ich schließe die Verhandlungen. Der Herr Korreferent hat das Wort.

Korreferent Dr. **Rießer** (Frankfurt a. M.): Wie ich vorausgesagt habe, hat sich die Frage der Verneinung oder Bejahung lediglich zu einer politischen und nicht zu einer juristischen Frage gestaltet. In der That, m. H., auch Ihre Abstimmung wird lediglich von allgemeinen politischen Empfindungen geleitet werden, und auch aus der Diskussion habe ich viel sachlich-juristische Belehrung nicht heimgebracht. Wenn die Rede meines verehrten Kollegen Fuld im Wesentlichen sich dahin zuspitzte: pessima respublica plurimae leges, so muß ich doch sagen, daß diese Ausführungen umsoweniger überzeugende Kraft besitzen, als sie doch schließlich ganz genau ebenso gegen jeden strafgesetzlichen Vorschlag, auch den wohlbegründetsten, hätten gerichtet werden können; eine sachlich überzeugende Kraft für die uns vorliegende Spezialfrage können sie daher meines Erachtens nicht beanspruchen. Das also überzeugt mich nicht, wie überhaupt da, wo aus politischen oder Gefühlsgesichtspunkten diskutirt wird, wie ich schon gesagt habe, die juristische, logische Konsequenz unbedingt aufhören muß. Wo die spezielle Ueberzeugung anfängt, kann die Jurisprudenz nach Hause gehen. Ich wende mich nun zu Herrn Direktor Beisert. Die von ihm angeführte Thatsache, die mir wohl bekannt war, überzeugt mich um deswillen nicht, weil erstens in der

That es gar nicht darauf ankommt, ob solche ministerielle und Börsenbestimmungen existiren, sondern darauf, m. H., wie sie gehandhabt werden, und das möchte ich sehen, ob dann, wenn der erste Eindruck der ministeriellen Verordnung ein wenig hinter die Ecke gebracht ist, diese Bestimmungen so straff gehandhabt werden, wie sie nach dem Zeugniß dieses Herrn in einzelnen Fällen — wir wollen nicht untersuchen, wo und wann die straffe Untersuchung auch jetzt schon aufhört — jetzt gehandhabt werden soll. Aber weiter, es giebt eine ganze Menge Börsen, bei denen diese Bestimmung nicht existirt und bis jetzt ist die Berliner Kaufmannschaft doch nicht mit der deutschen identisch. Wir haben eine Menge Börsen, wo sie weder gehandhabt wird, noch gehandhabt werden wird, noch endlich gehandhabt werden kann, und für solche Fälle muß die Strafbestimmung eintreten. Wenn aber gesagt wird, ein lebhaftes Bedürfniß existirt nicht, weil das keine großen Börsen sind, so muß ich bekennen, für ein derartiges Argument bin ich unzugänglich. So lange derartige Fälle existiren, die nach der jetzigen Lage straflos bleiben sollen und können, bin ich für Einschreiten der Gesetzgebung in diesen graven Fällen.

Das, m. H., möchte ich dem Herrn Direktor Beisert erwidern, während ich dem Herrn Dr. Katz, der ja in seinem Buche über die strafrechtlichen Bestimmungen des H.=G.=B. auch die Frage, die hier in Betracht kommt, behandelt hat, sagen muß, daß allerdings bewußt das Requisit der Vermögensbeschädigung in dieser Bestimmung fehlt, und es doch nicht angeht, zu sagen, warum greift ihr gerade diesen einzelnen Fall heraus? Er ist mehrfach herausgegriffen worden im Anschluß an die Ausschreitungen, die sich bei Aktienunternehmungen fühlbar machten und wenn später Fälle auftauchen, deren gesetzliche Regelung nothwendig erscheint, so wird man zu weiteren Gesetzen schreiten müssen. Politisch klug, m. H., (wenn Sie denn politische Gesichtspunkte gelten lassen) ist es überhaupt nicht, wenn Sie sich allen vier Thesen gegenüber ablehnend verhalten; das aus Gründen, welche näher zu erörtern hier nicht wohl thunlich ist. Ein Bedürfniß ganz zu leugnen oder zu behaupten, daß, wenn die ministerielle Verfügung nicht existirte, oder wo sie nicht existirt, die Bestimmung unnöthig wäre, dazu hat sich auch der kompetentste Beurtheiler der Sache, Herr Direktor Beisert, nicht verstehen können. Er hat nur gesagt, wenn jene Verfügung nicht existirte, würde er der Strafbestimmung schon näher treten können. So wenigstens habe ich ihn verstanden.

Präsident: Wünscht der Herr Referent noch das Schlußwort?

(Wird bejaht.)

Referent Dr. **Heinsen** (Hamburg): Ich möchte mir nur einige Bemerkungen erlauben. Es ist zunächst von Herrn Direktor Beisert das

Bedürfniß für die in Vorschlag gebrachte Gesetzesbestimmung mit dem Hinweise bestritten worden, die Berliner Börse finde ihren Schutz schon durch eine Vorschrift, derzufolge immer, wenn Anleihen emittirt werden, um zur Notirung im amtlichen Courszettel zu gelangen, ein Prospekt zu erlassen sei, der erst den Börsenkommissionen vorgelegt werden müsse und von diesen der Prüfung unterworfen werde. Das ist ein Einwand, der, glaube ich, die Frage durchaus nicht trifft. Es soll nicht in Abrede gestellt werden, daß die erwähnte Einrichtung dort wo sie besteht, in Berlin, in Frankfurt a. M. in manchen Fällen einen Schutz verleihe, aber auch dort nicht immer. Denn die Kommissäre sind auch Menschen, die sich irren, die Täuschungen unterliegen können, und wenn nun dieser Fall eintritt? dann fehlt es ohne das vorgeschlagene Gesetz an Strafbestimmungen gegen denjenigen, der wissentlich die Täuschungen bewirkte. Dieser Einwendung des Herrn Direktor Beisert steht ferner entgegen, daß sie uns auf die Börsenordnungen zurückführt. Wir haben aber auf dem letzten Juristentag unsere Meinung dahin ausgesprochen, daß wir durch Börsenordnungen den betreffenden Mißständen nicht beikommen können. Nachdem wir das beschlossen haben, können wir nicht heute sagen, ein Gesetz ist deshalb unnöthig, weil sich durch Börsenordnungen die nöthige Hülfe erreichen lasse. Die Börsenordnung ist aber auch kein geeignetes Mittel. Denn es ist nicht nöthig, daß ein Anlehn durch die Börse gesucht wird. Wie nun, wenn sich jemand um die Verordnung der Börse nicht kümmert? Irgend ein Banquier setzt einen Prospect in die Zeitung und fordert öffentlich zur Zeichnung auf. Ist es etwa nicht möglich, daß das geschieht? Es besteht kein Verbot, daß jemand in dieser Weise versuchen kann, ein Anlehen aufbringen. Es handelt sich vielleicht nicht um eine sehr große Summe und kann daher der Emittent mit Grund erwarten, daß auf einen Prospekt in der Zeitung sich schon Leute zur Zeichnung finden werden. Solchen Falles kommt die Sache gar nicht an die Börse und diese kann keinen Schutz gewähren. Den Hinweis auf die Berliner Börsenordnung kann ich aber als ein sachlich dienliches Moment insofern acceptiren, als es beweist, daß das Bedürfniß vorhanden ist. Man muß hiernach doch zugeben, daß es vorkommt, daß Prospekte erlassen werden, in denen sich der hier fragliche Mißbrauch findet. Wenn aber nun eine Prüfung durch Kommissare nicht immer ausreicht, weil man sie vermeiden kann, so ist damit nur eine Konstatirung geliefert, daß eben versucht werden kann, das Publikum durch Prospekte zu täuschen und zu Anlehen zu verleiten, und daß man dagegen durch das Mittel der Börsenordnung noch keinen genügenden Schutz findet.

Sodann ist gefragt worden, was sind „Anlehen"? In dieser Beziehung habe ich meinen Herrn Kollegen Rießer nicht genau verstanden und bin darüber nicht klar, was er hat sagen wollen. Ich meine, eine Bekanntmachung durch öffentliche Prospekte wird regelmäßig nur bei der ersten Ausgabe von Anlehen vorkommen. Solange es sich um ein Konsortium handelt, besteht ja nur ein beschränkter Kreis. Wie ich aber bereits angeführt habe, ist das Wort „öffentlich" in unsere Frage hineingesetzt worden, um zu bezeichnen, daß es nicht eine strafbare Bekanntmachung im Sinne des Strafgesetzbuchs sein soll, die auf einen speziell begrenzten Interessenkreis berechnet ist, sondern nur eine Bekanntmachung, welche bestimmt ist, gleichviel für wen und für wie viele Personen, also nicht Fälle, wo die Angelegenheit sich innerhalb eines Konsortiums noch bewegt. Sobald aber Prospekte für das allgemeine Publikum erlassen werden, sich an einem Anlehen zu betheiligen, also Obligationen zu nehmen, meine ich, auch wenn sie vorher schon ausgegeben sind, indem das Konsortium sie unter sich vertheilt hatte und nun auf den Markt bringt, daß sich das gleich bleibt; es kommt eben nur darauf an, daß ohne Beschränkung auf einen bestimmten Kreis eine Bekanntmachung erlassen ist, um zur Betheiligung an dem Anlehen anzuregen.

Andererseits ist als Grundsatz aufgestellt und zur Anwenduug gebracht worden: ohne Vermögensbeschädigung ist kein Bedürfniß vorhanden, mit Strafen einschreiten zu können Dann haben wir eine ganze Zahl von Strafbestimmungen über Bord zu werfen, z. B. alle die Verbote, von denen ich vorhin redete, als Verbote der dritten Klasse von Verboten unserer Strafgesetzgebung, der sog. Verbote schlechthin, welche nicht nur dann gelten, wenn eine Gefahr damit verknüpft ist, sondern welche gelten sollen ganz unabhängig, ob eine Gefahr vorliegt oder nicht, und zwar aus dem Grunde, weil häufig eine Gefahr damit verknüpft ist. Alle diese Verbote müssen wir beseitigen. Ich habe die Lotterie erwähnt. Nicht die im einzelnen Falle für die Gesammtheit oder den Einzelnen eingetretene Vermögensbeschädigung soll gesühnt, sondern der Möglichkeit des Eintritts einer Vermögensbeschädigung soll vorgebeugt werden. Im Gegentheil ist nicht so sehr die Schädigung im Einzelfalle das gesetzgeberische Motiv, als der in seiner Wiederholung möglicher Weise hervortretende nachtheilige wirthschaftliche Effekt. Der bei der Lotterie sich Betheiligende kann etwas gewinnen. Es ist nicht nöthig, daß eine Vermögensschädigung damit verknüpft ist. Es kann nur eine Ausspielung sein, ohne daß eine Vermögenseinbuße dabei vorliegt. Es ist z. B. eine Sache 1000 Mark werth und jemand giebt darauf 100 Loose à 10 Mark aus, so kann man für die Gesammtheit nicht davon reden, daß eine Vermögensbenachtheiligung vorliegt, ebenso wenig bei dem Einzelnen, der den Gegenstand gewinnt oder der um ihn jedenfalls zu erhalten, sämmtliche 100 Loose nimmt. Dessen ungeachtet sind ganz allgemein ohne Unterschied die Lotterien und öffentlichen Ausspielungen verboten und zwar deshalb, weil es vorkommt, daß sie eine Vermögensbeschädigung zur Folge haben, weil, wie die Motive sagen, Lotterien leicht eine Gefährdung für das Vermögen Anderer herbeiführen können. Ebenso ist es hier, die hier fragliche Bestimmung ist hingestellt, weil leicht eine Vermögensgefährdung Anderer herbeigeführt werden kann, ohne daß es nothwendig ist, daß es im einzelnen Falle geschieht.

Es ist ferner gesagt worden, man könne die Bestimmung nur allgemein geben, so daß sie z. B. auch für Kaffee gelte. Ja, das könnte man thun. Aber der Unterschied ist nur, daß im Kaffeegeschäft der hier zu bekämpfende Mißbrauch nicht vorkommt, es kommt nicht vor, daß man durch täuschende Prospekte einladet zur Betheiligung am Ankauf von Kaffee. (Ruf: Auktion!) Auch nicht bei Auktionsverkäufen, ja, zur Auktion kann man auffordern und sagen, es ist sehr gute Waare. Das würde aber ein Urtheil sein und keine eine Täuschung bezeckende Angabe, wie sie die hier besprochene Strafbestimmung erfordert. Gleich liegt nur der Fall bei Aktien, und wie man bei Aktien diese Strafbestimmungen getroffen hat, so ist sie auch bei Anlehen zu treffen und nur bei diesen, weil es allein derjenige Fall ist, der vorkommt, und wir nicht nöthig haben, Bestimmungen über Gegenstände zu treffen, bei denen ein solcher Fall nicht vorkommt. Wenn sich später ein Bedürfniß entwickeln würde, so können wir die Bestimmung auch z. B. auf Kaffee ausdehnen. Aber vorläufig ist kein Grund vorhanden, daß man auch öffentliche Bekanntmachungen, welche auffordern Kaffee zu kaufen, in entsprechender Weise verpönt, und deshalb scheint mir, kann man das auf sich beruhen lassen. Aber das Bedürfniß bei Anlehen ist anerkannt und deshalb hat man sich darnach einzurichten.

Endlich hat noch Herr Justizrath Fuld erwähnt, die nach meinem Antrage zu verfolgende öffentliche eine Täuschung bezweckende Bekanntmachung könne wissentlich und doch ohne böse Absicht geschehen. Freilich, das ist aber nach dem Zweck des Gesetzes einerlei und muß nach demselben einerlei sein; wenn jemand es wissentlich übertritt und er hat auch eine gute Absicht dabei, so muß er dennoch dafür büßen. Der hier erhobene Einwand kommt mir so vor, wie die Geschichte vom heiligen Crispinus mit dem Leder, das er stahl, um den Armen Schuhe daraus zu fertigen. Es ist aber nicht richtig, so zu handeln, wie Crispinus, wenn es auch für einen guten Zweck geschieht.

Präsident: Es liegen zwei Anträge vor, der Antrag des Herrn Referenten und der des Herrn Korreferenten, der dahin geht: im zweiten Satze statt der Worte „in einer periodischen Druckschrift“ zu sagen „im Inseratentheil einer periodischen Druckschrift“.

Referent Dr. **Heinsen** (Hamburg): Ich bin damit einverstanden.

Präsident: Dann werde ich diesen ersten Theil des Gesammtantrages gleich in dieser Fassung zur Abstimmung bringen.

Ich ersuche diejenigen Herren, welche beschließen wollen:

Der Juristentag empfiehlt:

> Mit Strafe und eventuell mit dem Verlust der bürgerlichen Ehrenrechte ist gesetzlich zu bedrohen:
>
> wer in öffentlichen Bekanntmachungen wissentlich falsche Thatsachen vorspiegelt oder wahre Thatsachen entstellt, um zur Betheiligung an einem Anlehn zu bestimmen.
>
> Ist die öffentliche Bekanntmachung im Inseratentheil einer periodischen Druckschrift erfolgt, so findet § 20 Nr. 2 des Gesetzes über die Presse vom 7. Mai 1874 keine Anwendung,

sich zu erheben. (Geschieht).

Das ist ganz entschieden die Minderheit. Es ist von der Abtheilung beschlossen worden, die in Nr. 1 der Frage 5 gegebene Strafandrohung abzulehnen.

Wir gehen weiter zu Nr. 2 der Frage 5.

Der Herr Referent hat das Wort.

Referent Rechtsanwalt Dr. **Heinsen**: M. H.! Ich werde bezüglich der übrigen Fragen mich sehr viel kürzer fassen können, als es bei der ersten Frage der Fall war.

Die zweite Frage lautet:

> Ist gesetzlich mit Strafe zu bedrohen rc., wer in betrügerischer Absicht auf Täuschung berechnete Mittel anwendet, um auf den Cours von Effekten oder den Marktpreis von Waaren einzuwirken?

Auch hier steht lediglich eine Ausdehnung der in Bezug auf Aktien im H.-G.-B. Art. 249d Nr. 2 bereits vorhandenen Strafvorschrift in Frage.

Ueber die Interpretation dieses Gesetzes herrscht kein Streit und somit wird auch über den Sinn der gestellten Frage kein Zweifel bestehen. Der Thatbestand erfordert:

1. Anwendung auf Täuschung berechneter Mittel,
2. eine betrügerische Absicht, d. h. nach den Motiven zum Art. 265 St.-G.-B. und dem Kommissionsbericht zu Art. 249d Nr. 2 des Aktiengesetzes die Absicht, sich oder einem Anderen einen rechtswidrigen Vermögensvortheil zu verschaffen,
3. die auf den Erfolg einer Einwirkung auf den Cours resp. Marktpreis gerichtete Absicht, so daß also, wie der Kommissionsbericht ausdrücklich erklärt, das Abschließen fingirter Geschäfte, um für neu

einzuführende Papiere überall erst einen Cours festzustellen, ohne hinzukommende betrügerische Absicht nicht strafbar ist.

Dagegen ist als nicht erforderlich im Vergleich mit dem Betrugsparagraphen 263 St.-G.-B. hervorzuheben: Der Vermögensnachtheil eines Anderen; es ist vielmehr im Kommissionsbericht p. 1027 ausdrücklich ausgesprochen, daß es darauf, ob die auf Täuschung berechneten Mittel wirklich einen Erfolg hatten oder nicht, nicht ankommen soll. — Demgemäß ist auch nicht erforderlich die Kausalität der Handlung mit einer Vermögensschädigung eines Anderen, und nicht das Bewußtsein einer an die Handlung sich knüpfenden Vermögensschädigung eines Anderen auf Seiten des Handelnden.

Der Herr Gutachter verneint auch diese zweite Frage.

Es handelt sich hier um einen der häßlichsten und gefährlichsten Auswüchse des Börsenverkehrs. Dies ist allgemein anerkannt.

Motive zum Aktiengesetz p. 345; Fuld, l. c. p. 452; Verhandlungen des 16. Juristentages p. 200 (Gareis), 220 (Wiener).

Dies ist auch von dem Herrn Gutachter nicht in Abrede gestellt, und ebenso auch nicht die Nothwendigkeit, diesem Mißbrauch durch strafrechtliche Verfolgung entgegenzutreten. — Er verneint nur deshalb die gestellte Frage, weil er — soweit nicht nur eine straflose Reklame vorliegt — glaubt, den vorliegenden Fall als vollendeten oder versuchten Betrug qualificiren zu müssen, demnach aber die Schaffung der in Frage stehenden neuen Strafvorschrift völlig überflüssig sei.

Ich kann unserem Gutachter darin nicht beistimmen. — Scheinkaufgeschäfte und die Verbreitung falscher Nachrichten sind vornehmlich die dem Zweck einer Preiseinwirkung dienenden täuschenden Mittel.

Wäre die Meinung des Herrn Gutachters richtig, so wäre es schwer begreiflich, daß man sich bewogen fand, eine Bestimmung, wie die hier in Frage stehende, in das Aktiengesetz aufzunehmen und wie die Motive besagen, allein deshalb davon abgesehen wurde, die gleiche Strafwürdigkeit auch bei derartigen Einwirkungen auf den Cours oder Marktpreis anderer Gegenstände des Börsenverkehrs außer den Aktien auszusprechen, weil den Verfassern auferlegt war, ihren Entwurf auf die Reform der Aktiengesetzgebung zu beschränken. Der Grund aber, aus dem man sich veranlaßt sah, wenigstens bezüglich des Verkehrs in Aktien, die fragliche Bestimmung zu treffen, geben die Motive dahin an, daß Fälle solcher Art, wie es Scheinkäufe sind, sich schwer als strafbarer Betrug im Sinne des St.-G.-B. behandeln lassen, weil das schadenbringende Geschäft nicht lediglich als Wirkung jener Operation anzusehen und die geschädigte Person noch ungewiß oder unbekannt ist.

Man wird meines Erachtens den Verfassern des Aktiengesetzentwurfes darin Recht geben müssen, wie ihnen die Reichstagskommission und der Reichstag Recht gegeben hat.

Zur Annahme eines vollendeten Betrugs ist der Eintritt einer Vermögensbeschädigung eines Anderen als Folge des durch die täuschenden Mittel bewirkten Irrthums erforderlich, zur Annahme eines Betrugsversuches wenigstens das Bewußtsein einer mit der Anwendung der täuschenden Mittel verknüpften Vermögensbeschädigung eines Anderen auf Seiten des Täuschenden. Das aber erfordert das hier in Frage stehende Delikt nicht und soll es nicht erfordern, eben weil der schwierige Nachweis eines Vermögensnachtheiles und dessen ursächlichen Zusammenhanges mit den angewandten täuschenden Mitteln vermieden werden soll.

In dem im Gutachten angeführten Falle wurden die betreffenden A und B auch wegen Betrugsversuches angeklagt und verurtheilt, weil sie in der Absicht, sich einen rechtswidrigen Vermögensvortheil zu verschaffen, den Entschluß, das Vermögen der Kaufleute N. N. zu schädigen dadurch, daß sie durch Vorspiegelung falscher Thatsachen (Scheingeschäfte) in dem Börsenkommissar Y einen Irrthum zu erregen versuchten, durch Handlungen bethätigt hatten, welche den Anfang der Ausführung des beabsichtigten aber nicht zur Vollendung gekommenen Vergehens (des Betruges) enthielten.

Abgesehen von dieser Beweisschwierigkeit sind ja aber auch Fälle denkbar, in welchen die Vermögensschädigung eines Anderen gar nicht beabsichtigt wurde oder eine solche als Folge seiner Handlungsweise dem Betreffenden gar nicht bewußt war. Z. B. ein Geschäftsangestellter, welcher eines leichtfertig oder unglücklich abgeschlossenen Geschäftes wegen seine Entlassung fürchtet, wendet auf Täuschung berechnete Mittel an (Scheingeschäfte oder falsche Nachrichten), um eine höhere Notirung des betreffenden Artikels zu bewirken, um durch die dadurch herbeigeführte höhere Aufnahme in der Bilanz den Verlust geringer erscheinen zu lassen und die Gefahr der Dienstentlassung von sich abzuwenden.

Verbote, wie solches hier in Frage steht, finden sich auch in verschiedenen fremden Gesetzgebungen: französ. code pénal 419, belg. code pénal 311, spanisch. code pénal tit. IV.

Wenn das Gutachten durch solche eine Behinderung der in manchen Industriezweigen üblichen und für den heutigen Wirthschaftsverkehr bedeutsamen Kartells befürchtet, so ist das unverständlich, da nach der Meinung des Gutachters der Thatbestand ja schon unter den Betrug oder Betrugsversuch fällt, aber diese Furcht ist auch unbegründet, da in diesen Fällen es an der Anwendung auf Täuschung berechneter Mittel gebricht.

Ich empfehle deshalb die Bejahung der gestellten Frage.

Die Strafe wird in Uebereinstimmung mit der Frage 1 zu behandeln sein. Wie bei Frage 1 es sich darum handelt, zur Betheiligung an einem Anlehen unter der wahren Sachlage nicht entsprechenden Bedingungen zu bestimmen, so ist die Gefahr der Veranlassung zum Erwerbe oder der Entäußerung von Sachwerthen zu unangemessenem Preise und eine damit verknüpfte Vermögensschädigung die gleiche im Falle der Frage 2.

Korreferent Rechtsanwalt Dr. **Rießer** (Frankfurt a. M.): M. H.! Das ist der zweite und letzte Punkt, in dem ich mit dem Herrn Referenten einig gehe und nicht mit dem Herrn Gutachter.

Die Frage 2 lautet:

> „Ist mit Strafe zu bedrohen 2c., wer in betrügerischer Absicht auf Täuschung berechnete Mittel anwendet, um auf den Cours von Effekten und den Marktpreis von Waaren einzuwirken."

Der Herr Gutachter kommt auch hier zu dem Antrage, die zweite These abzulehnen, und zwar im Wesentlichen aus folgenden Gründen:

1. durch den Zusatz „in betrügerischer Absicht" werde vollkommen der Thatbestand des Betruges dargestellt, die These 2 repräsentire daher lediglich einen einzelnen Fall des vollendeten oder versuchten Betrugs mit speziellen Strafbestimmungen, dessen Hervorhebung zu vielerlei Chikanen benutzt werden könne,
2. es sei daher auch kein Bedürfniß für eine derartige gesetzliche Bestimmung vorhanden, da, soweit Betrug nicht vorhanden, ein Fall der gewöhnlichen Geschäftslüge (Reklame) vorliegen würde.

Ich vermag auch hier dem Herrn Gutachter nicht beizutreten, gelange vielmehr aus folgenden Gründen zu dem Antrage: die These 2 anzunehmen; deren Inhalt sich übrigens schon im französischen code pénal Art. 419 und im belgischen code pénal Art. 311 findet.

Es scheint mir nicht richtig, daß die Fälle der These 2 entweder als vollendeter oder versuchter Betrug strafrechtlich aufzufassen und zu fassen seien. Im Gegentheil scheint mir die Ausführung der Motive zu dem Vorbild der These 2 dem Art. 249d Nr. 2 des Aktiengesetzes begründet, welche sagen:

> Fälle solcher Art lassen sich schwer als strafbarer Betrug im Sinne des Strafgesetzbuchs behandeln, weil das schadenbringende Geschäft nicht lediglich als Wirkung jener Operationen anzusehen und die geschädigte Person noch ungewiß oder unbekannt ist.

Mit anderen Worten: ein Kausalnexus, wie er bei dem Betruge zwischen der Vermögensbeschädigung und der schädigenden Handlung (Irrthumserregung oder Unterhaltung) verlangt wird, ist im Art. 249d Nr. 2 des Aktiengesetzes und demgemäß in These 2 nicht gefordert.

Das schadenbringende Geschäft braucht nicht als Wirkung der auf Täuschung berechneten Mittel anzusehen sein (vergl. Katz p. 106), vielmehr genügen auf Täuschung berechnete Mittel, einerlei, ob dieselben geeignet sind, den Zweck zu erreichen oder nicht, und einerlei, ob sie den beabsichtigten Zweck erreichen oder nicht (vergl. Fuld. Das Aktienstrafrecht nach dem Gesetz vom 18. Juli 1884. Gerichtssaal Nr. 37 p. 450).

Es braucht ferner auch nicht, wie bei dem Betruge oder dem Betrugsversuche, eine bestimmte Person nachgewiesen zu werden, welche geschädigt ist oder geschädigt werden sollte.

Und es geht schließlich die Strafbestimmung der These 2 insofern weiter als der § 263 St.-G.-B., als sie nicht lediglich die Vorspiegelung falscher und die Entstellung oder Unterdrückung wahrer Thatsachen, sondern schon alle auf Täuschung berechneten Mittel als Thatbestandsmoment aufstellt; die These 2 begreift also unter Anderem auch „wissentlich unbegründete Angabe" sogar auch über in Zukunft bevorstehende Ereignisse (vergl. Ring's Kommentar p. 588).

Die Ansicht des Herrn Gutachters, daß durch den Zusatz „in betrügerischer Absicht" der Thatbestand des Betruges vollkommen hergestellt werde, ist also schon aus obigen Gründen nicht als richtig anzusehen, geht aber überdies meines Erachtens weit über denjenigen Sinn hinaus, welchen der Gesetzgeber mit jenem Zusatze hat Ausdruck geben wollen. Die Motive zu Art. 249d lassen hierüber keinen Zweifel. „Um über die Richtung dieser unlauteren Absicht jeden Zweifel auszuschließen, bezeichnet der Entwurf dieselbe in Anlehnung an § 265 des St.-G.-B. („wer in betrügerischer Absicht eine gegen Feuersgefahr versicherte Sache in Brand setzt 2c.") als „betrügerische Absicht", ohne damit die Voraussetzungen des Betruges erfordern zu wollen."

„Der Entwurf fordert" heißt, es in der direkt vorhergehenden Stelle der Motive, „daß objektiv auf Täuschung berechnete Mittel angewandt sind, um auf den Cours von Aktien einzuwirken und subjektiv vom Thäter beabsichtigt ist, sich oder einem Anderen dadurch einen rechtswidrigen Vermögensvortheil zu verschaffen oder Andere zu benachtheiligen."

Der letztere Satz erklärt und erschöpft den Sinn der Worte: „in betrügerischer Absicht."

(Vergl. Ring's Kommentar 2c.: „Betrügerische Absicht ist die Absicht, sich oder einem Dritten durch das Mittel der Täuschung einen rechtswidrigen Vermögensvortheil zu verschaffen.")

Hierdurch wird das Delikt zu einem Bereicherungsdelikt. Es wird also durch die Worte „in betrügerischer Absicht" nur ein Theil des Betrugsthatbestandes hinzugefügt, im Uebrigen bleiben die oben angedeuteten Unterscheidungen bestehen.

Da nun die These zwei Fälle voraussetzt, aus deren Straflosigkeit in der That nicht nur materielle Schädigungen des Publikums und des öffentlichen Kredits hervorgehen, sondern auch eine „Schädigung der öffentlichen Moral“ entstehen würde, so komme ich zu dem Antrage: Die These 2 anzunehmen.

Präsident: Die Debatte ist eröffnet.

Kreisgerichtsdirektor a. D. **Keisert** (Berlin): Ich hätte an und für sich gegen die Strafbestimmung nichts einzuwenden, aber wenn mir die Herren nur den Schimmer eines Bedürfnisses nachgewiesen hätten! M. H. Wir haben etwas ganz analoges in den Börsenordnungen einiger Städte. Die Berliner Börse hat seit den 20er Jahren schon die Bestimmung, daß derjenige, welcher wissentlich falsche Nachrichten an der Börse verbreitete, vom Börsenbesuch zeitweilig auszuschließen ist. Die Handhabe war also vorhanden, aber wann ist mir Gelegenheit — ich habe eine achtjährige Praxis hinter mir — geboten gewesen, die Bestimmung anzuwenden? Dreier Fälle erinnere ich mich. Der erste Fall war der, daß ein kleiner Makler einem anderen über die Schulter weg gesehen und eine Depesche falsch gelesen und das Falsche weiter verbreitet hatte. Daß der Mann eine kleine Strafe erhielt, war naturgemäß. Der zweite Fall war, daß ein Czeche aus Teplitz telegraphirte, es sei an der Duxer Bahn ein Dammrutsch passirt, man solle schleunigst seine Aktien verkaufen, eine Stunde darauf telegraphirte er wieder, der Dammrutsch sei nicht bedeutend, man möge wieder kaufen. Der dritte Fall war noch untergeordneterer Art. Glauben Sie, daß solche Fälle häufig vorkommen? Es müßten sonst eine Menge Klagen kommen. Ich glaube, dasjenige, was peccirt wird, besorgen die Telegraphenbureaus und nicht die einzelnen Leute, und wenn Sie diese Bestimmung annehmen, so werden Sie die Telegraphenbureaus schlimmer treffen, als andere Verbreiter falscher Nachrichten.

Rechtsanwalt Dr. **May** (Hamburg): Ich bin mir nicht darüber klar, ob nicht, sobald kein Fall der Vermögensbeschädigung nachgewiesen ist, diese Strafbestimmung überflüssig ist. Aber es ist für einen Praktiker kaum glaublich und zu schwer zu konstruiren, daß man eine Vermögensbeschädigung nicht sollte nachweisen können. Wie kommt ein solcher Fall zur Kognition der Gerichte, wenn keine Schädigung vorliegt? Erfährt der Staatsanwalt von der Sache, so kann er auch leicht eine Vermögensbeschädigung nachweisen. Denn der erste, der sich darum kümmert, ist der Geschädigte. Ist aber in der That eine culpa sine effectu vorhanden, so bleibt nichts als die Annahme übrig, als daß wir aus Sittlichkeitsgründen eine Strafe diktiren, und nicht vom Standpunkte des Rechts aus. Ich habe beiläufig bemerkt überhaupt eine grenzenlose Angst davor, wie wir alle in Deutschland sittlich werden. (Heiterkeit.)

Man fängt an, Gesetze zu geben nicht aus dem Grunde, um Recht und Unrecht von einander abzugrenzen, sondern zur Hebung der allgemeinen Sittlichkeit. Nun hat der Herr Kollege Heinsen einen Fall entdeckt, in welchem ich zugeben müßte, daß eine solche Bestimmung nothwendig wäre. Wenn ich diesen Fall, daß ein Mann, damit nicht entdeckt wird, daß er ein nicht gewinnbringendes Geschäft gemacht hat, wobei er vielleicht seine Stelle im Geschäft verlieren konnte, wo aber eine Vermögensbeschädigung überall nicht vorliegt, eine solche Courssteigerung bewirkt, in einem französischen Romane gelesen hätte, so würde ich sagen, der Fall ist bewundernswerth konstruirt. Von Herrn Dr. Heinsen aber ist es mir unerklärlich, wie er einen solchen Fall anführen kann. Denn vorgekommen ist er gewiß nicht und wird kaum vorkommen können. Käme jedoch einmal ein solcher Fall vor und bliebe straflos, weil die lex Heinsen nicht existirt, so würde ich mehr zufrieden sein, als wenn durch die lex Heinsen Leute getroffen werden, die eine Strafe nach dem bestehenden Recht nicht verdient haben.

Justizrath **Makower** (Berlin): Gestatten Sie mir eine Bemerkung. Fingirte Geschäfte zu dem Zwecke der Einwirkung auf die Coursnotirung kommen doch wohl mehr vor, als Herr Direktor Beisert annimmt. Würde man die Fassung bloß dahin wählen, diejenigen Fälle sollen bestraft werden, in welchen zweifellos fingirte Geschäfte zu diesem Zwecke gemacht werden, so würde ich mich dabei beruhigen; der Thatbestand kann vom Richter festgestellt werden. Wenn man aber sagt, „wer in betrügerischer Absicht auf Täuschung berechnete Mittel anwendet", so ist man jeder denkbaren ausdehnenden Interpretation ausgesetzt. Dann fällt darunter die Kolorirung in den Zeitungen, daß ein Unternehmen sehr gut sei oder ein Aufschwung bevorstehe, daß die und die Aktiengesellschaft gute Geschäfte gemacht habe und brillante Dividende geben werde. Ist nicht wie eine Zeitungsannonce auch eine Privatmittheilung unter Umständen ein solches auf Täuschung berechnetes Mittel? Ich fürchte, wir kommen da nothwendig in eine Ausdehnung hinein, wenn wir das annehmen, die viel gefährlicher ist, als wenn wir den erwähnten einzelnen Fall, den man treffen könnte, durchgehen ließen. Soweit Börsenordnungen vorhanden sind, könnte man anderweit gegen jene spezielle Handlungsweise helfen, aber es sind freilich nicht überall solche Ordnungen vorhanden. Immerhin für die großen Plätze Berlin, Frankfurt a. M. genügen die Börsenordnungen, und damit scheint mir im Großen und Ganzen dem Bedürfnisse genügt zu sein; es wäre mir daher sympathischer, wenn die ganze Frage verneint würde.

Höchstens den einen Fall, den Abschluß fingirter Geschäfte in der Absicht, die Coursnotiz zu fälschen, könnte man bestrafen.

Kreisgerichtsdirektor **Beisert** (Berlin): Ich glaube, wenn Herr Justizrath Makower den von ihm bezeichneten Fall, daß derjenige zu bestrafen sei, der fingirte Geschäfte in der Absicht, auf den Cours einzuwirken, abschließt, herausschälen würde, so würde auch noch ein sehr unvollkommenes Gesetz gemacht werden. Denn derjenige, der simulirte Geschäfte abschließt, braucht damit kein gutes Geschäft zu machen, er kann dabei auch einbüßen.

Präsident: Ich schließe die Verhandlung.

Der Herr Korreferent!

Korreferent Dr. **Rießer** (Frankfurt a. M.): Das Bedürfniß zu dieser Bestimmung ist eigentlich nicht in Abrede gestellt worden. Es ist nur gesagt worden, einerseits von Herrn Justizrath Makower, er fürchte, man könne die eigentlichen Fälle nicht fassen, und andererseits von Herrn Dr. May, er fürchte, man werde die Bestimmung am Ende wirklich anwenden. M. H.! Täuschen wir nns darüber nicht, es giebt Fälle, welche allerdings unter diese Bestimmung fallen. Ich erinnere an denjenigen, der vor einigen Monaten vorgekommen ist. Da war es einem Börsenschwindler gelungen, eine direkt unwahre, politische Nachricht, welche bestimmt und geeignet, auf den Cours zu wirken, in die offizielle „Norddeutsche Allgemeine" zu bringen, sodaß die Course rapid gefallen sind. Das fällt nicht unter den Begriff Betrug oder Betrugsversuch, und wenn solche Fälle da sind und straflos bleiben, so können Sie ein Bedüfniß nicht leugnen, und Sie können nicht sagen, es hat sich jemand hingesetzt und gesucht, wie kann ich noch ein Gesetz herausfinden, und hat dann diese Bestimmung gemacht. Nein, das Bedürfniß ist vorhanden, es werden Fälle vorkommen, die unter dieses Gesetz fallen und die ohne diese Bestimmung straflos bleiben.

Und Sie würden daher mit der Ablehnung der 2. These aus so ganz generellen, zu Viel also Nichts beweisenden Gefühlsgesichtspunkten heraus meines Erachtens einen schweren Fehler begehen, und das Ansehen der Abtheilung beziehungsweise des Juristentages schädigen.

Referent Dr. **Heinsen** (Hamburg): Es ist mir aufgefallen, daß man heute ein Bedürfniß für diese Bestimmung nicht hat anerkennen wollen, da nicht nur in den Motiven des Aktiengesetzes ausdrücklich hervorgehoben worden ist, daß das Bedürfniß unzweifelhaft vorhanden ist, sondern auch auf dem 16. Juristentage vom Herrn Referenten Professor Gareis und Herrn Reichsgerichtsrath Wiener die Verbreitung von falschen Nachrichten und die Fictivengeschäfte, die gemacht werden, als die schlimmsten und ganz allgemein bekannten häßlichsten Auswüchse, die im Börsenleben vorkommen, bezeichnet wurden. Wenn nun aber auch von der einen Seite das Bedürfniß in Zweifel gezogen wird, das von anderer doch gewichtiger Seite anerkannt wird, und wenn das Bedürfniß nicht so groß ist, wie einzelne annehmen, aber doch größer, als andere einräumen wollen, so scheint mir, mag eine solche Strafbestimmung immerhin bestehen, welche die Rechtschaffenen in keiner Weise schädigt. Es handelt sich darum, denjenigen zu strafen, der in betrügerischer Absicht auf Täuschung berechnete Mittel anwendet, um eine falsche Coursnotiz herbeizuführen. Ich glaube, das kann man ruhig bestrafen, auch wenn die Fälle nicht so häufig sein sollten, wie von der anderen Seite angenommen wird. Die Täuschung von einzelnen Privaten u. s. w. fällt nicht darunter, sondern es handelt sich um die Einwirkung auf eine Coursnotiz. Im übrigen glaube ich mich auf das früher Vorgetragene beziehen und die Annahme meines Antrags empfehlen zu können.

Präsident: Wir kommen zur Abstimmung. Ich ersuche diejenigen Herren, welche mit dem Herrn Referenten und Korreferenten beschließen wollen:

„Der Juristentag empfiehlt: Mit Strafe und eventuell mit dem Verlust der bürgerlichen Ehrenrechte ist gesetzlich zu bedrohen:

wer in betrügerischer Absicht auf Täuschung berechnete Mittel anwendet, um auf den Cours von Effekten oder den Marktpreis von Waaren einzuwirken",

sich zu erheben. (Geschieht.)

Auch hier beschließt die Abtheilung, die Nr. 2 der Frage 5 abzulehnen. Wir kommen zu Nr. 3.

Rechtsanwalt Dr. **Katz** (Berlin) [zur Geschäftsordnung]: Ich bitte zur Vereinfachung die Nr. 3 und 4 zu vereinigen.

Präsident: Ich unterstütze diesen Antrag, und wenn kein Widerspruch erfolgt, bitte ich den Herrn Referenten die Nr. 3 und 4 zusammenzufassen.

Referent Rechtsanwalt Dr. **Heinsen**: Die 3. Frage geht dahin:

Ist gesetzlich mit Strafe zu bedrohen rc.:

wer für Personen oder mit Personen, welche öffentlich oder von Privaten angestellt sind, in Kenntniß dieser ihrer Eigenschaft ohne Vorwissen ihrer Vorgesetzten oder Principale Zeitkaufgeschäfte abschließt?

Mit Recht rügt das Gutachten die Allgemeinheit des Ausdrucks: „Personen, welche öffentlich oder von Privaten angestellt sind." Es wird sich nicht um alle Personen handeln sollen, welche in irgend welchem Anstellungsverhältniß sich befinden, sondern nur um solche, die in einem Handelsunternehmen angestellt sind.

Dagegen glaube ich ihm nicht in der ihn zur Verneinung der Frage führenden Auffassung beitreten zu sollen, daß das in Frage gestellte Strafgesetz zu Gunsten der Principale gemacht werden solle, welche bereits einen ausreichenden civilrechtlichen Schutz genießen.

Ich glaube, man muß dem bezüglichen Gesetz einen ganz anderen Gedanken und Zweck unterlegen, nämlich den Schutz der betreffenden Anstellten, mit welchen Zeitkaufgeschäfte abzuschließen verboten sein soll.

In gewissen Fällen, in denen wegen besonderer Verhältnisse auf Seiten des Handelnden eine Beschränkung der Einsicht oder Willensfreiheit desselben anzunehmen ist, gewährt der Staat ihm einen Schutz durch Verbot der ihn schädigenden Rechtsgeschäfte oder Rechtshandlungen.

Darauf beruhen die den Schutz des Minderjährigen, Leichtsinnigen, Unerfahrenen und in Noth befindlichen bezweckenden Bestimmungen der § 301, 302 (Verpfl. des Minderj.), 302 a ff. (wucher. Darlehn) und unter demselben Gesichtspunkt wird man auch die hier in Frage stehende Bestimmung zu betrachten haben.

Angestellte eines prosperirenden Handelsgeschäftes, welche so häufig sehen, wie ohne irgend welche Geldauslage eine Differenz verdient wird, die freilich die geistige Arbeit des Principals nicht begriffen, die feinen Fäden seiner Kombinationen, die ihn zu einem Geschäft leiteten, nicht beachtet und verfolgt haben, aber die, nachdem sie im täglichen Umgange mit Geschäften sich eine gewisse Routine erworben haben, leicht glauben, auch zu können was ihr Principal kann, diese Leute sind nur zu sehr geneigt, auch einmal ihr Glück zu versuchen und für eigene Rechnung zu spekuliren, wie sie das bisher unter Leitung ihres Principals für dessen Rechnung mit Erfolg gethan haben. — Wie sie das anzufangen haben, an wen sie sich zu wenden haben, ist ihnen aus der Praxis bekannt.

Daß dies bei Leuten, die nicht in der Lage sind einen etwaigen Mißerfolg aus eigenen Mitteln zu decken, ganz außerordentlich leichtsinnig ist, um so leichtsinniger je geringer die Erfahrung ist, ist gewiß, schließt aber das dennoch häufige Vorkommen nicht aus, daß die Versuchung eine recht große ist, der manche Angestellte unterliegen; daß sie ihnen sehr viel näher liegt als allen anderen Leuten, ist nicht wohl zu bestreiten.

Nun macht also der Angestellte eine Spekulation, sie schlägt ein, er gewinnt Geld und damit Lust zur Wiederholung. Aber die zweite oder eine spätere glückt nicht und er verliert mehr, als er bei der ersten gewonnen oder schon die erste mißglückt ihm, was dann?

Dann gesellt sich die Nothlage zu dem Leichtsinn und der Unerfahrenheit. Seinem Principal aufrichtige Beichte abzulegen, hindert ihn die Scham und die Furcht vor Entlassung. Er leiht sich also Geld, er nimmt Vorschuß auf sein Gehalt, um die schuldige Differenz zu bezahlen. Aber das ist nur eine vorläufige Hülfe, eine definitive kann er nur erwarten durch den günstigen Ausfall einer neuen Spekulation, und was er früher aus Leichtsinn und Unerfahrenheit that, thut er nunmehr aus Noth.

Nun aber denken Sie sich, dieser neue Versuch schlägt fehl, bringt wenigstens nicht in der durch die Umstände erforderten Zeit den Erfolg. Dann steht der Betreffende vor dem Selbstmord oder vor dem Verbrechen.

M. H.! Fälle dieser Art ereignen sich so häufig, daß sie als eine Kalamität allgemein empfunden werden und man ein Bedürfniß anerkennen muß, auf dem Wege der Gesetzgebung einzuschreiten. Dies war auch die allgemeine Meinung auf dem vorigen Juristentage. Und damit, meine ich, ist die Erlassung eines Gesetzes, wie es unsere Frage in Erwägung stellt, gerechtfertigt.

Indem es den Abschluß von Zeitkaufgeschäften mit den Handelsangestellten verpönt, verstopft es die Quelle alles daraus folgenden Uebels, es hindert die Angestellten an leichtfertigen Spekulationen und behütet sie dadurch vor pekuniären Schädigungen, die ruinös für sie werden müssen.

Daß nur „ohne Vorwissen des Principals" der Abschluß von Zeitkaufgeschäften verboten sein soll, rechtfertigt sich dadurch, daß bei dessen Genehmigung anzunehmen ist, daß die Gründe, welche das Gesetz veranlassen (Leichtsinn, Unerfahrenheit, mangelnde Mittel) in concreto nicht vorhanden sind, wie auch der § 302 Strafgesetzbuch nicht zur Anwendung zu bringen sein wird, wenn der Minderjährige mit Genehmigung des Vaters sich verpflichtete.

Es ist richtig, daß indirekt auch den Principalen es zum Schutz gereicht, insofern es ja möglich ist, daß der unglücklich spekulirende Angestellte zu Angriffen auf die Kasse des Principals schreitet. Aber dieser Schutz ist nur ein indirekter secundärer, wie der § 302 des Strafgesetzbuches indirekt auch dem Vater zu Gute kommt, indem er der Kontrahirung von Ehrenschulden des minderjährigen Sohnes vorbeugt, deren Zahlung der Vater sich doch nicht gern entzogen hätte. Der direkte und principale Zweck des § 302 ist der Schutz des Minderjährigen, des hier fraglichen Gesetzes ist der Schutz des Angestellten gegen die eigenen, zunächst aus Leichtsinn und Unerfahrenheit, dann aus Noth entspringenden Handlungen; und wenn das Gesetz auch mit dem Principal zu Gute kommt, so ist dies nur ein unterstützendes Moment für dessen Erlassung.

Daß das Gesetz speziell die Zeitkaufgeschäfte mit den Angestellten verbietet, ist keine Brandmarkung der Zeitkaufgeschäfte, sowenig die früheren Gesetzgebungen das Wechselgeschäft brandmarkten, indem sie dessen Abschluß mit Offizieren, Geistlichen, Studenten 2c. für nichtig erklärten. Der Grund ist einfach der, daß nur Zeitkaufgeschäfte die zu meidenden Gefahren bieten. Der Abschluß anderer Geschäfte ist wegen der nöthigen Zahlungsmittel, Kredit, Erforderniß von Lagerräumen 2c. nur in beschränkter Weise dem Angestellten möglich, gefährliche Differenzspekulationen, und um deren Inhibirung handelt es sich ja, sind nur unter Anwendung des Zeitkaufgeschäftes ausführbar.

Wenn das Moment der „gewinnsüchtigen Absicht" in den in unserer Frage angegebenen Thatbestand nicht ausdrücklich aufgenommen ist, so hat dies wohl darin seinen Grund, daß nach dem weiten Inhalt, der mit dem Begriff „gewinnsüchtiger Absicht" verknüpft wird, eine solche bei demjenigen, der mit dem Angestellten ein Zeitkaufgeschäft abschließt, ohne Weiteres stets als verhanden anzunehmen sein wird.

Dagegen ist als zum Thatbestande des bezüglichen Gesetzes ausdrücklich hervorgehoben das Erforderniß der Kenntniß des Abschließenden von der Eigenschaft seines Kontrahenten als Angestellten in dem Geschäfte eines Dritten. Schon ohne eine derartige ausdrückliche Hervorhebung besteht darüber Einverständniß, daß dic §§ 301 und 302 des Stafgesetzbuches nur auf denjenigen Anwendung finden, der die Minderjährigkeit des Ausstellers einer schriftlichen oder Gelobers einer mündlichen Verpflichtung kennt, daß ihm aber nicht obliegt, im einzelnen Falle nachzuforschen, ob er vielleicht mit einem Minderjährigen zu thun habe. Die Annahme des Herrn Gutachters, daß das hier zu erlassende Gesetz eine solche lästige Erkundigungspflicht aufbürde, ist daher eine unbegründete.

Der Herr Gutachter erwähnt, daß in der Berliner Börsenordnung die in Anregung gebrachte Disciplinar-Bestrafung und eventuelle Ausschließung solcher Besucher, welche für Angestellte anderer Geschäfte Spekulationsgeschäfte machen, keine Aufnahme gefunden habe, in dem Glauben, daß die Börse auf dem Wege der Selbsthülfe gegen solche Unanständigkeiten Front machen müsse.

Demnach hat man also das Uebel als solches nicht verkannt, sondern nur unangemessen gefunden, darüber etwas in die Börsenordnung aufzunehmen. Nun m. H., ich habe mich auf dem vorigcn Juristentage als Ihr derzeitiger Referent gleichfalls gegen den Versuch ausgesprochen, den im Spekulationsverkehr vorkommenden Ausschreitungen durch Börsenordnungen beikommen zu wollen. Von allen anderen damals erörterten Gründen abgesehen, schon aus dem einen sehr nahe liegenden, daß die fraglichen Mißbräuche ja nicht auf den Verkehr in der Börse beschränkt sind, sondern, und vielleicht hauptsächlich, außerhalb der Börse sich abspielen.

Bemerkt mag jedoch werden, daß nicht nur das vom Gutachter angeführte Brüsseler Börsenreglement mit Ausschluß bedroht jeden Angestellten, der ohne Vorwissen seines Principals für eigene oder dritte Rechnung Geschäfte macht oder durch seine Mitwirkung begünstigt, sowie den agent de change, welcher die Speculation des Angestellten eines anderen agent de change, eines Banquiers oder einer Bank durch seine Mitwirkung begünstigt; — sondern daß auch die Regel 56 der Londoner Stock Exchange die Bestimmung enthält:

> The Committee particularly caution Members etc.

Und in noch umfassenderer Weise ist in der holsteinischen Maklerordnung von 1863 vorgeschrieben im § 9:

> Auch dürfen sie (die Makler) ohne Konsens des Principals für jemand, der in dessen Geschäften arbeitet, weder kaufen noch verkaufen.

Man sieht, daß der hier in Frage stehende Uebelstand und das Bedürfniß, gegen denselben einzuschreiten, an den verschiedensten Orten und zu den verschiedensten Zeiten anerkannt ist.

Ich gelange hiernach zur Bejahung auch der 3. Frage vorbehaltlich der Einschaltung „in Handelsgeschäften" nach dem Worte „welche".

Die Strafe wird analog wie bei den zum Schutz der Minderjährigen dienenden Gesetzen zu normiren sein, also in schwereren Fällen ev. auch mit dem Verlust der bürgerlichen Ehrenrechte zu bedrohen sein.

> Die 4. Frage lautet: Ist gesetzlich mit Strafe zu bedrohen ꝛc., wer unter wissentlicher Benutzung des Leichtsinns oder der Unerfahrenheit eines Anderen für denselben oder mit demselben Zeitkaufgeschäfte abschließt?

Einer der schlimmsten, wenn nicht der allerschlimmsten mit dem Spekulationsgeschäft verbundenen Uebelstände, ist m. E. der Umstand, daß in ausgedehnter Weise sich an demselben ganz außerhalb des Börsenverkehrs stehende Personenkreise: Detaillisten, Handwerker, Officiere, Beamte ꝛc. betheiligen, welchen jede Kenntniß und Erfahrung bezüglich des zur Spekulation erwählten Artikels abgeht, welche ihrer sonstigen Beschäftigung wegen nicht in der Lage sind, den Geschäftsgang an der Börse, alle die verschiedenen Momente, welche den Preis beeinflussen oder voraussichtlich beeinflussen werden, zu kontroliren und den für die Abwicklung einer eingeleiteten Spekulation günstigen Augenblick zu erfassen, daher regelmäßig in mehr oder minder kurzer Frist das Opfer ihrer Spekulationslust werden.

Nur in selteneren Fällen wagen diese Leute aus eigener Initiative sich auf das gefährliche Gebiet der Spekulation, — fast immer (aus naheliegenden Gründen) in Fonds — regelmäßig geht die Anregung von kleineren sogenannten Banquiers aus, welche die Begehrlichkeit anstacheln, die Wahrscheinlichkeit und Mühelosigkeit des Gewinnes in hellen Farben malen, die etwaigen zaghaften Bedenken durch das Gewicht ihrer Erfahrung und die Sicherheit ihres Auftretens beschwichtigen, und das zum Leichtsinn weil zum Gewinn gereizte und die Gefahr nicht übersehende unkundige Publikum verleiten. — Aber auch in den wenigen anderen Fällen, in denen der unbeeinflußte selbstständige Entschluß zu einer spekulativen Operation trieb, pflegt ein solcher kleinerer Banquier der Vermittler des Betreffenden zu sein, der dann das ihm zugelaufene wie das gesuchte Opfer immer weiter in spekulative Operationen hineinzieht.

Selbst nicht befähigt und nicht in der Lage zu handeln, sind diese Personen genöthigt, nach den Eingebungen ihres für sie wirkenden Mittelsmannes zu handeln, ein Spielball, in dessen Händen sie bald dieses, bald jenes Papier, bald kaufen, bald verkaufen.

In ganz unkontrolirbarer Weise vermag dieser Banquier oder Börsenvermittler am Cours zu schneiden, die gekauften Papiere bekommt der Auftraggeber oft garnicht zu sehen, nach Konvenienz tritt der Banquier als Selbstkäufer oder Selbstverkäufer auf, und außerdem verdient er natürlich mit jedem Umsatz seine Provision.

Mit dem Gewinn wächst die Begehrlichkeit, mit dem Verlust der Wunsch des Wiedererwerbes, vielleicht die Nothwendigkeit, wenn der Verlust die eigenen Mittel überstieg und der Spekulant der Schuldner seines zur Vorschußleistung gern bereiten Banquiers geworden ist.

Wann haben wir je gesehen, daß der spekulirende Detaillist, Handwerker, Offizier, Beamter ꝛc. mit einem erworbenen Kapital aus dem Spekulationsgetriebe sich glücklich zurückzog? — Ganz gewöhnlich ist vielmehr die Erfahrung, daß ein solcher Spekulant erst, nachdem er völlig ausgesogen und noch mit Schulden belastet ist, aus den Händen seines Börsenfreundes entlassen wird! zugleich aber auch seine bisherige Stellung, sein bisheriger Erwerb völlig ruinirt, seine und seiner Familie Existenz untergraben ist.

Es ist m. E. ein dringendes Bedürfniß, daß die Gesetzgebung für den hier in Frage kommenden umfassenden Kreis von Personen schützend eingreift, nicht nur im Interesse dieser Personen selbst, sondern im Interesse auch des Staates, dem die Gefährdung des Kleinkapitals und des sogenannten Mittelstandes, denn um diesen ganz vornehmlich handelt es sich, nicht gleichgültig sein kann.

Und in dieser Meinung stehe ich nicht allein. — Ich verweise auf den Bericht der Stock Exchange Commission von 1878, auf die Aeußerungen verschiedener Redner des 16. Juristentages, z. B. Rechtsanwalt Mayer (Straßburg) und Reichsgerichtsrath Wiener, auf die allgemeine Zustimmung, die meine desfalsigen Ausführungen auf dem vorigen Juristentage fanden.

Nach Bejahung der Bedürfnißfrage ist die weitere Frage zu beantworten, wie dieses Bedürfniß zu befriedigen ist, speziell ob das in der uns vorgelegten Frage in der angezeigten Weise geschehen könne.

Letzteres muß ich mit dem Herrn Gutachter verneinen. Zwar nicht wegen vermeintlicher Brandmarkung des Zeitkaufgeschäftes, darüber habe ich mich schon ad 3 ausgesprochen; — auch nicht wegen Schwierigkeit der Feststellung, ob im konkreten Falle Leichtsinn und respektive Unerfahrenheit vorliege. Im Sinne des hier in Frage kommenden Gesetzes verstehe ich unter

„Unerfahrenheit" die Unkenntniß der mit dem Geschäft möglicher Weise verknüpften nachtheiligen Folgen,

unter „Leichtsinn" den Willen, trotz solcher Kenntniß das Geschäft abzuschließen, wenn dasselbe nicht zum Geschäftsbetriebe gehört, und der etwaige Verlust mit dem Vermögen resp. den Einnahmen nicht im Mißverhältnisse steht (nicht also z. B., wenn der Inhaber eines großen Vermögens einmal einige 100 Stück Kreditaktien auf Spekulation kauft und wieder verkauft, so wenig wie wenn er eine hohe Wette macht, ein Luxuspferd hält, Karten spielt, was für Andere leichtsinnig sein kann).

Ob im gegebenen Falle Unerfahrenheit oder Leichtsinn als vorliegend anzunehmen ist, das ist eine queastio facti, die der Richter zu lösen hat, einerlei ob die Lösung eine mehr oder minder schwierige ist, wie ja auch der Lösung derselben Frage der Richter sich nicht entziehen kann, wenn die Anwendung der gegen den Wucher gerichteten Strafbestimmungen in Frage steht.

Aber deshalb, weil eine gesetzliche Bestimmung, wie sie die gestellte Frage in Aussicht nimmt, einmal den Abschluß eines Zeitkaufgeschäftes mit anderen Personen als solchen, zu deren Geschäftsbetriebe die Abschließung von Zeitkaufgeschäften gehört, höchst gefährlich überhaupt machen würde, und in seiner Wirkung einer Inhibirung derselben überhaupt gleichkommen müßte, damit aber über ihr Ziel, die dem Börsenverkehr fern stehenden Personen gegen die Gefahren der in Zeitkaufgeschäften sich nur vollziehenden Spekulationen zu schützen und damit ein volkswirthschaftliches Interesse zu wahren, hinausschießen würde, sodann auch das Bedürfniß sich auf diesen Zweck beschränkt, es aber nicht die Aufgabe der Gesetzgebung sein kann, den Einzelnen gegen die Folgen jeder leichtsinnigen oder unverständigen Handlung zu schützen, einerlei ob dieselbe in einem Zeitkaufgeschäfte oder in irgend welcher anderen Weise, z. B. wie der Gutachter anführt, in dem Ankauf von Diamanten, Luxuspferden 2c. oder in dem Abschluß einer Ehe sich manifestirt. Regelmäßig ist auch nicht das einzelne Zeitkaufgeschäft, für den betreffenden ruinös und dem allgemeinen wirthschaftlichen Interesse gefährlich, sondern die Hingebung an die Spekulation.

In das zu erlassende Gesetz wird vielmehr, um der demselben gestellten Aufgabe zu entsprechen, der dem Zeitkaufgeschäfte anhaftende spekulative Charakter als Merkmal ausdrücklich aufzunehmen sein und ich schlage deshalb vor, unter Verneinung der Frage 4 wie sie gestellt ist auszusprechen:

> Mit Strafe aber ist zu bedrohen: wer unter Ausbeutung des Leichtsinns oder der Unerfahrenheit eines Anderen für denselben oder mit demselben wissentlich Spekulationzwecken dienende Zeitkaufgeschäfte abschließt.

Der Ausdruck „Ausbeutung des Leichtsinns oder der Unerfahrenheit" unterscheidet sich von demjenigen „wissentliche Benutzung des Leichtsinns oder der Unerfahrenheit" in unserer Frage nur durch schärfere Hervorhebung der gewinnsüchtigen Absicht, und ist von mir hauptsächlich zur Vermeidung einer Wiederholung des nachfolgenden Wortes „wissentlich" gewählt.

Der wesentliche Unterschied meines Antrages im Vergleich zur Frage besteht darin, daß derselbe gegen denjenigen, welcher unter Ausnützung der ihm bekannten Unerfahrenheit oder des ihm bekannten Leichtsinns eines Anderen mit demselben oder für denselben Zeitkaufgeschäfte schließt, nur dann gerichtet ist, wenn der Andere mit diesen Zeitkaufgeschäften die Ausführung von Spekulationen bezweckt und das ihm bekannt ist.

Nicht betroffen wird also nach dem meinem Vorschlage entsprechenden Gesetz

1. das nicht spekulative Zeitkaufgeschäft,
2. das spekulative Zeitkaufgeschäft (des die Verlustchance kennenden Geschäftsmannes oder Vermögenden), wenn weder Unerfahrenheit noch Leichtsinn vorliegt,
3. das spekulative Zeitkaufgeschäft des Unerfahrenen oder Leichtsinnigen, wenn dem Kontrahenten der Spekulationszweck unbekannt ist.

Man wird vielleicht einwenden, eine Spekulation vollziehe sich durch zwei Geschäfte, einen einleitenden Kauf oder Verkauf und einen realisirenden Verkauf oder Kauf, welche mit oder durch verschiedene Personen geschlossen werden könnten, dem einzelnen dieser Geschäfte sei aber nicht anzusehen, ob dasselbe einer Spekulation diene oder nicht. Das ist völlig richtig.

Dennoch ist dieser Einwand nicht stichhaltig.

Denn schon nach wenigen Transactionen muß, wie auch in dem Bericht der Londoner Stock Exchange-Kommission von 1878 hervorgehoben ist, dem betreffenden Börsenvermittler klar sein, sowohl aus der Höhe der gekauften oder verkauften Beträge, wie namentlich aus der Art der Abwickelung der geschlossenen Zeitkaufgeschäfte, ob denselben ein spekulativer Charakter beiwohnt.

Ganz insbesondere aber kann hierüber bei den vorerwähnten kleinen Banquiers und Kommissionären oder Maklern nicht der geringste Zweifel bestehen, welche die dem Börsenverkehr an und für sich fernstehenden Personen zu Spekulationsgeschäften induciren und vielfach in der schmählichsten Weise ausbeuten.

Gerade gegen diese Art Leute und deren geschäftliches Gebahren hauptsächlich soll aber das Gesetz, wie solches mein Antrag befürwortet, gerichtet sein.

Ich bitte Sie deshalb unter Verneinung der Frage 4 meinem Antrage zuzustimmen.

Korreferent Rechtsanwalt Dr. **Rießer**: M. H.! Ich möchte Sie mit großer Entschiedenheit bitten, die beiden übrig bleibenden Fragen abzulehnen.

Der Herr Gutachter beantragt auch die dritte Frage abzulehnen, welche lautet:

> Ist gesetzlich mit Strafe zu bedrohen, wer für Personen oder mit Personen, welche öffentlich oder von Privaten angestellt sind, in Kenntniß dieser ihrer Eigenschaft, ohne Vorwissen ihrer Vorgesetzten oder Principale Zeitkaufgeschäfte abschließt?

Die Gründe des Herrn Gutachters sind folgende. Ein erheblicher Theil aller Menschen sei öffentlich oder privat angestellt, beabsichtigt sei aber doch wohl nur, den Principal, die Handelsunternehmung gegenüber dem Angestellten im Handelsunternehmen zu schützen. Der Wortlaut der These 3 geht also über den beabsichtigten Zweck weit hinaus.

Es sei auch gar nicht denkbar, daß außerhalb der Börse jeder Banquier oder Kaufmann sich erst genau erkundigen oder die Legitimation desjenigen prüfen müsse, der ein Zeitkaufgeschäft mit ihm abschließen wolle. Letzterer werde überdies durch eine derartige Bestimmung in ungebührlicher Weise gebrandmarkt.

Ich gelange zu dem nämlichen Antrage wie der Herr Gutachter.

Indem ich den von ihm vorgebrachten Gründen und denjenigen Bedenken mich anschließe, welche uns auf dem letzten Juristentage zu einer Vertagung der Berathung hinsichtlich der These 3 veranlaßte, möchte ich noch Folgendes hinzufügen:

Meiner Ansicht nach sollen mit These 3 nicht der Principal oder die Handelsunternehmung vor den Angestellten, sondern letztere vor sich selbst geschützt werden.

Der Herr Antragsteller berührte schon in dem auf dem letzten Juristentage erstatteten Referate die traurige Thatsache, daß die meisten durchgegangenen Kassirer 2c. zu den von ihnen begangenen, schließlich das Durchgehen herbeiführenden Unterschlagungen und sonstigen Vergehen durch die Verluste im Börsen-Differenzspiel veranlaßt wurden, und es ist bekannt, daß auch in öffentlichen Blättern vielfach die Frage ventilirt wurde, wie man diesen Vorgängen steuern könne. Aus diesem Gedankengange und aus der guten Absicht, derartige Vorgänge möglichst unmöglich zu machen, scheint mir die These 3 entstanden zu sein. Allein es ist an sich nicht möglich, — ganz abgesehen davon, ob eine derartige Bevormundung statthaft ist — jemand vor sich selber zu schützen. Derjenige Angestellte, der heimlich spielen will, spielt auch nach Erlaß eines der These 3 entsprechenden Gesetzes. Er läßt das Geschäft einfach durch seinen Freund, seinen Bruder machen . . . Ein Gesetz aber, das in dieser kinderleichten Weise umgangen werden kann, soll man lieber gar nicht promulgiren.

Und ferner: an der Börse kennt man in der Regel die Angestellten, wenigstens der größeren Häuser, sonst nicht; will man wirklich dem Kaufmann, z. B. im Eisen-Großhandel, wo täglich Zeitkaufgeschäfte in großer Zahl abgeschlossen werden, zumuthen, sich zu erkundigen, ob nicht ein Angestellter — und das ist auch der General-Postdirektor Stephan — mit ihm abschließt?

Will man darauf erwidern, daß ja nur der strafbar sein soll, der die Qualität seines Gegenkontrahenten (als eines Angestellten) kenne, und eine Erkundigungspflicht nicht bestehe, was übrigens in Zweifel gezogen werden könnte, so würde von vornherein der größte Theil aller Anwendungsfälle und damit auch aller etwa beabsichtigten Rettungen ausscheiden und als einziges mögliches Anwendungsgebiet die Börse bleiben.

Die Börse aber kann und wird sich, soweit sie ein Bedürfniß empfindet, durch eine Disziplinarbestimmung der Börsen-Ordnungen helfen, wie solche sich nicht nur in der von dem Herrn Gutachter angezogenen Brüsseler Börsenordnung, sondern auch in Nr. 55 der Rules and Regulations der Londoner Stock-exchange findet, lautend:

> If any member or authorized clerk shall do a bargain either for money or time with an authorized or unauthorized clerk for account of such clerk, they shall be liable to expulsion.

Es bedarf kaum des Hinweises, daß eine Strafbestimmung, wie die These 3, die denn auch (causa turpis) zur civilrechtlichen Nichtigkeitserklärung benutzt werden könnte, lediglich dann angerufen werden würde, wenn das betreffende Zeitkaufgeschäft schlecht ausgegangen ist, dann aber auch allen Chikanen und Erpressungen Thür und Thor öffnen würde.

Aus allen diesen Gründen stimme ich mit dem Herrn Gutachter für Ablehnung der These 3.

Zur Frage 4.

Der Herr Gutachter beantragt die Ablehnung der Frage, welche lautet:

Ist gesetzlich mit Strafe zu bedrohen . . ., wer unter wissentlicher Benutzung des Leichtsinns oder der Unerfahrenheit eines Andern für denselben Zeitkaufgeschäfte abschließt?

Die Gründe des Herrn Gutachters sind im Wesentlichen folgende:

1. Zu einer Brandmarkung des Zeitkaufgeschäfts liege nicht die geringste Veranlassung vor; andere viel gefährlichere Geschäfte unter wissentlicher Benutzung des Leichtsinns oder der Unerfahrenheit eines Andern seien gesetzlich nicht mit Strafe bedroht.
2. Man werde nie jemanden Leichtsinn oder Unerfahrenheit nachweisen können, der an einem Zeitkaufgeschäfte Geld verdient hat.

Auch ich halte eine derartige Strafbestimmung für eine geradezu ungeheuerliche und möchte den Gründen des Herrn Gutachters noch einiges hinzufügen: Entweder der Richter wird erklären, — was er mit einiger Berechtigung thun mag — daß jeder „leichtsinnig" ist, der z. B. Differenzgeschäfte abschließt; dann ist der größte Theil der Börsengeschäfte, selbst unter Börsenbesuchern, oder vielleicht gerade unter diesen, zu den strafbaren Handlungen zu rechnen.

Oder er wird geneigt sein, denjenigen für leichtsinnig oder unerfahren zu erklären, der einmal ein Zeitkaufgeschäft mit Verlust gemacht hat und es dann wieder macht, dann wird — das Requisit des „wissentlich" findet sich dann von selber — ein großer Theil sowohl der Börsen- als der Waaren-Zeitkaufgeschäfte dem Richter überliefert werden können.

Der wirklich Leichtsinnige kann aber über diesen neuesten Sprößling polizeilicher Bevormundung, über diesen strikten Gegensatz zu der weisen römischen Regel: „Jura vigilantibus sunt scripta" hoch erfreut sein und wird daraus den kräftigsten und besten Anlaß gerade zum Abschluß von Zeitkaufgeschäften herleiten: denn, gewinnt er bei dem Geschäfte, so streicht er den Gewinn ein und geht ruhig nach Hause; verliert er aber, so läuft er zum Richter und deklarirt sich als unerfahren oder — was ihm nicht schwer fallen kann — als leichtsinnig, mit der Folge der Bestrafung des Gegenkontrahenten und der Auflösung des Geschäfts. In diesem Sinne könnte man den Vorschlag bezeichnen als ein Gesetz „zur Beförderung des Abschlusses von Zeitkaufgeschäften" und — was damit zusammenhängt — zur Beförderung von Chikanen und Erpressungen schlimmster Art.

Ich kann daher nur auf das dringendste vor der Annahme der These 4 warnen.

Präsident: Ich eröffne die Debatte.

Justizrath **Makower** (Berlin): Lassen Sie mich kurz auf einen Gesichtspunkt aufmerksam machen. M. H. Wir haben, wie mir scheinen möchte, mit der Zeit vollkommen vergessen, was es heißt, gegen einen Mann, der sonst ordentlich gewesen ist, eine Kriminalstrafe zu verhängen. Ich nehme einen Fall, wie ihn Herr Dr. Heinsen konstruirt. Jemand, der sonst ein ganz ordentlicher Mensch ist, schließt mit dem Angestellten eines Andern ein Zeitkaufgeschäft ab. Hierfür soll er mit Gefängniß bis zu drei Jahren und möglicherweise mit Ehrverlust bestraft werden. Ist denn das noch ein denkbares Verhältniß zwischen der Handlung und der Strafe? Ist es unanständig, mit einem solchen jungen Manne ein gewisses Rechtsgeschäft zu schließen, so sagen Sie, die Börse solle eine Geldstrafe, eine Ehrenstrafe darauf setzen; das verstehe ich, dem könnte ich beistimmen. Aber sagen Sie, der Kaufmann soll dafür ins Gefängniß geworfen werden, so verstehe ich das nicht. Denn wenn er auch nur einen einzigen Tag Gefängniß abbüßt, so ist er für den gesellschaftlichen und für den geschäftlichen Verkehr unter ordentlichen Kaufleuten unmöglich gemacht. Er ist ein bestrafter Mensch. Diese Strafe steht in gar keinem Verhältniß zu seinem Verhalten, das unanständig, aber nicht einmal immer unmoralisch ist. Prophylaktische Bestimmungen bedürfen großer Vorsicht.

Es kommt noch eins dazu, was mich gegen den Vorschlag einnimmt. Mir scheint, Herr Dr. Heinsen will den Falschen bestrafen. Statt zu sagen, der junge Mensch, welcher seinen Principal vertritt, darf keine eigenen Geschäfte machen und wird bestraft, wenn er gegen diese Vorschrift handelt, will Herr Dr. Heinsen den Dritten einsperren, der mit ihm Geschäfte gemacht hat. In beiden vorgeschlagenen Bestimmungen sehen Sie, daß nicht bloß der Handel mit Unerfahrenen und dergleichen, bestraft werden soll. Sagen Sie doch den Beamten, den Offizieren, sie sollen keine Zeitkaufgeschäfte machen, verbieten Sie es diesen, bestrafen Sie aber nicht den Kaufmann! Ganz anders ist das freilich bei Kindern. Bei diesen hat die Gesetzgebung immer geholfen und da würde ich natürlich auch nichts einzuwenden haben. Es handelt sich aber nicht um Kinder. Alle Kassirer, die durchgegangen sind und den Principal bestohlen haben, sind keine Kinder gewesen, sind nicht leichtsinnig gewesen und nicht unerfahren, sondern sie haben eben spekulirt und es ist ihnen dabei schlecht gegangen.

Rechtsanwalt Dr. **Katz** (Berlin): Ich wollte nur noch eine kurze Bemerkung machen. Ich bin früher selbst im Bankgeschäft gewesen und habe in dieser Zeit selbst spekulirt. Ich kann versichern, daß die Sache nicht so gefährlich ist, wie sie der Herr Referent dargestellt hat. Unter allen meinen damaligen Kollegen hat sich nicht einer das Leben genommen. Strafbare Handlungen sind zwar bei einzelnen vorgekommen; aber gerade bei denen beruhten die strafbaren Handlungen nicht auf Leichtsinn, den sie bei Börsenunternehmungen etwa bethätigt hätten, sondern auf ganz anderen Dingen.

Zu Punkt 4 möchte ich Sie nur darauf hinweisen, daß die Spekulation gerade die Seele des ganzen Handels ist. Jedes Handelsgeschäft soll Spekulationszwecken dienen. Das ist gerade das ureigentliche Handelsgeschäft, welches Spekulationszwecken dient, und deshalb meine ich, würde auch die Verklausulirung, die hier gewählt ist, ganz und gar unzutreffend sein.

Kreisgerichtsdirektor a. D. **Keisert** (Berlin): Herrn Dr. Heinsen bin ich noch zwei Worte schuldig. Er sprach über das Gutachten von Dr. Hecht und bezog sich auf die Argumentation, daß die Berliner Kaufmannschaft sich selbst helfen würde. Er ließ dahin gestellt sein, ob das richtig wiedergegeben sei. Das will ich nur klar stellen.

Es ist richtig, als diese Börsenordnung verfaßt wurde, da wurde vielfach darüber hin und her deliberirt, ob nicht ein Paragraph aufgenommen werden sollte, der das, was Herr Dr. Heinsen verbieten will in der Börse, unter Strafe stellte. Man hat gesagt, das läßt sich nicht machen, weil wir die Kategorien von Leuten, welche dabei in Betracht kommen, nicht greifbar abgrenzen können. Wir können es nur in Bezug auf die Kommis machen. Den Schutz, den die Banquiers da haben würden, daß ihre Kommis nicht Zeitgeschäfte machen, den mögen sie sich selbst verschaffen. Sie haben ihn sich verschafft, indem fast alle angesehenen Firmen von Berlin die Erklärung niedergelegt haben: Wir erklären es mit der kaufmännischen Ehre nicht vereinbar, daß ein Haus mit Angestellten eines Anderen Geschäfte abschließt, nicht bloß Zeitgeschäfte. Und eine andere Gruppe ist sogar so weit gegangen, zu erklären: Wir selbst wollen mit einem Haus, welches eines solchen Verfahrens überführt ist, nicht mehr Geschäfte abschließen. Das ist Selbsthilfe.

Nachdem der Präsident hierauf die Debatte geschlossen, erhält noch das Schlußwort

Referent Dr. **Heinsen**: M. H., die heutige Stimmung bezüglich der Strafbarkeit dieser Uebelstände beim Spekulationsverkehr ist eine ganz andere, als sie auf den früheren Juristentagen gewesen ist. Es liegen 2, resp. 4 Jahre dazwischen. Man ist heute sehr viel milder gesonnen. Diese 4 Thesen, um welche es sich heute handelt, habe ich seinerzeit aufgestellt, weil man darüber einig war: diese 4 Punkte sind schreiende Uebelstände, die Rache erfordern, gegen die etwas geschehen muß. Und man war auf dem vorigen Juristentage bezüglich der ersten beiden Thesen selbst auch über die Fassung, wie sie heute vorgelegt wurden, durchaus einig, so daß sie ohne weiteres acceptirt worden wären, wenn sie allein vorgelegen hätten. Heute sind sie, glaube ich, gegen 2 oder 3 Stimmen abgelehnt. Auch bei Nr. 3 und 4 wird ja erst recht die Ablehnung zu erwarten sein.

Ich will mich deshalb weiterer Ausführungen enthalten und nur noch das Eine bemerken: um die großen Kaufleute an der Börse handelt es sich hier gar nicht; die können wohl beschließen, das ist unanständig, das soll nicht geschehen; aber die Hauptsache, wo man die Uebelstände zu suchen hat und wogegen man, wenn man überhaupt einschreiten will, einzuschreiten hat, das ist das Verfahren, welches außerhalb der Börse geschieht von kleinen Leuten, von Banquiers, die an der Börse keine große Rolle spielen, die nicht so nöthig haben, sich zu geniren, und die nicht so blöde sind, um sich wirklich zu geniren. Diese kleinen Leute, das sind die gefährlichen, gegen die, und die kleinen Leute, die ihre Opfer werden, das sind die bedauernswerthen, für die die Gesetze nöthig sind.

Der Präsident bringt hierauf die Punkte 3 und 4 zur Abstimmung. Dieselben werden abgelehnt und Justizrath Makower wird beauftragt, über diesen Gegenstand dem Plenum zur Kenntnißnahme Bericht zu erstatten. Damit ist die Sitzung geschlossen.

(Schluß der Sitzung 1 Uhr 30 Minuten.)

Zweite Sitzung der zweiten Abtheilung am 10. September 1886.

(Beginn: Vormittags 9½ Uhr.)

Präsident: M. H., ich eröffne die Verhandlungen. Die Liste der von der Abtheilung gewählten Vertrauensmänner lautet folgendermaßen: Präsident Becker, Justizrath Dr. Herz, Gerichtsassessor Dr. Marsson, Justizrath Makower, Professor Dr. Cosack, Rechtsanwalt Dr. Heinsen, Gerichtsassessor Wolff, Justizrath Dr. Fuld, Rechtsanwalt Dr. May, Rechtsanwalt Scholz. Die Herren, welche die Abtheilung bezeichnet hat, sind sämmtlich angenommen worden. Wenn weiter niemand das Wort nimmt, so werde ich annehmen, daß die Liste per Akklamation angenommen ist. Sie ist angenommen. Ich erinnere daran, daß morgen präzis 8 Uhr früh die Versammlung der Vertrauensmänner im Zimmer neben dem Plenum im Kaisersaale stattfindet.

Wir gehen über zur Tagesordnung. Es wird wohl zweckmäßig sein, der Reihe zu folgen. Wir haben noch Nummer 7 und 8 zu verhandeln. Zunächst kommt die Handelsmäklerfrage. Es wird dagegen kein Bedenken erhoben. Ich bitte den Herrn Referenten das Wort zu nehmen.

Kreisgerichtsdirektor a. D. **Keyßner** (Berlin): M. H.! Der siebente deutsche Juristentag hat am 29. August 1868 auf Antrag seiner kombinirten ersten und zweiten Abtheilung ausgesprochen,

> daß nach seiner Ueberzeugung überwiegende Gründe für die Aufhebung des Instituts der Handelsmäkler sprechen.

Diesem Ausspruche ist bis jetzt nicht Folge gegeben, und es soll den jetzt versammelten Juristentag die anderweit dahin formulirte Frage beschäftigen,

> ob es sich empfiehlt, die Vorschrift des H.-G.-B., daß die Handels-

mäkler keine Handelsgeschäfte auf eigene Rechnung machen dürfen, zu beseitigen oder abzuändern, und welche Vorsichtsmaßregeln eventuell zu bestimmen sind, um die Stellung der Handelsmäkler zu wahren.

Das Ihnen gedruckt vorliegende Gutachten des Herrn Professor Dr. Grünhut empfiehlt Ihnen in erster Reihe die Wiederholung des von dem siebenten deutschen Juristentage gefaßten, auf Aufhebung des Instituts der Handelsmäkler gerichteten Beschlusses, eventuell erklärt er sich dahin, daß bei Beibehaltung des Instituts das in Frage stehende Verbot nicht über Bord geworfen werden dürfe.

Wenn ich gegenüber diesen Vorgängen es unternehmen muß, Ihnen eine abweichende Beschlußfassung zu empfehlen, so werden Sie begreiflich finden, daß ich mich zuvörderst gleichfalls nach Autoritäten umsehe, welche mit mir der Meinung sind, daß eine unterschiedlose Beseitigung des Instituts der öffentlich angestellten Handelsmäkler nicht wohl angänglich sei. Ich finde solche zunächst in der mit Gesetzeskraft ausgestatteten Mäklerordnung der vormals freien Stadt Frankfurt a. M. vom 9. Dezember 1864, deren § 7 lautet, wie folgt:

„Die Bestimmung des Art. 69 Nr. 1. des Allg. Deutschen H.-G.-B., daß die Handelsmäkler für Geschäfte, welche sie vermitteln, sich nicht verbindlich machen oder Bürgschaft leisten dürfen, findet auf Geschäfte in Börseneffekten und Landesprodukten keine Anwendung. Ist ein Handelsmäkler veranlaßt, Kapitalanlagen oder Umsätze für seine eigene Rechnung zu machen, so muß er dies dem anderen Kontrahenten vor dem Geschäftsabschlusse anzeigen."

Ich finde sie ferner in dem Entwurfe, welchen die Preußische Regierung nach den Berichten öffentlicher Blätter dem Bundesrathe im Mai d. J. vorgelegt hat und welcher lautet:

§ 1. „Die Bestimmung des H.-G.-B. Art. 69 Nr. 1, durch welche den Handelsmäklern untersagt ist, für die Erfüllung der von ihnen vermittelten Handelsgeschäfte sich verbindlich zu machen oder Bürgschaft zu leisten, wird aufgehoben.

§ 2. In den Fällen der Art. 311, 343, 348, 354, 365, 366 und 387 H.-G.-B. ist der Verkauf der Pfänder und Waaren durch einen Handelsmäkler, welcher für die Erfüllung des Geschäfts sich verbindlich gemacht, oder dafür Bürgschaft geleistet hat, nicht zulässig."

Ich finde sie endlich in der von Ihrem ständigen Ausschusse ausgegangenen Formulirung der uns heut beschäftigenden Frage, welche das

Fortbestehen der Mäklerinstitution trotz des Beschlusses des Juristentages vom 29. August 1868 als zum Mindesten diskutirbar ansieht.

Bereits in den Juristentagsverhandlungen von 1868 ist von Seiten des damaligen Antragstellers Dr. Hilse darauf hingewiesen worden, daß der nationalökonomische und kommerzielle Gesichtspunkt in unserer Frage bei Weitem den juristischen Gesichtspunkt überwiegt. Auch der damalige Berichterstatter, Präses des Handelsgerichts Dr. Albrecht, trug dieser Anschauung Rechnung, indem er an die Erwähnung der Thatsache, daß die Handelsvorstände von Berlin und Frankfurt a. M. sich gegen die Aufhebung des Instituts der Handlsmäkler erklärt haben, die Bemerkung knüpfte, in diesen Städten, in denen großartige Handelsgeschäfte gemacht würden, spreche man sich hauptsächlich der Coursnotirungen wegen für die Beibehaltung des Instituts der Handelsmäkler aus.

Letztere Thatsache ist, wie ich für Berlin bezeugen kann, nicht nur damals, als Dr. Albrecht sie aussprach, richtig gewesen, sondern sie ist auch heut noch richtig. Daraus folgt aber gleichzeitig, daß unsere Frage sich nicht nach rein juristischen Erwägungsgründen entscheiden läßt, daß man vielmehr nach den Arten der Geschäfte, in welchen Handelsmäkler thätig sind, über ihre Nothwendigkeit und ihre Entbehrlichkeit verschieden urtheilen wird.

Ich will, wie meine Ihnen mitgetheilten Anträge ergeben, nur allein für den großen Börsenverkehr das Fortbestehen öffentlich bestellter Handelsmäkler als nothwendig angesehen wissen, und ich befinde mich sonach in einer für mich sehr erfreulichen Uebereinstimmung mit Herrn Handelsgerichts-Präses Dr. Albrecht, denn auch er gesteht zu, daß für die Coursfeststellung an großen Plätzen derartige Organe nothwendig sind. Er will nur, daß diese Organe aus der Zahl der privaten Unterhändler, welche das Vertrauen der Kaufmannschaft genießen, gewählt und ehrenamtlich mit den Funktionen der Coursfeststellung betraut werden sollen, während ich meine, daß dieser Ersatz für die jetzige Einrichtung der coursfeststellenden Handelsmäkler ein genügender nicht sein würde.

Wende ich mich nun nach dieser vorläufigen Kennzeichnung meines Standpunktes zu der gestellten Frage selbst, so glaube ich zunächst davon ausgehen zu dürfen, daß die Erörterung nicht auf den einen Theil des Art. 69 Nr. 1 H.-G.-B., den die Fragestellung ausdrücklich erwähnt, beschränkt werden soll, daß sie vielmehr auf den ganzen Inhalt der gedachten Bestimmung erstreckt werden darf, da dies schon durch den dem Bundesrath vorgelegten preußischen Entwurf nothwendig wird, welcher einen anderen Theil des Art. 69 Nr. 1 H.-G.-B., als den in unserer Frage erwähnten, betrifft. Der Art. 69 Nr. 1 H.-G.-B. verbietet nämlich den öffentlich angestellten Mäklern nicht bloß „für eigene Rechnung Handelsgeschäfte zu machen, sei dies unmittelbar oder mittelbar oder auch als Kommissionär;" er verbietet ihnen vielmehr des Weiteren auch „für die Erfüllung der Geschäfte, welche sie vermitteln, sich verbindlich zu machen oder Bürgschaft zu leisten."

Ihr Gutachter, Herr Professor Dr. Grünhut, hat die gegen die Aufrechterhaltung dieser Vorschrift geltend zu machenden Gründe dahin zusammengefaßt, daß dieselbe bei dem gründlichen Wechsel, der sich im Laufe der Zeit in der Stellung des Handelsmäklers gegenüber seinen Auftraggebern vollzogen hat, schwer auf dem Handelsmäkler laste, seit die Konkurrenz der nicht vereideten Privatmäkler ihn bedränge. Mit dem frei beweglichen Kommissionär könne er überhaupt nicht konkurriren. Beobachte er das Verbotsgesetz, dann müsse er vor dem Kommissionär das Feld räumen; er kehre sich deshalb, wie das Verkehrsleben zeige, nur zu häufig nicht an das Verbot. Bei Geschäftsschlüssen, bei welchen der Mäkler die Namen der Kontrahenten nicht nenne, könne von dem Verbot ernstlich überhaupt nicht die Rede sein, auf die Möglichkeit einer solchen Geheimhaltung könne aber der Verkehr nicht Verzicht leisten. In der Aufrechterhaltung des Verbots liege daher eine Prämie für den weniger gewissenhaften Handelsmäkler.

Man müsse daher dem Handelsmäkler nicht nur das Recht geben, Handelsgeschäfte in seinem Namen und für seine Rechnung abzuschließen, vielmehr ihn vollständig dem Kommissionär gleichstellen, indem man ihm gestatte, in das aufgetragene Geschäft selbst als Käufer oder Verkäufer einzutreten.

Diese Gründe erachtet aber Ihr Gutachter nicht für ausreichend, um unter Beibehaltung des Instituts der Handelsmäkler das Verbot fallen zu lassen, da das Verbot eine nothwendige Konsequenz des das ganze Institut beherrschenden Grundgedankens absoluter Neutralität des Handelsmäklers sei. Dieser Grundgedanke müsse aufrecht erhalten werden, weil der Mäkler durch seine Kenntniß von bevorstehenden raschen Coursschwankungen, welche er aus den mehreren ihm zugehenden Aufträgen schöpfe, zu Spekulationen für eigene Rechnung veranlaßt werde, welche das Interesse des Auftraggebers schädigen. Ueberall wo der Amtscharakter der vereideten Mäkler beibehalten sei, erscheine das in Frage stehende Verbot als der Angelpunkt der gesetzlichen Bestimmungen.

Einzelne Staaten hätten daher das Institut der amtlichen Mäkler vollständig beseitigt; in Deutschland hätten dies Bremen und Hamburg gethan, und Baden habe das Institut überhaupt nicht rezipirt. Der Kaufmann habe von der amtlichen Eigenschaft des Vermittlers keinen Vortheil mehr, und der letzte Rest des Vortheils sei beseitigt, seitdem das Einführungsgesetz zur C.-P.-O. den Art. 77 H.-G.-B. (Beweiskraft der Tagebücher und Schlußnoten des Handelsmäklers) aufgehoben habe, die Stellung des Mäklers als Notar der Börse somit beseitigt sei.

Hieraus gelangt Ihr Gutachter zu der Eingangs erwähnten Conclusion.

Nach meinen aus dem Verkehr an der Berliner Fonds- und Produktenbörse gesammelten Erfahrungen glaube ich bei der Mäklerfrage zwischen zwei Gruppen von Geschäften, welche Gegenstand der Vermittelung sind, unterscheiden zu müssen. Es kommen in Betracht,

a) Geschäfte, bei denen vorwiegend die Gattung der Waare in das Auge gefaßt wird, wie Geschäfte über Fonds, und Effekten und solche Waaren, für welche ein für allemal feststeht, daß sie in einer usancemäßig gleichen Qualität gehandelt werden,

b) Geschäfte, bei denen mehr die individuelle Beschaffenheit der Waare in Betracht kommt.

Für erstere Gruppe von Geschäften ist die Preis- und Coursfeststellung von so überwiegender wirthschaftlicher Bedeutung, daß bei ihnen die Handelsmäkler nur dann entbehrt werden können, wenn zuverlässig dargethan wäre, daß dasjenige, was an ihre Stelle treten soll, dieselben Dienste leisten wird, welche bisher die Handelsmäkler geleistet haben.

Für letztere Gruppe von Geschäften ist dagegen nach meiner Ueberzeugung das Institut öffentlich bestellter Handelsmäkler durchaus entbehrlich. Es gewährt bei ihnen demjenigen Mäkler, welchem öffentliche Bestallung ertheilt ist, nur eine Reklame, ohne daß dem Verkehre ein Vortheil daraus erwüchse, und es ermangelt bei ihnen jegliche Möglichkeit einer ständigen Ueberwachung des Geschäftsbetriebes der Handelsmäkler, wie solche bei einem börsenmäßig geschlossenen Handelsverkehre durch ein organisirtes Institut ehrenamtlich fungirender Börsenkommissare geübt werden kann. Demgemäß ist auch in Berlin die Bestellung von Handelsmäklern nur für den eigentlich börsenmäßigen Verkehr im Gebrauch, und man hat beispielsweise die Anstellung von Mäklern für das Hypotheken- und Grundstücksgeschäft nicht bloß aus dem Grunde, weil Geschäfte über Immobilien keine Handelsgeschäfte sind, sondern auch aus dem Grunde abgelehnt, weil sich eine Ueberwachung der Vermittlerthätigkeit in Grundstücken und Hypotheken garnicht ausführen läßt.

Zur Beleuchtung der vorgedachten Sätze ist es nöthig, den Geschäftsgang bei Feststellung der Preise und Course, wie er sich an der Berliner Börse gestaltet, etwas näher ins Auge zu fassen.

Nach einer gegen Ende August cr. bewirkten Zählung sind an jedem Börsentage in Berlin an der Fondsbörse 1282 Coursfeststellungen zu bewirken. Von diesen entfallen

a) auf den amtlichen, von den Aeltesten der Kaufmannschaft herausgegebenen Courszettel . . . . 872 Notirungen
b) auf den nicht amtlichen Theil desselben . . 60 "
c) auf Privatcourszettel . . . . 351 "

Diese Feststellungen müssen derartig schnell bewirkt werden, daß der gedruckte amtliche Courszettel um 3½ Uhr zur Ausgabe gelangen kann, damit nicht nur die Tagesblätter die Course melden, sondern auch die Comptoire die auf den Courszettel zu basirenden Correspondenzen abfertigen können.

Die offizielle Börsenzeit schließt um 2 Uhr; es bleibt also für die Feststellung der Course und den Druck des Coursberichts nur der kurze Zeitraum von 1½ Stunden. Es erhellt, daß die Aufgabe nur dann gelöst werden kann, wenn die Arbeit auf das Zweckmäßigste getheilt und organisirt wird.

Aus dieser Erkenntniß heraus ist seit dem Jahre 1871 die Einrichtung getroffen, daß die vereideten Mäkler in Gruppen getheilt, und jeder Gruppe bestimmte Effekten zur Ermittelung der Course zugewiesen sind. Zur Zeit existiren in Berlin 87 vereidete Mäkler der Fondsbörse, welche in 39 Gruppen so getheilt sind, daß der Regel nach 2, in manchen Gruppen 3 und in einzelnen 4 Mäkler beschäftigt werden. Die Zahl der Effekten, welche den einzelnen Gruppen zugewiesen sind, ist natürlich je nach der Bedeutung der Effekten und der Ziffer der in ihnen vorkommenden Umsätze eine sehr verschiedene. Eine Gruppe, in welcher 3 Mäkler thätig sind, hat nur in 6 Effekten die Umsätze zu ermitteln, einer anderen Gruppe von nur 2 Mäklern sind 106 Effekten zugetheilt.

Eine naturgemäße Folge dieser Theilung ist, daß die Bankhäuser und Banken ihre ein bestimmtes Effekt betreffenden Aufträge einem Mäkler derjenigen Gruppe ertheilen, welcher das betreffende Effekt zugewiesen ist, so daß in den Gruppen sich — abgesehen von den durch Privatmäkler vermittelten und den ohne Mitwirkung von Mäklern geschlossenen Geschäften — durch jede Mäklergruppe der Stand des Marktes der ihr überwiesenen Effekten so gut übersehen läßt, wie dies eben möglich ist.

Die Mäklergruppen beginnen noch während der offiziellen Börsenzeit die Aufrechnung der ihnen ertheilten Kauforders gegen die Verkaufsordres, wobei natürlich jeder Mäkler die Kaufaufträge, die ihm selbst ertheilt sind, zunächst mit den ihm gleichfalls selbst zugegangen Verkaufsaufträgen kompensirt, um nicht des Vortheils verlustig zu gehen, daß er von beiden Seiten Courtage erhält. Bei diesem Aufrechnungsgeschäfte stellt sich im Kassegeschäft der Mittelcours, zu welchem alle Geschäfte ein und desselben Börsentages erledigt werden, heraus; die Course bei Zeitgeschäften werden dagegen nach den Schwankungen, welche das Geschäft ergeben hat, so notirt, daß die Anfangs- und die Schlußcourse und die höchsten und niedrigsten Punkte der Coursschwankung zum Abdrucke gelangen. Für Effekten, welche zu amtlicher Notirung des Courses zugelassen sind, melden die Mäkler bei einem der ehrenamtlich fungirenden Börsenkommissare das Resultat ihrer Ermittelung zum Protokolle an, und dieser Kommissar entscheidet Zweifel und Streitigkeiten, sei es, daß sie unter den Mäklern allein, oder zwischen Mäklern und Händlern entstanden seien, indem er das Recht hat, amtseidliche Versicherungen der Mäkler zu erfordern und ihre Bücher einzusehen.

Die für den nichtamtlichen Theil des amtlichen Courszettels ermittelten Notirungen hinterlegen die Mäkler mit ihrer Unterschrift in dem Bureau der Börse, ohne daß eine Protokollirung der Course erfolgte; die lediglich für Privatcourszettel bestimmten Notirungen werden einer Kontrolle nicht weiter unterworfen als derjenigen, welche das betheiligte Publikum übt. Die Privatnotirungen sind aber auf die minder wichtigen Effekten beschränkt und es besteht das Bestreben, ihre Zahl immer mehr einzuschränken. Eine analoge Eintheilung der Mäkler in Gruppen besteht auch bei den 33 zur Zeit amtirenden Mäklern der Produktenbörse, welche die Preise gleichfalls bei ehrenamtlich funktionirenden Börsenkommissarien anmelden.

Frägt man sich nun, ob diese aus sich selbst nach den Bedürfnissen des Verkehrs herausgewachsene Organisation, bei welcher bereits 120 Mäkler und 33 Börsenkommissare zur Bewältigung der Geschäfte bei der Cours- und Preisfeststellung nothwendig sind, durch eine andere Organisation ersetzt werden kann, so wird man sich zunächst sagen müssen, daß diese andere Organisation — wenn überhaupt — durchaus auf keine andere Art gedacht werden kann, als sie Herr Handelsgerichts-Präses Dr. Albrecht am siebenten deutschen Juristentage angedeutet hat, das heißt, man müßte aus den Kreisen der Privatmäkler diejenigen auswählen, welche das meiste Vertrauen bei der Kaufmannschaft genießen, und ihnen die Notirung der Course übertragen.

Da schon bislang die Auswahl der vereideten Mäkler nach dem Gesichtspunkte des Vertrauens geschieht, so würde nur die Vereidigung der gewählten und ihre Qualität als amtlich bestellte Geschäftsvermittler wegfallen, der Personenkreis der Coursermittler aber annähernd derselbe bleiben. Nach dieser Richtung hin wäre also die Sache nicht bedenklich. Ein ausschlaggebendes Bedenken liegt aber darin, daß die neuen Vertrauensmänner nicht an die Ordnungsvorschriften einer Mäklerordnung gebunden, bei ihrer Coursfeststellung nicht von einer Kontrolle und Entscheidungsgewalt von

Börsenkommissarien abhängig gemacht, und nicht einer Disziplinarbehörde unterstellt werden könnten.

Wenn man dem von Dr. Albrecht bezeugten Beispiele Hamburgs folgen und die offizielle Coursnotirung auf Geldsorten und Wechsel einschränken, für Staatspapiere und Aktien aber wegfallen lassen wollte, so würde allenfalls der Wegfall jeglicher Aufsicht und Kontrolle über die coursfeststellenden Vertrauensmänner ertragen werden können. Ich glaube aber nicht, daß es im Interesse des Reiches, der Staaten, Provinzen, Kommunen und Institute liegen würde, die jetzt bestehende Ordnung einer möglichst umfassenden amtlichen Coursfeststellung beseitigt zu sehen.

Hält man diese Ordnung aber für die große Zahl der Coursfeststellungen, um die es sich handelt, für nöthig, so tritt die Unausführbarkeit des gemachten Vorschlages auch sofort in Evidenz.

Die Vertrauensmänner könnten doch auch nur jeder für einen beschränkten Kreis von Effekten mit der Coursfeststellung beauftragt werden. Wo bliebe aber dann die Garantie, daß dieselben gerade in diesen Effekten den Hauptheil der Geschäfte vermitteln, also die nöthige Kenntniß von der Lage des Marktes besitzen würden? Die bisher vorhandenen Handelsmäkler sind verpflichtet, während der ganzen Börsenzeit im Börsensaale anwesend zu sein und präzise am Börsenschlusse das Geschäft der Coursfeststellung zu bewirken und werden dazu durch straffe Handhabung der Disziplinargewalt, welche mit dem Rechte zu Verweisen, Geldstrafe bis zu 300 Mark und Ausschließung von den Börsen-Versammlungen bis zur Dauer von drei Monaten ausgestattet ist, angehalten. Solche Zwangsmittel könnten doch den Vertrauensmännern gegenüber nicht in Frage kommen. Die jetzigen Handelsmäkler sind verpflichtet, auf Verlangen des Börsenkommissars über zweifelhafte und streitige Punkte auf ihren Amtseid zu nehmende Auskunft zu ertheilen und ihm die Einsicht in ihr Börsennotizbuch zu gestatten. Davon könnte doch bei den Vertrauensmännern nicht die Rede sein.

Die bislang in Berlin bestehende Organisation hat es bewirkt, daß Beschwerden über Coursfeststellungen kaum je vorkommen, und daß jeder Kommittent vertrauen darf, von seinem Kommissionär zu dem richtigen, nicht zu einem gewillkührten Course bedient zu werden.

Die Beibehaltung der vereideten Mäkler hat aber auch noch nach einer anderen Richtung hin gute Frucht getragen, indem sie es ermöglichte, eine Art von Börsenpolizei bezüglich der Einführung neuer Werthe in den Börsenhandel durchzuführen. Diese Polizei besteht darin, daß den vereideten Maklern die Vermittelung von Geschäften in einem bisher an der Börse noch nicht gehandelten Effekt erst dann erlaubt wird, „wenn in einer von dem Börsenkommissariat hinreichend befundenen Weise die für die Beurtheilung des Effekts wichtigen Angaben seitens der Berliner das Effekt einführenden Firma durch Aushang an der Börse und Insertion in Berliner Zeitungen bekannt gemacht worden sind.

Dieser seit Beginn des Jahres 1882 eingeführte, durch die am 20. März 1885 bestätigte revidirte Börsenordnung staatlicherseits gebilligte, Prospektenzwang ist eine wirklich wohlthätige Einrichtung. Der Prospekt setzt das Publikum von allen für das Effekt wichtigen Thatsachen und Rechtsverhältnissen in Kenntniß und bewirkt dies in zuverlässiger Weise, da er einer Prüfung seitens des sachverständigen Börsenkommissariats unterworfen wird. Der gleiche Prospektenzwang ist auf Veranlassung des preußischen Handelsministeriums neuerlich auch an der Börse in Frankfurt a. M. eingeführt. Nothwendige Voraussetzung für seine Durchführung ist aber das Fortbestehen der in Aufsichts- und Disziplinargewalt stehenden vereideten Makler, denn nur ihnen, nicht auch freien Vertrauensmännern, kann die Geschäftsvermittelung von bestimmten Effekten verboten werden.

Alle diese Vortheile und Garantien würden durch Beseitigung der amtlich angestellten Handelsmäkler aufgehoben und dem Mißtrauen in die Courspublikationen würde von Neuem Thür und Angel geöffnet. Und aus welchem Grunde soll eine solche Desorganisation seitens des Juristentages der Gesetzgebung angerathen werden?

Die Antwort lautet lediglich dahin, weil die Beschränkungen, welche das H.-G.-B. den Handelsmäklern auferlegt, nach den Veränderungen, welche das Gewerbe der Handelsmäkler hat über sich ergehen lassen müssen, von den jetzigen Handelsmäklern nicht mehr beachtet werden können.

Wir haben also die Pflicht, uns diese Veränderungen, welche der Verkehr im Laufe der Zeiten gebracht hat, thunlichst klar zu machen.

Ihr Herr Gutachter, Professor Dr. Grünhut, räumt der Betrachtung über die Konkurrenz zwischen den Kommissionären und den Handelsmäklern einen breiten Raum in seinem Gutachten ein. Ich muß annehmen, daß er dabei vornehmlich von den Wiener Verhältnissen spricht, die mir nicht näher bekannt sind, denn in Berliner Geschäftskreisen, in welchen ich die fragliche Auseinandersetzung besprach, wirkte sie geradezu überraschend. Man ist in Berlin zwar manchmal in Banquierkreisen unangenehm dadurch berührt worden, daß Firmen, welche das Maklergeschäft als Privatgewerbe zu ihrer Aufgabe gemacht haben, sich einen Kreis von Privatkunden in den Provinzen zu schaffen bemüht sind und somit den das Kommissionsgeschäft betreibenden Firmen und Banken Konkurrenz machen; man hat aber derartige Beschwerden gegen öffentlich angestellte und vereidete Makler zu erheben keinen Anlaß gehabt. Die früher beschriebene organisirte Theilung der Arbeit bewirkt es, daß in Berlin die öffentlich angestellten Makler sich wohl in den durch Art. 69 Nr. 6 ihnen angewiesenen Schranken halten und darauf verzichten können, Privatkunden von außerhalb heranzuziehen, denn sie erhalten von den Kommissionsfirmen des Platzes deren Kundenaufträge in so reichem Maße zugetheilt, daß die Courtage ihnen ein ausreichendes Auskommen sichert. Ich kann deshalb nur annehmen, daß in Wien die Verhältnisse zwischen Kommissionsfirmen und vereideten Mäklern nicht so gesunde sein mögen, als in Berlin. Vielleicht haben die Wiener Kommissionshäuser den Abschluß von Geschäften ohne Benützung der Dienste eines Handelsmäklers über Gebühr ausgedehnt, und dadurch die Handelsmäkler veranlaßt, ihrerseits den Kommissionshäusern Konkurrenz zu machen. Dann wäre allerdings den Wiener Handelsmäklern anzurathen, auf ihre amtliche Stellung zu verzichten, und direkt und offen sich als Kommissionäre zu bezeichnen und zu geriren.

Die Aenderung in dem Verhältnisse zwischen Handelsmäklern und Kommissionären, wie ich sie durch Beobachtung des Berliner Verkehrs kennen gelernt habe, beruht nicht auf einem Konkurrenzverhältnisse zwischen beiden dergestalt, daß ein Theil dem andernen Geschäfte zu entziehen trachtete, sie wurzelt vielmehr in der größeren Schleunigkeit, mit welcher sich in der Neuzeit die Geschäfte abschließen. Der Banquier, welcher vormittags in seinem Comptoir dem ihn besuchenden Makler seine Aufträge ertheilt, muß alsbald durch den Telegraphen an auswärtigen Börsenplätzen die durch seine Platzgeschäfte bedingten oder auf sie zu gründenden weiteren Geschäfte einleiten und er muß an demselben Tage, also ohne daß er den Eingang des Mäklerscheins abwarten kann, seinen auswärtigen Kommittenten von der Ausführung der Kommission benachrichtigen. Er kann deshalb nur einen Makler brauchen, welcher mit der Lage des Marktes hinreichend bekannt ist, um sofort zusichern zu können, daß sich der empfangene Auftrag im Laufe der nächsten Börse werde ausführen lassen. Der Mäkler, welcher eine solche Zusicherung ertheilt hat, würde, wenn er sie nicht durch nachbörsliche Ausstellung der Schlußnote zu verwirklichen vermöchte, seines Renommés als gewandter Mäkler verlustig gehen. Er würde ferner in der Gefahr sein, daß der Art. 81 des H.=G.=B. lautend:

> Jedes Verschulden des Handelsmäklers berechtigt die dadurch beschädigte Partei, Schadloshaltung von ihm zu fordern,

gegen ihn zur Anwendung gebracht würde.

Schon die erstgedachte Gefahr für sein Renommé der Geschäftsgewandtheit zwingt den Mäkler, alles aufzubieten, daß der von ihm zur

Ausführung übernommene Auftrag auch am nämlichen Börsentage zur Ausführung gelangt. Es darf als zweifellos betrachtet werden, daß für jeden den Mäklern ertheilten Auftrag auch an der Börse ein Gegenkontrahent gefunden werden kann. Der Preis, zu welchem dies möglich ist, kann allerdings von dem Auftragspreise abweichen; dann ist aber dem Mäkler die Möglichkeit gegeben, das Geschäft dennoch zu Stande zu bringen, indem er auf seine Courtage theilweise oder ganz verzichtet, oder auch einen über seine Courtage überschießenden Differenzbetrag selbst zulegt. Es kann ferner vorkommen, daß der Gegenkontrahent, welchen der Mäkler für seinen Auftraggeber findet, sich aus irgend einem Grunde nicht dazu eignet, dem Auftraggeber namhaft gemacht zu werden. Dann liegt die Sache gerade so, als wenn dem Mäkler die Verschweigung der Namen zur Pflicht gemacht wird. Der Mäkler stellt dann seinen Schlußschein an „Aufgabe" aus, d. h. er meldet seinem Auftraggeber, daß die Effekten, welche jener verkaufen will, von einem unbekannten Gegenkontrahenten durch Vermittelung des Maklers gegen Zahlung der Valuta abgenommen werden sollen.

Die vorgeschriebene Geschäftsgebahrung der vereideten Mäkler ist nach den Berliner Erfahrungen für den Geschäftsverkehr unentbehrlich. Sie ist in Frankfurt a. M., wo die Mäklerordnung schon seit 1864 den in Effekten und Landesprodukten thätigen Handelsmäklern ausdrücklich erlaubt hat, sich für die durch sie vermittelten Geschäfte verbindlich zu machen und für deren Erfüllung Bürgschaft zu leisten, dergestalt in Fleisch und Blut übergegangen, daß dort bei Schlüssen in Börseneffekten der Mäkler ganz gewöhnlich und der Usance gemäß seinen Auftraggeber dem anderen Theile nicht nennt, sondern den Schluß auf eigenen Namen macht, da er persönlich für die Erfüllung haftet.

Für Berlin, welches eine solche gesetzliche Bestimmung wie die der Mäklerordnung von Frankfurt a. M. nicht hat, ist aber aus dieser in Frankfurt a. M. durchaus erlaubten Praxis die Legende entstanden, daß die Handelsmäkler gewohnheitsmäßig ihren eidlich angelobten Pflichten zuwider handelten.

Ich halte es für meine Pflicht, Zeugniß dafür abzulegen, daß der Stand der Berliner Handelsmäkler in seiner weit überwiegenden Mehrheit diesen Vorwurf nicht verdient.

Unter der Zahl von 120 Mäklern mag es allerdings einzelne geben, welche in Effekten oder Waaren, die nicht zu ihrem amtlichen Berufskreise gehören, Spekulationsgeschäfte betreiben. Gelangt aber ein solcher Fall zur Kenntniß der Aufsichtsbehörde, so wird er der gerichtlichen Kognition, zu welcher er nach dem preußischen Einführungsgesetze zum H.=G.=B. gehört, überwiesen.

Die Vorschrift, daß die Handelsmäkler nicht für eigene Rechnung resp nicht als Kommissionäre Handelsgeschäfte machen sollen, würde ich in keinem Falle rathen, aufzugeben, weil ein Mäkler, welcher selbst Spekulant ist, seine amtlichen Funktionen bei der Coursfeststellung hintanzusetzen verführt wird. Die Vorschrift aber, daß er für die durch ihn vermittelten Geschäfte sich nicht verbindlich machen, auch dafür nicht Bürgschaft leisten darf, ist mit den Bedürfnissen des Verkehrslebens an den Börsen nicht mehr vereinbar, also entbehrlich.

Mit dem principiellen Satze, der Mäkler müsse absolut neutral sein, kann das Fortbestehen der letztgedachten Einschränkung der Mäkler füglich nicht gegenüber einem Standpunkte vertheidigt werden, welcher das Fortbestehen der Mäklerinstitution lediglich wegen ihrer Nothwendigkeit für die Coursfeststellung und für die Cotirung wünscht. Gegen die Neutralitätsverletzung des Mäklers bei einem einzigen Geschäfte weiß sich der Handelsstand selbst zu schützen; die zur allgemeinen Coursfeststellung nöthige Neutralität wird aber dadurch, daß der Handelsmäkler in das Obligo der durch ihn vermittelten Geschäfte eintreten darf, nicht beeinträchtigt. Das Interesse des Handelsstandes an der Coursfeststellung für börsenmäßig gehandelte Waaren und Effekten besteht vornehmlich darin, daß eine Stelle vorhanden sei, welche den einzelnen Geschäften Berücksichtigung bei der Feststellung der öffentlich bekannt zu gebenden Course sichert, und darum wird für den börsenmäßigen Geschäftsverkehr, d. h. den Verkehr in Effekten und Waaren, die vorwiegend in usancemäßiger Qualität gehandelt werden, der Fortbestand der Mäklerinstitution gewünscht.

Die Geschäftsbranchen, welche die Preise nach der individuellen Beschaffenheit der Waare regeln, haben kein so ausgesprochenes Interesse an Preisfeststellungen, daß sie dieserhalb amtlich angestellte Mäkler brauchten. Sie wollen auch gar keine neutralen Geschäftsvermittler, verlangen vielmehr von ihren Agenten, daß sie ganz energisch das Interesse ihres Auftraggebers wahrnehmen.

Auf diese Erwägungsgründe stütze ich den Antrag,

der 18. deutsche Juristentag wolle seine Ueberzeugung dahin aussprechen,

1. daß das Institut der öffentlich angestellten Handelsmäkler für die Vermittelung von Geschäften, bei denen vorwiegend die individuelle Beschaffenheit der Waare in Betracht kommt, zu beseitigen ist,
2. daß die für den börsenmäßigen Verkehr in Fonds und Effekten, Produkten und Waaren behufs Bewirkung der Cours- und Preisnotirung beizubehaltenden Handelsmäkler zwar der Beschränkung unterworfen bleiben müssen, für eigene Rechnung weder unmittelbar noch mittelbar, auch nicht als Kommissionäre,

Handelsgeschäfte betreiben zu dürfen, daß aber die weitere Beschränkung aufgehoben werden kann, nach welcher den Handelsmäklern untersagt ist, für Geschäfte, welche sie vermitteln, sich verbindlich zu machen oder Bürgschaft zu leisten,

3. daß in den Fällen des Art. 301, 343, 348, 354, 365, 366 und 387 H.-G.-B. der Verkauf von Pfändern und Waaren durch einen Handelsmäkler, welcher für die Erfüllung des Geschäfts sich verbindlich gemacht, oder dafür Bürgschaft geleistet hat, nicht zulässig ist.

Behufs Erläuterung der Anträge gestatten Sie mir noch folgende kurze Bemerkungen:

Der erste Antrag bezweckt das Institut der öffentlich angestellten Vermittler auf den börsenmäßigen Verkehr einzuschränken. Wenn die Beibehaltung der Handelsmakler lediglich durch die Nothwendigkeit ihrer Mitwirkung bei der Cours- und Preisfeststellung gerechtfertigt wird, so erhellt, daß bei Geschäften, bei welchen eine solche Mitwirkung der Handelsmakler für Cours- und Preisfeststellung nicht nothwendig ist, das Institut der Handelsmäkler antiquirt ist. Die Preiscourante derjenigen Waaren, welche nicht börsenmäßig gehandelt werden, sind in Berlin seit Jahren unter hervorragender Betheiligung von Großhändlern festgestellt worden, ohne daß dies der Zuverlässigkeit der Meldungen über die Grenzen, innerhalb deren sich die Preise bewegt haben, Eintrag gethan hätte. Auch bei den neu errichteten Berliner Markthallen hat man die Organe für die Preisermittelung nicht in Handelsmaklern, sondern in Kommissionären gesucht, welche gegen die Verpflichtung angestellt sind, von dem buchmäßigen Reingewinn ihres Geschäfts jährlich 1/2 % abzugeben, dafür aber das Recht haben, auch auf eigene Rechnung Geschäfte zu machen. Letzteres Recht hat auch die Stadt Paris zulassen müssen.

Der zweite Antrag, so wie der dritte entsprechen lediglich dem Entwurfe, welchen die preußische Regierung dem Bundesrathe vorgelegt hat. Es soll den Handelsmäklern bei dem börsenmäßigen Geschäfte, für welches sie meiner Ueberzeugung nach als Organe der Cours- und Preisfeststellung und wegen der Cotirungsfrage nicht zu entbehren sind, gestattet sein, für Geschäfte, welche sie vermitteln, sich verbindlich zu machen oder Bürgschaft zu leisten, und soll so der Rechtszustand, welcher für Frankfurt a. M. bereits längst besteht, auch den übrigen deutschen Börsen zu Theil werden. Die Makler werden also das Recht haben, in ihren Schlußscheinen zwischen die Kontrahenten zu treten und damit Geschäfte zwischen Parteien zu vermitteln, welche einander nicht kennen, welchen beiden aber die Persönlichkeit des Maklers und dessen Solidität genügende Garantie für die Erfüllung des Geschäftes bietet.

Der Betrieb von Handelsgeschäften für eigene Rechnung soll aber den Handelsmaklern untersagt bleiben, um sie davor zu bewahren, daß sie Spekulanten werden, und darüber ihre Maklerpflichten hintansetzen möchten.

Zweckmäßig dürfte es hierbei sein, auf die ursprüngliche Fassung des Entwurfs zum H.-G.-B. zurückzugreifen, und das Verbot nicht wie jetzt darauf zu richten:

Handelsgeschäfte für eigene Rechnung zu machen, sondern darauf, Handelsgeschäfte für eigene Rechnung zu betreiben.

Denn wenn schon nach den Protokollen der H.-G.-B.-Kommission diese Aenderung nur als eine redaktionelle angesehen wurde, so ist doch aus der jetzigen Fassung der Zweifel entstanden, ob der Makler sich schon dann strafbar macht, wenn er ein einzelnes Handelsgeschäft für eigene Rechnung schließt, was er doch beispielsweise bei eigenen Kapitalsanlagen gar nicht vermeiden kann.

Das sub 3 vorgeschlagene Verbot, daß der Handelsmakler bei Geschäften, für die er sich verbindlich gemacht oder Bürgschaft geleistet hat, nicht Exekutivverkäufe bewirken darf, halte ich für gerechtfertigt, zur Zeit aber auch für ausreichende Garantie gegen die Gefahr der Parteilichkeit.

Ob man später dazu greifen soll, die Verstöße der Makler gegen Art. 69 H.-G.-B., welche doch re vera nur Disziplinarvergehen sind, der Aufsichts- und Disziplinarinstanz zu überweisen, das möchte ich zur Zeit noch offen lassen, um die Frage nicht unnöthig zu kompliziren.

Ich empfehle Ihnen deshalb meine Anträge zur Annahme.

Präsident: Zum Wort hat sich zunächst gemeldet Herr Dr. Katz-Berlin.

Rechtsanwalt Dr. **Katz**: Die thatsächlichen Gründe, die der Herr Referent vorzüglich dafür angeführt hat, daß das Institut der Handelsmäkler nicht zu beseitigen ist, sind für mich durchaus überzeugend gewesen. Ich bin mit ihm aber der Meinung, insbesondere belehrt durch seinen Vortrag, daß der amtliche Handelsmäkler nothwendig ist zur Cours- und Preisnotirung, zur Unterstützung der Kaufmannschaft, soweit sie sich als Behörde in Berlin im Aeltestenkollegium, an anderen Börsen in anderer Form darstellt, um die amtlichen Course dem Publikum zu geben. Die Resolution also, die amtlichen Handelsmäkler sind nicht zu beseitigen, unterstütze ich ganz. Ich war der Meinung, daß man indeß den amtlichen Handelsmäklern eine gewisse größere Liberalität geben muß, als sie das Handelsgesetzbuch giebt und ich hatte mir erlaubt, in dieser Beziehung einen Antrag zu überreichen, welcher dahin ging, den Handelsmäklern zu gestatten,

Handelsgeschäfte auf eigene Rechnung zu machen mit Ausnahme derjenigen Effekten, welche ihnen amtlich zugewiesen werden. Dieser mein Antrag gründete sich für mich selbst auf die Erwägung, daß, wie in der That allerdings allgemein erzählt wurde, der Herr Referent bezeichnete diese Erzählung als eine Legende, daß, wie allgemein erzählt wurde, die Handelsmäkler, die in ihrer überwiegenden Mehrzahl sehr angesehene Leute wären, in ihrer überwiegenden Mehrzahl gegen diese Bestimmung des Handelsgesetzbuchs tagtäglich wiederholt verstießen und auf eigene Rechnung Geschäfte machten. Man kann sich, so meinte ich, der Erwägung nicht verschließen, daß, wenn eine große Anzahl von Männern, die denselben Beruf ausüben, durch die Verhältnisse dazu gedrängt sind, wider die bestehenden Vorschriften eines Gesetzes, welches vor 20 Jahren gegeben worden ist unter ganz anderen Börsenverhältnissen, wenn sie gegen diese Vorschriften usancemäßig verstoßen, daß diese Bestimmungen aufgehoben werden müssen. Nun ist seitens des Herrn Referenten heute ausgesagt worden, diese Erzählung sei eine Legende, es sei in der That nicht der Fall, daß Handelsmäkler auf eigene Rechnung Geschäfte machen oder nur in ganz vereinzelten Fällen. Dieser Antrag, den ich hiermit zurückziehe, würde sich damit erledigen, der dahin ging, den Handelsmäklern zu gestatten, auf eigene Rechnung Geschäfte zu machen. Dagegen den Antrag zu Nr. 2 unter 1a halte ich aufrecht. Ich empfehle Ihnen, meine Herren, zu beschließen, und zwar zu Nr. 2 des B e i s e r t'schen Amendements, der Juristentag möchte sich dahin erklären, daß den amtlichen Handelsmäklern der gewerbsmäßige Betrieb von Handelsgeschäften auf eigene Rechnung untersagt ist. § 69 des Handelsgesetzbuches verbietet den Handelsmäklern, auf eigene Rechnung Handelsgeschäfte zu machen. Nun, m. H., diese Vorschrift in ihrer strikten juristischen Auslegung ist ein Nonsens, es ist unmöglich, daß sich ein Handelsmäkler der Geschäfte auf eigene Rechnung enthält. Er ist, wie jeder Andere, vollständig berechtigt dazu, er ist berechtigt dazu, sogar Kapitalanlagen zu machen in den eigenen speziellen Effekten, die ihm amtlich zugewiesen sind; es kann ein Handelsmäkler, der in preußischen Consols, der in Diskontokommanditantheilen amtlich angestellt ist, an solchen Unternehmungen, an gut fundirten Bankunternehmungen theilnehmen. Diese Möglichkeit wird ihm durch die strikte Vorschrift des Handelsgesetzbuchs vollständig unterbunden und wenn er dagegen fehlt, wenn er, was jedem Anderen zu thun gestattet ist, thut, so verstößt er gegen die Vorschrift, welches mit Strafe bedroht ist, er setzt sich einer Kriminaluntersuchung aus. Dagegen, wenn er gewerbsmäßig derartige Geschäfte betreibt, so handelt er wider die Pflichten des Handelsmäklers, welche wir ja aufrecht erhalten wollen und er würde dann mit Recht der Strafe verfallen. Diese kleine

Aenderung, welche ich vorzuschlagen mir erlaubt habe, scheint auch, soweit ich den Herrn Referenten verstanden habe, seiner Ansicht nicht zu widersprechen, denn er hat ja selbst das Wort „betreiben", das sein Antrag enthält, in der Weise ausgelegt, daß es gewerbsmäßiges Betreiben heißen solle. Es ist also nur eine redaktionelle Form, die ich vorschlage und die nur deshalb empfehlenswerth erscheint, weil sie deutlicher ist. Handelsgeschäfte betreiben, das gewerbsmäßige Betreiben, wie auch das Ausführen eines Handelsgeschäfts, der Ausdruck gewerbsmäßiges Betreiben sagt uns, was verboten werden soll. Nun, m. H., habe ich noch einen anderen Vorschlag, der sich an Art. 9 des preußischen Einführungsgesetzes zum H.-G.-B. anschließt. Er bestraft diejenigen Handlungen, welche gegen die Vorschrift des Handelsgesetzbuches Art. 69 sich richten, mit einer Geldstrafe bis zur Höhe von 1500 Mk. und entsprechend dieser Geldstrafe ist unter Anwendung der bezüglichen Vorschrift die Strafe in eine Freiheitsstrafe umzuwandeln für den Fall, daß sie nicht eingezogen werden kann. Die Strafe selbst aber, m. H., ist in ihrem Grunde eine reine Disziplinarstrafe und soweit ich die Strafvorschriften des deutschen Gesetzes, speziell der preußischen Gesetzgebung kenne, giebt es bei Disziplinarstrafen eine Umwandelung der Geldstrafe in Freiheitsstrafe nicht. Es ist diese Vorschrift des Handelsgesetzbuchs durchaus singulär, sie ist nach meiner Auffassung durchaus nicht gerechtfertigt. Die Delikte der Mäkler, die strafbaren Handlungen, welche sie begehen können nach den Vorschriften des Handelsgesetzbuches, sind ihrer Natur nach Polizeidelikte, es sind Delikte von einer Art, wie sie uns gestern vorgeführt wurden und wie wir sie gestern abgelehnt haben. Es ist uns gestern von Herrn Justizrath Makower ausgeführt worden, wie wenig solche Polizeidelikte gegenüber den Strafen gerechtfertigt sind, die Entziehung der Freiheit, die gesetzlich ist auf Diebstahl, Unterschlagung, mit einem Worte auf gemeine Vergehen. Gemeine Vergehen sind diese Delikte nicht, es sind Ueberschreitungen, die vernünftigerweise nur auf dem Disziplinarwege geregelt werden können. Aus diesem Grunde erlaube ich mir der hohen Versammlung den Vorschlag zu unterbreiten, daß die Geldstrafe, welche im Art. 9 § 5 des preußischen Einführungsgesetzes verhängt ist bis zur Höhe von 1500 Mk., nicht in eine Freiheitsstrafe umzuwandeln ist. Diesen Vorschlag möchte ich aber noch dahin ergänzen, daß diese Strafvorschriften überhaupt ausschließlich im Wege der Disziplin geregelt werden können. Es verknüpft sich mit der Untersuchung über diese handelsrechtlichen Delikte gemäß der Bestimmung der Strafprozeßordnung, die namentlich darauf Anwendung findet, eine Untersuchung, welche in ihrer Art absolut gleich ist der Untersuchung wegen gemeiner Vergehen, es verknüpft sich für einen Mäkler, der eine solche Vorschrift übertritt, der doch nicht einem Betrüger, einem Manne der unterschlagen hat, gleichzustellen ist, es verknüpft sich die Pflicht, wenn er wegen dieses Vergehens vor Gericht gerufen wird, vor die Anklagebank zu treten, öffentlich abgeurtheilt zu werden — alle diese Umstände, die ihm, auch wenn er nur mit einer Geldstrafe bestraft wird, für seinen Ruf, seine sociale Stellung höchst lästig und schädlich sind, die ihm, selbst wenn er freigesprochen wird, wenn die Untersuchung ohne Resultat verlief, ohne Grund war, höchst unangenehm sein können und dadurch leicht erspart werden, daß im engeren Kreise von Fachgenossen über diese Delikte erkannt wird. Ich habe mir erlaubt, den Antrag dahin zu ergänzen, daß diese Delikte rein auf dem Wege des Disziplinarverfahrens zu regeln sind. Nur kurz möchte ich noch in Bezug hierauf geltend machen, daß über diese Delikte viel besser von Fachgenossen erkannt werden wird, als von gelehrten Richtern, insbesondere von Kriminalrichtern, die dem Börsenverkehr vollständig fernstehen, daß der Kaufmann ein viel zutreffenderes Urtheil darüber hat, ob wirklich ein Vergehen gegen die Vorschriften des Handelsgesetzbuches vorliegt.

Präsident: Es sind durch die Anträge des Herrn Vorredners — weitere sind beim Bureau noch nicht eingegangen — die Nummern 1, 3 und der 2. Absatz von Nummer 3 unangefochten geblieben, nur der 1. Satz von Nr. 2 ist geändert und das Wort „gewerbsmäßig" eingefügt worden und eine ganz separate Nr. 4 hinzugesetzt. Das Wort hat jetzt Herr Rechtsanwalt Dr. Alexander Katz.

Rechtsanwalt Dr. **Alex. Katz** (Berlin): Ich wollte mir zunächst erlauben zu bemerken, daß die gegenwärtige Vorschrift meines Erachtens keineswegs ausschließt, daß Handelsmäkler in den ihrer Thätigkeit überwiesenen Effekten Geschäfte zum Zweck von Kapitalanlagen machen. Denn untersagt ist ihnen nur, Handelsgeschäfte zu machen. Nach unserem Handelsrechte aber sind Handelsgeschäfte im Wesentlichen nur Spekulationsgeschäfte, d. h. Spekulationskäufe und Spekulationsverkäufe. Dagegen, wer Effekten zum Zweck der Kapitalsanlage kauft, kauft sie nicht zum Zweck des Wiederverkaufs, sondern um sie zu nützen und Zinsen davon zu beziehen, und ein solches Geschäft ist kein Handelsgeschäft. Man könnte nun dagegen einwenden, in solches Geschäft ist ein einseitiges Handelsgeschäft; zwar derjenige, der Effekten kauft, um sie zu nutzen, macht kein Handelsgeschäft, aber der andere, und so macht immer der Handelsmäkler, wenn er Effekten zum Zweck der Kapitalanlage kauft, ein Handelsgeschäft. Aber dies ist nicht der Fall; und wenn das auch richtig ist, so macht doch der Handelsmäkler seinerseits kein Handelsgeschäft, sondern eben der andere, der verkauft, macht das Handelsgeschäft. Also der Kapitalanlage und der Verwaltung des eigenen Vermögens des Handelsmäklers stehen die gegenwärtigen Vorschriften durchaus nicht entgegen. Eine andere Frage ist nur die, ob nicht die gegenwärtigen Vorschriften ganz gut und billig sind, weil sie namentlich der Autonomie der einzelnen Handelsplätze vollen Spielraum gewähren. Nach den gegenwärtigen Bestimmungen haben die Einzelstaaten vollständig das Recht, die Bestimmungen das Handelsgesetzbuches über die Handelsmäkler in Geltung treten zu lassen, einzuführen oder außer Kraft zu setzen, und das scheint mir das Richtige zu sein, denn die lokalen Verhältnisse der einzelnen Handelsplätze sind zu grundverschiedene. Das zeigt sich namentlich darin, daß gerade die beiden Seeplätze Hamburg und Bremen, nachdem sie das Institut der Handelsmäkler eingeführt, dasselbe wieder abgeschafft haben. Das Hamburger Geschäft besteht einerseits im Speditionsgeschäft und dann im überseeischen Geschäft und nur zu einem kleinen Theile im Effekten- und Fondsgeschäfte. Die Hamburger Makler sind daher erstens Assekuranzmakler, 2. Schiffsmakler, 3. Fondsmakler und 4. Waarenmakler. Die Anträge des Herrn Referenten beziehen sich aber nur auf einen ganz kleinen Theil der Makler, die in Hamburg vorkommen, nur auf die Fondsmakler, und deshalb existirt für Hamburg kein Bedürfniß zu solcher Vorschrift, wie sie hier vorgeschlagen wird; noch viel weniger ist ein Bedürfniß für Bremen vorhanden, wie überhaupt für alle Seeplätze. Auch an den belgischen und holländischen Seeplätzen existiren keine vereideten Makler. Daher würde in Frage kommen, da der deutsche Juristentag ja überhaupt nur die Aufgabe hat, diejenigen Gegenstände in den Kreis seiner Betrachtungen zu ziehen, die einer einheitlichen Regelung in Deutschland unterworfen werden sollen, ob die hier vorliegende Frage überhaupt vor den Juristentag gehört? Wir behandeln hier eine Frage, die jeder Staat in seinem partikularen Interesse abzumachen hat und mit Rücksicht auf die einzelnen Handelsplätze in seinem Gebiet regelt; und ich würde wünschen, daß die Vorlage, die die preußische Regierung beim Bundesrathe gemacht hat, abgelehnt werde. Einen besonderen Antrag will ich nicht stellen, ich will es der Diskussion überlassen, wie die Frage beantwortet wird.

Präsident: Inwieweit unsere Beschlüsse einwirken sollen auf das bisherige Recht, muß der Beurtheilung der Herren überlassen werden, wenn nicht dieserhalb besondere Anträge gestellt werden. Das Wort hat Herr Dr. Heinsen.

Rechtsanwalt Dr. **Heinsen**: M. H., ich möchte im Gegensatz zu sämmtlichen Vorrednern empfehlen, auszusprechen: Der Juristentag wiederholt seine schon früher ausgesprochene Ueberzeugung, daß überwiegende Gründe für die Aufhebung des Instituts der beeidigten Handelsmakler sprechen, und damit würde die spezielle Frage, die uns heute beschäftigt, fallen. Der

7. Juristentag hat auf das Referat des verstorbenen Präses des Handelsgerichts Dr. Albrecht in Hamburg seiner Zeit einmüthig beschlossen, und zwar durch die kombinirte 1. und 2. Abtheilung, wie der Herr Referent bereits bestätigt hat, der Juristentag spreche seine Ueberzeugung wie vorangegeben aus, und es handelt sich heute wesentlich darum, ob wir diese Ueberzeugung aufgeben und ob wir erklären wollen, wir haben jetzt eine ganz andere Ueberzeugung. Ich glaube aber, die Gründe, die damals uns zu dem Beschlusse führten, bestehen auch heute noch fort.

Man muß zunächst principiell trennen Makler und Sachverständige. Der Makler ist Vermittler von Geschäften. Man kann Makler auch als Sachverständige brauchen, wie man auch alle möglichen anderen Personen dazu brauchen kann. Die Funktionen, von denen heute die Rede gewesen ist, sind aber wesentlich solche, die Sachverständigen zukommen und Maklern nur insofern, als das Gesetz ihnen neben ihrer eigentlichen Maklerthätigkeit auch diejenige von Sachverständigen zuweist. An und für sich begrifflich ist der Makler nur ein Vermittler von Geschäften. Es fragt sich also zunächst, ist es angemessen unserer Meinung nach, daß dem Vermittler von Geschäften die Fesseln angelegt werden, welche das Handelsgesetzbuch anlegt, namentlich durch Artikel 69, indem es ihm verbietet, Geschäfte für eigene Rechnung zu machen und für Geschäfte Bürgschaft zu übernehmen, indem es noch viel mehr verbietet: sich zu associiren, sich Prokuristen zu nehmen, überhaupt sich der Hilfe Anderer zu bedienen. Das ist der wesentliche Punkt und ich glaube, wir sollten mit dem früheren Juristentage uns für die Verneinung dieser Frage aussprechen. Es ist damals geltend gemacht worden namentlich Folgendes: Es sei erfahrungsgemäß und es ist dies jetzt noch des Weiteren konstatirt worden im Gutachten, daß die beeidigten Makler, welche sich den Vorschriften des Handelsgesetzbuchs fügen müssen, beschränkt sind in ihrer Thätigkeit, daß die beeidigten Makler sehr viel ungeeigneter sind, Geschäfte zu machen, als die Vermittler, die durch diese Fesseln nicht beengt sind. Ein Beispiel, das damals vom Referenten gebraucht wurde, war folgendes: Ein Kaufmann will hundert Sack Kaffee verkaufen. Der beeidigte Makler hat Auftrag, 50 Sack zu kaufen. Das gefällt aber dem Inhaber der 100 Sack nicht, er meint, dann kann ich zusehen, wo ich mit den anderen 50 Sack Kaffee bleibe. Der Makler, der nur Auftrag auf 50 Sack hat, kann daher nicht abschließen. Nun, der unvereidete Makler im gleichen Falle kauft, übernimmt die ganzen 100 Sack, die 50 Sack setzt er an seinen Auftraggeber ab, und was die andern 50 Sack anlangt, so denkt er, ich werde dafür schon einen Käufer finden und wenn heute nicht, morgen oder übermorgen. So ist der unvereidete Vermittler dem Kaufmann sehr viel passender als der vereidete Makler. Außerdem kann der unbeeidigte Vermittler dadurch, daß er einen Associé, einen Kommis, einen Prokuristen hat, die für ihn thätig sind, viel mehr Verbindungen anknüpfen und ist viel geeigneter, vermittelnd auch in dieser Richtung zu wirken. Um bei diesem Beispiele vom Kaffee zu bleiben, will ich noch eins anführen. Nach Hamburg kommen ganze Schiffsladungen Kaffee von Brasilien u. s. w. Da ist denn etwas ganz Gewöhnliches, daß der Kaufmann einem unbeeidigten Vermittler die ganze Partie überläßt, die beispielsweise 100,000 Mark werth ist. Der Vermittler wird dieselbe nur allmählich per 100 oder einigen 100 Sack wieder absetzen. Der Kaufmann, wenn er auch etwas weniger bekommt, sieht doch seinen Vortheil darin, daß er mit einem Schlage seine ganze Ladung los ist. In Hamburg ist die Sache so verlaufen: bei Einführung des Handelsgesetzbuches hatten wir 762 Makler und 4 Wochen später hatten wir einschließlich der vereidigten Grundstückmakler nur noch 107, und zwar waren nur die allein geblieben, welche in der Stellung des vereideten Maklers eine Folie suchten, aber die unbedeutenderen waren und keine Geschäfte machten Alle die angeseheneren Makler, welche die großen Geschäfte machten, legten ihre Zeichen als Makler nieder und sie waren auch fortan die Vermittler, und der Kaufmann machte mit diesen seine Geschäfte und nicht mit den Maklern. So ist es in Hamburg denn sehr bald darauf dahin gekommen, daß das Institut der „vereideten Makler" ganz aufgehoben wurde. Man sah es als einen Spott an, daß diejenigen, denen das Publikum kein Vertrauen schenkt und mit denen es fast gar keine Geschäfte macht, mit einer besonderen publica fides ausgestattet werden sollten durch eine erhöhte Glaubwürdigkeit ihrer Schlußnoten, und ihre Coursnotirungen ein besonderes Vertrauen genießen sollten, nur weil sie die Vereideten waren, die anderen Unterhändler aber, die die großen Geschäfte vermitteln, in dem ihnen zu gewährenden Vertrauen zurückgesetzt sein sollten. Das geht praktisch eben nicht und deshalb wurde das Institut aufgehoben.

Die Frage, die wir zu beantworten haben, spitzt sich aber darauf zu, ob man den Vermittlern die ihnen durch das Handelsgesetzbuch angelegten Fesseln belassen soll oder nicht. Das zweite, wie es sich mit der Coursnotirung verhält u. s. w., das kann man „nebensächliche Punkte" nennen. Man kann dafür andere Personen ernennen, man könnte diese auch vereiden und sie einer besonderen Disziplin unterwerfen. Die Frage, ob es sich empfiehlt, den Vermittler mit den mehrerwähnten Fesseln zu belasten, muß ohne Rücksicht auf solche den Mäklern zwar häufig zugewiesenen aber ihrer Thätigkeit nicht wesentlichen Funktionen beantwortet werden, und diese Frage glaube ich verneinen zu müssen.

Ich glaube aber, um weiter darauf einzugehen, wie es mit den Coursnotirungen und den Verkäufen, die nach dem Handelsgesetzbuche den Maklern unter Umständen zugewiesen sind, steht, auch in diesen nebensächlichen Punkten den Ausführungen des Herrn Referenten entgegentreten zu müssen. Es ist geltend gemacht worden, man müsse vereidete Makler haben und nicht Vertrauensmänner: denn diese könnten nicht das leisten, was die vereideten Makler leisten können. Die Makler seien durch Eid und eine besondere Disziplin gebunden und eben deshalb vorzugsweise dafür geeignet und ihre Notirungen böten dadurch eine größere Gewähr. Es verstehe sich aber von selbst, daß man diejenigen Leute nur dazu wählen werde, denen die Kaufmannschaft das Vertrauen schenke. Das letztere nun ist nicht richtig, die Kaufmannschaft schenkt das Vertrauen den nicht vereideten nicht amtlichen Vermittlern, also kann man die, denen sie vertraut, für die Coursnotirungen nicht wählen. Ich habe ja gerade angeführt, daß z. B. in Hamburg die Sache so ging, daß alle Makler, die das Vertrauen der Kaufmannschaft besaßen, ihren Stock (das Zeichen ihrer amtlichen Stellung) niederlegten und sagten: „Wir bedanken uns, Makler unter den Fesseln zu bleiben, welche das Handelsgesetzbuch uns auferlegt!" Also das sind die Leute, denen Vertrauen geschenkt wird, welche die großen Geschäfte machen, und welche die überwiegende Sachkunde besitzen! Ich spreche speziell von Hamburg und Bremen, aber andere Städte werden dasselbe zeigen, da es sich nicht um lokale sondern um allgemeine Verhältnisse und deren Ursachen handelt. Ich bin auch nicht der Meinung, daß die Disziplin so ungeheuer hoch anzuschlagen ist. Ich glaube, es gilt vielmehr — und auch das ist damals schon auf dem siebenten Juristentage geltend gemacht worden — das Vertrauen, das den Leuten geschenkt wird, die Ehrenstellung, die man ihnen einräumt, und es gilt auch heute was damals gesagt worden: „Wer Vertrauen säet, wird Treue ernten." Auch, ja vielleicht in noch höherem Maße, werden die Coursnotirungen der nicht amtlichen Personen das Vertrauen der Kaufmannschaft finden, welche selbst die Leute erwählt, die zu den Coursnotirungen zugelassen werden! Wie steht es denn in Hamburg? Seit 1866 haben wir das Handelsgesetzbuch, das sind glücklich 20 Jahre! Wir haben keine vereideten Makler mehr; und wenn wir auch keinen Fondshandel in dem Umfange wie Berlin und Frankfurt besitzen, so haben wir doch immerhin einen ziemlich langen Courszettel, ein Beweis dafür, daß auch bei uns täglich notirt wird und Geschäfte gemacht werden in einer bedeutenden Anzahl von Effekten. Die Meinung, wir hätten keine Usancen im Effektenhandel, ist eine irrige. Wir haben eine Sachverständigenkommission für den Effektenhandel, von der unter Anderem die Sachverständigen erwählt werden, die sich mit der Coursnotirung für den täglich erscheinenden offiziellen Courszettel zu befassen haben, und welche nicht vereidet sind, sowenig wie die Mitglieder der Sachverständigenkommission. Diese besteht aus 4 Banquiers oder Bankdirektoren und 3 Maklern (unbeeidigten Unterhändlern). Sie werden von der Handelskammer allemal im Dezember für die Dauer des nächsten Jahres gewählt. Dann giebt es in Hamburg allerdings Usancen beim Effektenhandel und Vorschriften über die Zulassung zur Coursnotirung und über das Verhalten bei neuen Emissionen und deren Aufnahme in den Courszettel. Ich will den Hamburger Effektenhandel nicht in Vergleich stellen mit dem Berliner: aber in ziemlich erheblichem Umfange kommt der Effektenhandel auch bei uns vor, und niemals sind Klagen über die geschilderten Einrichtungen laut geworden. Sodann aber haben wir doch nicht einzig und allein vom Effekten- und Fondshandel zu reden, sondern was wir aussprechen, soll allgemein und ebenso gut von anderen Sachen, von Kaffee und anderen Waaren gelten, wie von den Effekten. Ganz abgesehen hiervon wollte ich Ihnen nur zeigen, daß man keineswegs absolut nöthig hat, amtlich bestellte Makler zu nehmen zu den Coursnotirungen, sondern eben so gut nicht amtliche Vermittler, aus deren Zahl man sehr wohl ja vielleicht besser die sachverständigen Leute erwählen kann, welche die Course notiren und daß sich dafür den Anforderungen des Verkehrs entsprechende Einrichtungen treffen lassen, wie ja Hamburg und Bremen beweisen und Frankfurt a. M., wo man ja nur sogenannte Notirungsmakler hat. Nun scheint mir aber, daß für die Beseitigung der amtlichen Makler folgender Umstand noch ganz insbesondere spricht: wenn man mit dem Referenten es für nothwendig erachtet, die amtlichen Makler von dem Verbot der Bürgschaftleistung zu entheben; wenn man statuirt, verbürgen sollen sie sich können für Geschäfte, aber dieselben nicht für sich selbst abschließen, so eröffnen wir ihnen eben durch die Erlaubniß der Verbürgung ganz offenbar einen höchst bequemen neuen Umweg zur Uebertretung des Gesetzes. Es ist so schon anerkannt worden, daß da, wo vereidete Makler sind, sie sich vielfach genöthigt sehen, sich nicht an das Verbot des Propregeschäftes zu halten. Es ist heute zwar vom Referenten in Abrede gestellt worden, daß es häufig vorkomme, es ist das aber andererseits vielfach und von jeher anerkannt worden, ich will mich nur auf die Verhandlungen des 7. Juristentages berufen. An demselben betheiligte sich damals auch ein Herr aus Berlin, der mit den dortigen Verhältnissen gewiß vertraut zu achtende verstorbene Stadtgerichtsrath Borchardt. Derselbe stellte zu dem Albrecht'schen Antrage einen anderen. Albrechts Antrag ging dahin, der Juristentag solle seine Ueberzeugung dahin aussprechen, daß das Institut der vereideten Makler zu beseitigen sei. Borchardt sah ein, daß das Verbot des § 69 Nr. 1 des H.-G.-B. sich nicht halten lasse, aber er wollte sich nicht mit dem Antrage Albrechts befreunden deshalb, weil damals noch § 77 bestand mit der Beweislast der Schlußnoten und des Tagebuchs der Makler; aus diesem und nur aus diesem Grunde wollte er das Institut der amtlichen Makler aufrecht erhalten. Er äußerte sich folgendermaßen. Die Nothwendigkeit, aus der die Aufhebung des ersten Absatzes des Art. 69 herzuleiten ist, ist wesentlich darauf zu stützen, daß einerseits das Verbot des Art. 69 Nr. 1 tagtäglich umgangen wird und andererseits hiermit die publica fides des Maklers nicht bestehen kann. Wenn auch anzuerkennen ist, fährt er fort, daß das Verbot des Art. 69 Nr. 1 nicht mehr aufrecht zu erhalten ist, so wird doch zugegeben werden müssen, daß wegen der publica fides des Maklers bei den Schlußnoten es nicht möglich ist, das ganze Institut über Bord zu werfen und er stelle den Antrag, der Juristentag wolle unter Aufhebung des Art. 69 Nr. 1 aussprechen, wenn die amtliche Feststellung des Werthes resp. Courses der Staatspapiere, Produkten 2c. unter Zuziehung der Makler und nach Maßgabe der von ihnen geschlossenen Geschäfte erfolgt, so müssen die Geschäfte, die der Makler für eigene Rechnung oder Auswärtige abschloß, unberücksichtigt bleiben und müssen ferner die Beweiskraft der Einträge und Notirungen der Makler keine Anwendung auf die von denselben für eigene Rechnung oder für Auswärtige abgeschlossenen Geschäfte finden. Nachdem inzwischen der Art. 77 des H.-G.-B. aufgehoben und damit der einzige Grund, auf welchem der Stadtgerichtsrath Borchardt das Institut der amtlichen Makler beibehalten wollte, wegefallen ist, bleibt nur dessen Anerkennung übrig, daß die Aufrechterhaltung des Verbotes des Art. 69 Nr. 1 nicht zu empfehlen sei, weil es eben in der Natur der Sache liegt, daß der unvereidete nicht gebundene Vermittler geeigneter sei, Geschäfte abzuschließen, ferner weil das Gesetz, wie vielfach anerkannt, vielseitig umgangen werden müsse, wenn die Leute Geschäfte machen wollen. Wenn der Referent der Meinung ist, die Umgehung des Verbots, Geschäfte für eigene Rechnung zu machen, komme nicht häufig vor, so ist der Grund dafür wohl, daß dies nur nicht immer klar zu Tage tritt, namentlich dann nicht, wenn der Kontrahent nicht angegeben wird. Der Herr Referent hat es aber bestätigt, daß die Nichtbenennung des Kontrahenten in der Schlußnote vielfach gebräuchlich sei und er hat die Aufrechthaltung dieses Gebrauches als für den Geschäftsverkehr unentbehrlich ausdrücklich gefordert. Dann aber sieht man nur nicht, ob ein Geschäft für eigene Rechnung des Maklers geschlossen ist oder nicht. Der gewöhnliche Gang ist folgender: der Makler hat z. B. einen Verkaufsauftrag, er giebt, ohne einen Käufer zu haben, seine Schlußnote in blanco. Es geschieht dies nicht aus Liebhaberei, er will dabei nur die Courtage verdienen und nicht die Effekten behalten, er will nicht spekuliren, aber er will sich das Kaufobjekt sichern. Er nimmt die Sache an die Hand, findet er im Laufe der Börse einen Käufer, so verdient er die Courtage und es ist gut. In der Zwischenzeit, bis er einen Käufer gefunden hat, ist es aber doch ein Geschäft auf eigene Rechnung gewesen. So wird die Sache sich häufig gestalten, zumal in Berlin, wo sich für jeden Artikel immer Käufer und Verkäufer finden. Aber es wird sich doch nicht leugnen lassen, daß auf diese Weise der Makler, dem es gestattet ist, seine Schlußnote abzugeben, ohne den Namen des Kontrahenten zu nennen, dadurch in der Lage ist, ohne daß dies zu Tage tritt, beliebig Geschäfte für eigene Rechnung zu machen; und wenn dem Makler gestattet wird, für eine ungenannte fingirte oder nur vorgeschobene Person sich zu verbürgen, so ist auch damit eine Bestimmung nicht aufrecht zu erhalten, die ihm verbietet, für eigene Rechnung Geschäfte zu machen. Die Besorgniß, daß bei Beseitigung dieses Verbots der Makler aufhöre Vermittler zu sein und zum Spekulanten werde, halte ich für übertrieben. Es ist doch der seltenste Fall, daß der Makler bei einem Geschäft gerade Spekulant ist. Er nimmt das betreffende Kaufobjekt an die Hand und macht nur dann das Geschäft auf eigene Rechnung, wenn er keinen Abnehmer findet, aber regelmäßig hat er dabei nicht die Absicht, selbst eine Preisdifferenz zu verdienen, sondern er thut es nur seiner Courtage wegen und verkauft zu demselben Preise, wie er gekauft hat, vielleicht muß er sogar noch zulegen, aber er ist damit zufrieden, denn es gewährt ihm doch die Möglichkeit, Geschäfte zu machen, die er als vereideter Makler, wenn er sich strikt hält an die Vorschriften des Gesetzes, nicht machen kann.

Soll ich zum Schluß meine Meinung zusammenfassen, so geht sie dahin: Die Fesseln und Beschränkungen, welche das H.-G.-B. dem amtlichen beeideten Makler auferlegen, machen ihn weit weniger geeignet seine Aufgaben als Vermittler zu erfüllen, als den nichtamtlichen unbeeideten und durch keinerlei Vorschriften in der freien Bewegung eingeengten Vermittler. Mit der Freigebung der Verbürgung für geschlossene Geschäfte und der Befugung zur Ertheilung von Schlußnoten mit vorbehaltener Aufgabe des Kontrahenten ist die Aufrechthaltung des Verbots von Geschäften für eigene Rechnung nicht mehr haltbar. Dem gegenüber muß auch die Rücksicht auf die Coursnotirung wegfallen, weil sie begrifflich mit dem Vermittlergeschäft des Maklers nichts zu thun hat. Für diese kann aber auch anderweit ein genügender Ersatz gefunden werden, mit und ohne Beeidigung der betreffenden Personen. Auf die Beeidigung und auf Disziplinarvorschriften ist aber ein besonderes Gewicht überall nicht zu legen. Ist es doch die Oeffentlichkeit, welche die Kontrole übt, es ist absolut unmöglich, daß ein Unterhändler wirklich täuschen und wissentlich falsche Notirungen machen kann. Er würde das Vertrauen verlieren, seine Coursnotirungen würden keine Beachtung finden und er würde zu der betreffenden Ehrenstellung nicht wieder gewählt werden. Es liegt in seinem eigensten Interesse, nicht falsche Notirungen aufzugeben, er würde sich für sein Geschäft unmöglich machen, das gilt in gleicher Weise bei Fonds wie bei andern Artikeln. So haben denn auch nicht nur Hamburg und Bremen die amtlichen Handelsmakler beseitigt, sondern auch Stettin, Königsberg, Danzig und andere bedeutendere Handelsplätze dafür sich ausgesprochen, daß das Institut der beeidigten Makler fallen zu lassen sei, und wenn Berlin und Frankfurt es nicht gethan, so liegt das lediglich an der besonderen Rücksicht auf die Fondsgeschäfte und die Notirungen. Auf dem 7. Juristentage aber hat gerade ein Vertreter Frankfurts, Auerbach, hervorgehoben, daß auch in dieser Rücksicht durchaus kein Zwang bestehe, das Institut der Makler beizubehalten, sondern Notirungsmakler, wie man sie in Frankfurt auch nur habe, genügen. Ich glaube deshalb den Antrag stellen zu sollen, daß wir lediglich den Ausdruck unserer Ueberzeugung wiederholen, die der 7. Juristentag aussprach, daß überwiegende Gründe für Aufhebung des Maklerinstituts sprechen. Die Aufrechthaltung eines Gesetzes, das für die Kaufmannschaft nicht zweckmäßig ist, und das, während der nicht vereidete Vermittler Geschäfte macht und verdient, den vereideten Makler in die Zwangslage versetzt, unter Umständen das Gesetz zu umgehen, scheint auch moralisch nicht gerechtfertigt.

Präsident: Es würde also heißen: das Institut einfach zu beseitigen.

Rechtsanwalt Dr. **Heinsen**: Ich glaube, daß der Beschluß damals lautete, der Juristentag spricht die Ueberzeugung aus, daß überwiegende Gründe für Aufhebung des Instituts der Handelsmakler sprechen. Ich würde beantragen, diesen Beschluß zu wiederholen.

Rechtsanwalt **Simon** (Berlin): Ich schließe mich dem Antrage des Herrn Dr. Heinsen an, stelle aber das Amendement, demselben noch hinzuzufügen: „Eventuell scheint es rathsam, Art. 69 Nr. 1 des H.-G.-B. aufzuheben." M. H.! Schon die Geschichte des Maklerwesens ergiebt die Richtigkeit des Heinsenschen Antrags. Die Entwicklung des Instituts der vereideten Handelsmäkler hatte dahin geführt, daß dieselben auf der einen Seite bestimmte Vorrechte genossen, auf der andern Seite ihnen eine Reihe von Verpflichtungen oblag, darunter das Verbot des Art. 69 Nr. 1. Die Rechte der vereideten Handelsmäkler bestanden in der Hauptsache darin, daß sie einerseits die ausschließliche Befugniß hatten, Geschäfte zu vermitteln, und daß sie zweitens das Recht hatten, gewisse Schlußscheinurkunden mit publica fides auszustellen, beziehungsweise im älteren Rechte als beweiskräftige Zeugen zu fungiren. Diese beiden Grundlagen, auf denen das Institut der Handelsmäkler beruhte, sind fortgefallen. Der letzte Rest einer ausschließlichen Befugniß zur Mäklerei ist durch die Gewerbeordnung aufgehoben und die letzten Reste der bevorzugten Lage der Mäklers im Prozeß als Zeuge oder Urkundsperson durch die Civilprozeßordnung aus der Welt geschafft worden. Damit fallen die Voraussetzungen, unter denen das Institut beeidigter Handelsmäkler sich entwickelt hat, und schon daraus folgt meines Erachtens mit Nothwendigkeit, daß das Institut selbst aufzuheben ist.

Dasjenige, was der Herr Referent ausdrücklich in seinem heutigen Antrage als Grund für die Aufrechterhaltung des Instituts angegeben hat, ist ein verhältnißmäßig neues Moment, welches bei der Entstehung des Instituts der vereideten Handelsmäkler in keiner Weise mitgewirkt hat, nämlich die Feststellung der Course. Zwischen den Ausführungen des Herrn Dr. Heinsen und denen des Herrn Referenten sind dieselben Gegensätze zum Ausdruck gekommen, welche im Jahre 1867, bei den dem Minister ertheilten Gutachten der Vertreter des preußischen Handelsstandes zum Ausdruck kamen: damals erklärten sich Berlin und Frankfurt a. M. gegen die Aufhebung des Maklerinstituts, die übrigen Handelskammern und Vorsteher der Kaufmannschaft für die Aufhebung. Die Ursache, aus der s. Z. die Aeltesten der Berliner Kaufmannschaft und heut der Herr Referent zu ihrem Votum gelangt sind, ist nämlich meines Erachtens fast ausschließlich auf die eigenthümliche Art der Coursnotirung zurückzuführen, welche insbesondere in Berlin üblich ist. An der Berliner Fondsbörse besteht nämlich das Institut des Mittelcourses, an den meisten übrigen, insbesondere den ausländischen Börsen, ist dies nicht der Fall.

Wo ein sogenannter Mittelcours nicht festgestellt wird, besteht die Aufgabe der Coursnotirung nur darin, daß die Course, zu denen gehandelt ist, verzeichnet werden. Ich will annehmen, von 12—2 Uhr sei Börse. Dann macht der Makler in dieser Zeit eine Anzahl Geschäfte zu verschiedenen Coursen, er kommt demnächst zum Börsenvorstand und erklärt: ich habe diese verschiedenen Geschäfte abgeschlossen und bitte die verschiedenen Course, zu denen ich gehandelt habe, zu notiren. Es ist ganz unzweifelhaft, daß das Institut der vereideten Makler zu einer derartigen Feststellung von Coursen völlig unnöthig ist, und daß es vollständig genügt, wenn andere glaubwürdige Leute zum Börsenkommissar hinkommen und erklären, zu welchen Coursen sie gehandelt haben. Wo, wie z. B. in Hamburg, in dieser Weise die Course notirt werden, hat die Aufhebung des Instituts der vereideten Makler gar keine Schwierigkeit. Es ist nicht zu verkennen, daß diese Aufhebung dort, wo Mittelcourse notirt werden sollen, schwieriger ist, so insbesondere für die Berliner Fondsbörse. Das Wesen des Mittelcourses besteht darin, daß nicht solche Course vom Börsenkommissar resp. Makler notirt werden, die vorher gehandelt worden sind, sondern daß erst der Cours festgesetzt wird, zu dem gehandelt werden soll. Diesen Cours nennt man Mittelcours. Gestatten Sie mir zur Klarlegung wenige Worte über die Art, wie der Mittelcours gefunden wird. Die Makler nehmen an der Berliner Fondsbörse in Kassengeschäften, um die es sich hierbei fast ausschließlich handelt, bis 1/2 2 Uhr Aufträge zum Kauf und Verkauf von den verschiedenen Interessenten entgegen. Alle diese Aufträge notiren sie in ihrem Notizbuche und ziehen sich dann zurück. Darauf wird der Cours von derjenigen Mäklergruppe, welcher das Papier überwiesen ist, festgesetzt. Derjenige Cours wird als der Mittelcours angesehen, und normirt, zu welchem die meisten Geschäfte ausgeführt werden können. Lassen Sie mich ein Beispiel wählen. Nehmen wir an, die Maklergruppe, welcher preußische Konsols überwiesen sind, konstatirt, daß im ganzen folgende Aufträge vorliegen: Kaufauftrag von A auf 10,000 Mk. mit 103 und von B auf 20,000 mit 102; ferner folgende Verkaufaufträge: von C 25,000 Mark mit 104, von D 5000 Mark mit 102. Dann würden zum Course von 103 10,000 Mark ausgeführt werden können, dagegen zum Course von 102 nur 5000 Mark; in Folge dessen wird der Mittelcours auf 103 festgesetzt und die Notiz würde 103 bezahlt und Brief lauten, weil C zu diesem Course nur einen Theil seiner 25,000 Mark verkaufen kann.

Eine Voraussetzung dieser Art der Feststellung des Mittelcourses ist, daß glaubhafte ehrenwerthe Vermittler da sein müssen, welchen die bei Feststellung des Mittelcourses zu berücksichtigenden Aufträge gegeben werden. Aber trotzdem rechtfertigt jene Börsengewohnheit die Aufrechthaltung des Instituts der vereideten Makler in keiner Weise.

Denn es fragt sich zunächst, — und es ist dies eine Frage, die in den Kreisen der Banquiers seit langen Jahren ventilirt wird — ob eine Feststellung des Mittelcourses von Vortheil ist und ob sie nicht zum mindesten bei denjenigen Papieren, in denen ein größerer Umsatz stattfindet, aufgehoben werden sollte. Denn sie hat vielfach zu allerlei Manipulationen Veranlassung gegeben, um den Cours von Werthpapieren zu beeinflussen. Z. B. es giebt jemand im letzten Augenblicke die Ordre, einen großen Posten eines Papiers zu verkaufen, dann wird dadurch der Cours erheblich gedrückt, und der Betreffende kann dann die niedrige Berliner Coursnotiz zu Operationen an anderen Börsen benutzen. Indessen mag die Frage über die Berechtigung des Mittelcourses dahingestellt bleiben.

Jedenfalls ist der Nachweis nicht erbracht, daß die Feststellung des Mittelcourses durch vereidete Makler im Sinne des Handelsgesetzbuchs erfolgen muß und daß dies nicht durch sonstige vom Börsenvorstand angestellte, vertrauenswürdige Vermittler geschehen kann. Wenn heute das Institut der vereidigten Makler aufgehoben wird und von den Börsenvorständen wieder bestimmte Vermittlergruppen zur Feststellung des Mittelcourses angestellt werden, so werden diesen Vermittlern, soweit sie vertrauenswerth sind, naturgemäß die zum Mittelcours zu effektuirenden Aufträge in den betreffenden Papieren zufallen. Man wende nicht ein, daß hierdurch auf einem Umweg das Institut der vereideten Makler wieder eingeführt wird. Vielmehr würde durch derartige Vermittler auf der einen Seite dem etwaigen Bedürfniß der Feststellung eines Mittelcourses genügt, auf der anderen Seite dem meines Erachtens unabweislichen gesetzgeberischen Postulat der Aufhebung des jetzigen Maklerinstituts entsprochen werden.

Daß aber dieses Postulat unabweislich ist, dafür lassen Sie mich noch Einiges anführen. Ein Gesetz muß sich vor allen Dingen hüten, Vorschriften zu treffen, die in Folge der Macht der Verhältnisse thatsächlich und fortdauernd übertreten oder umgangen werden, denn hierdurch wird das Rechtsbewußtsein allmählich völlig verrückt. Meines Erachtens werden die Bestimmungen über die vereideten Makler sehr viel umgangen, allerdings meist in legaler Weise und vielfach bona fide. Von den vielen Arten der Umgehung möchte ich zunächst an zwei Maklergewohnheiten erinnern, welche der Herr Referent uns heute selbst vorgeführt hat. Er erzählte uns, der Makler gehe Vormittags zum Banquier, hole sich einen Auftrag und gebe die verbindliche Zusicherung ab, den Auftrag zu einen bestimmten Cours auszuführen. Diese Zusicherung stellt meiner Meinung nach ein Handelsgeschäft dar; der Mäkler muß dafür aufkommen, wenn sich kein Käufer zu diesem Course findet; er hat in solchem Falle nicht nur ein Handelsgeschäft, sondern sogar ein Geschäft auf eigene Rechnung gemacht.

Der zweite von dem Herrn Referenten erwähnte Fall ist der, daß der Gegenkontrahent verschwiegen wird. Dann findet ein Kontrahiren des Maklers statt, er selbst ist rechtlich als Käufer, resp. Verkäufer anzusehen; er treibt objektive Handelsgeschäfte im Sinne des Artikel 271 des Handelsgesetzbuches, indem er kauft und verkauft: kauft in der Absicht, mit Verdienst weiter zu verkaufen, verkauft in der Absicht, sich mit Gewinn zu decken, wobei gleichgültig ist, daß der beabsichtigte Gewinn vielleicht nur in der Courtage besteht.

Der Herr Referent hat nun gerade angeführt, daß die erwähnten beiden Arten des Kontrahirens für die Börse vollständig unentbehrlich sind. Schon aus diesen beiden Beispielen ergiebt sich mithin, daß in einer Reihe von Fällen auch von dem Herrn Referenten der Eigenhandel des Maklers für unentbehrlich erachtet wird. Es kommt aber ein wichtiges Moment hinzu und das ist meines Erachtens entscheidend, weil es mit der Feststellung des Mittelcourses in unmittelbarem Zusammenhang steht. Es wird kaum ein Handelsgeschäft an der Berliner Börse so abgeschlossen, wie es Voraussetzung der Vorschriften des Handelsgesetzbuchs für die vereideten Makler ist. Niemals führt der betreffende Mäkler die beiden Kontrahenten zusammen und veranlaßt sie, miteinander abzuschließen. Nach Feststellung der Course theilt der Makler dieselben seinem Auftraggeber mit und benachrichtigt ihn, ob der Auftrag ausgeführt sei — was sich in den meisten Fällen aus der Coursnotiz von selbst ergiebt. Fast niemals aber giebt er auch nur den Gegenkontrahenten an; diesen erfährt der Auftraggeber erst durch den Nachmittags ausgestellten Schlußschein. Der Name des Kontrahenten gehört aber wesentlich zum Abschluß des Kaufgeschäfts. Giebt der Makler einen Gegenkontrahenten nicht an, so haftet er dem Banquier. Der Makler ist bei allen Geschäften in Effekten, bei welchen ein Mittelcours unter seiner Mitwirkung festgestellt wird, in so fern Kontrahent, als er dafür aufkommen muß, daß zu dem notirten Cours das aufgetragene Geschäft thatsächlich ausgeführt wird. In Saling's Börsenpapieren heißt es ausdrücklich, der Makler habe dafür einzustehen, daß der notirte Cours auch der richtige sei, d. h., daß zu dem notirten Course auch der Auftraggeber seine Papiere abgenommen, respektive geliefert erhält. Das Institut des Mittelcourses hat also ein Selbstkontrahiren des Maklers zur begrifflichen Voraussetzung.

Aus allen diesen Gründen ergiebt sich meiner Meinung nach, daß das Institut der beeidigten Makler sich überlebt hat und daß sich namentlich Artikel 69 Ziffer 1 des Handelsgesetzbuchs in keiner Anwendung mehr befindet. Wenn ich einen Eventualantrag gestellt habe, so geschieht es deswegen, um eventuell der Ansicht Ausdruck zu geben, daß, wenn nicht der Principalantrag bei der Gesetzgebung berücksichtigt wird, so doch der Juristentag für wünschenswerth erachtet, daß jene Schranke, die thatsächlich längst niedergerissen ist, vom Gesetzgeber beseitigt werde.

Ich möchte zum Schluß bemerken, daß auch in der Eingabe der Aeltesten der Berliner Kaufmannschaft an den Handelsminister vom Jahre 1867, in welcher gegen die Aufhebung des Instituts der Handelsmakler Widerspruch erhoben wird, zur Begründung nur auf die Feststellung des Mittelcourses hingewiesen ist, und daß die Aeltesten der Kaufmannschaft damals gleichzeitig beantragten, die Uebernahme von Geschäften zu fixen Bedingungen den vereideten Maklern zu gestatten.

Hof- und Gerichtsadvokat Dr. **Kerpal** (Wien): M. H.! Nach den langen und ausführlichen Auseinandersetzungen der geehrten beiden Herren Vorredner kann ich mich kurz fassen, doch möchte ich mich mit dem unmittelbaren Herren Vorredner vor Allem dahin auseinandersetzen, daß ich erkläre, daß ich mich seinen principiellen Ausführungen anschließe, mich aber entschieden gegen sein Amendement erklären muß. Das Amendement scheint mir nicht zutreffend zu sein. Denn entweder sprechen wir uns für Aufhebung des Instituts der beeidigten Handelsmakler aus — und dafür bin ich — oder wir sprechen uns für die Aufrechterhaltung desselben aus. Dann müssen wir aber auch das Verbot des Artikel 69 aufrecht erhalten. Denn wenn wir nicht gewisse Kautelen hinzufügen, so scheint mir die Aufrechterhaltung nicht logisch begründet. Das ist die Auffassung, welche der Herr Gutachter bereits dargelegt hat. Es scheint mir aber, und in dieser Beziehung möchte ich dem geehrten Vertreter aus Hamburg beitreten, daß die Erfahrungen, welche wir in Wien — und dort besteht auch ein bedeutendes Fondsgeschäft — gemacht haben, gegen die beeidigten Makler sprechen. Wie bereits der Gutachter auseinandergesetzt hat und wie ich aus eigener Erfahrung bestätigen kann, ist dieses Verbot gegen die Makler nicht haltbar und bei Fondsgeschäften auch gar nicht denkbar. Das Fondsgeschäft in Wien theilt sich in zwei Gruppen. Die beeidigten Makler sind von der einen Gruppe, vom Spekulationsgeschäft, vollständig ausgeschlossen und zwar durch die Praxis ausgeschlossen und betreiben Vermittelungen nur für Anlagewerthe, für sogenannte Schrankpapiere, während die Geschäfte in den sogenannten Coulissenpapieren durch unvereidigte und keine Gewähr leistende Agenten vermittelt werden. Nun, wie verhält sich bei Schrankpapieren das Geschäft? Der Banquier wendet sich an denjenigen Makler, der den Auftrag sofort übernimmt. Derjenige Makler, der sagen würde, Sie geben mir den Auftrag so und so viel zu verkaufen, ich werde erst den Käufer suchen, wird kaum beschäftigt werden, sondern der Banquier geht zu demjenigen Makler, der auf sein eigenes Risiko das Geschäft übernimmt. Was erreichen Sie also durch das Verbot? Daß der gewissenlose Makler, der sich über diese Bestimmung des Handelsgesetzbuchs hinwegsetzt, der mehrbeschäftigte ist und als solcher wird er vertrauenswürdiger, und derjenige Makler, welcher sich an die Bestimmungen hält, von großen Geschäften ausgeschlossen ist. Deshalb würde ich Sie davor warnen, diejenigen Bestimmungen, welche der Herr Referent vorschlägt, anzunehmen. Ob aber der Makler sich für Geschäfte verbindlich macht oder Bürgschaft dafür leistet, das ist meiner Auffassung nach legislativ, politisch und ökonomisch dasselbe. Diejenigen Gründe, die dagegen sprechen, daß die vereidigten Makler überhaupt Geschäfte machen sollen, sind schon angeführt und ich erlaube mir nur noch darauf hinzuweisen, daß in den speziellen Referenten-Anträgen die Logik nicht gewahrt scheint. Denn gerade für die individuellen Sachen scheint mir die Beeidigung nothwendig zu sein. Da fehlt die Kontrole des großen Geschäfts. Der Makler, der in „österreichischer Rente" ein Geschäft macht, er mag beeidigt sein oder nicht, muß einen bestimmten Cours einhalten; es ist also die weitere Bedingung der Vereidigung nicht so nothwendig. Gerade aber bei individuellen Sachen ist eine Stärkung des Pflichtgefühls, ein höherer Anspruch an den Makler nöthig. Bei Fondsgeschäften arbeitet der Makler unter der Kontrole des großen Geschäfts, so und so vieler hunderter Geschäftsabschlüsse und der Oeffentlichkeit.

Ich würde Ihnen daher empfehlen, den Antrag Heinsen (Hamburg) anzunehmen.

Rechtsanwalt **Simon** (Berlin): Gegenüber der Bemerkung des Herrn Vorredners, daß mein eventueller Antrag den Grundbegriffen des Maklerwesens widerspreche, möchte ich zweierlei geltend machen. Erstens ist der Makler nach unserer deutschen Civilprozeßordnung nicht mehr Urkundenperson, seine Schlußscheine haben im Princip nicht mehr Glauben zu beanspruchen, als diejenigen der unvereideten Makler. Zweitens hat die Bestimmung, daß der vereidigte Makler selbstständig zu festen Preisen Geschäfte übernehmen kann, bereits vor Inkrafttreten des Handelsgesetzbuchs gegolten und sich bewährt. Es war dies in Hamburg der Fall. Gerade weil die Bestimmung, welche Art. 69 Nr. 1 enthält, eingeführt wurde, haben seiner Zeit über 600 vereidete Makler in Hamburg ihre Stellung niedergelegt.

Hof- und Gerichtsadvokat Dr. **Kerpal** (Wien): Ich möchte mir noch einmal zu bemerken erlauben, daß ich nicht einsehe, was dies Amendement soll. Ist der Makler nicht Urkundenperson und soll er nicht unter die Bestimmung gestellt werden, daß er nicht eigne Geschäfte machen darf, wozu dann die Vereidigung? Dann ist die Vereidigung eine bloße Spielerei. Ich glaube, bei einer Vereidigung muß man ihm höhere Rechte geben, denn man verlangt von ihm auch höhere Pflichten.

Rechtsanwalt Dr. **Alexander-Katz** (Berlin): Ich wollte mir nur den Hinweis darauf gestatten, daß hier ein wesentlicher Unterschied zwischen der Hamburger und Berliner Praxis und den Hamburger und Berliner Geschäften zu Tage getreten ist. Der Herr Redner aus Hamburg hat hier in ganz überzeugender Weise klar gelegt, daß für Hamburg vereidete Makler gänzlich unbrauchbar sind, während wieder Herr Direktor Beisert in ebenso überzeugender Weise dargelegt hat, daß beeidigte Makler in Berlin garnicht zu entbehren sind. Da meine ich denn doch, was vorhin schon bemerkt worden ist, daß die Frage, ob vereidigte Makler nothwendig sind oder nicht, sich nicht absolut entscheiden läßt, sondern nur nach den verschiedenen Plätzen, und daraus folgt nach meiner Meinung weiter, daß die Reichsgesetzbestimmung richtig ist, daß die Entscheidung hierüber principiell der Landesgesetzgebung überlassen ist. Danach würde ich beantragen:

„Der Juristentag wolle beschließen, das die reichsgesetzlichen Vorschriften über die Handelsmäkler aufrecht erhalten werden müssen."

Ich habe hier ausdrücklich gesagt „die reichsgesetzlichen Vorschriften", da die Regelung der Handelsmaklerfrage im einzelnen danach dem Landesrecht anheimfällt. Ich glaube, daß durch Annahme dieses Antrags alle übrigen Anträge sich erledigen.

Präsident: Ich schließe die Verhandlungen uud gebe dem Herrn Referenten das letzte Wort.

Referent Kreisgerichtsdirektor a. D. **Beisert** (Berlin): Nur ein paar Worte. Der Kampf war vorauszusehen, ob der VII. deutsche Juristentag Recht behalten soll oder vielmehr die Jetztzeit. Das, was ich Ihnen über die Nothwendigkeit der Beibehaltung des Instituts der beeidigten Makler vorgetragen habe, bezieht sich nur auf die Coursfeststellung; es ist aus den Erfahrungen der Berliner Börse genommen. Wir sagen nur, laßt uns, was wir haben und nehmt uns nicht, was wir brauchen. Der Hamburger Kaffee fällt unter meine Nr. 1, dabei ist keine Coursnotirung nothwendig, sie ist für eine solche Waare von keinem großen Belang. Die Schiffsladung Kaffee, die der unvereidigte Makler kauft und weiter giebt, hat bezüglich der Preisnotirung für die Oeffentlichkeit keinen solchen Werth. Die Hamburger gehen davon aus, der vereidigte Makler muß in seiner Vermittlernatur erhalten werden. Ja, er hat noch eine andere Natur: er ist ein Beamter. Wenn auch jetzt nicht mehr Urkundenperson für die Behörde, ist er für die Coursfeststellung von großer Wichtigkeit. Darauf kommt es nicht an, ob er große Geschäfte macht. Es wird mir da von Hamburger Seite entgegengehalten, das Vertrauen wende sich mehr den unvereidigten Maklern zu. In Berlin ist es entgegengesetzt. Dort ist das Vertrauen zu den beeidigten Maklern ein sehr großes. Ich will über die Feststellung des „Mittelcourses" nicht weiter sprechen, ich will nur erklären, daß sich Herr Dr. Simon in faktischen Irrthümern über das Zustandekommen des Mittelcourses befindet. Die Sache ist anders, als er sie sich denkt. Ich glaube, es ist jetzt das zweckmäßigste, man läßt es auf die Abstimmung ankommen.

Präsident: Es liegen folgende Anträge vor: Zunächst die drei Anträge des Herrn Referenten und ein Amendement zu Nr. 2 derselben, welches dahin geht, daß von dem Worte „daß" an die ganze erste Reihe zu streichen sei und an deren Stelle gesetzt werde:

„Daß nur der gewerbsmäßige Betrieb der Handelsgeschäfte auf eigne Rechnung den als vereidigten Handelsmaklern Angestellten zu untersagen ist."

Hinzugefügt worden ist diesen Anträgen ein vierter, zu bestimmen, „daß die in Art. 9 des § 5 der preußischen Einführungsverordnung angedrohte Geldstrafe der Umwandlung in Freiheitsstrafe nicht unterliegen dürfe und daß die in diesem Artikel angedrohte Strafe nur im Wege der Disziplin zu erkennen ist."

Diesen Anträgen gegenüber steht zunächst principiell der Antrag des Herrn Dr. Heinsen, daß „überwiegende Gründe für die Aufhebung des Institus der beeidigten Makler sprechen" und eventuell der Antrag Simon, „Art. 69 Nr. 1 des H.-G.-B. sei aufzuheben."

Der Sachverhalt der Anträge zu einander ist ganz klar. Es wird der principielle Antrag des Herrn Dr. Heinsen zuerst zur Abstimmung kommen und mit ihm sind, wenn er angenommen wird, alle Anträge des Herrn Referenten erledigt; ebenso ist es mit Antrag Katz. Wird er abgelehnt, so wird meines Erachtens dasselbe von dem eventuellen Amendement Simon gelten. Auch dieses erledigt die Anträge des Herrn Referenten. Nun kommt noch ein neuer Antrag, über den ich nicht so klar bin. Er lautet:

„Der Juristentag wolle beschließen, daß die reichsgesetzlichen Vorschriften über die Handelsmakler aufrecht erhalten werden müssen."

Er greift theilweise negirend, theilweise positiv in die vom Juristentag gestellte Frage beantwortend ein. Meines Erachtens kann er erst zur Abstimmung kommen, wenn die Verhandlung ergeben sollte, daß für ihn noch Raum ist. Ich muß die positiven Vorschläge zuerst erledigen.

Zur Fragstellung hat das Wort Herr Dr. Heinsen.

Rechtsanwalt Dr. **Heinsen** (Hamburg) (zur Fragstellung): Ich glaube dieser letztere Antrag, zu beschließen, daß die reichsgesetzlichen Vorschriften über die vorliegende Frage aufrecht zu erhalten seien, ist die einfache Folge, wenn sämmtliche übrige Anträge abgelehnt werden. Wir brauchen dann über den Antrag nicht weiter abzustimmen, dann bleibt es eben beim Alten und etwas Weiteres bezweckt der Antrag nicht.

Präsident: Ich bin ganz der Meinung des Herrn Vorredners, halte aber dennoch eine Abstimmung über den Antrag für wünschenswerth, um nicht bloß zu erklären, es ist alles abgelehnt, sondern positiv auszudrücken, daß es beim Bisherigen verbleiben soll.

Rechtsanwalt Dr. **Alexander-Katz** (Berlin) (zur Fragstellung): Ich möchte bitten, meinen Antrag nach dem Antrag des Herrn Dr. Heinsen zur Abstimmung zu bringen. Wenn der Antrag Heinsen angenommen wird, erledigen sich die übrigen Anträge sämmtlich, ebenso wie meiner auch. Wird der Antrag des Herrn Dr. Heinsen abgelehnt, und mein Antrag dann angenommen, so erledigen sich die sämmtlichen übrigen Anträge dann ebenfalls. Es wird also im Interesse der Abkürzung des Verfahrens liegen, wenn man meinen Antrag nach dem Antrag Heinsen zur Abstimmung bringt und eventuell alle übrige Abstimmung dadurch erledigt.

Hof- und Gerichtsadvokat Dr. **Kerpal** (Wien) (zur Fragstellung): Ich würde mich ganz entschieden gegen den letzten Antrag aussprechen. Denn er scheint mir nicht sachgemäß.

Präsident: Darf ich meine Meinung darüber äußern, so ist der innere Zusammenhang der Anträge maßgebend für die Reihenfolge der Abstimmung. Ich will aber die Versammlung entscheiden lassen und bitte die Herren, welche gegen meinen Vorschlag den Antrag des Herrn Dr. Alexander-Katz nach dem Antrag Heinsen zur Abstimmung bringen wollen, sich zu erheben. (Geschieht.)

Das ist die Minderheit. Es bleibt bei meinem Vorschlage und ich bemerke schließlich, daß ich im Einverständnisse mit dem Herrn Referenten, wenn die beiden Anträge Heinsen und Simon abgelehnt werden, die Anträge des Herrn Referenten einzeln zur Abstimmung bringen werde, natürlich nach vorheriger Feststellung, wie der erste Satz von Nr. 2 lauten soll.

Ich bringe jetzt zuerst den Antrag Heinsen zur Abstimmung und ersuche diejenigen Herren, welche wollen:

> „Der Juristentag spricht wiederholt seine Ueberzeugung dahin aus, daß überwiegende Gründe für die Aufhebung des Instituts der beeidigten Handelsmakler sprechen,"

sich zu erheben. (Geschieht.)

Ich bitte um die Gegenprobe. (Wird vorgenommen.)

Der Antrag Heinsen ist mit Mehrheit angenommen. Damit erledigen sich alle übrigen Anträge.

Zur Geschäftsordnung hat Herr Justizrath Makower das Wort.

Justizrath **Makower** (Berlin) (zur Geschäftsordnung): Ich möchte an den Herrn Vorsitzenden die Frage richten, ob es nicht möglich wäre, die Stimmzahl anzugeben, damit ersichtlich ist, daß wir in sehr geringer Zahl hier beisammen sind.

Präsident: Ich gebe diesem Wunsche nach, muß aber dann um Wiederholung der Abstimmung bitten. Ich ersuche noch einmal diejenigen

Herren, welche für den Antrag Heinsen sind, wonach der Juristentag bei seiner früheren Ansicht stehen bleibt, sich zu erheben. (Geschieht.)

Ich bitte nun die Gegner aufzustehen. (Geschieht).

Der Antrag Heinsen ist mit 13 gegen 8 Stimmen angenommen.

Es ist nun noch ein Referent für das Plenum zu bestellen. Ich bitte Herrn Dr. Heinsen das Referat zu übernehmen und schlage vor, das Votum dem Plenum zur „Kenntnißnahme" zu unterbreiten.

(Zustimmung.)

Damit ist dieser Gegenstand der Tagesordnung erledigt.

Wir schreiten zur Frage 8:

„Ist eine Beschränkung der Haftung der Mitglieder eingetragener Genossenschaften zu empfehlen?"

Da der bestellte Referent, Herr Professor Dr. Gierke, nicht gegenwärtig ist, so darf ich wohl Herrn Professor Dr. Cosack ersuchen, das Referat zu übernehmen.

Referent Professor Dr. **Cosack** (Berlin): Ich bin streng genommen nicht vorbereitet zur Uebernahme des Referats und höre erst soeben, daß ich an Stelle des ausgebliebenen Herrn Referenten Professor Dr. Gierke einzutreten habe. Ich bitte deßhalb zu entschuldigen, wenn Sie die Folge dieses Mangels an Vorbereitung in formeller Weise meinem Referat anmerken und wenn Sie hier nur einen extemporirten Auszug aus meinem gedruckt in Ihren Händen befindlichen Gutachten zu hören bekommen. Sachlich ist die Frage dem Juristentag schon vor geraumer Zeit vorgelegt worden. Es handelte sich dabei hauptsächlich darum, daß damals Rechtsverschiedenheiten bestanden, daß in Preußen bei eingetragenen Genossenschaften der Grundsatz der strengen Solidarhaft ausschließliche Geltung hatte, während in Bayern der Grundsatz galt, daß daneben auch limitirte Haftung zulässig sei. Damals war die Stimmung im Juristentage, trotz vieler Meinungsverschiedenheiten im Einzelnen, im Allgemeinen dahin gerichtet, die strenge Solidarhaft, zwar nicht für einzig zulässig, so doch aber für zweckmäßig in der weit überragenden Mehrzahl der Fälle zu erklären, und dahin ging auch der damalige Beschluß des Juristentages. Außerhalb des Juristentages ging die öffentliche Meinung sogar noch viel weiter und erklärte sich gegen Zulassung der limitirten Haft schlechthin. Seit dieser Zeit hat sich die Stimmung, wie bekannt, erheblich verändert. Während man damals mit dem größten Nachdruck darauf bestand, die Solidarhaft mindestens als das in allererster Linie, oder als das allein Zweckmäßige zu empfehlen, während nur einzelne Stimmen davon abwichen, hat sich in letzter Zeit die Sachlage sehr geändert und jetzt könnte man als herrschende Meinung, wie sie sich gelegentlich in der Litteratur und Presse ausgesprochen hat, das Umgekehrte bezeichnen, daß man nämlich die Zulassung der limitirten Haft fakultativ neben dem bisherigen System der Solidarhaft dringend anempfehle. Zuletzt hat sogar der eigentliche Vater der ganzen Bewegung der Genossenschaften, Schultze-Delitzsch, dieser herrschenden Meinung sich — wenn schon sehr ungern — angeschlossen; doch hing er auch zuletzt noch, wie leicht erklärlich, an der Form, die er erfunden hat, die er wenigstens groß gemacht hat, und blieb dabei, die Form der solidaren Haft als überwiegend praktische zu bezeichnen. Auch der jetzige Anwalt der Genossenschaften — F. Schenk — ist nicht mehr den ursprünglichen Traditionen von Schultze-Delitzsch treu geblieben, sondern hat sich der angeblichen Nothwendigkeit gefügt, daß der herrschenden Strömung Rechnung getragen werden soll, daß neben der alten Form der solidarischen Haftung auch fakultativ Genossenschaften mit beschränkter Haft zugelassen werden sollen. Auch die Reichsregierung hat, wie verlautet, sich dieser Meinung angeschlossen und ganz neuerdings ist mir zur Kenntniß gelangt, daß dem nächsten Reichstage ein Entwurf zugehen werde, nach dem Genossenschaften mit limitirter Haft zugelassen werden sollen.

Die Frage ist nun, wie soll sich der Juristentag zu dieser wieder akut gewordenen Frage stellen. Ich bemerke, daß ich in meinem Gutachten zu der Ansicht gekommen bin, die der herrschenden entgegengesetzt ist, und daß ich der Meinung bin, daß es sich empfiehlt beim alten System zu bleiben, bei dem System, welches ausschließlich Genossenschaften mit solidarer Haft zuläßt. Die Gründe, die für diese meine Ansicht sprechen, sind folgende.

Ich erinnere zunächst, die herrschende Strömung ist merkwürdig einseitig in ihrer Motivirung. Sie stellt sich nämlich ganz ausschließlich auf den Standpunkt der Interessen der Genossenschaften und fragt, was ist den *Mitgliedern der Genossenschaft* dienlich, ohne ein Wort zu haben für die andere Frage, wie stellen sich die Interessen der Leute, die mit den Genossenschaften in Verkehr treten, wie stellen sich die Interessen der Genossenschaftsgläubiger. Wenn man diesen einseitigen Standpunkt als berechtigt ansieht, daß nur die Interessen der Genossen in Frage kommen, dann finde ich die herrschende Ansicht ganz richtig. In der That, man hat früher gesagt, die Genossenschaften können selbst in *ihrem eigenen Interesse* die Solidarhaft nicht entbehren, und das war namentlich die ursprüngliche Ansicht von Schultze-Delitzsch. Er sagt, unvermögende Leute könnten eben Kredit nur dadurch bekommen, daß im Wege der Solidarhaft eine Mehrheit von ihnen, einer für den andern, jeder mit seinem ganzen, wenn schon kleinen Vermögen einstände; nur die unbeschränkte Solidarhaft mache dies möglich und so sei sie gerade im

Interesse der Genossenschaften unentbehrlich; wenn man Genossenschaften mit limitirter Haft zuließe, so würden sie in der größten Mehrzahl der Fälle nicht prosperiren und würden ihre kleinen Kapitaleinschüsse verloren haben und ein nationalökonomischer Nachtheil würde für sie herauskommen. Man ist jetzt der entgegengesetzten Ansicht ziemlich allgemein, so daß ich diesen Punkt nicht weiter verfolge, sondern annehme, daß man das den einzelnen Genossenschaften füglich überlassen kann, bei ihrer Gründung zu prüfen, ob es für sie möglich ist, nach dem Material von Personen, über welches sie zu verfügen haben, nach der Anzahl der Beiträge bei limitirter Haft zu floriren oder nicht, und wenn eine Genossenschaft sich dabei verrechnet, wenn sie sich auf Grund limitirter Haft etablirt hat und den Kredit nicht findet, so ist das für sie bedauerlich, aber schließlich ihre eigene Schuld und man kann ihr die Verantwortlichkeit dafür überlassen. So stimme ich vom Standpunkt des Interesses der Genossenschaftsmitglieder mit der herrschenden Meinung überein.

Nun kommt aber der zweite Punkt, der in den landläufigen Erörterungen unserer Frage, in denen aber nur das Interesse der Genossenschaftsmitglieder Berücksichtigung findet, ganz übergangen zu werden pflegt: wie stellt sich das Interesse der Gläubiger der Genossenschaft, und da meine ich, daß alle diejenigen, die mit der Genossenschaft in geschäftliche Verbindung treten, bei dem System limitirter Haft außerordentlich geschädigt werden. Die Gründe, die für diese meine Meinung sprechen, sind sehr durchsichtiger Art. In der That kann sich niemand darüber täuschen, daß Genossenschaften mit limitirter Haft namentlich in Zeiten wirthschaftlicher Krisis sehr leicht insolvent werden. Wir haben es gesehen, daß sie bei dem heutigen System insolvent geworden sind, sie werden es bei dem System limitirter Haft natürlich noch mehr werden und die Folge wird sein, daß tausende von Gläubigern ihr Geld dabei verlieren. Das ist freilich eine Sache, die auch bei jedem Privatschuldner, bei anderen Gesellschaften mit limitirter Haft vorkommen kann. Indessen glaube ich, daß die Genossenschaftsgläubiger wenigstens bei einer ganzen Reihe von Genossenschaften, die die wichtigsten für die Frage sind, den Vorschußvereinen, den Vereinen der sogenannten Volksbanken, in ihren Interessen eine besonders ernstliche Prüfung verlangen, und zwar, weil man es dabei bekanntermaßen mit einen Kreis kleiner Leute zu thun hat, mit Leuten, die durchaus geschäftsunerfahren sind, für welche aber das geringe Kapital, das sie deponiren, ihr einziges Gut ist und welche in der allerdringendsten Gefahr sind, wenn nun eine Volksbank, der sie Vertrauen geschenkt haben, insolvent wird, gänzlich ruinirt zu werden. Wir haben Konkurse von Volksbanken sehr zahlreich gehabt. Ein solcher Konkurs ist selbstverständlich eine

Kalamität für die Betheiligten. Die Frage ist nun, wer soll die Kalamität tragen; was ist zweckmäßiger, sollen es die Genossenschaftsmitglieder oder die Gläubiger sein, jene kleinen Leute, die ihr Geld in Form von Sparkassengeldern u. dergl. dort deponirt haben? Diese zweite Frage scheint mir im Interesse der Gläubiger zu beantworten zu sein, so daß man, wenn die Kalamität einmal da ist, doch den Verlust denjenigen, welche bei der Geschäftsführung betheiligt und in der Lage waren, sie einigermaßen zu kontroliren, lieber gönnen möchte, als den Genossenschaftsgläubigern. Es würde sehr hart sein, wenn man in diesem Falle zu diesen sehr der Bevormundung bedürftigen Leuten sagen wollte, es ist Eure eigne Schuld, warum habt Ihr nicht wo anders deponirt. Es wäre schon hart, den Leuten diesen Verlust aufzubürden, die faktisch kein Urtheil darüber haben, ob eine bestimmte Form der Genossenschaft ihnen die nöthige Garantie der Verantwortung für ihre Handlung giebt. Ich glaube, daß man sich über diese Unkenntniß des Publikums über den Werth und den Unterschied der einzelnen juristischen Formen nicht täuschen darf, daß selbst das sogenannte gebildete Publikum im Allgemeinen bei der Kreditgebung keine Ahnung hat, was Aktiengesellschaft, was Kommanditgesellschaft u. dergl. ist. Es würde noch mehr verwirrt, wenn wir jetzt zwei Genossenschaftsarten aufstellen wollten, eine mit und eine ohne Solidarhaft. Das Publikum richtet sich nach rein zufälligen Umständen bei der Gewährung von Kredit, nach der Art der Reklame und dem Erfolg, welchen die Gesellschaft in der ersten Zeit der Geschäftsführung hat, nach den Personen, die an der Spitze stehen. Jedenfalls wird kein einziger oder nur ein ganz kleiner Theil, wenn er seine 20, 30 Mk. bei einer Gesellschaft deponiren will, sich die Frage vorlegen, welche juristische Form hat die Gesellschaft, ist es eine offene Handelsgesellschaft, eine eingetragene Genossenschaft u. s. f. Er giebt sein Geld, weil er die Vorstellung hat, die Bank ist gut. Wenn das Gesetz also jetzt eine Genossenschaft mit limitirter Haft zulassen will, so darf es thatsächlich nicht annehmen, daß nunmehr das Publikum sich die Gesetze dieser neuen Institution für die Genossenschaftsgläubiger klar machen, und sich durch Anwendung größter Vorsicht dagegen schützen wird. Tausende werden vielmehr blind in die Gefahr laufen und die Erweiterung der Gesellschaftsformen, wie sie jetzt beabsichtigt wird, mit ihrem ganzen Vermögen bezahlen.

Ich komme auf das dritte Moment, welches die Frage beherrscht. Die Genossenschaften, wie sie Schulze-Delitzsch gedacht hat, wie sie auf die strenge Solidarhaft der einzelnen Mitglieder sich gründen, sollten Genossenschaften von mäßigem Umfang, mit verhältnißmäßig geringer Mitgliederzahl sein, und zwar aus dem einfachen und sehr durchgreifenden Grunde, weil bei einer Genossenschaft mit großer Mitgliederanzahl dem Einzelnen vollkommen die Möglichkeit einer eingehenden Kontrole über die Geschäftsgebahrung verloren geht, der eine den andern nicht kennt und durch einen Vertrauensbruch viel leichter eine Schädigung der Genossenschaft entstehen kann; jeder Einzelne, der einer Genossenschaft mit großer Mitgliederanzahl beitritt, begiebt sich in die mißliche Lage, bei strenger Solidarhaft mit seinem ganzen Vermögen für die Geschäftsschuld der Genossenschaft einzustehen. Trotz dieser eminent großen Gefahr, in welche die Genossenschaft ihre einzelnen Mitglieder heute bringt, haben sich nun Genossenschaften mit großer Mitgliederzahl gebildet, die vollständig den Geschäftscharakter von Aktiengesellschaften hatten. Nun ist bei solchen Erscheinungen die finanzielle Kalamität gekommen. Durch gänzlichen Mangel an Kontrole ist die Gesellschaft insolvent geworden, die Kalamität ist ausgebrochen, die einzelnen Mitglieder haben kolossale Gesellschaftsschulden mit ihrem Vermögen zu bezahlen gehabt. Es fragt sich, ob wir diese Erscheinung ohne weiteres hinnehmen und sagen wollen, es ist nun einmal so, es haben sich große Genossenschaften gebildet und für diese paßt das System der Solidarhaft nicht; es fragt sich, ob wir für solche Monstren von großen Genossenschaften die limitirte Haft als unvermeidlich zugestehen müssen, und da man den Unterschied zwischen großen und kleinen Genossenschaften praktisch nicht durchführen könne, um der ersteren willen jeder Genossenschaft freistellen solle, ob sie Solidar- oder limitirte Haft wählen will.

Dieser Gedankengang, welcher einigen Schein für sich hat, ist meiner Meinung nach doch nicht zutreffend: ich vermag das Bedürfniß nach solchen großen Genossenschaften nicht anzuerkennen, sondern halte diese Genossenschaft für ein ungesundes Gebilde, welches allerdings als Thatsache da ist und in einzelnen Fällen geschäftlich sehr gute Erfolge erzielen kann, wie manches andere anfänglich sehr schwache kaufmännische Unternehmen, welches aber nach heutigem Recht die eminente Gefahr in sich trägt, daß die einzelnen Genossenschaftsmitglieder in unglaublicher Weise für die Gesellschaftsschulden in Anspruch genommen werden können, und welches zweitens nach dem heutigen Rechte sowohl wie noch mehr nach dem neuen Gesetzesvorschlag den großen sozialen und ethischen Nutzen, den Schultze-Delitzsch sich von den Genossenschaften versprach, praktisch vollständig aufgiebt; nämlich in ihnen Vereine mit regem, energischem Vereinsleben zu schaffen. Solche große Genossenschaften sind nämlich im Gegentheil, wie die Erfahrung zeigt, schon jetzt ohne wirkliches Vereinsleben. Wie bei irgend einer Aktiengesellschaft bekümmert sich der einzelne Genosse nur in ganz unzureichender Weise um seine Genossenschaft. Er ist Mitglied, hat finanzielle Vortheile, eventuell finanzielle Nachtheile, interessirt sich also einigermaßen für die Sache, aber er hat nicht so viel merkantiles Geschick und nicht so viel Energie, sich bei der Geschäftsführung und Geschäftskontrolle aktiv zu betheiligen; thatsächlich ist es ein kleiner Ausschuß von Personen, welcher sich mit der Geschäftsleitung befaßt, wie bei der Aktiengesellschaft, wo es nur ganz wenig Leute sind, die die Geschäftsgebahrung aufmerksam verfolgen, während es der gewöhnliche Aktionär nicht einmal für der Mühe werth hält, auf die Generalversammlung zu gehen oder einen Mandatar hinzuschicken oder eventuell eine eingehende Prüfung vorzunehmen, ob der Mandatar seine Interessen sachgemäß vertreten werde. M. H.! Diese Gefahr der Versumpfung des gesellschaftlichen Lebens in korporativer Beziehung, der Unbekümmertheit der Gesellschaftsmitglieder um das Ganze, dem sie sich angeschlossen haben, ist eine große besonders für die Kreise, die wirthschaftlich so schwach stehen, daß für sie der Assoziationsbetrieb noch eine ganz andere als die rein finanzielle Bedeutung hat, die Bedeutung nämlich, den Muth, die Thatkraft, den Geschäftssinn der Genossen auch über den Kreis der Genossenschaftsgeschäfte zu heben. In dieser Beziehung finde ich mich mit dem Vater der Genossenschaftsbewegung, Schultze-Delitzsch, ganz in Uebereinstimmung, dieses Gefühl der engen Zusammengehörigkeit darf der Genossenschaft nicht genommen werden, das Gefühl, daß man, wenn man Mitglied einer Genossenschaft ist, auch an deren Leben theilnehmen muß. Und nun sehen Sie; bei den großen Genossenschaften ist diese Aufgabe thatsächlich trotz der Solidarhaft nicht erreicht worden, auch da ist das Gesellschaftsleben in hohem Maße versumpft. Nun meine ich, wir dürfen dieser Versumpfung nicht weiter Folge geben und concediren und sagen, wir wollen es bequem einrichten, wie ihr wollt; ihr wißt dann, daß ihr mit kleinen Beträgen haftet, und könnt an dem Verein ohne erhebliche Gefahr und ohne die Pflicht, auf den Verein aufzupassen, theilnehmen. Vielmehr meine ich umgekehrt, daß man diesem Unwesen energisch gegenübertreten und sagen muß, wenn diese Gefahr jetzt schon vorliegt, daß die Genossenschaften nach Art der Aktiengesellschaften versumpfen, so darf man diese Gefahr in keiner Weise vergrößern, sondern muß bei dem heutigen Systeme bleiben, welches, soweit es in der Macht der Gesetzgebung liegt, die Möglichkeit gewährt, daß jeder Genosse in dem Gefühl der Verantwortung für die Genossenschaft lebendig bleibt und so die Genossenschaft wirkliches Leben erhält. Passen die großen Genossenschaften nicht in das System, nun gut, so mögen die großen Genossenschaften verschwinden und in anderen Rechtsformen — z. B. denen der Aktiengesellschaft — ihre Zwecke zu erreichen suchen, nicht aber wollen wir um ihretwillen eine Abänderung der Genossenschaft selbst gestatten, die durch ihre Bequemlichkeit auch kleine

Vereine verführen wird, sich ihnen anzuschließen, während die alte Form der Genossenschaft für dieselben ganz passend ist und durch ihre unbequeme Strenge gerade das Gefühl für Verantwortlichkeit bei den Genossen in erwünschter Weise rege erhalten würde. — Ich sage nicht, daß ich das ganze Genossenschaftsgesetz mit seinen vielen Mängeln, die ja theilweise einstimmig anerkannt sind, billigen will, sondern daß ich mit Aenderungen in einzelnen Beziehungen, die unter Umständen den Genossen weiter entgegenkommen, z. B., daß die Solidarhaft dem einzelnen Gläubiger gegenüber milder durchgeführt wird, durchaus einverstanden bin und nichts dagegen habe, daß eine gründliche Reform des Genossenschaftsgesetzes vorgenommen wird; aber daß eine limitirte Genossenschaft zugelassen wird, daß zu den vielen Gesellschaften, die wir haben, noch eine neue Form hinzugeschaffen werde, dagegen möchte ich mich erklären und bitte daher, daß die Abtheilung meinen Antrag, die von der Deputation gestellte Frage zu verneinen, in diesem Sinne annimmt.

Präsident: Es liegt zur Beantwortung von Frage 8 durch die Abtheilung das vor, was der Herr Gutachter vorgeschlagen hat. Ich würde annehmen, der erste Antrag des Herrn Referenten geht dahin:

„Eine Beschränkung der Haftung der Mitglieder eingetragener Genossenschaften ist nicht zu empfehlen."

Dann folgen eventuell für den Fall, daß dieser Antrag abgelehnt wird, die drei gedruckten Anträge des Herrn Referenten, die ich, wenn er zustimmt, zu b und c dahin formulire:

„Den Genossenschaften mit beschränkter Haft ist

1. die Annahme von Depositen mit kurzer Kündigungszeit zu verschließen,
2. der Name „Genossenschaft" zu versagen und ihnen nur der Name „Konsumverein mit beschränkter Haft" zu gestatten."

(Zustimmung seitens der Referenten.)

Zu a muß ich die Formulirung dem Herrn Referenten überlassen. Ich eröffne die Verhandlungen.

Referent Professor Dr. **Cosack** (Berlin): Ich hatte ursprünglich nicht die Absicht, schon jetzt meine Eventualanträge zu begründen. Ich möchte nur erklären, daß die Versagung der Depositen mit kurzer Kündigungsfrist dem englischen Recht entspricht, also nicht meine selbständige Erfindung ist, sondern ein Präcedens hat.

Rechtsanwalt Dr. **Herz** (Mannheim): M. H.! Ich möchte Ihnen vorschlagen, die Frage, welche gestellt ist, zu bejahen. Was die Formulirung Ihres Votums betrifft, so wird es indessen nicht angezeigt sein, zu sagen, es ist die Beschränkung der Haftung zu empfehlen, sondern man wird sich besser und richtiger dahin aussprechen: „Es ist die Zulassung von Genossenschaften mit beschränkter Haft zu empfehlen.“ M. H.! Ich hebe dies nicht ohne Grund und ohne Zweck hervor. Indem ich nämlich meinen Antrag in dieser Richtung präzisire, will ich klarstellen, daß ich keineswegs zu den Gegnern der Solidarhaft gehöre. Ich möchte am wenigsten meinerseits die jetzt so vielfach erhobenen Angriffe gegen die Solidarhaft hier unterstützt wissen, Ihren Ausspruch dahin verstanden sehen, daß etwa die Solidarhaft aufgehoben und die Haftbarkeit beschränkt werden sollte. Die Frage, um die es sich allein handelt, ist vielmehr die: Sind neben Genossenschaften mit Solidarhaft auch Genossenschaften mit beschränkter Haftpflicht im Gesetze zuzulassen? Ich meinerseits stehe noch auf dem Standpunkt, den ich von jeher insbesondere schon im Frühjahr 1869 als Referent des süddeutschen Konsumvereinstages in Mannheim eingenommen habe, und welchen im August 1869 der Heidelberger Juristentag getheilt hat. Ich bin nämlich der Meinung, daß für eine große Anzahl von Genossenschaften die Solidarhaft die allein richtige Form der Haftung ist und auch bleiben wird, insbesondere dann, wenn die Reform, welche Schultze-Delitzsch gerade für diese Form vorgeschlagen hat, die „Aufhebung des direkten Angriffs der Gläubiger gegen die Genossenschafter“ zum Gesetze wird.

Ich bin aber auch gleichzeitig der Meinung, daß kein Grund vorliegt, die Bildung von Genossenschaften mit beschränkter Haftpflicht neben denjenigen mit Solidarhaft nicht zuzulassen. Es darf wohl nicht erwähnt werden, daß Schulze-Delitzsch sich gegen diese Ansicht ausspricht, welche nunmehr auch als die in Genossenschaftskreisen allgemein herrschende bezeichnet werden muß. Ich muß nämlich die Ausführungen des Herrn Referenten dahin ergänzen, beziehungsweise berichtigen, daß Schultze-Delitzsch selbst sich zuletzt, im Gegensatz zu früheren Ausführungen, für Zulassung von Genossenschaften mit beschränkter Haftpflicht erklärt hat. Es ist dies insbesondere in dem Werke geschehen, welches er 4—5 Wochen vor seinem Tode publicirt hat, gewissermaßen das Testament, welches er für die Gesetzgebung hinterlassen hat, betitelt „Material zur Revision des Genossenschaftsgesetzes“ (erschienen 1883, Leipzig bei Keil). Auf diesen Ausspruch von Schultze-Delitzsch werde ich noch zurückzukommen haben.

M. H.! Ich glaube, es kann sich bei unserer heutigen Beschlußfassung im Wesentlichen nur um zwei Fragen handeln. Erstens steht der Zulassung von Genossenschaften mit beschränkter Haftbarkeit das Interesse Dritter, der Gläubiger entgegen, und zweitens drängt ein Bedürfniß zur Zulassung solcher Genossenschaften? Die erste Frage möchte ich bei Statuirung geeigneter Normativbestimmungen verneinen; die zweite Frage, daß ein Bedürfniß vorliegt, bejahen.

Zu Frage 1 ist es zunächst nicht richtig, was der Herr Referent ausgeführt hat, daß in gewissermaßen einseitiger Weise dieser Gesichtspunkt die etwaige Verletzung der Rechte Dritter von den Vertretern der herrschenden Meinung (jetzt wohl der communis opinio) nicht beachtet worden sei. Ich will Sie nur daran erinnern, daß insbesondere der Mann, der in dieser Frage recht eigentlich durch seine Schriften bahnbrechend gewirkt hat, Professor Goldschmidt, und mit ihm schon der Juristentag von 1869 gerade die Frage, ob eine genügende Kreditbasis ohne Solidarhaft vorhanden sein könne und ob ohne diese ein hinreichendes Kapital zu beschaffen sei, sehr eingehend behandelt hat. Es wurde immer auf diesen Gesichtspunkt das größte Gewicht gelegt und es sind die Vorschläge bezüglich der einzelnen Normativbestimmungen, die gemacht wurden, gerade mit besonderer Rücksicht hierauf gemacht worden.

Nun, m. H.! müssen wir bei unserer Betrachtung davon ausgehen, daß die Gesetzgebung (gleichviel, ob dadurch Handelsgesellschaftsrechtsformen noch um eine vermehrt werden oder nicht, dieses von dem Herrn Referenten hervorgehobene Bedenken ist doch offenbar ganz unerheblich) den Betheiligten bei der Ordnung ihrer Verhältnisse insoweit freien Spielraum zu lassen hat, als dadurch die Interessen Dritter nicht gefährdet werden. Ist es möglich ohne eine solche Gefährdung, insbesondere ohne Gefährdung der Interessen der Gläubiger, bei Genossenschaften mit beschränkter Haftbarkeit der Mitglieder eine Kreditbasis zu schaffen, dann steht nichts im Wege, daß man solche Genossenschaften zuläßt. Nun habe ich schon als Referent für den „Deutschen Konsumvereinstag", der im Jahre 1869 (kurze Zeit vor dem Juristentage) in Mannheim tagte, dargelegt, indem ich zugleich einen damals zum Beschluß erhobenen Antrag begründete, daß es sehr wohl möglich sei, für gewisse Arten von Genossenschaften bei beschränkter Haftbarkeit der Mitglieder eine genügende Kreditbasis zu schaffen. Schultze-Delitzsch hat jahrelang diese Ansicht bekämpft, indem er anführte, es sei ein Widerspruch in sich, wenn man eine Kapitalhaft einführe, gewissermaßen ohne Kapital. M. H., dieser Widerspruch ist nicht vorhanden. Es handelt sich nur darum, daß Kapitalhaft eingeführt wird bei einem geringen Kapital, welches aber für die Zwecke der betreffenden Genossenschaft vollständig ausreicht. Und nun hat Herr Professor Goldschmidt in der Ihnen bekannten oder doch vom Herrn Referenten als bekannt vorausgesetzten Schrift: „Erwerbs- und Wirthschaftsgenossenschaften, Studien und Vorschläge" genau die Bedingungen formulirt, unter denen es möglich ist, auch bei beschränkter Haftbarkeit eine genügende Kreditbasis zu schaffen.

Er hat hier allerdings eine Reihe von Normativbestimmungen vorgeschlagen, die vielleicht, das gebe ich zu, für die Genossenschaften sehr beschwerlich sein werden, vielleicht belästigender ist als die Statuirung der Solidarhaft, insbesondere nach deren Reform durch die Aufhebung des Einzelangriffs. Er verlangt in erster Reihe, daß nicht bloß eine Kapitalhaft mit dem statutenmäßigen Geschäftsantheil stattfindet, sondern daß dazu, wie im österreichischen Gesetz, eine Garantiehaft in der Höhe der Geschäftsantheile hinzukommt. Es wird weiter zu bestimmen sein, daß dieser Geschäftsantheil, welcher die Kapitalhaft repräsentirt, während des Bestehens der Mitgliedschaft nicht gekündigt und auch nach dem Ausscheiden der Mitglieder vor Ablauf der Verjährung (d. i. also 2 Jahre nach dem Austritt) nicht herausbezahlt werden könne. Weiter wird verlangt: ich will nur die wesentlichsten Punkte hervorheben, volle Publicität für den in jedem Zeitabschnitt bestehenden Haftungsbetrag, d. h. anschließend an die Bestimmungen der §§ 4 und 25 des gegenwärtigen Gesetzes wird den Genossenschaften mit beschränkter Haftbarkeit zur Pflicht zu machen sein, die Zahl der Genossenschafter, ihre Geschäftsantheile und folgeweise der Garantiesummen in entsprechenden Zwischenräumen bekannt zu machen. Ist das aber der Fall, dann steht zu jedem Zeitpunkt dem Gläubiger ein ganz bestimmtes Kapital gegenüber. Dann weiß er zu jedem Zeitpunkt, hier ist so und soviel Kapital vorhanden, welches auch für die Dauer der meisten Kredite Beständigkeit hat. Es ist nicht einzusehen, warum Genossenschaften mit einer solchen Kreditbasis die Zulassung im Gesetze versagt werden soll, wenn ein Bedürfniß für dieselben vorliegt.

M. H.! Dieses Bedürfniß ist aber vielfach vorhanden. Es ist — ich will nur 2 Haupt-Gesichtspunkte hervorheben — einmal um deßwillen vorhanden, weil es eine Reihe von Genossenschaften giebt, die nur ein ganz geringes Kapital brauchen, deren Zwecke außerordentlich beschränkt sind. Ich will mit dem Herrn Referenten hier nicht darüber diskutiren, ob der Satz theoretisch richtig ist, für beschränkte Haftbarkeit wird nur beschränkte Haft übernommen.

Aber das möchte ich ihm entgegenhalten, daß nicht, wie er annimmt, es die großen entwickelten Genossenschaften sind, welche die beschränkte Haftbarkeit einführen wollen und bedürfen, sondern die kleinen Genossenschaften, die zahlreichen Genossenschaften, die sich für landwirthschaftliche Zwecke gebildet haben, ferner die Rohstoffgenossenschaften, Magazingenossenschaften 2c., für deren Zwecke und Kreditbedürfnisse ein ganz geringes Kapital genügt und für die deßhalb die beschränkte Haftpflicht ein Bedürfniß ist.

Es würde die Entwickelung dieser Genossenschaften gehemmt werden, wenn man ihnen die Solidarhaft als allein mögliche Form der Haftung gestattet. Weiter kommt aber bezüglich der Bedürfnißfrage folgendes in Betracht.

Gerade Schultze-Delitzsch, und der Herr Referent hat das heute betont, hat ein ganz besonderes Gewicht auf das enge Aneinanderschließen der einzelnen Mitglieder in der Genossenschaft gelegt, er wünscht, daß in ihnen die verschiedenen Klassen der Bevölkerung vertreten seien. Er hat namentlich geglaubt, daß dadurch, daß die weniger Bemittelten und Wohlhabenden sich in einer solchen Genossenschaft vereinigen und zusammenwirken, die soziale Frage auf diesem Gebiete zum großen Theil gelöst wird. Nun ist es aber eine Thatsache, daß eine Reihe derartiger Elemente, auf die wir Gewicht legen, nicht bereit sind in die Genossenschaft einzutreten, so lange die Solidarhaft die einzige Haftungsform bildet, daß sie insbesondere dann, wenn eine Katastrophe bei irgend einer Genossenschaft vorkommt, sich bei bestehender Solidarhaft von der Genossenschaft überhaupt zurückziehen und in Folge dessen gerade die ethische Bedeutung der Genossenschaften wesentlich beeinträchtigt wird.

Gestatten Sie mir hier, mit Erlaubniß des Herrn Vorsitzenden, aus dem angeführten Buch von Schultze-Delitzsch die Stelle vorzulesen, an welcher derselbe sich für Zulassung von Genossenschaften mit beschränkter Haftbarkeit erklärt. Dieselbe lautet:

„So entschieden wir in den 50er und 60er Jahren bei Beginn der Bewegung durch die wirthschaftliche und Vermögenslage der Betheiligten an die unbeschränkte Haft gebunden waren, und von der Gesetzgebung nichts anderes zu erwarten stand, so entschieden drängt die ganze Entwicklung der letzten Jahre zur Zulassung der beschränkten Haft als einer gewissen Konsequenz hin. Würde man doch sonst einen Theil der alten Vereine und Vereinsgenossen dem Genossenschaftswesen geradezu entfremden, wie wir dies durch Uebergänge zu Aktiengesellschaften bereits mehrfach erlebt haben. Die wirthschaftliche Entwickelung im Großen und Ganzen und in Folge dessen die Stellung einer ansehnlichen Zahl von Mitgliedern in unsern Vereinen hat sich seit dem letzten Jahrzehnt allmählich verändert, und uns gerade einen Theil wohlhabender Mitglieder verschafft, welche an Leistungen und Garantieen der Vereine weitere Forderungen stellen. Und wie sehr wir auch durch Vervollkommnung unserer Organisation und die gegenseitig strenge Kontrole und Anforderungen an die mit uns verbundenen Vereine, die Gefahren der Solidarhaft mit Erfolg zu mindern bemüht sind; so greifen doch, wenn auch nur vereinzelte Vorkommnisse, wie die neuerlichen Bankbrüche, diese störend in unsere Organisation ein. Regelmäßig wird dann besonders in der Nachbarschaft eine

Anzahl dieser wohlhabenden Mitglieder bedenklich, ohne feste Begrenzung des Risiko auf eine bestimmte Summe in die Genossenschaft einzutreten, resp. darin zu verbleiben. Und hier bleibt die Zulassung der beschränkten Haft das sichere Mittel, die Betreffenden der Theilnahme an der genossenschaftlichen Bewegung zu erhalten und sie nicht zum Uebergang in Aktiengesellschaften zu drängen, wo die in sozialer Hinsicht so werthvollen Beziehungen zwischen den wohlhabenden und unbemittelten Klassen völlig zurücktreten. Werden doch dieselben bei den Genossenschaften mit beschränkter ebenso, wie bei denen mit unbeschränkter Haft gepflegt und müssen bei beiden die wohlhabenden Mitglieder vermöge der beiden zu Grunde liegenden Solidarhaft im Falle der Insolvenz für die Unvermögenden mit einstehen — natürlich bei beschränkter Haft nur bis zur Garantiesumme."

M. H.! So glaube ich Ihnen die Bedürfnisse dargethan zu haben und erübrigt mir nur noch, Ihnen kurz die Erfahrungen, die man in Oesterreich gemacht hat, mitzutheilen nach einer Statistik, die mir in den letzten Tagen zugegangen ist; dieselbe zeigt, daß die Genossenschaften mit beschränkter Haftbarkeit, dort wo sie zugelassen wurden, wenigstens numerisch in fortschreitender Entwickelung begriffen sind. Es hat sich nämlich in Oesterreich die Zahl der Genossenschaften mit beschränkter Haftbarkeit erheblich vermehrt im Vergleich zu den Genossenschaften mit unbeschränkter Haftbarkeit, und nicht bloß bei den übrigen Arten der Genossenschaften, sondern auch bei den Kredit- und Vorschußvereinen.

Man zählte in Oesterreich Ende 1882 Kreditgenossenschaften mit unbeschränkter Haftung 508, mit beschränkter Haftung 509.

Ende 1883 ist die Zahl der Genossenschaften mit unbeschränkter Haft von 508 auf 511, diejenige mit beschränkter Haft dagegen von 509 auf 552 gestiegen, Ende 1884 die Zahl derjenigen der ersten Haftform auf 530, die der anderen mit der beschränkten Haftbarkeit jedoch auf 584.

Noch stärker ist die Steigerung bei den übrigen Arten, und das spricht sich auch in der Gesammtzahl aus. Im Jahre 1882 bestanden im Ganzen 596 Genossenschaften mit unbeschränkter Haftbarkeit, 653 mit beschränkter, also etwa 50 mehr. Im Jahre 1883 stellt sich das Verhältniß so, daß 618 der ersten, 712 der zweiten Art existiren. Ende 1884 stehen 629 Genossenschaften mit unbeschränkter Haftbarkeit 770 mit beschränkter Haftbarkeit gegenüber. Die Zunahme ist also bei den letzteren eine viel bedeutendere.

Ich glaube, nachdem sich die Genossenschaften selbst für Zulassung der beschränkten Haftbarkeit ausgesprochen haben, nachdem eine so hervorragende wissenschaftliche Autorität wie Professor Goldschmidt die Zulassung derselben als durchaus gerechtfertigt erklärt hat, nachdem auch die Erfahrungen der übrigen Länder keinerlei Gründe gegen die Zulassung ergeben haben, vielmehr dieselben unterstützen, sollte der Juristentag diesem Votum der Betheiligten und der Wissenschaft beitreten.

Ich empfehle Ihnen die Bejahung der von Ihrer ständigen Deputation gestellten Frage in der von mir vorgeschlagenen Fassung.

Präsident: Herr Dr. Herz (Mannheim) beantragt:

„Der Juristentag spricht sich für Zulassung von Genossenschaften mit beschränkter Haftpflicht aus.“

N. N.: Ich möchte mich den Ausführungen des geehrten Herrn Vorredners, wenn auch nicht ganz, so doch in dem Hauptsatze anschließen, daß eine Zulassung von Genossenschaften mit beschränkter Haft erfolgen könne. M. H.! Der Hauptgrund, der von unserem Herrn Referenten angeführt wurde, daß es im Interesse der Gläubiger liege, von einer beschränkten Haftbarkeit gerade abzusehen, scheint mir nicht so ganz stichhaltig zu sein. Solange Sie die Solidarhaft bestehen lassen, werden gerade die reichen, die besseren Elemente sich aus Furcht, ganz oder über Gebühr in Anspruch genommen zu werden, von diesen Genossenschaften zurückhalten. Wenn aber eine wirkliche Kreditgesellschaft mit beschränkter Haftbarkeit existirt, so werden die kleineren und die größeren Kapitalisten sich gern betheiligen, weil sie ganz genau wissen, du kannst nur so und so viel Kapital und etwa noch eine so und so große Garantiesumme verlieren. Was nun die Konkurse betrifft, so haben wir gesehen, daß die Solidarhaft durchaus nicht vor Konkursen schützt. M. H.! Ich bin selbst in einer derartigen Sache thätig gewesen. Ich erinnere Sie an die Genossenschaft von Leer traurigen Andenkens; da war Solidarhaft. Was haben die Gläubiger bekommen? Ganz Leer ist an den Rand des Verderbens gebracht worden und schließlich ist nichts herausgekommen oder doch sehr wenig. Also die Solidarhaft läßt den Gläubiger glauben, daß er unbedingte Sicherheit habe, und das ist nicht wahr. Es kommt eben darauf an, welche Garantie die betreffende Genossenschaft bietet und noch mehr als auf das kommt es darauf an, was für eine Leitung die Genossenschaft hat, ob die Direktoren oder die Vorstände oder der Ausschuß nur solche Geschäfte macht, die in den Rahmen der Genossenschaft passen, oder vielleicht spekulative Thätigkeit entwickelt, oder aber Immobilien kauft und so das Geld festrennt und dadurch die Gläubiger schädigt, wie das z. B. in Stuttgart geschehen ist. M. H.! Ich glaube, daß wir gerade der ethischen Seite der Sache dienen, wenn wir die beschränkte Haftbarkeit empfehlen.

Hof- und Gerichtsadvokat Dr. **Kerpal** (Wien): M. H.! Ich hätte das Wort nicht ergriffen, wenn nicht von Herrn Dr. Herz aus Mannheim auf Oesterreich exemplificirt worden wäre. Es ist richtig, daß wir in Oesterreich ein Gesetz besitzen, welches die beschränkte Haft zuläßt, sich auch in gewisser Beziehung eingelebt hat. Ich will aber bemerken, daß speziell bei der legislatorischen Berathung in heftigster Weise für die Solidarhaft eingetreten worden ist und der Gedanke energische Vertheidigung gefunden hat, daß einer Genossenschaft mit beschränkter Haft die Eintragung versagt werden soll. Es sollte ihr diese größere Autorität versagt werden. Nun will ich aber konstatiren, daß die Genossenschaften mit beschränkter Haftpflicht von keiner großen Bedeutung sind, und möchte warnen, auf die Statistik des Herrn Dr. Herz zu großes Gewicht zu legen. Speziell auf dem Wiener Platz kommt es vor, daß eine Genossenschaft mit beschränkter Haftpflicht heute gegründet und in 4 Wochen gelöscht wird. Die Entrepreneure stellen sich sofort ein, wenn sie denken ein Geschäft zu machen. Sie riskiren dabei nichts. Geht die Sache schief, wird der spekulative Zweck nicht erreicht, den die Gründer dabei im Auge haben, so lassen sie sich nach 4 oder 6 Wochen löschen. Wird der spekulative Zweck erreicht, so kommt gewöhnlich der Gläubiger zu Schaden, von dem der Herr Gutachter gesprochen hat und der allerdings Berücksichtigung verdient. Die Worte, die aus dem Testament von Schultze-Delitzsch — wie es bezeichnet wurde — angeführt worden sind, sind nur vom Standpunkt des Genossenschaftsagitators gesprochen. Es scheint mir, als hätte Schultze-Delitzsch da ausgeführt, daß ein Uebergang von Genossenschaften in Aktiengesellschaften erfolgen würde, wenn nicht beschränkte Haft zugelassen würde. Dies trifft aber nicht die Einwendungen des Herrn Referenten. Denn hierbei wird der Standpunkt der Gläubiger vollständig außer Acht gelassen und es ist ferner zu bedenken, ob nicht die Einführung des kapitalistischen Princips in eine Institution auffällig erscheint, welche in erster Reihe gegen die Auswüchse des Kapitalismus gegründet worden ist. Ich möchte daher zu erwägen geben, ob diese Wendung vom Juristentage so leicht zugegeben werden soll und ob man sich nicht dem Antrage des Herrn Professor Cosack anschließen soll.

Rechtsanwalt Dr. Herz (Mannheim): Ich möchte nur mit zwei Worten einer Ausführung des Herrn Dr. Kerpal entgegentreten. Ich habe die Statistik der österreichischen Genossenschaften mitgetheilt, um zu zeigen, wie sich nummerisch das Verhältniß zwischen den beiden Arten von Genossenschaften stellt, und um nachzuweisen, daß ein Bedürfniß für solche Genossenschaften mit beschränkter Haftbarkeit vorhanden ist.

Es ist mir nicht eingefallen, das österreichische Genossenschaftsgesetz als solches zu empfehlen. Es leidet an erheblichen Mängeln. Wenn aber Herr Dr. Kerpal darauf hingewiesen hat, daß bei den österreichischen Genossenschaften mit beschränkter Haftung zahlreiche Auswüchse vorgekommen sind, und deßhalb vor der Zulassung von Genossenschaften mit beschränkter Haftung warnen zu müssen glaubte, so wird er mir zugeben, daß überhaupt das österreichische Genossenschaftswesen sehr der Besserung bedarf, und daß ganz unglaubliche Dinge auch bei Genossenschaften mit unbeschränkter Haft in Oesterreich vorgekommen sind.

Präsident: Wenn sich niemand weiter zum Worte meldet, schließe ich die Verhandlung. Der Herr Referent hat das Schlußwort.

Referent Professor Dr. **Cosack** (Berlin): M. H.! Ich will nur den einen Punkt hervorheben, den ich vorhin schon angedeutet habe. Es ist zweifellos, die Genossenschaften mit beschränkter Haft sind für die Genossen selbst sehr bequem und es ist mir nicht überraschend, daß die Genossenschaften in Oesterreich so beliebt sind. Sie bieten ganz gute Vortheile für die Mitglieder! Was die Gläubiger dazu sagen, erfährt man nicht. Sodann will ich noch darauf aufmerksam machen, daß im Wesentlichen die Genossenschaften mit limitirter Haft zur Aktiengesellschaft werden. Es ist noch ein wesentlicher Unterschied, der sich nicht wegstreiten läßt, daß bei der Genossenschaft die Zahl der Mitglieder und die Summe des Kapitals variirt, während bei der Aktiengesellschaft ein fixes Grundkapital existirt. Aber dieser Umstand spricht doch nur zu Ungunsten der Genossenschaften mit beschränkter Haft, wenn man sich auf den Standpunkt der Gläubiger stellt, da die Kreditbasis eben deßhalb bei den Genossenschaften noch weniger gut ist, als bei Aktiengesellschaften. Die Stimmung der Gesetzgebung ist nun aber doch die, die Aktiengesellschaften zu beschränken, ihnen ganz weitgehende Kautelen aufzuerlegen u. s. w. Ob der Juristentag speziell diese Meinung theilt, daß die Aktiengesellschaften so behandelt werden müßten, ist eine Frage für sich, jedenfalls ist es geltendes Recht. Nun wollen Sie jetzt dem entgegen sagen: nachdem man soeben die Aktiengesellschaften mit strengen Kautelen versehen hat, wollen wir eine Art verschleierter Aktiengesellschaft mit limitirter Haft einführen? Also nachdem wir die Aktiengesellschaften eingeschränkt haben, wollen wir sie erweitern, nur unter andrem Namen, mit verschleierten Eigenschaften der jetzigen Aktiengesellschaften? Die eine Eigenschaft der Aktiengesellschaft wird aber unter allen Umständen bei diesen Genossenschaften mit limitirter Haft eintreten, — und dieses Moment ist von keinem der Herren, die heute gesprochen haben, widerlegt worden — es ist ganz zweifellos, daß in den meisten Fällen die Genossenschaft mit beschränkter Haft genau so ausfallen wird wie die Aktiengesellschaft, was das gesellschaftliche Leben anlangt, d. h. die größte Zahl der Genossen läßt die Dinge gehen, wie sie gehen, nur wenige kommen auf die Generalversammlung; schon jetzt ist das der Fall! Wieviel mehr erst nach Ihrem neuen Gesetz. Also es wird die Genossenschaft der Aktiengesellschaft gleichgestellt, bei der sich der Theilnehmer um nichts kümmert, und es ist eine Gesellschaft, welche sozial kein wirkliches korporatives Leben hat.

Präsident: In Bezug auf die Abstimmung habe ich zu bemerken, daß dem Antrage des Herrn Referenten:

„Eine Beschränkung der Haftung der Mitglieder eingetragener Genossenschaften ist nicht zu empfehlen"

der Antrag Herz gegenübersteht:

„Der Juristentag spricht sich für Zulassung von Genossenschaften mit beschränkter Haft aus."

Den letzteren Antrag würde ich zuerst zur Abstimmung bringen. Wenn er abgelehnt wird, versteht sich eigentlich der Antrag des Herrn Referenten von selbst; der Deutlichkeit wegen aber würde ich auch den direkten Ausspruch wünschen. Würde der Antrag Herz angenommen, so würde der Antrag des Herrn Referenten fallen.

Ich bitte diejenigen, welche sich für Zulassung der Genossenschaften mit beschränkter Haftpflicht aussprechen, sich zu erheben. (Geschieht.)

Das ist die Minderheit.

Ich ersuche nunmehr diejenigen, die für den Antrag des Herrn Referenten sind, dahingehend, daß eine Beschränkung der Haftpflicht der Mitglieder eingetragener Genossenschaften nicht zu empfehlen ist, sich zu erheben. (Geschieht.)

Das ist die Mehrheit.

Das Resultat wird zweifelhaft befunden. Wir müssen auszählen.

(Geschieht.)

Der Antrag des Herrn Referenten ist mit 14 gegen 11 Stimmen angenommen. Damit sind alle eventuellen Anträge erledigt.

Für das Plenum würde ich den Herrn Referenten bitten, das Referat zu übernehmen, und würde vorschlagen, das Votum zur Kenntnißnahme zu geben. (Zustimmung.)

Beschlossen!

Damit sind unsere Geschäfte erledigt und ich schließe die Sitzung.

(Schluß der Sitzung 12 Uhr 30 Minuten.)

Erste Sitzung der dritten Abtheilung am 9. September 1886.

(Beginn: Vormittags 10½ Uhr.)

Senatspräsident Dr. v. **Stößer** (Karlsruhe): M. H.! Es ist die Gepflogenheit des deutschen Juristentags, in den Abtheilungssitzungen zur Beschleunigung der Geschäftsführung den Vorsitzenden durch Akklamation zu wählen. Diesem Gebrauche folgend wurde ich von der ständigen Deputation beauftragt, Ihnen einen Vorschlag zu machen, und wir sind in der glücklichen Lage, eine altbewährte Kraft unter uns zu haben, die der 3. Abtheilung schon zu wiederholten Malen vorgesessen hat, ich erlaube mir deswegen, den Herrn Senatspräsidenten v. Köstlin-Stuttgart Ihnen als Präsidenten vorzuschlagen. Ich bitte ihre Zustimmung darüber zu äußern. (Allgemeine Zustimmung.)

Ich bitte also Herrn v. Köstlin, den Vorsitz zu übernehmen.

Senatspräsident, Staatsrath v. **Köstlin** (Stuttgart): Ich danke der 3. Abtheilung für den wiederholten Beweis ihres Vertrauens und habe zunächst zur Bildung des Bureaus zu schreiten. Ich erlaube mir, Ihnen vorzuschlagen als Vizepräsidenten den Herrn Senatspräsidenten Dr. v. Stößer-Karlsruhe. Wenn kein Widerspruch erfolgt, nehme ich an, daß Sie damit einverstanden sind. Als Schriftführer bringe ich in Vorschlag die Herren Professor Dr. Rubo-Berlin und Regierungsrath Professor Dr. Hiller-Czernowitz. Es erhebt sich kein Anstand; ich bitte die Herren Platz zu nehmen.

M. H.! Es ist heute das dritte Mal, daß ich die Ehre habe, der 3. Abtheilung vorzusitzen, und ich glaube, wie wir vor 2 Jahren in Würzburg unseres damals noch lebenden Präsidenten gedacht haben und ihn durch ein Telegramm erfreuten, so wäre es auch heute ganz am Platze, in dieser 3. Abtheilung sein Andenken noch besonders zu ehren. Nachdem dies aber von berufener Seite in der Plenarversammlung bereits geschehen, so wollte ich nur nicht unterlassen, auch hier noch an das Andenken des Generalstaatsanwalts Dr. v. Schwarze zu erinnern, der sich so große Verdienste gerade um die 3. Abtheilung erworben hat. Wenn sie die früheren Verhandlungen des Juristentags nachlesen wollen, werden Sie das vollständig begründet finden.

Wir gehen nun zu den Geschäften über und bringen nach dem ausgegebenen Programm die Frage des Laienelements jetzt zur Verhandlung. Sie lautet:

> Haben sich die Vorschriften des deutschen Gerichtsverfassungsgesetzes Titel 4 und 6 bezüglich der Zuziehung von Laien in Strafsachen in der Praxis bewährt? oder erscheinen gesetzliche Aenderungen rathsam und nach welchen Richtungen hin?

Es ist der Herr Landgerichtspräsident Bardeleben-Berlin leider durch Gesundheitsumstände verhindert, unseren Verhandlungen beizuwohnen; dagegen hat der Herr Reichsanwalt Stenglein die Güte gehabt, das 2. Referat zu übernehmen. Der Herr Oberamtsrichter Süpfle-Heidelberg ist als Referent bestellt und ich bitte Ihn, das Wort zu ergreifen.

Referent Oberamtsrichter **Süpfle** (Heidelberg): M. H.! Der deutsche Juristentag hat sich schon mehrfach mit der Frage der Zuziehung von Laien in Strafsachen befaßt.

Der 2. deutsche Juristentag (Dresden) sprach seine Ueberzeugung dahin aus, es sei ein Bedürfniß für die deutsche Strafrechtspflege, daß Geschworenengerichte auch in denjenigen Staaten, in welchen dies noch nicht geschehen, eingeführt werden.

Der 9. deutsche Juristentag (Stuttgart) erklärte:

a) Eine Verbesserung der Strafrechtspflege ist von einer möglichst ausgedehnten Mitwirkung des Laienelements bei der Aburtheilung aller Strafrechtsfälle zu erwarten, und ist für diese Mitwirkung bei den Gerichten mittlerer und unterster Ordnung die Form des Schöffengerichts zu empfehlen;

b) das Richteramt ist den Schöffen in seinem vollen Umfange zu übertragen.

Der 10. deutsche Juristentag (Frankfurt a. M.) sprach seine Ueberzeugung dahin aus, es liegt kein Bedürfniß vor, die Schwurgerichte aufzuheben, und durch Einführung der Schöffengerichte zu ersetzen.

Nachdem nunmehr, entgegen dem Friedberg'schen Entwurfe, der konsequent davon ausging, daß alle Straffälle durch Schöffengerichte abzuurtheilen seien, durch die Gerichtsverfassung vom 27. Januar 1877 und die Strafprozeßordnung vom 1. Februar 1877 seit 1 Oktober 1879 im Deutschen Reiche Schwurgerichte, Strafkammern und Schöffengerichte eingeführt sind, wird dem 18. deutschen Juristentage die Frage vorgelegt:

> Haben sich die Vorschriften des deutschen Gerichtsverfassungsgesetzes Tit. 4 und 6 bezüglich der Zuziehung von Laien in Strafsachen in der Praxis bewährt? oder erscheinen gesetzliche Aenderungen rathsam und nach welchen Richtungen hin?

Hierüber liegen 2 Gutachten vor:

1. dasjenige des Herrn ersten Staatsanwaltes Elben in Tübingen,
2. dasjenige des Herrn Landgerichtsdirektors Dr. Olshausen zu Schneidemühl.

A. Das Gutachten des Herrn Staatsanwalts Elben in Tübingen befaßt sich eigentlich nur mit der Frage, ob sich die Schöffengerichte in der Praxis bewährt haben und zeigt dies schon in der Ueberschrift an, indem der Herr Gutachter darin nur den Tit. 4, nicht auch den Tit. 6 des Ger.-Verf.-Ges. erwähnt.

Der Herr Gutachter kommt — und ich will dies zum besseren Verständniß vorausschicken — zu dem Schlusse: daß in unserem Schöffengerichte bei seiner Zusammensetzung aus einem rechtsgelehrten Richter und zwei Laien, was die eigentliche Rechtsprechung betrifft, das Laienelement thatsächlich kaum in Betracht kommt, und daß die schon früher von Anderen gemachte diesbezügliche Behauptung sich im Wesentlichen bewährt hat, daß nämlich der Richter das Urtheil diktirt, und die Laien nur das Urtheil billigen, das sie nicht selbst gefunden haben.

Diese Ansicht stützt der Herr Gutachter auf Mittheilungen von Richtern, Anwälten und Schöffen, sowie auf eigene Beobachtungen und bespricht derselbe im Wesentlichen folgende Punkte:

I. Bei der Frage der äußeren Stellung, Befähigung, Wahl, Ablehnung u. s. w. der Schöffen erklärt der Herr Gutachter, daß die betreffenden Bestimmungen zu keinen wesentlichen Bemerkungen Anlaß geben, jedoch meint derselbe, es sollte der Eid nicht nur für die Dienstleistung eines Jahres, sondern auch für spätere Jahre genügen. Weiter zeige die Erfahrung, daß die Schöffen, welche außerhalb des Sitzungsortes des Gerichtes wohnen, williger kommen und zwar am meisten die am entferntesten wohnenden, als diejenigen, welche am Gerichtssitze wohnen. Ferner habe die Norm des § 43 der Ger.-Verf., wonach jeder Schöffe höchstens zu 5 Sitzungstagen im Jahr herangezogen werden kann, das gegen sich, daß ein gegenseitiges Bekannt- und Vertrautwerden der Gerichtsmitglieder nicht entstehen könne, und daß auch ein allmähliches Erfassen des Geschäftsganges und des bestehenden Rechtes erschwert werde, auch werde die Wahl tauglicher Schöffen beeinträchtigt. Der Herr Gutachter hält ferner die Bestimmung des § 45 Ger.=Verf. nicht für eine geeignete Kautel gegen Parteilichkeit und Unbefangenheit, aber auch andere Auskunftsmittel, wie ausgedehnteres Recusationsrecht oder Ausloosung der dienstthuenden Schöffen erst nach der Terminbestimmung nicht für empfehlenswerth. Wohl aber sollte auf Zeit und Geschäftsverhältnisse der Schöffen Rücksicht genommen werden können, damit ein Bauer nicht in der Erndte, ein Kaufmann nicht in der Weihnachtszeit berufen werde. Obwohl nun der Herr Gutachter weiter erklärt, daß ihm kein Fall bewußter Parteilichkeit und Rechtsbeugung vorgekommen sei, so hält er doch daran fest, daß solche Schöffen, welche Berührungen mit den Parteien haben, nicht das nöthige Vertrauen besitzen und sich öfter eine gewisse Abhängigkeit der Schöffen von äußeren Einflüssen zeige. Der Glaube an die Unbestechlichkeit und Unparteilichkeit der Gerichte habe nicht sowohl durch die Errichtung der Schöffengerichte als durch die Einführung der Oeffentlichkeit eine neue Stütze erhalten.

II. Was sodann den Gang der Verhandlung betrifft, so wird der Umstand, daß die Feierlichkeit der Verhandlung und die Bedeutung des Gerichtes und des Urtheils gewinnen, wenn nicht nur ein Richter fungire, als sehr äußerlicher Natur erklärt; dagegen erscheine als ein besonderer Mißstand der Schöffengerichte, daß die Schöffen zur Entscheidung von prozessualen Fragen keine Befähigung und kein Verständniß haben, und daß ihnen dies auch nicht beigebracht werden kann. Dadurch daß der Schöffe sich fremd, befangen und unsicher fühle, nehme er auch Anstand, von seinem Fragerecht Gebrauch zu machen, theils weil er bei dem Richter anzustoßen, theils weil er sich bloßzustellen fürchte und durch die Oeffentlichkeit genirt sei. Dadurch fehle oft die nöthige Aufklärung über das Thatsächliche und die Beweisfrage. Es könne daher von einem sich gegenseitig aufklärenden oder gar kontrolirenden Zusammenwirken der juristischen und nichtjuristischen Elemente nicht wohl die Rede sein. Für einen großen Mißstand wird erklärt, daß häufig nicht juristisch geschulten Amtsanwälten die Vertretung der Anklage anvertraut ist.

III. Hinsichtlich der Urtheilsfindung und Berathung wird von dem Herrn Gutachter anerkannt, daß der Gedanke schön sei, durch die gemeinschaftliche Berathung die Vorzüge der rechtsgelehrten Richter (seine Schulung namentlich in Ordnung des Beweismaterials) und der Laien (frische Auffassung und größere Individualisirung) zu verbinden, und die Fehler der Juristen (Einseitigkeit und Mangel an Einblick in die Vielgestaltigkeit des Lebens) durch die Schöffen, und die Fehler der Schöffen (Mangel an vergleichendem und sichtendem Ueberblick) durch die Richter korrigiren zu lassen; allein es dominire der Richter zu sehr, weil er eben vermöge seiner formalen Schulung, seiner Kenntnisse und Uebung die Oberhand behalten müsse.

IV. Bei der Strafzumessung endlich fehle dem Schöffen die Kenntniß des Strafgesetzes und namentlich die Möglichkeit der Vergleichung mit ähnlichen Fällen, er unterwerfe sich daher der Anschauung des Richters.

Was nun die Frage der möglichen Abhilfe betrifft, so kommt der Herr Gutachter in der Erwägung, daß gegen Einzelrichter gewichtige Gründe namentlich rechtspolitischer Art sprechen, weil das Volk von einer Richterbank spreche und durch mehrere Urtheiler die Bedeutung und das Ansehen des Gerichtes in den Augen des Volkes erhöht wird, weßhalb bei der Wahl zwischen Einzelrichter und dem jetzigen Schöffengerichte eher noch dem letzteren zuzuneigen sei, in erster Linie zu dem Vorschlage, ein Kollegialgericht mit 3 rechtsgelehrten Richtern einzuführen, soweit nicht die Aburtheilung durch Strafverfügung bezw. Strafbefehl erfolgen kann, oder im Falle des Geständnisses und wenn weder Staatsanwalt noch Richter die Aburtheilung durch ein Kollegium nöthig hält, der Einzelrichter zu erkennen hätte.

Eventuell würde der Herr Gutachter in zweiter Linie ein mit zwei rechtsgelehrten Richtern und 3 Schöffen besetztes Gericht an die Stelle des jetzigen Schöffengerichts setzen.

Schließlich meint der Herr Gutachter, daß wenn einmal die Strafkammer und die Amtsgerichte in ihrer Besetzung mit 3 rechtsgelehrten Richtern sich das allgemeine Vertrauen erworben hätten, auch die Schwurgerichte durch lediglich aus Rechtsgelehrten bestehenden Kollegien ersetzt werden könnten.

Hieraus und aus eingestreuten Bemerkungen ist zu ersehen, daß der Herrn Gutachter kein Freund der Schwurgerichte ist, namentlich weil die Trennung der That- und Rechtsfrage ein juristisches Unding sei. Der Herr Gutachter ist aber der Ansicht, daß für jetzt das Schwurgericht noch nicht entbehrt werden könne, weil es noch immer das auf seiner Volksthümlichkeit beruhende Vertrauen der Bevölkerung in weiten Kreisen besitze, obwohl in der juristischen Welt wie auch in Laienkreisen nicht mehr die frühere Uebereinstimmung in der günstigen Beurtheilung des Geschworeneninstituts besteht, wie zur Zeit der Einführung desselben.

B. Das zweite Gutachten ist das des Herrn Landgerichtsdirektors Dr. Olshausen in Schneidemühl. Dieser Herr Gutachter bespricht sowohl die Schöffengerichte als auch die Schwurgerichte, und zwar letztere sehr ausführlich, indem er als Grund der kürzeren Behandlung der Schöffengerichte erwähnt, daß ja keine theoretischen Erörterungen verlangt seien, sondern die gestellte Frage auf Grund praktischer Erfahrungen beantwortet werden solle, er selbst aber niemals Schöffenrichter gewesen sei, sein Urtheil bezüglich der Schöffengerichte sich daher wesentlich auf Rücksprache mit Kollegen stützen müsse. Auf Grund solcher Mittheilungen kommt der Herr Gutachter zu der Ansicht, daß die Zuziehung von Laien als Schöffen im Allgemeinen wenigstens als der Rechtspflege nicht schädlich bezeichnet werden könne und daher keine Gründe bestehen, die Schöffengerichte, gegen welche aus der Praxis erhebliche Bedenken nicht geltend gemacht sind, aufzuheben. Fälle, in denen sich Schöffen über das Gesetz hinwegsetzen und trotz Feststellung der einzelnen Erfordernisse des anzuwendenden Strafgesetzes ein Nichtschuldig aussprächen, kämen sehr selten vor. Bedenklicher scheine die Ueberstimmung des Richters hinsichtlich der Strafzumessung; aber in beiden Fällen gewähre die Berufung Abhülfe wenigstens gegen die gröbsten Mißgriffe. Nur hält der Herr Gutachter für wünschenswerth:

a) daß bei vollem Geständniß des Angeklagten von der Zuziehung von Schöffen abgesehen werde und

b) daß die nämlichen Schöffen während eines Geschäftsjahres stärker herangezogen und möglichst zur Theilnahme an auf einander folgenden Sitzungen berufen würden.

Was sodann die Schwurgerichte betrifft, so geht das Votum des Herrn Gutachters dahin: Aufhebung der Schwurgerichte und an ihre Stelle Einführung großer Schöffengerichte.

Die Gründe des Herrn Gutachters sind im Wesentlichen folgende:

I. Zum Wesen der Schwurgerichte gehört die Theilung der Funktionen zwischen den Geschworenen und dem Gerichte.

Diese unheilbare Zwiespältigkeit zieht sich durch die ganze Verhandlung:

1. Ueber den Umfang der Beweisaufnahme beschließt die Richterbank, völlig im Unklaren darüber, wie die auf Grund des Ergebnisses der Beweisaufnahme urtheilende Geschwornenbank über die Zweckmäßigkeit oder Nothwendigkeit eines Aktes der Beweiserhebung denkt. Das Gericht muß daher auf jede mögliche Auffassung reflektiren, mag es selbst auch einstimmig eine gegentheilige Ansicht hegen. Bei der Beschlußfassung über den Umfang der Beweisaufnahme kann aber nicht bloß der Gesichtspunkt der thatsächlichen Erheblichkeit einer unter Beweis gestellten Behauptung bestimmend sein, sondern es kann auch die Frage der Glaubwürdigkeit eines vorgeschlagenen Zeugen in Betracht kommen, und muß sich dann das Gericht in die Seele der Geschworenen versetzen.

2. Bei den Akten der Beweisaufnahme selbst tritt der Dualismus namentlich dann unerträglich hervor, wenn es sich um die für die Ent-

scheidung so wichtige Frage handelt, ob von Beeidigung eines Zeugen abzusehen sei, weil er hinsichtlich der den Gegenstand der Untersuchung bildenden That als Theilnehmer, Begünstiger oder Hehler verdächtig sei (§ 56 Ziff. 3 St.-Pr.-Ord.).

3. Die Geschworenenbank spricht das Schuldig aus, das Gericht bemißt die Strafe, ohne zu wissen, welche Gründe für den Schuldspruch maßgebend waren. Die Kenntniß dieser Gründe wäre namentlich dann nöthig, wenn das Gericht abweichend von den Geschworenen zu einem Nichtschuldig gelangt wäre.

4. Das Verfehlte der Theilung der Funktionen, und damit die Unhaltbarkeit der Institution selbst, ergiebt sich auch daraus, daß ein Theil der Straffrage, nämlich die Entscheidung über das Vorhandensein mildernder Umstände, den Geschworenen zugewiesen ist, und befindet sich das Gericht namentlich dann in einer wenig angenehmen Lage, wenn die Geschworenenbank die Frage nach dem Vorhandensein mildernder Umstände nicht in Uebereinstimmung mit der Auffassung des Gerichtes bejaht.

II. Zum Wesen des Schwurgerichts gehört ferner die Ermittelung des Wahrspruchs auf dem Wege der Fragestellung.

1. Nun kann sich schon der Formalismus der Fragestellung, weil die Fragen für jeden Angeklagten und für jede strafbare Handlung besonders gestellt werden müssen, zur Unerträglichkeit steigern.

2. Schwerer wiegend ist aber die materielle Mangelhaftigkeit des Systems der Fragestellung, die sich selbst da an den Wortlaut des Gesetzes anlehnen muß, wo dieses nicht völlig korrekt spricht, und wirkt die Fragestellung, namentlich wenn mehrere Angeklagte vorhanden sind und verschiedene strafbare Handlungen, sei es in idealer sei es in realer Konkurrenz zusammenkommen, und noch Neben- und Hülfsfragen zu stellen sind, leicht verwirrend.

III. Die Vorgänge in dem Berathungszimmer sind jeder Kontrole entzogen.

1. Die Vorschriften über die Wahl des Obmannes und über die Reihenfolge bei der Abstimmung werden häufig nicht beobachtet. Und doch ist oft von ganz entscheidender Bedeutung, wer als Obmann gewählt ist und wer zuerst seine Stimme abgiebt.

2. Welche Gründe leiten oft die Abstimmung! Viel Unheil wird angerichtet durch a) die Privatkenntniß, b) die Privatverhältnisse des Geschworenen, c) die Sympathien und die Antipathien mit Staatsanwalt, Vertheidiger und Angeklagten, sogar mit dem Verletzten oder den thätig gewesenen Beamten.

3. Endlich stiftet auch häufig die Mitnahme von Gesetzbüchern Un-

heil, indem sich die Geschworenen Kenntniß von dem zulässigen Strafmaß verschaffen wollen, namentlich bei Annahme mildernder Umstände, wobei dann manchfache Irrthümer unterlaufen.

IV. Der Spruch der Geschworenen bildet den Hauptbestandtheil des Urtheils; diesem Spruch fehlt aber die Begründung und er wird deßhalb vielfach „Orakelspruch" genannt, hinter welchem sich eine Fülle von Rechtsirrthümern bergen können, ohne daß die Revision oder die Wiederaufnahme des Verfahrens zu einer Remedur führen kann.

V. Zum Schluß wird die Frage aufgeworfen, ob mit dem Resultat, das auf Grund einer schwurgerichtlichen Verhandlung gewonnen wird, die aufgewendete Zeit und Arbeitskraft im Verhältniß steht?

Die Weitläufigkeit des Apparates bei Schwurgerichten ist allseitig anerkannt, und so sucht der Entwurf eines Gesetzes, betreffend Abänderungen und Ergänzungen des Gerichtsverfassungsgesetzes und der Strafprozeßordnung, welcher dem Reichstage am 9. Juni 1885 vorgelegt wurde, eine Erleichterung des Geschworenendienstes dadurch herbeizuführen, daß die Geschworenenbank künftig nur mit sieben Geschworenen besetzt werden soll. Der Herr Gutachter streift diesen Entwurf, der auch eine Veränderung der über die Auswahl der Geschworenen bestehenden Vorschriften und eine Einschränkung der Zuständigkeit der Schwurgerichte dahin beabsichtigt, daß die Strafkammern als anerkennende Gerichte ferner zuständig werden:

a) für das Verbrechen des Meineides in den Fällen der §§ 153 bis 155 Str.-G.-B.

b) für die Verbrechen der Unzucht in den Fällen der Nr. 1 und 2 des § 176 Str.-G.-B.

c) für das Verbrechen der Urkundenfälschung in den Fällen der §§ 268 Nr. 2, 272 und 273 Str.-G.-B.

d) für die Verbrechen im Amte in den Fällen der §§ 349 und 351 Str.-G.-B.

e) für die nach §§ 209 und 212 der Konkursordnung strafbaren Verbrechen.

Der Herr Gutachter erklärt sich eventuell mit diesen Abänderungen einverstanden, wenigstens im Allgemeinen, doch wünscht derselbe, daß in der Kommission, welche die Geschworenen aus der Vorschlagsliste auswählt, (§ 89 Ger.-Verf.) auch die Vorsitzenden der Strafkammern mitwirken und daß die Schöffenzahl so bestimmt wird, daß jeder voraussichtlich mindestens zu 7 und höchstens zu 12 ordentlichen Sitzungstagen im Jahr herangezogen werde. Der geplanten Zuständigkeitsbeschränkung werden nach Ansicht des Herrn Gutachters auch lebhafte Anhänger der Schwurgerichte ihre Zustimmung nicht versagen können.

Nach diesen Ausführungen geht das Votum des Herrn Gutachters, wie bereits oben erwähnt, dahin: Aufhebung der Schwurgerichte und Ersatz durch große Schöffengerichte.

Hierfür führt der Herr Gutachter noch folgende positive Gründe an:

1. Es sprechen eine Reihe der gewichtigsten Gründe gegen die Institution der Schwurgerichte, und das Vertrauen allein, das die Schwurgerichte z. B. noch genießen, aber nicht verdienen, kann kein Grund sein, von Reformbestrebungen gegen dieselben Abstand zu nehmen. Es wird die Beseitigung der Geschworenengerichte leicht gelingen, wenn als Ersatz große Schöffengerichte und nicht etwa große Strafkammern in Aussicht genommen werden. Denn unverkennbar erfreuen sich Strafgerichte unter Betheiligung von Laien in der Masse des deutschen Volkes einer größeren Beliebtheit und eines größeren Vertrauens, als reine Gelehrtengerichte.

2. Die Betheiligung von Laien als Schöffen in Strafsachen trägt wesentlich zur Klärung der Begriffe von Recht und Ordnung bei. Die Erfahrungen aber, welche die Geschworenen in ihrem Berathungszimmer machen, wirken nur verwirrend und niederschlagend. Eine größere Ausdehnung der schöffengerichtlichen Organisation wird den Nutzen der gemeinschaftlichen Berathung studirter Richter und Laien nur vergrößern können; es wird durch die Betheiligung der Laien auch die positive Förderung der Strafrechtspflege wachsen.

Für die großen Schöffengerichte schlägt sodann der Herr Gutachter, wenn vorläufig die Strafkammern in der mittleren Stufe der Organisation der Strafgerichte bestehen bleiben, 3 Berufsrichter und 7 Schöffen vor, mit $^4/_5$ Mehrheit für Bejahung der Schuldfragen. Wenn aber auch die Strafgerichte der mittleren Ordnung als Schöffengerichte organisirt würden, so würde er hierfür 4 und für die großen Schöffengerichte 6 Schöffen vorschlagen und für Bejahung der Schuldfrage $^5/_7$ beziehungsweise $^7/_9$ der Stimmen erfordern. Im Interesse der Erleichterung des Schöffendienstes wäre es dann aber angezeigt, daß bei völligem Geständniß des Angeklagten — und ich füge hinzu, selbstverständlich mit Zustimmung desselben und der Staatsanwaltschaft — die Zuziehung von Schöffen zu unterbleiben habe.

Hiermit habe ich Ihnen, m. H., eine möglichst kurze und doch, wie ich hoffe, genaue Kenntniß des wesentlichen Inhaltes der beiden über die uns vorgelegte Frage eingelaufenen Gutachten gegeben.

C. Ich will nun zunächst die Einwendungen des Herrn Staatsanwaltes Elben in Tübingen gegen das Schöffengericht einer kurzen Betrachtung unterziehen.

Zu I. Eine öftere Betheiligung des einzelnen Schöffen als an

5 Sitzungstagen halte ich nicht für erforderlich, denn ein Bekanntsein der Schöffen unter einander oder mit dem Richter ist nicht nöthig, und zu einer „Erfassung des bestehenden Rechts" würden auch viel häufigere Sitzungen nicht führen; allein die Zahl der Hauptschöffen, wie sie bei uns in Baden bestimmt ist, nämlich auf je 500 Einwohner ein Schöffe (§ 12 der landesherrlichen Verordg. vom 11. Juli 1879) führt dahin, daß ein Schöffe gewöhnlich nur ein oder zweimal Dienste zu thun hat, und nur sehr wenige durch die Loosziehung stärker in Anspruch genommen werden. Da jedoch die erforderliche Zahl der Schöffen durch die Landesjustizverwaltung bestimmt wird (§ 46 Ger.-Verf.), so ist eine Gesetzesänderung nicht nöthig, es würde meines Erachtens genügen, wenn die erwähnte landesherrl. Verordnung dahin geändert würde, daß erst auf je 1000 Einwohner ein Schöffe zu wählen sei; dadurch könnte man bei der Auswahl besser sichten und würde erreicht, daß die einzelnen Schöffen auch wirklich ungefähr 5 mal im Jahre zur Dienstleistung herangezogen würden.

Der bei § 45 der Ger.-Verf. gerügte Fehler trifft den Amtsrichter, der etwa den nach § 47 das. zulässigen Tausch der Schöffen erschwert oder nicht genügend von der Befugniß des § 54 Ger.-Verf. (Entbindung von der Dienstleistung) Gebrauch macht, indem ohne Zwang zu den „Hinderungsgründen der Dienstleistung" ein unverhältnißmäßiger Nachtheil im Berufe gezählt werden kann.

Wenn sodann der Herr Gutachter ausspricht, daß der rechtsgelehrte Richter im Allgemeinen unabhängiger sei, als der Schöffe, so ist dies als richtig zuzugeben, allein gerade die Ueberzeugung, daß die Justiz unparteiisch geübt wird, die Klärung der Rechtsanschauung, die Berichtigung von manchen bezüglich der Motive der Rechtsprechung bestehenden Vorurtheilen, das Interesse am öffentlichen Rechtsleben, die Erziehung des Volkes zu einer gewissen Ruhe und Würde, zu richtiger formaler Behandlung von allgemein wichtigen Gegenständen sind Vortheile, die fast einzig durch Zuziehung von Schöffen erreicht werden.

Zu II. Daß die Schöffen zur Entscheidung prozessualer Fragen weniger befähigt sind, mag zugegeben werden; allein diese Fragen sind doch im Vergleich mit den Thatfragen meist nur von untergeordneter Bedeutung; sie tauchen verhältnißmäßig selten auf und beziehen sich meist auf die Frage der Beeidigung und der Verlesung von Urkunden, Punkte, die jetzt durch die reichsgerichtliche Judicatur eine solche Klärung gefunden haben, daß nur noch in den allerseltensten Fällen Bedenken obwalten können. Was aber das Fragenrecht betrifft, so geht meine Erfahrung dahin, daß in schwur- und landgerichtlichen Verhandlungen selten von einem beisitzenden Richter Fragen gestellt werden, daß dies aber häufig von den Schöffen geschieht. Wenn es an nöthiger Aufklärung fehlt, so ist der Richter daran schuld. Meines Erachtens ist die wesentlichste Voraussetzung für eine gedeihliche Strafrechtspflege, wie bei den höheren Gerichten so bei den Schöffengerichten, ein tüchtiger erfahrener Vorsitzender. Es sollten daher, soweit irgend möglich, gerade bei Schöffengerichten ältere, erfahrene und taktvolle Richter den Vorsitz führen.

Zu III. Von höchster Bedeutung aber ist das Urtheil, das die Schöffen im Allgemeinen über die Strafbarkeit einer Handlung, die subjektive Strafbarkeit eines Menschen, seine Zurechnungsfähigkeit ꝛc. haben, wodurch der Richter, wenn nicht immer eine Aufklärung, doch eine ihm wünschenswerthe Unterstützung auch in seiner Ansicht erhält. Ich kann nicht leugnen, — und Aehnliches ist mir wiederholt von Kollegen versichert worden — daß ich manchmal in dem Berathungszimmer eine andere Ansicht als diejenige, mit welcher ich eingetreten war, erhalten habe, und daß mir die Schöffen in Beurtheilung thatsächlicher Verhältnisse nützlich zur Seite gestanden haben. Dagegen ist das natürliche Uebergewicht des Vorsitzenden eigentlich keine Eigenthümlichkeit der Institution des Schöffengerichtes. Es ist auch in rechtsgelehrten Kollegien nichts seltenes, daß der Vorsitzende sein Votum durchzusetzen sucht, und zwar nicht bloß bei Anwendung oder Auslegung des Strafgesetzes, sondern auch bei Beurtheilung des Sachverhältnisses. Wenn nun auch der ständige Richter solchen Bestrebungen mehr Widerstand entgegensetzen kann, als der Laie, so finden sich doch auch Richter, namentlich jüngere Juristen, wenn sie einem erfahrenen hochangesehenen Manne gegenüber stehen, die sich schließlich, zumal wenn etwa die Berathung allzusehr in die Länge gezogen wird, auf Seite des Vorsitzenden schlagen.

Zu IV. Wenn sich die Schöffen bei der Strafzumessung der Ansicht des Richters unterwerfen, so halte ich dies für kein Unglück; allein gerade in diesem Punkte macht sich zuweilen das Uebergewicht der Schöffen geltend, jedoch nicht in einer als Mißstand zu bezeichnenden Weise. Es wird fast immer einem taktvollen Richter gelingen, allzu milde oder allzu schwere Strafen zu vermeiden, wenn er sich die Mühe giebt, den Schöffen einen Maßstab durch vergleichende Darstellung anderer Straffälle in die Hand zu geben.

Hiernach kann ich die Haupteinwendungen des Herrn Gutachters gegen die Schöffengerichte wenigstens nach meiner 22jährigen Erfahrung — ich bin seit Einführung der Schöffengerichte in Baden im Jahr 1864 Schöffenrichter — nicht begründet erachten. Vielmehr bin ich der Ansicht, daß sich die Schöffengerichte bewährt haben.

Die Zuziehung des Laienelements zu Strafsachen entspricht einem allgemeinen Bedürfnisse des konstitutionellen Volksbewußtseins der Gegenwart, welches auf allen Gebieten des öffentlichen Lebens nach praktischer Ausgestaltung des Selbstverwaltungsgedankens drängt. Die Zuziehung des Laienelements wurzelt tief im Volksbewußtsein, und die Schöffengerichte, bei denen nach meiner Erfahrung nicht mehr thatsächlich oder rechtlich verfehlte Urtheile vorkommen, als bei den Strafkammern, genießen unbestreitbar Popularität in steigendem Maße. Für die Volksthümlichkeit und das Vertrauen, das das Institut des Schöffengerichts genießt, spricht auch der Umstand, daß wenigstens mir kein einziger Fall bekannt geworden ist, daß ein Schöffe wegen seiner Mitwirkung bei der Aburtheilung von einem Verurtheilten oder der Familie desselben verfolgt worden wäre, wie dies doch z. B. die Bürgermeister in ihrer gerichtlichen Thätigkeit leider häufig zu erfahren haben.

Endlich will ich noch konstatiren, — anderes statistisches Material stand mir nicht zur Verfügung — daß im Landgerichtsbezirk Mannheim bei etwa 11,000 schöffengerichtlichen Urtheilen (darunter 30 pCt. sogen. überwiesene Strafsachen, 58 pCt. amtsgerichtliche und 12 pCt. Privatklagesachen) nur 6 pCt. in die Berufungsinstanz kamen, und davon nur 25 ($^1/_4$) pCt. abgeändert wurden, daß aber diese Abänderung in den weitaus meisten Fällen auf neuen Thatsachen und Beweisen beruhte, weil eben dem oft ohne Vertheidiger erschienenen Angeklagten erst durch die Verhandlung und Entscheidung klar wurde, worauf es ankam, oder daß ihm noch Entlastungsbeweise, deren Erhebung nicht beantragt war, zu Gebot standen.

Schließlich sei noch erwähnt, daß ich, da die Fragestellung der uns unterbreiteten Frage ausdrücklich auf die Erfahrungen der Praxis hinweist, es unterlasse, diejenigen Gesichtspunkte und Gründe anzuführen, welche in der Theorie nach zahlreichen Schriften und nach den Verhandlungen des 9. deutschen Juristentages, insbesondere aber nach Ansicht des sogenannten Vaters des Schöffengerichts, des unvergeßlichen Herrn Generalstaatsanwalts v. Schwarze, für diese Institution sprachen, nochmals anzuführen. Wohl aber habe ich die Ansicht fast sämmtlicher Staatsanwälte und einer großen Anzahl Richter in Baden, von denen manche früher auch Staatsanwälte waren und jetzt in Berufungskammern mitzuwirken haben, und von denen auch eine ziemliche Anzahl eine 10 bis 20jährige Erfahrung besitzen, eingeholt. Sie alle stimmen mit mir darin überein, daß sich die Schöffengerichte bewährt haben, nur ein einziger Richter schrieb, er halte die Zuziehung von Laien für Vergeudung an Zeit und Kraft, und persönlich seien ihm die beiden Schöffen eine widerwärtige Beigabe, aber gleichwohl müsse er bekennen, daß der Zuzug von Schöffen wenigstens keinen positiven

Schaden angerichtet, ja das Schöffengericht sogar eine gewisse Popularität erlangt habe.

Hiernach darf ich wohl sagen, daß an die Wiederabschaffung der Schöffengerichtsinstitution nicht wohl im Ernste zu denken ist.

Gleichwohl halte ich es für meine Pflicht als Referent, den Ersatzvorschlag des Herrn Gutachters, Staatsanwalt Elben, einer kurzen Betrachtung zu unterziehen.

Derselbe sieht selbst von einem bloßen Einzelrichter ab, sein Vorschlag, ein Kollegium von 3 rechtsgelehrten Richtern, würde bei der geringen Wichtigkeit der vor die Schöffengerichte kommenden Fälle einen zu großen und kostspieligen Apparat bilden. Entweder müßten die Gerichtssprengel sehr erheblich vergrößert werden, in welchem Falle die Zeugengebühren erheblich anwachsen würden, oder es müßten einzelne Richter zu den betreffenden Sitzungen an einen anderen Ort reisen, wodurch Reisegebühren und Diäten entständen, die beträchtlich mehr kosteten, als die Reisegebühren der Schöffen; auf alle Fälle aber müßte das Richterpersonal nicht unwesentlich vermehrt werden. Dieser Vorschlag wäre also, ganz abgesehen von allen für die Heranziehung des Laienelementes sprechenden Gründen, unpraktisch, ja unausführbar. Der eventuelle Vorschlag aber, 2 Richter und 3 Schöffen einzuführen, ist nicht minder unpraktisch. Denn entweder sind die beiden Richter einig, dann ist der eine überflüssig und das Uebergewicht des Juristen würde noch schärfer hervortreten, weil sich dann die Schöffen hüten werden, den Richtern entgegen zu treten; oder sie sind uneinig, dann sind die Schöffen in der bedauernswerthesten Lage, in die ein gewissenhafter Mann gerathen kann, und aus der sie sich nur dadurch befreien werden, daß sie der milderen Meinung beipflichten; oder endlich es entsteht der Versuch eines jeden der beiden Amtsrichter, die Schöffen für seine Ansicht zu gewinnnen, ein höchst trauriges Bild, welches gewiß nicht im Interesse einer guten Justizpflege ist. Da hiernach keiner der gemachten Ersatzvorschläge befriedigt, so wird es schon aus diesem Grunde bei dem bestehenden Schöffengericht sein Bewenden behalten müssen.

Wohl aber halte ich in 2 Richtungen Verbesserungen für wünschenswerth:

1. daß das Princip des § 211 St.-P.-O. dahin ausgedehnt werde, daß überall da, wo der Angeklagte ein Geständniß in vollem Umfang ablegt, und er, beziehungsweise sein Vertheidiger sowie die Staatsanwaltschaft zustimmt, der Zuzug von Schöffen unterbleiben kann;

2. daß Amtsanwälte nur aus der Zahl der zum Richteramt befähigten oder solcher Rechtskundigen, welche die erste Staatsprüfung für den Justizdienst bestanden haben, genommen werden können.

Von einer näheren Begründung hierfür glaube ich absehen zu dürfen.

D. Ich gehe nun zur Besprechung des Gutachtens des Herrn Landgerichtsdirektor Dr. Olshausen bezüglich des Schwurgerichts über. Hier kann ich mich kürzer fassen, da ich die Ansicht des Herrn Gutachters vollkommen theile. Auch hier will ich nicht schon oft vorgebrachte theoretische Gründe für oder gegen dieses Institut wiederholen, sondern mich darauf beschränken, zu konstatiren, daß nach den Erfahrungen der Praxis bei uns auch das Volk nicht mehr das volle Vertrauen zu den Geschworenen hat, und daß die Geschworenen selbst diesen Dienst nur sehr ungern übernehmen, und zwar keineswegs bloß wegen der Last an Zeitversäumniß und Kosten. Ebenso haben alle jene Kollegen, an die ich mich, wie oben erwähnt, um Mittheilung ihrer Erfahrungen gewendet habe, soweit sie das Schwurgericht berühren, übereinstimmend erklärt, daß die Schöffengerichtsinstitution den Vorzug vor dem Geschworeneninstitut, dessen unheilbare Mängel klar zu Tag liegen, verdiene. Nur noch auf einen noch nicht erwähnten praktischen Gesichtspunkt möchte ich hinweisen, daß nämlich bei großen Schöffengerichten jeder Fall sogleich zur Aburtheilung gelangen kann, sobald er spruchreif ist, was bezüglich der Zeugen den Nutzen hätte, daß ihre Wahrnehmungen besser und frischer im Gedächtniß sind, als wenn $^1/_4$ oder zuweilen gar $^1/_2$ Jahr verstrichen ist, und bezüglich des Angeklagten den Vortheil brächte, daß sein Verhaft nicht über Noth verlängert würde, was besonders im Fall der Freisprechung von großer Bedeutung ist. Die Reformbedürftigkeit des Geschworeneninstituts ist auch wohl allgemein anerkannt, aber noch hat kein einziger Verbesserungsvorschlag zu einem befriedigenden Ergebniß geführt. So sagt auch Herr Oberlandgerichtsrath Thomsen zu Stettin in seinem Gesammtbericht über die Thätigkeit des deutschen Juristentages in den 25 Jahren seines Bestehens (Jubiläumsschrift): „Wenn die hie und da schon auftauchenden Zeichen der Zeit nicht trügen, so entwickelt sich in verschiedenen Kreisen eine steigende Bewegung für Aenderung, ja Beseitigung der Schwurgerichte." In letzterem Falle können aber doch wohl nur große Schöffengerichte an die Stelle des Schwurgerichts treten, und wird es dann nur konsequent sein, auch mittlere Schöffengerichte, wie dies schon der 9. deutsche Juristentag empfohlen hat, einzuführen.

Was endlich das von dem Herrn Gutachter vorgeschlagene Zahlenverhältniß in Besetzung dieser großen Schöffengerichte und bezüglich der Abstimmung betrifft, so scheint mir sein Vorschlag der Sachlage entsprechend. Ich will mich jedoch nicht näher darauf einlassen, weil eine Frage darauf nicht direkt gestellt ist, weil eine solche ins Einzelne gehende Erörterung zu weit führen würde, und weil sich der Juristentag mit Principien, nicht mit Details der Ausführung zu befassen pflegt. Als solches Princip möchte ich aber aufstellen, daß die Besetzung der großen Schöffengerichte so zu geschehen habe, daß die Zahl der Laien größer ist, als die der rechtsgelehrten Richter, und daß die Quote für die Abstimmung so festzusetzen ist, daß bei Fragen zum Nachtheil des Angeklagten weder die rechtsgelehrten Richter ohne einen Prozentsatz der Schöffen, noch die Schöffen allein ohne einen Prozentsatz der Berufsrichter, die Entscheidung geben können.

E. M. H.! Am Tage meiner Abreise hierher kam mir eine anonyme Schrift zu, die sich als Separatabdruck aus der Zeitschrift „die Nation" bezeichnet und betitelt ist „Schwurgerichte, Schöffengerichte oder Strafkammern?" Der Vollständigkeit halber und weil dem in dieser Schrift gemachten Vorschlag eine gewisse Originalität nicht abzusprechen ist, will ich, soweit die Kürze der Zeit ein Studium möglich machte, versuchen, den Hauptinhalt wieder zu geben. Der Verfasser geht davon aus, daß die verschiedenen Arten der Zusammensetzung der Gerichte durch das Gesetz nicht geschaffen sein können, um dauernd zu bestehen, sondern um gewissermaßen wetteifernd unter einander zu zeigen, welche von ihnen sich am besten bewährt hat und als Grundlage für eine Einrichtung der Zukunft anzusehen sein wird. Der Herr Verfasser faßt das Ergebniß der beiden oben erwähnten Gutachten dahin auf, daß beide Gutachter der Wirksamkeit der Laien in der Strafrechtspflege abhold und daß beide namentlich in der Verurtheilung der Schwurgerichte einig seien; nur glaube der eine das Mittel zur Beseitigung in den „großen Schöffengerichten" gefunden zu haben, während der andere von der Zukunft den Zeitpunkt erhofft, wo die zu Gunsten des Schwurgerichts noch geltenden *politischen* Gründe nicht mehr maßgebend sein werden.

Obwohl nun der Verfasser anerkennt, daß das Verlangen nach einer Betheiligung der Staatsbürger nicht nur bei der Rechtspflege, sondern auch bei der Gesetzgebung, der Staatswirthschaft und der Verwaltung ein Zug der Zeit ist, und daß namentlich die vornehmsten Güter des Menschen, Freiheit, Ehre, Vermögen nur angetastet werden dürften, wenn dem Volke selbst, vertreten durch die aus ihm unmittelbar hervorgegangenen Richter, die Ueberzeugung verschafft werden kann, daß sie mit Recht angegriffen würden, so stellt er sich doch auf den Standpunkt der Verwerfung der Schöffengerichte, als einer halben Maßregel, die nicht befriedige, und hält er die Schöffen, gleichgültg in welcher Zusammensetzung, wegen des Uebergewichts der rechtsgelehrten Richter, mehr für eine Verzierung als einen wesentlichen Bestandtheil des Gerichtshofes, zumal beide Bestandtheile von ganz verschiedenen Grundanschauungen ausgehen. Gemeinsam soll beiden nur das Rechtsbewußtsein sein, welches die einen mit dem dazu besonders geschulten Verstande klar erfassen, die andern in ihrer Empfindung mehr naiv und unmittelbar besitzen. Der Herr Verfasser kommt daher zu dem Schluß, daß die Zuziehung des Laienelementes in Strafsachen wirksam nur in der Form der Schwurgerichte geschehen könne. Derselbe anerkennt die in dem Olshausen'schen Gutachten dargelegten Mängel des jetzigen schwurgerichtlichen Verfahrens; er sucht aber Abhülfe in einer Erweiterung der Befugnisse der Geschworenen, und zwar in der Richtung, daß der Zwiespalt zwischen Rechtsfrage und Thatfrage beseitigt und sowohl den Geschworenen auch die Beurtheilung der Rechtsfrage, als den Richtern auch die Thatfrage zur vollen selbständigen Beurtheilung überlassen werden soll. Hiernach müßte ein auf Nichtschuldig lautender Spruch der Geschworenen die Freisprechung des Angeklagten zur Folge haben. Lautet aber der Spruch auf Schuldig der dann nur die Bedeutung hätte, daß die Geschworenen den Angeklagten für einen Mann erklärt haben, dem sie die zur Anklage gestellte That zutrauen, so würde eine Nachprüfung aus anderen Gesichtspunkten eintreten; wobei die volle richterliche und des Richteramtes allein würdige Thätigkeit zur Geltung komme. Es würde also die Einrichtung der Geschworenen wieder sein, was sie in der ursprünglichen Vorstellung gewesen ist, eine Einrichtung von Eideshelfern für den Angeklagten, die gerade, weil sie mehr die Persönlichkeit, als die Sache im Auge haben, zuerst zu beurtheilen haben, ob sie den Angeklagten dem Arme des Strafrichters überlassen dürfen oder nicht. Der Herr Verfasser glaubt nicht, daß dadurch die Geschworenen an Ansehen verlieren, er meint vielmehr, die Würde des Gerichtes müßte gewinnen, und das Bedenken, daß zweierlei Freisprechungen möglich sind, von denen in den Augen des Volkes die durch den Gerichtshof eine geringere Bedeutung haben könnte, hält er nicht für stichhaltig, weil die Wirkung der Freisprechuug in der Begründung zu suchen sei.

Für das Verfahren giebt der Verfasser folgende Andeutungen:

Was insbesondere die Leitung der Beweisaufnahme betrifft, so soll sie dem Vorsitzenden bleiben und ebenso (nöthigenfalls dem Gerichtshofe) die Entscheidung in Streitfällen über die Erheblichkeit eines beantragten Beweises. Doch soll den Geschworenen die Befugniß eingeräumt werden, in ihrer Schlußberathung noch die Vornahme einer ihnen erheblich scheinenden Beweisaufnahme zu verlangen, falls sie ohne eine solche zu einem bestimmten Wahrspruch nicht zu gelangen vermögen.

Durch Beseitigung des Zwiespaltes zwischen That- und Rechtsfrage ergebe sich auch für die Fragestellung wesentliche Erleichterungen. Der Spruch der Geschworenen werde um so zuverlässiger sein, je einfacher und allgemein verständlicher die Frage ist, auf welche sie antworten sollen. Es würde für die Fragestellung genügen, wenn aus dem Spruch der Geschworenen erkennbar wird, ob sie den Angeklagten der zur Anklage gestellten That, und unter welchem rechtlichen Gesichtspunkte (z. B. Vorsatz oder Fahrlässigkeit, vollendete That oder Versuch, Thäterschaft oder Beihilfe 2c.) für überführt erachten. Der Gerichtshof dürfe dann keinerlei Feststellung zum Nachtheil des Angeklagten treffen, welche nicht vorher durch den Spruch der Geschworenen gebilligt worden ist, so jedoch, daß dem Gerichtshof freistehe, seinerseits sich für die mildere Beurtheilung zu entscheiden, falls die schwerere von den Geschworenen bejaht ist. Damit würde zugleich der Zweifel wegen Zubilligung mildernder Umstände entschieden. Doch scheint dem Verfasser die Vorlegung der Frage nach dem Vorhandensein mildernder Umstände an die Geschworenen unter dem Gesichtspunkt wünschenswerth, daß von dem Vorhandensein derselben nicht sowohl die Dauer der Strafe, sondern die Strafart (Zuchthaus, Gefängniß 2c.) sowie die Zulässigkeit der Ehrenstrafen abhängig gemacht werden.

Ohne weiter in Einzelheiten einzugehen, hält der Verfasser die Durchführbarkeit eines schwurgerichtlichen Verfahrens nach den angedeuteten Grundsätzen für möglich und glaubt damit die Möglichkeit der Beseitigung der am schwersten empfundenen Mängel des gegenwärtigen Verfahrens ohne gleichzeitige Nothwendigkeit der Beseitigung der Geschworenen selbst gegeben zu haben.

Jedenfalls scheint dem Verfasser verwerflich: die Herabsetzung der Zahl der Geschworenen neben gleichzeitiger Begrenzung ihrer Zuständigkeit auf die allerschwersten Verbrechen.

Seiner Ansicht nach hat die Zuständigkeit der Geschworenen sachlich in Strafsachen keine andere Grenze, als die der formalen Uebertretungen, durch welche Ehre und Freiheit der Angeklagten der Regel nach nicht in Mitleidenschaft gezogen werden. Gleichwohl anerkennt der Verfasser, daß aus äußerlichen Gründen, wie der Kostenpunkt und die Schwierigkeit, die nöthige Zahl geeigneter Laien für die Rechtsprechung heranzuziehen, eine Abgrenzung der Zuständigkeit nothwendig werde. Als Princip stellt der Verfasser auf, daß die Anwendung des Schwurgerichts zu erstreben sei in allen Fällen, wo die Ehre eines noch nicht mit Ehrenstrafen belegten Angeklagten auf dem Spiele steht, sowie in allen Fällen der sog. politischen und Preßvergehen.

M. H.! Gegen diese Lösung der Frage muß ich mich erklären; ich halte 2 Gerichtshöfe nebeneinander, von denen beide die ganze That- und Rechtsfrage in das Gebiet ihrer Beurtheilung ziehen, der eine aus Rechtsgelehrten, der andere aus Laien bestehend, für undurchführbar, zumal wenn bei der Fragestellung mit Begriffen, wie Vorsatz, Beihülfe, Versuch 2c., operirt werden soll, ohne daß Klarheit darüber bei beiden Theilen besteht, was man darunter versteht. Mir scheint vielmehr die Einrichtung den Vorzug zu verdienen, bei der durch wechselseitige Besprechung Klarheit über die thatsächliche Auffassung und die rechtlichen Begriffe geschaffen und Mißverständnisse aufgeklärt werden können, wie dies bei den Schöffengerichten der Fall ist. Der Vorschlag des Verfassers des anonymen Aufsatzes leidet aber auch noch an dem Fehler, daß er, obwohl er erklärt, daß das Deutsche Reich in dem gegenwärtigen Zustande des Versuchs mit drei verschiedenen Systemen nicht bleiben könne, nur für Beibehaltung der Schwurgerichte in veränderter Form plaidirt, aber nicht sagt, was in denjenigen Fällen, in denen Schwurgerichte nicht aburtheilen, geschehen soll.

F. Auf Grund dieser Erörterungen erlaube ich mir, unter Weglassung des oben als wünschenswerth bezeichneten öftere Heranziehung der Schöffen, die Verbesserungswünsche bei Auswahl der Schöffen und der Wunsch bezüglich der Besetzung der Amtsanwaltschaften mit Rechtskundigen, folgende Sätze zur Annahme zu empfehlen:

1. Die Schöffengerichte haben sich im Allgemeinen in der Praxis bewährt.
2. Eine Verbesserung der Strafrechtspflege ist durch Aufhebung der Schwurgerichte und Ersatz derselben durch große Schöffengerichte zu erwarten.
3. Bei völligem Geständniß des Angeklagten kann mit Zustimmung desselben bezw. seines Vertheidigers und der Staatsanwaltschaft die Zuziehung von Schöffen bei der Aburtheilung unterbleiben.

Ich würde gern beantragt haben, daß für alle drei Ordnungen der Strafgerichte konsequent Schöffengerichte eingeführt würden; allein ich glaubte mich auf die gestellte Frage beschränken zu sollen, die die Strafkammern nicht direkt berührt.

M. H., nachdem uns soeben ein gedruckter Bericht zugekommen, wonach verschiedene Anträge vorgelegt werden, ersehe ich aus dem Antrage des Herrn Reichsanwalts Stenglein, daß derselbe auch die Strafkammern mit in das Bereich seiner Begutachtung gezogen hat. Nach dem, was ich über das Schöffengericht im Allgemeinen gesagt habe, kann ich mich seinem Antrage Punkt 2 nur vollkommen anschließen, daß es nämlich wünschenswerth wäre, daß die Schöffengerichte auch bei den Gerichten mittlerer Ordnung eingeführt werden. Es wäre dies einfach an sich schon eine Konsequenz, und wenn man selbst die Schwurgerichte als solche bestehen ließe, hätten wir dann doch die Mitwirkung von Laien in allen diesen drei einzelnen Gerichtsabtheilungen. Ich würde, wenn ich mich nicht strenge an die Fragestellung gehalten hätte, schon von vorneherein einen ähnlichen Antrag gestellt haben, und ich hatte eigentlich beabsichtigt, meinen Antrag ganz allgemein dahin zu formuliren, im Anschluß an das, was der 9. Juristentag erklärt hatte, daß die Zuziehung des Laienelements zur Aburtheilung von Strafsachen überall wünschenswerth ist, und nur den einen Satz aufzustellen: Die geeignetste Form der Zuziehung des Laienelements in Strafsachen ist die der Schöffengerichte. (Bravo!)

Reichsanwalt **Stenglein** (Leipzig): M. H., auch meine Anträge liegen Ihnen gedruckt vor. Wenn dieselben vielleicht in redaktioneller Beziehung einen Anstand finden sollten, so erkläre ich im voraus, daß ich dieselben redaktionellen Aenderungen bereitwillig preisgebe. Erst gestern Nachmittag kam an mich die Anforderung, als Korreferent einzutreten. Vorher hatte ich meine Anträge nicht formulirt, hatte auch keine Veranlassung dazu, und so blieb mir zwischen der Sitzung der ständigen Deputation und dem Begrüßungsabend nur kaum eine viertel Stunde zur Redaktion. Bei Anträgen aber, bei denen jedes Wort abgewogen sein will, ist diese Zeit etwas kurz. Man könnte mir vielleicht einwenden, ich hätte ja als einfaches Mitglied des Juristentages diese Anträge auch stellen können; allein, m. H., ich kannte bis gestern Abend die Anträge des Herrn Referenten nicht, und ich halte nichts für schädlicher, als Anträge, die eine Aussicht auf Annahme nicht haben, in den Juristentag hineinzuwerfen und dadurch die Diskussion zu zersplittern. Ich konnte im Voraus aber nicht bemessen, ob meine theilweise etwas radikal lautenden Anträge einen Boden in dieser hohen Versammlung finden würden. Ich hatte sie deswegen nicht formulirt, ich war sogar zweifelhaft, ob ich sie stellen würde, ich wollte dies dem Gange der Diskussion überlassen.

Ich glaube nun einige Worte vorausschicken zu sollen über den Umfang der Frage, wie ich sie auffasse. Es ist das zu gleicher Zeit die Antwort auf eine zum Schlusse gemachte Bemerkung des Herrn Referenten, und betrifft die Frage, inwiefern ich berechtigt war, die Zuziehung von Laien bei der Aburtheilung in den Gerichten mittlerer Ordnung mit hereinzuziehen. Die ursprüngliche Frage lautete: Haben sich die Vorschriften des deutschen Gerichtsverfassungsgesetzes Titel 4 und 6 bezüglich der Zuziehung von Laien in Strafsachen in der Praxis bewährt? oder erscheinen gesetzliche Aenderungen rathsam und nach welchen Richtungen hin?

Daß im zweiten Theil dieser Frage auch eine mögliche Aenderung in der Richtung liegt, daß man die Zuziehung von Laien nützlich oder nothwendig findet bei den mittleren Gerichten, wo sie bisher noch nicht bestanden hat, scheint mir ganz zweifellos, und darin lag meine Berechtigung.

Im Uebrigen glaube ich aber meine Betrachtung beschränken zu sollen auf die ganz konkret abgegrenzte Frage, ob überhaupt Zuziehung von Laien oder nicht wünschenswerth sei. Wenn man weiter gehen wollte, es zeigen das ja auch die Gutachten, es ist ungeheuer verführerisch, weiter zu gehen, und man kann sich gewisser Nebenbetrachtungen oft gar nicht ganz entschlagen, aber wenn man weiter gehen wollte, so müsse eigentlich die Frage lauten: wie hat sich das Strafverfahren bewährt? denn alles steht ja mit einander in innigstem Zusammenhang. Ich erwähne hier nur die eine Frage der Berufung; wie wirkt sie zurück auch auf die Zuziehung des Laienelements? Man käme also gradatim von einer Frage zur anderen, bis endlich die Beantwortung den ganzen Strafprozeß umfaßte.

Wenn man aber scharf die Frage begrenzt, dann entsteht die Gefahr, daß man sich sagen muß: sie hat sich nicht bewährt, aber sie hätte sich bewähren können, wenn die prozessuale Gestaltung anders gewesen wäre. Ich verkenne das durchaus nicht, aber eine Begrenzung der Frage ist immerhin nothwendig. Von diesem Standpunkte aus halte ich aber den Schlußantrag unseres verehrten Herrn Referenten ebenfalls vollständig im Rahmen der Frage; denn wenn er für gewisse Fälle die Zuziehung verneinen will, so ist das ja auch eine Frage der Zuziehung des Laienelements im allgemeinen. Er will sie verneinen für den Fall des Geständnisses. Darauf werde ich noch zu sprechen kommen. Dies vorausgeschickt, wende ich mich zu der Frage und vor Allem natürlich zuerst zur Frage: haben sich die Schöffen, als das Laienelement bei den Amtsgerichten, bewährt?

Wie Sie aus meinen Anträgen sehen, habe ich diese Frage verneint. Nun muß ich allerdings das Bekenntniß ablegen, daß ich selbst nie Schöffenrichter war, ich war nie amtlich in Verbindung mit Schöffengerichten, habe auch jetzt amtlich so gut wie nichts damit zu thun, und man könnte mir vielleicht sogar von diesem Standpunkte aus sagen, daß ich überhaupt nicht dazu berufen bin, darüber zu urtheilen. Wenn ich trotzdem es gewagt habe, darüber zu urtheilen, so war es auf dem Boden eines großen Sammelfleißes. Ich habe die Frage verfolgt von dem Momente an, wo sie im Juristentag zuerst auftauchte. Der erste Anfang liegt ziemlich weit zurück nach den Jahren. In dem Juristentage zu Stuttgart habe ich dieser Frage mein Interesse zugewendet, und als endlich nicht bloß auf dem Boden einzelner Partikulargesetzgebungen, sondern auch auf dem des allgemeinen deutschen Prozeßrechts die Schöffen, wenigstens in beschränkter Weise, ins Leben geführt wurden, habe ich es für meine Pflicht und Aufgabe als Jurist gehalten, allenthalben nachzufragen und mich zu erkundigen, wie denn das Laienelement in dieser Anwendung sich bewähre. Ich glaube, indem ich mir auf Grund dieser Erkundigungen ein Resultat und ein Urtheil gebildet habe, vielleicht unparteiischer der Frage gegenüberzustehen, als — ich will das hier bereits anführen, obwohl ich es später noch einmal verwenden muß — ein Amtsrichter, der unter ganz besonders günstigen

Umständen mit den Schöffen zu thun hat und auf Grund solcher günstigen Umstände auch ein günstiges Urtheil gewonnen hat.

M. H.! Schöffen und Schöffen sind zweierlei. Wenn in dem gesegneten Baden, in einer geistig aufgeweckten Bevölkerung, in einem größtentheils sehr wohlhabenden Landstrich, sich eine Anzahl von Schöffen finden, die ihrer Aufgabe vollständig gewachsen sind, so kann man dem Lande Baden dazu nur seine Glückwünsche aussprechen, aber bewiesen, daß die Schöffen sich allenthalben bewährt haben, ist es hiermit noch lange nicht. Es werden ja noch manch andere Provinzen in Deutschland sein, wo ähnliche günstige Verhältnisse sind, aber, m. H., wie viele Provinzen Deutschlands — und das deutsche Prozeßrecht soll ja für das ganze Vaterland gelten — sind auch vorhanden, wo ähnliche günstige Verhältnisse absolut nicht bestehen, nicht die geistige Regsamkeit, nicht die Wohlhabenheit, die eine gewisse Bildung und Unabhängigkeit des Charakters nach sich zieht, nicht die gesetzliche Disciplin! Wer sich mit der Statistik der Verbrechen irgendwie befaßt hat, dem wird es nicht entgangen sein, daß in den Landstrichen längs des Rheins, noch mehr am linken Rheinufer als am rechten, eine gesetzliche Disciplin besteht, ein Eingehen in die gesetzlichen Bestimmungen, die für die Strafrechtspflege die allergünstigsten Erfolge gehabt hat, insofern nämlich ein großes Minimum von Delikten dort begangen wird. Es ist das so stark, daß unter einer und derselben Gesetzgebung, wie ich Beispiele anführen könnte, die Schwurgerichte in den einen Landestheilen mit einer unerträglichen Geschäftsaufgabe überlastet waren, während in den rheinischen Landestheilen die Schwurgerichte ihre Aufgabe spielend abmachen konnten. Eine andere Erscheinung — und das stimmt ja mit den Angaben unseres verehrten Referenten über das Landgericht Mannheim vollständig überein —, eine andere Erscheinung ist das Minimum von Rechtsmitteln, welches ergriffen wird, und hierbei kann ich, auch aus den Erfahrungen des Reichsgerichts, die Mittheilung machen, daß aus den dortigen Landestheilen die Revision in so verschwindend kleiner Anzahl ergriffen wird, daß auch daraus zu schließen ist, daß dort andere Verhältnisse bestehen, als in anderen Landestheilen. Aus diesen anderen Landestheilen aber, m. H., kamen mir die allererheblichsten Klagen über die Wirksamkeit der Schöffen zu. Man wollte von all den Vorzügen des Schöffengerichts, von denen der Herr Referent erzählte, keine oder nur wenige Wahrnehmungen gemacht haben. Man klagte aber insbesondere über einen Punkt, und ich komme hiermit auf das Verhältniß zurück, das ich bereits erwähnt habe, daß man die Frage, ob Schöffengerichte oder nicht, nicht beantworten kann, ohne einigermaßen auch auf Nebenfragen einzugehen. Man klagt insbesondere über die Auswahl der Schöffen.

Wenn aber das Material überhaupt ein mangelhaftes ist, dann ist die natürliche Folge die, daß, selbst, wenn die gesetzlichen Bestimmungen über die Auswahl der Schöffen glücklicher wären, als man dies bezüglich der bestehenden Gesetzgebung zugestehen will, eben doch ein taugliches Schöffenmaterial nicht aus dem Nichts herausgezogen werden könnte. Kurz, man wollte dort mit den Schöffen durchaus mangelhafte Erfahrungen gemacht haben, und der Satz, der so oft schon im voraus von den Gegnern dieses Instituts ausgesprochen worden war, daß die Schöffen ein willenloses Werkzeug in der Hand des Amtsrichters seien, wurde mir von den verschiedenen anderen Gegenden Deutschlands, die nicht so glücklich situirt sind wie Baden, wiederholt auf das allerentschiedenste ausgesprochen, und siehe da: selbst aus Baden, hören wir von unserem Herrn Referenten, hat sich eine solche Stimme laut gemacht.

Nun sind es hauptsächlich zwei Gesichtspunkte, die mich dazu drängen, das Schöffengericht bei den Gerichten unterster Ordnung als nicht entsprechend zu beurtheilen, und alle die Erfahrungen, die ich darüber gemacht habe, haben mich in diesem Urtheile nur bestärkt. Diese 2 Gesichtspunkte sind folgende:

Erstens halte ich die Amtsgerichte allenthalben, und wenn man sie sich noch so groß denkt, für viel zu klein, um ein richtiges Material für einen unbefangenen, unabhängigen und unbetheiligten Richter zu bieten. Wie ist es möglich, aus dem kleinen Sprengel eines Amtsgerichts Schöffen in der nöthigen Zahl herauszuziehen, die nicht in einer Menge von Fällen dem Angeklagten viel zu nahe steht, entweder persönlich oder in sachlichen Verhältnissen, um als unabhängige Richter gelten zu können, und zwar nach beiden Richtungen. Es sind Feindschaften nicht fernzuhalten und es sind Freundschaften nicht fern zu halten. Deswegen glaube ich, daß in einem so kleinen Sprengel unmöglich das Schöffengericht sich bewähren kann.

Aber noch ein anderer Gesichtspunkt ist es, der mich zu diesem absprechenden Urtheile bringt, und das ist die Einzahl der rechtsgelehrten Richter. Es sind ja allerdings Staatsanwälte auch bei den Schöffengerichten, es hat aber das Mangelhafte dieser Staatsanwaltschaft auch der Herr Referent hervorgehoben. Er wünscht dies verbessert. Ja, m. H., wenn das so leicht wäre, so wäre vielleicht die brennende Frage, die uns hier beschäftigt, schon besser gelöst. Aber Material und Finanzpunkt verschwören sich gleichmäßig dagegen, diese Frage so leicht zu lösen, wie es sich der Herr Referent zu denken scheint. Solange wir in den Gerichten unterster Instanz das mündliche Verfahren haben, solange war auch die Frage der Amtsanwaltschaft eine von denjenigen, die am allerwenigsten glücklich gelöst werden konnte und allem Vermuthen nach, und nach den bisherigen

Erfahrungen, auch in Zukunft nicht gelöst werden wird. Die Folge ist, daß von Seiten der Staatsanwaltschaft den Schöffen nicht dasjenige Maß von Erörterungen zugeführt wird, welches ihnen zugeführt werden sollte. Auf der anderen Seite kommen auch bei den unbedeutenden Fällen nur selten Vertheidiger oder die allerjüngsten Vertheidiger; kurzum, ich glaube nicht, daß behauptet werden kann, daß den Schöffen in der Verhandlung das Material vollständig zugeführt wird, welches zu ihrer Unterrichtung in rechtlicher und thatsächlicher Beziehung nothwendig wäre. Sie stehen ganz allein nur dem einen Amtsrichter gegenüber, und von diesem Amtsrichter ist doch wahrhaftig nicht zu verlangen, daß er etwa den Schöffen vorerst eine Vorlesung über alle Kontroversen, die einschlägig sind, giebt und ihnen auseinandersetzt, welche verschiedenen Ansichten sich gebildet haben und wie dieselben zu entscheiden wären. Es wäre auch wirklich zu besorgen, daß zuletzt die armen Schöffen nicht mehr wissen, wo ihnen der Kopf steht, daß sie das Material, welches die Jurisprudenz ihnen bietet, bei ihrer mangelnden Vorbildung nicht zu bewältigen wissen; also es sagt ihnen der Amtsrichter einfach: ich beurtheile thatsächlich und rechtlich so und so, und das müssen dann wohl die Schöffen glauben und nehmen es als baare Münze hin, haben irgend ein contra gar nicht einzuwenden, und es wird in der großen Mehrzahl der Fälle diese Meinung zur Geltung kommen. Wie ich höre, sollen zuweilen allerdings in der Straffrage abweichende Ansichten der Schöffen auftauchen und sogar durch die Majorität zur Geltung gebracht werden; aber alles, was ich darüber gehört habe, zeigt, daß es hiermit nicht besser wird. Es wird gerade diese Einmischung in die Straffrage von Seiten der Schöffen nicht besonders günstig beurtheilt. Nun hat allerdings unser verehrter Referent eine Aeußerung gethan, die das zu widerlegen scheint; er hat sich gegen den Vorschlag des Herrn Staatsanwalts Elben ausgesprochen, wenigstens 2 Richter zuzuziehen. Der Herr Referent sagt aus: entweder die beiden Richter sind einig, dann ist der eine überflüssig, oder sie sind es nicht, dann entsteht eine Diskussion, die den Schöffen den Kopf warm macht und sie wissen nicht ganz genau, nach welcher Richtung sie sich entscheiden sollen; oder es kommt sogar zu der traurigen Erscheinung, daß die verschiedenen nicht einigen Richter die Schöffen für sich zu gewinnen suchen und so ein Wettlauf stattfindet, der etwas Unangenehmes hat.

M. H., nur nebenbei möchte ich hier die Bemerkung einfließen lassen: würde denn nicht diese ganze Betrachtung, wenn sie richtig wäre, gegen die großen Schöffengerichte in dem allererheblichsten Maße sprechen? Da sollen nicht blos 2, sondern mindestens 3 rechtsgelehrte Richter mit den Schöffen mitwirken. Daß nun 3 Juristen unter sich gehörig diskutiren, das ist doch klar; also um soviel mehr von verwirrendem Material und um so viel weniger ein Wissen, was denn nun eigentlich von diesem Material das richtige ist. Machen wir uns darüber klar. Wenn die Schöffen nicht geeignet sind, die juridische Diskussion ruhig anzuhören und sich nach dieser ein Urtheil zu bilden und dann ihr Urtheil zu sprechen, dann ist überhaupt über die Schöffen der Stab gebrochen, dann sind sie überhaupt nicht fähig, bei der Aburtheilung mitzuwirken. Ich denke mir den Fall ganz anders; ich denke mir nicht, daß, wie ich nicht umhin kann, von der Betrachtung unseres verehrten Ref. zu sagen, die Schöffen unbedingt eines Leithammels bedürfen, dem sie blind nachgehen, sondern daß, wenn wirklich die Auswahl der Schöffen eine richtige ist, wenn es relativ gebildete Leute sind von guten Verhältnissen, unabhängig in ihrem Urtheile und nicht der Sache so nahe stehend, daß sie durch Person und Verhältnisse im voraus in ihrem Urtheile getrübt sind, dann müssen sie und ich glaube, sie können eine solche Diskussion ruhig anhören, sich darnach erst ihr Urtheil bilden und dann erst wirklich als Richter fungiren, während sie eine höchst zweifelhafte Existenz-Berechtigung haben, solange sie nur dem einen juridischen Urtheil gegenüberstehen. Somit wäre also dieser Beweis, welchen unser verehrter Referent gegen Zuziehung mehrerer Richter eingelegt hat, glaube ich, nicht als richtig anzunehmen; im Gegentheil. Ich komme aber dennoch nicht zu dem Resultat, was gezogen worden ist, zu verlangen, daß auch bei den Gerichten unterster Ordnung drei Richter zugezogen würden. Ich halte diesen Vorschlag sogar für kaum diskutabel; denn sämmtliche Finanzminister würden sofort dagegen protestiren, wenn man ihnen zumuthen würde, für die Gerichte unterster Ordnung drei Richter anzustellen. Ich halte es für so undurchführbar, daß ich mich wirklich bei diesem Vorschlage nicht länger aufhalten möchte.

Aber, meine Herren, ich komme zu einem ganz anderen Resultat, und Sie finden darin den Schlüssel zu meinen Anträgen, wenn Ihnen vielleicht auf den ersten Blick geschienen hat, daß meine Anträge 1 und 2 (vgl. S. 278) in einem unlösbaren Widerspruche stehen. Ich glaube, der Amtsrichter ohne Zuziehung von Schöffen ist sehr wohl befähigt, provisorisch das Urtheil zu fällen, welches ihm bei vorbehaltener Berufung überhaupt nur zusteht, und wir brauchen dabei eine Zuziehung von Schöffen um so weniger, als, wie ja auch der Herr Referent ganz richtig bemerkt hat, die Zuziehung von Schöffen in den Gerichten unterster Ordnung und zu den großen Schöffengerichten logisch ganz nothwendig auch die Zuziehung von Schöffen bei den mittleren Gerichten nach sich ziehen würde. Nun bitte ich aber zu überlegen, wo soll das Material herkommen, um Schöffen bei den Gerichten aller drei Ordnungen zu liefern: bei den Gerichten unterster Ordnung, bei denen durch ihre Massenhaftigkeit der Straffälle die Kräfte der Schöffen in so erheblichem Maße absorbirt werden, und auch noch Schöffen bei den mittleren Gerichten, und bei den großen Schöffengerichten zur Ersetzung der Schwurgerichte. Das halte ich für unmöglich. Wir haben das Material nicht, wir haben es nicht nach Bildung, nicht nach Wohlhabenheit, nach keiner von allen den Richtungen, nach denen Schöffen ausgewählt werden können. Wenn wir das aber nicht haben, müssen wir eben eine Abhilfe nach einer anderen Richtung suchen, und diese andere Richtung scheint mir eben die zu sein, die Schöffen da zu streichen, wo sie am leichtesten entbehrlich sind. Das scheinen mir ohne allen Zweifel die Amtsgerichte zu sein. Ich könnte hier auf das Beispiel meines engeren Vaterlandes rekurriren. Seit 1848, seitdem das mündliche Verfahren eingeführt wurde, hatten wir in Bayern die Einzelrichter bei den Gerichten unterster Ordnung ohne Zuziehung von Schöffen bis 1879, bis zum Inslebentreten der deutschen Gerichtsverfassung, und ich habe nie bemerkt, daß diesen einzelnen Richtern das Vertrauen gefehlt habe; ich habe nie bemerkt, daß der Wunsch bestanden hat, diese Gerichte in der Besetzung zu erweitern. Allerdings war die Berufung daneben gegeben, wie auch heute, und darin liegt die Korrektur. Ich gehe noch einen Schritt weiter, ich kann mir eine Berufung gegen die Urtheile eines Gerichts, bei dem in erheblichem Maße Laien zugezogen sind, einfach nicht denken. Noch nirgend wurde gefordert, daß das Berufungsgericht ebenfalls mit Schöffen besetzt sein soll, und daß die Schöffen bei der ersten Instanz und in der Berufungsinstanz mitwirken sollen, abgesehen davon, daß wir dann à conto des Schöffengerichts überhaupt noch einen Posten mehr in Anschlag zu bringen hätten. Mit Berufung sind die Schöffen überhaupt überflüssig. Nur ohne Berufung — und von diesem Gesichtspunkte gehe ich bei sämmtlichen Darlegungen aus, nachdem die Frage der Berufung nicht hier herangezogen werden kann und für den Moment wenigstens abgemacht zu sein scheint — nur ohne Berufung ist das Bedürfniß gegeben, die Gerichte mit dem Laienelement so in Zusammenhang zu bringen, daß daraus ein Gericht, welches das vollste Vertrauen in der Bevölkerung genießt, gebildet werden kann.

Ich glaube, eine weitere Darlegung ist kaum nöthig, um nach diesen Auseinandersetzungen zu sagen, weshalb ich den Antrag 1 und den Antrag 2 gestellt habe. Ich konnte mich der Auffassung des Herrn Referenten nicht anschließen, daß sich die Schöffengerichte bei den Gerichten unterster Ordnung bewährt haben. Ich glaubte also das verneinen zu müssen, und glaubte sofort die Folgerung daran knüpfen zu müssen, daß sie deswegen beseitigt werden müssen, um so mehr, wenn man darauf ausgeht, bei den Gerichten höherer Ordnung die Schöffen einzuführen. Zunächst bei den

Mittelgerichten, den jetzigen Landgerichten, glaube ich aber, müssen die Schöffen deswegen beigegeben werden, weil alle die Gründe, die mich hauptsächlich bestimmen, gegen die Schöffen bei den Amtsgerichten zu sprechen, der nahe Contact mit den Verhältnissen durch die größeren Bezirke der Landgerichte und der Mangel vollster Diskussion durch Zuziehung nur eines rechtsgelehrten Richters, hier wegfallen, und ich allerdings das Element der Popularität und des allgemeinen Vertrauens diesen Gerichten zuführen möchte, um so mehr, wenn sie, wie jetzt, ohne Berufung bleiben. Es ist dann auch über diesen Punkt, daß es wünschenswerth sei, auch den Mittelgerichten Schöffen beizugeben, eigentlich bis jetzt ein wesentlicher Widerspruch nicht hervorgetreten. Ich könnte diese Frage fast als abgemacht betrachten. Nur beiläufig möchte ich dabei noch erwähnen, daß jedenfalls der organische Aufbau ein besserer ist. Ich gestehe allerdings zu, er ist noch schöner, wenn man auch dem Einzelrichter Schöffen beigiebt. Aber immerhin wäre der organische Aufbau ein besserer, wenn in dem Gerichte unterster Ordnung ein Amtsrichter sitzt mit der Berufung an drei Richter, in zweiter Ordnung rechtsgelehrte Richter mit Zugabe von Schöffen ohne Berufung, und in höchster Ordnung ein größeres Schöffengericht, besser als jetzt, wo wir die drei Elemente haben: in unterster Schöffengerichte, in mittlerer nur rechtsgelehrte Richter und in oberster die Beigabe von Laien als Schwurrichter.

Ich wende mich nun zu den Schwurgerichten. M. H., daß die Schwurgerichte noch in der Bevölkerung das allgemeine Vertrauen haben, das haben alle die Gegner, welche bis jetzt zum Worte gekommen sind, die Gutachter und der Referent nicht in Abrede gestellt. Dieses allgemeine Vertrauen ist es auch, was in mir das große Bedenken erregt, ob jetzt schon an die Stelle der Schwurgerichte Schöffengerichte höherer Ordnung gesetzt werden sollen. Ich glaube, daß, wenn auch in der Gesetzgebung das Experimentiren nicht ganz vermieden werden kann, wenn auch jede wesentliche Neuerung in der Gesetzgebung zunächst ein Versuch auf Probe ist, man doch da, wo ein Experimentiren vermieden werden kann, wo man erst Erfahrungen sammeln kann, um zu wissen, ob man auch den nächsten Schritt machen soll, diese Erfahrungen sammeln sollte.

Nun ist es, glaube ich, nicht zu bestreiten, daß, wenn sich bei den Gerichten mittlerer Ordnung die Zuziehung von Schöffen bewährt, es dann ein einfacher Schritt wäre, auch die Schwurgerichte durch Schöffengerichte höherer Ordnung zu ersetzen. Sie sehen, ich stehe der Frage vollständig unparteiisch gegenüber, halte es aber jetzt, wo sich gegen die Schöffen bei den Amtsgerichten so erhebliche Stimmen laut machen und die Schöffen bei den Mittelgerichten noch nicht erprobt sind, für ein höchst gefährliches, höchst gewagtes Experiment, wenn man trotzdem jetzt schon die Schwurgerichte durch Schöffengerichte höherer Ordnung ersetzen wollte. Dazu kommt dann noch ein Grund — es ist das wieder einer von den Punkten, weshalb ich schon öfters äußerte, man kann nicht ein solches einzelnes Institut betrachten, ohne die Strafprozeßordnung mehr oder weniger hereinzuziehen: daß mir die Schwurgerichte in der dermaligen Gestaltung nichts weniger als glücklich gestaltet zu sein scheinen. Es hat einer der Herren Gutachter wiederholt den Ausdruck gebraucht, daß die Geschworenensprüche Orakelsprüche seien. M. H., ich glaube, der Ausdruck ist nicht zu stark. Wenn man die Geschworenen von jeder konkreten Thatfrage loslöst, ihnen nur die Rechtsfrage in ihrer abstractesten Gestaltung vorlegt, und sie dann ganz frei suchen läßt, wie sie sich mit den Thatsachen gegenüber dieser Gestaltung der Frage abfinden, ihnen vollständig souverän Rechts- und Thatfragen zu beurtheilen überläßt, und eine Kontrole, wie sie rechtsgelehrten Urtheilen gegenüber durch die Revision geboten ist, unmöglich macht, dann, m. H., rückt man die Geschworenen in eine Stellung, in der sie nothwendigerweise zur Selbstüberhebung gelangen. Ich brauche Ihnen den Nachbarstaat nicht zu nennen, m. H., wo sich die Geschworenen so souverän fühlen, daß sie den eklatant überführten und geständigen Verbrecher freisprechen, weil es ihnen eben so taugt. M. H., ganz frei von Spuren, daß unseren Geschworenen auch ihre Gottähnlichkeit etwas zu Kopfe steigt, und sie glauben, sich über das Recht hinwegsetzen zu können, ganz frei sind unsere Schwurgerichte von diesen Spuren nicht; aber das glaube ich behaupten zu können, daß der Deutsche eine solche richterliche Souveränität, eine solche richterliche Omnipotenz nicht verträgt und daß, wenn diese Erscheinungen häufiger werden sollten, der Ruf nach Abschaffung der Schwurgerichte ein so mächtiger werden würde, daß wir dann kaum mehr in diesem Saale zu diskutiren brauchten.

Also komme ich zu dem Resultat: Ich gebe zu, daß seit einer gewissen Zeit — ich möchte sagen seit 1879 — eine zunehmende Strömung gegen die Schwurgerichte entstanden ist. Ich gebe zu, daß sie vielleicht passend durch Schöffengerichte höherer Ordnung ersetzt werden, ich kann nur das Eine nicht zugeben, daß die Schöffengerichte höherer Ordnung bereits sich in einer Weise erprobt haben durch das bisherige Experiment mit den Schöffen bei den Amtsgerichten, daß ich jetzt schon diesen gewaltigen Schritt thun möchte. Denn darüber können wir uns kein Hehl machen, wenn wir den Schritt gethan haben, zurück thun wir ihn nicht mehr. Daß die Gesetzgebung heute Geschworenengerichte einführt, morgen sie durch Schöffengerichte höherer Ordnung ersetzt und übermorgen zu Geschworenengerichten zurückkehrt, das ist mir undenkbar. Das würde ein

Schwanken bedeuten, das die ganze Gesetzgebung nothwendiger Weise im Volke in Mißkredit bringen müßte. Das kann die Gesetzgebung nicht und so kämen wir vielleicht dazu, das Laienelement in der einen Weise abgeschafft zu haben, in der anderen es nicht bewährt zu finden und so schließlich ganz darum zu kommen; und ich glaube immerhin, wenn die Vorbedingungen dazu gegeben sind, so kann das Laienelement in einer nützlichen Weise der Rechtsprechung zugeführt werden. Freilich muß diese Weise eine solche sein, die nicht bloß von sich sagen läßt, wie der Herr Staatsanwalt Elben gesagt hat: die Schöffen bei den Amtsgerichten haben gerade nicht viel genützt, aber sie haben auch nicht geschadet; und zu einem ähnlichen Resultate kommt dann auch, wie mir scheint, das zweite Gutachten vom Herrn Dr. Olshausen. M. H., dieses Lob scheint mir so zweifelhaft zu sein, wie nur irgend möglich, oder eigentlich ganz deutlich zu sagen: die Schöffen haben sich nicht bewährt, denn nirgendwo ist etwas Ueberflüssiges schädlicher, als in der Rechtspflege. Wenn die Schöffen nicht geschadet aber auch nicht genützt haben, dann verdienen sie den Untergang, natürlich in der bisher allein erprobten Form, denn jeder Mißgriff in dieser Richtung bringt Friktionen hervor, die vom größten Nachtheile sind.

Deswegen, m. H., hoffe ich meine Anträge als begründet ansehen zu dürfen und Sie ersuchen zu beschließen:

Der deutsche Juristentag spricht seine Ansicht dahin aus:

1. Die Mitwirkung von Laien bei Aburtheilung von Strafsachen vor den Gerichten niederster Ordnung (Amtsgerichten) als Schöffen hat sich nicht bewährt und ist zu beseitigen;
2. dagegen ist diese Mitwirkung einzuführen bei den Gerichten mittlerer Ordnung (den Landgerichten);
3. von den hierbei gemachten Erfahrungen ist es abhängig zu machen, ob die Schwurgerichte durch höhere Schöffengerichte zu ersetzen seien.

Landrichter Dr. **Kronecker** (Berlin): M. H., ich habe bezüglich der Schöffengerichte nur über eine ganz kleine Erfahrung zu verfügen, und zwar seit dem 1. Oktober 1879. Zuerst war ich thätig als Schöffenrichter in Angermünde, dann als Leiter eines Schöffengerichts in Berlin. Außerdem habe ich Rücksprache genommen mit verschiedenen Kollegen vom Amtsgericht sowie mit Landrichtern, welche über Berufungen gegen Urtheile der Schöffengerichte zu verhandeln hatten. Auf Grund dieser Erfahrungen und Mittheilungen muß ich meine Meinung dahin aussprechen, daß die Schöffengerichte auf der ersten Stufe sich nicht nur als unschädlich, sondern auch sogar bis zu einem gewissen Grade als nützlich erwiesen haben.

Was zunächst das Bedenken betrifft, welches geltend gemacht wurde bezüglich des Verkehrs des Schöffenrichters mit den Schöffen betreffs der

Rechtsweisung, die er ihnen zu geben hat, so ist dies meiner Meinung nach viel zu weitgehend. Der Schöffenrichter braucht durchaus nicht die Qualität eines akademischen Lehrers, die Schöffen nicht die Qualität von Studenten zu haben. Die meisten Rechtsfragen, die auf dieser Stufe vorkommen, sind so einfach, daß sie der Durchschnittsrichter mit durchschnittlichen Schöffen, wie man sie ziemlich in allen Theilen Deutschlands findet, ganz gut durchsprechen kann. Und hier sehe ich den ersten Vortheil des Schöffengerichts gegenüber dem Einzelrichter. Ich bin nämlich der Meinung, daß der Schöffenrichter dadurch, daß er den Schöffen die That- und Rechtsfragen auseinandersetzt, sie sich selbst klarer macht und mitunter wohl auch zu einer anderen Ansicht gelangt. Bezüglich der Schuldfrage wird es wohl selten vorkommen, daß der Richter von den Schöffen überstimmt wird; bez. der Straffrage ist es schon häufiger der Fall, und ich habe namemtlich in meiner Erfahrung als Richter in Privatklagesachen gefunden, daß die Schöffen, welche den betreffenden Volkskreisen näher stehen als der Richter, demselben ganz gute Auskunft geben können, in welchem Maße das betreffende Wort, die betreffende Handlnng in diesen Volkskreisen als Beleidigung aufgefaßt wird und in welchem Maße nicht.

Wenn ich hiernach, und auch aus dem Grunde, weil ländliche Schöffen vielfach gerade in ländlichen Sachen, in Jagd- und Fischereisachen, in Forst- und Feldpolizei-Kontraventionssachen dem Richter nützliche Aufschlüsse zu geben im Stande sind, dahin komme, mit dem Gutachten des Herrn Oberamtsrichter Süpfle zu erklären, daß die Schöffengerichte sich bewährt haben, so gehe ich nunmehr auf die Frage der Schwurgerichte über. Indem ich hier demjenigen, was Herr Direktor Dr. Olshausen gesagt, durchaus zustimme, möchte ich nur einiges noch hinzufügen.

Ich bestreite, daß wirklich das Volksbewußtsein gegenwärtig noch für die Schwurgerichte ist. Sehr viele gebildete Leute, die ich in Berlin und anderwärts über diese Frage gesprochen, und namentlich solche, die bereits als Geschworene fungirt haben, haben mir das Gegentheil versichert; sie haben erklärt, daß sie in den meisten Fällen nicht im Stande sind und sich nicht im Stande fühlen, ein sachgemäßes Urtheil über derartige Fragen abzugeben, ja daß sie mitunter zurückschrecken vor der Verantwortung, die ihnen dabei zur Last fällt. Ich habe in der Praxis einen merkwürdigen Fall in dieser Beziehung durchgemacht. Es stand ein Meineid in Frage, und es wurde die Unterfrage gestellt, ob der Betreffende durch Bescheinigung der wahren Thatsache sich selbst einer strafbaren Handlung bezüchtigt haben würde. Da erklärte der Obmann, ein hochgebildeter, in Berlin wohlbekannter Mann, Hilfsarbeiter in einem Ministerium, die Geschworenen seien übereinstimmend zu der Meinung gekommen, daß sie derartige Fragen überhaupt nicht beantworten können, dies können nur die Richter, die Geschworenen könnten sich höchstens dahin aussprechen, ob der Angeklagte der Meinung gewesen sei, sich durch die richtige Beantwortung der Frage selbst einer strafbaren Handlung schuldig zu bekennen. Dies bezüglich der Schuldfrage.

Den allerschlimmsten Nachtheil des Schwurgerichts finde ich bei der Strafzumessung. Der Gerichtshof ist da öfter, diesen Eindruck habe ich wiederholt als Beisitzer gehabt, in einer durchaus unwürdigen Lage. Es wird von den Geschworenen ein Meineid beispielsweise verneint und fahrlässiger Falscheid angenommen. Die Richter sind der übereinstimmenden Ueberzeugung, es liegt ein wissentlicher Meineid vor; wie sollen sie nun in den Erkenntnißgründen den Grad der Fahrlässigkeit sachgemäß abmessen, den die Geschworenen etwa da als vorhanden angenommen haben?!

Wenn ich somit auch zu demselben Resultat komme, wie Herr Dr. Olshausen und der Herr Referent Süpfle, und wenn ich ohne weiteres für die Anträge des Referenten stimmen werde, so möchte ich doch einen Vorbehalt im Sinne des Herrn Korreferenten Stenglein machen. Dieser Vorbehalt betrifft das Material für die Schöffengerichte der verschiedenen Ordnungen. Ich zweifle auch nicht, daß wenn wir nun die Schöffengerichte an die Stelle der Schwurgerichte höchster Instanz gesetzt haben, und wenn wir, was wohl allseitig in nothwendiger Konsequenz anerkannt wird, auch auf der mittleren Stufe die Strafkammern durch Schöffengerichte ersetzt haben werden, dann unzweifelhaft auch der Fall eintreten wird, der auch von den Regierungen damals als eintretend angenommen worden ist, als sie den ersten, durchaus konsequenten und sonst sachgemäßen Entwurf des Gerichtsverfassungsgesetzes fallen ließen, daß das Material für die Schöffen auf allen 3 Stufen in Dentschland in den meisten Fällen nicht zu finden ist. Darum würde ich in der That mit Herrn Reichsanwalt Stenglein die Schöffen auf der ersten Stufe, wo sie zwar nützlich, aber nicht absolut nothwendig erscheinen, wo etwaige Mißgriffe des Einzelrichters durch die Strafkammer in der Berufungsinstanz sehr wohl korrigirt werden können, fallen lassen und dafür sein, daß nur auf der mittleren und obersten Stufe Schöffengerichte fungiren, auf der untersten dagegen ein Einzelrichter. Dies möchte ich zur Erwägung empfehlen.

Rechtsanwalt **Munckel** (Berlin): M. H., ich meinerseits habe Anträge nicht gestellt für die vorliegende Frage, weil ich die Ansicht theile, daß es nicht gut ist, in bedeutenden Fragen Anträge zu stellen, von denen man nicht weiß, ob sie irgend welche Aussicht auf Annahme haben. Ich werde Sie einfach bitten, die sämmtlichen gestellten 6 Anträge abzulehnen und zwar deshalb, weil ich im Ganzen mit dem Herrn Oberreichsanwalt Stenglein darin übereinstimme, daß ich meine, die Frage ist gegenwärtig zur Entscheidung noch nicht reif.

Daß die Frage gestellt wurde, ist nicht verwunderlich. Der Zustand unserer Strafprozeß-Ordnung ist geradezu unerträglich. Wenn man irgend wie beabsichtigt hätte, es solle der deutsche Strafprozeß ein Versuchsfeld für verschiedene sich darauf tummelnde Theorien sein, dann hätte man ihn eigentlich kaum anders, als man ihn gegenwärtig eingerichtet hat, einrichten können; und ich bin erst heute noch bei einem Privatgespräch mit meinem sehr geehrten Landsmann, Herr Landgerichtsdirektor Müller-Berlin, zu der Erkenntniß gekommen, daß allerdings eine vierte Zusammensetzungs-Art der Strafgerichtshöfe noch denkbar gewesen sein würde, die nämlich, daß man je nachdem einmal Laien und Richter zusammenschließt und sie dann wieder auseinandersperrt und sagt: Jetzt mag ein jeder von Euch für sich beschließen, — eine Form, die ich übrigens in leisem Anklang schon in dem Desiderat des Herrn Referenten gefunden habe, wenn derselbe aussprach, es möge ein giltiger Spruch seitens eines aus Richtern und Laien gemischten Kollegiums niemals zu stande kommen, ohne daß ein Prozentsatz sowohl der Laien, wie der Richter sich für diesen Spruch erklärt habe. Der ausgesprochene Satz ist mir sehr wichtig deshalb, weil er zu verstehen gibt, daß auch die unbedingten Anhänger der Schöffengerichte in diesen Gerichten, bei denen Gleichheit der Richter herrschen soll und nicht herrscht, doch immer den Gegensatz der verschiedenartigen Bestandtheile nicht vergessen können, den man übrigens nach meiner Ansicht auch wirklich nicht vergessen soll.

Ich will bemerken, m. H., damit ich nicht gleichsam anonym vor Ihnen spreche, — es hatte der Herr Referent die Güte, auch die Schrift, die ich in dieser Frage verfaßt habe, seiner Besprechung zu unterziehen. Die von ihm erwähnte, anonym ihm vor kurzem zugegangene Schrift ist nämlich von mir. Daß sie sich anonym vorstellt, ist nicht meine Schuld und auch nicht einmal mein Verdienst. Es handelt sich um zwei Aufsätze, welche in der Wochenschrift „Nation" mit meinem Namen abgedruckt sind; der vorliegende Abdruck ist aus der „Nation" entnommen, und der Abdruckende ist für mich so bescheiden gewesen, meinen Namen dem Abdruck nicht hinzuzufügen. Ich habe also daran weder Verdienst noch Schuld, aber ich will ausdrücklich hier anerkennen, daß das, was in dem Aufsatz steht, mein Standpunkt ist. Ich werde heute vor Ihnen diesen Standpunkt nicht vertheidigen, heute verhalte ich mich nur negativ, weil ich vor Ihnen die Bitte rechtfertigen möchte, die sämmtlichen positiv gestellten Anträge abzulehnen.

Wir haben die Wahl zwischen der rein richterlichen Judikatur, wie sie meiner Meinung nach das Elben'sche Gutachten klar und deutlich genug vertritt, einen Standpunkt, den ich nicht billige, den ich aber verstehe. Wir haben die Wahl zwischen der Fortsetzung der Betheiligung des Laienelements in der Form, die ich einmal die „freie Form“ nennen möchte, in der Form des Geschworenengerichts, wo die Laien wirken, frei unter einander urtheilen, nicht beeinträchtigt durch irgendwelche überlegene Kraft. Wir haben die gewissermaßen „verschämte“ Laienbetheiligung unter richterlicher Kontrole, jetzt versuchsweise eingeführt, vermuthlich doch nicht ganz ohne den Hintergedanken, daß man doch einmal versuchen könne, ob der neue Versuch vielleicht die Aufhebung der Geschworenen-Einrichtung herbeiführen werde; und ich sehe, die Bewegung der Zeit geht in der That in etwas diesen Gang. Nun m. H., das neu eingeführte ist die Schöffengerichtsbarkeit, und die Frage, die dem Juristentag gestellt ist, geht hauptsächlich dahin, wie sich die neue Einrichtung bewährt hat. Welche wunderbaren Antworten haben wir bis jetzt, wenn Sie die Sache positiv betrachten wollen! In der einen Schrift, der des Herrn Gutachters Dr. Olshausen, sind die Schöffengerichte gelobt. Der Herr Referent stand auf demselben Standpunkte. Bezeichnend ist, daß der Herr Gutachter, welcher sein Gutachten schriftlich erstattet hatte, die Schöffengerichte aus eigener Anschauung nicht kennt, und daß der Herr Referent die Schöffengerichte zwar aus eigener Anschauung kennt, aber, wie es scheint, Schöffengerichte unter ganz besonders günstigen Umständen, nämlich in dem gebildeten Baden. Ich selber kenne die inneren Vorgänge in den Schöffengerichten natürlicher Weise nicht, ich habe niemals die Ehre gehabt Richter, also auch nicht Amtsrichter zu sein. Wie es in den Berathungen zugeht, kann ich nicht wissen. Es wird manchmal sehr wenig sich darin zutragen, wenn ich nach der Kürze der Zeit urtheilen darf, die sie dauern. (Heiterkeit.)

Was aber die Resultate sind, das kann ich als Anwalt beurtheilen, und wenn ich auch die Stadt Berlin, der ja schon viel zu viel Vorzüge zugeschoben werden sollen, als ein besonders großes Licht nicht einmal hinstellen will, ganz sonderlich tief steht sie doch in der Intelligenz auch nicht Nun kann ich sagen, daß unter den schöffengerichtlichen Urtheilen, die mir vorgekommen sind — es sind das ja vielleicht besonders interessante Fälle gewesen — kein einziges gewesen ist, welches nicht auf die Berufung von der Kammer abgeändert wäre, zu meinen Gunsten oder Ungunsten, und daß, so viel ich Schöffenrichter in Berlin zu kennen die Ehre habe, und von ihnen die Geheimnisse der Berathung in Erfahrung bringen konnte, die meisten mir ehrlich gesagt haben, daß sie durch die Schöffen sich nicht behindert fühlten. Insofern also bekennen sie sich zu dem Satze, daß das Institut unschädlich sei; man kann aber vielleicht auch weiter gehen und mit Herrn Staatsanwalt Elben zugeben, daß es manche Richter giebt, die außer den die eigentliche Rechtsprechung betreffenden Angelegenheiten — z. B. nachher beim Glase Wein — manche belehrende und angenehme Anregung von den Schöffen empfingen. Das aber ist der Zweck der Schöffengerichte nicht. M. H., das Eine halten Sie fest: Nachdem, was Ihnen bisher gesagt worden ist, sind die Urtheile über die Schöffengerichte, wie sie sich bis jetzt bewährt haben, doch mindestens weit auseinandergehend und ich fürchte, Herr Reichsanwalt Stenglein hat Recht, wenn er sagt: Im Ganzen kommen wir nun zu dem negativen Resultat, daß wir besonders schöne Früchte von diesem, aus einem Richter und zwei Schöffen bestehenden Gericht bisher noch nicht kennen gelernt haben. Sollen wir uns also als Juristentag darüber aussprechen, was das Ergebniß der bisherigen Erfahrung über Schöffengerichte ist, so werden wir entweder sagen müssen: es steht noch nicht genügend fest, denn die Ansichten sind sehr getheilt; oder wir werden sagen müssen: ein besonders günstiges ist es nicht; oder, wir werden endlich sagen und das soll ja ein besonderes Lob für die Schöffen sein: sie haben bisher, Gott lob, als unschädlich sich erwiesen. Wie wir nun auch sagen mögen, so verstehe ich das Eine nicht, wie wir nämlich, nicht durchdrungen von der Vortrefflichkeit der Schöffeneinrichtung bei den Amtsgerichten, jetzt schon dazu kommen sollen, diese durchaus nicht bewährte Einrichtung verpflanzen zu wollen auf die Landgerichte und damit auf alle hauptsächlichen, jetzt der Rechtsprechung der Strafkammern unterliegenden Fälle? Der Herr Reichsanwalt Stenglein führt aus: In der gegenwärtigen Einrichtung mißfallen mir die Schöffengerichte; aber ich ziehe aus diesem Mißfallen den Schluß, daß sie mir sehr wohl gefallen würden, wenn sie bei den Landgerichten, den Gerichten mittlerer Ordnung eingerichtet würden. Solche Schöffengerichte haben wir in Deutschland, mit Ausnahme vom Königreich Sachsen, wo man für sie viel Neigung hatte, vielleicht weil sie thatsächlich dort bestanden haben, nicht gehabt. (Zuruf: In Württemberg!)

Auf Grund unserer Erfahrung im Ganzen und Großen können wir also nicht aussprechen, daß die durch die deutsche Strafprozeßordnung eingeführten Schöffengerichte sich dergestalt bewährt haben, daß wir sie auszudehnen wünschen auf die Landgerichte! Und, m. H., der Vorzug, den namentlich der letzte Herr Redner bei den Schöffen gefunden hat, daß einzelne ländliche Schöffen als Sachverständige über einzelne agrarische Fragen den Richter genau unterrichten konnten, auch dieser Vorzug fällt weg, sobald sie sich die Schöffen verpflanzt denken auf weite, größere Raumgebiete der strafrechtlichen Beurtheilung und sobald Sie, was Sie Herrn Reichsanwalt Stenglein nachgeben wollen, auch ich nachgebe, die Schöffengerichte anstatt aus den engsten Bezirken zu nehmen, wo Freundschaft und Feindschaft nicht auszuschließen ist, sie nehmen aus den größeren Landgerichtsbezirken, bei denen dafür aber der Vorzug der speziellen Sachkenntniß wieder fortfällt; und Sachverständige aus eigener Erfahrung in strafrechtlichen Fragen würde man überhaupt nicht zu Schöffen machen. Ich sage, daß nach den Erfahrungen der Schöffengerichte, aus 1 Amtsrichter und 2 Schöffen bestehend, positives für die Schöffengerichte nicht herzuleiten ist. Was wir sonst über die Schöffengerichte hier deduciren, ist Theorie und gehört zum großen Theil auch in die Vorstellungen der Einbildungskraft hinein. Als praktische Lebensweisheit können wir es nicht aussprechen. Wir kommen mithin zu dem sonderbaren Ergebniß, daß, während wir bisher Schöffen hatten in den unteren Kreisen der Rechtsprechung, unterstützt oder vielmehr abgeschwächt durch eine über sie gestellte Berufungsinstanz, und nachdem wir im Ganzen sehr zweifelhaft sind, ob diese Schöffen sich bewährt haben, wir jetzt Schöffen in den größeren Sachen einführen und die Berufung dafür weglassen wollen, obwohl in diesen großen Sachen die Schöffen sich überhaupt noch nicht bewährt haben. M. H., in der Theorie bin ich zwar auch der Meinung, daß ich für gut halte, wenn man einmal Schöffengerichte haben will, daß diese Herren verschiedene juristische Meinungen in den Berathungen hören. Soll der Schöffe zu irgend einer Selbständigkeit kommen, so mag er verschiedene Ansichten der Richter vernehmen und es wäre keine Schande für den Richter, der in der Minderheit unter den Richtern mit seiner Ansicht geblieben ist, sich Anhänger für dieselbe unter den Schöffen zu suchen. Für ein schlimmes Verfahren halte ich das nicht, aber ich bin der Meinung, daß das Urtheil der Laien und das Urtheil der Rechtsverständigen von so verschiedenen Gesichtspunkten ausgeht, daß die Grundlage, von der sich Jeder seine Ueberzeugung bildet, eine verschiedene ist; — und jetzt lassen Sie Forst- und Waldfrevel bei Seite, jetzt handelt es sich um Urtheile über Vergehen, die nicht immer leicht zu finden sind und für die nicht das Reichsgericht die Regeln allgemein festgestellt hat, so daß man sie nur schablonenmäßig anzuwenden braucht. Es wird unmöglich sein, daß die von ganz anderer Grundlage her urtheilenden Laienkräfte den Streit zwischen zwei Rechtsverständige schlichten, und ich habe mich in der namenlos erschienenen Schrift mit Bedacht zu dem Satze verstiegen, daß ich meine — wenn man einmal Theorie treiben will — es wird der zwischen zwei Juristen entscheidende Laie, der aus laienhaften Gründen entscheidet, wahrscheinlich das juristisch Unrichtige treffen, und der zwischen zwei Laien entscheidende Jurist, der aus juristischen Gründen entscheidet, wird wahrscheinlich das laienhaft Unrichtige treffen. Diese zwei heterogenen Ideen, das Laien- und das Richterelement zusammengebracht, während sie zusammen nicht taugen, wie Wasser und Oel, und tüchtig durcheinander geschüttelt: das wird bei der Berathung wieder zu Wasser und Oel, da haben sich beide Bestandtheile wieder von einander geschieden. Bei der formalen Prozeßleitung sind die Schöffen nichts weiter als eine einfache Verzierung und nicht einmal eine gute; denn der vor Gericht stehende wird irre geführt und glaubt, ein Kollegium vor sich zu haben, während er keines hat. Bei der wirklichen Rechtsfindung aber treten beide Elemente auseinander. Welches da die Oberhand behalten muß, durch seine bessere Sachkenntniß, präsumptiv auch bessere Dialektik ausgerüstet, darüber kann kein Zweifel sein. Und kommt es einmal anders, dann haben wir gleichwohl keine Gewähr dafür, daß das so entstandene Urtheil richtig ist. Ich sage, was man bis jetzt von den Schöffengerichten weiß und für die Zukunft ahnen kann, scheint mir verführerisch für eine Ausdehnung dieser gesetzgeberischen Idee nicht zu sein, und ich gehe von der Meinung aus, daß diese Idee weniger deßhalb Boden gefunden hat in der Gesetzgebung, vielleicht auch unbewußt wenigstens deßhalb gerade weniger Vertheidigung findet, weil sie mehr Laien in die Judikatur hineinführt, sondern aus dem mehr negativen Gesichtspunkte, weil sie bestimmt sein könnte, von der vielfach angefochtenen Einrichtung des Schwurgerichts zu befreien. Das war der Zweck, daß hier die Hand angelegt werden kann, wenn sich die Schöffengerichte bewähren, das Schwurgericht zu beseitigen. Und doch bin ich der Meinung, wenn wir einmal auf das Laienelement Rücksicht nehmen wollen in der Rechtsprechung — worüber man zweifelhaft sein mag — wenn wir es wollen, dann will ich auch den reinen Ausdruck der laienhaften Ueberzeugung haben, nicht bevormundet durch den Einzelrichter, nicht bevormundet durch das richterliche Kollegium. Ich sagte deßhalb schon, ich verstehe, daß man sagt: die Schwurgerichte haben so mannigfache Fehler, deßhalb will ich sie nicht. Wer so denkt, den begreife ich. Wer aber die Schöffengerichte an die Stelle setzen will, der setzt etwas schlechteres an die Stelle. Wer so gedacht hat, muß konsequent sagen: die Richter werden schon das Richtige treffen. Bis zu einem gewissen Grade mag das auch richtig sein, dann aber muß man folgerichtig auf das Laienelement überhaupt verzichten, auch in der Form von Schöffengerichten.

Mit Recht hat Herr Dr. Olshausen in seinem Gutachten eine Menge Unzuträglichkeiten hervorgehoben, die bei dem jetzigen Schwurgerichtsverfahren unvermeidlich sind. Wie kommt er aber dazu, daraus den Schluß zu ziehen: deshalb müssen die Geschworenen beseitigt werden?! Da müßte man es doch wohl erst versuchen mit einer Abänderung des schwurgerichtlichen Verfahrens, und wenn ich für diese Abänderung in der namenlosen Schrift Ideen angegeben habe, so machen die gar keinen Anspruch darauf, die richtigen zu sein. Ich sage nur: entdecke ich Uebelstände im Schwurgerichtsverfahren, so suche ich ihnen abzuhelfen; aber ich schlage darum nicht gleich die Schwurgerichte überhaupt todt, oder setze eine andere, mir jetzt noch vollständig unbekannte Einrichtung, das sog. große Schöffengericht, an die Stelle der bekannten Schwurgerichte; ich überlege erst, wie es mit den Schwurgerichten anders werden kann, und eine Verbesserung ist hier nicht unmöglich, wenn man die Trennung der That- und Rechtsfrage, die sich schon eigentlich bei der Revision nicht gut durchführen läßt, bei dem Geschworenengericht aber gar nicht, — wenn man die aufgiebt, und wenn man an Stelle dessen setzt — nicht das Nebeneinandertagen zweier selbständiger Gerichtshöfe — wie es bezeichnet worden ist — sondern zwei selbständige Spruchfaktoren, der eine die Laien, der andere die Richter umfassend, mit der Maßgabe, daß der Spruch der Geschworenen den Richtern die Grenze zieht, über die sie zum Nachtheil des Angeklagten nicht hinausgehen können.

Gegen die angebliche Souveränität der Geschworenen bei Freisprechungen würde damit keine Aenderung gegen den bestehenden Zustand hervorgebracht; denn sollten sich, wie in unserem vielberufenen Nachbarlande, die Geschworenen so souverän und gottähnlich fühlen, von einem offenbaren Verbrechen freizusprechen, so ist auch nach dem jetzigen Zustande dagegen eine Hülfe nicht möglich. Man würde, wenn dergleichen Fälle vorkämen, auf eine Abänderung des Instituts bedacht sein müssen. In so flagranter Weise sind sie aber bei uns nicht vorhanden, sie würden vom Beifall unseres Volkes nicht getragen werden. Und schließlich, m. H., ziehen wir muthig die Konsequenz! Wenn man dergleichen in Frankreich thut, und wenn es geschieht unter dem Beifall und dem Jubel aller Zuhörer und des ganzen Volkes, dann ist das Rechtsbewußtsein des ganzen Volkes so geändert, daß nach diesem Rechtsbewußtsein Recht ist, was uns Unrecht erscheint und mit Gesetzen und Veränderungen der Schwurgerichte wird man das Rechtsbewußtsein des Volkes nicht abändern. Kommt dergleichen einmal vor, — es kann auch bei Richtern vorkommen — so wird es gemißbilligt werden und einen Unwillen gegen den einzelnen Spruch erregen, der Wiederholungen vorbeugt. Wird es aber die Regel, ja, wer hält zurück, was die Volksströmung will?

Mein Bedenken lag vorhin auf einer ganz anderen Seite: nicht bloß unbegründete Freisprechungen, auch unbegründete Verurtheilungen kommen vor, und m. H., ich halte das für die unwürdigste Lage des Richters, wenn er nach der gegenwärtigen Gesetzgebung der Meinung ist, der Angeklagte sei schuldlos, ohne daß der Fall vorliegt, wo er nach dem Gesetze den

Spruch kassiren kann, und nun suchen soll nach den Strafzumessungsgründen, wonach er schwerer oder weniger schwer zu strafen hat. Das wird beseitigt, wenn man hierbei sagt: der Spruch der Geschworenen zieht zu Gunsten des Anklagten eine unüberschreitbare Grenze zu seinem Nachtheil nicht: da soll auch das Gericht noch gehört werden. Dann hätten beide Faktoren des Schwurgerichts ihre würdige und angemessene Stelle, und es wäre wenigstens zu versuchen, wie man mit einer solchen Aenderung der Schwurgerichte fährt. Jedenfalls ist es, glaube ich, seitens des deutschen Juristentages unmöglich, daß wir der Gesetzgebung gewissermaßen empfehlen wollten, an Stelle eines Institutes, wie es die Geschworenen sind, die dieser selbe Juristentag durch seine Geschichte hindurch bis jetzt begünstigt hat, weil augenblicklich eine Strömung, eine politische wie juristische, gegen die Betheiligung der Laien bei allen öffentlichen Geschäften sich geltend macht — daß wir, sage ich, der Gesetzgebung des Reiches empfehlen sollten, dieses viel vertheidigte und viel bekämpfte Institut aufzugeben zu Gunsten eines großen Schöffengerichts, von dem wir noch gar keine Erfahrung gemacht haben, und von dem wir uns nur vorstellen sollen, daß es ebenso schön ist, wie das gegenwärtige kleine Schöffengericht schlecht zu sein scheint nach dem, was die Mehrzahl darüber urtheilt.

Ich würde Ihnen empfehlen, die sämmtlichen Anträge, wie sie gestellt sind, abzulehnen; eventuell würden sich die von dem Herrn Reichsanwalt Stenglein gestellten Sätze als temporär eher zur Annahme empfehlen als die anderen. (Bravo.)

Professor Dr. **Rubo** (Berlin): M. H.! Ich erlaube mir auf die Frage, die die ständige Deputation in sehr bestimmter und klarer Weise gestellt hat:

> Haben sich die Vorschriften des deutschen Gerichtsverfassungsgesetzes Titel 4 und 6 bezüglich der Zuziehung von Laien in Strafsachen in der Praxis bewährt? oder erscheinen gesetzliche Aenderungen rathsam und nach welchen Richtungen hin?

Ihnen den ersten Antrag des Herrn Referenten Süpfle und den letzten Antrag des Herrn Korreferenten v. Stenglein, seinem Inhalt nach wenigstens, zu empfehlen dahin:

1. Die Schöffengerichte haben sich im Allgemeinen in der Praxis bewährt.
2. Es ist ein bestimmtes Urtheil, inwieweit die Schwurgerichte etwaig zu ersetzen seien, noch nicht zu geben.

Bevor ich jedoch darauf eingehe, was uns speziell hier beschäftigt, halte ich mich denn doch für verpflichtet, einem Ausspruch meines verehrten Vorredners und Freundes entgegenzutreten, des Herrn Rechtsanwalt Munckel, damit nicht etwa in diesem Saale sein Ausspruch unwidersprochen bliebe, es sei die deutsche Strafprozeßordnung ein schlechtes opus, ein Versuchswerk par excellence.

M. H., ich glaube, will man überhaupt das Ziel einer Strafprozeßordnung auf Ermittelung und Feststellung der objektiven Wahrheit stellen, dann ist, abgesehen von wenigen Abschnitten, die deutsche Strafprozeßordnung geradezu ein Musterwerk allerersten Ranges; und wenn sich auch unter deren Herrschaft hier und da Mißstände gezeigt haben, dann bin ich allerdings fast stets davon überzeugt gewesen, daß die Schuld mehr an der Handhabung des Gesetzes, als an dem Gesetze selbst gelegen hat.

Die Zuziehung der Laien im Strafprozeß, m. H., beruht, wie wir Alle wissen, darauf, daß der rechtsgelehrte Richter im Laufe seiner Thätigkeit so fein, so zugespitzt in seiner Auffassung wird, daß zwar vom Standpunkt der Wissenschaft aus dasjenige, was er für Recht erkennt, vollständig begründet erscheint; aber diese Zuspitzung und Feinheit ist weit entfernt von dem, was der schlichte Verstand im Gesetze selbst ausgedrückt findet; und gerade dieses zugespitzte, dieses feine Recht, m. H., ist es, von dem Cicero sagt: summum jus summa injuria. Behufs Abhilfe soll nun der rechtsgelehrte Richter von seiner Höhe der Abstraction wieder zur natürlichen, schlichten Auffassung herabgezogen werden. Dazu treten die Laien hinzu; mit den Laien soll der rechtsgelehrte Richter zusammen berathen; er soll sich belehren lassen durch die Laien, was schlichte Auffassung, was Ergebniß natürlichen Verstandes sei. Wollten wir die Laien für sich allein berathen lassen, m. H., dann kommen wir entschieden dahin, den Unverstand an die Stelle dessen zu setzen, was bisher das sog. — ich möchte sagen allzu- — höchste Recht war. Darum soll Gemeinsamkeit der Berathungen stattfinden; der Richter soll herabgezogen werden von der Höhe der Abstraction auf die natürliche, schlichte Auffassung und der Laie wiederum soll durch den Richter belehrt werden, was Rechtens sei, wie er seinen juristischen Unverstand auszubilden habe. So kommen wir denn dazu, das Schöffengericht als die gemeinsame Vereinigung der rechtsgelehrten Richter und Laien bei Berufung und Entscheidung begrifflich für das Beste zu halten.

M. H., wenn ich mir jetzt es in Erinnerung bringe, wie die deutsche Strafprozeßordnung und das Gerichtsverfassungsgesetz zur Entstehung gelangt ist, da gedenke ich des ehemaligen hannöverschen Schöffenrichters und jetzigen vortragenden Raths im Reichsjustizamt, Geheimen Regierungsraths v. Lenthe, als desjenigen Mitgliedes der Kommission zur Aufstellung eines Entwurfs zur Strafprozeßordnung, welcher die Hinzuziehung der Laien beim Einzelrichter auf das dringendste empfahl, während er sich allerdings gegen die Hinzuziehung der Laien bei Kollegialgerichten erklärte.

Die Gründe, aus welchen er dem Einzelrichter Laien hinzugesellen wollte, sind jedenfalls sehr zutreffend. Das Einzelrichterthum kann nämlich oftmals recht gefahrvoll für die Rechtspflege sein, indem die Selbständigkeit und namentlich das Unkontrollirtsein durch Amtsgenossen den Einzelrichter unwillkürlich hie und da veranlassen, über Thatsachen oder Gesetzesvorschriften sich hinwegzusetzen. Dieser schwere Nachtheil des Einzelrichterthums, m. H., soll bei den Schöffengerichten dadurch ausgeglichen werden, daß für den Richter die Nothwendigkeit einer Berathung mit Anderen — und wären dies selbst nur Laien — geschaffen wird.

Ich weiß zwar sehr wohl, daß mancher Schöffenrichter eine Berathung der Schöffen mit ihm gar nicht zuläßt oder dieselbe nur zu einem bloßen Formalismus herabdrückt; und beispielsweise weiß ich es aus direkten Mittheilungen zweier mit einander amtirenden Schöffen, wie der Schöffenrichter die Berathung mit ihnen eingerichtet hatte. Noch während der Gerichtsverhandlung wandte sich der Richter an einen seiner beiden Schöffen, indem er an denselben eine, sei es weil zu leise, sei es weil zu undeutlich gesprochen, fast unverständige Frage richtete, welche der Angeredete in dem Glauben, es handle sich um eine nebensächliche Bemerkung, lediglich durch Kopfnicken beantwortete. Verlangte nun nach Schluß der Verhandlung der nicht angeredete andere Schöffe, daß die Berathung stattfinde, dann sagte der Richter schlechthin zu ihm: „Sie haben überhaupt nichts mehr zu reden; die Majorität ist bereits einig“; und er fällte alsbald das Urtheil nach Maßgabe der von dem angeredeten Schöffen durch Kopfnicken bejahten Frage. Und so ward stets berathen, stets entschieden, lediglich eine Verschiedenheit soll dabei vorgekommen sein: einmal nämlich wurde der eine, das andere Mal der andere der beiden Schöffen angeredet. Wo in solcher Weise die Rechtspflege gehandhabt wird, da, m. H., mag allerdings die Kürze, von welcher der Herr Rechtsanwalt Munckel sprach, wohl begründet erscheinen.

Aber ein besonders schweres und nicht zu rechtfertigendes Etwas liegt in unserer deutschen Gerichtsverfassung, m. H., daß nämlich die Ueberweisung von Strafsachen seitens der Strafkammern an die Schöffengerichte in dem Umfange erfolgen darf, wie es zugelassen ist. Ich meine, es ist nicht zu streng ausgedrückt, wenn ich erkläre, diese Ueberweisungsmöglichkeit ist im höchsten Maße verwerflich. Erst ist es die voraussichtlich verwirkte Strafe, nämlich höchstens 3 Monate Gefängniß, welche maßgebend sein soll dafür, daß die Strafkammer die Sache zur Verhandlung und Entscheidung an das Schöffengericht überweisen darf; ist aber die Ueberweisung erfolgt, dann darf das Schöffengericht wiederum höher als 3 Monate Gefängniß erkennen. Bald ist es, wie bei den ehrenrührigsten

Missethaten, beispielsweise Betrug und Diebstahl, die Höhe des Vergehungswerth, nämlich nicht mehr als 25 Mark, von welchem die Zulässigkeit der Ueberweisung an das Schöffengericht abhängt; ist aber die Ueberweisung erfolgt, dann bleibt das Schöffengericht doch zuständig, selbst wenn der Vergehungswerth — z. B. der angeblich unechte Brillant erweist sich in der Verhandlung vor dem Schöffengerichte als ein echter von übergroßem Werth — sich höher als 25 Mk. stellt. M. H., die Schöffengerichtsbarkeit widerspricht in dieser Ausdehnung dem, was man von einer Gerichtsbarkeit in Ansehung der höchsten Ehre, der höchsten Sittlichkeit verlangen kann. Hat das Gesetz es für nothwendig erachtet, den Diebstahl, die Hehlerei, den Betrug u. s. w. überhaupt vor eine Strafkammer von fünf Richtern zu bringen: auf Grundlage welchen sittlichen Rechtes läßt es sich dann dennoch rechtfertigen, daß derjenige, der nur 25 Mk. gestohlen hat, lediglich von einem Schöffengericht abgeurtheilt wird? M. H., fragt, wenn ein Anderer wegen Diebstahl bestraft worden ist, jemand darnach, ob derselbe nur bis 25 Mk. gestohlen hat oder mehr? Möglich ist es zwar, daß wenn ein Schöffengericht verurtheilt hat, in der Berufungsinstanz auf Freisprechung erkannt wird: aber ist nicht bereits schon die Fällung des schöffengerichtlichen Strafurtheils ein schwerer Eingriff in die Ehre des Angeklagten? Ich glaube, wir sollten damit anfangen, die Zuständigkeit der Schöffengerichtsbarkeit einzuschränken.

Wenn Herr Rechtsanwalt Munckel den Werth der Schöffengerichte und deren Urtheile dadurch herabgemindert hat, daß er die Abänderung durch die Strafkammern hervorhob: so fragt es sich, m. H., ob die Abänderung durch die Berufungskammer wirklich auch stets eine sachgemäße war. Gerade der Umstand, daß bei den Strafkammern Laien nicht mitwirken, macht die Frage zu einer nicht ohne Weiteres beantwortbaren. Der Tadel, daß beim Schöffengerichte der Richter durch die Schöffen überstimmt werden könne, auch zuweilen werde, ist in dieser Allgemeinheit als Tadel nicht begründet. Ich habe bis jetzt erst einen einzigen Vorsitzenden kennen gelernt, der sich rühmte, daß in der von ihm geleiteten, aus 3 Richtern bestehenden, ehemaligen Kriminal-Deputation seine Ansicht stets die Mehrheit der Stimmen erhalten. „Denn“ — so sagte er — „unter den beiden Beisitzern ist jedenfalls ein Dummer und der folgt mir immer“. (Heiterkeit.)

Dieser Ausspruch ist für mich sehr charakteristisch in Bezug auf die Beurtheilung, ob es wirklich so etwas Schlimmes sei, wenn einmal der rechtsgelehrte Richter durch die Schöffen überstimmt wird, ingleichen, wenn in Ansehung der Strafabmessung wirklich Ueberstimmung des Richters durch die Schöffen erfolgt. Wer, m. H., in diesem Saale wagt es zu sagen, daß bestimmte Rechtsgrundsätze über Strafabmessung überhaupt existiren? Es ist Willkür von Seiten des Gesetzes bei der Strafandrohung. Justizminister Friedberg war es, der bei der Aufstellung der ersten Entwürfe zum deutschen Strafgesetzbuche selbst erklärte, daß er, trotz Aufnahme von relativ bestimmten Strafprozessen und trotz der dadurch entstandenen Nothwendigkeit, den Richter anzuweisen, nach welchen Grundsätzen die Strafe abzumessen sei, keinerlei Vorschrift darüber aufnehme, warum oder weßhalb so gestraft werde. Denn die Beantwortung dieser Frage sei für ihn unmöglich.

Wenn nun aber dagegen in dem Gutachten des hochverehrten Herrn Dr. Olshausen ausgeführt wird, daß nur eine längere Thätigkeit im Verhängen von Strafen dahin führe, die verschiedenen Fälle mit verhältnißmäßig gleicher Strafe nach Maßgabe ihrer Schwere zu treffen: so heißt das nichts anderes, als durch Gewohnheit Willkür zum Gesetz erheben; und von einem einheitlichen deutschen Strafprozesse können wir nicht mehr reden, wenn in den einzelnen Gerichtsbezirken die Strafen nach Maßgabe der gerade nur dort gewonnenen Erfahrungen verhängt werden!

So bitte ich Sie denn, eingedenk dessen insbesondere, daß die Hinzuziehung der Schöffen beim Amtsgerichte das Einzelrichterthum beseitigt und eine Kollegialgerichtsbarkeit schafft, den ersten Satz des Herrn Referenten Süpfle zu bejahen:

„Die Schöffengerichte haben sich bewährt."

Auf die Schwurgerichte will ich nicht weiter eingehen, da ich hierin dem Antrag des Herrn Referenten Stenglein beitrete. Was der Herr Begutachter Dr. Olshausen erwähnt hat in Ansehung der Mangelhaftigkeit der Geschworenen und des Zustandekommens ihres Wahrspruchs, das zeigt sich auch bei den rechtsgelehrten Richtern und das Zustandekommen ihrer Urtheile. Ich bin als Richter es den Geschworenengerichten gegenüber schuldig zu sagen: solche Fälle, wie sie Herr Dr. Olshausen rücksichtlich der Geschworenen erwähnt hat, welche auf Mangel an Charakterfestigkeit, Ehrenhaftigkeit, Tüchtigkeit, Unparteilichkeit beruhen, kommen auch bei Gerichtshöfen von nur rechtsgelehrten Richtern vor. Ich nenne keinen Staat, in welchem es geschehen ist; ich will aber einen Fall erwähnen, weil er gerade auf das Gutachten des Herrn Dr. Olshausen paßt. Bei der Abstimmung in einer Strafkammer erklären sich 3 Richter für, 2 Richter gegen die Schuldfrage. Erregt darüber, daß auf Grund dessen die Freisprechung erkannt werden müsse, erklärt der Vorsitzende: „wenn Sie bei dem Votum bleiben, dann gebe ich mein Separatvotum zu den Akten;" und darauf sagt einer der die Schuldfrage verneinenden Richter, ein Assessor: „ich trete Ihnen bei", — — mit 4 gegen 1 schuldig, — 2 Jahre Gefängniß! (Bewegung.)

Ich könnte Ihnen noch andere Beispiele dieser Art anführen. Jedenfalls meine ich aber, haben wir nicht Grund, die Untüchtigkeit gerade der Schwurgerichte darauf zu stützen, daß sich in einzelnen Fällen ein oder mehrere Geschworene als charakterlos erweisen.

Daß die heutigen, das deutsche Schwurgericht betreffenden Vorschriften mannigfach abzuändern seien, bin auch ich der Ansicht; beispielsweise halte ich die Scheidung der Fragen in That- und Rechtsfragen für nothwendig, gleichwie diese Scheidung auch in England besteht, wo der rechtsgelehrte Richter allein es ist, der die Rechtsfrage entscheidet und diese seine Entscheidung lediglich durch den Ausspruch der Geschworenen verlautbaren läßt. Doch das berührt uns hier nicht. Ich bitte Sie, die uns gestellte Frage einfach dahin zu beantworten:

1. Die Schöffengerichte haben sich bewährt.
2. Ueber die Schwurgerichte sind rücksichtlich einer Abänderung noch keine genügenden Erfahrungen gegeben.

Senatspräsident Dr. **von Stößer** (Karlsruhe): Hochgeehrte Herren! Von dem Wunsche geleitet, daß bei Erörterung dieser wichtigen Frage sich möglichst vielseitig die Mitglieder unserer Abtheilung betheiligen, lege ich mir auch zugleich die Pflicht auf, meinen Standpunkt zunächst zu der ersten Frage mit Bezug auf den Antrag des Herrn Referenten darzulegen. Ich bin aus Baden. Wir haben im Jahre, bald nach jener bedeutungsvollen Bewegung, im Jahre 1860 uns sehr ernst mit der Frage beschäftigt, ob die Schöffengerichte in erster Instanz einzuführen seien oder nicht, und haben insbesondere Erkundigungen da eingezogen, wo sie früher bestanden haben; das war in Hannover und Braunschweig.

Die Gründe für und wider, welche den Juristentag nun seit etwa einem viertel Jahrhundert beschäftigt, welche auch in der Wissenschaft einen ausgiebigen Gegenstand der wichtigsten und gründlichsten Erörterungen gebildet haben, will ich nicht vorführen, sondern einfach Zeugniß geben. Ich bin allerdings nicht in der günstigen Lage, wie mein verehrter Landsmann Süpfle, sondern in der ungünstigen Lage, wie Herr Reichsanwalt Stenglein, daß ich aus unmittelbarer eigener Wahrnehmung hier nicht Zeugniß geben kann; wohl aber habe ich es mir zur ernsten Aufgabe gemacht, von dem Jahre 1860 an da, wo früher die Schöffengerichte bestanden haben, insbesondere also in Hannover und Braunschweig, bis auf den heutigen Tag überall, insbesondere auch in meinem Heimathlande selbst mich auf das gewissenhafteste bei Richtern wie bei Schöffen zu erkundigen, welche Erfahrungen man mit den Schöffengerichten gemacht hat, nnd ich kann Sie versichern, daß sowohl in den Ländern, wo sie vor dem Jahre 1864 bestanden haben, als auch in Baden, wo wir sie seit jenem Jahre haben, also doch auch bereits 22 Jahre, die gründlichen Erörterungen dahin führen, daß man allen Grund hat, mit den Schöffengerichten zufrieden zu sein. Nur theilweise Erfahrungen stehen mir noch insofern zur Seite, als ich längere Zeit auch Berufungsrichter gewesen bin, wo auch vielfach, allerdings nur in verhältnißmäßig geringem Prozentsatz, die Urtheile der Schöffengerichte Gegenstand wiederholter Prüfung gewesen sind. Obwohl wir weitere Beweise, die vorgeschlagen waren, unbeschränkt und frei zugelassen und erwogen haben, sind wir nur in äußerst wenigen Fällen zu einer Abänderung der unter Mitwirkung der Schöffen festgestellten Thatsachen gekommen. Ich kann also mein Zeugniß dahin abgeben, daß sich die Schöffengerichte erster Instanz, wovon allein zur Zeit die Rede ist bewährt haben, und ich bitte Sie, wenn Sie die gleiche Erfahrung gemacht, haben, gleichfalls dafür Zeugniß zu geben und wenigstens für den ersten Satz des Herrn Referenten hier einzutreten. Ueber die weiteren Anträge behalte ich mir erforderlichenfalls weitere Aeußerung vor.

Nur noch die eine Bemerkung: wenn Sie zu der Anschauung des Herrn Rechtsanwalt Munckel kommen sollten, dann können Sie weder für die Sätze des Herrn Süpfle, noch für den Satz des Herrn Stenglein stimmen; dann müßten Sie einen besonderen Antrag etwa dahin stellen, daß zur Zeit noch nicht genügende Erfahrungen gesammelt worden sind, so daß man sich weder für Ja noch für Nein aussprechen könnte. Ich von meinem Standpunkt wiederhole: die Schöffengerichte haben sich bewährt, und ich bitte Sie den Satz 1 des Herrn Süpfle annehmen zu wollen.

Reichsgerichtsrath **Wielandt** (Leipzig): M. H., der Juristentag ist nicht dazu da, Theorie zu treiben. Dafür habe ich mich immer ausgesprochen, auch beim letzten Juristentag anläßlich einer ähnlichen Frage. Er ist dazu da, um Praxis zu treiben, und das führt mich zu meinem Antrage, den ich schriftlich überreichen werde:

> Es liegt zur Zeit kein Bedürfniß zu einer Aenderung der Bestimmungen bez. der Zuziehung von Laien in Strafsachen vor.

Von den beiden uns seitens der ständigen Deputation gestellten Fragen kann man die letztere bejahen oder verneinen, ohne gerade auf die andere eine positive Antwort zu geben. Ich stimme sonach, wenn Sie wollen, dem Herrn Rechtsanwalt Munckel bei, ich habe aber eine andere Begründung. Es handelt sich nicht darum, daß wir eine neue Reichsstrafprozeßordnung schaffen; wir sollen uns überlegen, welchen Ausspruch wollen wir in die Welt senden?

Nicht einen Ausspruch, der Papier bleibt. Der Juristentag soll keine papiernen Aussprüche abgeben, sondern einen Ausspruch, der für die Praxis eine Bedeutung hat. Der Juristentag würde in seiner Bedeutung sinken, wenn er Aussprüche thäte, sei es unüberlegt, sei es solche, die nicht der Zeit entsprächen.

Und so prüfe ich nun die einzelnen Punkte. Ich hätte gewünscht, wollte aber nicht unterbrechen, man hätte die einzelnen Punkte einzeln diskutirt, es wären die Ansichten dann schärfer hervorgetreten.

Nachdem aber die Diskussion eine andere Richtung genommen hat, muß man sich hieran halten.

Es ist die naturgemäße Eintheilung schon in der Fragestellung selbst gegeben. Die erste Frage ist:

> Haben sich die Bestimmungen bezüglich der Zuziehung des Laienelements bei den Amtsgerichten bewährt oder erscheinen Aenderungen nöthig?

Ich sage, ich brauche hier eine positive Antwort auf die erste Alternative der Frage nicht zu geben, ich kann dem Herrn Rechtsanwalt Munckel beitreten. Ich kenne das Schöffeninstitut in manchen Gebieten nicht, ich kenne es in anderen, denn ich gehöre auch dem glücklichen und gesegneten Gebiete von Baden an und habe dort eine über 15jährige Laufbahn durchgemacht, ehe ich in reichsgerichtliche Dienste übertrat. Ich habe das Schöffeninstitut in den 15 Jahren unserer badischen Prozeßordnung kennen gelernt, wenn auch nicht in der Stellung als Einzelrichter ich war damals schon Mitglied des Kollegiums, aber ich kenne die Erfahrungen und habe in dieser Hinsicht keine andere Erfahrung zu bezeugen, als mein Freund Stößer. Daraus folgt aber nicht, daß möglicher Weise in anderen, nicht so vorgeschrittenen Gebieten des weiten Deutschen Reichs die Erfahrungen nicht so günstig sind. Darüber kann ich positive Auskunft nicht geben, so wenig wie mein verehrter Kollege Süpfle. Es spricht Jeder von seiner Erfahrung. Ich sage mindestens, ich habe keinen Grund zu einer Aenderung, und das genügt vollständig für den Standpunkt des praktischen Juristen. Eine nähere Begründung scheint mir eigentlich unnöthig zu sein. Wir haben von den verschiedensten Seiten gehört, die Schöffen haben sich mindestens nicht schädlich gezeigt. Die Gesetzgebung soll — und darin trete ich Herrn Reichsanwalt Stenglein bei — soll nicht unnützes Beiwerk schaffen. Ganz richtig; wir schaffen aber heute nicht, wir würden erst schaffen, wenn wir abschaffen. M. H., das Beiwerk ist aus guten Gründen gegeben, ich zergliedere dies heute nicht, das geht mir zu weit von unserem Standpunkt. Wir haben keinen Grund zu Aenderungen. Die Bestimmungen haben sich bewährt, sage ich mit Herrn Oberamtsrichter Süpfle, in weiten Gebieten, sie haben in anderen Gebieten, wenn ich mir die Aeußerung gestatten darf, Schaden nicht angerichtet. Ich glaube, wenn sie nicht positiv genügt haben, so liegt es theils an den Amtsrichtern, theils daran, daß man in der Auswahl nicht so sorgfältig verfuhr, als man hätte verfahren können.

Dann mache ich Sie noch auf etwas Anderes aufmerksam, eine Erfahrung, die ich in meiner Stellung als Mitglied des Reichsgerichts gemacht habe. Diejenigen, welche in Gebieten mit anderer Rechtseinrichtung gewesen sind, trennen sich nicht gern von dem, was sie gewöhnt sind, sie mögen sich nicht die Mühe geben, das Volk zu erziehen zu dem, was gut thut, auch in der Juristenwelt. Manche Amtsrichter, ich sage nicht, sie genügen ihrer Pflicht nicht, allein sie erfassen das nicht ganz vom höheren Standpunkte und in dieser Hinsicht sind es vielleicht einzelne Amtsrichter in einzelnen Gebieten des Deutschen Reichs, die so hinausgeschickt werden, vielleicht weil sie weniger tüchtig sind, die ihre Aufgabe nicht richtig erfassen. Ich sage aber positiv: es ist mindestens ein Bedürfniß zu einer Aenderung nicht vorhanden. Das scheint mir das Erste zu sein bezüglich der Zuziehung des Laienelements in Strafsachen. Ich werde von diesem Standpunkt aus — und darum habe ich meinen Antrag anders formulirt — auch nicht dem beitreten, was Herr Kollege Süpfle als positiven Aenderungsvorschlag Ihnen unterbreitet hat. Das ist etwas ganz Spezielles und in dieser Hinsicht, m. H., sind die Ansichten verschieden. Wir haben das in Baden bei Aenderung der Gerichtsverfassung auch erlebt, ich war damals Mitglied des Hofgerichts, das die Prozeßordnungs-Entwürfe zu begutachten hatte, und mein Werk war mit die Redaction dieses Gutachtens, ich habe mich also sehr ausführlich auch mit dieser Frage befaßt. M. H., ich sage, wollen Sie doch nicht im Einzelnen solche Bestimmungen hervorheben, es hat auch eine gewisse Gefahr, gerade die Bestimmung zu betonen, daß z. B. dann die Zuziehung von Schöffen bei der Aburtheilung nicht geboten sei, wenn der Angeklagte eingesteht und derselbe, sowie der Staatsanwalt, mit der Unterlassung der Zuziehung von Schöffen bei der Aburtheilung einverstanden ist.

Es sind das so kleine Unterschiede, die das ganze Princip durchbrechen, und man sollte sie nicht aufstellen, gerade wie die Strafprozeß-Ordnung sie nicht aufgestellt hat. Es ist erstlich keine Nothwendigkeit zu einer derartigen Einschränkung. Folglich schaffe man nicht ab, was positiv ist. Es birgt aber, um es kurz zu berühren, eine solche Bestimmung einen Schaden in sich, sie schafft nämlich im Volksbewußtsein die Möglichkeit einer Unterscheidung zwischen Arm und Reich. Sehr häufig würde Jemand mit dem größten Vergnügen sehen, wenn die Schöffen nicht zugezogen würden, er gesteht lieber dem Richter, als daß er seine Schande vor den Schöffen proklamirt. Die Schande soll er tragen und die Zuziehung der Schöffen ist für manche Strafsachen äußerst nützlich. Ich will

Sie nur auf ein Beispiel aufmerksam machen, das mir in der Praxis vorgekommen ist. Nehmen Sie das ganze Gebiet der Fälschung von Nahrungsmitteln. Die Leute, welche die Milch fälschen, andere Gegenstände fälschen, den Pfeffer mit Schwerspat vermengen u. s. w., sind, wenn sie nicht leugnen können und überführt werden, mit dem größten Vergnügen damit einverstanden, daß die Schöffen nicht beigezogen werden. Läßt es sich mit einer Geldstrafe abmachen, so gestehen sie, denn durch die Zuziehung der Schöffen würden sie an den Pranger gestellt. Man mache also keine Unterschiede, allgemeines Recht stärkt das Rechtsbewußtsein des Volkes.

Dann mache ich Sie noch auf Eins aufmerksam. Herr Kollege Stenglein hat meines Erachtens in der Richtung, daß das Material für Schöffen nicht vorhanden sei, nicht praktisch gesprochen. Das Material ist vorhanden. Für die von ihm beantragte Mitwirkung von Laien bei den Gerichten mittlerer Bedeutung freilich würde das Material schwer zu beschaffen sein. Nach unserer Erfahrnng und in anderen norddeutschen Gebieten sind die Lente noch viel weniger sich nahe als in Baden, da sind die Leute nicht so unter einander, daß man sagen kann: der einzelne Schöffe steht dem Einzelnen nicht unabhängig gegenüber und ist theils Freund, theils Feind; das ist gar nicht der Fall. Nehmen Sie den reichgesegneten Amtsgerichts-Bezirk Heidelberg, ich kenne ihn, so gut wie alle, nach der Seelenzahl, ich habe seiner Zeit im Justizministerium die Zahl der Fälle, die da herauskamen, aus dem Kopfe gewußt. Da kommen die Schöffen aus 20, 30, 40 Gemeinden zusammen, da kommt der Fall nicht vor, das wäre eine Ausnahme, also nach dieser Richtung sind sie vollständig unabhängig. Dann brauchen sie keine besondere Schulung, alle diese Kautelen sind unnöthig. Die Fälle sind in der Regel einfacher, wo sie schwieriger sind, dann ist gewiß die Rechtsfrage schwierig und die wird nicht wesentlich durch die Schöffen entschieden. Unter den Amtsgerichtssachen giebt es oft die allerzweifelhaftesten Fälle. Nehmen Sie auf dem Gebiete der Gewerbesteuer die Frage: ist die Verordnung mit Recht erlassen oder nicht? eine Frage, welche die Schöffen beantworten müssen, wie andere. Dann geht es seinen Weg durch die anderen Instanzen. Das ist meines Erachtens kein genügender Einwand. Dann sagt der Herr Kollege Stenglein auch: ja, ich brauche das Material zu dem anderen, neuen Schöffengericht, deshalb ziehe ich sie vom alten weg. Das ist kurios, das jetzige kleine Schöffengericht aufzuheben, wenn noch nicht nachgewiesen ist, daß die Aufhebung nützlich ist. Im Volksbewußtsein sind die Schöffen eingebürgert und wenn Sie den Antrag auf Beseitigung derselben stellen sollten, Sie können sicher sein, der Reichstag lehnt ihn ab ohne weitere Erwägung.

Der zweite Punkt ist der: Zuziehung von Laien in Strafsachen bei Schwurgerichten, das ist Tit. 6. Auch in dieser Beziehung ist ein Bedürfniß nach Aenderung nicht vorhanden. Ich bin zwar nicht enragirter Verehrer des Schwurgerichts. Meine Erfahrung hierüber habe ich theils als Präsident, theils als langjähriges Mitglied des Schwurgerichts, theils als Mitglied der Anklagekammer gemacht. Ich habe auch beim Reichsgericht über Schwurgerichtsfälle geurtheilt und gestehe Ihnen offen: es giebt schwurgerichtliche Fälle, bei denen auf dem Wege der Revision nichts zu machen ist. Es besteht, wie den Herren bekannt sein wird, die Anschauung, das Schwurgericht habe nur über die Thatfrage zu urtheilen: ich muß das korrigiren gegenüber einzelnen Bemerkungen: nach der Anschauung des Reichsgerichts haben die Geschworenen nicht bloß über die Thatfrage, sondern über die Schuldfrage, über That- und Rechtsfrage zu entscheiden. Um es an einem konkreten Beispiel klar zu machen; solche Fälle kamen bei uns im Strafsenat zur Genüge vor: Ich war selbst schon Respicient in einem ähnlichen Falle. Die Frage: hat der Angeklagte die und die Urkunde gefälscht? können die Geschworenen nach Umständen bejahen, auch wenn gar keine Urkunde im Rechtssinn vorliegt.

Nichtsdestoweniger sage ich, wenn auch Mängel da sind, so sind doch auch Vorzüge vorhanden, und bis jetzt ist nach meiner Kenntniß eine Strömung, die Schwurgerichte abzuschaffen, nicht vorhanden. Ich trete hierin vollständig dem Herrn Rechtsanwalt Munckel bei. Mit Stellung besonderer Anträge nach dieser Richtung hin würden wir nur leeres Papier in die Welt setzen. Die großen Schöffengerichte werden hier keinen Ersatz schaffen.

Ich will Ihnen nun kurz sagen — und das habe ich schon vor 20 Jahren in Baden gehört und bestätigt gefunden in der Praxis — die Sache sieht scheinbar viel schlimmer aus, als sie ist. Das Gebäude mit der untersten Instanz, die Laien und rechtsgelehrte Richter hat, der zweiten Instanz mit nur rechtsgelehrten Richtern, und der dritten Instanz mit Rechtsgelehrten und Laien sieht ja aus wie ein seltsames Kunterbunt. Es ist aber nur ein scheinbares Kunterbunt. Die Rechtsbegriffe in den Sachen, welche den Schwurgerichten obliegen, sind viel schärfer ausgeprägt, als die Sachen mittlerer Ordnung. Es wird in der Hauptsache verstanden, was ein Meineid ist, obwohl freilich gerade dieses Gebiet ein etwas böses ist. Die Begriffe der mittleren Instanz sind aber oft viel schwerer scharf darzustellen. Würden sie da Laien zuziehen, so wäre die Rechtsprechung viel unsicherer. Dazu kommt die Erfahrung, — das können wir als Juristen bestätigen, ohne eitel zu sein — gegen unsere Rechtsprechung der mittleren Instanzen ist im Volke ein Bedenken nicht vorhanden; man ist damit zufrieden. Wenn

Sie es mir nicht bestätigen, kann ich es Ihnen bestätigen aus dem, was ans Reichsgericht gekommen ist. Wozu also eine Aenderung? Woher schaffen Sie den besseren Ersatz?

Nehmen Sie daher, m. H., meinen Antrag an, der sich zum Theil an den Herrn Referenten, zum Theil an den Herrn Korreferenten, zum Theil an Herrn Munckel anschließt:

Es liegt zur Zeit kein Bedürfniß zu einer Aenderung der Bestimmungen bezüglich Zuziehung von Laien in Strafsachen vor.

(Bravo!)

Rechtsanwalt Dr. **Fuld** (Mainz): M. H., wenn Sie das zusammennehmen, was unsere heutigen Redner über die Brauchbarkeit und die Bewährung der Schöffengerichte in der Praxis gesagt haben und mit dem Inhalt der Gutachten, namentlich desjenigen des Herrn Dr. Olshausen vergleichen, so werden Sie zwischen den beiden Aeußerungen, den mündlichen einerseits und den schriftlichen andererseits, einen tiefgehenden Zwiespalt finden. Die Herren aus Baden haben sich fast übereinstimmend über den Nutzen der Schöffengerichte geäußert; sie haben übereinstimmend bekundet, daß sich die Schöffengerichte dort vortrefflich bewährt haben. Weniger optimistisch war schon die Auffassung des Herrn Rechtsanwalts Munckel aus der Hauptstadt der Intelligenz, und noch weniger optimistisch sind die Aeußerungen der Herren aus dem übrigen Norden unseres Vaterlandes. Was müssen wir daraus schließen? Ein Doppeltes: einmal, daß die Verhältnisse im Norden und Süden unseres Vaterlandes gerade hinsichtlich dieser Frage wesentlich verschieden sind, — entweder ist das Menschenmaterial, das im Norden des Reiches dem Richter bei der Auswahl der Schöffen zu Gebote steht, ein verschiedenes, oder — lassen Sie es mich heraussagen — das Richtermaterial ist in beiden Theilen des Reiches nicht dasselbe. Wir wollen es aber ganz dahingestellt sein lassen, auf welchen Gründen diese Verschiedenheit beruht. Jedenfalls werden Sie mir darin beistimmen, daß aus dieser Verschiedenheit der Auffassung das Eine hervorgeht, daß die Erfahrungen, welche wir seit dem 1. Oktober 1879 mit dem Schöffengericht in dem ganzen Deutschen Reiche gemacht haben, durchaus noch nicht hinreichen, um zu einem endgiltigen Urtheil über dieses Institut zu kommen, und damit sprechen wir nur etwas aus, was im höchsten Grade lobenswerth und anzuerkennen ist; wäre es wirklich schon am Platze, jetzt, nachdem kaum 7 Jahre lang die einheitliche deutsche Gerichtsverfassung besteht, an den Grundlagen derselben zu rütteln und ihre Grundfesten zu erschüttern, ohne daß zwingende Gründe mit absoluter Nothwendigkeit dafür sprechen? Ich möchte Sie fragen: wo bleibt da die Rechtsstabilität, auf die wir stolz sein sollten? Wo bleibt der Glaube an die Konstanz des Rechts, die doch die Wurzel des Vertrauens ist, welches die Gerichtsbarkeit genießt? Bei diesem fortwährenden Wechsel zwischen Gesetzgebung, Reformen und Novellen ist eine Rechtsstabilität gar nicht möglich. Ein solcher Wechsel wäre gerechtfertigt, wenn durch unabweisbare Umstände in der Praxis der Schöffengerichte sich das Bedürfniß nach einer Reform herausgestellt hätte. Solche Uebelstände haben sich nicht herausgestellt und deßhalb empfehle ich Ihnen den Antrag des Herrn Reichsgerichtsrath Wielandt zur Annahme. Die Sache ist durchaus noch nicht spruchreif.

Hätte die ständige Deputation des Juristentages die Frage, über welche wir heute zu beschließen haben, dahin formulirt, ob bei der Zuziehung von Laien zur höchsten Gerichtsbarkeit, also beim Schwurgericht, eine Aenderung angezeigt erscheint, dann wäre wohl in dieser Frage eine andere Stellung einzunehmen. Wir haben uns aber nicht lediglich mit der Zuziehung der Geschworenen zu befassen; wir haben die ganze Frage zu erörtern und darüber zu beschließen, ob die Zuziehung von Laien zum Strafprozeß überhaupt förderlich erscheint, ob sie sich bewährt hat oder nicht. Und in dieser Hinsicht, mögen auch die Erfahrungen mit dem Schwurgericht noch schlimmer sein als sie sind, — ich glaube allerdings, daß sie nicht so schlimm sind, wie man vielfach annimmt, und daß die abfälligen Anschauungen des Gutachters Olshausen nicht allgemein getheilt werden; wenn ich mich auch der Ansicht Wielandt über diesen Gegenstand nicht anschließen kann, wenn ich auch der Ansicht bin, daß Wielandt die Sachlage viel zu optimistisch beurtheilt und daß dieser Optimismus im Reichsgericht nicht getheilt wird, wofür ich mir erlaube auf die Ansichten zu verweisen, welche Reichsgerichtsrath Dr. Mittelstädt vor Kurzem in sehr schneidiger Weise ausgesprochen hat — ich sage, wären diese Erfahrungen auch noch schlimmer, so wären wir nicht berechtigt, — mit Rücksicht darauf, daß uns die ganze Frage der Zuziehung obliegt — darüber zu entscheiden.

Der Antrag Süpfle scheint mir namentlich auch deßhalb unannehmbar, weil Position 3 im Grunde einen Widerspruch enthält gegen Position 1 des Antrags. Wenn der Herr Referent sagt, die Schöffengerichte haben sich in der Praxis gut bewährt, so sehe ich nicht ein, warum man jetzt auf einmal von der Zuziehung der Schöffen bei der Aburtheilung Abstand nehmen soll, wenn ein völliges Geständniß vorliegt. Unsere früheren Prozeßordnungen haben diesen Unterschied gehabt; sie haben ihn aber gehabt bei der Schwurgerichtsbarkeit. Dort kannten wir die Bestimmung, daß, wenn der Angeklagte über den Sachverhalt ein erschöpfendes Geständniß abgelegt hatte, der Gerichtshof allein über diese Frage ihrem ganzen Umfange nach, sowohl über die Rechts- wie die Thatfrage zu urtheilen hatte. Soviel ich mich erinnere hat man auch in der Reichsgesetzgebung durch die Novelle, die dem Reichstag vorgelegen hat, diese Bestimmung aus der Vergangenheit hervorgeholt. Bei der Schöffengerichtsbarkeit fehlen die thatsächlichen Grundlagen, um zu einem solchen Unterschiede zu gelangen, nämlich die scharfe Sonderung zwischen der Stellung des Richters und der Stellung des Geschworenen, und darum ist es absolut unbegründet, wenn man in der Schöffengerichtsbarkeit diesen Unterschied, der vielleicht in der Schwurgerichtsbarkeit seine Berechtigung hatte, einführen will. Sodann, m. H., muß ich mich auch noch gegen eine Bemerkung eines der Herren Vorredner wenden. Einer der Herren Vorredner hat behauptet, daß gerade in Ansehung der sogenannten agrarischen Delikte die Zuziehung der Schöffen sich bewährt hätte. Daß dies im ganzen Deutschen Reiche nicht der Fall sein kann, werden Sie entnehmen können aus der Thatsache, daß in einer Anzahl Bundesstaaten Forst- und Feldpolizeisachen den Schöffen entzogen sind. Das Gerichtsverfassungsgesetz hat das erlaubt und eine Reihe von Staaten hat verordnet, daß diese Delikte nicht unter Zuziehung von Schöffen, sondern lediglich von dem Amtsrichter abzuurtheilen sind. Ich komme also zu der Ansicht: die Erfahrungen, die wir bisher mit der Schöffengerichtsbarkeit gemacht haben in 6 Jahren, sind weder extensiv noch intensiv so reichhaltig, daß wir ein genügendes Urtheil über ihre Bewährung fällen könnten. Es ist absolut unmöglich, aus der Zahl der Berufungen, wie man in der Diskussion hervorgehoben hat, ein Urtheil dafür oder gegen zu fällen, denn die Zahl der Berufungen, welche aus der ersten Instanz an das Landgericht kommen, ist so außerordentlich klein, daß sie nicht einmal 8 pCt. im ganzen Reichsgebiet beträgt. Wie wollen Sie, m. H., aus dieser kleinen Zahl mit statistischen Gründen ein Urtheil fällen! Sie kämen zu den verkehrtesten Schlüssen, und die Ansichten, die Sie aufstellen, würden der Begründung entbehren. Darum scheint mir der Antrag Wielandt empfehlenswerth und ich erlaube mir, denselben Ihnen dringend, zur Annahme zu empfehlen.

Präsident: Als Redner sind noch vorgemerkt die Herren Professor Dr. Gneist, Professor Dr. Hiller und Rechtsanwalt Munckel.

Von Herrn Landrichter Kronecker ist ein Antrag auf Vertagung der Debatte gestellt. Es wird zunächst zu fragen sein, ob der Antrag Unterstützung findet. Der Antrag ist sehr lebhaft unterstützt.

Ich werde nunmehr den Vertagungsantrag zur Abstimmung bringen. Wer für die Vertagung ist, stelle sich auf die Seite rechts von mir. (Geschieht!)

Das ist entschieden die Mehrheit; wir werden also diese Frage morgen präcis 9 Uhr und dann die zweite Frage behandeln.

Schluß der Sitzung 1 Uhr 30 Minuten.

Zweite Sitzung der dritten Abtheilung am 10. September 1886.

(Beginn: Vormittags 9 Uhr.)

Präsident Senatspräsident v. **Köstlin** (Stuttgart): M. H., wir haben die Wahl der Vertrauensmänner dieser Abtheilung vorzunehmen. Ihr Bureau erlaubt sich vorzuschlagen die Herren Oberamtsrichter Süpfle von Heidelberg, Staatsanwalt Werner von Celle, Reichsgerichtsrath Wielandt von Leipzig, Professor Regierungsrath Hiller von Czernowitz, Landrichter Kronecker von Berlin, Landgerichtsdirektor Olshausen von Schneidemühl, Reichsanwalt Stenglein von Leipzig, Rechtsanwalt Munckel von Berlin und Oberlandesgerichtsrath Elsperger von Nürnberg, zu welchen neun Ihr Vorsitzender gebrauchsgemäß hinzutreten würde. Darf ich bitten Einwendungen zu erheben oder andere Namen zu nennen? Wenn es nicht geschieht, so darf ich annehmen, daß Sie diese Liste genehmigen. (Die Liste wird nochmals verlesen.)

Ich ersuche diese Herren, morgen früh 8 Uhr in der Kaiserhalle sich einzufinden.

Wir treten nun in unsere Tagesordnung ein. Die Frage des Laienelementes wurde gestern unterbrochen.

Es sind noch die folgenden Redner vorgemerkt: Herr Landgerichtsdirektor Olshausen, Herr Staatsrath Professor Gneist, Herr Regierungsrath Professor Hiller, Herr Rechtsanwalt Munckel.

Darf ich Herrn Landgerichtsdirektor Olshausen ersuchen.

Landgerichtsdirektor Dr. **Olshausen** (Schneidemühl): M. H., seitens der ständigen Deputation war mir der ehrenvolle Auftrag geworden, mich schriftlich zu äußern über die hier vorliegende Frage. Ich glaubte deshalb gestern mich nicht zum Worte melden zu dürfen, es schien mir nicht bescheiden zu sein und hatte ich ja auch um so weniger Veranlassung, als ich mich sachlich mit dem ersten Herrn Referenten in erfreulichster Uebereinstimmung befinde. Demnächst hat aber die Debatte einen Gang genommen, der mir doch die Bitte nahe legt, wenigstens mit ein paar kurzen Worten Ihre Aufmerksamkeit in Anspruch nehmen zu dürfen. Kurz, denn es liegt mir fern, dasjenige zu wiederholen, was ich schriftlich niedergelegt habe. Ich werde demnächst einen Antrag mir zu stellen erlauben und darf bemerken, daß ich mich dabei mit dem ersten Herrn Berichterstatter in Uebereinstimmung befinde, daß derselbe seinen Antrag zu Gunsten dieses Antrags zurückzuziehen geneigt ist.

M. H., ich stehe durchaus auf dem Standpunkt, der auch gestern seitens eines der Herren Redner vertreten worden ist, daß der Juristentag nicht berufen ist, theoretische Sätze aufzustellen, papierne Beschlüsse zu fassen, wie der Herr Redner sagte. Die Aufgabe des Juristentags ist, Sätze zu formuliren, die für die gesetzgebenden Faktoren ein brauchbarer Fingerzeig sein können. Ich meine übrigens, daß ganz in demselben Sinne auch seitens der ständigen Deputation die Frage an uns gerichtet ist, denn es heißt da nicht: was ist etwa die möglichst beste Form, die sich überhaupt für das Strafverfahren denken läßt, sondern es ist gefragt: wie haben sich die betreffenden Vorschriften bezüglich der Zuziehung des Laienelements in den Schöffen- und in den Schwurgerichten praktisch bewährt. Der zweite Gesichtspunkt, der wohl für uns maßgebend sein muß, ist der: wir stehen hier bestimmten und gesetzlich bestehenden Einrichtungen gegenüber. Es ist nicht unsere Aufgabe, wie in einer der anderen Abtheilungen, neues Recht zu finden für Verhältnisse, die bisher einer rechtlichen Ordnung noch nicht unterlegen haben. Es ist eben die Frage aufzuwerfen, ob das betreffende Recht gut ist, oder ob es sich empfiehlt, eine Aenderung eintreten zu lassen. Deshalb hat das betreffende Recht nun auch die Kraft in sich, daß es so lange erhalten bleiben muß, bis der Nachweis geführt wird, daß es entweder zu den größten Mißständen führt oder absolut unhaltbar ist. Wenn ich diesen Gesichtspunkt gegenüber den Schöffengerichten anwende, so komme ich zu folgendem Resultat. Mit den Schöffengerichten ist nicht etwa, wie man wohl hier und da meint, ein Experiment gemacht, von dem man noch nicht wußte, wie es sich bewähren würde. Im Gegentheil, auch die Aufnahme der Schöffengerichte in die Strafprozeßordnung, die namentlich seitens der preußischen Regierung in weit größerem Umfange beabsichtigt wurde, beruhte doch auf Erfahrungen, die zum Theil in Deutschland seit Langem, zum Theil wenigstens seit einer größeren Reihe von Jahren in den verschiedensten Landestheilen gemacht waren, in Landestheilen, die zum Theil Mitteldeutschland angehören, zum Theil Süddeutschland, zum Theil aber auch Norddeutschland, denn in der Provinz Hannover waren seit 1867 ebenfalls Schöffengerichte in Uebung und auch dort hatte man zur Aufstellung der Entwürfe und bis zur Vorlage des Gesetzentwurfs bereits praktische Erfahrungen bezüglich der Schöffengerichte hinter sich.

Nun frage ich, hat man bezüglich der Schöffengerichte Klagen gehört dahingehend, daß es unerträgliche Zustände seien, welche die Schöffengerichte mit sich führten? Mir sind solche gänzlich unbekannt, insbesondere vermag ich solche auch nicht in dem schriftlichen Gutachten des Herrn ersten Staatsanwalts Elben für abgethan erachten. Ich habe auch in der gestrigen Debatte nichts davon vernommen. Herr Professor Rubo brachte verschiedene Punkte vor, hob aber selbst hervor, daß die berührten Mängel in der nicht ganz zutreffenden Anwendung des Gesetzes lägen, namentlich in der zu weit gehenden Ueberweisung an die Schöffengerichte. Ich sehe darin, beiläufig bemerkt, nicht ein solches Unglück, weil die Fehler korrigirt werden durch die Berufungsinstanz, die genau ebenso gebildet ist, wie dasjenige Gericht, welches ohne Ueberweisung zu erkennen gehabt haben würde.

Seitens des Herrn Rechtsanwalts Munckel wurde angeführt, wenn ich ihn recht verstanden habe, denn der Herr sprach nicht durchweg so deutlich, daß man jedes Wort verstehen konnte, daß in denjenigen Sachen, die er vor den Schöffengerichten vertreten hätte, durchweg eine Abänderung erfolgt wäre. Wenn ich aber weiter recht gehört, so hob er hervor, daß es allerdings wohl nur einige interessantere Sachen gewesen wären. Das ist doch eine Erfahrung, die sehr vereinzelt ist. Uns fehlt es ganz und gar an Zahlen, und ich darf bemerken, daß ich anderthalb Jahre die Ehre hatte, in Berlin derjenigen Berufungskammer des Landgerichts I anzugehören, die fast alle Berufungen, abgesehen von einem einzigen Schöffengericht, zu verhandeln hatte. Ich kann mich aber keines Falles entsinnen, wo der Herr Rechtsanwalt Munckel da in einer Uebertretungssache aufgetreten wäre. Andererseits haben wir wohl gehört, — und ich kann das auch aus der Erfahrung bestätigen, ich bin jetzt auch Vorsitzender einer Berufungskammer — daß allerdings viel abgeändert wird, viel mehr, als es in den Bezirken Heidelberg und Mannheim der Fall zu sein scheint; aber das ist doch etwas ganz Exorbitantes, wenn Jemand zu sagen im Stande ist, diejenigen Fälle, in denen er als Vertheidiger thätig gewesen, hätten alle der Abänderung unterlegen.

Mißstände sind also, meine ich, nicht vorgebracht, und insofern kann man zunächst sagen, es hat sich nichts gegen sie einwenden lassen. Darin liegt aber schon, nachdem das eine Reihe von Jahren gedauert hat, das Anerkenntniß, daß die Institution nicht schlecht ist, daß sie sich positiv bewährt hat. Wir haben hier ja positive Zeugnisse gehört aus verschiedenen Landestheilen, die günstigsten namentlich aus Baden; wir haben sie aus der Provinz Brandenburg gehört von Herrn Amtsrichter Kronecker auf Grund seiner Erfahrungen in einer Provinzialstadt und in Berlin selbst. Ich selbst bin nicht Schöffenrichter gewesen, aber ich habe mich redlich bemüht, zu hören, wie die Einrichtung sich bewährt, und ich will kein Hehl machen, daß es mir auch gelungen ist, in der wieder angenommenen Eigenschaft als Referendar selbst den Berathungen eines Schöffengerichts beizuwohnen. Das ist mir nachgelassen worden, und ich habe da auch den günstigsten Eindruck gewonnen. Ich habe auch gestern von einem Herrn Kollegen, einem Schöffenrichter aus der Provinz Posen, gehört, daß er selbst dort höchst ungern oder richtiger gar nicht die Mitwirkung der Schöffen entbehren möchte.

Ich bin Bureaukrat genug, um nicht für meine Person auf die Mitwirkung der Laien bei der Strafrechtspflege Gewicht zu legen; im Gegentheil, ich muß sagen, ich finde eine Befriedigung darin, sobald ein Jurist mit einem Laien eine strafrechtliche Frage durchgehen kann, und ich achte es von meinem Standpunkte auch keineswegs für gering, daß die allgemeine Stimme des großen Publikums eine Betheiligung von Laien in Strafsachen jedenfalls befürwortet und einem so zusammengesetzten Gerichtshof ein größeres Vertrauen entgegenbringt, als einem reinen Gelehrtengerichte.

Alle diese Gründe berechtigen uns, den Satz auszusprechen, daß die Schöffengerichte sich im Allgemeinen in der Praxis bewährt haben, welchen Satz ja auch der Herr Referent Oberamtsrichter Süpfle aufgestellt hat. Ich fasse den Satz nicht geographisch auf, sondern so, daß sich die gesetzlichen Bestimmungen im Großen und Ganzen bewährt haben, was nicht ausschließt, daß die eine oder die andere Bestimmung einer Abänderung wohl entgegengeführt werden könnte. Ich glaube aber, es wird sich nicht empfehlen, hier einen bestimmten Punkt herauszugreifen, und ich stehe insofern auf dem Standpunkt, der gestern vertreten ist. Der Juristentag wird sich beschränken können, nur im Großen einen wichtigen Satz auszusprechen, ohne sich ins Detail zu verlieren. So wird auch der Juristentag nicht den Satz auszusprechen haben, der gestern von dem Herrn Referenten beantragt wurde, daß es sich empfehle, bei völligem Geständniß die Schöffengerichte ohne Schöffen zu verhandeln. Dieser Satz hat ja seine volle Berechtigung und ist keineswegs so grundlos und so unmotivirt, wie gestern von anderer Seite behauptet wurde. Dieser Satz ist nur zu verstehen im Zusammenhang mit der ganzen Frage und der auch weiter vorliegenden, ob sich die Schwurgerichte bewährt haben und ob und in welcher Weise sie zu ersetzen seien. Lediglich, um das Material an geeigneten Laien nicht unnöthig zu beschränken, schien diese gesetzliche Abänderung wünschenswerth.

M. H., was die Schwurgerichte betrifft, so hat Deutschland — sehen wir von ganz geringfügigen Ausnahmen ab — hier eine 40jährige Erfahrung hinter sich, und wenn nun von gegnerischer Seite der Antrag gestellt worden ist, auszusprechen, daß die nöthigen Erfahrungen noch nicht gesammelt seien, daß die Sache nicht spruchreif sei, so muß ich sagen, man wird sich wundern, daß der deutsche Juristentag, eine Versammlung von lediglich Sachverständigen, nach einer 40jährigen Erfahrung in Deutschland sich noch nicht ein Urtheil darüber gebildet haben sollte, ob diese Institution sich bewährt hat oder nicht.

(Zuruf: Das ist auch nicht gesagt worden.)

Ich fasse, m. H., den Antrag des Herrn Rechtsanwalt Munckel und den des Herrn Reichsgerichtsrath Wielandt dahin auf. Ich meine aber, man wird es nicht verstehen, daß nach einem so langen Zeitraum eine Versammlung von Sachverständigen, die vom jüngsten Mitglied bis zur höchsten Spitze durchweg in der Lage gewesen ist, bez. der Schwurgerichte Erfahrungen zu sammeln, noch kein Urtheil hierüber gewonnen haben sollte. Es wird der Würde des Juristentages entsprechen, wenn wir positive Stellung zu dieser Frage nehmen.

Was ich in dieser Beziehung in meinem Gutachten ausgeführt habe, das sind, wie man gemeint hat, theilweise Anekdoten: ja, im wahren Sinne des Wortes ἀνέκδοτα, bisher noch nicht veröffentlichte Thatsachen, die sich anderswo vielleicht ebenso zugetragen haben mögen. Ich kann diese publizirten Thatsachen im Einzelnen verbürgen.

Wenn nun gesagt wird, das richterliche Element bietet ja auch mangelhafte Bestandtheile in sittlicher Beziehung, so ist doch das ein ganz verschwindender Theil gegenüber den Erscheinungen, die im schwurgerichtlichen Verfahren zu Tage getreten sind. Deshalb glaube ich, wir können und müssen beschließen, daß die Schwurgerichte das Vertrauen, welches ihnen unleugbar auch jetzt noch zum großen Theile entgegengebracht wird, nicht verdienen, ohne daß wir damit vermeinen, dieser Beschluß des Juristentages werde voraussichtlich unmittelbare Folgen haben. Es liegt mir nur daran, daß der Juristentag sein Urtheil in dieser Richtung einmal ausspreche.

M. H., ich bin in vier preußischen Provinzen thätig gewesen, in der Provinz Brandenburg wiederholt, in Hannover, Ostpreußen und Posen, und es ist mir bei allen Nachforschungen nicht gelungen, jemals einen

Juristen zu sprechen, der sich für die Schwurgerichte erklärt hätte. Ich habe das öffentlich in der Berliner Juristischen Gesellschaft gesagt, in der Erwartung, an dem Tage Gegner kennen zu lernen. Auch da habe ich keine kennen gelernt. Allerdings stand einer der Herren auf und sagte, er möchte doch die Sache nicht so ganz unwidersprochen lassen; er müsse aber bekennen, er selbst wäre ebenfalls nicht ein Anhänger der Schwurgerichte. Das Urtheil in Norddeutschland ist ein ganz weitgehendes dahin, daß die Schwurgerichte das Vertrauen nicht verdienen, und am allermeisten haben das Vertrauen verloren diejenigen Laien, die bereits Geschworene gewesen sind. Ich bin erfreut durch die Wahrnehmung, die ich nicht bestätigt zu sehen geglaubt hatte, daß auch am Rhein und in Süddeutschland von vielen Seiten diese Auffassung getheilt wird, und ich kann mich da nur beziehen auf die für mich sehr erfreuliche Uebereinstimmung mit dem ersten Herrn Berichterstatter.

Unter diesen Umständen erlaube ich mir der geehrten Abtheilung den Antrag vorzulegen, zu beschließen:

1. Die Schöffengerichte haben sich im Allgemeinen in der Praxis bewährt.

Ich erlaube mir nur zu sagen, daß es ja unmöglich ist, daß jeder Einzelne seine Ansichten und Erfahrungen hier vorträgt, ich meine aber, daß wenn mein Antrag etwa die Mehrheit gewinnen sollte, dann hierin auch ein Zeugniß liegen würde und zwar für ganz Deutschland, denn wenn es ja auch naturgemäß ist, daß die Herren, die dem hiesigen Versammlungsorte näher wohnen, zahlreicher erschienen sind, als die ferne wohnenden, so haben wir doch die Freude, aus den verschiedensten Theilen Deutschlands Herren hier zu sehen, und es würde demgemäß in dem Ausspruch der Majorität zu finden sein, daß sich in Deutschland, auch geographisch genommen, im Allgemeinen die Schöffengerichte in der Praxis bewährt haben.

Den 2. Punkt habe ich mir erlaubt so zu fassen:

Die Schwurgerichte verdienen das ihnen theilweise geschenkte Vertrauen nicht.

Wir drücken darin aus, daß das Vertrauen, welches die Schwurgerichte vielleicht eine Zeit lang in ausgedehntestem Maße genossen haben, ihnen heutzutage nicht mehr zukommt, daß sie es nicht verdienen. Dieses ist der Satz, auf den ich allerdings meinerseits das meiste Gewicht lege, ich glaube aber, daß es zweckmäßig ist, noch weiter zu gehen, wenn auch dem eine gleiche Bedeutung nicht zuzuschreiben ist und auszusprechen:

3. Die geeignetste Form der Zuziehung des Laienelements in Strafsachen erscheint das Schöffengericht.

Es würde das der Punkt sein, wo eine Uebereinstimmung hervortritt mit den Gegnern, mit dem Herrn Reichsanwalt Stenglein, der wenigstens diese Form für die Strafkammern gleichfalls befürwortet. Es ist namentlich von Seiten des Herrn Rechtsanwalts Munckel, wenn schon unter Anerkennung der Nachtheile des jetzigen schwurgerichtlichen Verfahrens, die Frage aufgeworfen worden, weshalb kommt man zu dem Schritt, die Schwurgerichte ganz zu verwerfen? und es ist seitens des Herrn Rechtsanwalts Munckel, wenigstens in den Grundzügen, eine Idee für die anzustrebende Gestaltung des schwurgerichtlichen Verfahrens aufgestellt worden. Diese Idee, m. H., heilt m. E. die Mängel zum Theil gar nicht, sie beläßt zum Theil die Duplizität des Verfahrens, die Prozeßleitung fällt immer noch auseinander und würde sich nicht vereinigen. Was die Vorschläge betreffs der Fragestellung betrifft, so ist das ein höchst gefährliches Experiment und mir sehr zweifelhaft, ob damit ein Vortheil gewonnen wird. Demnächst weiß ich aber nicht, ob das in größeren Kreisen Beifall finden würde, daß der eine Gerichtshof in demselben Saale mit dem andern sitzt und das von diesem ausgesprochene „Schuldig" wieder soll beseitigen können. Schließlich ist mir zweifelhaft, ob nicht das doppelte Sieb, durch welches die Schuldigsprechung bei einer und derselben Instanz gehen soll, eine Unzahl von Freisprechungen herbeiführen würde, die unsere Rechtszustände ganz erheblich gefährden würde.

Meines Erachtens ist es eben nicht möglich, eine Form für das schwurgerichtliche Verfahren zu finden, bei der sich die in meinem Gutachten hervorgehobenen Mißstände beseitigen lassen, wenigstens nicht eine Form, die in Deutschland auf Beifall rechnen dürfte. Deshalb acceptire ich hier die Ausführungen des Herrn Reichsanwalts Stenglein, der sich seinerseits zwar gegen die bestehenden kleinen Schöffengerichte, aber für Einführung größerer Schöffengerichte ausgesprochen hat, und ich muß anerkennen, daß es ihm gelungen ist, den anscheinend widersprechenden Antrag seinerseits doch vollständig zu motiviren, die Ausführung nämlich, daß die Schöffen bei größeren Gerichten, namentlich wo mehrere Juristen sich gegeneinander aussprechen, sehr wohl angebracht seien. M. H., wir haben ja auch in Deutschland, zum Theil wenigstens, das Schöffengericht in höherer, nicht bloß in der untersten Instanz gehabt, und wie zweckentsprechend man die Institution des Schöffengerichts erachtet hat, zeigt namentlich auch die den Herren durchweg bekannte Denkschrift „Ueber die Schöffengerichte", die im preußischen Justizministerium ausgearbeitet war. Ich erlaube mir, meinen Antrag Ihnen zu überreichen.

Geheimrath Professor Dr. **Gneist** (Berlin): M. H., viele von uns kommen in Verlegenheit, wenn heute die Frage gestellt wird, ob Geschworenengericht oder Schöffengericht? Beide sind Kombinationen von Richtern und von Laien; aber die bisherige Kombination des Geschworenengericht hat anscheinend unheilbare Fehler an sich und die Majorität, glaube ich, erkennt an nach 40 Jahre langen Verbesserungsversuchen, daß jene Fehler nicht heilbar sind.

Allein was wir jetzt unter dem Namen Schöffengericht haben, beschränkt sich auf einen Amtsrichter und 2 Schöffen. Folgt daraus, daß wir dieselbe Form anwenden können, wo wir 3 Richter und 8 oder wieviel Laien daneben haben? Ich gestehe Ihnen: ich halte die Kombination, die ohne weiteres den Laien die gleiche Funktion giebt wie den gelehrten Richtern, in größeren Formationen für ebenso fehlerhaft wie die Schwurgerichte. Im Allgemeinen glaube ich, daß eine Majorität unter uns dafür ist: das heutige Gericht soll kombinirt werden aus gelehrten Richtern und Laien. Aber, m. H., gegenüber den so gerühmten „Volksgerichten" möchte ich so stark als möglich hervorheben: der größte Kulturfortschritt, den unsere Justiz gemacht hat, ist die Schaffung des gelehrten Richterstandes. Wir können kein Strafgericht mehr ohne gelehrten Richter haben, weil wir ihn brauchen zur Prozeßleitung, weil wir ihn brauchen zur Strafmessung, weil wir ihn brauchen zur Rechtsauslegung. Mit einem vermeintlichen Fortschritt, der das wieder rückgängig machen will, kommen wir ins Mittelalter zurück.

Wir sollen aber deshalb die Strafjustiz nicht vom Volke loszureißen, wir haben die unersetzlich wichtige Funktion des Schuldspruchs, die sich verbinden läßt mit der Stellung des Richters. Die Kombination der Beweise, die Entscheidung zwischen „Ja" und „Nein", die Entscheidung zwischen „Wahrscheinlich" oder „Gewiß"; jene feine Grenzlinie, an der man das „Schuldig" auszusprechen wagen kann, die liegt in dem Urtheilskreise unseres Volksverständnisses, sagen wir: unserer Mittelstände unzweifelhaft. Es bedarf keiner gelehrten Bildung dazu, und wir haben, indem wir Laien zuziehen, einmal die Möglichkeit, eine größere Zahl von Urtheilern anzustellen, die durch Besitz und Lebensberuf die „richterliche Unabhängigkeit" haben. Das ist es, woran man gewöhnlich nicht denkt. Wir bekommen dann eine große Zahl von Personen, die durch ihren Besitz und ihre Lebensstellung in der That die Unabhängigkeit des Richteramts haben und die wir unmöglich ersetzen können durch eine Ueberzahl angestellter Beamter. Wir haben ein Personal, was unzweifelhaft größeres Vertrauen auf die Gerechtigkeit des Spruchs erzeugt: und dann, m. H., wir legen in das Volksleben ein ganz unentbehrliches Element der Rechtsbildung der Nation. Wir sind heute ohnehin auf dem besten Wege, die Gesellschaft aus einander zu reißen durch das stetige Anstacheln der getrennten Interessen. Ja, m. H., haben wir denn heute noch ein stärkeres Mittel, um überhaupt die Gesellschaft zu einem Gesammtbewußtsein, zu dem, was wir Gemeinsinn und Patriotismus nennen, zu bringen, als die Heranziehung der Masse der Gebildeten und der Mittelstände zur Handhabung der Justiz?

Das sind wohl die durchschlagenden Gründe, aus denen die anerkannten Kulturvölker der Welt es nicht verschmäht haben, das Laienelement nutzbar zu machen. Es ist damit nicht gesagt, daß die gelehrten Richter die Funktionen nicht erfüllen könnten; die Urtheile werden aber sachgemäß und in einer mehr vertrauenerweckenden Weise erfüllt, wenn wir die Laien zuziehen.

Wenn nun die Frage gestellt wird: hat sich das Laienelemeut bewährt? so wird sich wohl mancher gelehrte Richter sträuben anzuerkennen: der Laie hat uns belehrt, hat unser Urtheil richtiger gemacht; aber, m. H., wichtig bleibt, daß die „Kontrolle" durch die Laien, wenn es auch nur die 2 Laien neben dem Amtsrichter sind, Bedeutung hat auch für den gelehrten Richter, daß es für ihn von Werth ist zur Deckung gegenüber dem Publikum, daß sich sein Spruch „in Uebereinstimmung" befindet auch mit dem gemeinen Menschenverstand, und namentlich zur Kontrole, wenn einmal der Einzelrichter tendenziös würde, wenn er anfinge, den Boden der Unparteilichkeit zu verlassen: diese negative Kontrolle, von der niemand spricht, erscheint wohl noch stärker in unseren Verwaltungsgerichten. Da wissen wir, daß, solange der rechtsverständige Vorsitzende auf rechten Wegen ist, er in der Regel allein leitet, und da kann es wohl den Schein haben, als ob die anderen Herren nur ja sagen. Warten Sie aber einmal ab, wenn der Vorsitzende anfängt, tendenziös zu werden, wenn seine Gründe nicht objektiv sind, dafür hat der Laie ein feines Gefühl; da geht er nicht mit, und dient als unersetzliche Kontrole für den Beamten, der doch durch verschiedene Motive sicherlich einmal von dem objektiven Standpunkte abgelenkt werden kann. Also, m. H., das Laienelement ist wohl sehr brauchbar, ist tüchtig. Wenn Sie aussprechen wollten, das Laienelement hat sich nicht bewährt, wir können den Laien nicht brauchen zum Schuldspruch, so würden Sie Deutschland ein Zeugniß ausstellen, was wirklich ein Unikum in der civilisirten Welt wäre. In einer Bevölkerung von mehr als 200 Millionen Menschen besteht in lebendiger Praxis die Zuziehung des Laienelements und niemand bestreitet es im Ernst. Es sind nicht bloß die „gebildeten Badenser", die Schöffendienst thun. Wir haben auch im nördlichen Deutschland Schöffengerichte schon früher gehabt, wir haben sie im Königreich Sachsen, in Hannover und noch sonst, und es ist damit wohl gegangen. Was sollte das Publikum von uns glauben, wenn wir erklären wollten, unsere Laien eignen sich nicht für diese Funktionen! Ich kann daran erinnern, daß die Besetzung der kleinen Jury in England sehr häufig viel untergeordnetere und ungebildetere Elemente zusammenbringt, wie in unseren norddeutschen

Landschaften. Ich kann Ihnen sicherlich in Pommern und in Ostpreußen immer noch eine bessere Jury zu Stande bringen, auch aus der bäuerlichen Bevölkerung eine gebildetere und unabhängigere, als an unzähligen Stellen in England und Nordamerika. Ich halte daher den Ausspruch, sie hätten sich nicht bewährt, für geradezu unmöglich: dann wäre die Kultur und das Rechtsgefühl Deutschlands ein Anomalon gegenüber hunderten von Millionen, wo sich das Laienelement durchaus für diese Funktionen bewährt hat, wo nicht etwa Racenhaß im Spiel ist.

Woher rühren denn nun unsere Schwierigkeiten? Weil bei uns die Jury auf anomalem Wege eingeführt ist. Sie ist nicht, wie einst in England und Amerika von der Staatsregierung, der legitimen Staatsgewalt oder nach dem Vorbild derselben eingeführt; wir haben sie erschaffen müssen, erkämpfen müssen gegen den absoluten Staat, d. h. gegen die Vorstellung der Beamten, daß sie allein berufen wären, öffentliche Funktionen zu üben. Lassen sie die Jury auf diesem Wege entstehen, so entstehen mancherlei Vorstellungen die falsch sind, die auf Abwege führen, und die zu bekämpfen vorzugsweise die Aufgabe der Juristen ist. Dann kommen sie auf jenen Standpunkt, der die Frage zunächst nach dem Gesichtspunkt der „Gleichheit“ ansieht: die Laien seien doch nicht weniger als der gelehrte Richter; also entweder garnicht oder — wir Laien müssen gleichberechtigt sein. Der Laie will also an der Prozeßleitung theilnehmen. Aber soll der Laie an der Prozeßleitung theilnehmen, so kommen wir wieder auf die mittelalterlichen Prozeßformulare zurück. In unsere technische Konstruktion des Prozesses kann er sich nicht hineinfinden. Die Laien wünschen ferner jederzeit an der Strafmessung vollen Theil zu nehmen; darauf wird sogar das Hauptgewicht gelegt, und Sie können eine Menge Geschworne hören, welche sagen: wenn wir dabei nicht mitzuentscheiden haben, dann danken wir überhaupt. Wie kann man aber Strafbemessung in sachlicher Weise üben anders als in der Gewohnheit, Woche für Woche zu entscheiden, die Fälle unter sich zu vergleichen und die Gründe, nach denen das Strafgesetzbuch die höheren Strafen abmißt, analog anzuwenden? — Wollen Sie Laien überall in concreto entscheiden lassen, dann geht das verloren, was der Hauptwerth unseres Rechtsstaates: die Gewißheit, daß ein gleiches Recht gehandhabt wird, nicht nach dem individuellen Vorurtheil der gerade jetzt sitzenden Laien, die mehr oder weniger Sympathien mit diesem oder jenem Stande oder Individuum haben. Wir kommen schließlich zu ungleichem Standesrecht, wenn wir darüber den Laien nach seinem Gefühl entscheiden lassen. Das eben, m. H., ist der größte Fortschritt unseres Rechts, daß nicht der Laie im einzelnen Falle Strafrecht macht, sondern daß wir zur Wahrung des gleichen Rechtes Gesetze zu handhaben haben. Unsere

Gerichte sind Organe der Gesetzesanwendung. Wie können Sie die Gesetzesanwendung aber handhaben, wenn Sie nicht dem gelehrten Richter die Auslegung lassen? Sagt der Laie (und manche von unseren Kollegen reden ihm zum Munde): „wir bedeuten doch auch soviel, wie der Vorsitzende, der Gerichtsrath, wir sollen uns doch nicht binden an die Anweisungen des Richters; das heutige Recht ist ein Volksrecht!" so sollen wir antworten: es handelt sich darum, dem Angeklagten gleiches Recht zu gewähren, nicht dem Beisitzer.

Jener Auffassung gegenüber befand sich Napoleon, und wir müssen anerkennen, daß der Napoleonische Scharfsinn nicht mehr Konzessionen gemacht hat, als unvermeidlich war. Die Napoleonische Gesetzgebung hat dem vorsitzenden Richter die ganze Prozeßleitung vorbehalten; sie hat ferner eingesehen, daß, wenn wir die bindende Rechtsbelehrung fallen lassen, wir die Rechtsprechung losreißen von dem Gesetze. Da der Laie aber von dem Gleichheitsgedanken nicht loskommt, so hat die Napoleonische Gesetzgebung die zwingende Rechtsbelehrung in die Form der Fragestellung gebracht. Statt in der englischen und amerikanischen Weise dem Geschworenen in zwangloser Weise auszulegen: so ist das Gesetz, und das habt ihr nach dieser Auslegung auf diesen Fall anzuwenden, preßt man dem Geschworenen diese Rechtsbelehrung in der pedantischen Form als „Fragestellung" in den Mund. So ließen sich die souveränen Geschworenen dann indirekt die Rechtsbelehrung gefallen.

Als wir nun in der Reichsjustizkommission der Frage gegenüberstanden, war die gewöhnliche Situation die: wir hatten in der Regel mit drei Parteien zu thun. Das eine Drittel bestand auf der bisherigen Form der Jury, voll von Mißtrauen, sowie man daran rühre, gehe uns unsere schwer errungene Volksgerichtsbarkeit verloren. Im Schöffengericht werde der Laie bevormundet durch den Richter und wir riskiren den Untergang des ganzen Instituts. Wir können wohl sagen: ein Drittel unserer Kommission hätte gegen jede Prozeßordnung gestimmt, wenn nicht auf den Buchstaben genau das wesentliche der französischen Formation beibehalten wäre, und das galt ebenso vom Plenum des Reichstags. Differenzen darüber waren auch unter den Justizministern. Die Majorität erkannte wohl die Fehlerhaftigkeit der Konstruktion und hat Einzelnes daran zu bessern gesucht, was wunderlicherweise zum Theil von den Justizministern verweigert wurde. Es sollte Revision eingeführt werden gegen unrichtige Rechtsbelehrung und dadurch der Rechtsbelehrung eine ganz andere Autorität gegeben werden. Das wollten die Justizminister nicht annehmen!

Dem gegenüber standen manche günstige Erfahrungen mit den Schöffengerichten. Es war aber keine Majorität auf Grund dieser partiellen Erfahrungen zu gewinnen gegenüber manchen Bedenken, es war etwa nur ein Drittel entschieden für Schöffengerichte eingetreten.

Um überhaupt einen Majoritätsbeschluß zusammenzubringen, mußten alle Theile befriedigt werden: die absoluten Anhänger der einen, die absoluten Anhänger der anderen und dann eine dritte Partei, die sich für keines von beiden entscheiden konnte. Es waren diejenigen die sagten: dann behalten wir die gelehrten Richter bei, schließlich versteht doch der Jurist die Rechtsprechung am besten.

So ist es zu der heutigen Dreitheilung der Gerichte gekommen.

M. H., tadeln Sie deshalb nicht das heutige Gesetzbuch, sondern sagen Sie unter dem Eindruck der heutigen Stimmung: wenn das Kompromiß nicht beschlossen wäre, würden wir noch heute die Misére des lokalen Partikularismus haben. Nachdem wir dieses Kompromiß gemacht haben, werden die gemeinsamen Erfahrungen weiter führen. Wir kennen heute die Einseitigkeit der Schöffengerichte, die Richter und Laien auf gleichen Fuß stellen. Wir kennen die Einseitigkeit der Schwurgerichte mit ihrer unrichtigen Trennung der Gewalten und ihrer unheilbar pedantischen, fehlerhaften Fragstellung. Es wird nur darauf ankommen, uns zu entledigen der schiefen politischen Ideen, die in die Schwurgerichte hineingeschoben wurden, sondern uns einfach zu sagen: die Schwurgerichte wie alle Strafgerichte sind Organe der Ausführung des Strafgesetzes. Sollen sie dies aber sein, so muß dem gelehrten Richter die Stellung gewahrt werden, die ihm zukommt, und der Laie muß der Unterordnung unter das Richteramt sich fügen, ohne die keine Gesetzanwendung gesichert ist. Und dabei, m. H., ist es unsere Aufgabe als Rechtsgelehrte, nicht dem Laien zu Munde zu reden: laßt Euch nicht gefallen eine Stellung, in der Ihr nicht gleiche Berechtigung mit dem Richter habt. Die Schwurgerichte sind eingeführt, um den Angeklagten die Gleichheit des Rechts zu sichern, nicht um den Laienbeisitzer zu einer unberechtigten und unausführbaren Gleichheit mit dem gelehrten Richter zu verhelfen. M. H., sind die Amerikaner oder Engländer etwa Geschworene, die sich „etwas bieten lassen", was nicht durch die Natur der Rechtsprechung gegeben ist? Hören Sie einmal, wie ein amerikanischer Richter zu den Geschworenen spricht, wenn sie anfangen Gesetze auszulegen und von der „freien" Handhabung des Gesetzes zu reden! Ich habe eine Anzahl solcher Aussprüche gesammelt. Ich wünsche, daß unsere Juristen ebenso den anderen Weg einschlagen, den Laien zu sagen: die Schwurgerichte sind nicht dazu da, um Eure gesellschaftliche Idee von égalité und fraternité zu verwirklichen, sondern dazu, um unparteiisch das Gesetz anzuwenden. Das ist der wirkliche „Fortschritt", den wir bei den Schwurgerichten machen sollen. Wenn wir gegen jene politischen Gleichheitsideen, die alles in Verwirrung bringen, — wenn wir als Juristen gegen diese Ideen zusammenhalten, so wird auch die Gesetzgebung auf die richtigen Wege gelangen. Unsere Laien werden dann in dieselbe der heutigen Rechtsprechung entsprechende Lage kommen, in der sich die englischen und amerikanischen Republikaner befinden, die doch auch Sinn für Freiheit und Gleichheit haben, kurz wir kommen dann zu einer neuen Kombination, die ebenso viel von dem heutigen kleinen Schöffengerichte wie von den alten Schwurgerichten an sich nehmen würde. Ich weiß nicht, ob wir heute schon so weit sind, ob wir uns heute schon verständigen können. Aber ich habe den Eindruck, wir werden wohl zurückkommen auf die ursprüngliche Regierungsvorlage im Bundesrath: gleichmäßige Besetzung der Gerichte mit Richtern und Laien, wobei übrigens nicht ausgeschlossen bleibt, daß man für strafrechtliche Bagatellsachen nicht nothwendig Schöffen braucht. Aber gleichmäßige Besetzung, sowie der Leonhard'sche Entwurf 2, 4 und 6 Laien beim Gericht haben wollte, einheitliche Verhandlung, auch einheitliche Berathung: aber sowie der Fall der contestatio eintritt, dann eine Trennung der Funktionen von Rechtsprechung und Schuldspruch nach vorangegangener gemeinsamer Besprechung. Ich glaube, in der Regel wird dann das Kollegium auch einheitlich entscheiden (wie sich auch bei den Verwaltungsgerichten die Sache macht): aber in dem seltenen Fall der contestatio und „auf Antrag" übernimmt jeder der beiden Theile das, was ihm zukommt: das Laienelement die Schuldfrage, die Richter die Gesetzanwendung. Das, vermuthe ich nach Aufgabe mancher früherer Bedenken, dürfte die künftige Lösung sein.

Wenn uns nun heute die Frage gestellt wird: hat sich das Laienelement bewährt? so müssen wir die Frage bejahen, wenn wir nicht der deutschen Nation ein wunderliches Zeugniß ausstellen wollen. Wenn unsere Laien Fehler gemacht haben, kann man in der Regel annehmen, ist das Gesetz und der Richter durch die Fragestellung schuld. Aber sollen wir sagen: die heutigen Schwurgerichte sollen durch Schöffengerichte ersetzt werden, so hat das eine wesentliche Schwierigkeit. Schöffengerichte, wie unsere kleinen Schöffengerichte sind, werden wir nicht für ausführbar halten. Wo die Schöffen in größerer Zahl, wo Richter in Mehrzahl mitwirken, da wird es einer neuen Kombination bedürfen. Wenn es erlaubt wäre, mit einer Mentalreservation zu sprechen, so habe ich kein Bedenken zu sagen: Ich ziehe die Schöffengerichtsverfassung, die äußerlich die Elemente zusammenhält, der jetzigen Arbeitstheilung vor, welche die Fehler der Gewaltentheilung im Staat hat. Wenn Sie sich vergegenwärtigen den Zusammenhang der Schwurgerichte mit der öffentlichen Meinung, so werden Sie finden, die bisherige Jury hat die politischen Fehler der sogenannten „Gewaltentheilung" an sich. Sie ist aus einer französischen Abstraktion hervorgegangen. Um das Gesetzesrecht nothdürftig zu erhalten, hat man den Laien, die sich nicht unterordnen wollen, die Rechtsbelehrung in Form der Fragestellung aufzwingen müssen. Die Fragestellung hat diese knappe, pedantische Façon bekommen, weil man eben in Form der Fragestellung nicht zwanglos belehren kann, wie es der englisch-amerikanische Richter thut. Und nun kommt dazu noch die deutsche Gewissenhaftigkeit, die in der Frage jeden Punkt über dem i und jedes Komma genau erwägt und sich Bedenken darüber macht. Wie wir im Staatsrecht von dem Dogma der Gewaltentheilung zurückgekommen sind, denke ich, werden die Juristen auch im Strafrecht davon zurückkommen. Die wahre Theilung beruht darauf, der Laie soll die Berechtigung haben, die nach der Natur des Schuldspruchs dem Laien zukommt und der gelehrte Richter soll die Funktion haben, die ihm vermöge seiner Rechtskenntniß zukommt.

Ich stelle daher anheim, die gestellte Frage getheilt zur Abstimmung zu bringen. Daß sich die Laien bewährt haben, ist mir unzweifelhaft, aber ob wir gleich aussprechen: wir wollen das bisherige Geschworenengericht durch das Schöffengericht ersetzen, für welches wir noch keine für größere Kollegien passende Form haben, das hat seine erheblichen Bedenken. Denn ich wiederhole, wenn Sie wollen Gerichte schaffen mit 3 gelehrten Richtern und 6 oder 8 Schöffen, welche ungetheilte Prozeßleitung, Strafausmessung und Rechtsauslegung üben, so glaube ich, wird das ebensoviel Verwirrung stiften, wie die heutigen Fehler der Schwurgerichte. (Lebhaftes Bravo!)

Regierungsrath Professor **Hiller** (Czernowitz): Den praktischen Gesichtspunkten gegen das Schwurgericht erlauben Sie mir, einem Rechtslehrer einer österreichischen Hochschule, einige und zwar eigene Erfahrungen gleichfalls hinzu zu fügen.

Der Juristentag soll keine Theorie treiben: ich bin sehr dieser Ansicht und erlaube mir deshalb, m. H., Ihnen einiges mitzutheilen, was ich speziell in der österreichischen Schwurgerichtspraxis ersehen und miterlebt habe, und zwar als Geschworener selbst. Ich glaube, daß ich zu den wenigen unter Ihnen gehöre, vielleicht zufällig der einzige bin, der einmal als Geschworener fungirt hat. Dieselben Mißstände, die gegen die Jury im Deutschen Reiche geltend gemacht werden, bestehen im großen und ganzen durchweg auch in Oesterreich, ja sie treten in jenen Kronländern, welche eine national gemischte Bevölkerung aufweisen, nur um so greller und fühlbarer, die Justiz um so schwerer schädigend hervor. Ich erinnere nur m. H., diejenigen unter Ihnen, die vielleicht in Oberschlesien oder Posen sind, daran, wie schwer es ist, z. B. gewisse betrügerische Banquerottfälle zu einer Verurtheilung zu bringen, wenn die Jury zum größeren Theile aus sog. Handelsleuten besteht, und was in nationaler Hinsicht beim Verdikt geleistet werden kann, wenn die Mehrheit aus Konnationalen des Angeklagten besteht, davon kann jeder, der in gemischt-nationalen Ländern zu leben gezwungen ist, ein Lied singen.

M. H., ich war einmal ein großer Verehrer der Schwurgerichte und in meiner Disputation zur Erlangung der venia docendi im J. 1873, zur Zeit des großen Kampfes zwischen Schwur- und Schöffengericht, habe ich zu Gunsten der Schwurgerichte mächtig debattirt, bin aber, seit ich das Schwurgericht aus eigener Anschauung kennen lernte, als Geschworener selbst fungirte, sehr rasch anderer Ansicht geworden. Ich mußte in dieser Beziehung erfahren, daß gerade, was Herr Reichsanwalt Stenglein gestern so treffend hervorhob und so eben der Herr Staatsrath Gneist betonte, jene eingebildete Souveränität und Omnipotenz der Geschworenenbank der springende Punkt ist, von dem aus das ganze Institut unhaltbar ist. Die freie Ueberzeugung, wie sie bekanntlich den Geschworenen für die Würdigung der Beweise eingeräumt ist, wird, wie Ihnen Herr Dr. Gneist ausgeführt, allgemein dahin gedeutet, daß der Geschworene ein souveräner Richter ist, ein Begnadigungsrecht hat, nach Gefühlsmotiven, nach allgemeinen Vorstellungen, kurz in einer so unverantwortlichen Weise sein Verdikt über Schuld und Nicht-Schuld geben könne, daß Merkmale des Gesetzes ihn nicht geniren, daß also ein geständiger Mörder und Todtschläger, der vielleicht zufällig einmal einen wirklichen Schurken aus der Welt geräumt, frei gesprochen werden könne und dürfe, daß das ganz der Gerechtigkeit entspreche. Diese Meinung besteht, und was der eigentliche Schaden ist, unter den Gebildeten. Ich mache mich anheischig, einen ländlichen Geschworenen, einen Kleinbürger recht gut über seine Pflichten als Geschworener zu belehren; aber die gebildeten, die studirten Herren, die im Gemeinderath und Parlamente sitzen, die sind es, die nicht dem Präsidenten und Juristen glauben, daß sie sich im Punkte der Rechtsbelehrung fügen müssen, daß sie sich an die Merkmale des Gesetzes zu halten haben bez. der Frage, ob das von Ihnen nach freier Beweiswürdigung angenommene Faktum ein Verbrechen bilde. M. H., ich habe mit meinen Kollegen von der philosophischen und medicinischen Fakultät lange und mächtige Debatten darüber gehabt, welche Pflichten sie als Geschworene haben; ich habe ihnen auseinanderzusetzen gesucht, was das Wesen ihrer Pflicht ist, daß sie frei sind in der Beweiswürdigung, daß sie sich aber bei der Frage, ob das als bewiesen angenommene Faktum ein Verbrechen ist, an die Merkmale des Gesetzes halten müssen. Die Antwort war: „wenn das so ist, wozu brauchen wir dann ein Schwurgericht? Was ist dann der Unterschied des Geschworenengerichts von dem gewöhnlichen Beamtengericht? Wir sehen ihn darin, daß wir vollkommen frei sind in der Annahme, ob Schuld oder Nicht-Schuld." Hier hört jede Debatte und Belehrung auf.

Ich glaube aber doch, daß es möglich wäre, wenigstens in die großen Massen die richtige Ansicht über die Pflichten des Geschworenen hineinzubringen, wenn namentlich auch vielleicht von Seiten des Präsidenten bei der Rechtsbelehrung immer und immer wiederholt und eindringlich dieser Punkt berührt würde. Ich muß sagen, daß ich es oft erlebt habe, daß gerade bei sonst ganz vortrefflichen Rechtsbelehrungen die eigentliche Belehrung über die Pflichten der Geschworenen, weil als selbstverständlich vorausgesetzt, — man glaubte Leute vor sich zu haben, die schon Jahre lang als Geschworene fungirten — unterblieb. Meiner Ansicht nach wäre der Umfang der rechtlichen Stellung und der Pflichten der Geschworenen in populären Vorträgen, in jährlich, in monatlich wiederkehrenden Versammlungen, in tausenden von Flugschriften auseinanderzusetzen und den Leuten an's Herz zu legen. Vielleicht dränge dann bei der großen Masse der Gebildeten die rechte Anschauung über ihre Pflichten doch noch durch. Ich versichere Sie, m. H., daß dasjenige, was der Krebsschaden der Schwurgerichtseinrichtung ist, diese Souveränität, diese erträumte Omnipotenz der Geschwornenbank in den österreichischen Ländern, wie ich vorhin bereits erwähnte, mindestens ebenso wie in Deutschland hervortritt und häufig zu der Gerechtigkeit widersprechenden Urtheilen führt, die eine Aufregung nicht nur der Juristenkreise, sondern auch im Volke hervorrufen, als der Justiz widersprechende Verdikte. Wir sind in dieser Hinsicht, ich glaube wohl, im Deutschen Reiche wie in Oesterreich, was solche Verdikte betrifft, nicht viel besser daran, als die französische Jury, die bekanntlich hin und wieder ein Verdikt fällt, das, wie z. B. der eklatante Fall Klovis und Hugues, in der ganzen Welt bekannt und besprochen wird. Solche Fälle erleben Sie als Beisitzer der Gerichtshöfe, als Vertheidiger und Staatsanwälte täglich, Verdikte die geradezu monströs und unglaublich sind. Wir dürfen annehmen, daß solche Fälle bei uns nicht viel geringer sind, als sie außerhalb Deutschlands, namentlich in Frankreich auftreten.

Es ist nicht zu leugnen, es geht ein Zug tiefer Mißstimmung, tiefen Mißtrauens gegen das Schwurgericht in Deutschland wie in Oesterreich durch die betreffenden Kreise, wie Ihnen das bereits der Herr Landgerichtsdirektor Olshausen nachdrücklich und ausführlich nachgewiesen hat. Ich versichere, daß er nicht übertrieben hat, und daß das, was er sagte, speziell auch auf Oesterreich anwendbar ist. Auch dort ist gerade in Juristenkreisen eine tiefe Abneigung und ein tiefes Mißtrauen gegen das Schwurgericht vorhanden. Und unter den Laien, speziell in den östlichen Kronländern, die zum Schwurgericht herangezogen werden, ist wegen der enormen Lasten, die mit der Ausübung der Geschworenenpflicht verbunden sind, wegen der materiellen Schädigung, die sich mit den weiten Reisen und der langen Abwesenheit vom Wohnort oft verknüpft, zumal bei der mangelhaften Durchführung der allgemeinen Privatentschädigung durch Vereine, von Anfang an, seit der Einführung der Schwurgerichte im Jahre 1873, eine Abneigung, ein Mißtrauen und eine Mißstimmung vorhanden, die nur einer allgemeinen Weckung bedurfte, um — wie ich glaube — auch dort einen Sturm zu entfesseln, welcher der Jury immerhin bedenklich sein würde. Ich glaube aber sicher, daß diese, immer weitere Kreise umfassende, Abneigung endlich unbedingt zur Beseitigung der Schwurgerichte in Deutschland und in Oesterreich führen muß.

Was an seine Stelle zu setzen ist, auch darüber hat sich bereits der illustre Herr Vorredner ausgesprochen. Was meine Wenigkeit betrifft, so muß ich gestehen, daß ich das Schöffengericht lediglich als eine Abzahlung gegenüber der politischen Forderung der Betheiligung des Laienelementes an der Rechtsprechung hinnehme; denn ich für meine Person stehe noch auf dem „veralteten" Standpunkt, daß, wie man gelernt haben muß, ein Gewerbe zu treiben, einen Rock und eine Uhr zu machen, so sollte man auch annehmen, daß man gelernt haben müsse Recht zu sprechen, das höchste Recht über Leben und Tod der Mitmenschen zu üben, über Schuld und Nichtschuld zu urtheilen. Das ist meine, wie gesagt, in den Augen mancher etwas antiquirte Anschauung, und deshalb halte ich noch immer für das Ideal eines Gerichts — natürlich das auch wirklich ideal bestellte Gericht von rechtsgelehrten Beamten-Richtern; gleichwohl stimme ich der Ansicht zu, daß sich das kleine Schöffengericht bei uns immerhin bewährt hat, und daß speziell der Boden des Schöffengerichts die minder schweren und eventuell mittelschweren Strafsachen sind. Ich würde für meine Person mit Rücksicht auf die erwähnte politische Seite der Frage keinen Widerspruch erheben, wenn an die Stelle des heutigen Schwurgerichts das große Schöffengericht treten würde. Jedenfalls aber bitte ich die hohe Versammlung, sich gegen das Schwurgericht im Sinne der bisher Ihnen erstatteten Vorträge auszusprechen. (Bravo.)

Rechtsanwalt **Munckel** (Berlin): M. H., ich habe das Wort zum zweiten Male und will es zum Dank für diese Gunst sehr kurz machen.

Nach meiner Meinung wird der Juristentag gut thun, wenn er sich im Großen und Ganzen auf denjenigen Standpunkt stellt, den mein verehrter Vorredner, Herr Geheimer Rath Gneist, zur Sache eingenommen hat. Die Sätze, die er im Allgemeinen hingestellt hat, kann ich durchweg unterschreiben.

Zunächst ist anerkannt — und davon ging er aus —, daß der Strafprozeß, wie er heute ist, der Mitwirkung des gelehrten Richters niemals entbehren kann. Ein Gericht, rein aus Laien bestehend, wäre ein Unding, es ist allerdings auch von keiner Seite verlangt worden. Zweitens hat er zweifellos auch Recht in dem Satze, den er anführte, daß der Juristentag nicht aussprechen kann, es habe sich das Laienelement überhaupt nicht bewährt in der Strafrechtspflege, und ich trete ihm darin ausdrücklich bei, daß ein solcher Beschluß allgemein gefaßt, wenn man sich so ausdrücken darf, ein Schlag in das Gesicht des deutschen Volkes wäre, dem wir die Befähigung absprechen würden, die alle anderen Völker für sich in Anspruch nehmen. Ich meine, bis dahin sind wir trotz des letzten Herrn Vorredners im Großen und Ganzen auch einig; die ungeheure Majorität hier will ebenfalls das Laienelement nicht völlig ausschließen, will auch nicht, was der letzte Herr Vorredner anzudeuten schien, etwa für die Geschworenen eine Art Zwangsbefähigungsnachweis einführen. Die Meinungsverschiedenheit fängt für uns erst da an, wo es sich handelt um die Form, in der das Laienelement zugezogen werden soll und über diese Form, über eine der gegenwärtig bestehenden Formen hat, soviel ich verstanden habe, Herr Geheimer Rath Gneist mit seinem Urtheil wohlweislich zurückgehalten. In der That ist trotz einer Anwendung von vierzig Jahren diese Frage noch nicht spruchreif und wer etwa erklären will, daß er die Schwurgerichte ablehnt für alle Zukunft, ohne genau zu wissen, was er an ihre Stelle setzen will, der würde einen sehr gewagten Beschluß unterschreiben. Ich meine nun, daß vollkommen zutreffend ausgeführt worden ist: es giebt Dinge im Strafprozeß, die nothwendiger Weise dem rechtsgelehrten Richter zufallen: das ist die Prozeßleitung, das ist die Strafabmessung, denn es ist richtig, daß sie gerecht nur geschehen kann von Jemandem, der gewöhnt ist, gleichartige Fälle miteinander zu vergleichen, nicht von einem Schöffen, der 5 mal im Jahre überhaupt zu Gericht sitzt und dann vielleicht nie wiederkommt. Das ist endlich die Gesetzesauslegung. Diese 3 Funktionen gehören nothwendiger Weise dem rechtsgelehrten Richter, und wenn sie ihm allein gehören, so soll auch nicht der Zustand eintreten, daß der Schein erregt wird, als habe ein Schöffe, der davon nichts verstehen kann, vollkommen gleiches Recht, auch bei Entscheidung solcher Fragen mitzuwirken. Das ist aber gerade ein Vorwurf, der sich gegen die Schöffengerichte in der jetzigen Form geltend machen läßt, und es ist auch nicht entschieden, ob diejenigen, die auf Grund ihrer für günstig gehaltenen Erfahrungen mit dem kleinen Schöffengericht das Schöffengericht ausdehnen wollen, ob sie dann die Abhülfe, die in der Zulässigkeit der Berufung liegt, wie wir sie jetzt beim kleinen

Schöffengericht haben, beim großen entbehren wollen oder nicht. Auf der anderen Seite, m. H., ist darüber gar kein Zweifel und auch von mir nicht Zweifel erhoben, daß die Schwurgerichte, so wie sie jetzt bestehen, einer Reform nach irgend welcher Seite hin dringend bedürftig sind. Würde der Spruch vom Juristentage verlangt, daß an der schwurgerichtlichen Rechtsprechung eine Aenderung in der Form des Verfahrens eintreten muß, aber nicht geradezu die Beseitigung der Geschworenen gefordert, dann wäre ein solcher Ausspruch vielleicht möglich; in der Form, wie er vorgeschlagen, ist er unmöglich.

Nun hat eine Zukunftsidee der Herr Professor Gneist ausgesprochen, die ja an und für sich Erwägung verdient, und die eine merkwürdige Aehnlichkeit hat mit dem Vorschlage, den ich in meiner früheren Rede, halb im Scherze, einmal angedeutet habe, nämlich eine Art der Vertheilung der Geschäfte, bei welchen Richter und Laien theilweise gemeinschaftlich urtheilen, theilweise, wie es Herr Professor Gneist ausführte, auf ausdrückliches Verlangen ihre Funktionen trennen. Der Gedanke ist vielleicht ausführbar, vielleicht daß die dann mitwirkenden Laien, mögen wir sie Schöffen oder Geschworene nennen, — auf dem Namen käme es nicht an — mehr von der Mitwirkung des Gerichts Nutzen hätten, ohne in die Lage gebracht zu werden, eine Frage entscheiden zu müssen, deren Entscheidung dem Richter allein gebührt. Aber das Gericht, das auf diese Weise zusammengesetzt wäre, welches dem Schöffen die Schuldfrage, dem Richter die Prozeßleitung, die Gesetzesauslegung und die Strafzumessung ließe, würde bei solcher Theilung weder dem jetzigen Schöffengericht noch dem jetzigen Schwurgericht entsprechen. Man würde sich weder für die eine Alternative noch für die andere ausdrücklich erklären können und man käme auf den Satz zurück, m. H., der eigentlich der ganzen Zuziehung des Laienelements zu Grunde liegt, daß man ein „Schuldig" in Strafsachen nicht aussprechen soll, wenn es nicht möglich ist, auch dem nichtjuristisch geschulten Verstande die Ueberzeugung von der Schuld beizubringen. Zu diesem Zweck werden die Laien zugezogen. In welcher Form das in der Zukunft am zweckmäßigsten zu bewirken ist, ist heute noch nicht endgültig festzustellen. Die Schwurgerichte bedürfen der Aenderung, aber damit ist nicht gesagt, der Abschaffung der Geschworenen. Die Schöffengerichte haben auch nicht gerade die Vollkommenheit erlangt, daß wir uns für sie im Gegensatz zu den Schwurgerichten entscheiden können. Und wenn nun in Folge der gestellten Frage der Juristentag nichts weiter ausspräche, als daß die Zuziehung des Laienelements sich bewährt habe, ohne sich für eine oder gegen eine der vorhandenen Formen zu entscheiden, dann wird er, glaube ich, thun, was seines Amtes ist. Wenn wir aber ohne weiteres auf Grund einseitiger

Erfahrungen, weil beim Schwurgericht unrichtige Verdikte vorgekommen sein sollen, wenn wir da erklären wollen, es habe im Volke das Schwurgericht das Vertrauen verloren, m. H., wir riskiren vielleicht etwas von dem Vertrauen, was der Juristentag hat, unsererseits bei diesem Beschluß zu verlieren.

Ich möchte vor allen Dingen die Sache nicht dahin aufgefaßt wissen, daß wir gewissermaßen mit den gegen die Geschworenen laut werdenden Bedenken die Vorrechte unseres richterlichen Standes vertheidigen und daß wir, der Juristenstand, uns wehren müssen gegen eine etwaige Allmacht der Geschworenen. Eine solche Allmacht, mag man sie politisch oder juristisch auffassen, ist im höchsten Grade zu mißbilligen, das versteht sich von selbst. Diese Allmacht muß eine Beschränkung haben, vielleicht durch zwingende Rechtsbelehrung, vielleicht durch Mitwirkung der Richter, in irgend welcher Form, das wird niemand und kein vernünftiger Mensch bestreiten. Die Theilung dieser Gewalten soll nicht politisch sein, sie soll nur juristisch sein, aber Grundsatz wird immer bei unserem zukünftigen Verfahren, welches es auch sein möge, bleiben müssen: ein „Schuldig" ist nur möglich, wenn man dem Laien die Ueberzeugung von der Schuld verschaffen kann in der geltenden Form des geordneten richterlichen Verfahrens.

Und darum ziehe ich mit Herrn Geheimen Rath Gneist das Facit aus der Sache, daß wir wohl sagen können: Laien sollen auch in Zukunft zugezogen werden, die Frage aber, ob in einer der beiden gegenwärtigen Formen oder in einer noch zu findenden Zukunftsform, ist trotz aller Erfahrung der Vergangenheit noch nicht spruchreif und die lassen wir auch jetzt dahingestellt. (Bravo!)

Reichsgerichtsrath **Wielandt** (Leipzig): Ich bedaure, noch einmal das Wort ergreifen zu müssen, nach Aussprüchen aber, die heute gefallen sind, bin ich dazu genöthigt. Ich glaube, das, was gestern gesprochen worden ist, ist entweder, weil meine Stimme den Herren nicht recht verständlich gewesen ist, nicht recht gehört worden, oder doch mißverstanden worden von Herrn Landgerichtsdirektor Olshausen. Ich will nicht einen theoretischen Ausspruch haben, habe aber auch andererseits nicht gesagt, daß die Frage absolut nicht reif sei, habe aber andererseits betont: wir müssen einen Beschluß fassen. Ich kann mich der Ueberzeugung nicht verschließen. Die Beschlüsse, welche uns von der anderen Seite proponirt werden, sind keine praktischen Beschlüsse, es sind Beschlüsse, wie ich sie gestern „papierene" nannte. Wir müssen einen praktischen Beschluß fassen.

Wenn ich mich nun im Einzelnen über das ausspreche, was andere gesagt haben, so muß ich mich ganz entschieden gegen das verwahren, was Herr Professor Hiller auf Grund seiner Erfahrung behauptet hat. Ein

Omnipotenzgefühl der Laien gegenüber den Richtern besteht in Deutschland wenigstens in dieser Weise nicht. Ich kenne unser Deutschland in dieser Hinsicht auch, und namentlich die Gelehrten haben sich mir gegenüber nie so geäußert; sie ordnen sich sogar als sehr gelehrte Leute dem unter, was erkannt wird. Das, was die Herren Professoren in Czernowitz dem Herrn Professor Hiller gesagt haben, bedeutet höchstens, daß, wenn diese Herren Professoren mit den Richtern als das Laienelement zusammen säßen, ich nicht mit ihnen sitzen möchte, da sie sich nicht unterzuordnen verstehen. Aus diesem Argument kann demnach ein Schluß für die Aufhebung des Schwurgerichts nicht gezogen werden.

Im Uebrigen weise ich nur darauf hin, daß Herr Professor Gneist, der uns die Mängel gezeigt und die Bedenken vorgeführt hat, etwas Positives, was er uns schwarz auf weiß an die Stelle setzen könnte, auch nicht weiß. Der Juristentag kann keine Beschlüsse fassen, womit er nur so etwas Laues in die Welt setzt; er muß den gesetzgebenden Faktoren den bestimmten Weg bezeichnen. Was uns Herr Professor Gneist ausgeführt hat, das sind Momente, die schon bei der Berathung der Strafprozeßordnung, die dem dankenswerthen Einfluß des Herrn Professor Gneist außerordentlich viele Bestimmungen verdankt, berührt worden sind. Herr Professor Gneist hat uns selbst gesagt, wie die Strafprozeßordnung in dieser Hinsicht entstanden ist und hat uns damit bestätigt, daß, wenn wir heute einen Antrag auf Abschaffung oder auf Aenderung in seinem Sinne stellen wollten, derselbe einfach nicht angenommen werden würde. Ich kann Ihnen also meinen gestrigen Antrag nur wiederholt empfehlen. Es ist damit nicht ausgesprochen, daß wir nicht wissen was wir wollen, so weit gehe ich nicht. Ich wüßte ganz genau, was wir zu thun hätten; ich bescheide mich, das jetzt auseinanderzusetzen. Ich bitte Sie, stimmen Sie meinem Antrag zu. Er lautet:

> Es ist zur Zeit kein Bedürfniß vorhanden, in den Bestimmungen bezüglich der Zuziehung von Laien in Strafsachen eine Aenderung eintreten zu lassen

Regierungsrath Professor **Hiller** (Czernowitz): Nur ein Wort zur faktischen Berichtigung! Es ist mir ja gar nicht eingefallen, etwa als einen Beweis der Irrthümer, die unter den Gebildeten über die Jury herrschen, lediglich anzuführen, was Professoren der Philosophie in Czernowitz darüber reden. Ich habe das nur angeführt, um zu illustriren, was unter gebildeten Männern — und als solche wird Herr Wielandt wohl Professoren der Philosophie und Medizin gelten lassen — für Irrthümer bestehen. Im übrigen habe ich mich lediglich auf das bezogen, was die Herren Stenglein und Gneist gesagt haben. Dies zur Steuer der Wahrheit!

Rechtsanwalt **Boyens** (Stettin): Nachdem die Debatte eine so hohe Wendung genommen, gestatten Sie mir wohl, in einigen wenigen Bemerkungen Ihren Blick wieder auf das bisherige kleine Schöffengericht zurückzulenken. Ich meine, daß in der heutigen Debatte diese Gerichte recht schlecht weggekommen sind. Es haben zwar selbst die Gegner der Schöffengerichte meistens anerkannt, daß dieselben sich in der Praxis bisher nicht schädlich gezeigt haben. Andere Herren, die aus ihrer eigenen Praxis bezeugen konnten, daß die Schöffengerichte sich nützlich gezeigt haben, sind trotzdem der Ansicht, daß die Gegenstände, mit denen diese Gerichte sich befassen, so unerheblicher Natur seien, daß sie zu entbehren seien. Ich bin nun der Ansicht, daß man namentlich diesem letzteren Satze durchaus widersprechen muß. Es muß scharf daran festgehalten werden, daß die ganze Frage zwei Seiten hat, eine technische und eine soziale. Die technische finde ich darin: haben sich die Schöffengerichte tauglich gezeigt zur Erzielung sachgemäßer Urtheile, und namentlich tauglicher, als der Einzelrichter? Die soziale finde ich darin: ist es richtig, daß die Schöffengerichte das Rechtsgefühl des Volkes durch Mitwirkung der Laien und die Kenntniß der Gesetze vermehrt haben? Mit anderen Worten, daß das Volk sich durch die Gerichte daran gewöhnt hat, die Gesetze nicht mehr als etwas ihm feindliches zu betrachten, sondern als Institutionen, die zu seinem eigenen Schutze geschaffen sind.

Käme man nun mit den Gegnern der Schöffengerichte auch nur zu dem Satze, daß in technischer Beziehung die Schöffengerichte sich nicht schädlich gezeigt hätten, so müßte man doch behaupten, daß die sozialen Vortheile dermaßen ins Gewicht fallen, daß im Ganzen genommen die Schöffengerichte einen eminenten Nutzen haben. Will man diese soziale Seite des Instituts recht würdigen, so muß man nicht nur Berichte sachverständiger Juristen einholen, die aus ihrer Schöffengerichtspraxis ihr Erfahrungsmaterial mittheilen, sondern fragen, was sagt das Volk dazu? Man muß die Urtheile aus dem Volke einsammeln und dann selbst Studien machen über die bewußten und unbewußten Wirkungen, die die Schöffengerichte auf das Volk ausgeübt haben. Ich glaube nicht fehl zu gehen, wenn ich behaupte, daß die kleinen Schöffengerichte in der kurzen Zeit ihres Bestehens durchweg populär geworden sind und daß absolut kein Verständniß im Volke dafür sein würde, wenn man diese Schöffengerichte wieder aufheben, und durch den Einzelrichter ersetzen würde. Man würde auch kein Verständniß im Volke finden, wenn man ihm jetzt sagte, die Gegenstände, die das Schöffengericht behandelt, sind zu geringfügiger Natur, so daß bei ihnen die Laien entbehrlich wären. Ich verweise Sie namentlich auf das Gebiet des Polizeirechts. Der Bürger und Bauer hat regelmäßig nicht gern mit der Polizei zu schaffen, und die unzähligen Polizeivorschriften haben einen schroffen Gegensatz zur Polizei erzeugt, der beinahe sprichwörtlich geworden ist. Seitdem das Volk aber ein Gericht hat, an dem Seinesgleichen theilnehmen, und das über der Polizei steht, so hat sich seine Anschauung hierin sehr geändert. Das Schöffengericht sieht das Volk an als den Schutz gegen Uebergriffe der Polizei, und zwar als einen weit wirksameren als den Einzelrichter, da es gerade hier mehr wie sonst darauf ankommt, aus dem praktischen Leben heraus zu urtheilen. Ich will Ihnen ein Beispiel aus der Praxis mittheilen, das Ihnen zeigt, wie das Schöffengericht urtheilt und wie die Wirkung dieser Urtheile auf das Volk zurückfällt. Es war in Schleswig-Holstein, — wo die Schöffengerichte schon seit 1867 durch die neue Prozeßordnung eingeführt sind — dort hatte der Bürgermeister einer Stadt zusammen mit den Stadtverordneten eine Polizeiverordnung zu Stande gebracht, in der sich der Satz befand: „Die Straßen sollen jederzeit frei von Schnee und Eis gehalten werden.“ Diese Verordnung war im Sommer zu Stande gekommen, und als der Winter den ersten Schnee brachte, hatte der sehr tüchtige Polizeibote 50 Bürger aufgeschrieben, die nicht Schnee gefegt hatten. Fast alle diese erhoben gegen das sogenannte Polizeimandat Widerspruch, und die Sache kam zur schöffengerichtlichen Verhandlung. Da wurde durch Zeugen bewiesen, daß nur so viel Schnee gefallen sei, daß die Zeugen mit Morgenschuhen durch die ganze Stadt hätten gehen können.

Der rechtsgelehrte Richter aber war der Ansicht, daß trotzdem die Leute strafbar seien, denn es stehe ja in der Polizeiverordnung: „Die Straße soll jederzeit frei von Eis und Schnee gehalten werden,“ das war nicht geschehen. Die Schöffen sagten, sie könnten sich unmöglich dieser Auffassung anschließen und die Leute wurden sämmtlich freigesprochen. Der rechtsgelehrte Richter war so wenig hiermit einverstanden, daß er sogar in der Begründung des Urtheils hervorhob, daß dieses Urtheil nur per majora gefaßt worden sei. Es wurde Berufung eingelegt an das damalige Kreisgericht; dieses bestätigte zwar das Urtheil, aber aus ganz anderen Gründen: An und für sich wären die Leute schuldig, denn die Polizeiverordnung sei ihrem Wortlaute nach verletzt, jedoch sei die ganze Polizeiverordnung nichtig, weil sie etwas widersinniges enthalte, es sei unmöglich, die Straße jeder Zeit von Schnee und Eis frei zu halten. Es wurde Revision an das damalige Obertribunal eingelegt; dieses hob das zweite Urtheil auf und erklärte, daß das Urtheil nichtig sei, weil das Kreisgericht über die Zweckmäßigkeit und Nothwendigkeit des Gesetzes, nämlich der Polizeiverordnung entschieden hätte, was außerhalb der Kompetenz der Gerichte stehe, jedoch, fügte das Obertribunal hinzu, muß man die Polizeiverordnung nur recht verstehen, man müsse sie cum grano salis verstehen. Wenn darin stehe: „Die Straßen sollen jederzeit frei von Schnee und Eis gehalten werden," so sei dies nicht buchstäblich zu nehmen. In dieser Weise ging die Sache an die zweite Instanz zurück und nun erfolgte hier Bestätigung des schöffengerichtlichen Urtheils auf der Grundlage der von dem Obertribunal eingeleiteten Auslegung der Verordnung. Das Resultat war also, daß schließlich sämmtliche rechtsgelehrte Richter anerkannten, daß gerade die Schöffen das richtige gefunden hatten. Seit dieser Erfahrung hatten selbstverständlich die Schöffengerichte in der ganzen Stadt ein außerordentliches Ansehen gewonnen.

Dies nur ein einziges Beispiel aus der Praxis, es werden sich leicht andere finden. Ich bitte Sie also, meine Herren, die kleinen Schöffengerichte nicht so stiefmütterlich zu behandeln, sondern sich auch für Beibehaltung dieser Gerichte zu entscheiden.

Präsident: Die Reihe der Redner ist erschöpft, ich schließe die Debatte und ertheile dem Referenten, Herrn Oberamtsrichter Süpfle das Schlußwort.

Referent Oberamtsrichter **Süpfle** (Heidelberg): M. H., bei der vorgeschrittenen Zeit gestatten Sie wohl, daß ich mich sehr kurz fasse.

Die Frage, die uns vorgelegt ist, lautet dahin, ob sich die Vorschriften des deutschen Gerichtsverfassungsgesetzes Titel 4 und 6 bezüglich der Zuziehung von Laien in Strafsachen in der Praxis bewährt haben? Es lautet also die Frage nicht allgemein, ob sich die Zuziehung von Laien überhaupt bewährt hat, sondern die Frage ist zu theilen nach: Tit. 4 das Schöffengericht, und Tit. 6 das Schwurgericht. Ich meine, wir sollten uns doch an diese Fragestellung auch bei der Beantwortung halten. Es hat die Debatte gezeigt, daß man noch auf eine Masse anderer Dinge und Zukunftspläne gekommen ist, auf die ich nicht weiter eingehen will.

Ich will zunächst nur wenige berichtigende Worte noch sagen bezüglich des Punktes 3 meiner gedruckten Anträge, wonach nämlich bei völligem Geständniß des Angeklagten die Zuziehung von Schöffen unterbleiben soll. Ich ziehe diesen Satz als nicht principiell wesentlich zurück, aber nicht etwa deßhalb, weil ich ihn nicht vereinbar mit den übrigen Anträgen hielte, sondern nur, weil ich jetzt keine praktische Folge davon sehe. Ich möchte jedoch namentlich Herrn Reichgerichtsrath Wielandt gegenüber feststellen, daß ich mit diesem Satze durchaus nicht einen Unterschied zwischen Reich und Arm herbeiführen oder möglich machen wollte: denn ich wollte ja nur bei der Urtheilfassung die Schöffen nicht zugezogen wissen, aber nicht die Oeffentlichkeit ausgeschlossen oder die öffentliche Schlußverhandlung abgeschafft sehen, eine solche öffentliche Schlußverhandlung hätte auch beim

Geständniß des Angeklagten, jedoch ohne Zuzug von Schöffen, stattgefunden. Das was Herr Reichsgerichtsrath Wielandt so sehr betonte, daß nämlich Jemand, der an den Pranger der Oeffentlichkeit gestellt werden sollte, durch diesen Satz dieser Widerwärtigkeit entgehen könnte, ist daher nicht richtig, da die öffentliche Schlußverhandlung, wie ich wiederhole, unter allen Umständen bleiben müßte. Ich hatte den Satz nur deßhalb aufgestellt, weil im Zusammenhang mit den anderen Anträgen nach meiner Meinung Schöffengerichte für alle drei Ordnungen einzuführen gewesen wären, und dann allerdings Mittel und Wege gefunden werden müßten, um die Last der Beiziehung des Laienelements nicht allzugroß zu machen, vielmehr das nöthige gute Material an Schöffen auch zu bekommen.

Was nun im einzelnen die gestellte Frage betrifft, soweit sie das Schöffengericht im Auge hat, so haben wir Erfahrungen zunächst nur bezüglich der Schöffengerichte der niederen Ordnung. Hier möchte ich den Satz vertheidigen: „Die Schöffengerichte haben sich im Allgemeinen in der Praxis bewährt". Ich meine, wir sollten dies positiv und nicht etwa nur negativ aussprechen. Die Gründe, aus denen das Votum hervorgeht, daß sich diese Gerichte bewährt haben, sind gestern schon ausführlich dargelegt worden, auch aus der heutigen Debatte schon vielfach hervorgegangen. Ich möchte nur das Eine noch gegenüber Herrn Reichsanwalt Stenglein bemerken, daß ich einen großen Werth gerade auf die Schöffengerichte niederster Ordnung lege: einmal wegen der Kontrolle des Amtsrichters. Derselbe ist dadurch, daß Schöffen zugezogen werden, genöthigt, die Leitung der Verhandlung etwas sorgfältiger zu nehmen, als es sonst vielleicht da und dort geschehen würde, und insbesondere ist er genöthigt, sich selbst den betreffenden Fall recht klar zu machen, wenn er verpflichtet ist, ihn auch den Schöffen im Berathungszimmer noch einmal klar darzulegen. Mit anderen Worten: der Einzelrichter, der, wie die Sachen einmal stehen, bei den Schöffengerichten meist ein jüngerer rechtsgelehrter Richter ist, wird kontrolirt und vor Uebereilungen bewahrt. Ich glaube auch, daß die Berufung gegen Urtheile von Einzelrichtern viel öfter eintreten würden, als die Berufung gegen Urtheile von Schöffengerichten, weil sich der Verurtheilte im letzteren Falle immer sagen muß: es haben eine Mehrzahl von Richtern und darunter meine Mitbürger bei meiner Verurtheilung mitgewirkt, während er sonst vielleicht denkt, daß der rechtsgelehrte Einzelrichter sich leichter irren kann, oder daß derselbe etwa in dem Gefühl seiner Machtvollkommenheit und seiner bureaukratischen Stellung ihm Unrecht gethan habe.

Ich lege aber auch Gewicht auf die soziale Seite. Nach meiner Erfahrung sind die Schöffengerichte populär geworden und sie üben zweifellos eine gewisse erziehende Wirkung auf das ganze Volk aus: der Fall, den der Schöffe miterlebt hat, wird in Bekanntenkreisen besprochen, der Schöffe ertheilt Aufschluß, wie man zu dem Urtheil gelangt ist, und dies stärkt das Rechtsbewußtsein. Ich glaube, daß in dieser Richtung gerade eine Hauptwirkung der Schöffengerichte zu finden ist.

Der Umstand, daß allerdings bei den Schöffengerichten niederer Ordnung die Bezirke zuweilen sehr klein sind, muß zugegeben werden, sowie auch, daß die Gefahr nicht ganz ausgeschlossen ist, daß irgend welche Parteilichkeit, Freundschaft oder Feindschaft vielleicht bei der Aburtheilung mitwirken möchte, allein, m. H., so groß ist diese Gefahr doch nicht. Nach meiner Erfahrung — und ich habe eine 22jährige Schöffengerichtspraxis hinter mir — habe ich das eigentlich nie gesehen. Es kommt in Betracht, daß, wenn der Bezirk auch an sich klein ist, die Zahl der abzuurtheilenden Fälle klein ist, daß die Zahl der mitwirkenden Schöffen selbst also auch eine kleine ist, und daß der Bezirk selbst immerhin aus einer größeren Anzahl von Gemeinden zusammengesetzt ist. Meines Erinnerns ist der kleinste Amtsgerichtsbezirk im Großherzogthum Baden ein Bezirk von 10000 Seelen und kommt daselbst alle 3 bis 4 Wochen eine Schöffengerichtssitzung vor mit ein, zwei oder drei Straffällen. Es werden also ganz wenige Schöffen nur beigezogen zur Aburtheilung, so daß meines Erachtens auch die Gefahr der Beeinflussung seitens der näheren Freundschaft u. s. w. nur eine sehr geringe ist.

Der erste Satz der Frage 9 wurde auch von Herrn Direktor Olshausen in weitergehender Weise vertheidigt. Ich kann Ihnen daher diesen Zusatz nur dringend zur Annahme empfehlen.

Was sodann die Frage der Schwurgerichte betrifft, so meine ich, sollten wir die Sache durchaus nicht wieder dilatorisch behandeln. Es ist dies schon auf dem Juristentage in Frankfurt im Jahre 1872 geschehen. Es wurde auch damals ausgesprochen, es sei kein Bedürfniß zu einer Aenderung, obwohl aus der damaligen Debatte sehr deutlich hervorging, daß man schon damals mit der gegenwärtigen Form der Schwurgerichte durchaus unzufrieden war, daß die Schwurgerichte schon damals, wenigstens in der juristischen Welt, kein genügendes Vertrauen mehr besaßen. Das ist in klarer und ausführlicher Weise von Herrn Dr. Olshausen und verschiedenen anderen Rednern auch jetzt wiederholt ausgeführt und anerkannt worden. Und wenn — diesen Eindruck hat auf mich wenigstens die Debatte gemacht — so ziemlich Alle einig darin sind, daß die gegenwärtige Form der Schwurgerichte nicht eine passende und vertrauenerweckende ist, so sollte man dies auch positiv aussprechen und nicht blos negativ.

Der Vorschlag, den der Herr Reichsgerichtsrath Wielandt macht, dahin, daß nur allgemein gesagt wird, es sei kein Bedürfniß zu einer Aenderung vorhanden, könnte gerade entgegen dem ganzen Ergebniß der Debatte zu dem Mißverständnisse führen, daß man das Schwurgericht anerkennen wollte oder wenigstens kein sehr erhebliches Bedenken gegen dasselbe hätte. Man sollte wenigstens positiv aussprechen, wie dies von Herrn Landgerichtsdirektor Olshausen beantragt wurde: Die Schwurgerichte verdienen das Vertrauen nicht, das ihnen auch jetzt noch theilweise entgegengebracht wird.

Was meinen zweiten Antrag betrifft, lautend:

> „Eine Verbesserung der Strafrechtspflege ist durch Aufhebung der Schwurgerichte und Ersatz derselben durch große Schöffengerichte zu erwarten",

so habe ich im Laufe der Debatte gesehen, daß es zweckmäßig sein wird, die Frage der Beseitigung der Schwurgerichte in ihrer gegenwärtigen Form und des Ersatzes derselben zu trennen. Ich bin daher vollkommen einverstanden mit dem Antrage Dr. Olshausen, der sachlich das Nämliche sagt, formell aber die Möglichkeit giebt, über den Inhalt des betreffenden Satzes in zwei Theilen abzustimmen. Ich vereinige also meinen zweiten Antrag mit Nr. zwei und drei des Antrages Dr. Olshausen (Ziffer 1 ist ja in beiden Anträgen derselbe Satz), beziehungsweise ich ziehe meinen Antrag zu Ziffer 2 des Olshausen'schen Antrages zurück, der dahin geht:

2. „Die Schwurgerichte verdienen das ihnen theilweise geschenkte Vertrauen nicht;
3. als die geeignetste Form der Zuziehung des Laienelementes in Strafsachen erscheint das Schöffengericht."

Ich bemerke dabei: Der Satz 3 hat für mich den Sinn, daß ich nicht speziell sagen will, das Schöffengericht, wie es jetzt in der untersten Instanz eingeführt ist, soll genau in der Weise auch an die Stelle der Schwurgerichte treten, nur mit einer anderen Zahl der Besetzung von Richtern und Laien, sondern ich verstehe eben unter Schöffengericht, — und darin scheint mir das Wesen des Schöffengerichts und der Kernpunkt der ganzen Diskussion zu liegen — ein aus rechtsgelehrten Richtern und Laien zusammengesetztes Gericht mit gemeinschaftlicher Berathung und Urtheilsfindung. In diesem Sinne halte ich das Schöffengericht für die geeignetste Form der Zuziehung des Laienelements, ohne auf die Details der Zusammensetzung oder die Quotenvertheilung der Stimmen einzugehen, oder auf die Frage, ob nicht doch, wie Herr Staatsrath Dr. Gneist gesagt hat, in gewissen Fällen auf besonderen Antrag eine getrennte Abstimmung stattzufinden habe.

Ich möchte Ihnen auch diese Sätze 2 und 3 zur Annahme empfehlen.

Korreferent Reichsanwalt **Stenglein**: M. H., ich werde Sie nicht lange aufhalten. Ich möchte auf die Materie der Frage, die wir gestern und heute behandelt haben, überhaupt nicht weiter eingehen; nur einige allgemeine Bemerkungen über die Stellung des Juristentages zu den Fragen überhaupt möchte ich noch aussprechen.

Man hat uns ermahnt einen praktischen Beschluß zu fassen. Derselbe soll dahin gehen, zu erklären, daß überhaupt eine Aenderung nicht nothwendig sei. Ist, wenn Sie dies nicht beschließen, etwas praktischeres geschehen, als wenn Sie irgend einen anderen Beschluß fassen, der Ihnen möglich ist? Ich glaube, nein; wir haben es überhaupt nur mit theoretischen Beschlüssen zu thun. Ich habe gestern die Aeußerung gehört, daß, wenn eine proponirte Aenderung an den Reichstag käme, derselbe solche Anträge verwerfen würde. Ich weiß nicht, in welchen geheimen Relationen der Herr Redner mit dem Reichstage steht, um in die Seele desselben hinein solchen Ausspruch thun zu können; aber ich finde die Behauptung etwas gewagt. Zunächst ist aber die ganze Rücksicht darauf, was der Reichstag mit unseren Beschlüssen thun würde, eine vollständig unfruchtbare, nicht aufgeworfen. Mit unseren Anträgen sollen wir ein Zeugniß darüber abgeben, wie nach unserer Ueberzeugung die betr. Institutionen sich bewährt haben. Dieses Zeugniß für das Sichbewährthaben oder das Sichnichtbewährthaben ist zunächst ein rein theoretisches, und wir müssen es den Staatsgewalten überlassen, damit zu machen, was sie für gut finden. Man kann sich darauf berufen, man kann es auch unterlassen. Unsere Pflicht ist nur auszusprechen, was unsere Ueberzeugung von den betr. Institutionen ist. Hier werden wir von ganz verschiedenen Gesichtspunkten ausgehen, jenachdem wir an dem einen oder anderen Ort unsere Ueberzeugung geschöpft haben, oder jenachdem wir sie überhaupt nicht geschöpft haben aus direkten Beobachtungen, sondern aus der Summe desjenigen, was wir mittelbar erfahren haben. Die Majorität läßt einen gewissen Rückschluß darauf zu, ob denn im Großen und Ganzen sich die Institution bewährt hat oder nicht. Ist die große Majorität der Ueberzeugung, daß die gegenwärtige Form desselben sich bewährt hat, dann bin ich in der angenehmen Lage, sagen zu können, nun dann desto besser.

Ganz ähnlich ist es mit den Schwurgerichten. Wir können nur erklären, die Schwurgerichte in *der jetzigen Form* haben sich nicht bewährt, — denn eine andere Form liegt uns zunächst nicht vor —

oder sie haben sich bewährt. Wie gesagt, die Majorität kann allein das Facit geben, welches der Ausspruch des Juristentages ist.

Man hat mir bei dem Antrag, den ich stellte, uns auch über die Zuziehung der Schöffen zu den Mittelgerichten auszusprechen, erwidert, gegen die Judikatur der Gerichte mittlerer Ordnung bestehe in Volke kein Mißtrauen. Ich glaube, etwas ähnliches durchaus nicht behauptet zu haben; ich glaube, daß man allen unseren Gerichten im Volke ein ganzes Vertrauen zubringt. Die Frage ist nur, ob sie nicht besser eingerichtet werden könnten. Daß eine ziemlich umfängliche Agitation für die Einführung der Berufung entstehen konnte gegen die Urtheile der mittleren Gerichte, scheint mir doch ein Fingerzeig dafür, daß hier im Allgemeinen eine Verbesserungsfähigkeit erkannt wird, wenn ich sie auch in einer anderen Richtung suche, als auf dem Wege der Berufung.

Das war zunächst der Grund, weshalb ich überhaupt anregte, sich darüber zu erklären, ob man es wünschenswerth finde, zu den Gerichten mittlerer Ordnung noch Schöffen zuzuziehen. Ein entscheidendes Gewicht kann darauf nicht gelegt werden. Wie gesagt, im Großen und Ganzen erfordert die Fragestellung nur ein Zeugniß dafür, wie sich das Bestehende bewährt habe.

Das kann ich nicht praktisch und kann ich nicht unpraktisch finden. Es ist die einfache Constatirung einer Thatsache, und von diesem Gesichtspunkte aus möchte ich Sie bitten, Ihr Urtheil zu fällen.

Präsident: Wir schreiten nun zur Abstimmung.

Es liegen folgende Anträge vor.

Nachdem sich der Herr Referent Süpfle mit dem Herrn Antragsteller Olshausen vereinigt hat, will ich zunächst diesen Antrag als Antrag Süpfle-Olshausen verlesen:

1. Die Schöffengerichte haben sich im Allgemeinen in der Praxis bewährt.
2. Die Schwurgerichte verdienen das ihnen theilweise geschenkte Vertrauen nicht.
3. Als die geeignetste Form der Zuziehung des Laienelements in Strafsachen erscheint das Schöffengericht.

Dagegen der Antrag Stenglein:

1. Die Mitwirkung von Laien bei Aburtheilung von Strafsachen vor Gerichten niederster Ordnung (Amtsgerichten) als Schöffen hat sich nicht bewährt und ist zu beseitigen.
2. Dagegen ist diese Mitwirkung einzuführen bei den Gerichten mittlerer Ordnung, den Landgerichten.

Soll hier beigesetzt werden „als Strafgerichten erster Instanz"?

Reichsanwalt **Stenglein**: Ich würde darum bitten. Ich habe in meinen Erörterungen ausgesprochen, daß ich nur in diesem Sinne den Antrag meine. Es wurden mir aber Zweifel darüber ausgesprochen, ob man nicht den Satz auch vielleicht auf die Mittelgerichte als Berufungsinstanz beziehen könnte. Es würde deshalb zur größeren Deutlichkeit beitragen, wenn der Zusatz gemacht würde.

Präsident: Dann würde also die Nr. 2 schließen mit den Worten:

„bei den Gerichten mittlerer Ordnung (Landgerichten) als Strafgerichten erster Instanz."

3. Von den hierbei gemachten Erfahrungen ist es abhängig zu machen, ob die Schwurgerichte durch höhere Schöffengerichte zu ersetzen seien.

Der dritte Antrag Wielandt lautet:

„Es liegt zur Zeit kein Bedürfniß zu einer Aenderung der Bestimmungen über Zuziehung von Laien in Strafsachen vor."

Das sind die vorliegenden Anträge.

Ich würde vorschlagen, zunächst diesen Antrag Wielandt zur Abstimmung zu bringen. Würde derselbe abgelehnt, so käme zunächst die Ziffer 1 der beiden Anträge Stenglein und des vereinigten Antrags, da der eine positiv, der andere negativ ist. Wenn das erledigt ist, so werden wir über Ziffer 2 und 3 abzustimmen haben; ich stelle anheim, da hier auch wieder Negative und Positive ist, ob wir zuerst Olshausen oder Stenglein zur Abstimmung bringen. Ich glaube, daß der Antrag Olshausen der weitergehende ist.

Ist gegen diese Reihenfolge der Abstimmung etwas zu erinnern?

Professor **Kubo** (Berlin): Ich möchte bitten, daß, wenn der Antrag Wielandt angenommen wird, doch noch über den ersten Antrag Olshausen resp. Süpfle auch abgestimmt werde, und zwar deswegen, weil der Antrag Wielandt lediglich besagt: es liegt kein Grund zur Abänderung vor, und der vereinigte Antrag Süpfle-Olshausen überdies ausspricht: die Schöffengerichte haben sich bewährt.

Präsident: Ich nehme an, daß, wenn der Antrag Wielandt angenommen wird, damit ausgesprochen ist: es liegt kein Bedürfniß zur Abänderung der gegenwärtigen Bestimmungen über die Schöffengerichte vor; daß also diejenigen, welche dem Antrage Wielandt zustimmen, zugleich dem Antrage Süpfle-Olshausen zustimmen. (Widerspruch.)

Rechtsanwalt **Munckel** (Berlin): Ich will nur ausdrücklich erklären, daß für mich diese letzte Voraussetzung des Herrn Präsidenten nicht zutrifft und daß ich mit der Zustimmung zu dem Antrag des Herrn Reichsgerichtsrath Wielandt noch nicht die Zustimmung zu dem Antrage unter Ziffer 1 aussprechen will.

Reichsgerichtsrath **Wielandt** (Leipzig): Ich glaube genugsam in meinen Bemerkungen gesagt zu haben, daß ich den praktischen Standpunkt vertrete und daß damit ausgesprochen ist ein Weg für die Gesetzgebung. Wenn ich in meinem Antrage ausspreche, jetzt die gesetzgeberische Aenderung nicht vorzunehmen, so ist das nach Umständen etwas Anderes, als andere Anträge.

Dann möchte ich betonen, man kann für meinen Antrag aus verschiedenen Gründen stimmen, und ich habe es betont: man kann dafür stimmen, auch wenn man nicht den Antrag der Herren Süpfle und Olshausen annimmt. Insbesondere haben Herren aus verschiedenen Gegenden geäußert, sie hätten derartige günstige Erfahrungen nicht gemacht und aus diesem Grunde könnten sie für meinen Antrag stimmen, für den anderen aber nicht.

Ich glaube, daß wenn mein Antrag angenommen ist, eine Abstimmung über die anderen Anträge nicht vorzunehmen ist.

Oberlandesgerichtspräsident Dr. **Kühne** (Celle): Ich muß dem entgegentreten. Ich glaube, daß diejenigen Herren, welche dem Antrage Wielandt nicht beitreten, sehr wohl über die anderen Anträge noch ihre Meinung abgeben können.

(Reichgerichtsrath Wielandt: Ich sage: wenn mein Antrag angenommen ist!)

Ich will nur anführen, daß ich persönlich aus Motiven, die lediglich die Fassung des Antrags Wielandt betreffen, nicht für den Antrag stimmen kann, weil er mißverständlich ist. Ich bin allerdings der Meinung, daß die Frage der Zuziehung von Schöffen zu den Gerichten unterster Ordnung noch nicht spruchreif ist; aber ich will nicht aussprechen, daß den Schwurgerichten keine Mängel anhaften. Im Gegentheil bin ich der Ansicht, daß Aenderungen im schwurgerichtlichen Verfahren in dem Sinne, wie Herr Professor Gneist uns dargelegt hat, durchaus nothwendig sind. Wenn ich den Antrag Wielandt annähme, könnte das zu dem Mißverständnisse führen, daß ich Alles was jetzt besteht, beibehalten wollte. Das will ich nicht und in Folge dessen, aber nur deßhalb, stimme ich gegen den Antrag Wielandt und daraus folgt, daß ich dann noch über die anderen Fragen stimmen kann.

Reichsgerichtsrath **Wielandt** (Leipzig): Das würde höchstens dazu führen, daß mein Antrag eine zweitheilige Abstimmung erfährt, in der Weise: „Es ist kein Bedürfniß vorhanden zur Aenderung der Bestimmungen in Titel 4“ und: „Es ist kein Bedürfniß vorhanden zur Aenderung der

Bestimmungen in Titel 6." Dann kann der Einzelne für das Eine und gegen das Andere stimmen. Ich habe es generell gefaßt.

Im Uebrigen hat die Versammlung über die Abstimmung souverän zu entscheiden.

Präsident: Der Herr Antragsteller Wielandt, dessen Antrag zur Abstimmung gelangt, hat jetzt angeregt, ob der Antrag nicht getrennt werden könne nach Titel 4 und 6.

Reichgerichtsrath **Wielandt** (Leipzig): Ich will den Antrag nicht gestellt haben, denn mein Antrag besagt zugleich indirekt, daß man auch nicht die Frage der Gerichte mittlerer Ordnung wieder in's Blaue setzen soll. Insofern habe ich ihn zusammengefaßt. Allein ich gebe zu, man kann ihn trennen und dann würde ich ihn trennen in dieser speziellen Weise. Dadurch thun wir unter Umständen keinen Ausspruch über das, was Herr Reichsanwalt Stenglein will, daß in den Strafgerichten mittlerer Ordnung Aenderungen herbeigeführt werden sollen. Mein Antrag ist das Gegentheil von dem, was Herr Stenglein will.

Ich stelle den Antrag, über meinen Antrag ungetheilt abzustimmen.

Präsident: Wir stimmen nun über den Antrag Wielandt ab, der dahin geht:

„Es liegt zur Zeit kein Bedürfniß zur Abänderung der Bestimmungen über die Zulassung von Laien in Strafsachen vor."

Wer für diesen Antrag ist, den bitte ich die Hand zu erheben. (Geschieht.)

Der Antrag ist abgelehnt.

Wir kommen nun zum Antrag Süpfle-Olshausen, dessen Ziffer 1 lautet:

„Die Schöffengerichte haben sich im Allgemeinen in der Praxis bewährt."

Wer für diesen Antrag ist, erhebe sich. (Geschieht.)

Das ist die entschiedene Majorität; der Antrag ist angenemmen.

Nun kommen wir zu Ziffer 2:

„Die Schwurgerichte verdienen das ihnen theilweise geschenkte Vertrauen nicht."

Wer für diesen Antrag Süpfle-Olshausen ist, erhebe sich. (Geschieht.)

Ich bitte um die Gegenprobe. (Dieselbe erfolgt.)

Auch dieser Antrag Süpfle-Olshausen ist von der Mehrheit angenommen.

Auch die Ziffer 3 des Antrages des Dr. Olshausen:

„Als die geeignetste Form der Zuziehung des Laienelements in Strafsachen erscheint das Schöffengericht."

wird von der Mehrheit der Versammlung durch itio in partes bejahend entschieden.

Nunmehr bleibt noch bestehen der Antrag Stenglein Ziffer 2:

Dagegen ist diese Mitwirkung einzuführen bei den Gerichten mittlerer Ordnung, den Landgerichten als Strafgerichten erster Instanz.

Derselbe wird zurückgezogen.

Der Vorsitzende stellt nunmehr die Anfrage, ob die gefaßten Beschlüsse der Generalversammlung zur Berathung gestellt oder bloß zur Kenntnißnahme mitgetheilt werden sollen.

Referent Oberamtsrichter Süpfle — Heidelberg: Ich möchte bitten, diese Frage im Plenum nicht zur Berathung zu stellen, und zwar aus praktischen Gründen. Zunächst sind hauptsächlich diejenigen Herren, welche praktische Erfahrungen auf dem Gebiete gemacht haben, hier die Sachverständigen und in der Abtheilung versammelt. Im Plenum werden viele Herren anwesend sein, denen die Frage ferner liegt. Außerdem hat die gestrige und heutige Debatte gezeigt, wie außerordentlich viel Zeit eine derartige Berathung in Anspruch nimmt. Ich glaube, es würde die Zeit der Plenarsitzung gar nicht zureichen. Ich bitte deshalb, zu einer nochmaligen eingehenden Besprechung der Frage nur Kenntnißnahme beschließen zu wollen.

Präsident: Ich erlaube mir darauf aufmerksam zu machen, daß diese Fragen, die wir gestern und heute behandelt haben, von sehr großer Wichtigkeit und Tragweite sind, und wenn die Abtheilung nicht beschließt, sie zur Berathung im Plenum zu stellen, so bin ich fest überzeugt, daß sich 10 Mitglieder im Plenum finden, die dort den Antrag auf Berathung einbringen.

Auch bei früheren Juristentagen hat die 3. Abtheilung in solchen Fällen lieber selbst den Antrag auf Berathung im Plenum gestellt. Ich habe übrigens die Entscheidung der Abtheilung anheimzugeben.

In der hierauf stattfindenden Abstimmung beschließt die Versammlung mit Stimmenmehrheit Berathung im Plenum. Mit der Berichterstattung wird Oberamtsrichter Süpfle beauftragt.

(Nunmehr tritt eine Pause von 15 Minuten ein.)

Präsident: Wir kommen nun zum zweiten Gegenstand unserer Tagesordnung, zur Frage 10:

„Empfiehlt sich nach den bisherigen Erfahrungen eine Aenderung der Bestimmungen über das Beurlaubungssystem im Strafvollzuge?“

Da ich hierbei als Mitreferent betheiligt bin, so ersuche ich Herrn Senatspräsident Dr. v. Stößer den Vorsitz zu übernehmen.

Referent Staatsanwalt **Werner** (Celle): M. H., die zum Referat gestellte Frage:

> Empfiehlt sich nach den bisherigen Erfahrungen eine Aenderung der Bestimmungen über das Beurlaubungssystem im Strafvollzuge?

verlangt eine Beantwortung dahin, ob nach den bisherigen Erfahrungen eine Aenderung der Bestimmungen über das Beurlaubungssystem im Strafvollzuge sich empfehle. Man wird sich daher vor Allem zu vergegenwärtigen haben, welche Erfahrungen bisher in und bei der Anwendung der das Institut der vorläufigen Entlassung regelnden §§ 23 bis 26 des R.-St.-G.-B. gemacht sind.

Das Institut ist in das St.-G.-B. für den Norddeutschen Bund aufgenommen und von diesem in das R.-St.-G.-B. übergegangen — wesentlich auf Grund der günstigen Erfahrungen, welche man im Königreich Sachsen damit gemacht hatte, wo dasselbe seit dem Jahre 1862 durch Kgl. Verordnung eingeführt als ein Akt der Gnade in Uebung war und sich bewährt hatte. Seinen wärmsten und beredtesten Vertheidiger fand das Institut in dem verstorbenen Kgl. sächsischen Generalstaatsanwalt v. Schwarze.

Bei der Einführung in Sachsen stützte man sich wiederum auf die in England gemachten Erfahrungen, auf die dort angeblich erzielte Besserung der Gefangenen und die in Folge davon eigetretene Verminderung der Rückfälle.

Die Motive bezeichnen die vorläufige Entlassung als ein vorzugsweise geeignetes Durchgangsstadium, um den Uebergang aus dem Zustande absoluter Unfreiheit zu dem der vollen Freiheit durch einen Zwischenzustand beschränkter Freiheit zu vermitteln.

Von Anfang an und schon vor ihrer Aufnahme in das R.-St.-G.-B. hat die Institution mannigfache Gegner gehabt und die Motive des II. (Kommissions-) Entwurfes sagen ausdrücklich, es könne nicht verkannt werden, daß die von den Gegnern der vorläufigen Entlassung vorgebrachten Gründe viel Beachtenswerthes enthalten.

Nach Aeußerung des Preußischen Herrn Justizministers in der Sitzung des Abgeordnetenhauses vom 1. Februar 1881 hat sogar im Justizministerium eine große Abneigung bestanden, das Institut in die Gesetzgebung einzuführen.

Die Gegnerschaft gegen die Institution gründet sich im wesentlichen auf zwei Gruppen von Gesichtspunkten, auf

1. juristische oder präziser gesagt rechtsphilosophische und
2. auf praktische.

Zu den juristischen Gegnern gehören und müssen grundsätzlich gehören alle Anhänger der sogenannten absoluten Strafentheorien, da die vorläufige Entlassung unbestritten ein Mittel zur Besserung der Verurtheilten und somit zur Verwirklichung eines Zweckes sein soll, welchen die Absolutisten nicht anerkennen.

Aber selbst auch unter den Vertheidigern der sogenannten Vereinigungstheorien ist man nicht überall auf die vorläufige Entlassung gut zu sprechen.

Und endlich wird auch unabhängig von den Strafentheorien das Institut deshalb verworfen, weil es gegen die Fundamentalsätze jeder Rechtspflege verstoße, indem es das richterliche Urtheil im Verwaltungswege der Möglichkeit einer Korrektur unterwerfe.

Es knüpfen sich hieran die Aufstellungen, daß, wenn das Institut überhaupt zu rechtfertigen wäre, dasselbe lediglich als ein Ausfluß des Begnadigungsrechts angesehen und behandelt werden könne, daß es aber niemals sich zu einer Rechtsinstitution erheben lasse.

Im Speziellen wird dann noch der Vorwurf laut, daß die vorläufige Entlassung als eine bedenkliche Konzession an die sogenannten Besserungstheorien ganz zusammenhanglos und unvermittelt im Systeme des R.-St.-G.-B. dastehe.

So sehr nun auch den Anhängern der absoluten Strafentheorien wegen der aus denselben sich ergebenden grundsätzlichen Consequenzen die Berechtigung zu der Gegnerschaft nicht zu versagen sein wird, so wenig unbedingt lassen sich die auf anderen juristischen Gesichtspunkten beruhenden Einwendungen gegen das Institut der vorläufigen Entlassung rechtfertigen.

Insbesondere erscheint der Vorwurf des damit verübten Einbruchs in Fundamentalsätze der Rechtspflege schon deshalb nicht begründet, weil von einer Korrektur des Richterspruches bei der vorläufigen Entlassung nicht die Rede ist, sondern nur von einer gesetzlich gestatteten Modification des Strafvollzuges in Rücksicht auf die Person des Verurtheilten, wobei der Richterspruch gerade die unangefochtene Grundlage für das ganze Verfahren bilden und bleiben muß.

Der speziell gegen die Aufnahme des Instituts der vorläufigen Entlassung in das R.-St.-G.-B. sich richtende Angriff dürfte darum hinfällig werden, weil dasselbe ebensowenig wie das preußische von 1851 — auf dessen Grundlage das erstere wesentlich beruht — sich einer bestimmten theoretischen Richtung überhaupt angeschlossen hat und somit von einer Verletzung des Systems nicht die Rede sein kann.

Im Uebrigen steht die vorläufige Entlassung als ein der Besserungstheorie angehöriges Institut, nicht vereinzelt in R. St. G. B. da, vielmehr läßt sich in mehreren Satzungen desselben erkennen, daß der Besserungstheorie Einfluß eingeräumt ist; so in der Beseitigung der lebenslänglichen Ehrenfolgen, in der Begrenzung der zeitigen Zuchthausstrafe und ganz besonders in der heutigen Gestaltung der Polizeiaufsicht.

Die praktischen Bedenken richten sich gegen die Ausführbarkeit der gesetzlichen Vorschriften über die vorläufige Entlassung.

Man streitet dagegen, daß man das Gesetz zur Anwendung bringen könne, ohne in die größten Willkürlichkeiten zu verfallen; man bemängelt, daß die gesetzlich erforderliche „gute Führung" des Gefangenen während der Strafzeit irgend eine auch nur annäherend sichere Grundlage für die Würdigkeit des Gefangenen zum Empfange der Vergünstigung der vorläufigen Entlassung abgeben könne; man nimmt in Abrede, daß die reglementarisch vorgeschriebenen Beweise der Besserung des Gefangenen überhaupt erbracht werden könnten; man fordert, daß wenigstens bestimmte Klassen von Verbrechern von vornherein von der vorläufigen Entlassung ausgeschlossen sein sollen (rückfällige Eigenthumsverbrecher); man ist uneinig darüber, ob die vorläufige Entlassung zu gewähren sei nach vorgängiger Isolir- oder Gemeinschaftshaft und man ist im Zweifel darüber, ob das Institut überhaupt Platz haben könne ohne die Einführung der Zwischenstationen des von Walter Crofton ausgebildeten irischen Systems des progressiven Strafvollzuges.

Ich mußte dies Alles wenigstens in Umrissen berühren, weil die früher, vor und bei der Einführung der vorläufigen Entlassung, in diesen Richtungen kund gegebenen Einwendungen inzwischen nicht etwa im Laufe der 16 jährigen Uebung und Anwendung des Instituts in der Praxis verstummt sind, sondern gerade in neuerer Zeit fast sämmtlich lauter und nachdrücklicher denn je sich geltend gemacht haben.

Auf dem internationalen Gefängnißkongreß zu Stockholm im Jahre 1878 erhoben sich gewichtige Stimmen für die Forderung, daß die Entscheidung über die vorläufige Entlassung der richterlichen Kognition zu unterstellen sei.

Der Richter am Tribunal zu Amsterdam und Vizepräsident der Kommission zur Oberaufsicht über die Gefängnisse in Holland, Ploos van Amstel hält die vorläufige Entlassung überhaupt nur für zulässig bei Gefangenen, die in Gemeinschaft detinirt gewesen sind und erachtet eine Loslösung des Instituts von den übrigen Einrichtungen des irischen Strafvollzuges einfach für unverständlich. Der administrateur général de la sûreté publique et des prisons in Belgien, Mr. Berden erklärt, daß er die Einführung der vorläufigen Entlassung gegenüber den in seinem

Lande herrschenden System der Einzelhaft auf das entschiedenste bekämpfen würde.

Beide gründen ihre Ansicht im Wesentlichen darauf, daß in der Einzelhaft regelmäßig sich alle Gefangenen gut führen, weil ihnen die Gelegenheit fehlt, Exzeße zu begehen; daß dies ihnen daher nicht als Verdienst anzurechnen sei und daß erst in der Gemeinschaftshaft sich mit einiger Sicherheit erkennen lasse, ob der Gefangene einen gewissen sittlichen Ernst sich erworben habe und eine innere Einkehr bei ihm zu erhoffen sei.

In der deutschen juristischen Literatur sind die Angriffe gegen die vorläufige Entlassung überhaupt unter der Führung Mittelstaedt's in seinen epochemachenden Schriften „Gegen die Freiheitsstrafen" und „Für und wider die Freiheitsstrafen„ von neuem belebt worden im Zusammenhang mit der Bekämpfung des Besserungszweckes der Strafe, welchem ja die vorläufige Entlassung als ein besonderes wirksames Mittel dienen soll.

v. Liszt in seinem Aufsatze „Der Zweckgedanke im Strafrecht" plaidirt für den Fortfall der vorläufigen Entlassung; Sontag in seinen „Beiträgen zur Lehre von der Strafe" bezeichnet das Institut der vorläufigen Entlassung als eine Verkehrtheit, indem er argumentirt, daß, wenn eine Uebergangszeit aus der Unfreiheit in die Freiheit erfordert werden müsse, so sei sie in allererster Linie und am unbedingtesten nothwendig für die nicht gebesserten Gefangenen; diese aber ließe man nach Beendigung der Strafzeit laufen, und Niemand bekümmere sich darum, wie sie ihre Freiheit benutzen. Dagegen würden die Gebesserten, von denen ein Mißbrauch der Freiheit kaum zu befürchten sei, in die Freiheit fein säuberlich und vorsichtig übergeleitet.

Der Amtsrichter Schmölder in seiner im vorigen Jahre erschienenen Schrift: „Die Strafen des deutschen Strafgesetzbuches und deren Vollzug" verwirft als Vertheidiger der starren Vergeltungs- und Gerechtigkeitstheorie die vorläufige Entlassung rundweg, weil sie in das System der Besserungstheorie gehört.

Auch in Abgeordnetenkreisen sind Stimmen laut geworden, sowohl gegen das Institut der vorläufigen Entlassung überhaupt, als auch gegen die zu ausgiebige Handhabung desselben.

So erachtet der Abgeordnete Hansen in der Sitzung des Abgeordnetenhauses vom 6. Dezember 1880 das ganze Institut für unzulässig, weil dadurch das richterliche Urtheil abgeschwächt werde und weil, wenn man dem seitens der Gerichte eine praktische Folge geben wollte, man, wie ein Kaufmann dem Käufer gegenüber, in der Straferkennung aufschlagen würde in der Voraussicht, daß dem Verurtheilten 1/4 erlassen werden wird.

Der Abg. v. Uechtritz warnte in der Sitzung vom 1. Februar 1881 davor, ohne weiteres gute Führung und Besserung des Verurtheilten anzunehmen, wenn die Gefängniß-Oberbeamten auch solche bezeugten, und daraufhin die vorläufige Entlassung zu bewilligen.

Aller dieser Angriffe ungeachtet hat das Institut der vorläufigen Entlassung bei Vielen lebhaften Anklang gefunden und man wird nicht zu weit greifen, wenn man behauptet, daß sogar die allgemeine Meinung dahin geht, daß durch die Bestimmungen in den §§ 23 bis 26 des R.-St.-G.-B. eine segensreiche Neuerung in den Strafvollzug hineingebracht ist, welche sich zur Fortbildung und weiteren Ausgestaltung empfiehlt.

Allerdings wird man die nicht selten allzusanguinischen Hoffnungen und die zu rosig geschilderten Erfolge der Institution, wie man solche namentlich bisweilen von Strafanstaltsbeamten darlegen hört, auf das richtige Maß zurückführen müssen, soviel möchte aber zum mindesten auch von den objektiv urtheilenden Gegnern der vorläufigen Entlassung anerkannt werden müssen, daß die Institution jedenfalls bisher nicht schädlich gewirkt hat und daß, da sie einmal zu recht besteht, ihre Fortbildung thunlichst zu betreiben ist, um einerseits das Gute, was in ihr steckt, weiter herauszuholen und zu fördern und andererseits Unzuträglichkeiten, welche nach den Erfahrungen der Jahre bei Anwendung der bestehenden Bestimmungen sich hier und da ergeben haben, abzustellen.

Durchaus zutreffend sagt der Strafanstaltsdirektor Sichart in dem über unsere Frage erstatteten Gutachten:

> „Wer heute die §§ 23—26 aus dem R.-St.-G.-B. gestrichen haben wollte, der hätte die gewiß schwierige Beweisführung auf sich zu nehmen, daß die vorläufige Entlassung seit ihrer Einführung im Allgemeinen nachtheilig gewirkt, und daß durch sie insbesondere der Strafvollzug Noth gelitten und die öffentliche Sicherheit gefährdet worden sei."

In dem Sinne, daß das Institut der vorläufigen Entlassung fortzubilden, sprechen sich auch alle Resolutionen der Körperschaften aus, welche sich seit der Einführung des Instituts bei uns mit Erörterung desselben befaßt haben.

Der Beschluß des Vereins deutscher Strafanstaltsbeamten auf der Versammlung in München am 5. September 1871 geht dahin:

> „Ein wohlgeordneter Strafvollzug findet in jedem Staate in der bedingten Entlassung — wenn für dieselbe zweckmäßige Einrichtungen vorhanden sind — stets einen gedeihlichen Abschluß."

Die rheinisch-westphälische Gefängnißgesellschaft hat sich in gleichem Sinne ausgesprochen; sie hatte im Jahre 1873 von etwa 80 Vorständen größerer Strafanstalten Gutachten über die Wirksamkeit der vorläufigen

Entlassung eingeholt. Von 60 eingegangenen Urtheilen sprachen sich nur 3 principiell gegen dieselbe aus und zwar aus juristischen Gründen; vier andere hielten die Nachtheile der vorläufigen Entlassung für größer als die Vortheile; die übrigen 53 sprachen sich entschieden für die vorläufige Entlassung und ihre Zweckmäßigkeit aus.

Auf dem Gefängnißkongreß in Stockholm im Jahre 1878 ist folgende Resolution mit großer Majorität angenommen:

> „Die vorläufige Entlassung widerspricht nicht den Grundsätzen des Strafrechtes, sie greift nicht ein in das Strafurtheil, sie bietet Vortheile sowohl für die Gesellschaft, wie für die Verurtheilten, und sie soll deshalb der Fürsorge der Regierungen empfohlen sein. Indessen muß das Institut nichtsdestoweniger mit allen Garantien umgeben sein, um den Unzuträglichkeiten einer verfrühten Freilassung vorzubeugen."

Bei den Verhandlungen der Versammlung des Nordwestdeutschen Gefängnißvereins endlich zu Hannover am 3. November 1880 erhielten folgende Thesen eine große Majorität:

1. „In Erwägung, daß die vorläufige Entlassung zu einem wohlgeordneten Strafvollzuge gehört;
2. in Erwägung, daß die §§ 23—26 des R.-St.-G.-B. keine ausreichende Garantie bieten, daß sie in richtigem Maße zur gleichmäßigen Anwendung kommen, ist es nothwendig, daß die Paragraphen zweckentsprechend abgeändert werden, insbesondere dadurch, daß die Frist für den Widerruf erheblich verlängert wird."

Endlich dürften auch die fast in jedem Jahre bei der Berathung des Justizetats im Preußischen Abgeordnetenhause sich wiederholenden Anfragen an den Herrn Justizminister dafür sprechen, daß dem Institut in den Kreisen der Volksvertretung ein lebhaftes Interesse zugewendet wird.

Kommen wir nach alledem zu dem Ergebniß, daß das Institut der vorläufigen Entlassnng an sich nicht bloß beizubehalten sondern auch fortzubilden ist, so fragt es sich nur, wie hat dasselbe bei der konkreten Anwendung der Vorschriften der §§ 23 — 26 des R. St. G. B. und der Ausführungsbestimmungen sich gestaltet; wie ist es gehandhabt worden, in welchem Umfange ist von demselben Gebrauch gemacht.

Die Frage ist ohne statistische, ziffernmäßige Nachweise über Zahl der gestellten Anträge und der bewilligten Entlassungen, über das Verhältniß derselben zu der Zahl der Gefangenen, denen nach Maßgabe der zu verbüßenden Strafe die Vergünstigung an und für sich zu Theil werden könnte und über die Zahl der erfolgten Widerrufe nicht so präcise zu beantworten, daß man aus der Antwort bestimmte, sichere Schlüsse ziehen könnte.

Bei dem Suchen nach den statistischen Daten hat sich wieder einmal der Mangel an einer einheitlichen und genauen Criminal- und Gefängnißstatistik äußerst fühlbar gemacht. Die Zahlen finden sich hier und da zerstreut, unvollständig und je nach dem am gegebenen Orte vorwaltenden Bedürfnisse gruppirt. Indessen ist es mir möglich gewesen durch besonders gütige Vermittelung wenigstens für Preußen die entsprechenden Zahlen aus den Akten des Justizministeriums zu erlangen; und es ist ferner durch Zusammentragung der Ziffern von vielen Orten her gelungen, für einige andere Territorien wenigstens wesentliche Theile der erforderlichen Daten zu beschaffen, sodaß ein einigermaßen zuverlässiges Gesammtbild gewonnen werden kann.

Ich will es vermeiden, die Geduld der hohen Versammlung durch das Anführen der Einzelzahlen zu ermüden; ich werde nur die entscheidenden Schlußziffern nennen, indem ich mir vorbehalte, dem Druck des Referats die speziellen Nachweisungen als Anlagen eventuell beizufügen.

In Preußen wurden vom Jahre 1871 bis 1885 — in 15 Jahren —[1]

Anträge gestellt auf vorläufige Entlassung	**Davon bewilligt**	**abgelehnt**	Entlassung widerrufen
9083	4910	4173	162

Wie bekannt, gehören in Preußen die Zuchthäuser und die weitaus größte Zahl der Gefängnisse, in denen Gefängnißstrafen von über 1 Jahr vollstreckt werden, zu dem Ressort der inneren Verwaltung.

Die Vergleichung der Zahlen der aus diesen Anstalten in den Jahren 1875—85 vorläufig Entlassenen mit den Zahlen derjenigen der Detinirten, welchen nach ihrer Strafdauer an sich diese Vergünstigung zu Theil werden konnte — etwa 23—32000 pro Jahr — ergiebt, daß jährlich nur etwa $^1/_3$—$^3/_4$ % derselben zur vorläufigen Entlassung gelangen.

Die Anträge auf vorläufige Entlassung erreichen indessen auch nur die Höhe von etwa 1 bis kaum $1^1/_2$ %. Etwa die Hälfte der Anträge wird abgelehnt.[2])

In Württemberg schwankt der Prozentsatz der vorläufig Entlassenen zu den Detinirten in dem Zeitraum von 1875 bis 1884 zwischen 1,4 und 5,3 %;[3])

---

1) S. Anlage A.
2) S. Anlage B.
3) S. Anlage D.

in Sachsen in dem Zeitraum von 1871 bis 1884 zwischen 1 und 2 %,[4])

in Bayern[5]) sind in einem 5jährigen Zeitraum von 1872 bis 1877 etwa 5 bis 6 % vorläufig entlassen; in Baden im Jahre 1882 über 9 %;[6])

in Hamburg sind in 6 Jahren von 1880 bis 1885 von 3756 Gefangenen, welche an sich vorläufig entlassen werden konnten nach ihrer Strafdauer, 131 entlassen = 3,26 %.[7])

Man sieht, welche erhebliche Ungleichheit in dem Umfange des Gebrauches von der vorläufigen Entlassung!

Noch schreiender werden aber die Unterschiede, wenn man prüft, in welchem Umfange bei einzelnen Anstalten die vorläufigen Entlassungen stattfinden.

Im Jahre 1875/6 hatten z. B. vierzehn größere Strafanstalten nicht eine einzige vorläufige Entlassung aufzuweisen.

Dagegen wurden aus dem Zellengefängniß in Nürnberg in den Jahren 1872 bis 1878 von 1219 Gefangenen mit der zur vorläufigen Entlassung sich eignenden Strafdauer 266 entlassen, das sind 21,8 %; in der Strafanstalt zu Wolffenbüttel in dem Zeitraum von 1874 bis 1879 von 535 Gefangenen 124, das sind 23 %.

Demgemäß tauchen auch überall, wo man sich mit der Frage der vorläufigen Entlassung beschäftigt, in erster Linie Klagen darüber auf, daß das Institut so ungleichmäßig und unangemessen angewendet, daß dadurch ein ungerechtes Verfahren in der Strafjustiz eingerissen sei und daß daraus die Besorgniß einer bedenklichen Schädigung in der Strafrechtspflege überhaupt, insbesondere aber des Strafvollzuges erwachsen müsse.

Angesichts der vorgetragenen Thatsachen urtheilt Mittelstaedt dahin ab, daß mit dem Institut der vorläufigen Entlassung klägliches Fiasko gemacht sei; v. Liszt plädirt für den Wegfall der vorläufigen Entlassung als einer exotischen Pflanze, welche auf deutschem Boden nie Wurzel geschlagen, geschweige denn Früchte getragen habe.

Diese Auffassungen gehen zweifellos ebensosehr zu weit, wie das Urtheil des Strafanstaltdirektors Krohne, das Institut habe sich glänzend bewährt, nach der anderen Richtung das richtige Maß überschreitet; zutreffend erscheint nur, wenn v. Schwarze über das Institut der vor-

---

[4]) S. Anlage C.

[5]) In Bayern sind bei einem jährlichen Durchschnittsbestand an Gefangenen von ca. 5500 in den Jahren 1872 bis 1877 vorläufig entlassen: 1536, also 5 bis 6 % aller Gefangenen.

[6]) In Baden betrug die Durchschnittszahl der Gefangenen in den Centralanstalten im Jahre 1882 1493; vorläufig entlassen sind 141. [7]) S. Anl. D.

läufigen Entlassung sagt, daß die Ergebnisse nicht allenthalben gleich günstige gewesen sind. In verschiedenen, nicht unbedeutenden Geltungsgebieten des R.-St.-G.-B. zeigen die dargelegten Ziffern immerhin befriedigende Resultate. In Preußen ist allerdings der Prozentsatz der vorläufigen Entlassung ein auffallend geringer, noch auffallender aber erscheint mir der niedrige Prozentsatz der überhaupt gestellten Anträge auf Bewilligung der Vergünstigung.

Wenn man nun zu prüfen sucht, in welchen Ursachen einmal die enorme Ungleichheit in der Anwendung des Instituts überhaupt und sodann die auffällige Verschiedenheit in der Behandlung der Anträge zu finden ist, so kommt man, wie ich glaube mit Recht zu dem Ergebniß, daß daran Schuld hat zunächst die verschiedenartige Auslegung der gesetzlichen Bestimmungen, ferner aber — und das gilt insbesondere für Preußen im Hinblick auf die geringe Zahl der Anträge — die aus der Unzulänglichkeit der bestehenden Bestimmungen hervorgehende Zaghaftigkeit, mit Entlassungsanträgen hervorzutreten, hinsichtlich deren nicht die volle und sichere Ueberzeugung hat gewonnen werden können, daß die erbetene Vergünstigung nicht Unwürdigen zu Theil werde und mehr schädigen als nützen könne.

Wenn also in Uebereinstimmung mit der allgemeinen Meinung dahin gestrebt werden soll, das Institut der vorläufigen Entlassung zu beleben, weiter zu entwickeln und fortzubilden, so muß m. E. in zwei Richtungen gesorgt werden:

Erstens, für eine so präzise Fassung der wesentlichen gesetzlichen Bestimmungen, daß eine irgendwie erhebliche Verschiedenartigkeit der Auslegung nicht Platz greifen kann,

zweitens aber dafür, daß die Anwendung des Instituts durch Garantien thunlichst gesichert werde, damit die Besorgniß, die Wohlthat der vorläufigen Entlassung werde Unwürdigen zu Theil, auf ein geringstes Maß zurückgeführt wird.

Was zunächst die Verschiedenartigkeit der Gesetzesauslegung anlangt, so trifft dieselbe hauptsächlich den § 23 R.-St.-G.-B. Derselbe lautet:

> „Die zu einer längeren Zuchthaus- oder Gefängnißstrafe Verurtheilten können, wenn sie drei Viertheile, mindestens aber ein Jahr der ihnen auferlegten Strafe verbüßt, sich auch während dieser Zeit gut geführt haben, mit ihrer Zustimmung vorläufig entlassen werden."

Die dissentirenden Auffassungen treten in drei Punkten hervor:

1. darin, was unter einer längeren Zuchthaus- oder Gefängnißstrafe zu verstehen sei;
2. darin, ob das „ein Jahr", welches mindestens verbüßt sein muß, auch zugleich mindestens $^3/_4$ der auferlegten Strafe sein müsse;

3. darin, was unter der „auferlegten“ Strafe zu verstehen sei, namentlich ob damit die erkannte Strafe überhaupt, oder die in der Strafanstalt thatsächlich verbüßte Strafzeit gemeint sei und ob bei Feststellung der kritischen drei Viertheile auch die gemäß § 60 R.-St.-G.-B. oder § 482 R.-St.-P.-O. anzurechnende Untersuchungshaft berücksichtigt werden müsse.

Es liegt auf der Hand, daß, so verschieden sich die Auslegung dieser für eine der wesentlichsten Voraussetzungen der vorläufigen Entlassung — für den erforderlichen Strafzeitablauf — gestaltet, so ungleich auch die Anwendung des Instituts überhaupt sein muß.

In dem ersten Punkte gehen die Meinungen zunächst darüber auseinander, ob die „längere“ Strafe nur überhaupt länger als 1 Jahr zu sein braucht, oder mindestens 16 Monate lang sein muß.

Dies hängt mit der Entscheidung über den zweiten Punkt zusammen, je nachdem angenommen wird, daß mindestens ein Jahr auch zugleich mindestens drei Viertel der auferlegten Strafe sein müsse oder nicht.

Die Fassung des § 23 des R.-St.-G.-B. läßt für beide Auffassungen Raum.

In dem über unsere Frage erstatteten Gutachten des Geheimen Justizraths Wirth ist indessen zutreffend ausgeführt, wie nach der Entstehung der vorläufigen Entlassung, wie sie in das R.-St.-G.-B. aufgenommen ist, nach dem Sinne der Bestimmung des § 23 und nach der Intention des Gesetzgebers die Auffassung jedenfalls sehr viel für sich hat, daß das kritische „Jahr“ gleichzeitig auch mindestens drei Viertel der Strafe sein müsse.

Ich darf auf die Ausführungen des Gutachtens Bezug nehmen.

Man kommt indessen über die Auslegungszweifel von vorn herein hinweg, wenn man sich dazu versteht, an Stelle des unbestimmten Ausdruckes „längere“ Strafe eine bestimmte Zeitdauer zu setzen.

Die Vorbilder, nach denen das Institut bei uns rezipirt ist, Sachsen und England, haben zur Anwendung der vorläufigen Entlassung bestimmte Minimalstrafen zur Voraussetzung. In England, wo die vorläufige Entlassung überhaupt nur bei der Strafe der penal servitude zur Anwendung kommen kann, beträgt das Minimum der erkannten Strafe 5 Jahre; in Sachsen wurde auf Grund konstanter Praxis die vorläufige Entlassung nur in Antrag gebracht bei Verurtheilungen von mindestens 2 Jahren Zuchthaus oder Gefängniß. Auch in dem ersten Entwurf zu dem St.-G.-B. für den Norddeutschen Bund — § 19 — ist eine solche Strafdauer als Voraussetzung für die vorläufige Entlassung vorgeschlagen.

Eine solche erscheint auch durchaus angemessen, wenn man erwägt, einmal, daß bei Verurtheilung zu Zuchthaus das Minimum schon ein Jahr ist, und deshalb unter einer längeren Zuchthausstrafe doch kaum etwa eine solche zu verstehen ist, die wenige Tage oder Monate über 1 Jahr hinausgeht, sodann, daß, wenn dem Wesen der vorläufigen Entlassung Rechnung getragen werden und demnach zu Gunsten des Verurtheilten eine Modification des Strafvollzuges eintreten soll, weil der Gefangene gebessert erscheint, man die Zeit nicht so knapp bemessen darf, um einerseits den Besserungsprozeß reifen zu lassen, andererseits dem zuständigen Strafvollzugsbeamten auskömmliche Gelegenheit zu geben, um eine möglichst sichere Grundlage für seine Ueberzeugung von der wirklichen Besserung des Verurtheilten zu gewinnen und den etwaigen Bestrebungen heuchlerischer Vorspiegelungen seitens des Verurtheilten thunlichst den Boden zu entziehen.

Wenn ich endlich hinzufüge, daß die Forderung, die vorläufige Entlassung nur bei solchen wirklich längeren Verurtheilungen eintreten zu lassen — eben, weil sie eigentlich dadurch nur einen Sinn hat — eine allgemeine ist, daß derselben auch in neueren Gesetzgebungen Rechnung getragen wird — so ist im Niederländischen Strafgesetzbuch vom 3. März 1881 die Frist, während welcher der Gefangene in der Strafanstalt zugebracht haben muß, bevor er entlassen werden kann, auf 3 Jahre normirt (art. 15) —, daß ferner auch an maßgebender Stelle die gleiche Forderung gestellt wird, wie ich aus einer Ausführung des Geheimen Oberregierungsraths Illing, des Dezernenten für die Strafanstaltssachen im Preußischen Ministerium des Inneren, auf der Versammlung des Nordwestdeutschen Gefängniß-Vereins am 3. November 1880 entnehme, so glaube ich nicht fehl zu gehen, wenn ich mir erlaube, eine Aenderung des § 23 in diesem Sinne zu empfehlen.

Den dritten Punkt anlangend, was unter der „auferlegten Strafe“ zu verstehen sei, so hat erst im Jahre 1883 auf Anregung des Reichsjustizamts unter Zustimmung der sämmtlichen Bundesregierungen eine Interpretation dahin stattgefunden, daß eine vorläufige Entlassung eines Strafgefangenen erst dann zulässig sei, wenn derselbe den im § 23 normirten Zeitraum in der zur eigentlichen Strafverbüßung bestimmten Anstalt zugebracht habe, und daß somit die nach § 60 R. St. G. B. und § 482 R. St. P. O. auf die erkannte Strafe in Anrechnung kommende Untersuchungshaft nicht zugleich als verbüßte Strafzeit im Sinne des § 23 R.-St.-G.-B. zu erachten sei.

Eine solche Auslegung erscheint durchaus gerechtfertigt aus der Bedeutung und dem Wesen der vorläufigen Entlassung heraus.

Der Verurtheilte soll ja durch den Strafvollzug erst und durch die dabei angewendeten Mittel dem Besserungsprozeß unterworfen werden, welcher die unbestrittene Voraussetzung für die vorläufige Entlassung bildet. Der Verurtheilte muß also die Mittel des Strafvollzugs auf sich haben einwirken lassen können; dies kann nur während des Aufenthalts in der Strafanstalt geschehen, und sonach ist es nur logisch, wenn unter der auferlegten Strafe, welche den Maßstab für die Berechnung der kritischen Dreiviertel abgeben soll, nur die in der Strafanstalt zugebrachte Strafzeit verstanden wird.

Dies sind im Wesentlichen die Aenderungsvorschläge, welche sich beziehen auf die Auslegung der bestehenden Vorschriften.

Ich komme zu der anderen Gruppe von Aenderungsvorschlägen, welche dazu dienen sollen, gewisse Garantien zu beschaffen gegen die Besorgniß, daß die Vergünstigung der vorläufigen Entlassung Unwürdigen zu Theil werde, und gegen die daraus entspringende übermäßige Zurückhaltung in der Anwendung des Instituts überhaupt.

In dieser Beziehung erscheint mir eine Ergänzung beziehungsweise Modifikation der bestehenden Vorschriften in drei Richtungen empfehlenswerth:

1. dahin, daß in den § 23 R.-St.-G.-B. als Voraussetzung für die vorläufige Entlassung das Erforderniß aufgenommen wird, daß der Verurtheilte Beweise der Besserung gegeben haben müsse;
2. dahin, daß die Widerrufsfrist des § 26 des R.-St.-G.-B., welche bisher nur bis zum Ablauf der festgesetzten Strafzeit geht, verlängert werde;
3. daß der Widerruf obligatorisch gemacht werde bei schlechter Führung des Entlassenen, während er jetzt gemäß § 24 R.-St.-G.-B. nur fakultativ ist.

Hinsichtlich des ersten Punktes hebe ich hervor, daß bereits in dem Entwurfe zum R.-St.-G.-B. das Erforderniß, der Verurtheilte müsse Beweise der Besserung gegeben haben, enthalten gewesen, daß dasselbe aber von dem Reichstage gestrichen ist, weil kaum zu erkennen sei, ob wirklich Besserung eingetreten und nicht bloß Heuchelei und Scheinheiligkeit Besserungssymptome vorzuspiegeln sucht.

Gesetzlich wird daher jetzt als Voraussetzung für die vorläufige Entlassung außer dem theilweisen Zeitablauf der Strafe nur die gute Führung des Verurtheilten während der Strafverbüßung verlangt. Man hat sich indessen von vorn herein sagen müssen, daß diese Voraussetzung unmöglich genügen kann, daß vielmehr gerade als allerwesentlichste Voraussetzung für die vorläufige Entlassung die Besserung gefordert werden muß. Denn auf der Annahme einer solchen beruht ja das ganze Institut, sie bildet die Basis, mit welcher die Anwendung desselben steht und fällt.

Man hat deshalb jenes Erforderniß, welches durch die gesetzgebenden Seiten gestrichen war, auf dem Umwege des Reglements wieder eingeführt. In Preußen ist dies geschehen durch Allgemeine Verfügung des Justizministers vom 21. Januar 1871, welcher die Ausführungsverfügungen der meisten Bundesstaaten nachgebildet, zum großen Theil sogar wörtlich nachgeschrieben sind. In diesen Verfügungen ist ausdrücklich bestimmt, daß nicht bloß die gesetzlich vorgeschriebene gute Führung des Verurtheilten während der Strafzeit für die vorläufige Entlassung gefordert werden soll, sondern daß auch der Verurtheilte Beweise der Besserung gegeben haben muß. Und dies mit vollem Recht; denn es ist durch die Erfahrung unzweifelhaft bestätigt, daß gerade die abgefeimtesten, wirklicher Besserung am unzugänglichsten Verbrecher — insbesondere die Rückfälligen — in der Strafanstalt sich am besten führen und der Hausordnung sich fügen nur in Rücksicht darauf, daß sie wissen, wie strenge Unterordnung unter die Disziplin und Vermeidung jeden Verstoßes gegen die Hausordnung ihnen mancherlei Vergünstigungen einbringen kann. Indessen können und dürfen die „reinlichen Personalakten" der Verurtheilten, wie Mittelstädt so richtig das Produkt dieses modus vivendi bezeichnet, in keinem Falle genügen, um dieselben der Vergünstigung der vorläufigen Entlassung würdig zu halten. Der preußische Abgeordnete Staatsanwalt von Uechtritz schildert in der Sitzung des Abgeordnetenhauses vom 6. Februar 1881 an einem drastischen Beispiel, was von der „guten Führung" der Verurtheilten vielfach zu halten ist, indem er referirt, wie ein Angeklagter, der erst vor Kurzem aus der Strafanstalt in Folge guter Führung vorläufig entlassen und dem das beste Zeugniß über seine an den Tag gelegte Frömmigkeit ertheilt war, auf die Frage des Staatsanwalts, er habe sich doch als ein frommer Mensch erwiesen und nun doch wieder zum Verbrecher werden können, erwiedert: „Zuchthausfromm, Herr Staatsanwalt".

Wenn also außer der „guten Führung" und zwar an erster Stelle „Beweise der Besserung" gefordert werden müssen, so gehört dieses wesentlichste Erforderniß in das Gesetz. Die Motive, aus denen der Reichstag seiner Zeit dasselbe gestrichen hat, gelten doch gleichmäßig und unabhängig davon, ob Gesetz oder Reglement das Requisit aufstellen.

Mit Recht wird nun zwar entgegengehalten, daß es kaum möglich sei, zu erkennen, ob ein Mensch sich gebessert habe; mit Grund konnte der Präsident Ploos van Amstel auf dem Stockholmer Kongreß ausrufen: Gott allein kenne das menschliche Herz und wisse, ob ein Verbrecher innere Einkehr gehalten habe; indessen kann und soll auch nur gefordert werden, daß die Annahme der wirklichen Besserung begründet erscheint nach dem Verhalten und nach äußeren Beweisen, welche der Verurtheilte gegeben hat. Woran erkannt werden kann, ob eine wirkliche Besserung eingetreten ist, das läßt sich freilich nicht allgemein sagen, dies muß vielmehr der Beurtheilung des einzelnen Falles je nach der von den zuständigen Beamten zu studirenden Individualität des Verurtheilten vorbehalten bleiben. Das Rezept, welches der schweizerische Gerichtspräsident Gysin für die Beurtheilung der Moral der Gefangenen aufgestellt hat, wie derselbe die Arbeit verrichtet, willig oder nur unter dem Drucke der Disziplin, wie er sich verhält zu den Beamten und Mitgefangenen, ob er unter der Strafe moralich leidet oder nicht, ob er die That eingesteht, ableugnet oder beschönigt, ob er arme Verwandte aus dem Arbeitsverdienst unterstützt, wie er sich gegen die durch sein Verbrechen Geschädigten benimmt — kann jedenfalls nur unsichere Anhaltspunkte bieten. Es muß der Umsicht, Erfahrung und Menschenkenntniß der höheren Strafvollzugsbeamten, der Aufsichtskommissionen und der sonst etwa bestehenden Organe vertraut werden, daß Heuchelei und Scheinheiligkeit nicht zur Geltung gelangen.

Die Probe auf das Exempel, ob der Verurtheilte in Wirklichkeit sich gebessert hat, giebt sein Leben nach der Entlassung aus der Strafanstalt, insbesondere auch gerade während des Stadiums der vorläufigen Entlassung. Dieses Stadium muß, um seinem Zwecke nach dieser Richtung zu dienen, möglichst erweitert werden. Und damit kommt man auf die weiter vorgeschlagene Aenderung, auf die Verlängerung der Widerrufsfrist — § 26 R.-St.-G.-B.

Diese Forderung wird fast durchgängig von Allen erhoben, welche sich mit der Frage der vorläufigen Entlassung beschäftigt haben, von Schriftstellern, Praktikern, Korporationen und von der Regierung selbst, wenigstens von der Preußischen. Denn in den offiziellen Publikationen über die Ergebnisse der Strafverwaltung aus dem Ressort des Ministeriums des Innern aus den Jahren 1872—1874 ist ausdrücklich betont, daß die jetzige Widerrufsfrist zu kurz sei. Sie geht nach der Bestimmung des § 26 R.-St.-G.-B. bis zum Ablauf der festgesetzten Strafzeit, kann also nach der jetzigen Bestimmung des Gesetzes, selbst bei der strengeren Auslegung hinsichtlich des vor Eintritt der vorläufigen Entlassung erforderlichen Strafzeitablaufs auf die kurze Dauer von 4 Monaten sich beschränken. Eine so geringe Frist ist nicht genügend, um auch nur mit einiger Sicherheit erkennen zu lassen, daß der vorläufig Entlassene die auf ihn gesetzten Hoffnungen eines redlichen Lebenswandels rechtfertigen werde. Wenn derselbe während dieser kurzen Zeit im Wesentlichen nur Konflicte mit der Obrigkeit vermeidet — und dies wird ihm nicht besonders schwer fallen —, so ist er alsbald völlig frei und in seinem Thun und Lassen unbeschränkt. Wer da weiß, daß die Entlassenen gerade in der auf die Entlassung folgenden Zeit der Verführung, wieder in das Verbrecherleben zu verfallen, insbesondere auch durch die Verlockungen ihrer früheren Genossen am meisten ausgesetzt sind, der wird der Auffassung zustimmen müssen, daß nur erst ein geraumer Zeitablauf tadelloser Führung die Widerstandsfähigkeit des Entlassenen gegen Anfechtungen der bezeichneten Art festigt und ihm einen sicheren Boden gewährt, auf welchem er in dem Bestreben, sich weiterhin redlich zu führen, fußen kann. Der psychologische Druck, den die Möglichkeit des Widerrufs der vorläufigen Entlassung ausübt, nenne man ihn auch die Furcht vor der Wiedereinziehung, bietet unbezweifelt ein höchst werthvolles Mittel, um den Entlassenen von neuen Gesetzwidrigkeiten fern zu halten.

Es liegt daher sowohl im Interesse des Entlassenen als in dem allgemeinen Interesse, die Frist für den Widerruf möglichst zu verlängern. Soll das Institut der vorläufigen Entlassung in Wirklichkeiit dazu dienen, die Rückkehr der Entlassenen zu einem geordneten Leben und ihre Wiederaufnahme in die bürgerliche Gesellschaft zu erleichtern und thunlichst zu sichern, so muß die Möglichkeit gegeben werden, einerseits für den Staat eine erheblich lange Zeit hindurch die Entlassenen in der Hand zu behalten, andererseits für die letzteren, sich — wenn auch unter dem Drucke der Widerrufsfurcht — durch Wohlverhalten, redliche Arbeit und gesetzmäßiges Leben einen Platz in der bürgerlichen Gesellschaft wieder zu gewinnen. Eine erhebliche Verlängerung der Widerrufsfrist würde auch dem Wesen des bei uns rezipirten Instituts der vorläufigen Entlassung um so mehr entsprechen, als in dem Mutterlande derselben, in England, dieselbe auf länger als ein Jahr sich bemißt.

Wenn ich schließlich noch vorzuschlagen mir erlaube, den Widerruf der vorläufigen Entlassung obligatorisch zu machen bei schlechter Führung des Entlassenen, gegenüber dem jetzt nach § 24 R.-St.-G.-B. bestehenden fakultativen Widerruf, so wird dadurch nur eine Forderung gestellt, welche der Natur der Sache entspricht, indem die tadellose Führung, sowie sie die unerläßliche Voraussetzung für die Gewährung der Vergünstigung selbst bildet, so auch für die Fortdauer derselben als conditio sine qua non gefordert werden muß. Sie ist die Trägerin der gewährten Wohlthat; mit ihrem Fall muß auch die letztere fallen. Wollte man, wie es jetzt nach § 24 R.-St.-G.-B. angeht, die Möglichkeit offen lassen, daß selbst bei schlechter Führung des Entlassenen der Widerruf nicht erfolgt, so würde man einer Willkür die Thür öffnen, welche das Gesetz niemals wollen kann.

Auf Grund dieser Ausführungen erlaube ich mir vorzuschlagen:

Der XVIII. Juristentag wolle beschließen:

„Nach den bisherigen Erfahrungen empfehlen sich folgende Aenderungen in den Bestimmungen über das Beurlaubungssystem im Strafvollzuge (§§ 23 bis 26 R.-St.-G.-B.):

1. Der Verurtheilte, welchem die Vergünstigung der vorläufigen Entlassung zu Theil werden soll, muß zu einer Zuchthaus- oder Gefängnißstrafe von mindestens zwei Jahren verurtheilt sein;
2. derselbe muß drei Viertheile der zu verbüßenden Straef in der Strafverbüßungsanstalt zugebracht, und
3. Beweise der Besserung gegeben haben;
4. der Widerruf der vorläufigen Entlassung muß bei schlechter Führung des Entlassenen obligatorisch sein;
5. die Frist, binnen welcher der Widerruf erfolgen kann, ist über den Ablauf der festgesetzten Strafe erheblich zu verlängern."

Ich will schließlich noch, um thunlichst zu der gestellten Frage Gehöriges nicht zu übergehen, hervorheben, daß in neuerer Zeit wieder von beachtenswerther Seite die Forderung aufgestellt wird, um dem Institut der vorläufigen Entlassung zur rechten Wirksamkeit zu verhelfen, die dem irischen Strafvollzugssystem gleichfalls angehörigen, der vorläufigen Entlassung vorhergehenden sogen. Zwischenstationen (intermediate stations) in unseren Strafvollzug einzufügen, einmal weil dies schon systematisch folgerichtig sei, nachdem einmal aus dem irischen System das Stadium der vorläufigen Entlassung rezipirt worden, welches eigentlich nur seine Berechtigung und Wirkung auf Grund der vorgängigen Progressivstadien habe, sodann weil thatsächlich — nach den jetzigen Verhältnissen — der Gefangene, welcher vorläufig entlassen werde, aus absoluter Unfreiheit unvermittelt in fast völlige Freiheit gelange und erfahrungsmäßig aus diesem schroffen Uebergange die erheblichsten Uebelstände sich ergeben, welche durch die Einführung der Zwischenstationen vermieden werden könnten.

Der unlängst verstorbene Generalstaatsanwalt von Schwarze hat sich dahin ausgesprochen, daß auf die Dauer die Adoptirung der Zwischenstationen im Strafvollzuge sich nicht werde vermeiden lassen, und der auch schriftstellerisch bewährte Strafanstaltsdirektor Tauffer aus Lepoglava (Kroatien) giebt bei einer Besprechung des Entwurfes des deutschen Strafvollzugsgesetzes bemerkenswerthe Gesichtspunkte für das Bedürfniß dieser Einrichtung auch bei uns. Ich glaube mich indessen einer näheren Erörterung darüber hier enthalten zu sollen, da dies Details des Strafvollzugs zu sein scheinen, während nach der gestellten Frage wir hier zunächst nur über principielle Satzungen zu berathen in der Lage sein durften.

Ich überreiche die schriftliche Formulirung der vorhin vorgetragenen Aenderungsvorschläge und bitte um deren Annahme.

Anlage A.

Nachweisung der vorläufigen Entlassungen im Königreich Preußen während der Jahre 1871—1885 überhaupt.

Im Jahre	Zahl der gestellten Entlassungsanträge überhaupt	Davon sind		Der Widerruf der Entlassung wurde ausgesprochen in Fällen
		abgelehnt	bewilligt	
1.	2.	3.	4.	5.
1871	2141	433	1708	80
1872	733	444	289	26
1873	489	310	179	7
1874	421	281	140	2
1875	419	305	114	4
1876	443	337	106	2
1877	442	288	154	5
1878	401	249	152	2
1879	406	271	135	4
1880	451	279	172	4
1881	488	221	267	6
1882	537	211	326	5
1883	587	196	391	9
1884	561	188	373	3
1885	564	160	404	3
Summa	9083	4173	4910	162
		9083		

Anlage B.

Nachweisung der vorläufigen Entlassungen ꝛc. aus den Strafanstalten (Zuchthäusern und Gefängnissen), welche dem Königlich Preußischen Ministerium des Innern unterstehen, in den Jahren 1875 bis 1884/5.

Im Jahre.	Zahl der Gefangenen mit einer Strafdauer von über 1 Jahr, welche an sich hätten vorläufig entlassen werden können.	Zahl der gestellten Entlassungsanträge.	Zahl der vorläufig Entlassenen.	Prozentsatz. Die Anträge (Spalte 3) zu der Zahl der Gefangenen (Spalte 2).	Prozentsatz. Die vorläufig Entlassenen (Spalte 4) zu der Zahl der Gefangenen (Spalte 2).
1.	2.	3.	4.	5.	6.
1875	25330	350	90	1,38 %	0,35 %
1876	23455	342	82	1,45 „	0,35 „
1877/8	24781	360	123	1,45 „	0,50 „
1878/9	26407	322	104	1,22 „	0,39 „
1879/80	28151	297	100	1,06 „	0,36 „
1880/1	28702	350	136	1,22 „	0,47 „
1881/2	30461	308	139	1,01 „	0,46 „
1882/3	32303	345	205	1,07 „	0,63 „
1883/4	31228	350	213	1,12 „	0,68 „
1884/5	27799	372	216	1,34 „	0,78 „

Anlage C.

Nachweisung der vorläufigen Entlassungen aus den Landesstrafanstalten des Königreichs Sachsen in den Jahren 1871 bis 1884.

Im Jahre	Zahl der in den Landesanstalten durchschnittlich bestimmten Gefangenen überhaupt.	Zahl der vorläufig Entlassenen*)	Zahl der Widerrufe der Entlassungen.	Prozentsatz**) der Zahl der vorläufig Entlassenen (Spalte 3) zu der Zahl der Gefangenen (Spalte 2).
1.	2.	3.	4.	5.
1871	2132	34	1	1,54 %
1872	2337	36	1	1,55 „
1873	2276	34	1	1,49 „
1874	2465	23	1	0,93 „
1875	2677	26	—	0,97 „
1876	2904	44	—	1,50 „
1877	3189	64	—	2,007 „
1878	3322	67	1	2,01 „
1879	3415	55	—	1,61 „
1880	3573	64	1	1,89 „
1881	3573	64	—	1,89 „
1882	3808	69	1	1,81 „
1883	3921	52	—	1,32 „
1884	3725	32	—	0,86 „

*) Die Zahl der gestellten Entlassungsanträge soll mit der Zahl der bewilligten Entlassungen sich fast decken, da Ablehnungen der Anträge sehr selten vorgekommen sind.

**) Der Prozentsatz der Entlassenen zu der Zahl der Gefangenen, welchen nach der von ihnen zu verbüßenden Strafdauer von über 1 Jahr die Vergünstigung der vorläufigen Entlassung an sich zu Theil werden konnte, wird in Wirklichkeit etwas höher sein, da in der Zahl Spalte 2 der Nachweisung auch ein Theil der Gefangenen mitenthalten ist, welche nur kürzere Strafen zu verbüßen hatten, auf die also die vorläufige Entlassung überhaupt nicht angewendet werden konnte.

Anlage D.

Nachweisung der vorläufigen Entlassungen aus den sieben gerichtlichen Strafanstalten des Königreichs Württemberg in den Jahren 1875/6 bis 1883/84.

Im Jahr.	Durchschnittszahl der Gefangenen überhaupt.	Zahl der vorläufig Entlassenen.	Prozentsatz der Zahl der Entlassenen zu der Zahl der Gefangenen.	Bemerkung.
1.	2.	3.	4.	5.
1875/6	1581	23	1,4 %	Von dem Prozentsatze gilt dasselbe wie das auf Anlage C. sub **) Gesagte.
1876/7	1850	35	1,8 „	
1877/8	1898	53	2,8 „	
1878/9	2054	68	3,3 „	
1879/80	2092	111	5,3 „	
1880/1	2099	105	5,0 „	
1881/2	2116	80	3,9 „	
1882/3	2072	89	2,8 „	
1883/4	2050	102	5,0 „	

Nachweisung der vorläufigen Entlassungen aus den Gefängnissen des Hamburgischen Staates in den Jahren 1880 bis 1885.

Im Jahre	Zahl der Gefangenen mit Strafdauer von über 1 Jahr.	Zahl der vorläufig Entlassenen.	Prozentsatz der Zahl der Entlassenen zu der Zahl der Gefangenen.	Zahl der Anträge auf vorläufige Entlassung.
1.	2.	3.	4.	5.
1880	538	21	3,90 %	58
1881	561	13	2,10 „	26
1882	617	15	2,41 „	40
1883	705	19	2,70 „	39
1884	656	34	5,02 „	54
1885	659	28	4,25 „	62
Summa	3736	130	3,26 %	279

Widerrufe der vorläufigen Entlassung sind nicht erfolgt.

Vicepräsident Senatspräsident Dr. v. **Stößer** (Karlsruhe): Wie Sie gehört haben, beantwortet der Herr Referent die aufgestellte Frage im Allgemeinen mit „Ja" und bezeichnet zu gleicher Zeit diejenigen Aenderungen, die eintreten sollen.

Ich bitte nun den Herrn Korreferenten Präsident v. Köstlin uns seinen Vortrag zu erstatten.

Korreferent Senatspräsident v. **Köstlin** (Stuttgart): Ich kann mich sehr kurz fassen, da ich mit den Anträgen des Herrn Referenten vollständig einverstanden bin. Ich will nur konstatiren, daß bei uns in Württemberg das Institut der vorläufigen Entlassung, das uns bis zur Einführung des deutschen Strafgesetzbuchs unbekannt war, von Anfang an mit vielem Beifall aufgenommen worden ist und daß wir bis jetzt nachtheilige Wirkungen dieser Gesetzesbestimmung nicht zu verspüren gehabt haben. Es wird von unseren Strafanstaltsbeamten, wie Sie auch aus dem Gutachten des Herrn Strafanstaltsdirektors Sichart zu Ludwigsburg entnehmen können, betont, daß diese Bestimmungen für die Erhaltung der Disziplin in den Strafanstalten von ganz wesentlichem Einfluß sind.

Sodann wird bei uns großes Gewicht darauf gelegt, daß die Zahl der Widerrufe, welche vorgekommen sind, eine verschwindend kleine ist. Es ist von der Regierung von Anfang an ein ganz anderes Verfahren bei uns eingehalten worden, als bei dem Siebungsprozeß, wie er anderwärts stattfindet. Man hat die gesetzliche Bestimmung als gegeben angenommen zur Anwendung, nicht zur Nichtanwendung; dabei kommt es wesentlich darauf an, daß vorher seitens der Strafanstaltsvorsteher und Beamten dieser Siebungsprozeß vorgenommen wird und daß Anträge auf vorläufige Entlassung von dort aus gehörig erwogen und vorbereitet an die oberste Justizaufsichtsbehörde gelangen.

Im Uebrigen will ich mich über die Sache nicht weiter verbreiten, nachdem der Herr Referent einen so lichtvollen, erschöpfenden Vortrag gehalten hat.

Vicepräsident: M. H., es wird sich fragen, ob eine allgemeine Diskussion beliebt wird, indem vom Referenten, wie sie gehört haben, 5 Verbesserungsvorschläge in Uebereinstimmung mit den Ansichten des Herrn Korreferenten gemacht worden sind. Es wird übrigens bei der Beschaffenheit der Frage und dem Inhalte der beidenseitigen Referate zweckmäßig erscheinen, wenn wir eine allgemeine Diskussion eintreten lassen und vielleicht erst bei der Abstimmung über die einzelnen Punkte je nach Bedürfniß die einzelnen Punkte noch der Spezialdiskussion aussetzen.

Wenn Sie hiermit einverstanden sind, werde ich darnach verfahren und gebe zunächst Herrn Professor Rubo das Wort.

Professor Dr. **Rubo** (Berlin): M. H., ich habe nur wenige Worte nach dem so vollständigen und lichtvollen Vortrage des Herrn Referenten zu sagen.

Sie wollen mir gestatten, daß ich, der ich seit dem ersten Beginnen an der Schöpfung des Strafgesetzbuchs mitthätig war, bloß konstatire, daß das wahrhafteste Verdienst, die vorläufige Entlassung eingeführt zu haben, dem Redaktor des Strafgesetzbuchs, dem Dr. Friedberg, unmittelbar gebührt und daß noch ein zweiter Mann es war, der besonders segensreich dazu geholfen hat, und dessen Namen ich gerade hierbei um so lieber mit Dankesempfindung nenne, als er einst in Preußen auf das Heftigste als eine Schule bildender Pietist geschmäht worden ist, der aber gerade in derjenigen Sitzung vom 1. April 1869, in welcher die Frage der vorläufigen Entlassung kommissarisch berathen wurde, sich auf das Thatkräftigste als ein wahrhaft wohlwollender, für das Wohl der Strafgefangenen wahrhaft und fürsorglichst bedachter, ja sogar hochherziger Schriftsteller und Beamter erwies: es war dies der Direktor des „Rauhen Hauses" bei Hamburg, der preußische Konsistorialrath Wichern.

Bereits bei der ersten Erwähnung war Wichern auf das Höchste für die vorläufige Entlassung begeistert, die damals mit dem Namen „Beurlaubung" bezeichnet wurde; nur bat er, statt dieses letzteren Namens einen anderen zu wählen. Denn der Name „Urlaub" bezeichne doch nur die den Beamten gewährte, zeitweise Befreiung vom Dienste. Würde aber der Name „Beurlaubung" auch für die vorläufige Entlassung des Gefangenen aus der Strafanstalt beibehalten werden, so könne folgendes sich ereignen. Befände er, Wichern, sich beispielsweise auf der Ferienreise, träfe er während derselben mit dem Zuchthausgefangenen Meyer zusammen und würde er, auf die von Meyer an ihn gerichtete Frage: „Herr Konsistorialrath: wie kommen Sie hierher? antworten: „ich bin auf Urlaub", dann würde Meyer ihm erwidern: „ach! dann sind wir Kollegen; ich bin auch auf Urlaub." (Heiterkeit!)

Da war es sofort Minister Friedberg, der den Namen „vorläufige Entlassung" vorschlug. Dies möchte ich historisch ausdrücklich konstatirt haben.

Was, m. H., die vorläufige Entlassung selbst anlangt, so möchte ich für deren Charakterisirung Ihnen folgendes aus der Kommission für Revidirung des St.-G.-B.-Entwurfs mittheilen, welche der Bundesrath eingesetzt hatte. Inmitten einer langen Diskussion über die Einzelheiten der vorläufigen Entlassung erklärte kurzweg ein Mitglied der Kommission dem Minister Leonhard: machen Sie doch das anders! Lassen Sie sich einfach eine Kabinetsordre vom König darüber geben, daß Sie in gewissen

Fällen die vorläufige Entlassung anordnen dürfen. Der Justizminister Leonhard antwortete: das geht nicht und thue ich auch nicht; die vorläufige Entlassung ist ein Akt der Begnadigung, das Begnadigungsrecht ist ein höchst persönliches Recht, eine Delegirung desselben an einen Anderen ist unzulässig. Es muß die Gesetzgebung selbst hier eintreten.

So glaube ich annehmen zu müssen, daß wir in der vorläufigen Entlassung ein Begnadigungsrecht erhalten haben, welches den jeweiligen Justizministern in den einzelnen deutschen Bundesstaaten zu Theil geworden ist. Wenn wir dies aber so auffassen, so liegt wohl von einem Mißtrauen gegen das richterliche Urtheil nichts in der Thatsache der vorläufigen Entlassung. Nichts lag auch dem Gesetzgeber ferner, als gegen die richterlichen Urtheile hier ein Mißtrauen zu hegen. Die vorläufige Entlassung ist nichts anderes, als ein Begnadigungsrecht, darauf beruhend, wie der Herr Referent ausführlich mitgetheilt hat, daß man in dem Gefangenen von Anfang an kraft Hervorbringung des Bewußtseins in ihm, durch gute Führung sich schon vor Ablauf der erkannten Strafdauer Freiheit zu verschaffen, das Gefühl erregen wollte und das Bestreben, ein der staatlichen Rechtsordnung entsprechender Mensch zu sein. In dieser Hinsicht, glaube ich auch, sollen wir das Begnadigungsrecht nicht beschränken und darum von einer Verlängerung derjenigen Strafe absehen, welche bereits vor Gewährung der vorläufigen Entlassung verbüßt sein muß. Ich glaube in der That, daß wenn, was ich bestreite, die durch das deutsche Strafgesetzbuch vorgesehene Dauer von mehr als einem Jahr zu kurz bemessen wäre, ein Appell an die Justizminister der Einzelstaaten vollständig ausreicht, um erst nach längerer Strafverbüßung die vorläufige Entlassung eintreten zu lassen. Ich möchte die den Landes-Justizministern gegebene Berechtigung, bereits nach Verbüßung einer mehr als 1 Jahr betragenden Zuchthaus- oder Gefängnißstrafe die vorläufige Entlassung anordnen zu dürfen, nicht eingeschränkt wissen. Eine Einschränkung dieser Berechtigung würde nur zu einer Belästigung der deutschen Landesherren führen, da die Anträge auf definitive Begnadigung sich häufen würden.

Was nun das angebliche Erforderniß der Besserung selbst betrifft, so ist es insbesondere der Herr Generalstaatsanwalt Dr. v. Schwarze gewesen, der immer und immer gerade dieses Moment verlangt hat; aber im Reichstag, ich darf das nicht verschweigen, kam bei der Berathung folgendes zur Geltung: Besserungsatteste werden von den Gefangenenanstaltsgeistlichen in erster Reihe ertheilt; das führe, wie auch der Herr Referent bereits hervorgehoben hat, unwillkürlich zur Heuchelei der Gefangenen; eine ordentliche Beobachtung der Anstaltsdirektoren und anderer Beamten reiche aus. Ich möchte an dieser Stelle dem Herrn Referenten entgegentreten, wenn er sagt, daß weil das Reichsgesetz nicht das Requisit der Besserung verlangt, dasselbe auch durch Reskript nicht eingeführt werden dürfe. Da waltet wohl ein kleines Mißverständniß hierbei ob. Das Reichsgesetz sagt: Der Minister darf das Begnadigungsrecht ausüben, wenn der Gefangene sich gut geführt hat. Verpflichtet zur Begnadigung ist er nicht. Wenn der Justizminister daher sagt, er wolle nur Anträge dann berücksichtigen, wenn der Gefangene Zeichen der Besserung gegeben, so thut er etwas, woran ihn kein Mensch hindern kann, und was, wie ich glauben möchte, dem Reichsrecht nicht entgegensteht.

Was nun, m. H., die Verlängerung der Widerrufsfrist anlangt, so möchte ich Sie doch recht herzlich bitten, auch hier eine Aenderung nicht eintreten zu lassen. Diese minder Freien können Bedingungen auferlegt bekommen bei der vorläufigen Entlassung, die erschreckend schwer sind. Daher haben wir auch bei der Festungshaft keine vorläufig Entlassenen bekommen.

Ich möchte Sie bitten, betrachten Sie die Zeit der vorläufigen Entlassung als einen Akt der Strafverbüßung außerhalb der Gefangenenanstalt; und glauben Sie, fast mehr als der Gefangene in der Anstalt selbst erduldet, erduldet der vorläufig Entlassene außerhalb derselben; nicht bloß, weil ihm für die Zeit der vorläufigen Entlassung die schwersten Bedingungen auferlegt werden können, aus welchem Grunde auch dieselbe, als dem Charakter der Festungshaft darin widersprechend, bei der Festungshaft unzulässig ist, und aus welchem Grunde die vorläufig Entlassenen als „minder Freie" bezeichnet worden sind — sondern insbesondere auch darum, weil der vorläufig Entlassene jeden Tag nur unter der Sorge und Befürchtung verlebt, daß während der Widerrufszeit, vielleicht sogar noch am letzten Tage die vorläufige Entlassung widerrufen wird und er die ganze Strafzeit nunmehr nochmals in der Strafanstalt verbüßen müsse.

Wenn Sie dies erwägen: dann müssen Sie auch zu der Annahme gelangen, daß mit Ablauf der Dauer des Strafmaßes auch die Frist zum Widerruf der vorläufigen Entlassung abgelaufen sein muß. Ebenso möchte ich Sie bitten, die Justiz-Minister der einzelnen Bundesstaaten nicht zu sehr zu beschränken dadurch, daß Sie den Widerruf obligatorisch machen.

Wer ertheilt denn die Atteste, ob Jemand sich schlecht geführt hat? Es sind oftmals recht untere Beamte; und wir dürfen nicht den jetzigen Minister derart binden, daß wenn ein Unterbeamter attestirt hat: „schlecht geführt", der Minister in Verfolg dessen zum Widerrufe der vorläufigen Entlassung verpflichtet ist. Eine solche Beschränkung des Justizministers würde übrigens zu einer Vermehrung der Begnadigungsgesuche an die deutschen Landesherrn führen!

Wenn der Herr Referent am Schlusse noch ausgeführt und beantragt hat, es müsse der Gefangene in der Strafanstalt seine Strafe verbüßt haben, so ist das nur als Auslegung einer etwaigen Gesetzeskontroverse zu erachten; wir haben nicht nöthig, darum das Gesetz abzuändern, zumal die Minister selbst entscheiden, ob sie die vorläufige Entlassung eintreten lassen wollen oder nicht und ein Anlaß zur authentischen Gesetzesinterpretation wohl noch nicht vorliegt.

Ich schließe nach diesen gegnerischen Erklärungen gegen den Herrn Referenten mit dem innigsten Dank an denselben für das, was er uns mitgetheilt, aber auch mit der herzlichen Bitte an Sie, einfach zu sagen: Abänderungen sind hier nicht geboten.

Vicepräsident: Will sonst noch Jemand etwas dazu sprechen? Wenn nicht, so darf ich die Diskussion schließen vorbehaltlich des Rechts des Herrn Referenten, noch das Schlußwort zu nehmen.

Referent Staatsanwalt **Werner** (Celle): M. H., wenn alle die Voraussetzungen zuträfen, die der Herr Vorredner Ihnen vorgeführt hat als diejenigen, welche ohnehin bei Anwendung des Instituts der vorläufigen Entlassung erfüllt sein müßten, so wäre die Sache sehr schön. Aber es handelt sich hier gerade darum, möglichst dafür zu sorgen, daß die Gesetzesinterpretation nicht eine so schwankende werde und bleibe, wie sie es jetzt ist, damit nicht eine so ungleichartige Anwendung des Instituts fortbestehe, wie sie in der That besteht. Ferner wollen wir nach Möglichkeit Garantien dafür schaffen, daß das Institut ausgiebiger gebraucht werde.

Zunächst wendet sich der Herr Vorredner gegen die Verlängerung der Strafzeit, welche in der ersten These verlangt wird. Er sagt: ein Appell an den Minister würde genügen, um die Herren zu bewegen, ja nicht früher die vorläufige Entlassung eintreten zu lassen, als bis mehrere Jahre — oder wie viel sonst — an Strafzeit verbüßt seien. Ja, m. H., die Auffassung darüber wechselt mit den verschiedenen Ansichten, das kommt auf die Dezernenten an, auf die jeweilige Stimmung und Strömung. Das ist nach keiner Richtung eine Garantie für eine förderliche Anwendung des Instituts, für eine Anwendung, wie sie der Gesetzgeber im Sinne gehabt hat. Es wird dadurch einer Willkür und einer persönlichen Anschauung Thür und Thor geöffnet, wie sie bei einem solchen Institut nicht vorwalten darf, wenn man sich nicht der Gefahr aussetzen will, daß man Alles auflöst und der Willkür sich proscribirt. Ich glaube deshalb, es ist geradezu nothwendig, um den überall erkannten Mangel der gleichmäßigen Anwendung zu beseitigen, von vorn herein zu fixiren, auf eine wie hohe Strafe erkannt sein muß, bevor die vorläufige Entlassung überhaupt eintreten kann. Diese Strafe zum mindesten auf 2 Jahr zu normiren halte ich deshalb für erforderlich, weil schon jetzt gesagt ist:

„eine längere Strafe muß erkannt sein", und eine Strafe von 1 Jahr und ein paar Monaten als eine längere Zuchthausstrafe von vornherein nicht gelten kann; ferner aber, weil eine solche Minimal-Strafzeitdauer dem Wesen des Instituts entspricht, wie ich vorher auszuführen gesucht habe.

Sodann haben mich auch die Argumente des Herrn Vorredners nicht überzeugen können, die er gegen das Postulat „Beweise der Besserung" vorgebracht hat. Er sagt: die Minister sind ja nicht gezwungen, die vorläufige Entlassung zu gewähren, sie können sie nur gewähren, und sie werden sich nicht bloß an die gute Führung halten, sondern vorsichtiger Weise auch immer Besserungsbeweise erfordern. Das mag völlig richtig sein, indessen kommt es darauf an, die gesetzlichen Bestimmungen über die Anwendung des Instituts so zu fassen, daß man sich von vorn herein sagen muß: bei richtiger Handhabung wird dadurch eine gewisse Garantie geboten, daß die Vergünstigung keinem Unwürdigen zu Theil wird. Eine solche Sicherheit ist aber erforderlich, um dem zu begegnen, daß vorsichtige Strafanstaltsdirektoren mit ihren Anträgen auf vorläufige Entlassung zurückhalten — wie es jetzt nach der Zahl der Anträge im Verhältniß zu der Zahl der an sich zur vorläufigen Entlassung geeigneten Gefangenen augenscheinlich der Fall ist — aus Besorgniß, der Antrag möge nicht begründet erscheinen.

Dann hat sich der Herr Vorredner ausgesprochen gegen die Verlängerung des Widerrufs. Sowohl in der Theorie wie in der Praxis hat man sich mit wenigen Ausnahmen, zu denen zu meinem Bedauern, wie ich sehe, der Herr Vorredner gehört, für die Verlängerung des Widerrufs erklärt. Man will gerade in der Zeit, wo der Gefangene vorläufig entlassen ist, den Beweis dafür erhalten, daß er so gebessert ist und sich so hält, daß man mit Fug hat sagen können: du bist so weit sittlich gefördert, daß dir die Wohlthat der vorläufigen Entlassung zu Theil werden konnte. Von schweren Qualen, welche der Entlassene in dieser Zeit erdulden muß, von einem Damoklesschwert ist nicht viel die Rede. Die schweren Qualen bestehen darin, daß er sich anmelden muß in dem Aufenthaltsort, der ihm zugewiesen ist, daß er sich aus demselben abmelden muß, daß er sich eine gewisse Kontrole gefallen lassen muß: es kommt ab und zu ein Schutzmann zu ihm, um zu sehen, was er treibt; es kann eine Haussuchung stattfinden, wenn er verdächtig ist, sich neuer Delikte schuldig gemacht zu haben, auch zu einer Zeit, und unter Umständen, wo diese Maßregeln sonst nicht ohne Weiteres ergriffen werden dürften. Was sonst für schwere Qualen über ihn verhängt sein können und worin das Damoklesschwert besteht, weiß ich nicht. Ich füge hinzu, daß nach ausdrücklicher Anweisung die Polizeiorgane bei der Ausübung der bezeichneten Kontrole in schonendster Weise zu verfahren haben.

Endlich wendet sich der Herr Vorredner auch gegen die Einführung des obligatorischen Widerrufs bei schlechter Führung des Gefangenen. Er findet das Hauptargument dagegen darin, daß er sagt: Die Atteste über schlechte Führung des vorläufig Entlassenen werden häufig von unteren Polizeiorganen ausgestellt, denen kein richtiges Urtheil zuzutrauen ist. M. H., dieses Attest des unteren Polizeiorgans ist zweifellos nicht maßgebend. Wer weiß, wie subtil diese Sachen in allen Instanzen durch die Justizbehörden behandelt werden, wird anerkennen müssen, daß ein ganz außerordentliches Gewicht auf die detaillirte Feststellung gelegt wird, worin denn die schlechte Führung des Entlassenen bestanden haben soll, so daß niemals die Anschauung eines unteren Polizeiorgans für die Entschließung der obersten Justizaufsichtsbehörde von maßgebender Bedeutung werden kann. Es wird nicht bloß das Attest als Unterlage für die Feststellung gefordert, daß sich der Entlassene schlecht geführt hat, sondern es muß angegeben werden, worin die schlechte Führung besteht, worin er wieder gefehlt hat, und wenn diese Thatsache irgendwie nicht genügend erwiesen erscheint, dann werden Vernehmungen angestellt u. s. w. u. s. w., so daß dann nicht die Rede davon sein kann, daß ein solcher Widerruf erfolgt auf Grund der Angaben eines untergeordneten, mehr oder minder urtheilsunfähigen Organs.

Ich schließe, m. H., mit der Bitte, daß, wenn Sie dazu beitragen wollen, das Institut der vorläufigen Entlassung zu fördern, zu heben und es zu der Bedeutung zu bringen, welche der Gesetzgeber gewollt hat bei Aufnahme des Instituts in das deutsche Strafgesetzbuch, dann nehmen Sie meine Thesen an. Dann wird die jetzt bestehende enorme Ungleichheit in der Anwendung der vorläufigen Entlassung schwinden oder wenigstens die Möglichkeit geschaffen werden, diese Ungleichheit, welche bisher in der Anwendung dieses Instituts stattfand, auf ein erträgliches Maß zurückzuführen, und es werden die Besorgnisse, von welcher viele Strafanstaltsbeamte und höhere Justizbehörden erfüllt sind, welche mit der Beurtheilung von Anträgen auf vorläufige Entlassung zu thun haben, — die Besorgnisse, sage ich, werden sich wesentlich vermindern, daß man die Wohlthat der vorläufigen Entlassung Unwürdigen zu Theil werden lassen könne und deshalb bei der Empfehlung und bezw. Genehmigung der Anträge äußerst zurückhaltend sein müsse. Wenn das Institut mit allen den Garantien umgeben ist, welche in den Anträgen, die ich vorzulegen die Ehre gehabt habe, geboten werden können, dann wird diese Zaghaftigkeit schwinden, weil man sich der Ueberzeugung nicht wird verschließen dürfen, daß, soweit menschliches Ermessen geht, der nach Maßgabe der gesetzlichen Vorschriften zur resp. Entlassung Empfohlene auch in der That dieser Vergünstigung in dem von dem Gesetzgeber gewollten Sinne würdig ist, ein etwaiger Mißbrauch aber alsbald erkennbar wird und abgestellt werden kann.

Vicepräsident: Die Anträge des Herrn Korreferenten gehen dahin: Der Juristentag wolle sich dahin aussprechen:

> Zu Frage 10. Nach den bisherigen Erfahrungen empfehlen sich folgende Aenderungen in den Bestimmungen über das Beurlaubungssystem im Strafvollzuge (§§ 23—26 St.-G.-B.):
>
> 1. Der Verurtheilte, welchem die Vergünstigung der vorläufigen Entlassung zu Theil werden soll, muß zu einer Zuchthaus- oder Gefängnißstrafe von mindestens zwei Jahren verurtheilt sein;
> 2. derselbe muß drei Viertheile der zu verbüßenden Strafe in der Strafverbüßungsanstalt zugebracht und
> 3. Beweise der Besserung gegeben haben.
> 4. Der Widerruf der vorläufigen Entlassung muß bei schlechter Führung des Entlassenen obligatorisch sein.
> 5. Die Frist, in welcher der Widerruf erfolgen kann, ist über den Ablauf der festgesetzten Strafzeit hinaus erheblich zu verlängern.

Gegenanträge sind nicht gestellt. Es ist allerdings hier die Abänderung mehrerer Bestimmungen des Strafgesetzbuchs beantragt, allein nach dem Inhalte der heutigen Verhandlung darf ich annehmen, daß, wenn nicht ein Widerspruch erfolgt, ich diesen Antrag als einen einheitlichen zur Abstimmung bringen darf, wenn nicht etwa aus Ihrer Mitte der Antrag gestellt wird, daß über die einzelne Sätze gesondert abgestimmt werden soll.

Oberlandesgerichtspräsident Dr. **Kühne** (Celle): Ich bitte, über die einzelnen Sätze abstimmen zu lassen, weil jeder einen Antrag für sich bildet und ich nur gegen einen von diesen Anträgen Bedenken habe, während ich den übrigen zustimme.

Vicepräsident: Ich halte das für richtig, ich habe meinen Vorschlag nur gemacht in der Unterstellung, daß Widerspruch nicht erfolgt.

Ich bringe also die einzelnen Sätze, die ich unmittelbar vorher nochmals verlesen werde, zur Abstimmung.

Der erste lautet:

> Der Verurtheilte, welchem die Vergünstigung der vorläufigen Entlassung zu Theil werden soll, muß zu einer Zuchthaus- oder Gefängnißstrafe von mindenstens zwei Jahren verurtheilt sein.

Diejenigen, welche dagegen sind, bitte ich, sich zu erheben.

(Abstimmung und Gegenprobe.)

Nr. 1 ist mit 14 gegen 9 Stimmen angenommen.

2. Derselbe muß drei Viertheile der zu verbüßenden Strafe in der Strafverbüßungsanstalt zugebracht haben.

(Wird mit 13 gegen 10 Stimmen angenommen.)

3. Derselbe muß Beweise der Besserung gegeben haben.

(Mit derselben Mehrheit angenommen.)

4. Der Widerruf der vorläufigen Entlassung muß bei schlechter Führung obligatorisch sein.

(Wird mit 15 gegen 8 Stimmen abgelehnt.)

5. Die Frist, in welcher der Widerruf erfolgen kann, ist über den Ablauf der festgesetzten Strafzeit hinaus erheblich zu verlängern.

(Wird mit 13 gegen 10 Stimmen abgelehnt.)

Die Abtheilung beschließt hierauf, die gefaßten Beschlüsse dem Plenum zur Kenntnißnahme vorzulegen, wozu Professor Dr. Rubo anregt, daß dem Plenum auch von dem Stimmenverhältniß, mit dem die einzelnen Beschlüsse gefaßt seien, Kenntniß gegeben werden möge. Mit der Berichterstattung wird Herr Erster Staatsanwalt Elben aus Tübingen beauftragt und, nachdem die Abtheilung dem Präsidenten für seine Geschäftsführung durch Erheben von den Sitzen ihren Dank dargebracht hat, die Sitzung 1 Uhr 5 Minuten Nachmittags geschlossen.

Zweite Plenarsitzung
des
Achtzehnten deutschen Juristentages
im
Saale der „Kaiserhalle“ zu Wiesbaden
am 11. September 1886.
(Beginn: Vormittags 9 Uhr 35 Minuten.)

Präsident Geh. Rath Professor Dr. **Gneist**: M. H.! Ich habe die zweite Plenarversammlung des XVIII. Juristentages zu eröffnen.

Das Schriftführeramt wird heute Herr Regierungsrath Caesar übernehmen für die Meldung zum Worte, — die Protokollführung übernimmt wohl der Herr Rechtsanwalt Heinsen.

Es liegt uns vor der eigentlichen Tagesordnung kein dringender Gegenstand vor. Wir können also sogleich übergehen zur Mittheilung der Beschlüsse der Abtheilungen. Wie gewöhnlich ist die Mehrzahl nur zur Kenntnißnahme Ihnen vorgelegt und wird nur als solche referirt. Nur bei der Frage nach der Reform der Strafgerichte ist die Besprechung im Plenum vorbehalten. Wir werden nun nach alter Erfahrung am besten die Ordnung inne halten, in der die Gegenstände auch auf unserer Tagesordnung stehen. Demgemäß beginnt die I. Abtheilung mit der Frage 1: Erörterung der Wildschadenersatzberechtigung. Referent ist Herr Professor Enneccerus, den ich bitte, die Berichterstattung zu übernehmen.

Referent Professor Dr. **Enneccerus**: Die in der I. Abtheilung zuerst verhandelte Frage lautete — wie der Herr Vorsitzende schon mitgetheilt hat —: „Soll in das deutsche bürgerliche Gesetzbuch die Entschädigung für Wildschaden aufgenommen werden“?

Der Referent ging bei der Beurtheilung dieser Frage zunächst aus von dem volkswirthschaftlichen Nutzen, den die Jagd gewährt und der sich — um nur ein Beispiel aus mehreren mitgetheilten Zahlen zu nennen — allein für Preußen auf etwa $6^1/_2$ Million Mark beziffert. Dieser erhebliche volkswirthschaftliche Vortheil — ich darf dabei auch an den sanitären Werth der Jagd erinnern — ist aber nicht zu betrachten als ein reines Geschenk der Natur, das dem Menschen ohne jedes Zuthun zuwächst. Wie die Verhältnisse in Deutschland heutzutage liegen, dürfen wir sagen, daß es keine oder doch keine nennenswerthe Jagd mehr gäbe, wenn das jagdbare Wild den römischen Gesetzen des freien Thierfanges unterstände. Wer sich ein Bild machen will, wie dieser freie Thierfang auf unsern Wildstand wirkt, der braucht sich nur an das Jahr 1848 zu erinnern, wo innerhalb weniger Monate zahlreiche wildreiche Jagden fast vollkommen ruinirt wurden. Wir dürfen es also aussprechen, der Jagdnutzen ist eine Folge der Exemtion des Wildes vom freien Thierfang, ist eine Folge der Gesetze über Jagdrecht und Schonzeit. Natürlich aber, m. H., gilt dann ganz dasselbe auch von dem durch die Erhaltung des Wildes verursachten Schaden, von dem Wildschaden. Wenn nun der Wildschaden dieselben Personen, denen der Jagdnutzen zu Theil wird, in dem gleichen Verhältniß träfe wie dieser, so würden wir uns mit der Wildschadenersatzpflicht nicht zu beschäftigen haben. Das ist aber keineswegs der Fall, und deshalb ist ein Ausgleich geboten. Wenn das Gesetz zu Gunsten gewisser Personen Jagdrecht und Schonzeit einführt, wenn es ihnen dadurch einen Vortheil gewährt, so muß es ihnen auch im gleichen Verhältniß den Schaden, der mit diesen Einrichtungen untrennbar verbunden ist, aufbürden. Das ist das Postulat der Gerechtigkeit, welches der Wildschadenersatzpflicht in allererster Linie zum Grunde liegt. Sie wissen, m. H., daß — ich sehe von den Bezirken zunächst ab, die nur einem Grundbesitzer gehören — daß die Ausübung der Jagd in einem Jagdbezirk der Jagdgenossenschaft zusteht, welche dieselbe dann entweder durch Verpachtung oder auch durch eigene Jäger ausüben kann. Der Vortheil aus der Jagd, also besonders der Pachtertrag fällt den einzelnen Jagdgenossen nach Verhältniß der ihnen gehörigen der Jagd unterstehenden Flächen zu. Der Wildschaden aber trifft nur einige wenige Personen, die Besitzer besonders exponirter Grundstücke, oft genug gerade die weniger wohlhabenden, die solche entlegene z. B. in den Wald eingreifende Grundstücke besitzen. Deshalb müssen wir die Anforderung stellen, daß im gleichem Verhältniß wie der Jagdnutzen auch der Wildschaden unter die Mitglieder der Jagdgenossenschaft getheilt wird, wobei dann natürlich die Jagdgenossenschaft selbst haftbar zu machen ist, oder aber anstatt ihrer einer der Jagdpächter, worauf, als zur praktischen Ausführung gehörig, hier nicht näher einzugehen ist.

Aber auch von Jagdbezirk zu Jagdbezirk ist unter Umständen ein Wildschadenersatz aus gleichem Grunde anzuerkennen, nämlich wenn das Wild, welches in dem einen Jagdbezirk den Schaden anrichtet, in dem anderen seinen ständigen Aufenthalt, seinen Standort hat. Hier ist der Besitzer jenes zweiten Jagdbezirkes — also mit anderen Worten der Großwaldbesitzer — deshalb verpflichtet, den Wildschaden zu ersetzen, der durch das in seinem Jagdbezirk stehende Wild verursacht wird, weil er allein in der Lage ist, sich dieses Wildes mit Sicherheit, nämlich durch Treibjagden zu bemächtigen, weil er auch erfahrungsmäßig den Nutzen oder doch den Hauptnutzen aus diesem Standwilde zieht. Es muß ihm natürlich der Beweis geliefert werden, einmal daß das Wild aus seinem Walde ausgetreten ist, und zweitens, daß dort derartiges Wild steht, und ein solcher Beweis kann — wie das Beispiel Frankreichs lehrt, wo man gleiche Beweise stets fordert und vielfach erbringt — in vielen Fällen sehr wohl geleistet werden. Am leichtesten und einfachsten dann, wenn, wie an so vielen Orten, überhaupt nur ein Großwaldbesitzer in Betracht kommt, wie in vielen Gegenden der Fiskus. Wenn dennoch einzelne Fälle übrig bleiben, in denen der erforderliche Beweis nicht erbracht werden kann, so kann uns das nicht hindern, die Regel anzuerkennen, die in vielen anderen Fällen günstig wirkt.

Es sind gesetzliche Regeln nöthig, um diese Grundsätze zur Anerkennung zu bringen; aus gemeinrechtlichen allgemeinen Grundsätzen läßt sich ein genügender Wildschadenersatz nicht ableiten. Insbesondere ist der Wildschadenersatzanspruch wegen übermäßiger Hegung viel zu eng begrenzt und an zu viele und zu schwer beweisbare Voraussetzungen geknüpft, um unser Postulat in irgendwie genügender Weise zu erfüllen.

Ist aber gesetzliche Regelung nöthig, so empfiehlt sich reichsgesetzliche Regelung. Einmal ist es ja eine rein privatrechtliche Frage, die mit der allgemeinen Regelung des Privatrechtes durch das allgemeine bürgerliche Gesetzbuch am besten erledigt wird. Sodann ist es eine Frage der Gerechtigkeit, eine Frage, die die Bevölkerung tief interessirt; und es ist gewiß nicht wünschenswerth, daß beispielsweise in Hannover Wildschadenersatz besteht und in dem unmittelbar angrenzenden altpreußischen Bezirk nicht. Es ist auch die Hauptgrundlage des Jagdrechtes, von Mecklenburg abgesehen, in ganz Deutschland einheitlich genug, um eine solche gemeinsame Regelung des Wildschadenersatzes zu ermöglichen. Die Verschiedenheiten, die ja sich mannigfach finden, beziehen sich auf jagdpolizeiliche oder solche Punkte, die für den Wildschaden nicht in Betracht kommen.

Es würde sich somit als ein Fortschritt empfehlen, dem bürgerlichen Gesetzbuch die Regelung der Frage zu überweisen, umsomehr als dieser Fortschritt — wie die Erfahrung gezeigt hat — für manchen Einzelstaat sehr schwer zu erlangen sein würde. Infolgedessen wurde von dem Referenten die These empfohlen:

> Als Hauptgesichtspunkt für die in das deutsche bürgerliche Gesetzbuch aufzunehmende Regelung des Wildschadens ist der Grundsatz anzuerkennen, daß diejenigen, welche an dem durch Jagdrecht und Schonzeit gesicherten Nutzen der Jagd theilnehmen, in gleichem Verhältnisse auch den durch jagbares Wild angerichteten Schaden zu tragen haben.

Es wurde sodann die Frage gestellt, ob es wünschenswerth sei, die Konsequenzen dieser These in der durch mein bisheriges Referat gekennzeichneten Weise noch in besonderen Thesen zu entwickeln. Allein entsprechend der Gewohnheit des Juristentages, sich auf Hauptgrundsätze zu beschränken, hielt man es für richtiger, sich hier mit der Aufstellung des Grundgedankens für die Regelung des Wildschadenersatzes zu begnügen.

Nachdem sich noch einige Herren in ziemlich ähnlichem Sinne wie der Referent ausgesprochen hatten, wurde von der 1. Abtheilung die verlesene These einstimmig genehmigt. (Bravo!)

Präsident: Mit dem besten Dank für den Herrn Referenten gehen wir zur Frage 2 über. Es ist die Frage über die Haftung des Arbeitgebers.

Referent ist Herr Reichsgerichtsrath Petersen.

Referent Reichsgerichtsrath **Petersen** (Leipzig): Hochgeehrte Herren! Dem 17. Juristentag war die Frage gestellt worden, wieweit der Arbeitgeber für das Verschulden seiner Arbeiter Dritten gegenüber haften solle. Die Frage wurde dahin beantwortet, daß innerhalb der obligatorischen Verhältnisse diese Haftung begründet sei. Dagegen wurde die Frage, soweit es sich um die Haftung außerhalb der obligatorischen Verhältnisse handelt, vertagt und dem 18. Juristentage überwiesen. Es ist hiernach die Frage an die 1. Abtheilung gestellt:

> Wie weit soll der Arbeitgeber für außerkontraktliches Verschulden seiner Arbeiter haften?

Bezüglich dieser Frage waren von den beiden Referenten zwei Anträge gestellt worden. Der Hauptantrag ging dahin:

Der Juristentag wolle beschließen:

> Es empfiehlt sich, die Arbeitgeber außerhalb obligatorischer Verhältnisse für den von ihren Arbeitern einem Anderen zugefügten Schaden insoweit für haftbar zu erklären, als die Be-

schädigung in Ausführung der den Arbeitern übertragenen Verrichtungen begangen worden ist.

Zu diesem Antrage will ich nur noch bemerken, daß die Worte „in Ausführung der den Arbeitern übertragenen Verrichtungen" nach der allgemeinen Auffassung den Sinn hatten, die Haftung solle nicht eintreten, wenn nur gelegentlich der Ausführung der den Arbeitern übertragenen Verrichtungen die Beschädigung erfolgte.

Als Eventualantrag für den Fall der Ablehnung dieses ersten Antrages war der Antrag gestellt worden:

Der Juristentag wolle beschließen:

Es empfiehlt sich, die Arbeitgeber außerhalb obligatorischer Verhältnisse für den durch ihre Arbeiter Anderen in Ausführung der ihnen übertragenen Verrichtungen zugefügten Schaden insoweit für haftbar zu erklären, als sie nicht nachweisen, daß sie alle erforderliche Sorgfalt angewendet haben, um einen solchen Schaden zu verhüten.

Innerhalb der Abtheilung trat nun eine Meinungsverschiedenheit insofern hervor, als darüber gestritten wurde, ob es sich mehr empfehle, den Hauptantrag oder den Eventualantrag anzunehmen. Die Gegner des Hauptantrags hatten sich dahin erklärt, daß sie es für gerechtfertigt hielten, die Beweislast, wie sie nach dem Eventualantrag dem Arbeitgeber übertragen werden soll, diesem aufzuerlegen. Es würde auch, wie in der Abtheilung ausdrücklich und ohne Widerspruch hervorgehoben wurde, im Falle der Ablehnung des ersten Antrags der zweite einstimmig angenommen worden sein. Die Meinungsverschiedenheit bezüglich des ersten Antrags erstreckte sich im wesentlichen auch nicht auf die Frage, ob das Bedürfniß nach einer weitergehenden Haftung des Arbeitsgebers, als sie nach dem gemeinen Recht besteht, gerechtfertigt sei. Dieses Bedürfniß wurde vielmehr ebenfalls von allen Seiten anerkannt. Nur ging die Mehrheit der Abtheilung von der Auffassung aus, dieses Bedürfniß werde in viel zweckmäßigerer Weise befriedigt, wenn man in der allgemeinen Weise, wie es im ersten Antrag der Referenten vorgeschlagen worden ist, den Arbeitgeber die Haftung für das Verschulden der Arbeiter übertrage, als wenn man auf dem Wege einer besonderen Gesetzgebung nur Vorkehrungen treffe für die Haftung bei den sogenannten gefährlichen Gewerben. Es wurde von Seiten der Mehrheit besonders hervorgehoben, daß eine richtige Abgrenzung der sogenanten gefährlichen Gewerbe von den anderen Gewerben in keiner Weise möglich sei und daß überhaupt der Grundsatz, daß jeder nur für eigenes Verschulden hafte, nicht durchgeführt werden könne, wenn man dem bestehenden Bedürfniß genügen wolle, daß insbesondere auch die Haftung der juristischen Personen, einschließlich des Staates für die Versehen ihrer Organe und Beamten in zutreffender Weise nur geregelt werden könne, wenn man sich entschließe, von der Beschränkung der Haftung für eigenes Verschulden ab-, und auf die vorgeschlagene Erweiterung einzugehen. Von Seiten der Minderheit war dagegen der Gesichtspunkt betont worden: es werde dem bestehenden Bedürfnisse in besserer und zweckmäßigerer Weise genügt, wenn man auf dem Wege der Spezialgesetzgebung nicht bloß die Erweiterung des jetzt bestehenden Haftpflichtgesetzes vornehme, sondern in einer neuen Gesetzgebung die Haftbarkeit bei dem Betriebe besonders gefährlicher Gewerbe in weitgehender Weise regele, im Uebrigen aber es bei den Bestimmungen des gemeinen Rechtes belasse.

Auf die weiter bei der Verhandlung vorgebrachten Punkte will ich mit Rücksicht auf die beschränkte Zeit, welche für die Plenarsitzung zur Verfügung steht, nicht eingehen. (Bravo!)

Präsident: Mit bestem Dank für den Herrn Referenten gehen wir weiter zur Frage 3.

Referent ist der Herr Geheime Justizrath Dorn (Leipzig).

Referent Geheimer Justizrath **Dorn** (Leipzig): M. H., der ersten Abtheilung war die Frage unterbreitet worden:

> In welchen Kollisionsfällen des internationalen Privatrechts ist das Recht des Wohnorts durch das vermöge der Staatsbürgerschaft eintretende Recht zu ersetzen?

Es sind 2 Gutachten eingefordert, die im Resultat und wesentlich auch in der Begründung übereinstimmend dahin gingen, die Frage in der Richtung zu beantworten, daß in den vorliegenden Fällen das Recht einzutreten habe, welches durch die Staatsangehörigkeit bedingt wird, daß unter Umständen und im Interesse des allgemeinen Verkehrs gewisse Ausnahmen gemacht werden können, aber das Princip sei: das Recht, welches durch die Staatsangehörigkeit bedingt wird, sei in solchen Kollisionsfällen das anwendbare. Es waren zwei Referenten ernannt: der Herr Kollege Jaques und meine Wenigkeit. Wir waren auch im Resultat mit dem Gutachten einverstanden, wir waren ebenso in der wesentlichen Begründung einverstanden und haben einen gemeinschaftlichen Antrag gestellt, der demnächst zur Annahme gelangt ist. Dieser Antrag schloß sich an und für sich der Fragestellung an, schob nur etwas noch ein, um anzudeuten, daß von dem Grundsatze, den wir proklamirt wissen wollten, Ausnahmen statthaft seien, Ausnahmen, die ja auch diejenigen zuzulassen geneigt sind, welche nicht das Recht, welches durch die Staatsangehörigkeit bedingt ist, in solchen Fällen zur Anwendung bringen wollen, sondern das Recht des jeweiligen Wohnsitzes der Person. Wir haben also einen Vorschlag gemacht, welcher dahin acceptirt worden ist:

In den die Rechts- und Handlungsfähigkeit, ferner die familienrechtlichen und die erbrechtlichen Verhältnisse betreffenden Kollisionsfällen des internationalen Privatrechts ist als Regel der Grundsatz aufzustellen, daß das Recht des Wohnsitzes durch das vermöge der Staatsangehörigkeit eintretende Recht zu ersetzen sei.

Die eingeschobenen Worte „als Regel" deuten an, daß wir hier nur den allgemeinen Grundsatz aufstellen, daneben aber Ausnahmen zugelassen werden, je nach dem Bedürfniß der betreffenden Staaten. Ich erinnere bloß an eine wichtige Ausnahme, die gerade in dieser Beziehung gemacht worden ist durch den Artikel 84 der deutschen Wechselordnung, wo gesagt ist:

„Die Fähigkeit eines Ausländers, wechselmäßige Verpflichtungen zu übernehmen, wird nach den Gesetzen des Staates beurtheilt, welchem derselbe angehört. Jedoch wird ein nach den Gesetzen seines Vaterlandes nicht wechselfähiger Ausländer durch Uebernahme von Wechselverbindlichkeiten im Inlande verpflichtet, insofern er nach den Gesetzen des Inlandes wechselfähig ist."

Die zusätzliche Bestimmung ist eine Konzession, die man dem Interesse des Verkehrs gemacht hat und die nach Umständen über das Gebiet des Wechselrechtes ausgedehnt werden könnte, je nach dem Bedürfniß. Das Wesentliche ist, daß die Abtheilung mit dem Grundsatze sich einverstanden erklärt hat, daß in dergleichen Kollisionsfällen das Recht entscheidet, welches durch die Staatsangehörigkeit der betreffenden in Frage stehenden Personen bedingt ist.

Ich will nur kurz andeuten die Gründe, die sowohl für die beiden Referenten als wie es scheint auch für die Abtheilung maßgebend waren. Es hat sich eigentlich nur eine Stimme oppositionell erhoben gegen den von uns vorgeschlagenen Grundsatz.

Der Kollege Rechtsanwalt Justizrath Fels seinerseits wollte stehen bleiben bei dem Grundsatz, der vielfach, namentlich in der gemeinrechtlichen Theorie angenommen ist, daß das Recht des jeweiligen Wohnsitzes entscheide, ohne Rücksicht auf die Staatsangehörigkeit. Außerdem wurde von einem Mitgliede der Abtheilung der Vorschlag gemacht, man solle eine Regelung dieser Verhältnisse im Wege von Staatsverträgen empfehlen. Es wurde jedoch der Antrag, der von Seiten der beiden Referenten gestellt war, angenommen. Mit dessen Annahme fiel der gerade entgegengesetzte Antrag des Herrn Dr. Fels. Die Gründe sind nun kurz folgende, Gründe, die, abgesehen von dem schon erwähnten Widerspruch, keinen Widerspruch erfuhren.

Es ist bekannt, daß zwei große Systeme in dieser Beziehung sich gegenüber standen. In einzelnen Ländern und Gesetzgebungen wurde das entscheidende Gewicht einzig und allein auf den Wohnsitz gelegt, den, an und für sich von besonderen Ausnahmen, jeder nach Belieben nehmen kann, eine Freiheit, die ihm sogar innerhalb gewisser Territorien garantirt ist durch das Recht der Freizügigkeit. Mit dem Wechsel des Domizils käme folgeweise in den fraglichen Kollisionsfällen das am Sitze des aktuellen Domizils geltende Recht zur Anwendung, obwohl es sich dabei um Verhältnisse handelt, welche der Willkür des Einzelnen nicht füglich überlassen werden können. Das andere System fußt darauf, daß derjenige, welcher einem gewissen Staate angehört, nach der Natur der staatsrechtlichen Verhältnisse nicht beliebig über sich verfügen kann. Er kann versuchen sich außerhalb des Landes zu begeben. Wenn der Staat ein Interesse daran hat, langt er sich den ihm Angehörigen zurück, soweit das faktisch ausführbar ist. Principiell kann der Staatsangehörige nicht entfliehen, und er kann nicht diejenigen Gesetze, die gegeben sind oder geltend sein sollen im Interesse des Schutzes dieser Personen selbst, beliebig abstreifen. Es kann z. B. derjenige, der nach den Grundsätzen der Gesetzgebung seines Landes vielleicht erst mit dem 24. oder 25. Jahre großjährig wird, dies nicht unanwendbar machen, indem er in ein Land geht, wo man mit dem 21. Jahre großjährig wird. Der Minderjährige kann sich nicht mittelbar selbst emanzipiren, indem er in ein anderes Land geht. Also gewisse Gesetze giebt es, über die das Individuum keine Macht hat und man darf ihm auch nicht mittelbar eine solche Macht einräumen, weil hier überall sowohl was die Handlungsfähigkeit, als was das Familienrecht, den Abschluß einer Ehe, das Erbrecht betrifft, Dinge in Frage kommen, die mittelbar auch den Staat oder staatliche Interessen berühren. Wenn das richtig ist, wäre es eigentlich nicht begreiflich, wie man mit der Veränderung des Wohnsitzes verbinden kann die staatsrechtliche Folge, daß gewisse Gesetze, die das Individuum nicht beliebig abändern kann, doch abgeändert und anwendbar gemacht würden auf Fälle der Kollision, wie wir sie hier im Auge haben. Deshalb wurde der proponirte Grundsatz als rationell angesehen. Sodann schien der praktische Gesichtspunkt maßgebend, daß die Gewinnung eines neuen Domizils an sich durch nichts weiter bedingt ist, als durch das Faktum, daß man an einem Orte sich ansiedelt, der nach der Absicht des Uebersiedelnden das Centrum seiner Geschäfte für die Zukunft sein soll. Es wird häufig eine ziemlich schwierige Ermittelung sein, ob die vorliegenden Umstände die Absicht, einen bleibenden Wohnsitz oder nur einen vorübergehenden Aufenthalt zu nehmen, erkennen lassen. Mit dem Wechsel der Staatsangehörigkeit ist es etwas anderes. Es gestattet die Gesetzgebung auch, daß, wenn man keine besonderen Pflichten gegen den Staat zu erfüllen hat, man seine Staatsangehörigkeit aufgiebt und eine neue erlangt. Das ist aber ein ernsthafter Akt, der an gewisse Förmlichkeiten geknüpft ist, welche in die äußere Erscheinung treten. Es ist also auch praktischer, die Staatsangehörigkeit in Rücksicht zu nehmen, als das Domizil entscheiden zu lassen. Das war der praktische Grund, der meines Erachtens allerdings mehr in den Hintergrund zu treten hat. Als Hauptgrund wurde geltend gemacht und schien von der Majorität der Abtheilung angesehen zu werden, daß es rationeller sei, um zu einem befriedigenden Resultate zu gelangen, wenn man in solchen Kollisionsfällen Rücksicht nimmt auf das Recht, welches zur Anwendung kommen muß nach den Grundsätzen der Staatsangehörigkeit.

Präsident: Mit Dank für unsern Herrn Referenten bemerke ich, daß Frage 4 nicht zur speziellen Erörterung gekommen ist. Für Frage 5, Strafandrohung gegen den Gründungsschwindel, und Frage 6 über den Kontokorrentverkehr wird Herr Justizrath Makower die Güte haben, die Berichterstattung zu übernehmen und Frage 6 damit verbinden.

Referent Justizrath **Makower**: M. H.! Gestatten Sie mir, daß ich die Frage 6 als die einfachere vorweg nehme.

Der Beschluß der Abtheilung II. über die Frage:

> Sind im deutschen bürgerlichen Gesetzbuche Grundsätze über den Kontokorrentverkehr aufzunehmen,

geht dahin:

> Es empfiehlt sich nicht, gesetzlich Grundsätze über den Kontokorrentverkehr aufzustellen.

Dieser Beschluß hat den Sinn, daß es nach der Meinung der Abtheilung nicht rathsam ist, mehrere Grundsätze, als wir bereits haben, in ein künftiges H.-G.-B. aufzunehmen.

Der Referent schloß sich dem Gutachten des Herrn Dr. Rießer wesentlich an. Es wurde hervorgehoben, daß Wissenschaft und Rechtsprechung über den Begriff des Kontokorrentvertrages und die wesentlichen daraus herzuleitenden Konsequenzen einig seien, wenngleich über die beste Fassung der Definition noch gestritten werde. Es sei aber nicht rathsam, daß der Gesetzgeber eine Definition festlege. Bei der Berathung könne man von der Definition ausgehen, welche Herr Dr. Rießer im Anschluß an die des holländischen Gelehrten Levy in dessen Buche über den Kontokorrentvertrag gebe, und welche dahin lautet:

> Der Kontokorrentvertrag ist ein Vertrag, welcher auf gegenseitige Kreditgewährung mit der Maßgabe gerichtet ist, daß erst die durch periodischen Rechnungsabschluß zu ermittelnde Differenz

zwischen der ganzen Debet- und Kreditmasse feststellen soll, wer Gläubiger und wer Schuldner ist.

Die Konsequenzen, welche sich aus dem Begriffe ergeben, seien in der Hauptsache unstreitig. Bestehe das Wesen des Vertrages darin, daß die mehreren in einer bestimmten Periode wechselseitig gemachten Leistungen nicht als für sich bestehende, sondern nur als Faktoren der künftigen Abrechnung zu behandeln seien, so ergebe sich daraus

der Ausschluß der Kompensation bis zum Abschluße der Rechnung,

der Ausschluß der Grundsätze über Anrechnung von Zahlungen,

die Unmöglichkeit, einzelne Posten geltend zu machen und in Folge dessen die Unmöglichkeit, sie zum Gegenstande eines Arrestes oder einer Zwangsvollstreckung zu machen,

endlich der Ausschluß der Verjährung bis zum Abschlusse der Rechnung.

Einige Kontroversen seien freilich vorhanden, namentlich ob trotzdem einzelne Wechselforderungen u. dergl. schon vor dem Ablauf der Rechnungsperiode einklagbar sind, und ob Pfänder und Sicherheiten, die für einzelne Forderungen bestellt sind, durch Feststellung des Saldos verloren gehen und in den geeigneten Fällen etwa nur noch das kaufmännische Retentionsrecht an denselben für den Betrag des Saldos bestehen bleibe.

Man war jedoch der Ansicht, daß über diese Kontroversen, welche schon Gegenstand höchstrichterlicher Beurtheilung geworden sind, besser eine gesetzgeberische Entscheidung unterbleibe.

Im Uebrigen wurde der Ansicht des Herrn Gutachters beigetreten, daß eine große Zahl von Fragen, welche bei der Erörterung des Kontokorrentvertrages in der Literatur angeregt sind, bei ganz anderen Materien, namentlich in der Lehre vom Anerkennungsvertrage und der Anfechtung anerkannter Decharge, zu regeln seien. Alle diese anderen Materien liegen uns noch nicht vor, so daß nicht zu übersehen ist, ob mit Rücksicht auf diese etwa noch besonderes für den Kontokorrentvertrag aufzunehmen sein dürfte. Von unserer Seite wurde gewünscht, daß, da das ganze Institut sich ohne positive Gesetzesbestimmungen entwickelt habe und die Fortgestaltung noch nicht abgeschlossen sei, möglichst wenig den sich bildenden Handelsgebräuchen durch gesetzliche Feststellungen Einhalt gethan werde. Aus diesem Grunde, meine Herren, erklärt sich das Votum der Abtheilung.

Ich komme nun zum zweiten Gegenstande, mit welchem die Abtheilung sich beschäftigt hat.

Nachdem der Juristentag die Frage, ob Differenzgeschäfte zu verbieten oder zu beschränken seien, und sodann die Befürwortung einer Börsenordnung mit straffer Disziplinargewalt abgelehnt hatte, schlug Herr

Dr. Heinsen auf dem vorigen Juristentage eine Resolution vor, in welcher der Erlaß strafgesetzlicher Bestimmungen für vier Fälle empfohlen wurde.

Ein Gutachten des Herrn Dr. Felix Hecht sprach sich gegen diese Vorschläge aus; Herr Dr. Heinsen modificirte seine Anträge in etwas, so daß sie schließlich der Abtheilung in folgender Fassung unterbreitet wurden.

Der Juristentag empfiehlt:

Mit Strafe und eventuell mit dem Verlust der bürgerlichen Ehrenrechte ist gesetzlich zu bedrohen:

1. wer in öffentlichen Bekanntmachungen wissentlich falsche Thatsachen vorspiegelt oder wahre Thatsachen entstellt, um zur Betheiligung an einem Anlehen zu bestimmen.

   Ist die öffentliche Bekanntmachung im Inseratentheil einer periodischen Druckschrift erfolgt, so findet § 20 Nr. 2 des Gesetzes über die Presse vom 7. Mai 1874 keine Anwendung;

2. wer in betrügerischer Absicht auf Täuschung berechnete Mittel anwendet, um auf den Cours von Effekten oder den Marktpreis von Waaren einzuwirken;

3. wer für Personen oder mit Personen, welche in Handelsgeschäften öffentlich oder von Privaten angestellt sind, in Kenntniß dieser ihrer Eigenschaft ohne Vorwissen ihrer Vorgesetzten oder Prinzipale Zeitkaufgeschäfte abschließt;

4. wer unter Ausbeutung des Leichtsinns oder der Unerfahrenheit eines Anderen für denselben oder mit demselben wissentlich Spekulationszwecken dienende Zeitkaufgeschäfte abschließt.

Die Abtheilung II. hat nach langer Debatte alle diese Anträge abgelehnt und da mir nur die Mittheilung zur Kenntnißnahme übertragen ist, so muß ich wegen des Näheren auf den Inhalt der Verhandluugen, welche durch den Druck publizirt werden, verweisen und kann hier nur die Hauptpunkte berühren.

Von den vier vorgeschlagenen Bestimmungen enthalten die beiden ersten lediglich eine Ausdehnung der durch die Aktiennovelle (Art. 249 d Ziff. 1 und 2) geschaffenen Strafbestimmungen. Nach dieser soll mit Gefängniß bis zu einem Jahre und zugleich mit Geldstrafe bis zu zehntausend Mark event. auch mit Verlust der bürgerlichen Ehrenrechte bestraft werden,

1. wer in öffentlichen Bekanntmachungen wissentlich falsche Thatsachen vorspiegelt oder wahre Thatsachen entstellt, um zur Betheiligung an einem Aktienunternehmen zu bestimmen.

Antrag 1 des Herrn Dr. Heinsen will die Strafe auf denjenigen ausdehnen, welcher in gleicher Weise verfährt um zur Betheiligung an einem Anlehen zu bestimmen.

Die Aktiennovelle droht ferner die gleiche Strafe demjenigen an,

2. welcher in betrügerischer Absicht auf Täuschung berechnete Mittel anwendet, um auf den Cours von Aktien einzuwirken.

Antrag 2 des Herrn Dr. Heinsen will die Strafe auf denjenigen ausdehnen, welcher in gleicher Weise verfährt, um auf den Cours von Effekten oder den Marktpreis von Waaren einzuwirken.

Der Herr Antragsteller hebt hervor, daß die erstere Bestimmung nicht unter Strafe stelle die Unterdrückung wahrer Thatsachen, auch nicht Meinungsäußerungen, wohl aber die wissentliche Anführung falscher Thatsachen und die Entstellung wahrer Thatsachen, um zur Betheiligung an einem Anlehen anzuregen, gleichviel ob ein Irrthum wirklich erregt und ob irgend ein Schaden entstanden ist, also das subjective Verhalten desjenigen, welcher die öffentliche Bekanntmachung erläßt, wobei es darauf nicht ankomme, ob eine gewinnsüchtige Absicht oder die Absicht auf Zufügung einer Vermögensbeschädigung vorhanden sei. Es handle sich also um ein Gesetz, welches in die Kategorie der auf Verhütung von Beschädigungen abzielenden sogenannten Polizeigesetze gehöre. Dergleichen Gesetze gäbe es mehrere und die Aktiennovelle habe die Emission von Anleihen nur deshalb nicht mitgetroffen, weil sie sich nur mit der Emission von Aktien zu befassen hatte. Eine analoge Behandlung rechtfertige sich, wenngleich die Fälle nicht ganz gleich lägen und die Gefährlichkeit nicht gleich groß sei; dort werden ungemessene Dividenden hier fest bestimmte Zinsen in Aussicht gestellt, was einen geringeren Anreiz enthält; getäuschte Aktionäre büßten das Kapital ein, getäuschte Obligationäre hätten doch in dem Vermögen der Emittenten, namentlich in dem Grundkapital der Aktionäre noch eine Deckung.

In der Abtheilung wurde im Wesentlichen geltend gemacht: Schon die gedachte Bestimmung der Aktiennovelle sei bedenklich; sie habe neben dem Betruge und dem Versuche des Betruges ein neues Delikt geschaffen, bestehend in der bewußten Verletzung der Wahrheit in einem Falle, in welchem die Unwahrheit erheblichen Nachtheil bringen könne. Dies Gesetz sei innerlich unvollkommen, denn es werde für die Prospekte (um die es sich hier wesentlich handelt) weder die Mittheilung aller relevanten Thatsachen gefordert, noch werde die Unterdrückung wesentlicher Thatsachen bestraft. Bei dieser Sachlage werde doch keine Garantie dafür geschaffen, daß die Prospekte ein zutreffendes Bild gäben und nur hierauf komme es an. Höchstens werde die Bestimmung bewirken, daß die Prospekte vorsichtiger redigirt würden, nicht aber würden damit der Sachlage entsprechende Prospekte erzielt. Jenes Spezialgesetz habe noch keine Zeit gehabt sich zu bewähren, und deshalb sei von seiner Ausdehnung mindestens zur Zeit abzurathen. Wäre dessen Grundgedanke aber richtig, die Wahrheitsverletzung bei Vertragsanerbieten kriminalrechtlich zu bestrafen, so müßte dies viel allgemeiner geschehen. Es sei aber nicht erforderlich mit Strafbestimmungen vorzugehen, weil großen Uebelständen künftig dadurch vorgebeugt werde, daß auf den Börsen der größten deutschen Emissionsplätze (Berlin und Frankfurt a. M.) sachverständige Kommissionen eingesetzt wären, welchen die Prospekte vor der Veröffentlichung zur Prüfung, Berichtigung und Ergänzung vorgelegt werden müßten, ehe der Handel in den betreffenden Papieren zugelassen würde. Diese sehr eingehende Prüfung durch erfahrene Kaufleute biete eine bessere Garantie, als die durch Strafgesetz gesicherte Angabe einiger wahren Thatsachen, und wenn die Einrichtung auch nur an den großen Emissionsplätzen bestehe, so sei zwar nicht für alle Prospekte, aber doch für die bedeutenderen und wichtigeren Fälle gesorgt. Uebrigens müsse doch dem Einzelnen, der sich an einer Anleihe betheiligen wolle, in allen Fällen überlassen werden, sich vorzusehen.

Der zweite Vorschlag des Dr. Heinsen, denjenigen zu bestrafen, welcher in betrügerischer Absicht auf Täuschung berechnete Mittel anwendet, um auf den Cours von Effekten oder den Marktpreis von Waaren einzuwirken, will die betreffende Bestimmung der Aktiennovelle der strafbaren Einwirkung auf den Cours der Aktien auf die verwerfliche Einwirkung auf den Cours von Effekten oder den Marktpreis von Waaren ausdehnen. Es sollen hiermit im Wesentlichen Scheinkaufsgeschäfte und die Verbreitung falscher Nachrichten zur Einwirkung auf den Cours verhindert werden; der Betrugsparagraph reiche auch hier nicht aus, weil der Schade und der Beschädigte oder der Causalnexus schwer oder gar nicht nachweisbar seien.

Wenngleich die Abtheilung diese Handlungen mit den Gesetzesmotiven zu den häßlichsten Auswüchsen des Börsenverkehrs rechnete, so glaubte sie doch, daß theils, wie die Erfahrung gelehrt habe, schon der Betrugsparagraph eine Handhabe gewähre, theils eine energische Handhabung der Börsendisziplin erheblich helfen könne, daß ferner die Dehnbarkeit der Bestimmung, welche sich nicht einmal darauf beschränkt, eine beabsichtigte Einwirkung auf die Cours**notiz** zu bestrafen, große Gefahren in sich birgt, und endlich daß die Bestimmung um deshalb wirkungslos sein werde, weil die Einwirkung auf den Cours auch durch loyale Mittel (z. B. wiederholte An- und Verkäufe kleinerer Beträge oder von mehreren Personen) ziemlich leicht bewirkt werden könne. Aus diesen Gründen lehnte die Abtheilung auch die zweite Resolution des Herrn Dr. Heinsen ab.

Der dritte Vorschlag desselben ging dahin:

> Es solle bestraft werden, wer für Personen oder mit Personen, welche in Handelsgeschäften öffentlich oder von Privatpersonen angestellt sind, in Kenntniß dieser ihrer Eigenschaft ohne Vorwissen ihrer Vorgesetzten oder Prinzipale Zeitkaufgeschäfte abschließt.

Herr Dr. Heinsen deklarirte die Absicht seines Antrages dahin, derselbe wolle nicht unmittelbar die Prinzipale gegen die Beschädigungen durch ihre Angestellten, wenn diese durch Börsenspiel sich ruinirt hätten, schützen, denn die Prinzipale müßten sich selbst vorsehen, vielmehr beabsichtige er zunächst den Schutz der in Handelsunternehmungen angestellten Personen selbst.

Der Herr Antragsteller fand eine Analogie für diese Bestimmung in dem Schutze, welchen der Staat Unerfahrenen, Minderjährigen und in Noth befindlichen Personen gewähre, und fand die Gefahr in dem Abschluß von Zeitkaufgeschäften ohne Wissen der Prinzipale.

Die vorhandenen Uebelstände wurden nicht verkannt, aber trotzdem lehnte die Abtheilung den Vorschlag ab. Man machte geltend: Wenn es auch unanständig sei, wenn ein Handlungshaus mit den Angestellten eines Anderen Zeitkaufgeschäfte macht, so träfen doch die Erwägungen, welche den Schutz Minderjähriger, Unerfahrener und Nothleidender rechtfertigen, hier nur in den seltensten Fällen zu; an einigen Börsen hätten bereits nahmhafte Handlungshäuser bekannt gemacht, daß sie mit solchen keine Geschäfte machen würden, welche mit Angestellten Zeitkaufgeschäfte abschließen würden. Es wurde ferner hervorgehoben, die angedrohte Strafe treffe den Unrichtigen; wolle man strafen, dann müßten die Angeklagten, nicht aber ihre Mitkontrahenten gestraft werden. Endlich wurde bemerkt, jede Kriminalstrafe, auch die geringste Gefängnißstrafe, richte den bestraften Kaufmann zu Grunde. Dies stehe doch außer allem Verhältniß zu der Versündigung gegen den Anstand, welche darin liege, daß er mit dem Angestellten eines anderen Hauses ein Zeitkaufgeschäft oder mehrere abgeschlossen habe.

Der vierte Vorschlag des Herrn Dr. Heinsen ging dahin:

> Denjenigen mit Strafe zu bedrohen, welcher unter Ausbeutung des Leichtsinns oder der Unerfahrenheit eines Anderen für denselben oder mit demselben wissentlich Spekulationszwecken dienende Zeitkaufgeschäfte abschließt.

Mit dieser Bestimmung wollte der Herr Antragsteller solche Personen schützen, welche ganz außerhalb des Börsenverkehrs stehen (Detaillisten, Handwerker, Militärs, Beamte, Pensionärs u. dergl.), welche von kleinen Banquiers und Kommissionären in die Spekulation verwickelt, und meistentheils zu Grunde gerichtet würden. Nicht die Verleitung zu einem Zeitkaufgeschäfte an sich, sondern nur die Verführung zur Spekulation sollte strafbar sein.

Indeß auch dieser Vorschlag fand in der Abtheilung keinen Anklang, weil man befürchtete, daß hierdurch jedes Zeitkaufgeschäft außerhalb der Börse mit großen Gefahren verknüpft werden würde, daß bei glücklichem Erfolge der Spekulation die betreffenden Personen den Gewinn nehmen, bei unglücklichem Erfolge sich ihren Verpflichtungen entziehen und mit Erpressungen an der Hand einer solchen Strafbestimmung vorgehen würden, und endlich, daß der Handel überhaupt gelähmt werde, wenn er gar zu viel durch strafrechtliche Bestimmungen eingeengt würde.

Das Resultat der Berathung in der Abtheilung war also die Ablehnung aller 4 Vorschläge. (Bravo!)

Präsident: M. H.! Wir kommen zur Frage 7, die Frage der Handelsmakler betreffend. Referent Herr Rechtsanwalt Dr. Heinsen.

Referent Rechtsanwalt Dr. **Heinsen** (Hamburg): M. H.! Ueber die Frage 7:

> Empfiehlt es sich, die Vorschrift des Allgemeinen Handelsgesetzbuchs, daß die Handelsmakler keine Handelsgeschäfte auf eigene Rechnung machen sollen, zu beseitigen oder abzuändern? Und welche Vorsichtsmaßregeln sind eventuell zu bestimmen, um die Stellung der Handelsmakler zu wahren?

liegt ein Gutachten des Herrn Professors Grünhut in Wien vor, in welchem er in erster Linie empfiehlt, das Institut der beeidigten Handelsmakler überhaupt zu beseitigen. Für den Fall aber, daß man sich für die Beibehaltung dieses Instituts erkläre, ist er der Meinung, daß auch die Kautelen, welche das Handelsgesetzbuch durch die den Maklern auferlegten Verpflichtungen geschaffen habe, beibehalten werden müßten und namentlich auch das Verbot von Geschäften für eigene Rechnung, weil nur dadurch die zu verlangende Neutralität und Unparteilichkeit des Maklers gesichert werde.

Dem gegenüber hat der Referent, Kreisgerichtsdirektor Beisert in Berlin, die Ihnen gedruckt zugegangenen und bekannten Anträge gestellt. Er unterscheidet zwischen Geschäften in Objekten, bei denen mehr die individuelle Beschaffenheit in Betracht kommt, z. B. Grundstücke und Hypotheken, und Geschäften in anderen Objekten, diejenigen, die hauptsächlich Gegenstand des Börsenverkehrs sind. Bezüglich der ersteren erklärte der Herr Referent sich für Beseitigung des Instituts der beeidigten Makler, weil bei diesen eine Feststellung von Marktpreisen nicht in Frage komme und eine Ueberwachung doch nicht ausführbar sei. Bei den anderen eigentlichen Börsengeschäften dagegen erachtet er das Institut der beeidigten Makler für erforderlich, weil nur durch diese eine amtlich genügende Gewähr der Richtigkeit der Coursnotiz geschaffen werde. Einen Ersatz hierfür zu schaffen durch Vertrauensmänner, welche aus der Zahl der unbeeideten Vermittler erwählt würden, hielt er für unthunlich. Es würde damit nur wegfallen die Garantie, welche durch die Beeidigung und die Unterstellung unter eine Disziplinarbehörde geboten sei bei den beeidigten Maklern; denn dieselben Personen würden in dem einen wie anderen Falle gewählt werden. Das Resultat könne nur sein, daß an Stelle der amtlichen, glaubhaften Coursmakler ein Privatmakler trete, welcher dem Mißtrauen des Publikums begegnen werde. Allerdings, meinte er, sei das Verbot für die Makler, sich verbindlich zu machen für die von ihnen vermittelten Geschäfte, und Bürgschaften für dieselben zu leisten, nicht aufrecht zu erhalten. Der Makler müsse seinem Auftraggeber gegenüber sich verbindlich machen, daß er das Geschäft auch wirklich ausführen werde, und für den Fall, daß er es nicht könne, stehe er dafür persönlich ein. Ebenso sei es nothwendig, daß man Schlußnoten zulasse, wie das jetzt bereits vielfach üblich sei, die ertheilt würden ohne Namennennung des Kontrahenten, und auch in diesem Falle habe der Makler zu haften an Stelle des unbekannten Kontrahenten. Eine Freigebung des Geschäfts für eigene Rechnung würde aber den Makler zu Spekulationen verleiten, und Pflichtverletzungen bezüglich der Coursnotirung herbeiführen. Eine Neutralität des Maklers sei hierdurch, soweit es für die Coursnotirung erforderlich sei, in genügender Weise gewahrt.

Aus diesen Gründen gelangte der Referent zu den von ihm gestellten Anträgen.

Dem gegenüber wurde geltend gemacht, die Auslassungen des Referenten bezögen sich wesentlich nur auf das Fondsgeschäft und zwar speziell auf dasjenige der Berliner Börse; aber auch abgesehen hiervon beruhten seine Ausführungen principiell auf einer irrigen Grundlage. Der Makler sei Vermittler von Geschäften, und wenn man ihn weiter zur Coursnotirung benutze, so sei das doch etwas nur Hinzukommendes, nicht etwas im Begriff des Maklers Liegendes, es sei die Funktion eines Sachverständigen, und Sachverständige könne man auch finden ganz abgesehen von der Maklerqualität. Man habe daher die Frage ganz ohne Rücksicht auf die Coursnotirung zu beantworten; dann aber werde man sich dafür entscheiden müssen, daß die Verpflichtungen, welche das Handelsgesetzbuch den Maklern auferlegt, speziell diejenige, keine Geschäfte für eigene Rechnung zu machen, beseitigt werden müßten und dadurch die freie Bewegung des Vermittlers hergestellt werden müßte. Schon auf dem 7. Juristentage sei dargelegt und allgemein anerkannt worden, einmal, daß die beeidigten, den durch das Handelsgesetzbuch vorgeschriebenen Pflichten unterworfenen Makler weniger geeignet seien, als Geschäftsvermittler zu dienen, als die an der freien Bewegung in keiner Weise behinderten Unterhändler. Der Handelsstand bediene sich vorzugsweise dieser letzteren für seine Geschäfte. Beispielsweise wurde verwiesen auf Hamburg, wo sofort nach Einführung des Handelsgesetzbuchs alle bedeutenden Makler ihren Maklerstock, das Zeichen ihrer amtlichen Qualität, zurückgegeben und freie Unterhändler geworden seien, und demnächst dann auch einige Monate später das Institut der beeidigten Makler überhaupt aufgehoben sei.

Zweitens würden da, wo beeidigte Makler beibehalten wurden, die Verpflichtungen, welche Art. 69 Nr. 1 des Handelsgesetzbuchs ihnen auferlegte, vielfach verletzt und umgangen. Das sei allgemein anerkannt; es sei auch jetzt wiederum in den Gutachten anerkannt, wie auch damals in dem Antrag des Stadtgerichtsraths Borchardt aus Berlin, der dahin ging, den Art. 69 Nr. 1 aufzuheben.

Die Ausstellung von Schlußnoten ohne Nennung der Kontrahenten, welche vom Referenten selbst als vielfach gebräuchlich und zulässig zugegeben sei, mache es auch unmöglich, irgend eine Kontrole auszuüben, ob die Makler für eigene Rechnung Geschäfte machen oder nicht.

Wenn nun der Referent sogar gestatten wolle, daß die Makler sich verbindlich machen können für die von ihnen vermittelten Geschäfte und daß sie sich sollten verpflichten können für ungenannte Kontrahenten, so würde dadurch nur ein neuer bequemer Weg eröffnet, um Geschäfte für eigene Rechnung zu machen. Ja es würde häufig sogar die, wenn auch nicht beabsichtigte, so doch nothwendige Folge sein, daß ein Geschäft vom Makler für eigene Rechnung gemacht würde, z. B. wenn er nicht, wie er gehofft hatte, einen Gegenkontrahenten finden konnte; er hat sich für das Geschäft verpflichtet, es bleibt ihm also nichts anderes übrig, als nunmehr das Geschäft als ein für eigene Rechnung gemachtes gelten zu lassen.

Zudem lege das Handelsgesetzbuch dem beeidigten Vermittler noch andere Pflichten auf, die ihn behinderten und zur Geschäftsvermittelung weniger geeignet machten, als den freien Unterhändler.

Abgesehen von diesem principalen Standpunkte wurde dann hervorgehoben, es sei dem Referenten auch nicht zuzugeben, daß eine allen Anforderungen entsprechende Coursnotirung durch andere Personen als die beeidigten Makler nicht zu erreichen sei. Das Verfahren an vielen Orten, z. B. wieder in Hamburg, beweise das Gegentheil. Diejenigen, welche das allgemeine Vertrauen zu dem Ehrenamte, bei der Coursnotirung mitzuwirken, berufe, würden durch die größte Gewissenhaftigkeit dem ihnen entgegengebrachten Vertrauen entsprechen. Das Gegentheil würde sie dem Verluste ihrer geschäftlichen Stellung aussetzen und die Oeffentlichkeit würde die beste Kontrole sein. Dadurch würde eine größere Gewähr erreicht, als Eid und Disziplinarvorschriften und Strafen zu bieten vermöchten. Auch würden auf diesem Wege gerade diejenigen herangezogen werden können, mit zur Coursnotirung mitzuwirken, die das Hauptgeschäft als unbeeidigte Vermittler in Händen hätten und die größte Kenntniß infolgedessen besäßen, wie das in gleicher Weise bei der Beschränkung auf beeidigte Makler nicht erreicht werden könne.

Aus diesen Gründen wurde dann der Antrag gestellt:

> Der Juristentag spricht wiederholt seine Ueberzeugung dahin aus, daß überwiegende Gründe für die Aufhebung des Instituts der beeidigten Handelsmakler sprechen.

Unterstützt wurde dieser Antrag von einer anderen Seite noch durch den Hinweis auf die geschichtliche Entwickelung des Instituts der Makler, unter Hervorhebung, daß, nachdem die Privilegien der beeidigten Makler, namentlich die Ausschließlichkeit der Geschäftsvermittelung, für sie gefallen seien, nunmehr auch die Verpflichtungen, die ihnen auferlegt wurden, die das Korrelat dazu bildeten, beseitigt werden müßten. Es wurde ferner dem Referenten gegenüber speziell geltend gemacht, daß, wenn man bei Geschäften in Objecten individueller Natur, wie bei Grundstücken, wo die Kontrole der Oeffentlichkeit fehle, ohne beeidigte Makler auskommen könne, dies umsomehr der Fall sein müßte im Börsenverkehr, wo die Kontrole durch die Oeffentlichkeit ausgeübt werde.

Der gedachte Antrag wurde von der 2. Abtheilung zum Beschluß erhoben. Damit waren die Anträge des Referenten erledigt, und so auch verschiedene Anträge, die gestellt waren, und theils eine Modification der Anträge des Referenten bezweckten, theils eine Beibehaltung des bisherigen gesetzlichen Zustandes verlangten, theils nur eine eventuelle Berücksichtigung beanspruchten.

Präsident: Zu Frage 8 hat Herr Professor Dr. Cosack (Berlin) das Referat übernommen.

Referent Professor Dr. **Cosack** (Berlin): Die 2. Abtheilung des Juristentages hat den Grundsatz aufgestellt, daß

> eine Beschränkung der Haftung der Mitglieder eingetragener Genossenschaften nicht zu empfehlen sei;

natürlich in dem Sinne, daß sie nicht nur nicht zu empfehlen sei als absolute Norm, sondern, daß sie nicht einmal fakultativ neben einer unbeschränkten Haftung sämmtlicher Mitglieder zuzulassen sei.

Ich bemerke im voraus, daß Majorität und Minorität über die Frage in zwei Punkten miteinander übereinstimmte, zunächst darin, daß die Frage, wennschon sie ja das allgemeine Interesse nicht entfernt so in Anspruch nimmt wie die brennende Frage Nr. 9, zu der demnächst überzugehen sein wird, trotzdem momentan ein hohes Interesse deshalb verdient, weil gerade gegenwärtig seitens der Reichsregierung ein Gesetzentwurf vorbereitet wird, welcher sich mit der Frage beschäftigt und sich im entgegengesetzten Sinne ausspricht, als in welchem sich die 2. Abtheilung des Juristentages ausgesprochen hat. Die Majorität und Minorität war wieder darin einverstanden, daß gewisse Garantieen zweifellos zu bieten seien, wenn die Frage im entgegengesetzten Sinne zu beantworten, nämlich eine limitirte Haftung der Mitglieder eingetragener Genossenschaften zuzulassen sei. Es hat sich indessen die Minorität speziell über die Garantien nicht ausgesprochen, so daß diese Frage zunächst offen gelassen wurde.

Ich bemerke weiter, m. H., daß die Majorität keine große war, mit der die 2. Abtheilung die Frage in dem Sinne beantwortet, wie es hier geschehen ist. Es waren 14 gegen 11 Stimmen. Indessen die herrschende Strömung, wie sie gerade auch durch den Gesetzentwurf, welchen die Reichsregierung vorbereitet, ausgesprochen ist, ist so sehr im Sinne der Zulassung einer beschränkten Haftung, daß selbst auf dem umgekehrten Wege, wenn das Stimmenverhältniß statt 14 : 11 11 : 14 gewesen wäre, solche ansehnliche Minorität der Abtheilung des Juristentages eine gewisse Bedeutung verdient hätte; um so wichtiger ist es, daß es nun die Majorität der Abtheilung ist, — wenn schon eine kleine Majorität — welche sich der herrschenden Meinung entgegenstellt.

Ich komme nun zu den einzelnen Gründen, die seitens der Minorität bezw. Majorität geltend gemacht worden sind, und fange zunächst mit demjenigen an, welcher selbstverständlich der wichtigste ist. Die Minorität sagte: es wäre eine Kalamität ohne gleichen, daß nach dem heutigen System der eingetragenen Genossenschaften, nach welchem bekanntlich jedes Mitglied der Genossenschaft unbeschränkt mit seinem gesammten Vermögen für jede einzelne Schuld der Genossenschaft haftet, — es wäre eine unbeschreibliche Kalamität, die über ganze Städte, über ein ganzes Land kommen kann, wenn eine Genossenschaft zusammenfällt, die einen großen Kreditverkehr hat, die viele Schulden kontrahirt hat, vielleicht durch Veruntreuungen der Vorstandsmitglieder, irgend welcher Angestellter, für die nun jedes Mitglied, das wohlhabende natürlich in erster Reihe, mit seinem gesammten Vermögen einstehen muß. Die Erfahrung hat bestätigt, daß diese Kalamität thatsächlich eingetreten und von den Betheiligten äußerst schwer empfunden worden ist. Die Minorität sagt: dem müßte abgeholfen werden; es sei das absolut unerträglich. Wie kann dem aber anders abgeholfen werden als dadurch, daß die unbeschränkte Haftung der einzelnen Mitglieder aufgehoben wird? Jeder einzelne Genosse muß bestimmen können, bis zu welchem Betrage er äußersten Falles für die Schulden der Genossenschaft haftet, es muß mit einem Wort neben der unbeschränkten Haftung der Betheiligten die limitirte Haftung für zulässig erklärt werden.

Dem gegenüber wurde nun seitens der Majorität geltend gemacht: Zunächst einmal der Hauptübelstand, welcher zu den Konkursen, den vielfachen schlechten Resultaten der Genossenschaften geführt hat, liegt ja selbstverständlich in der schlechten Geschäftsführung der einzelnen Genossenschaft, nicht aber im System, welches juristisch derselben zu Grunde liegt. Man muß zunächst an das wirthschaftliche System der einzelnen Genossenschaft denken und sich die Frage vorlegen: wie ist dem beizukommen, wie kann man den Versuch machen, eine solidere Geschäftsführung, eine genauere Geschäftskontrole herzustellen. Die Majorität sagt, dies kann man gewiß nicht dadurch, daß man die Haftpflicht der einzelnen Genossen mindert, daß man dadurch die Aufmerksamkeit und das Gefühl der Verantwortlichkeit der einzelnen Mitglieder herabsetzt, sondern indem man, da man eine Verstärkung des gegenwärtigen Systems allerdings nicht herbeiführen kann, wenigstens an dem gegenwärtigen System festhält, bei dem jeder einzelne Genosse bluten muß, wenn er seine Aufmerksamkeit auf die Geschäftsführung, wenn er den Grundsatz der strengsten Solidität vernachlässigt und es mit verschuldet, wenn das Geschäft insolvent wird und in Konkurs geräth. Ferner — die Majorität — fragt, bringt denn der Rechtssatz, welcher die limitirte Haftung der Genossen herbeiführt, wirklich die Konkurse der Genossenschaften und speziell die damit verbundene Kalamität aus der Welt? Das kann ein Rechtssatz überhaupt nicht. Wenn Veruntreuungen vorkommen, wenn die Gesellschaft schlecht operirt, ist die Kalamität da und einer muß sie tragen und es fragt sich nur, w e r muß sie tragen und das ganze neue Gesetz will nichts, als diese Kalamität von einer Person auf eine andere übertragen, es will sie übertragen von den Genossen auf die Gläubiger. Ist nun aber der Wechsel in der Person dessen, der die Folgen des Konkurses tragen soll, wünschenswerth? Wird dadurch die Kalamität nicht schließlich noch größer, weil der Kreis der Genossenschaftsgläubiger noch größer ist als der der Mitglieder? weil die Gläubiger — im Gegensatz zu den Mitgliedern — nicht die geringste Möglichkeit haben, einen Einfluß auf die Geschäftsführung der Genossenschaft auszuüben? sie können sich an den Vorstandswahlen nicht betheiligen, können nichts kontroliren, in den Generalversammlungen nicht mitstimmen, während die Genossen schließlich nicht zu beklagen sind, wenn sie bei dem Gesellschaftskonkurs die größte Einbuße leiden, da sie ja in der Lage waren, durch größere Aufmerksamkeit, die Betheiligung an den Generalversammlungen, eine Kontrole zu üben und das Unheil zu vermeiden. Die Gläubiger können allerdings auch, indem sie vorsichtiger bei Erwählung der Personen und Gesellschaften sind, denen sie Kredit gewähren, jenes Unheil von sich abwenden; sie brauchen einfach den Geschäften, die schlecht verwaltet werden, ihr Geld nicht zu geben. Indeß wollen Sie bedenken, daß der Kreis der Personen, die gerade den Genossenschaften Kredit gewähren, meist aus „kleinen Leuten" besteht, die keine Ahnung haben, wie sie die Kreditbasis einer großen Gesellschaft prüfen sollen, ob die Bilanz richtig aufgestellt ist u. s. w. — Zweitens sagte die Minorität, es wäre doch die herrschende Strömung zweifellos darauf gerichtet, die limitirte Haft zuzulassen; die Thatsache dieser Strömung verdiene Respekt und beweise, daß das Bedürfniß für die Zulassung limitirter Haft vorhanden sei. Die Majorität sagte darauf: Die Strömung ist zweifellos da, trotzdem beweist sie nichts, weil in dieser Frage ja stets zwei verschiedene Interessenkreise in Frage kommen, die Genossenschaft für sich genommen und die kreditgewährenden Gläubiger. Nun da ist es klar, daß das bloße Rufen nach Interessenschutz allein nichts beweist, die stärkeren Rufe auch nichts; denn es ist naturgemäß, daß die Genossenschaff an sich die stärkere Stimme hat. Die Gläubiger sind nicht in gleicher Lage, es sind einzelne Personen, die, solange sie keine bösen Erfahrungen gemacht haben, kein Interesse daran finden, gegen die herrschende Strömung anzugehen. Die große Agitation, die getrieben wird, beweist, daß gewisse einseitige Interessen vorhanden sind, aber nicht beweist sie, daß nicht noch andere entgegengesetzte Interessen da sind, die in gleichem oder gar höherem Maß schätzenswerth sind. Drittens wies die Minorität darauf hin, daß auswärtige Gesetzgebungen gleichfalls die limitirte Haft eingeführt hätten und behauptete, daß die Erfahrungen keine schlechten gewesen seien, im Gegentheil, daß die Genossenschaften mit limitirter Haft florirten — in Oesterreich namentlich — und der Zahl nach stärker zunehmen, als die Genossenschaften mit unbeschränkter Haft. Darauf wies die Majorität speziell in Bezug auf Oesterreich darauf hin, daß die Erfahrungen gerade das Gegentheil bewiesen; der Zahl nach wachsen die Genossenschaften mit limitirter Haft, aber — wie speziell Rechtsanwalt Dr. Kerpal aus Wien, ohne daß dem widersprochen wurde, ausführte —, daß die zahlreichen Genossenschaften, die in Oesterreich in der That mit limitirter Haft begründet würden, nur zu häufig der Art seien, daß sie, heute eröffnet, schon nach 3—4 Wochen von der Bildfläche verschwänden. Es sei sehr leicht, eine solche Genossenschaft zu gründen, da kein Mensch dabei viel riskirt, man bleibt höchstens mit einem kleinen Betrage stecken, wenn die Sache nicht geht. Diese Genossenschaften mit limitirter Haft sind etwas sehr bequemes, floriren deshalb scheinbar, aber sie sind oft nicht solid und werden dem allgemeinen Interesse nicht gerecht. Ein letzter Punkt, m. H., der nicht ganz juristischer Art ist, wurde gleichfalls energisch betont, es wurde von der Minorität gesagt, ein gewisses ideales Moment spreche sehr für das Princip der limitirten Haft, namentlich habe Schulze-Delitzsch, der Gründer des Genossenschaftswesens, hauptsächlich von den eingetragenen Genossenschaften einen heilsamen Einfluß auf die industriellen und sozialen Bewegungen sich versprochen und insbesondere sich gedacht, daß dort wohlhabende und arme Leute zusammenwirken werden und daß sie im engsten Vereine in Form der Genossenschaft wirthschaftlich thätig sein würden, und er sei soweit gegangen, daß er geradezu die Lösung der sozialen Frage sich davon versprochen habe. Die Majorität sagte darauf, man gebe durchaus zu, daß dieses ideale Moment weit besser erreicht werde, wenn man die limitirte Haft zuläßt, weil die reichen Leute sich hüten werden, den Genossenschaften nach dem heutigen System beizutreten, bei dem sie auf Grund ihrer unbeschränkten Haftung ihr ganzes Vermögen verlieren können. Aber indem die Majorität dies zugab sagte sie weiter, wenn sich das auch nicht ableugnen lasse, spreche doch ein anderes sittliches Moment für das Princip der unbeschränkten Haft und man bliebe dabei mit der Idee, die Schulze-Delitzsch früher ausgesprochen, im Einklange: denn das Princip der unbeschränkten Haft habe in seiner Strenge das Gute, daß jeder Genosse sich sagen muß, er kann hier sein ganzes Vermögen verlieren, er muß also, soweit er im Stande dazu ist, aufpassen, die Geschäftsführung kennen lernen, sich an den Versammlungen und auch an der Geschäftskontrole betheiligen, denn diese Momente, die doch zweifellos eine weittragende Bedeutung haben, da sie ein wirkliches korporatives Leben allein ermöglichen, diese Interessen werden erheblich abgeschwächt, sobald man die limitirte Haft einführt; denn darüber kann man nicht im Zweifel sein, dadurch werden die Genossenschaften den Aktiengenossenschaften genähert, wenn auch ein gewisser Unterschied immerhin bestehen wird. Die große Mehrzahl der Mitglieder wird die Sache gehen lassen wie sie geht. Glückt es, so wird allerdings dabei verdient, aber wenn es schlecht geht, verliert man höchstens seinen kleinen Beitrag, 10 Mark vielleicht. Man wird den Aufsichtsrath, den Vorstand alles besorgen lassen, ohne sich darum zu bekümmern. Das ist offenbar ein großer Nachtheil, und man soll sich hüten, denselben durch ein neues Gesetz zu befördern. Schließlich hob die Majorität noch Folgendes hervor: Es ist bei dem heutigen Streben, die Aktiengesellschaften zu beschränken und eine Kontrole für sie einzuführen, höchst gefährlich und jedenfalls inkonsequent, den Satz aufzustellen, für die Genossenschaften soll die Haftung vermindert werden. Mit der einen Hand schließt man die Aktiengesellschaften in enge Schranken, und soll gleichzeitig mit der anderen unter dem Namen von Genossenschaften mit beschränkter Haft verschleierte Aktiengesellschaften einführen, die den eben eingeführten Schranken nicht unterliegen? Wenn man sich für Zulassung der limitirten Haft „im Princip“ entscheidet, dann wolle man doch sofort die Kautelen angeben, die man gegen den Mißbrauch der einen Form einführen will. Erst müsse man sich dann über diese Kautelen einigen — was gerade im Lager der Anhänger des „Princips“ garnicht leicht sein würde —; erst dann wird das Princip praktisch verwerthbar, erst dann geht es allenfalls in den Rahmen der neuesten Gesetzgebung und wird erst dann ernstlich diskutirbar. Mit der Minorität das Princip der Zulassung beschränkter Haftung ganz nackt auszusprechen und die Frage der nothwendigen Kautelen unentschieden zu lassen, gehe nicht an.

So gelangte die Majorität der Abtheilung zu dem Beschlusse, den ich Ihnen vorher mitgetheilt habe.

Präsident: Indem ich dem Herrn Referenten danke, habe ich Ihnen ein Schreiben mitzutheilen, was sich auf unsere Verhandlungen bezieht und in diesem Augenblick aus der Schweiz eingegangen ist. Zum Korreferenten war Herr Professor Gierke bestimmt. Er hat leider in der Schweiz erst erfahren, daß ihm durch ein Versehen die Aufforderung nach Breslau übersendet worden ist, während er seit zwei Jahren in der Schweiz lebt. Sein Bruder ist in Breslau Professor und so ist der Brief nach Breslau gekommen und aus irgend einem Versehen liegen geblieben. Er bittet ihn zu entschuldigen, er würde den Auftrag mit Freuden übernommen und sich mit großer Entschiedenheit erklärt haben für Zulassung der limitirten Haft der Genossenschaften. (Heiterkeit.)

Nun, m. H., wir kommen zur Frage 9, die von der Abtheilung nicht bloß zur Kenntnißnahme, sondern zur Berathung gestellt ist. Wir haben also über diese strafrechtliche Frage im Plenum in Berathung einzutreten, über die Herr Oberamtsrichter Süpfle aus Heidelberg gütigst die Berichterstattung übernimmt. Wir haben seit Jahren die Erfahrung gemacht, daß solche Fragen in den weitesten Kreisen Interesse erregen. Vorläufig haben sich etwa 10 Redner gemeldet und ich glaube, daß wir immer wieder billige Rücksicht darauf nehmen müssen, daß wir in den Plenarsitzungen doch eine nennenswerthe Anzahl Redner wirklich zum Worte kommen lassen. Wir müssen anerkennen, wenn Jeder das sagen soll, was er auf dem Herzen hat, so braucht jeder Kollege wenigstens eine Stunde. Wir haben nun keinen anderen Weg einschlagen können, als wiederholt erprobt die Methode, kein Redner hat ein Recht auf mehr als 10 Minuten. Das ist das

das Legitime und das darf nur überschritten werden, wenn aus der Versammlung der Antrag gestellt wird, die Rede zu verlängern und die Majorität beschließt das ausdrücklich. Das ist also ernst gemeint. Ich werde auch den Referenten ersuchen, den Versuch zu machen, den folgenden Rednern ein Muster zu werden durch die Präzision seines Vortrags, der sich wohl in einer Viertelstunde erledigen lassen wird, und wenn die Redner die 10 Minuten überschritten, m. H., habe ich in vielen großen Verhandlungen noch ein kleines Sicherheitsventil eingeführt, da folgt schon nach 5 Minuten so ein kleines Tick an die Glocke, durch das der Redner erinnert wird, daß schon die Hälfte der Zeit um ist. Dieses kleine Avis wirkt so, daß an den 10 Minuten noch etwas abgeht. Auf diese Weise werden wir im Stande sein, doch noch die billige Zahl der Redner zu hören und bis 1 Uhr fertig zu werden; denn ich glaube, es war von vielen Seiten gewünscht, daß um 1 Uhr geschlossen werde, weil wir sonst eine Pause machen müssen und solche Pausen sind sehr verderblich für eine Plenarversammlung. Also mit diesem Vorworte erlauben sie mir nun wohl, dem Referenten das Wort zu geben.

Referent Oberamtsrichter **Süpfle** (Heidelberg): M. H.! Ich werde mich bestreben, dem eben ausgesprochenen Wunsche des Herrn Vorsitzenden möglichst nachzukommen.

Der dritten Abtheilung des 18. deutschen Juristentages wurde die Frage zur Besprechung und Beschlußfassung überwiesen, welche unter Nr. 9 des Geschäftsprogramms abgedruckt ist und also lautet:

> Haben sich die Vorschriften des deutschen Gerichtsverfassungsgesetzes Titel 4 und 6 bezüglich der Zuziehung von Laien in Strafsachen in der Praxis bewährt? oder erscheinen gesetzliche Aenderungen rathsam und nach welcher Richtung hin?

Der deutsche Juristentag sollte also zunächst Zeugniß darüber ablegen, ob sich die hier fraglichen bestehenden Institutionen in der Praxis bewährt haben.

Ueber diese Frage waren zwei Gutachten eingegangen. Das eine befaßte sich wesentlich nur mit den Schöffengerichten und kam zu dem Schlusse, daß sich das Schöffengericht in seiner dermaligen Gestaltung, nämlich in der Zusammensetzung von einem Richter und zwei Schöffen nicht bewährt habe, und zwar hauptsächlich, weil der rechtsgelehrte Richter ein zu großes Uebergewicht habe und die Schöffen zur Beurtheilung prozessualer Fragen und für die Frage der Strafzumessung nicht genügend befähigt seien.

Das zweite Gutachten erklärt, daß die Zuziehung von Laien als Schöffen wenigstens als der Rechtspflege nicht schädlich bezeichnet werden kann.

Die Frage der Schwurgerichte ist in diesem Gutachten sehr ausführlich und gründlich behandelt. Ich glaube mich jedoch gerade mit Rücksicht auf die kurz zugemessene Zeit enthalten zu sollen, auch nur die Grundzüge dieses Gutachtens nochmals darzustellen. Der Herr Gutachter kommt zum Schluß zu dem Antrag: Aufhebung der Schwurgerichte und an ihrer Stelle Einführung großer Schöffengerichte.

Der Herr Gutachter findet nämlich bei den Schwurgerichten unheilbare Fehler, welche sich aus der Theilung der Funktionen, aus der Scheidung der That- und Rechtsfrage ergeben, ein unerträglicher Dualismus, der sich durch das ganze Verfahren hinzieht und namentlich bei der Fragestellung und bei der Urtheilsfindung hervortritt, indem die Geschworenen, bei welchen sich die Vorgänge im Berathungszimmer jeder Kontrole entziehen, das Schuldig aussprechen, während die rechtsgelehrten Richter die Strafe bemessen sollen, ohne zu wissen, welche Gründe für den Schuldspruch maßgebend sind.

Es waren zwei Referenten aufgestellt. Der eine Referent gelangte bezüglich der Schöffengerichte, namentlich gestützt auf persönliche 22 jährige Erfahrungen, zu dem Resultate, daß sich diese Schöffengerichte im Allgemeinen bewährt haben. Das Wörtchen „allgemein" ist hier nicht nur geographisch zu verstehen, sondern auch in der Richtung, daß selbstverständlich die weitere Ausbildung der Schöffengerichtsinstitution möglich ist. Für diese Ansicht spricht zunächst die zweifellose Popularität, welche das Schöffengericht allenthalben sich erworben hat, sowie der Umstand, daß die Schöffen, wenn auch manchmal unbewußt, doch zur Kontrole des Richters dienen und daß die Mitwirkung der Laien auch bei den Gerichten unterer Ordnung einen das Rechtsbewußtsein des Volkes stärkenden Einfluß hat.

Bezüglich der Schwurgerichte war auch der Referent der Ansicht, daß dieselben in ihrer dermaligen Gestaltung an unheilbaren Fehlern leiden und in Juristenkreisen wenig Vertrauen besitzen, auch in Laienkreisen, namentlich soweit Laien selbst Geschworene waren, immer mehr dieses Vertrauen verlieren.

Der Referent kam deshalb zu den Sätzen:

1. Die Schöffengerichte haben sich im Allgemeinen in der Praxis bewährt.
2. Eine Verbesserung der Strafrechtspflege ist durch Aufhebung der Schwurgerichte und Ersatz derselben durch große Schöffengerichte zu erwarten.
3. Bei völligem Geständniß des Angeklagten kann mit Zustimmung desselben bezw. seines Vertheidigers und der Staatsanwaltschaft die Zuziehung von Schöffen bei der Aburtheilung unterbleiben.

Dabei muß ich bemerken, daß Satz 3 von dem Referenten noch vor der

Abstimmung zurückgezogen wurde, weil er principiell nicht nothwendig ist und nur eine Abhülfe für allzugroße Inanspruchnahme von Schöffenmaterial bieten soll.

Der zweite Herr Referent glaubte, daß das Votum des ersten Referenten bezüglich der Schöffengerichte auf besonders günstigen Umständen im Großherzogthum Baden beruhe, daß aber in einem großen Theile von Deutschland ein mangelhaftes Material an Schöffen, namentlich in kleineren Bezirken, vorhanden sei, und daß die Schöffen nur ein Werkzeug in der Hand des Richters seien. Er kommt deshalb zu dem Resultate, daß sich der Juristentag dahin aussprechen solle:

1. Die Mitwirkung von Laien bei Aburtheilung von Strafsachen vor den Gerichten niederster Ordnung (Amtsgerichten) als Schöffen hat sich nicht bewährt und ist zu beseitigen.

Bezüglich der Schwurgerichte ist der zweite Herr Referent der Meinung, daß dieselben trotz aller Mängel zur Zeit noch das Vertrauen des Volkes genießen, daß aber die Zeit ihrer Beseitigung und ihr Ersatz durch große Schöffengerichte kommen werde. Derselbe wünscht jedoch hierüber erst Erfahrungen und hat deshalb beantragt:

2. Dagegen ist die Mitwirkung von Laien einzuführen bei den Gerichten mittlerer Ordnung (den Landgerichten als Gerichten erster Instanz);

und

3. von den hierbei gemachten Erfahrungen ist es abhängig zu machen, ob die Schwurgerichte durch höhere Schöffengerichte zu ersetzen seien.

Aus der Debatte ergab sich dann ganz allgemein der Satz, daß es nicht zu bestreiten sei, daß die Zuziehung von Laien in Strafsachen sich bewährt habe und daß eine Kombination zwischen rechtsgelehrten Richtern und Laien namentlich zu einer einheitlichen Verhandlung und einer einheitlichen Berathung absolut wünschenswerth sei.

Was insbesondere die Schöffengerichte betrifft, so ergab sich aus der Debatte, daß von einem großen Theile Deutschlands und den verschiedensten Richtungen ebenfalls Zeugniß dafür abgelegt wurde, daß diese Schöffengerichte im Volke ein gewisses Vertrauen besitzen und daß sie dieses Vertrauen auch verdienen, daß insbesondere die Mängel, welche man denselben anhafte, nicht beständen, oder wenigstens nichts schadeten, daß sich also die Schöffengerichte im Allgemeinen bewährt hätten.

Was nun die Schwurgerichte betrifft, so war man allgemein der Ansicht, daß die Schwurgerichte in ihrer dermaligen Verfassung an schweren Mängeln leiden, also *sehr* reformbedürftig seien. Es wurde von einem der Herren Redner eine Reform angedeutet in der Richtung, daß den beiden Richterbänken, der rechtsgelehrten Richterbank und der Geschworenenbank, die Beurtheilung der gesammten That- und Rechtsfrage überwiesen werden könnte mit einer vereinfachten Fragestellung. Allein ein Antrag ist hierauf nicht gestellt worden. Man war, wie ich wiederhole, einig darüber, daß die Schwurgerichte, wie sie jetzt bestehen, vielfach des nöthigen Vertrauens, nicht nur in Juristenkreisen sondern auch in Laienkreisen entbehren, und es hat auch ein Herr Redner aus Oesterreich auf Grund eigener Erfahrung dasselbe von Oesterreich bestätigt. Es war jedoch eine Anzahl Redner der Meinung, daß die Frage über die Art der Reform, die Frage, ob die Schwurgerichte zu beseitigen seien und wie und durch was sie zu ersetzen seien, überhaupt die künftige Form der Zuziehung der Laien in Strafsachen höherer Ordnung zur Zeit noch nicht spruchreif sei. Dieser Gedanke fand dann Ausdruck in einem Antrag, der dahin ging, es liege zur Zeit kein Bedürfniß zu einer Aenderung der bestehenden Bestimmungen hinsichtlich der Zuziehung von Laien in Strafsachen vor. Dieser Antrag wurde jedoch bekämpft, weil er namentlich zu der irrigen Meinung führen könne, daß darin nicht nur eine Billigung der jetzigen Schöffengerichte, sondern auch eine solche der jetzigen Schwurgerichte gefunden werden könnte, was mit dem Gesammtergebniß der Debatte nicht im Einklang stand. Außerdem aber wurde geltend gemacht, daß bezüglich der Schwurgerichte eine nunmehr etwa vierzigjährige Erfahrung vorliege, und daß die Sache nicht wie schon auf dem Juristentage in Frankfurt im Jahre 1872 wieder nur dilatorisch behandelt werden sollte, sondern daß es der Würde des deutschen Juristentages entspreche, Stellung zu der Frage zu nehmen und daß der Juristentag dies auch könne. Auf Grund dieser Idee wurden dann die Anträge gestellt, die Ihnen hier gedruckt vorliegen, und zwar von Herrn Landgerichtsdirektor Olshausen in Uebereinstimmung mit dem ersten Referenten, welcher zu Gunsten der Anträge Olshausen seinen Antrag Ziff. 2 zurückzog, weil der Antrag Ziff. 2 und 3 Olshausen im Wesentlichen dasselbe besagt, wie jener erwähnte Antrag Ziff. 2, nur in getrennter Form und vielleicht etwas milder ausgedrückt, während Ziff. 1 beider Anträge übereinstimmt.

Diese Anträge lauten also:

1. Die Schöffengerichte haben sich im Allgemeinen in der Praxis bewährt;
2. die Schwurgerichte — selbstverständlich in ihrer jetzigen Gestaltung — verdienen das ihnen theilweise geschenkte Vertrauen nicht;
3. als die geeignetste Form der Zuziehung des Laienelements in Strafsachen erscheint das Schöffengericht.

Letzterer Satz wurde insbesondere deshalb befürwortet, weil man nicht nur negiren, sondern etwas Positives an die Stelle setzen soll. Es wurde aber dabei ausdrücklich erklärt, daß das Schöffengericht hier nur im Gegensatz zu dem Schwurgericht zu verstehen sei in dem Sinne, daß das Wesen des Schöffengerichts in der Gemeinsamkeit, der Einheit der Berathung liege, sodaß also in der ferneren Ausgestaltung des Schöffengerichts vielleicht für Gerichte mittlerer und höherer Ordnung allerdings noch andere Auffassungen möglich sind, sodaß den rechtsgelehrten Richtern neben der Prozeßleitung namentlich die Gesetzesauslegung eventuell auch die Strafzumessung vorbehalten bliebe. Allein in derartige Detailfragen konnte und wollte man nicht eingehen. Ich habe das nur angeführt, um den Sinn dieses Satzes 3 klar zu stellen.

Der Gang der Abstimmung war dann folgender. Der vorhin erwähnte Antrag von dem Herrn Reichsgerichtsrath Wielandt, welcher lautet, es liege zur Zeit ein Bedürfniß zu einer Aenderung der bestehenden Bestimmungen hinsichtlich der Zuziehung von Laien in Strafsachen nicht vor — wurde abgelehnt. Es wurde sodann der Antrag Süpfle: Die Schöffengerichte haben sich im Allgemeinen in der Praxis bewährt — mit Majorität angenommen. Es wurde sodann der Antrag Olshausen-Süpfle: Die Schwurgerichte verdienen das ihnen theilweise geschenkte Vertrauen nicht; und: als die geeignetste Form der Zuziehung des Laienelements in Strafsachen erscheint das Schöffengericht — ebenfalls durch Majorität angenommen. Hierdurch fand der Antrag 1 von dem zweiten Herrn Referenten, welcher die Schöffengerichte bei den Amtsgerichten zu beseitigen vorschlug, seine Erledigung. Der Antrag 2 des betreffenden Herrn Referenten, welcher die Einführung der Schöffengerichte bei den Gerichten mittlerer Ordnung als Gerichten erster Instanz zum Gegenstand hatte, wurde von dem Herrn Referenten zurückgezogen und damit war auch der Antrag 3 daselbst erledigt.

Die Abtheilung hat sodann beschlossen, diese gefaßten Beschlüsse, wie sie gedruckt vorliegen und verlesen worden sind, der Plenarsitzung nicht zur bloßen Kenntnißnahme, sondern zur Berathung und Beschlußfassung vorzulegen.

Präsident: Wir haben unserem Herrn Referenten gewiß im allseitigen Sinne Dank zu sagen für die präzise und sachgemäße Berichterstattung.

Wir kommen nun zu der Reihe der Redner. Zuerst zum Worte gemeldet ist zuerst Herr Reichsgerichtsrath Wielandt.

Reichsgerichtsrath **Wielandt** (Leipzig): M. H., der Antrag, welcher, wie Ihnen der Herr Vorredner mitgetheilt hat, abgelehnt worden, stammt von mir.

Ich habe mich deshalb für verpflichtet erachtet, auch hier einige Worte über denselben zu sprechen. Eventuell werde ich Ihnen eine Modifikation des Antrags vorschlagen.

Mein Gegensatz zu beiden Herren Referenten ist folgender: ich fand es theoretisch, derartige Anträge zu Beschlüssen zu erheben, denen eine gesetzliche Folge voraussichtlich nach meiner Anschauung der Verhältnisse nicht gegeben wird. Ich glaubte, nach der jetzigen Sachlage Ihnen vielmehr den Antrag unterbreiten zu dürfen:

> Es besteht zur Zeit kein Bedürfniß zu einer Aenderung der gesetzlichen Bestimmungen hinsichtlich der Zuziehung der Laien in Strafsachen.

Es ist damit folgendes ausgedrückt: Bisher bestehen Laien in Strafsachen, wie bekannt, bei den Gerichten unterster Ordnung, also bei dem, was man gewöhnlich Schöffengericht heißt. Ich will nicht haben, daß die Schöffengerichte beseitigt werden. In dieser Hinsicht differire ich also von der Ansicht, es soll ausgesprochen werden, die Schöffengerichte hätten sich bewährt, nicht. Ich befinde mich aber im Gegensatz insofern, als ich annehme, daß in einem großen Theile Deutschlands praktische Erfahrungen in dieser positiven Richtung nicht gemacht worden sind, sondern zum Theil gegentheilige. Dem gegenüber konnte ich meine anderen Anschauungen und diejenigen der Herren Referenten nicht maßgebend erachten, und glaubte deshalb, diese Form, soweit es die Schöffengerichte betrifft, der Versammlung vorschlagen zu können.

Meine Hauptanschauung ist überhaupt die, man soll nicht zu früh rütteln an der mühsam erworbenen Gerichtsverfassung; man soll nicht durch theoretische Sätze den unmittelbaren oder mittelbaren Anstoß geben, das Erworbene wieder zu unterwühlen. Es ist das nicht praktisch; es mag vielleicht theoretisch richtig sein, wenn wir neu aufzubauen hätten, solche Bestimmungen aufzustellen. Dazu halte ich meinerseits den Juristentag nicht für berufen, und wenn seinen Sprüchen keine Folge gegeben wird, hat er sich selbst damit das Vertrauen verscherzt. Wollen Sie lieber etwas aussprechen, was der Gegenwart entspricht! Damit ist nicht gesagt, daß zu anderer Zeit etwas anderes das Richtige sei.

Ich gehe über zum zweiten Punkte. Die Zuziehung des Laienelements befindet sich nach unserer jetzigen Organisation in den Gerichten höchster Ordnung, in den Gerichten, die wir als Schwurgerichte kurz bezeichnen. In dieser Hinsicht wollen die Herren, welche in der Abtheilung den Sieg erhalten haben, in mehr oder minder scharfer Form die Beseitigung. Ich sage, m. H., wir haben heute hier nicht zu debattiren, welches die absolut gegebenste Form für das ist; ob das das beste Institut sei. Wir haben zu sagen, was dafür einzusetzen wäre. Es wurde in der Abtheilung auch von unserem hochverehrten Präsidenten des Juristentages, der auch von mir hochverehrt ist und der bedeutsame Einflüsse in der Reichsstrafprozeßordnung gehabt hat, die wir hochschätzen, ausgesprochen, und zwar in einem Antrag, den ich Ihnen nun näher angeben muß: es soll das be. seitigt werden, — allein er war nicht im Stande, uns positiv auszuführen, was er an die Stelle gesetzt haben will und in welcher Form. Ich habe schon gestern ausgesprochen, es sei mir das der beste Beweis dafür, daß man nicht etwas so Unbestimmtes, Gegentheiliges in die Welt setzen soll. Und ich frage Sie, was soll solch ein allgemeiner Ausspruch in der That nützen? Wir müssen uns klar sein, welches das wirklich Bessere ist, welches auch in der Nation als das Bessere erkannt wird.

Meine Erfahrungen gingen dahin: Das Schwurgericht ist nicht die absolut beste Form. Ich bescheide mich aber, und ich bin der Ansicht, daß, nachdem die Schwurgerichte eingeführt sind, nachdem sie, in Deutschland wenigstens, wohlthätig gewirkt haben, nachdem die Auswüchse, welche in anderen Staaten nach Umständen zu beklagen sind, bei uns nicht eingetreten sind, nachdem insbesondere nach meiner Erfahrung dieselben sich nicht gerne über den Richter hinaussetzen: daß wir es dabei belassen sollen. Sonst stellen wir uns in einen Gegensatz zu der immer noch herrschenden Anschauung, die meines Erachtens volle Berechtigung hat. Sprechen Sie also lieber Ihre Ansicht dahin aus, daß auch in dieser Hinsicht eine Aenderung zur Zeit nicht einzutreten habe. (Bravo!)

Ich will Sie auf die praktische Folge des Gegentheiligen noch besonders aufmerksam machen. Es ist ganz unzweifelhaft, sowie Sie an den Schwurgerichten rütteln, müssen Sie selbverständlich die Gerichte niederer Ordnung in das Gebiet Ihrer Aenderung hineinziehen. Das ist ja unmöglich, das einseitig regeln zu wollen und das Andere nicht hineinzuziehen. In dieser Richtung hat Herr Reichsanwalt **Stenglein** ganz gewiß Recht gehabt, dies trotz der anderweiten Formulirung der Frage in den Bereich seiner Erörterung mit hineinzuziehen. Sowie wir das thun, entziehen wir unserer ganzen jetzigen Gerichtsverfassung den Boden; dann kommen wir wieder in etwas, was wir noch nicht kennen. Da haben wir keinen Anhalt.

Im Uebrigen haben sich unsere Gerichte mittlerer Ordnung meiner Kenntniß nach bewährt, und ein großes Bedürfniß nach Zuziehung der Laien ist weder bei den Abgeurtheilten noch auch bei den Laien im allgemeinen vorhanden. Und die Zahl der Sachen, die hier verhandelt werden, ist immens. Ich habe das vor zwei Jahren die Ehre gehabt, Ihnen vorzuführen, bei wieviel Sachen ich selbst nach fünf Jahren in höchster

Instanz gewesen. Wie viel sind also unten abgeurtheilt worden! Ich hatte ungefähr in 5000 Urtheilen mitgewirkt! Wenn nun bei den noch weit zahlreicheren Fällen in mittlerer Instanz immer noch das Laienelement zuzuziehen wäre, so würde dieses eine solche Belastung gar nicht ertragen. Bei den Schwurgerichten geht die Belastung: da wird auch erkannt, die Sache ist wichtig genug, daß ich meiner gewöhnlichen Thätigkeit entzogen werde. Hier wird das genügende Material aus dem Laienelement stets vorhanden sein.

Sollten Sie meinem allgemein gefaßten Antrage aus dem einen oder anderen Grunde nicht ganz beitreten können, dann mögen Sie positiv aussprechen zu Punkt 1, daß die Schöffengerichte sich bewährt haben. Ich kann das von meinem Standpunkte aus gleichfalls sagen. Im Uebrigen sprechen Sie mit mir aus, daß zur Zeit kein Bedürfniß zu einer Aenderung vorhanden ist. (Bravo!)

Regierungsrath Professor **Hiller** (Czernowitz): Meine hochverehrten Herren! Ich hatte ursprünglich nicht vor, in der Plenarversammlung das Wort zu ergreifen. Nachdem aber der Herr Referent die Güte hatte, zu erwähnen, daß ich von meinen Erfahrungen sprach, die ich selbst sogar als Geschworener in der österreichischen Praxis gemacht habe, sehe ich mich doch veranlaßt, einige Worte darüber auch an Sie zu richten.

Ich glaube, daß die Mißstände, die in der Abtheilung von den Herren Referenten und in der Debatte bezüglich der deutschen Schwurgerichte gerügt worden sind und ganz sicher die Unhaltbarkeit der Institution darlegen, im Großen und Ganzen in der österreichischen Monarchie beim Schwurgericht ebenso bestehen. Diese Mißstände treten aber in den östlichen Ländern, speziell in Galizien und der Bukowina noch schärfer hervor, und treten auch in den anderen Ländern, wo eine national gemischte Bevölkerung vorhanden ist, in der bedenklichsten Weise zu Tage.

Es ist Ihnen Allen bekannt, den Richtern und selbst auch den Vertheidigern, die ja die lebhaftesten Freunde des Schwurgerichts sind, welch monströse Verdikte vorkommen, wie geständige Verbrecher zum allgemeinen Entsetzen freigesprochen werden — zum Entsetzen der Geschworenen selbst! Und es giebt ja eine große Opposition bereits unter den Laien, welche Geschworene sind, die oft zu ihrem eigenen Schrecken die Verdikte wahrnehmen, die gegen ihren Willen zu Stande kommen.

Es wäre aber, m., H., das Unglück einer solchen Freisprechung häufig nicht so groß, wenn nicht daraus wieder Konsequenzen gezogen würden, die dann natürlich die ganze Institution betreffen und so weit wirken, daß die bestehende Mißstimmung und Abneigung in weitere Kreise getragen wird. Ich habe in der Debatte der Abtheilung mit Nachdruck hervorgehoben, daß die Vorstellung jener Souveränität, jener Omnipotenz der Geschworenen, welche in ein förmliches Begnadigungsrecht ausartet, gerade unter den gebildeten Laien in einer unausrottbaren Weise vorhanden ist, indem sie das Recht, nach freier Ueberzeugung zu urtheilen, dahin fassen, daß sie bei ihren Verdikten nicht an die Merkmale des Gesetzes, denen sie das in freier Beweisführung gefundene Material zu subsumiren hätten, gebunden sind, sondern nach Gefühlsmotiven, nach unbestimmten Regungen urtheilen dürfen. Das ist ein Unheil, das natürlich in manchen Gegenden mehr, in manchen weniger besteht: daß es aber besteht in Deutschland wie in Oesterreich, darüber ist kein Zweifel. Mir ist es nicht gelungen, gerade hochgebildeten Personen gegenüber die wahre Bedeutung des Schwurgerichts klar zu machen, weil sie immer behaupteten: wenn wir nicht frei sind, d. h. auch eventuell einen geständigen Verbrecher freisprechen dürfen, weil wir glauben, er hat Recht gehabt, wozu ist dann das Schwurgericht da? Dann genügen die Beamtengerichte vollständig.

Ich habe auch angedeutet, daß, wenn der Präsident jedesmal, in jeder Verhandlung und bei jeder Rechtsbelehrung die Geschworenen über diese ihre Stellung recht aufklären und ihnen nahe legen würde, wie sie sich zu verhalten haben, daß sie nicht souveräne Begnadiger sein sollen, dann manchem Unglück vorgebeugt werden würde. Aber so trefflich auch unsere Präsidenten sein mögen, nicht immer wird das mit soviel Nachdruck und Energie betont, als nöthig wäre.

Ich betrachte, meine hochgeehrten Herrn, das Schöffengericht nur als eine Abschlagszahlung an die politische Forderung der Betheiligung des Laienelementes in der Rechtsprechung. Ich bin nach meiner ganz unmaßgeblichen subjectiven Meinung überhaupt nicht für Selfgovernment u. s. w. sehr begeistert. Aber die Institutionen sind nun einmal da, sie hängen mit unseren Begriffen von Konstitutionalismus, Theilung der Gewalten u. s. w. zusammen, und so sehr auch alle diese Forderungen vielfach phrasenhaft ausgebeutet worden sind in früherer Zeit und bis zur Stunde, so kann man sie doch nicht ignoriren, und deshalb betrachte ich das Schöffengericht, was an die Stelle des Schwurgerichtes treten müßte, als Abschlagszahlung an diese Forderung. Nach meinem persönlichen Gefühl halte ich — und wie ich gestern gefunden, auch viele Mitglieder der 2. Abtheilung mit mir — für das beste Gericht dasjenige, welches von Leuten zusammengesetzt ist, die die Rechtsprechung gelernt haben, wie man denjenigen für den besten Handwerker hält, der sein Handwerk von Jugend auf gelernt und geübt hat. Daß man da zum Nachtheil der Rechtsprechung von der allgemeinen Ordnung eine Ausnahme macht, ist mir nie recht klar geworden. So muß ich Ihnen sagen, daß, wenn ich einen Antrag stellen möchte, — ich will aber den Gegenstand nicht noch weiter kompliziren — ich eine Resolution beantragen würde, daß die Schwurgerichte das theilweise in sie gesetzte Vertrauen nicht verdienen, und daß die beste Urtheilsinstitution, die beste Gerichtsverfassung die ist, die das Recht, über die schwersten Verbrecher zu urtheilen, den rechtsgelehrten Beamtenrichtern übergiebt. Jedenfalls bitte ich Sie, dem Abtheilungsbeschlusse zuzustimmen. (Bravo!)

Präsident: Herr Oberlandesgerichtspräsident Dr. Kühne hat das Wort. Ich wollte noch bemerken, daß der Herr Präsident Albrecht die Güte haben wird, den Vorsitz zu übernehmen.

Oberlandesgerichtspräsident Dr. **Kühne** (Celle): M. H.! Das was ich zu sagen habe, bezieht sich nicht auf die erste These, welche von der Abtheilung angenommen worden ist, und welche dahin geht, daß das Schöffengericht im Allgemeinen sich bewährt habe. Ich will darüber nicht sprechen, weil ich nicht genügenden Grund habe, diese These zu bekämpfen: meine Erfahrungen, das gestehe ich offen, reichen dazu nicht aus. Es sind nur Erfahrungen, die ich gemacht habe, wenn ich als Präsident eines Oberlandesgerichts Geschäftsrevisionen vornahm und dann auch Sitzungen der Schöffengerichte bei den Amtsgerichten beiwohnte. Dabei sind mir dann allerdings in einzelnen Fällen Bedenken darüber entgegengetreten, ob die Schöffengerichte, ob die Zuziehung von Laien im amtsgerichtlichen Strafverfahren eine zweckmäßige Einrichtung sei. Aber ich müßte andererseits sagen, daß diese Bedenken nur in einzelnen Fällen und nicht bei der Mehrzahl der Verhandlungen und Berathungen, welchen ich beigewohnt habe, bei mir aufgetaucht sind, und ich muß anerkennen, daß sowohl die meisten Richter als urtheilsfähige Laien mit der Einrichtung der Schöffengerichte einverstanden sind. Deshalb greife ich die These, daß die Schöffengerichte sich im Allgemeinen bewährt haben, nicht an. Allerdings verstehe ich hier unter Schöffengerichte nur Schöffengerichte unterster Ordnung, d. h. Schöffengerichte bei den Amtsgerichten.

Dagegen, m. H., habe ich erhebliche Bedenken gegen die zweite These, welche die Abtheilung aufgestellt hat: die Schwurgerichte verdienen das theilweise ihnen geschenkte Vertrauen nicht. M. H., die Erfahrungen aus meiner eigenen Praxis über die Wirksamkeit der Schwurgerichte reichen ziemlich weit. Ich bin von 1849 an zunächst als Beisitzer, in späterer Zeit, namentlich vom Anfange der 60er Jahre an sehr häufig Vorsitzender von Schwurgerichten gewesen in drei verschiedenen Provinzen Preußens, in den Provinzen Pommern, Sachsen und Hannover. In allen diesen Provinzen sind meine Erfahrungen solche, daß ich nicht bestätigen kann, daß die Schwurgerichte das Vertrauen im Allgemeinen nicht verdienen, welches ihnen entgegengebracht worden ist. Ich gestehe zu, daß falsche, wundersame Verdikte nicht zu den Seltenheiten gehören; ich behaupte aber und habe darüber meine Beobachtungen sehr genau gemacht, daß, wenn es möglich wäre, eine Statistik der richtigen und unrichtigen oder verwunderlichen Erkenntnisse der Schwurgerichte und der Strafkammern aufzustellen und man dann abwöge, bei welchen von diesen beiden Gattungen von Gerichten der größere Prozentsatz von bedenklichen Erkenntnissen an das Licht getreten ist, die Wage sehr schwanken würde: ich glaube, daß von den Strafkammern nicht weniger schlechte Erkenntnisse gemacht sind als von den Schwurgerichten. (Bravo!) Meine Ueberzeugung ist die, daß wir diesen zweiten Satz der Abtheilung nicht billigen dürfen. Auf der anderen Seite, m. H., aber gebe ich zu, daß das jetzige Schwurgerichtsverfahren an sehr großen Mängeln leidet. Ich bitte Sie, weil ich glaube, daß nach mir ein Redner kommen wird, welcher das besser auszuführen vermag als ich, mir zu gestatten, daß ich nur Andeutungen darüber gebe, worin meines Erachtens die Mängel unseres heutigen schwurgerichtlichen Verfahrens liegen; ich finde sie wesentlich in dem unglücklichen System der Fragestellung, und das ist der hauptsächlichste Punkt, in welchem das Verfahren geändert werden muß. Der Herr Vorredner hat gesagt, man müsse Positives geben, Vorschläge, in welcher Weise die Verbesserungen herbeigeführt werden sollen, was man an die Stelle der mangelhaften Prozedurvorschriften setzen wolle. — Wenn dieses Verlangen dahin geht, daß man das Detail des wünschenswerthen Verfahrens darlegen solle, so kann ich dem allerdings augenblicklich nicht genügen. Aber die Richtung kann ich angeben, nach welcher hin das Verfahren geändert werden sollte.

Zwar bin ich kein so unbedingter Verehrer des schwurgerichtlichen Verfahrens, wie es in England und Amerika sich gebildet hat, daß ich eine schablonenartige Nachahmung des englischen oder amerikanischen Verfahrens empfehlen möchte; aber im Ganzen und Großen sind die Grundsätze, welche dem Verfahren in England und Amerika zu Grunde liegen, als allgemeine Muster insofern anzusehen, als dem Richter eine größere Einwirkung auf die Geschworenen gestattet werden muß, und als jenes Verfahren die Fragestellung in unserer unzweckmäßigen Weise nicht kennt. Die, wie ich zugebe, vielfach mit Grund bemängelten Wahrsprüche unserer Geschworenen sind in vielen Fällen veranlaßt durch die angedeuteten Mängel des Verfahrens und berechtigen deshalb nicht zu dem allgemeinen Urtheile, daß die Schwurgerichte kein Vertrauen verdienen. Sprechen Sie aus, wie die Abtheilung will, die Schwurgerichte verdienen das ihnen theilweise geschenkte Vertrauen nicht, so schütten Sie das Kind mit dem Bade aus. (Bravo!)

Wenn Sie die These der Abtheilung billigen, dann sprechen Sie sich gegen das Institut der Geschworenengerichte in allen Formen aus; wenigstens ist das die Absicht der Herren, welche die These in der Abtheilung und hier vertheidigt haben. Ein solches Votum halte ich nicht für gerechtfertigt; im Gegentheil, ich will das Schwurgericht als eine entschieden vertrauenswerthe Institution beibehalten, wünsche aber das Verfahren stark modifizirt zu sehen. Deshalb möchte ich, m. H., den Verbesserungsantrag an Stelle von Nr. 2 stellen:

„Die dermalige Einrichtung des schwurgerichtlichen Verfahrens ist der Reform dringend bedürftig."

Es könnte mir entgegengehalten werden, daß bei dieser Fassung meines Antrags die zunächst zur Verhandlung gestellte Frage: wie haben sich die Schöffen bewährt? nicht genügend berücksichtigt sei. Ich glaube aber, daß die Antwort darin liegt: die Schwurgerichte haben sich im Allgemeinen bewährt, wir wollen deshalb die Schwurgerichte beibehalten und sie nicht durch Schöffengerichte ersetzt sehen; aber wir müssen andere Formen finden, um die Mängel, die jetzt den Schwurgerichten noch anhaften, abzuschaffen. Ich bitte also, an Stelle der Nr. 2 (Widerspruch, Ruf: Nr. 3) — zu Nr. 3 bitte ich besonders sprechen zu dürfen, ich wollte jetzt zu Nr. 2 reden — ich bitte also an Stelle von Nr. 2 zu beschließen:

„Die dermalige Einrichtung des schwurgerichtlichen Verfahrens ist der Reform dringend bedürftig."

Den dritten von der Abtheilung aufgestellten Satz, welcher lautet:

„Als die geeigneteste Form der Zuziehung des Laienelements in Strafsachen erscheint das Schöffengericht"

bitte ich zu streichen. Ich kann darüber, ob das Schöffengericht zweiter und dritter Ordnung die geeignete Art sei, um die Laien bei der Strafrechtspflege zu betheiligen, abstrakt und ohne eine Prozeßordnung, welche die Art der Betheiligung der Juristen und der Schöffen ordnet, vor mir zu haben, nicht urtheilen.

M. H.! Lassen Sie mich, um meine Meinung durch ein Beispiel klar zu machen, auf eine frühere Berathung des Juristentages zurückgreifen. Als auf dem Juristentage in Braunschweig die Frage der Bildung der Handelsgerichte zur Berathung stand, hielt ein hervorragender hamburgischer Jurist, der Senator Versmann, eine längere Rede über die Einrichtung der Handelsgerichte; er empfahl als die beste Zusammensetzung der Handelsgerichte die aus einem Juristen als vorsitzendem Richter und zwei Handelsrichtern bestehende. Er führte dabei aus, daß der gelehrte Richter ein Uebergewicht über die beiden Handelsrichter haben müsse, welche wesentlich nur kaufmännische Sachverständige seien, aber sehr nützliche den Juristen unterstützende Sachverständige. Die höchst interessanten Mittheilungen des Senators Versmann, welcher damals Präses der Hamburgischen Handelsgerichten war, ergänzte derselbe in Privatgespräch, welche ich und andere Mitglieder des Juristentages mit ihm nach der Verhandlung hatten. Ich weiß augenblicklich nicht mehr, ob es in der Verhandlung selbst oder in einem solchen Privatgespräche war, wo der Senator Versmann erklärte, daß er es entschieden für unzweckmäßig halte, das Gericht so zu bilden, daß mehrere Juristen mit Laien (Kaufleuten) zu einem Kollegium zusammenträten; nur Ein Jurist könne förderlich mit Kaufleuten zusammenwirken. Er theilte dabei die Erfahrungen mit, welche man in Hamburg bei den Handelsgerichten der zweiten Instanz gemacht habe; diese Appellationsgerichte seien so gebildet, daß mehrere Juristen (ich weiß die Zahl nicht mehr: zwei oder drei) mit einer Mehrzahl von Kaufleuten zusammen berathen und das Urtheil finden sollten. Da gehe denn die Sache so lange gut, als die rechtsgelehrten Richter derselben Meinung sind, aber schlecht, sobald sie namentlich in Beurtheilung von Rechtsfragen, in welchen die kaufmännischen Richter kein eigenes Urtheil haben, verschiedener Ansicht seien. Ich erinnere mich noch, daß der Senator Versmann den Ausdruck gebrauchte: wenn dieser Fall eintrete, so sprängen die kaufmännischen Handelsrichter von einer Meinung zur anderen umher wie die verirrten Schafe (Heiterkeit), und es sei dann reiner Zufall, wenn trotzdem noch ein vernünftiges Urtheil herauskomme. Häufig seien es schiefe und namentlich, wenn die Handelsrichter eine Mittelstellung zwischen den Voten der gelehrten Richter suchten, unverständige Urtheile.

Nun, m. H., bin ich der Ueberzeugung, daß, wenn bei den Strafgerichten höherer Ordnung mehrere Juristen mit mehreren Schöffen zu einem Kollegium zusammengesetzt würden, wir genau dieselben Erfahrungen machen würden, vielleicht noch in erhöhtem Maße! — Meine Ueberzeugung ist es, daß da, wo das Laienelement herangezogen wird, um in einem richterlichen Kollegium an der Berathung und Entscheidung Theil zu nehmen, nur Ein Jurist — und zwar dieser als Beisitzer — Mitglied des Kollegiums sein darf. Ehe ich nicht weiß, wie man sich die Zusammensetzung der Schöffengerichte höherer Ordnung denkt, kann ich nicht darüber urtheilen, ob die Schöffen in den Gerichten aller Ordnungen und Instanzen die geeigneten Leute sind, um die Strafrechtspflege zu fördern. Wie ich bereits erwähnt habe, ist jenes Bedenken, welches die Zusammensetzung der Schöffengerichte betrifft, nur als ein Beispiel von mir hingestellt: andere Bedenken entstehen durch Prozedurvorschriften, die Zuständigkeit der Schöffen bei Beurtheilung gewisser Rechtsfragen, dem Modus der Berathung und

Abstimmung und Anderes mehr. Deshalb kann ich dem dritten Satze der Abtheilung, wie er hier steht:

„Als die geeignetere Form der Zuziehung des Laienelements in Strafsachen erscheint das Schöffengericht"

in dieser allgemeinen Fassung nicht zustimmen. Mit diesem Satze würde meines Erachtens auch die Einrichtung gebilligt sein, welche, so viel ich weiß, in Sachsen existirt hat, daß mehrere gelehrte Richter mit mehreren Schöffen gemeinschaftlich berathen und das Urtheil finden sollen. Ich resumire mich dahin, daß wir darüber, ob die geeignetste Zuziehung des Laienelements in Strafsachen das Schöffengericht ist, nicht urtheilen können, ohne daß erst ein positiver Gesetzesvorschlag darüber, in welcher Weise das Laienelement zugezogen werden soll, vorliegt und aus diesem Grunde bitte ich Sie, Nr. 3 zu streichen. Meinen Antrag habe ich dahin gestellt, den Beschluß der Abtheilung ad 3 in Wegfall zu bringen. Ich überreiche meinen schriftlich gestellten Antrag dem Präsidium. (Lautes Bravo!)

Geheimer Rath Professor Dr. **Gneist** (Berlin): Wenn Sie mir einige Worte gestatten wollen, so glaube ich, stehe ich am nächsten den Ausführungen des Herrn Referenten, sowie auch den meisten Ausführungen des Herrn Oberlandesgerichtspräsidenten Kühne. Ich billige den ersten Satz der Abtheilung. Ich gestehe, bei der Berathung unserer Strafprozeßordnung noch Bedenken gegen die kleinen Schöffengerichte gehabt zu haben, daß diese Bedenken aber sich nicht bestätigt haben. Wir haben die kleinen Schöffengerichte schon früher in Baden und Württemberg gehabt. Sie sind in der That wohl unabhängig von der besonderen Kulturentwickelung eines Landes. Wir haben sie auch in Hannover und sonst gehabt. Sie sind gegangen, und wenn man auch nicht wird behaupten können, daß bei kleinen Sachen zwei Schöffen nöthig seien, so sprechen doch erhebliche politische Gründe dafür, der Justiz dieses Vertrauen erweckende Element auch in der untersten Instanz nicht zu versagen, soweit es ausführbar ist. Daß sich die Laien überhaupt eignen, um einen Schuldspruch zu thun, m. H., dafür spricht die Erfahrung der ganzen civilisirten Welt. Es sind Hunderte von Millionen, unter denen die Laien den Schuldspruch handhaben, und wir werden auch in unseren östlichen Provinzen die Erfahrung machen, daß in dem Mittelstand für die sogenannte Thatfrage die deutsche Bildung ausreicht, ja höher steht, als in den meisten Ländern, die den Laien zum Schuldspruch zuziehen.

Gegen den zweiten Satz würde ich nicht so große Bedenken haben, wenn er das ausdrückte, was der Herr Referent interpretando sagt. Aber wie er jetzt dasteht, enthält er ein Mißtrauensvotum gegen die

Schwurgerichte, welches ich nicht für gerecht halte. Die Schwurgerichte sind nicht besser und nicht schlechter heute als sie jederzeit waren, sie haben sich nicht besser und nicht schlechter gezeigt wie jemals: sondern sie haben nur noch dieselben Fehler, die wir an ihnen in Preußen kennen seit einem Menschenalter und länger. Wenn die Geschworenen unrichtige, zuweilen unverständliche Sprüche thun, so rührt das heute wie jederzeit davon her, daß die pedantische Fragestellung für zahlreiche Fälle nicht paßt, und rührt daher, daß auch die richterliche Leitung zuweilen nicht berechnet ist auf Laien. Es sind das alte Uebelstände, und sie sind heute nicht größer als sie jemals waren. Sprechen wir in der herben Form aus: sie verdienen das Vertrauen nicht, so sprechen wir einen meines Erachtens unverdienten Tadel aus, denn unser Ausspruch wird beurtheilt nach der Wortfassung, nicht nach der Ausführung des Referenten. Die Fehler unserer Jury beruhen auf der Gesetzgebung, und die Gesetzgebung war gezwungen zu diesen Fehlern, weil wir die Jury eingeführt haben nicht als eine normale Institution der Rechtsprechung, sondern weil wir in Deutschland sie haben erzwingen müssen gegen das Beamtenmonopol. Sieht der Laie aber einmal die Jury an als ein Gegengewicht gegen die Staatsgewalt, als ein volksthümliches Gericht zum Schutz gegen die rechtsgelehrten Richter, sieht er es an als ein politisches Grundrecht, so entsteht auch die weitere Idee der Gleichheit mit dem Richter. Und aus der Idee der Gleichheit sind die meisten Schwierigkeiten entstanden: Der Geschworene möchte auch theilnehmen an der Prozeßleitung, will auch theilnehmen an der Strafmessung, will auch theilnehmen an der Gesetzesauslegung. Und da nun die kluge Napoleonische Gesetzgebung diese Ansprüche so nicht gelten lassen konnte, — denn man reißt damit die Schwurgerichte von der Gesetzgebung los, die Schwurgerichte sind dann keine Organe der Anwendung der Gesetze mehr — so hat die französische Gesetzgebung die Rechtsbelehrung, welcher der Laie nicht gehorchen will, ihm aufgezwungen in der feinen Weise der Fragestellung. Die französische Fragestellung ist eben die Weise, wie man dem Laien, der Egalité mit dem Richter will, doch die richterliche Belehrung aufzwingt. Statt in der ursprünglichen Weise den Richter zwanglos das Gesetz auslegen zu lassen und zu sagen: ihr habt dieser Auslegung zu folgen — stopfen Sie ihm diese Auslegung in Form der Fragestellung in den Mund mit allen erschwerenden und mildernden Umständen und Eventualfragen. Darüber sind wir bisher nicht hinausgekommen. Diese Fehler werden wir ändern müssen. Das thun wir aber nicht durch einen Ausspruch: „sie verdienen unser Vertrauen nicht"; sondern dadurch, daß wir aussprechen: was soll geändert werden? Ich meine, es soll geändert werden jenes Auseinanderreißen der Berathung zwischen Richter und Geschworenen, und es soll geändert werden die künstliche Fragestellung, die die Geschworenen zu irrigen und widersprechenden Aussprüchen verleitet.

Soll nun aber dagegen gesagt werden: wir wollen die „Schöffengerichte"? Die Schöffengerichte, die das heutige Publikum kennt, sind einfachste Schöffengerichte, bei denen der Schöffe dieselben Rechte übt wie der Richter. Stellen wir demgemäß an die Stelle der Jury Schöffengerichte, in denen die Egalité herrscht, so kommen wir hinaus auf jene Schöffengerichte, wie die erste Regierungsvorlage sie wollte, wo drei Richter zusammensitzen mit vier, sechs oder acht Laienbeisitzern und die ungetheilt über Prozeßleitung, Strafmessung und Gesetzesauslegung entscheiden wollen. So würde unser Ausspruch verstanden, wenn er so stehen bleibt. Was wir aber wirklich wollen, ist eine Mittelbildung. Wir wollen die pedantische Fragestellung wegschaffen und wir wollen eine gemeinsame Berathung zwischen Laien und Richtern, aber eine Gleichheit der Kompetenz wollen wir nicht. Vielmehr will ich dem Richter vorbehalten, was man ihm nicht nehmen kann. Der rechtsgelehrte Richter allein soll bei jeder Differenz der Anträge die Prozeßleitung haben, der rechtsgelehrte Richter allein soll bei Differenz der Meinungen die Strafmessung vornehmen; der rechtsgelehrte Richter allein soll bei verschiedener Rechtsauffassung die Gesetzesauslegung bindend für die Laien üben. Sowie eine Kontestation entsteht, sollen die Funktionen sachgemäß getrennt werden, so daß die Laien auch nicht in die Lage kommen, unter streitenden Rechtsverständigen die Entscheidung zu geben. Das ist keineswegs das, was wir heute Schöffengerichte nennen. Die Frage ist nur, ob wir nach den wenigen Jahren der Uebung soweit sind, uns schlüssig zu machen.

Für diejenigen, die mit mir heute etwas Positives sagen wollen, schlage ich folgendes Amendement vor: 1 unverändert; statt 2 u. 3 würde ich sagen: bei der weiteren Ausdehnung der Schöffenverfassung auf die Strafgerichte höherer Ordnung empfiehlt es sich jedoch im Anschluß an 1 die maßgebende Stellung der rechtsgelehrten Richter in der Prozeßleitung und in der Gesetzesauslegung zu sichern; und 3. unter dieser Voraussetzung werden auch in Zukunft die Schwurgerichte durch große Schöffengerichte zu ersetzen sein. Ich habe meinerseits kein Bedenken, dies heute schon auszusprechen. (Bravo!)

Ich stelle das zur Abstimmung für diejenigen, die heute entschlossen sind. Für diejenigen, die heute noch nicht soweit sich schlüssig machen wollen, werden dann die übrigen Amendements, denke ich, ausreichen.

Ich wiederhole aber die Bitte, in der herben Form den Schwurgerichten kein Mißtrauensvotum zu geben, was sie auch in den letzten sechs Jahren nicht verdient haben. (Lebhafter anhaltender Beifall.)

Oberlandesgerichtsrath Dr. **Wiesandt** (Dresden): Meine hochgeehrten Herren! Ich will ganz kurz meine Worte nur richten gegen das klare Mißtrauensvotum, welches mit einer schwachen Majorität die III. Abtheilung gestern dem Schwurgericht ertheilt hat.

Ich bekenne mich offen vor Ihnen als ein warmer Freund der Schwurgerichte, selbst in ihrer jetzigen Verfassung. Ich anerkenne nach gewissen Richtungen ihre Reformbedürftigkeit, aber ich kann nicht zugeben, daß speziell die vielfach angegriffene Theilung der Gewalten in der Praxis bei der Handhabung wirklich so schädigend wirkt, wie man das glauben machen will. M. H.! Ohne Ueberhebung darf ich es sagen, ich kann über diese Frage ein Wort mitreden. Ich bin vom Jahre 1879 an fünf Jahre ununterbrochen Vorsitzender eines nicht unbedeutenden Geschworenengerichts gewesen, und ich gebe Ihnen die Versicherung, daß unter den circa 500 Fällen, die im Laufe dieser 5 Jahre unter meiner Leitung zur Aburtheilung gelangt sind, was den endgültigen Ausgang der Sache anlangt, sich kein einziger befunden hat, wo ich nicht als Fachjurist den Ausgang vollständig gebilligt hätte. Nun, m. H., wenn solche Erfahrungen bei uns in Deutschland möglich sind, da kann in der Sache an sich unmöglich der Fehler liegen. Soweit ich mich zu orientiren versucht habe, liegt ungeheuer viel darin, daß in Deutschland der Richter, was die Rechtsbelehrung anlangt, sich noch nicht gehörig frei bewegt, sich so zu sagen nicht auf der Höhe seiner Aufgabe befindet. Ich habe wiederholt Gelegenheit gehabt, in Berlin als Zuhörer dem Schwurgericht beizuwohnen, und ich kann Ihnen versichern, da habe ich Rechtsbelehrungen gehört, die ich im Interesse der Gerechtigkeit innerlich tief habe beklagen müssen. Ich habe mir gesagt: die Geschworenen gehen in ihr Berathungszimmer und sie werden sich sagen: Wir haben um Brot gebeten, und wir haben Steine bekommen. Nicht in einer trockenen Gesetzeserläuterung und in der Hinwerfung einiger gelehrten Brocken liegt der Schwerpunkt; die Geschworenen wollen das gesunde Brot einer populär gehaltenen, einer von der Wärme der Rechtsüberzeugung durchdrungenen, einer packenden, einer vor allen Dingen nicht langweiligen Rechtsbelehrung. Und das mit Recht!

(Heiterkeit. Bravo! Zischen. Ruf: Sehr passende Kritik!)

M. H.! Das ist schon hervorgehoben worden, daß bei den Fehlsprüchen der Geschworenen es sehr fraglich ist, ob nicht der größere Prozentsatz auf das Konto der technisch mitwirkenden Faktoren zu setzen ist. Wenn ein falscher Wahrspruch herauskommt, so thun die Fachjuristen die Köpfe zusammen und es ist dann die Geschworenenbank sozusagen der Prügelknabe.

Herr Professor Rubo hat gestern ein lautes Lob gespendet der Strafprozeßordnung, ohne — wie mir schien — damit viel Beifall zu ernten; er knüpfte daran aber einen scharfen Tadel in Bezug auf die Anwendung dieses Gesetzes. Und dazu gestatten Sie mir nur ganz kurz noch zwei Hinweise. Wenn Sie in Berlin den Gerichtsverhandlungen beiwohnen, so werden Sie öfters finden, daß der Staatsanwalt die Gepflogenheit hat, dem Vorsitzenden bei der Vernehmung sozusagen in die Parade zu fallen und mindestens nachher noch gegen den Angeklagten ein Inquisitorium vom Stapel zu lassen ganz nach Art des alten Inquisitionsprozesses. Und, m. H., das geschieht in der Reichshauptstadt! Angesichts der Thatsache, daß die Strafprozeßordnung mit gutem Vorbedacht dem Staatsanwalt ebensogut wie dem Vertheidiger das Recht der direkten Fragestellung gegenüber dem Angeschuldigten ausdrücklich genommen hat.

Weiter, m. H., ist Ihnen doch wohl erinnerlich jenes Reskript des preußischen Justizministers, worin er sagte, es sei zu seiner Kenntniß gekommen, daß bei der Mehrzahl der Landgerichte im Anklageverfahren der Berichterstatter gar keinen mündlichen Vortrag hält, daß er den Beschluß ausarbeitet und einfach zur Unterschrift zirkuliren läßt! Und das, m. H., ist geschehen im Anklageverfahren der jetzigen Strafprozeßordnung, dem Angelpunkt des Entlastungsbeweises, in diesem Stadium, wo der Richter verpflichtet ist, dem Staatsanwalt auf die Finger zu sehen, wo er mit einem interlokutorischen Beschluß die Sache noch weiter aufklären kann zu Gunsten des Angeklagten, so daß die Sache gar nicht zur Hauptverhandlung zu kommen braucht! M. H., angesichts solcher — ich bedauere, wenn ich offen sein will, den harten Ausdruck gebrauchen zu müssen — Ungesetzlichkeiten, die sich fort und fort gezeigt haben, wollen wir doch erst vor der eigenen Thüre kehren, da wollen wir nicht von Ungehorsam der Geschworenen gegenüber der Rechtsbelehrung reden und von ihrem Souveränitätsdünkel; da wollen wir uns fragen, ob nicht auch etwas Souveränitätsgefühl bei dem Beamten sich findet, der sich nicht trennen kann von alten Amtsgewohnheiten, ungeachtet das neue Gesetz es ihm zur Pflicht macht, sich davon zu trennen. (Bravo! Zischen.)

M. H.! Es existirt zweifellos eine Strömung gegen die Schwurgerichte; wiewohl sie auch geschürt wird von Leuten, die geistreich sein wollen, und die lieber in die große Trompete neuer Projekte stoßen, anstatt daß sie sich an der mühevollen Arbeit der Verbesserung des Bestehenden im kleinen betheiligen (Heiterkeit).

Aber, m. H., es gilt von den Strömungen was von den Personen gilt: „Sage mir mit wem Du umgehst, und ich werde Dir sagen wer Du bist.“ (Heiterkeit.)

Die auffällige Protektion, welche diese Strömung mindestens nebenher findet bei den reaktionären Elementen unseres Volkswesens, sollte uns doch wahrlich als besonnene Männer zu ganz besonderer Vorsicht mahnen. (Bravo! Zischen.)

M. H.! Ich bedaure, daß, nachdem die St.-P.-O. erst sieben Jahre in Wirksamkeit ist, die Frage überhaupt schon wieder den Juristentag beschäftigt. Nachdem das einmal geschehen ist, halte ich für die einzig richtige und dem Zwecke des Juristentags entsprechende Behandlung der Sache die dilatorische, wie sie der Antrag des Herrn Reichsgerichtsrath Wielandt uns vorschlägt. Der Beschluß der Abtheilung, m. H., das wird mir jeder Theilnehmer an deren Berathung bezeugen können, ist mit einer ganz geringen Majorität gefaßt worden.

(Zuruf: Im Gegentheil, mit großer Majorität!)

Wenn, m. H., das Plenum wider mein Verhoffen und Erwarten diesem Beschluß beitritt, so habe ich das Zutrauen zu dem gesunden Sinn der deutschen Nation, daß in allen deutschen Gauen Männer auftreten werden, welche mit mir der Meinung sind: Victrix causa diis placuit, sed victa Catoni. (Lebhafter Beifall und Zischen.)

Landgerichtsdirektor Dr. **Olshausen** (Schneidemühl): Meine hochzuverehrenden Herren, die III. Abtheilung des Juristentages hat gestern die Sache nicht dilatorisch behandelt, sondern, wie ich meine, in höchst erfreulicher Weise mit Entschiedenheit Stellung genommen. Die Abtheilung hat positive und negative Sätze aufgestellt, die nicht nur den Juristen verständlich sind, sondern, worauf ich Werth lege, auch in weiten Laienkreisen Verständniß finden werden. M. H., dieses Ergebniß, so klar positiv und negativ es ist, bedingt dennoch nicht, daß Alle, die hinter diesen Beschlüssen standen und die Majorität gebildet haben, durchaus einer Meinung sind. Im Gegentheil, es geht ein Theil derjenigen, die diese Beschlüsse gefaßt haben, namentlich im ersten Punkt weiter und will die Betheiligung von Laien an der Strafrechtspflege überhaupt nicht. Es ist ja das gestern von einem der Herren Redner offen ausgesprochen worden, von demselben Herrn Redner heute vor Ihnen wiederholt worden, und ich weiß, daß ein Theil derjenigen, die die Majorität gebildet haben, auch auf diesem Standpunkte steht.

Ich, m. H., stehe nicht auf demselben, ich bin durchaus für Laienbetheiligung, und glaube, daß das auch aus meinem Gutachten zu entnehmen ist. Ich habe zwar in dem ersten Theile des Gutachtens gesagt: was man im Allgemeinen hört, geht dahin, daß die Schöffen mindestens nicht schädlich sind. Ich bin dann aber zum Schluß des Gutachtens doch positiv dafür eingetreten, daß Schöffengerichte im weiteren Umfange eingeführt werden. Ich ließ durchblicken, weil ich glaubte, mich spezieller nicht darüber äußern zu dürfen, daß auch bei den mittleren Strafgerichten

Schöffenbetheiligung wünschenswerth sei, und ich kann versichern, daß, wenn total freie Bahn wäre, ich die Betheiligung von Laien wünschte und mit durchführen helfen würde. Ich erlaube mir das namentlich deshalb hier ausdrücklich hervorzuheben, weil ich inzwischen aus der Schrift des Herrn Rechtsanwalts Munckel gesehen habe, daß seitens desselben meine Auffassung mißverstanden worden ist. Herr Rechtsanwalt Munckel rechnete mich zu den Gegnern der Betheiligung von Laien an der Strafrechtsflege; ich freue mich aber, in diesem Punkte meine Uebereinstimmung hier konstatiren zu können.

Ich glaube aber weiter, daß die Majorität, die die Beschlüsse gefaßt hat, darunter Folgendes verstanden hat: unter Schwurgericht eine Organisation, ein organisirtes Strafgericht, welches äußerlich ein einheitliches Gericht ist, in dem aber die Rechtsprechung geübt wird durch zwei vollständig getrennte Körper, von denen der eine aus Laien, der andere aus Rechtsgelehrten besteht. Ich glaube, daß die Majorität ferner verstanden hat unter Schöffengerichte solche Gerichte, in denen die Rechtsprechung geschieht durch ein durchaus einheitliches Kollegium von Rechtsgelehrten und Schöffen.

M. H., wir stehen nun auf dem Standpunkte — und ich weiß mich von jedem äußeren Einflusse frei, das betone ich, ich stehe lediglich hier auf Grund meiner Ueberzeugung — wir stehen auf dem Standpunkt und zwar auf Grund von Erfahrungen, wie ich sie mir in meinem Gutachten niederzulegen erlaubt habe, daß wir die Institution der Schwurgerichte in dem von mir erläuterten Sinne für verfehlt halten, für eine verfehlte wegen der Duplizität, die sich zwar in etwas korrigiren, aber nach unserer Ueberzeugung nicht beseitigen läßt, dergestalt, daß immer ein Riß durch das Verfahren gehen wird, der der Strafrechtspflege schädlich ist. Deshalb habe ich mich gefreut, daß ein klares Mißtrauensvotum ertheilt ist in dem erläuterten Sinne und bitte dringend, dasselbe auch heute zum Beschluß zu erheben.

Nun werden, abgesehen von Anträgen, die dem Abtheilungsbeschlusse geradezu entgegenstehen, Anträge abschwächender Natur gestellt; um diesen abschwächenden Anträgen gegenüberzutreten, werde ich mir erlauben, lediglich den eventuellen Antrag zur Nr. 2 des Abtheilungsbeschlusses einzubringen, hinter den Worten „2. die Schwurgerichte" einzuschalten „in ihrer jetzigen Gestaltung"; diese gleichfalls abschwächende Fassung halte ich den anderen abschwächenden Anträgen gegenüber noch für die relativ bessere und empfehle sie deshalb eventuell. Ich gestehe aber, daß ich ganz besonders mich freuen würde, wenn der gestrige Beschluß der Abtheilung in vollem Umfange und mit voller Klarheit auch hier angenommen würde.

M. H., ist man für Laienbetheiligung, welchen Standpunkt ich vertrete; ist man aber gegen die Schwurgerichte, so ergiebt sich als diejenige Form, bei der Laienbetheiligung möglich ist, nach unserer Auffassung die Form des Schöffengerichts, und sollte die geehrte Versammlung heute zur Annahme des abschwächenden Antrags kommen, so würde ich um so mehr Gewicht darauf legen, daß auch der dritte Punkt des Abtheilungsbeschlusses wieder bestätigt würde, während ich bei einem recht scharfen, deutlichen Mißtrauensvotum, mag man es in dieser Form aussprechen oder, wie früher beabsichtigt wurde, in der Form: „die Schwurgerichte sind abzuschaffen", auf den dritten Punkt weniger Gewicht lege. Je abschwächender aber das Votum bezüglich der Schwurgerichte ausfallen sollte, desto mehr möchte ich den Herren ans Herz legen, den dritten Punkt anzunehmen.

M. H., es wird hervorgehoben, wie sind die Schöffengerichte zu denken, und es ist namentlich von Seiten des hochverehrten Herrn Präsidenten Gneist ausgeführt worden, daß die Schöffengerichte in ihrer heutigen Gestalt noch große Bedenken haben. Ich kann diese Bedenken nicht theilen, ich unterscheide zwischen einer engeren und einer weiteren Prozeßleitung; ich sehe es als selbstverständlich an, daß die engere Prozeßleitung immer bei einem juristisch gebildeten Vorsitzenden bleiben muß. Aber es giebt Fälle, in denen die Prozeßleitung einer Korrektur, einer Kritik seitens des Gerichtshofs unterliegen kann, und an dieser Korrektur wollte ich allerdings die Schöffen auch betheiligen. Ich will nur einen einzigen Punkt hervorheben.

Es ist von Seiten des Reichsgerichts ausgesprochen, daß die Frage, ob die Vorbeeidigung oder die Nachbeeidigung einzutreten habe, zunächst rein Sache der Prozeßleitung sei, es bedarf keines Beschlusses darüber, aber es ist andererseits anerkanntes Recht, daß, sobald sich Bedenken ergeben, die theils rechtlicher theils thatsächlicher Natur sein können, dann der Gerichtshof allerdings in der Lage ist, der Intention des Vorsitzenden entgegenzutreten und beispielweise statt der beabsichtigten Vorvereidigung die Aussetzung der Vereidigung eintreten zu lassen. An Fragen dieser Art wollte ich allerdings die Laien durchaus mitbetheiligen. Ebenso ging ich von der Voraussetzung aus, daß die Schöffen, die Laienrichter, über die Rechtsfragen durchaus miturtheilen sollten. Wir stehen da auf dem Standpunkte, der namentlich auch seitens des Herrn Reichsanwalts Stenglein vertreten wurde, daß gerade bei einer Mehrheit von gelehrten Richtern die Betheiligung von Laien als Schöffen sich bewähren würde, indem eben durch die Diskussion der Berufsrichter den Schöffen die nöthige Grundlage für ihr Votum gegeben wird. Die Strafzumessung würde ich in den höheren Instanzen nicht den Schöffen zusammen mit nur einem Richter anvertrauen; auch deshalb sehe ich als Voraussetzung an, daß man allerdings die größeren Schöffengerichte unter Heranziehung mehrerer Berufsrichter würde bilden müssen. Das sind aber Einzelfragen, die hier nicht weiter diskutirt werden können.

Im Uebrigen scheint mir doch die Sache so zu liegen: Wenn wir in Nr. 1 aussprechen, daß sich die Schöffengerichte in ihrer jetzigen Gestalt im Allgemeinen bewährt haben, so sehe ich nur einen graduellen Unterschied, ob man nun die Schöffengerichte auf die Gerichte mittlerer und höchster Ordnung ausdehnt. Die Zuständigkeitsgrenzen sind fließende, sie haben sich zum Nachtheil der Schwurgerichte in bedeutender Weise verändert, sie werden vielleicht einer weiteren Veränderung entgegengehen. Während sonach hinsichtlich der Strafsachen nur graduelle Unterschiede obwalten, bleibt die Institution der Schöffengerichte im Wesen dieselbe: ein einheitliches Kollegium von gelehrten Richtern und von Laien.

Nur noch einen letzten Punkt. Es wurde seitens des Herrn Reichsgerichtsrath Wielandt ausgeführt, daß die Aenderung und Einführung großer Schöffengerichte an Stelle der Schwurgerichte nothwendig eine Aenderung der mittleren Gerichte nach sich ziehen müsse. Nun, so absolut nothwendig ist das nicht. Wenn es geschähe, so sähe ich es als Glück an, aber die Folge ist doch nicht so nothwendig und unbedingt. Die Frage liegt jetzt ganz anders als wie zur Zeit der Berathung der Reichsjustizgesetze. Wir haben ja doch jetzt eine gemeinschaftliche Strafprozeßordnung, die uns nicht genommen werden kann; auf Grund derer können wir mit Veränderungen vorgehen.

Ich bitte also principaliter die Beschlüsse aufrecht zu erhalten, wie sie von der III. Abtheilung angenommen sind, eventuell meinen Abänderungsvorschlag anzunehmen, dann, in letzter Linie, dem Antrage des Herrn Vorsitzenden Staatsrath Gneist beizutreten, dem ich dann allen übrigen gegenüber den Vorzug geben würde.

Professor Dr. **Kubo** (Berlin); M. H., ich gestatte mir zuvörderst eine kleine Anführung und Bemerkung, die ich speziell, trotzdem der deutsche Juristentag hier vereinigt ist, als Berliner Richter machen möchte.

Mir ist es vergönnt, seit dem ersten Erstehen des deutschen Juristentags, seit dem Jahre 1860, unausgesetzt jedem Juristentage beigewohnt zu haben, und da ich nun der Einzige bin, der auf allen Juristentagen gewesen und an denselben Theil genommen hat, so darf ich mir vielleicht das Urtheil gestatten, daß eine ähnliche Kritisirung der Richter eines Landes durch einen Kollegen eines anderen Bundesstaates seither noch nicht erfolgt ist, als wie dies zuvor durch den Herrn Oberlandesgerichtsrath Wiesandt geschehen ist. (Bravo!)

Sie wollen mir gestatten, m. H., auszusprechen, daß wenn der Zweck des deutschen Juristentages u. A. auch darin besteht, Kollegialität zu wahren, gesellige Vereinigung herbeizuführen, Verständigung über wissenschaftliche und sonstige Rechtsfragen zu bewirken, eine derartige Kritisirung, wie wir sie hier von dieser Stelle aus durch den Herrn Oberlandesgerichtsrath Wiesandt gehört haben, wahr und wahrhaftig den Zwecken des Juristentages vollständig widerspricht.

(Bravo! Sehr gut!)

Ich darf zur Abschwächung, zur Verminderung und zur Richtigstellung dessen, was der Herr Oberlandesgerichtsrath Wiesandt hier erklärt hat, nur Eins bemerken. Er rühmte seine Urtheile, er rühmte die Urtheile, die mit dem übereinstimmten, was er für Recht erkannt hat. Nun, m. H., ein solcher Richter ist ein Richter in eigener Sache. (Heiterkeit.) Die Wissenschaft nennt ihn inhabilis judex.

Und jetzt gestatten Sie mir auf die Frage einzugehen, die uns hier beschäftigt.

Ich würde, m. H., die Anträge 1 und 3 als die wünschenswerthesten bezeichnen. „Die Schöffengerichte haben sich im Allgemeinen in der Praxis bewährt", spricht nichts anderes aus, als was Billigkeit und Recht nach Maßgabe der Thatsachen erfordern. Was den 3. Antrag anlangt, der ein außerordentlich bescheidener ist: „Als die geeignetste Form der Zuziehung des Laienelements in Strafsachen erscheint das Schöffengericht", so stimmt damit, m. H., die Wissenschaft und stimmen wohl die Meisten überein; denn es soll durch die gegenseitige Berathung von Laien mit rechtsgelehrten Richtern der Richter von der Höhe der Abstraktion auf das natürliche Verständniß zurückgeführt werden, und wiederum die Laien werden belehrt über das, was Recht im Lande sei.

Die Bestimmung, inwieweit der Schöffe zugezogen werden soll, inwieweit die Rechtsprechung des gelehrten Richters allein wirken kann, steht hier nicht in Rede und darum meine ich, ist es allerdings gut, zu sagen, die Zuziehung des Laienelements erscheint als im Allgemeinen gut und geeignet. Denn, m. H., wohlverstanden, der Unterschied zwischen Geschworenengericht und Schöffengericht, verübeln Sie es mir nicht, hier diese Definition zu erwähnen, besteht darin, bei den Schwurgerichten entscheiden die Laien allein, bei den Schöffengerichten ist gemeinsame Verständigung, gemeinsame Berathung, gemeinsame Entscheidung, und da meine ich in der That, daß das Schöffengericht das giebt, was wir durch die Zuziehung des Laienelementes beim Strafverfahren erzielen wollen: eine thatsächlich und rechtlich richtige, dem natürlichen Verstande entsprechende Entscheidung.

Den zweiten Antrag, der mir als Tadelsvotum gegen das Schwurgericht erscheint, möchte ich Sie bitten nicht anzunehmen. Die hauptsächlichsten Widersprüche gegen die Schwurgerichte werden seitens der rechtsgelehrten Richter, namentlich seitens derjenigen erhoben, die selbst im Schwurgerichtsverfahren mitgewirkt haben. Den wesentlichsten Grund zur Klage bildet der Umstand, daß die Wahrsprüche der Geschworenen anders gelautet haben, als wie die rechtsgelehrten Richter selbst, oder doch wenigstens der Vorsitzende, es für richtig gehalten. Nun, bei dieser Verschiedenheit des Ausspruchs, des rechtsgelehrten Richters einerseits und der Geschworenen andrerseits, glaube ich, wollen wir uns nicht zu der Annahme versteigen, daß der rechtsgelehrte Richter immer Recht habe. Zum Belag dessen, daß auch das Gesetz durchaus nicht die Auffassung des rechtsgelehrten Richters für stets zutreffend erachtet, führe ich Ihnen Folgendes an: Frühere Strafprozeßordnungen in Deutschland schreiben für das Schwurgerichtsverfahren vor, daß der Schwurgerichtsvorsitzende bei seinem Schlußvortrag (Resumé) alles vorträgt, was er in rechtlicher und in thatsächlicher Hinsicht behufs Herbeiführung eines richtigen Wahrspruchs der Geschworenen für erforderlich erachte. Es ist bekannt, wie gerade in thatsächlicher Hinsicht die Schlußanträge nicht immer richtig waren und zu sehr von allzueinseitiger Auffassung zeugten. So ist es denn gekommen, daß die heutige Reichsgesetzgebung den Schlußvortrag des Vorsitzenden im Schwurgerichtsverfahren nur auf Rechtsausführungen beschränkt hat, und Angesichts dessen frage ich Sie: ist Grund zur Klage wirklich da vorhanden, wo der rechtsgelehrte Richter in thatsächlicher Hinsicht nicht mit dem Ausspruche der Geschworenen übereinstimmt? Daß die Rechtsbelehrung nicht eine bindende bei uns sein kann, wie in England, ist klar. In England ist nur ein Richter, der das Gericht bildet; wir dagegen haben drei Richter als Mitglieder des Schwurgerichtshofes, und so kann es vorkommen, daß die Ansicht des Vorsitzenden von den beiden anderen Mitgliedern verworfen wird. Die Bedenken gegen Schwurgerichte stützen sich hauptsächlich auf die Nothwendigkeit einer Fragstellung. Aber ich frage alle Kollegialrichter, existirt ein Kollegium, in welchem man der Fragestellung entbehren kann? Nie und nimmer! Gerade das wirkt zur Klärung, daß man die Fragestellung hat, daß man die Fragen klar und bündig hinstellen muß. Aus diesem Grunde bitte ich, das harte Tadelsvotum des Absatzes 2 nicht anzunehmen; und darf ich eine weitere Bitte aussprechen, so geht dieselbe dahin, daß auch der Vorschlag unseres verehrten Herrn Präsidenten Dr. Gneist nicht angenommen werde. Denn er ist so detaillirt, m. H., daß ich Sie bitten möchte, ihn nochmals, Zwecks einer Vorberathung, der dritten Abtheilung vorzulegen. Es kommt der Vorschlag herein, wie der deus ex machina. Ich will ihn selbst als deus bezeichnen, aber ich verwerfe den Antrag Gneist. (Heiterkeit!)

Ich bitte Sie, Nr. 1 und 3 anzunehmen, aber Nr. 2 abzulehnen.

Reichsanwalt **Stenglein** (Leipzig): M. H.! Ich gehörte zur Minorität in der 3. Abtheilung, welche glaubte, das Vertrauensvotum den Schöffengerichten in ihrer dermaligen Gestalt nicht ertheilen zu können, welches die Abtheilung ihnen ertheilt hat, ebensowenig aber auch die unbedingte Verurtheilung der Schwurgerichte eintreten lassen zu können, welche sodann zum Beschluß erhoben wurde. Es wurde bei Gelegenheit der Reformen, welche zur Sprache kamen, von einem der Herren Redner sowohl in der Berathung der Abtheilung, als heute schon geäußert, die öffentliche Meinung stimme mit diesen Reformen nicht überein, und wenn die Sache vor den Reichstag käme, so würden die Anträge dort nicht angenommen werden. Ich weiß nicht, aus welchem Grunde so apodiktische Behauptungen aufgestellt werden. Denn wer sagt uns denn, was die öffentliche Meinung ist, und wer sagt uns vollends, was der Reichstag thun wird. Ich denke mir die Stellung des Juristentags als eine ganz andere. Wenn wir bloß der öffentlichen Meinung, die wir ganz unzweifelhaft erkannt haben, nachhinken wollen, m. H., dann glaube ich, würde der deutsche Juristentag in seiner Bedeutung sehr viel verlieren. Es handelt sich ja um juridische Fragen, und wir betrachten uns doch gewissermaßen als eine Repräsentanz des Juristenthums. Ich glaube, wir müssen die öffentliche juristische Meinung machen, und nicht abwarten, daß sie außer uns gemacht wird und wir unser Amen dazu geben. (Sehr wahr!)

Und wenn es sich um den Reichstag handelt, so hat er fast ein Recht darauf, zu hören, was wir über eine Frage denken. Was der Reichstag damit machen will, davon können wir uns nicht bestimmen lassen. Wir können es auch nicht errathen. Auf die bloße Behauptung, daß der Reichstag nicht darauf eingehen werde, können wir unmöglich etwas geben.

Was nun die Schöffen betrifft, so stehen wir eigentlich bei der Berathung dieser Frage diesem Punkte eigenthümlich gegenüber. Wir sollen nach der Fragestellung darüber Zeugniß abgeben, ob denn die Schöffengerichte sich bewährt haben. Das zieht eigentlich nach sich, daß jeder schon mit einer fest abgeschlossenen Meinung in den Saal kommt und daß damit jede Diskussion abgeschnitten ist. Denn ich kann doch nicht unternehmen, demjenigen, der mir versichert, ich betrachte die Sache als weiß, deduciren zu wollen, nein, sie ist schwarz. Es handelt sich einfach um eine Thatsache, die ein jeder, der mitstimmen will, erkannt haben muß, und es wird sich in der Abstimmung zeigen, ob die Mehrheit erkannt haben will, daß sich die Schöffen bewährt haben, oder ob das Gegentheil anzunehmen ist. Ich glaube Ihnen nun schuldig zu sein, die zwei Hauptgründe Ihnen zu nennen, welche mich nöthigen, mich gegen das Schöffengericht in seiner dermaligen Gestaltung auszusprechen.

Es ist vor allem der kleine Distrikt, in welchem die Schöffengerichte gewählt werden und zu amtiren haben, der nach sich zieht, daß die Schöffen mit allen Personen und Verhältnissen zu sehr verwachsen sind, um sie als unabhängige Richter anerkennen zu können. Der zweite Grund ist, daß sie nur einen Richter in der Diskussion sich gegenüber haben, der schon dadurch allein einen ganz unbegrenzten Einfluß auf sie gewinnt, daß ich aber sehr wohl glaube, es würde sich das Schöffengericht dann ausbilden lassen, wenn bei der Berathung mehrere Richter den Schöffen gegenüberstehen, so daß sie nur eine Entscheidung über das, was sie in der Diskussion gehört haben, zu fällen haben. Das zu thun, sind Laien im Stande. Mit den Richtern zu diskutiren, glaube ich, sind sie außer Stande, dazu fehlt ihnen die Vorbildung. Es sind das die Gründe, die mich veranlassen, auszusprechen, ich könne nicht anerkennen, daß die Schöffengerichte sich im Allgemeinen bewährt haben.

Es wurde schon von beiden Gutachtern und auch außerdem betont, daß die Schöffen nicht geschadet hätten. M. H., das ist mir viel zu wenig. Eine Institution von dieser Bedeutung hat ihre Berechtigung nicht dann schon dokumentirt, wenn sie nicht geschadet hat, sondern es muß sich ein positiver Nutzen davon nachweisen lassen und den Nachweis davon vermisse ich vollständig. Mir scheint, daß, soweit sich das Faktum erkennen läßt, die Schöffen eine unnütze Dekoration für die Amtsrichter sind, von dem sie unbedingt beeinflußt werden; und zu diesem Zweck denen tausende von Arbeitstagen jährlich entziehen, welche so viel außerdem zu wirken haben, halte ich den Staat für nicht berechtigt. Um das zu thun, müßte ein ganz erheblicher Nutzen geboten sein. Das ist meine Stellung zu den Schöffengerichten.

Was nun die Frage des Schwurgerichts betrifft, so ist allerdings die Diskussion und ihr Resultat viel weiter gegangen. Allein etwas, was schon unser verehrter Herr Präsident gestreift hat, ist mir dabei aufgefallen. Die Gründe, die man gegen das Schwurgericht geltend gemacht hat, sind durchaus keine neuen. Man hat gefragt, welche Erfahrungen haben wir mit der Zuziehung von Laien in der Form des Schwurgerichts gemacht, und von diesen neuen Erfahrungen habe ich nichts oder nur sehr wenig vernommen, hauptsächlich nur in dem einen Punkte, in dem allerdings eine ganz allgemeine Uebereinstimmung zu bestehen scheint, daß nämlich die jetzige Form der Fragestellung eine vollständig verfehlte und zu Mißständen führende ist. Sonst aber habe ich darüber gar niches gehört und ganz richtig wurde schon angeführt, daß, wenn allenfalls einmal ein falscher Wahrspruch von Seiten der Geschworenrn gefällt wurde, dem wohl auch einige Urtheile der rechtsgelehrten Richter an die Seite gestellt werden könnten. Alle Gründe, die in der Diskussion gegen Schwurgerichte geltend gemacht wurden, sind solche, die zur Zeit schon bestanden haben und auch diskutirt worden sind, als man das Schwurgericht eingeführt hat. Ich kann also das gegenwärtige Votum und die Strömung, welche ganz unzweifelhaft gegen das Schwurgericht besteht, nicht als eine Frucht derjenigen Erfahrung ansehen, die wir seit 1879 gewonnen haben, sondern es ist ganz einfach eine Reaktion, allerdings nicht eine Reaktion in dem tadelnden Sinne, in dem man das Wort gewöhnlich gebraucht. Aber wir stellen uns damit wieder auf den Standpunkt, den wir auch schon auf dem Juristentag diskutirt haben. Damals kamen wir zu anderen Resultaten, und heute plötzlich stellt sich heraus, daß die Juristenwelt in ihrer Mehrzahl nicht mehr den Ansichten huldigt, denen sie früher gehuldigt hat, sondern daß sie Gefahren in dem Schwurgericht erblickt, die ich in dem Umfange nicht erblicken kann. Daß mit dem Dualismus in der Beweisführung, mit dem Dualismus in der Fragestellung Mißstände verknüpft sind, haben wir längst gewußt, als das Schwurgericht eingeführt wurde. Die Frage ist nun, ob dieser Dualismus ein so vollständig unerträglicher ist. Wie gesagt, mir scheint nicht, daß das Schwurgericht das Mißtrauen verdient, welches heute ausgesprochen werden soll, am wenigsten aber dürfte es richtig sein, sich in der schroffen Form, wie die Abtheilung gethan hat, auszusprechen. Dabei verschließe ich mich der Thatsache nicht, daß möglicherweise eine Ausgleichung zu Stande kommt, die die größeren Schöffengerichte an die Stelle setzt. Aber zur Zeit, meine Herren, scheint mir der Schritt, dies in apodiktischer Form zu empfehlen, ein äußerst gewagter zu sein. Denn über den einen Punkt, ob denn die Schöffengerichte sich auch so bewähren werden, wie wir heutigen Tags es glauben, wenn mehrere Richter den Schöffen gegenüberstehen, als wenn nur einer ihnen gegenübersteht, haben wir gar keine Erfahrung. Deshalb habe ich geglaubt, es sei nützlich, noch zu temporisiren. Keinesfalls kann ich mich aber entschließen, heute schon ein Votum abzugeben, welches den Schwurgerichte vollständig die Existenzberechtigung abspricht und den größeren Schöffengerichten eine Zukunft eröffnet, von der ich nicht weiß, ob sie auch im Stande sein würde, sie zu verdienen. Diesen Einwand möchte ich auch dem Antrage, den unser so verehrter Herr Präsident eingebracht hat, entgegenstellen. Es hat ja schon der Herr Vorredner das

Nöthige erläutert. Mir scheint, es liegt hier ein Detail vor, welches vollständig zweifelhaft läßt, ob die Institution, die beantragt wird, eigentlich noch in das Gebiet der Geschworenen oder in das Gebiet der Schöffen gehört. Sie hat von beiden einiges. Ob das richtig ist, ob es in dem Umfange eingeführt werden kann, bekenne ich mich offen unfähig in dem Moment, in dem mir der Antrag entgegentritt, zu übersehen. Ich muß mein Urtheil hierüber suspendiren.

Das sind die Gründe, weshalb ich zwar den Anträgen des Herrn Präsidenten Kühne beitreten, den sämmtlichen übrigen Anträgen gegenüber aber mich nur negativ verhalten kann, und ich glaube, es würde fast besser sein, wenn wir zu einer allgemeinen Negation, als wenn wir zu positiven Beschlüssen kommen, die vielleicht der Juristentag später zu bereuen haben würde.

Rechtsanwalt **Munckel** (Berlin): M. H.! Ich stehe im Ganzen und im Wesentlichen fast überall auf dem Standpunkt des Herrn, der soeben vor mir gesprochen hat, ich habe also sehr wenig hinzuzufügen.

Der Frage zu 1 der Beschlüsse, wie sich die bisherigen Schöffengerichte bewährt haben, stehe ich im Ganzen sehr kühl gegenüber. Ich bin ein Freund der bisherigen Schöffengerichte nicht, empfinde aber auch keine tiefe Abneigung dagegen, und meine Abneigung fängt erst da an, wo ich vermuthe, daß die Formen der Schöffengerichte gebraucht werden sollen, um gegen die Schwurgerichte Front zu machen und um eine Abschlagszahlung zu bilden, welche nicht dem Laienelement und der Forderung nach Zuziehung des Laienelementes bewilligt wird, sondern eine Abschlagszahlung, welche der Forderung auf Ausschließung des Laienelements gemacht wird. Indessen habe ich, m. H., doch mancherlei gehört zum Nutzen der Schöffengerichte, und mir hat am meisten imponirt die Erwägung, daß die Zuziehung der beiden Schöffen den fungirenden Amtsrichter zwingt, indem er den Schöffen die Sache klar macht, sie zugleich sich selber klar zu machen. Und ich finde eine Erleichterung darin für den zukünftigen Schöffendienst daß man, wenn man von dieser Erwägung ausgeht, offenbar gut thut, sich an die weniger intelligenten Elemente des Volkes zu wenden;

(Heiterkeit.)

denn je schwieriger und gründlicher die Klarmachung denen gegenüber werden muß, um so gründlicher wird sie dann auch für den Amtsrichter selber sein.

(Heiterkeit.)

Das, m. H., über die Schöffengerichte wie sie bestehen.

Die Schöffengerichte, wie sie in Zukunft sein sollen, die der Abtheilungsbeschluß empfiehlt — wer hat sie denn gesehen? Unbekannten Größen soll nach dem Beschlusse Nr. 3 das Vertrauen des Juristentages entgegengebracht werden. Denn das sogenannte große Schöffengericht, aus mehreren Richtern und noch mehr Schöffen bestehend, hat gar keine Aehnlichkeit mit dem kleinen geringfügigen Schöffengericht, das wir jetzt haben und kennen; nicht im geringsten. Wir haben gehört — und ich will ja wünschen, daß es so sei — Herr Reichsanwalt Stenglein sprach die Hoffnung aus, daß dieses große Schöffengericht vor dem kleinen, das er nicht liebt, wesentliche Vorzüge möglicherweise haben könnte. Herr Präsident Dr. Kühne ist ganz der entgegengesetzten Meinung, und indem er ein Beispiel von einer Thiergattung heranzog für die Handelsrichter, von denen er sprach, — was ich auf die Schöffen, obwohl es da näher läge, nicht anwenden will — meinte er, daß gerade bei der Divergenz mehrerer Richter untereinander ganz willkürlich und eben nach Analogie jener unvernünftigen Geschöpfe die Laien auseinanderzugehen pflegen.

(Heiterkeit.)

Der eine stellt sich das große Schöffengericht viel schöner vor, der andere stellt es sich viel schlechter vor als das kleine, wie es gegenwärtig ist. Und ich? Ich will so bescheiden sein, es mir einstweilen einmal gar nicht vorzustellen. (Heiterkeit.)

Ich bin aber deshalb auch nicht in der Lage, für dieses mir nicht vorgestellte Schöffengericht in Nr. 3 der Anträge ein Vertrauensvotum abzugeben.

M. H.! Worauf es mir ankommt, das ist der Beschluß der Abtheilung zu Nr. 2. Und wie der Beschluß, mag die heute von dem Herrn Referenten hinzugefügte Milderung angenommen werden oder nicht, verstanden werden wird und wie er, glaube ich nach der Absicht der beschließenden Mehrheit auch verstanden werden soll; so ist er doch ganz zweifellos dahin gehend, daß der Juristentag ein Mißtrauensvotum ertheilen will nicht dem gegenwärtigen Verfahren, sondern dem Institute der Geschworenen als solchem. Und, m. H., ich habe die Furcht, daß dieses Mißtrauensvotum, hier feierlich ertheilt dem Geschworenengerichte in Deutschland, sich verwandeln könnte sehr gegen den Willen derer, die so stimmen, in ein ebenso gefaßtes Mißtrauensvotum gegen den deutschen Juristentag, der so beschließt und von dem man sagen wird: „der Juristentag verdient das ihm theilweise geschenkte Vertrauen nicht“. (Sehr richtig!)

Denn, m. H., nichts ist wahrer als das, was Herr Reichsanwalt Stenglein ausführte. Sind denn diese Klagen, die wir heute hören, neu? sind denn diese Klagen über die Geschworenen nicht von Anbeginn des Instituts dagewesen? hat sich denn in den Sprüchen der Geschworenen, hat sich denn in der Kompetenz der Geschworenen eine Veränderung vollzogen? Ja, die Kompetenz ist eingeschränkt worden, die sogenannte schädliche Wirksamkeit ist eingeengt, aber nicht ausgedehnt. Haben unsere Geschworenen mehr wie früher hinübergegriffen in eine Sphäre, die ihnen nicht zusteht? Es mag das in Galizien vorgekommen sein, es mag das vorgekommen sein in Orten, wo die Sprachenmischung und die Völkermischung Regel ist; bei uns in Deutschland ist das die Regel Gott sei Dank nicht, bei uns kommt das als Regel nicht vor. Unsere Geschworenen sind in der Regel — und mit der Regel rechne ich — anständige und gewissenhafte Leute, die ihre Pflicht thun so gut wie die Richter. Und, m. H., wenn wir empfindlich jeden Vorwurf gegen die Richter hier zurückweisen wollen — wogegen ich nichts habe — dann wollen wir den Vorwurf gegen unsere Landsleute, daß sie — wie es klingen könnte nach dem Vortrage mancher Referenten — in der Mehrheit ihre Pflicht nicht thäten, doch auch nicht hören. Mängel kommen vor. Gewiß! Reformbedürftig ist — m. H., was ist nicht reformbedürftig? — ist vielleicht mehr als anderes die Art des Verfahrens vor den Geschworenen. Aber die Abschaffung der Geschworenen deshalb zu dekretiren, weil nicht die Geschworenen, sondern weil der gegenwärtig anwesende Juristentag sich geändert hat, weil er sich unter einer Strömung der Reaktion — natürlich der guten Reaktion, wie Herr Reichsanwalt Stenglein auch schon gesagt hat; — (es giebt eigentlich gar keine schlechte, jede Reaktion ist gut) —

(Heiterkeit.)

weil der Juristentag sich geändert hat — m. H., das würde ich mir zweimal überlegen. Ich will die Zuziehung des Laienelements erhalten und zwar gerade deswegen behalten, — was Herrn Professor Hiller vielleicht nicht gefallen wird — weil ich nicht wünsche, daß nur von Leuten, die ihr Handwerk gelernt haben, die Strafjustiz ausgeübt wird. Ich will sie handwerksmäßig nicht, und gerade deshalb zieht man die Laien zu, damit die Rechtsprechung nicht ausarte in eine Routine und ein Geschäft, wobei die handwerksmäßige Uebung die Hauptsache ist. Ich verstehe aber unter Laienbetheiligung eine solche Betheiligung, daß auch die Stimme der Laien zu ihrem selbständigen Ausdruck kommen kann. Diese Selbständigkeit — nicht zu verwechseln mit Omnipotenz, die mag ich auch nicht — will ich. Und weil ich finde, daß die Schöffeneinrichtung nichts anderes ist als ein Institut ,worin man im Wege einer gewissen Verkapselung — verzeihen Sie mir den Ausdruck — die Schöffen hinüberführt in den Zustand der Unschädlichkeit, den sie in der Verkapselung haben würden, — ja, es mag mancher den Kopf dazu schütteln, das ist nicht der Wille, das ist aber das Resultat davon — deshalb behaupte ich, daß unter der Herrschaft der Schöffengerichte allein die Selbständigkeit des Laienelements nicht wird bestehen können und daß früher oder später es die Etappe sein wird der Rückkehr zu dem rein juristischen Element. Das ist es was ich verhindern will. Und weil ich das glaube, so betrachte ich jeden Anhänger der Schöffengerichte allein, der sich zugleich den Schwurgerichten widersetzt, als einen vielleicht nicht bewußten aber unbewußten Gegner der Zuziehung des Laienelements. Und das ist es, was ich zur Aufklärung auch dem Herrn Landgerichtsdirektor Olshausen erwidern will. Ich halte ihn — er will's nicht sein, er wirds aber im Resultate sein — allerdings für einen Gegner der Betheiligung der Laien.

M. H.! Uns steht es nicht zu, so wie die Sachen jetzt liegen, diesen Spruch zu thun; wir haben keinen materiellen Grund zu sagen: Die Geschworenen haben sich gegen früherhin verschlechtert. Ein solcher Grund ist nicht aufgetreten. Wir mögen die Reformbedürftigkeit betonen, aber nicht so, daß jeder im Lande verstehen soll, als wären die Geschworenen an allem demjenigen schuld, was den Schwurgerichten aufgebürdet wird. Und weil doch hier einmal alle citiren, m. H.: Quidquid delirant reges, plectuntur Achivi. Die Achivi sind die Geschworenen hier, und sie haben die Schläge, die sie bekommen, nicht verdient. (Bravo!)

Hof- und Gerichtsadvokat Dr. **Jaques** (Wien): Meine verehrten Herren! Ich war niemals ein Schwärmer für das Schwurgericht, und daraus kann ich vielleicht deduciren, daß ich dieser Verhandlung mit der allergrößten Unbefangenheit zu folgen in der Lage war.

Ich kann nun die feste Ueberzeugung nicht unterdrücken, daß die Frage nicht reif ist zu einer Beschlußfassung in dem Sinne, wie Ihnen dieselbe von der dritten Abtheilung proponirt wird, und daß das Einzige, was der Juristentag thun kann und thun soll, ohne seine eigene moralische Autorität zu gefährden, die Annahme des von dem verehrten Herrn Präsidenten Kühne gestellten Antrages ist.

Erwägen Sie einmal, wie die Gegensätze sich hier gegenüberstehen. Die Einen sagen: Laien sollen überhaupt bei der Rechtspflege nicht mitwirken; die Anderen: wir wollen die Erweiterung der Mitwirkung des Laienelements, wollen sie auch bei den Gerichten mittlerer und höherer Ordnung. Die Einen sagen: in den Gerichten niederer Ordnung haben sich die Schöffen bewährt; die Anderen behaupten mit eben solcher Entschiedenheit: sie haben sich nicht bewährt. Die Einen meinen: es sollen in den Gerichten mittlerer Ordnung Schöffen eingeführt werden; die Anderen dagegen: es ist ganz unmöglich, es ist praktisch unmöglich, sie bei den Gerichten mittlerer Ordnung einzuführen. Die Einen argumentiren: wenn die Laien mit den Richtern in einem Kollegium zusammen sind, so lassen sie sich von den Richtern vollständig beeinflussen; und die Anderen — wie mein Landsmann Professor Hiller speziell hervorgehoben hat —: Laien lassen sich absolut nicht beeinflussen, sie haben das Gefühl der Souveränität, welche Souveränität ihnen gewiß, falls der Satz überhaupt richtig ist, auch dann nicht abhanden kommen kann, wenn sie mit den Richtern zusammen sind. Die Einen konstatiren weiter: der Einfluß, wie er von dem einen Richter geübt wird, hat sich bewährt, das ist gut; und dem gegenüber wird von der anderen Seite behauptet: wie dieser Einfluß sich aber gestalten wird, wenn mehrere Richter dem Laien gegenüberstehen, das ist eine ganz unberechenbare Eventualität. Was wir also thun, meine verehrten Herren, wenn wir jetzt schon im Sinne des Antrages der Abtheilung oder auch im Sinne des Antrags unseres hochverehrten Präsidenten Gneist für Ersetzung des Schwurgerichts durch das Schöffengericht votiren, ist ein Sprung ins Dunkle. Und was wir weiter thun, ist nach meinem Erachten, daß wir uns vollständig loslösen von jenem obersten Grundsatz der Thätigkeit des Juristentags, der es war, und, wie ich glaube, immer sein soll, daß wir nur dann ein bestimmtes Votum aussprechen, wenn von einer communis opinio die Rede sein kann. Erwägen Sie den ganzen Gang der Debatte und fragen Sie sich unbefangen, ob die Elemente zu einer communis opinio zu Tage getreten sind.

Nun lassen Sie mich speziell noch mit ein paar Worten von dem sprechen, was zu meinem Bedauern mein verehrter Landsmann hier vorgebracht hat. Es ist gesagt worden, daß in Oesterreich sich eine sehr starke Strömung gegen das Schwurgericht geltend macht. Meine verehrten Herren! Es sind, namentlich in den östlichen Provinzen, ein paar grelle Fälle vorgekommen. Vergessen Sie nicht, daß in diesem Augenblick durch die ganze Lage unserer politischen Dinge die nationalen und konfessionellen Gegensätze gerade in den östlichen Provinzen stärker wirken wie zu irgend einer andern Zeit. Wollen Sie das mit als Maßstab ansehen für die Beurtheilung der Frage? Davon kann doch gewiß nicht die Rede sein.

Der geehrte Professor Hiller hat aber weiter von der Souveränität der Jury gesprochen und darin eine große Gefahr gesehen. Ja, das ist ganz gewiß. Das trifft einen wunden Punkt in der Institution der Jury und trifft ihn deshalb so ganz insbesondere, — wie unser Herr Präsident schon angedeutet hat — weil die Jury nicht als eine reine Rechtsinstitution, sondern überwiegend als eine politische Institution bei uns eingeführt ist, und weil die Geschworenen sich daran mehr und mehr gewöhnt haben, zu glauben, daß sie über das Gesetz selbst erhaben sind. Der Weg, das zu heilen, ist, daß mehr und mehr in das Bewußtsein der Jury der Gedanke eindringt, daß die Rechtsbelehrung des Richters das ist, woran der Geschworene sich zu halten hat und daß er einfach Gesetz und Recht anzuwenden hat, wie es in England der Fall ist, daß er aber nicht souveräner

Herr ist über die Entscheidung. Das sind aber Ziele, die nach meinem Erachten auf dem Weg der Reform der Jury sich herbeiführen lassen. Deswegen braucht man aber nicht gleich das ganze Institut umzuformen.

Nehmen sie nun noch ein weiteres Element der Divergenz in Betracht. Es ist in dem Antrag unseres hochverehrten Herrn Präsidenten die Rede davon, daß die Prozeßleitung ausschließlich dem Richter überlassen werden solle in seiner Kombination mit den Laien bei den großen Schöffengerichten. Nun haben Sie dagegen wieder von dem verehrten Herrn Olshausen gehört: ja, in Bezug auf die Frage der Beeidigung und dergl. da soll das Laienelement auch an der Prozeßleitung theilnehmen.

Fragen Sie sich nach all dem, ob das eine Situation ist, in der man ein solches Votum aussprechen soll und ob es nicht geboten ist, einzig das auszusprechen, worüber, wie ich glaube, eine wirkliche Uebereinstimmung zu Tage getreten ist, nämlich, daß das Institut der Jury in seiner heutigen Gestalt einer Reform bedürftig sei.

Meine verehrten Herren, ich weiß nicht, ob nicht die Zeit, die mir gegönnt ist, schon nahezu vorüber, aber es liegt mir daran, Eines nur noch mit ein paar Worten zu sagen: Ist es denn eine Kleinigkeit, diesen altgermanischen Gedanken, an dem wir immer festgehalten haben, den Gedanken, daß man von Seinesgleichen gerichtet werden soll, leichthin aufzugeben? Das geschieht aber, sowie an die Stelle der Jury die Kombination von Laien und Richtern in dem großen Schöffengericht tritt? Ist es ferner eine Kleinigkeit, leichthin das zu verwerfen, was in England und Nordamerika als ein Palladium der Verfassung angesehen wird, woran man niemals rütteln darf, ohne daß zugleich gerüttelt würde an den Grundsäulen des ganzen öffentlichen Lebens? Ist es eine Kleinigkeit, gerade in unseren heutigen Zeitläuften auszusprechen, was von uns ausgesprochen werden soll, und damit — gestatten Sie mir den etwas pointirten Ausdruck — wieder so eine Art Konkurseröffnung über eine der bedeutendsten liberalen Ideen in die Welt hinauszuschicken? Das wäre effektiv der Fall und das wäre auch schließlich die Wirkung des Beschlusses. Verhehlen Sie sich nicht: die moralische Wirkung des Beschlusses kann keine andere sein, als die, daß der deutsche Juristentag, indem er gebrochen hat mit dem Gedanken, daß die Jury eine wünschenswerthe Institution sei, damit auf einem der mannichfachen Gebiete, wo man die entscheidende Mitwirkung der Bevölkerung als ein hohes Gut angesehen hatte, deren vollständige Werthlosigkeit ausspricht. Und wie Wenige, wenigstens von einer gewissen Richtung, werden sich der Konsequenz entziehen wollen, daß sich diese Erscheinung, diese Erfahrung successive auch noch auf ganz anderen Gebieten herausstellen würde. „Der Andere hört vor Allem nur das

Nein,“ sagt der Dichter, und in unserem Falle bedeutet dieses Nein, daß die Jury nichts werth ist. Das ist das Resultat, welches in diesem Beschlusse gelegen ist, mögen wir ihn nun fassen in der Form, wie die Abtheilung, oder in der Form, wie der Herr Präsident es beantragt hat. Darum bitte ich Sie, um der Autorität des Juristentages, darum bitte ich Sie, um der unausweislichen Konsequenzen, auch der politischen willen, die die Beschlußfassung haben muß, seien wir behutsam und gefährden wir nicht die Autorität des Juristentages, welche nur bestehen bleiben kann, wenn man unverrückbar an dem Gedanken festhält, nur solche Beschlüsse zu fassen, die vollkommen reif sind, bezüglich deren eine communis opinio der deutschen Juristenwelt sich herausgebildet hat. Darum kann ich nur dringend empfehlen, den Antrag Kühne zu acceptiren. (Bravo!)

Oberlandesgerichtsrath **Heinsheimer** (Karlsruhe): M. H., ich betrachte es als einen glücklichen Zufall, daß ich gerade nach meinem verehrten Freunde Herrn Dr. Jaques zu Worte komme. Hat er vom Standpunkte der Advokatur für die Rettung des Schwurgerichts ein Wort eingelegt, so lassen Sie mich als einen Richter, der Jahre lang einem großen süddeutschen Schwurgerichte jedes andere Quartal präsidirt hat, auch ein Wort zum Schutze dieser Rechtseinrichtung einlegen.

Ich möchte Sie bitten, nehmen Sie den Antrag Kühne an. Ich hätte sehr gern dem Antrage des Herrn Reichsgerichtsrath Wielandt beigestimmt, allein nach den großen Ausfällen und harten Worten gegen das Schwurgericht scheint mir dieser Antrag nicht mehr opportun zu sein. Wir müssen positiv aussprechen, daß das Schwurgericht, das ich für sehr reformbedürftig halte, für reformbedürftiger, als es vor dem Jahre 1879 war, weitaus den Vorzug vor dem Phantom des großen Schöffengerichts verdient. M. H., das kleine Schöffengericht hat sich bei uns in Baden bewährt, nicht wegen der Kontrole, welche die beiden Richter aus dem Laienelemente gegenüber dem rechtsgelehrten Richter geübt haben, sondern wegen des Zusammenwirkens der beiden Elemente, wobei die autoritative Wirkung des einen Juristen allerdings eine Hauptrolle spielt. Aber, m. H., wie ist es denn, wenn 3 rechtsgelehrte Richter und 4 Schöffen in dem großen Schöffengericht beisammen sind? Es hat einmal ein badischer Richter gesagt: In einem rechtsgelehrten Kollegium behält immer der Recht, der am lautesten schreien kann. (Heiterkeit.)

Wollen Sie dieses Geschrei, die erregte Debatte eines rechtsgelehrten Kollegiums den Laienohren zugänglich machen. Damit würden Sie den deutschen Richterstand in schwerer Weise schädigen. Die Geheimnisse der Debatte des rechtsgelehrten Kollegiums sollten nach einer vieljährigen Erfahrung, die ich gemacht habe, den Beiwohnern absolut verschwiegen werden.

— Reformbedürftig ist das Schwurgericht. Es ist uns in der Gesetzgebung des Jahres 1877 zum Theil verdorben worden durch die Bestimmungen des Gerichtsverfassungsgesetzes über die Anciennität und den Vorsitz, durch die Einschränkung der Präsidenten in der Wahl der Vorsitzenden. Das war früher nicht. Man hat den großen Einfluß gefürchtet, den die Regierung da üben könnte, und dadurch sind die Bestimmungen über möglichste Berücksichtigung der Anciennität in dem Vorsitze hereingekommen, während man bis zum Jahre 1879 es dem Präsidenten überlassen hat, die geeigneten Kräfte ins Feuer zu führen. Ein tüchtiger Schwurgerichtspräsident wird heute noch die Mitarbeit des Laienelements in der Form des Schwurgerichts vor manchen Verirrungen bewahren können.

Wir haben heute nicht die Frage der Reform des Schwurgerichts auf der Tagesordnung. Wenn Sie aber etwas thun wollen, um den Erfahrungen und Befürchtungen aus Czernowitz, aus der Bukowina entgegenzutreten, ei, so möchte ich anregen, so erweitern Sie die Befugniß der Kassation des Wahrspruchs auch auf die Fälle einer fraudulösen Freisprechung. — Der Schwurgerichtshof kann das Urtheil kassiren, wenn eine fraudulöse Verurtheilung stattgefunden hat. Geben Sie ihm das gleiche Recht auch gegenüber einem die Schuldfrage verneinenden Wahrspruche; ich glaube, es würde der größte Fortschritt zur Reform der Schwurgerichte sein. Wenn der Schwurgerichtshof aus mehreren Mitgliedern besteht, — ich würde in dieser Beziehung ein Kollegium von 5 rechtsgelehrten Richtern, wie wir es in Baden gehabt haben, vorziehen — so wird der einstimmige Ausspruch dieser Richter genug Gewicht gegenüber der öffentlichen Meinung haben. Sie erreichen dadurch, daß der Schwurgerichtshof nicht genöthigt ist, sich durch die Verkündung und den Vollzug einer fraudulösen Freisprechung mit den Geschworenen zu blamiren. Wir haben jüngst einen Fall erlebt, wo eine geständige, vollständig zurechnungsfähige Kindesmörderin von den Geschworenen freigesprochen wurde und das Verdikt gar nicht verstanden hat; als der Präsident ihr eröffnete: „Ihr könnt jetzt gehen", erklärte die Freigesprochene: „Herr Präsident, ich habe mein Kind umgebracht, ich will meine Strafe haben." Daß der Schwurgerichtshof in sochen Fällen genöthigt sein soll, ohne weiteres den Ausspruch des souveränen Volkes als Recht zu publiziren, betrachte ich als einen der schwersten Schäden unseres heutigen Schwurgerichts und ich möchte deshalb den Gedanken des erweiterten Rechts der Kassation des Wahrspruchs Ihnen als beachtenswerth empfehlen, zunächst aber, m. H., bitte ich recht dringend, ohne die uns vom Herrn Präsidenten gegönnten 10 Minuten zu überschreiten: nehmen Sie den Antrag unseres allverehrten Präsidenten K ü h n e an. (Bravo!)

Präsident: M. H., es sind von 3 Seiten Schlußanträge eingegangen! Ich bitte zunächst die Schlußanträge zu unterstützen.

(Geschieht!)

Ich bitte nunmehr die Herren, welche definitiv den Schluß wollen, aufzustehen, andernfalls stehen zu bleiben. (Geschieht.)

Es ist die große Majorität.

Nunmehr bitte ich den Herrn Referenten das Schlußwort zu nehmen.

Referent Oberamtsrichter **Süpfle** (Heidelberg): M. H., insofern mir als Referent nochmals das Wort gestattet ist, werde ich mich ganz kurz fassen.

Was den 1. Satz betrifft, den die 3. Abtheilung angenommen und hier zur Diskussion gestellt hat, so brauche ich kein Wort darüber zu verlieren, da ein Gegenantrag nicht gestellt ist und nur ein einziger Redner überhaupt sich gegen den Satz, daß sich die Schöffengerichte in der Praxis bewährt haben, ausgesprochen hat.

Was den 2. Satz anlangt, so sind hier allerdings mehrere Anträge eingegangen, und will ich einige Worte über dieselben sagen.

Es ist zunächst der Antrag Wielandt, den ich abzulehnen bitte deshalb, weil er nicht bestimmt genug ausdrückt, was er nach der Meinung des Antragstellers besagen soll, und weil er zu Mißverständnissen führen könnte. Ich meine, wenn die Reformbedürftigkeit des Schwurgerichts so entschieden betont worden ist, wie es in der gestrigen Abtheilungssitzung und in der heutigen Plenarsitzung geschehen ist, so muß man dies auch positiv aussprechen.

Der Antrag des Herrn Präsident Kühne geht dahin, diese Reformbedürftigkeit auszusprechen. Allein ich glaube, daß das an und für sich nicht genügt. Denn diese Reformbedürftigkeit ist schon seit vielen Jahren allgemein bekannt und doch hat sich noch nie eine Form der Verbesserung gefunden, welche allgemein befriedigte. Die Institution des Schwurgerichts und das Verfahren bei demselben sind eng verbunden, weil das Charakteristische des Schwurgerichts in der Trennung der Funktionen der Richterbank und der Geschworenenbank besteht; wenn daher das Verfahren nichts taugt, so taugt das ganze Institut nichts. Ich möchte das ausgesprochen wissen und beantrage deshalb die Aufrechterhaltung des Satzes der Abtheilung:

„Die Schwurgerichte verdienen das in sie theilweise gesetzte Vertrauen nicht."

Dabei habe ich jedoch nichts dagegen einzuwenden, wenn der redaktionelle Zusatz gemacht wird: „in der jetzigen Gestaltung"; damit etwaige Mißverständnisse beseitigt werden.

Weiter hat Herr Präsident Kühne beantragt, daß Ziffer 3 gestrichen werden soll. Ich möchte aber bitten, daß diesem Antrage nicht stattgegeben wird, sondern daß auch Ziffer 3 aufrecht erhalten wird. Es werden die Schöffengerichte hier lediglich in Gegensatz zu den Schwurgerichten gesetzt und wird allein und hauptsächlich der Schwerpunkt darin gefunden, daß die Zuziehung des Laienelementes sich bewähren soll und bewährt hat in der gemeinsamen Berathung. Alles Andere sind Detailfragen, die allerdings einer Gesetzgebung vorbehalten bleiben müssen. Wir sind aber jetzt nicht Kritiker irgend eines vorgelegten Gesetzentwurfes, sondern wir sollen Principien aufstellen, die eventuell in einer Gesetzgebung Verwendung finden.

Eben deswegen scheint mir der Antrag Gneist etwas zu detaillirt zu sein, obwohl ich mit diesem Antrage mich einverstanden erklären könnte, wenn Antrag 3 abgelehnt werden sollte.

Präsident: M. H., ehe wir zur Abstimmung kommen, habe ich noch dem Wunsche zu genügen zu einer persönlichen Bemerkung.

Oberlandesgerichtsrath **Wiesandt** (Dresden): Meine geehrten Herren, zu meinem lebhaften Bedauern habe ich bemerkt, daß mehrere Anwesende meine Ausführungen persönlich genommen und sich dadurch verletzt gefühlt haben. Ich war der Meinung, daß hier, wo wir ganz und gar unter uns sind, es im Interesse einer offenen Aussprache und folglich auch im Interesse der Sache liege, daß man diejenigen Wahrnehmungen mit in den Vortrag hineinbeziehen kann, die man außerhalb seines speziellen Wirkungskreises gemacht hat. Das gute kollegiale Verhältniß zu allen Anwesenden ebenso wie zu allen deutschen Richtern, das versichere ich Ihnen, liegt mir warm am Herzen und gestatten Sie mir, damit zu schließen, daß ich Sie bitte, sich in keiner Weise durch meine Ausführungen persönlich verletzt fühlen zu wollen. (Allseitiges Bravo!)

Präsident: Es ist dies dankbar anzuerkennen.

Nun, m. H., die Anträge der Abtheilung bilden die Grundlage. Zu 1 ist kein Amendement gestellt, Ziffer 1 kommt unverändert zur Abstimmung. Zu 2 und 3 sind eine Reihe Amendements gestellt. Wir haben aber ein Amendement, welches unbedingt vorgeht, weil es dilatorisch wirkt, den Antrag Wielandt. Er lautet:

> „Es liegt zur Zeit kein Bedürfniß vor, Aenderungen der Bestimmungen des deutschen Gerichtsverfassungsgesetzes bezüglich der Zuziehung von Laien in Strafsachen vorzunehmen.“

Wird er angenommen, so ist alles Weitere erledigt. Wird er abgelehnt, so kommt nun der Antrag der Abtheilung zu 1, zu dem kein Amendement gestellt ist. Dann folgen die Amendements zu Nr. 2 und 3 der Abtheilungsanträge, die als Amendements vorgehen, und zwar kommt meiner Meinung nach an erster Stelle der am weitesten abweichende Antrag des Herrn Präsidenten Kühne, der dahin lautet:

„Die dermalige Einrichtung des schwurgerichtlichen Verfahrens ist der Reform dringend bedürftig",

und zwar unter Ablehnung des weitergehenden Antrags der Kommission.

Wird dieser Antrag nicht angenommen, so kommt meines Erachtens der Antrag, der von mir gestellt worden ist, der nicht beabsichtigt, allzuweit sich von dem Abtheilungsantrag zu entfernen, sondern nur zuwarten will; er will nicht sagen, daß die Schwurgerichte kein Vertrauen verdienten und sich nicht bewährt hätten, und andererseits will er nicht ohne weiteres sagen, daß die Schöffengerichte an deren Stelle treten sollen, sondern er will nur sagen, daß mit der Ablehnung der Schwurgerichte gemeint sein müßte, sich für die relativ bessere Weise auszusprechen, Richter und Laien formell zusammen berathen zu lassen, übrigens unter Trennung der Funktionen, und um das auszudrücken, würde dann Nr. 2 und 3 lauten:

„2. Bei der weiteren Ausdehnung der Schöffengerichtsverfassung auf die Strafgerichte höherer Ordnung empfiehlt es sich, eine maßgebende Stellung der rechtsgelehrten Richter in der Prozeßleitung und Gesetzesauslegung zu sichern", —

also nicht die jetzigen Schöffengerichte — und

„3. Unter dieser Voraussetzung werden auch die Schwurgerichte durch große Schöffengerichte zu ersetzen sein",

wobei ich getheilte Abstimmung für zweckmäßig halte.

Werden alle diese Anträge abgelehnt, so werden die Anträge Nr. 2 und 3 der Abtheilung, je nachdem es gewünscht wird, ungetrennt oder getheilt zur Abstimmung kommen.

Das Wort zur Fragestellung hat Herr Dr. Kronecker (Berlin).

Landrichter Dr. Kronecker (Berlin) (zur Fragestellung): Ich möchte bitten, die ganze Abstimmung vollständig umzukehren und zunächst den Antrag der Abtheilung, bezw. des Herrn Referenten Dr. Olshausen zur Abstimmung zu stellen,

(Widerspruch)

demnächst eventuell den Antrag des Herrn Professor Gneist, eventualissime den Antrag des Herrn Präsidenten Kühne, und erst ganz zuletzt denjenigen des Herrn Reichsgerichtsrath Wielandt.

(Lebhafter Widerspruch.)

Es ist mir bekannt, daß viele Herren zunächst für den Antrag des Herrn Referenten, eventuell für den unseres verehrten Herrn Präsidenten und eventualissime für den des Herrn Präsidenten Kühne stimmen würden, die sehr in Verlegenheit kommen, wenn die jetzige Reihenfolge, die der geehrte Herr Präsident vorgeschlagen hat, beibehalten wird.

Professor Dr. **Enneccerus** (Marburg) (zur Fragestellung): Im Allgemeinen stimme ich durchaus der Reihenfolge bei, welche der Herr Präsident uns entwickelt hat. Ich halte den Vorschlag, daß der Antrag Wielandt vorangestellt wird, geradezu für nothwendig. Aber die Bemerkung des Herrn Präsidenten, daß je nach Wunsch über die Thesen 2 und 3 gemeinschaftlich oder gesondert abgestimmt werden könne, nöthigt mich zu einer Erklärung. Es ist meines Erachtens durchaus nöthig, Nr. 2 und 3 in der Abstimmung zu trennen. Es giebt viele, welche zwar das Schöffengericht dem Schwurgericht vorziehen, aber die Betheiligung des Laienelements überhaupt bei der Rechtspflege für so wichtig halten, daß dagegen die Frage, „Schöffengericht oder Schwurgericht", weit in den Hintergrund tritt. Da ich selbst auch dieser Meinung bin und deshalb Nr. 2 auf jeden Fall ablehnen will, dagegen Nr. 3 für annehmbar halte, so bitte ich beide Fragen zu trennen.

Landgerichtspräsident **Becker** (Oldenburg) (zur Fragstellung): Ich bin mit dem Herrn Vorredner vollständig einverstanden, daß über die Nrn. 2 und 3 vollständig getrennt abgestimmt wird. Ich möchte nur, wenn es zulässig ist, um die Erlaubniß bitten, den Wunsch aussprechen zu dürfen, auch den dilatorischen Antrag getrennt, oder wenn er für alle drei Fragen zuerst abgelehnt werden sollte, noch in Betreff der beiden andern Fragen zur Abstimmung zu bringen. Man kann meines Erachtens Nr. 1 annehmen und dann auch noch den dilatorischen Antrag.

Reichsgerichtsrath **Wielandt** (Leipzig) (zur Fragstellung): Ich muß bemerken, die ganze Diskussion über die Fragstellung ist im Wesentlichen nur für die verständlich, welche beiden Verhandlungen, gestern und heute, angewohnt haben. Deshalb ist zum Theil Herr Präsident Becker und Herr Professor Enneccerus nicht ganz über den Zusammenhang informirt. Derselbe ist folgender: Es waren Anträge gestellt, dahingehend, das Schöffengericht ausdrücklich zu billigen, zweitens, das Schwurgericht absolut zu beseitigen, und das Dritte war nur, was soll dann an die Stelle des Schwurgerichts treten, sodaß die Ziffer 3 überhaupt nur Sinn hatte, wenn Ziffer 2 vorhanden war. Die Herren müssen sich die Frage vorlegen, wie sie im Buche steht und ursprünglich gestellt war. Nun war mein Gegenantrag folgender. Es wurde in der ersten Verhandlung gesagt, wir wollen weder positiv loben, noch positiv tadeln, wir haben das zur Zeit nicht nothwendig, es genügt zu sagen, jetzt ist eine Aenderung nicht nöthig, und deshalb habe ich diesen Antrag gestellt und geglaubt, wenn mein Antrag angenommen wird, ist kein Anlaß mehr, über andere Anträge abzustimmen. Die Herren mögen aber so beschließen, daß Sie sagen, Sie mögen meinen Antrag dahin auffassen, unmittelbare gesetzgeberische Akte sind nicht nöthig, Sie mögen auch den Wunsch der Reformbedürftigkeit aussprechen, der aber dann einen viel zu starken Ausdruck findet!

Landgerichtsdirektor Dr. **Olshausen** (Schneidemühl) (zur Fragstellung): Ich bitte auch dem von mir gestellten eventuellen Antrage, der wohl nur übersehen worden ist, einen Platz anzuweisen und zwar vor Nr. 2 des Abtheilungsantrages.

Präsident: Ich glaube, ich kann das Amendement Olshausen, das nur ein kleiner Zusatz ist, durch eine Vorfrage an die Versammlung auf eventuelle Annahme dieses Zusatzes an der betreffenden Stelle seiner Zeit erledigen.

Uebrigens möchte ich bemerken, der Zweifel entsteht sehr oft, m. H., daß man bei dem „Weitergehenden" differente Interessen hat. Ich kann keine andere Frage stellen, als daß ich nach der alten Regel die Abtheilungsanträge als Grundlage ansehen muß. Dagegen habe ich den dilatorischen Antrag, der alles beseitigt, voranzustellen, und dann kommen die Amendements und zwar das etwas weitergehende zuerst, das näher liegende zuletzt. Die Versammlung kann beschließen, sie will einmal von der Regel abweichen. Ich glaube aber, es ist die einzige Regel, die uns durch die verschiedenen Interessen am sichersten durchführt.

Rechtsanwalt Dr. **May** (Hamburg) (zur Fragstellung): Ich wollte den Antrag stellen, auch wenn der Antrag Wielandt angenommen wird, noch den Antrag Kühne zur Abstimmung zu bringen. Ich gehe davon aus, daß verschiedene Personen die Ansicht haben werden, daß wenn auch im Augenblick die Nothwendigkeit, eine gesetzliche Aenderung vorzunehmen, vom Juristentag nicht anerkannt wird, doch im Allgemeinen eine Reformbedürftigkeit des Verfahrens vor dem Schwurgericht vorhanden ist. Der Herr Präsident hatte erklärt, daß, wenn der Antrag Wielandt angenommen wird, eine weitere Abstimmung nicht stattfindet. Meine Ansicht ist aber, daß nach der Abstimmung über den Antrag Wielandt, auch wenn derselbe angenommen wird, auch noch der Antrag Kühne zur Abstimmung kommen müßte.

Präsident: Ich fürchte nur, das geht logisch nicht an, nach Annahme des Antrags Wielandt noch den Antrag Kühne zur Abstimmung zu bringen. Denn wenn beschlossen wird, die Sache ist nicht dringend, kann nicht noch gesagt werden, sie ist dringend.

Referent Oberamtsrichter **Süpfle** (Heidelberg) (zur Fragstellung): M. H.! Die Frage, wie sie dem Juristentage zur Entscheidung vorgelegt worden ist, ist eine doppelte, sie umfaßt den Titel 4 und den Titel 6. Ich meine, wir müssen diese beiden Punkte auch trennen. Sie sind getrennt in den Anträgen der Abtheilung. Der Antrag Wielandt ist ganz allgemein und umfaßt sie alle beide. Ich glaube, daß man recht wohl in dem einem Falle für den Antrag Wielandt stimmen kann und im andern nicht. Ich meine, daß für jede der beiden Fragen, die Schöffen- und die Schwurgerichtsfrage, der Antrag Wielandt getrennt, also doppelt zur Abstimmung kommen muß.

Geheimer Justizrath Professor Dr. **Dernburg** (Berlin) (zur Fragstellung): M. H.! Ich bitte bei dem Vorschlage des Herrn Präsidenten zu beharren, wir werden sonst nicht fertig. (Vielseitige Zustimmung.)

Präsident: M. H.! Es unterliegt nunmehr wohl keinem Bedenken, der allgemein gestellte, dilatorische Antrag Wielandt kommt zuerst zur Abstimmung. Er lautet:

„Es liegt zur Zeit kein Bedürfniß zu einer Aenderung der Bestimmungen des deutschen Gerichtsverfassungsgesetzes bezüglich der Zuziehung von Laien in Strafsachen vor."

Ich bitte die Herren, welche diesen dilatorischen Antrag billigen, sich zu erheben. (Geschieht.)

Ich bitte um die Gegenprobe und ersuche die Herren, welche gegen den Antrag Wielandt votiren, sich zu erheben. (Geschieht.)

Wir halten dies bestimmt für die Majorität, der Antrag Wielandt ist also abgelehnt.

Jetzt kommt der Antrag der Abtheilung sub 1, wie er Ihnen gedruckt vorliegt. Er lautet:

„Die Schöffengerichte haben sich im Allgemeinen in der Praxis bewährt."

Ich bitte die Herren, die so votiren, sich zu erheben. (Geschieht.)

Das ist die große Majorität.

Nun kommen die Amendements zu Nr. 2 und 3 der Abtheilungsanträge und zwar zunächst das Amendement Kühne, welches generell beiden Nummern gegenübersteht und lautet:

„Die dermalige Einrichtung des schwurgerichtlichen Verfahrens ist der Reform dringend bedürftig."

Ich bitte die Herren, die so votiren wollen, sich zu erheben.

(Geschieht.)

Das ist unzweifelhaft die Majorität, aber wenn die Gegenprobe gewünscht wird, bitte ich die Herren, die gegen den Antrag Kühne sind, sich zu erheben. (Geschieht.)

Der Antrag Kühne ist angenommen.

M. H.! Damit ist meines Erachtens alles übrige erledigt. Das war auch der Sinn des Amendements. (Zustimmung. Widerspruch.)

Referent Oberamtsrichter **Süpfle**: Das ist nicht der Sinn des Antrags gewesen. Der Antrag Kühne waren zwei getrennte Punkte.

Oberlandesgerichtspräsident Dr. **Kühne**: Ich glaube doch, daß mein früherer Antrag, die Nr. 3 zu streichen, außerdem noch zur Abstimmung kommen muß; denn er trifft nicht allein die Schwurgerichte, sondern er trifft auch die Gerichte mittlerer Ordnung. Deßhalb würde ich beantragen . . . .

Präsident: Was hier zu b gesagt ist, das habe ich als untrennbares Ganzes mit a, aber nicht für einen positiven Antrag gehalten, der in dieser Reihe zur Abstimmung kommen soll. Ich kann nicht wohl beschließen lassen, „den Beschluß der Abtheilung ad 3 in Wegfall zu bringen."

Referent Oberamtsrichter **Süpfle**: Die Ziffer 3 ist gar nicht verlesen worden, beziehungsweise Ziffer b des Antrags Kühne.

Präsident: Ich muß Ihnen Recht geben. Ich habe die Ziffer b nicht verlesen, weil ich sie nicht als einen besonderen Antrag ansah.

Oberlandesgerichts-Senatspräsident **v. Köstlin**: Der Herr Präsident sagte, daß an der Stelle der Ziffer 2 und 3 der Antrag Kühne steht. (Zustimmung.)

Oberlandesgerichtspräsident Dr. **Kühne**: So habe ich aber den Antrag nicht gestellt.

Oberlandesgerichts-Senatspräsident **v. Köstlin**: In dem Antrag Kühne steht allerdings: Ziffer 3 wegzulassen; aber unser Herr Präsident sagte, der Antrag Kühne stehe an Stelle von Ziffer 2 und 3.

Präsident: M. H.! Ich halte es allenfalls für zulässig noch eine Frage zu stellen; dann müßte sie aber positiv gestellt werden. Wenn nämlich beschlossen ist: wir halten die Schwurgerichte für reformbedürftig, so könnten wir hinterher noch den Zusatz beschließen: als die geeignetste Form der Zuziehung des Laienelements erachten wir vielmehr das Schöffengericht. (Lebhafter Widerspruch. Sehr richtig!)

Oberlandesgerichtspräsident Dr. **Kühne**: Das ist aber nicht die Bedeutung meines Antrags.

Präsident: Wenn Herr Kühne selbst diesen Antrag nicht stellt, so kann ich ihn jedenfalls nicht zur Abstimmung stellen.

Oberlandesgerichtspräsident Dr. **Kühne**: Der Kürze halber ziehe ich meinen Antrag ad 3 zurück.

Präsident: Dann ist er erledigt.

Landgerichtsdirektor **Müller** (Berlin): Dann kann der Antrag wieder aufgenommen werden. Ich bitte noch um Abstimmung über b, in der negativen Fassung.

Präsident: In der positiven Fassung?

Reichsgerichts-Senatspräsident Dr. **Drechsler**: Nein, wie er gestellt ist. Wir können nicht noch neue Anträge machen.

Präsident: M. H.! Der Uebelstand ist, wenn Sie negativ abstimmen, so ist ein großer Theil der Versammlung der Meinung: das ist gar kein Gegenstand der Beschließung, und stimmt dagegen; und ein anderer Theil stimmt dagegen aus sachlichen Gründen. Nun bleibt aber der Antrag in der Minorität, dann ist der Abtheilungsantrag Nr. 3 wieder lebendig geworden durch eine Formalität der Abstimmung.

Justizrath Dr. **Herz** (Wiesbaden): Ich bitte über den Antrag Position 3 abzustimmen; dann ist es ganz klar: wird der abgelehnt, dann ist der Kühne'sche Antrag angenommen.

Geheimer Justizrath Professor Dr. **Dernburg** (Berlin): M. H.! Wir haben über 3 schon abgestimmt. (Nein! nein!) Ich verwahre mich dagegen. Es kann kein entsprechendes Resultat herauskommen. Das Publikum wird durchaus irre geführt. Zunächst stimmen wir für die Reform der Schwurgerichte und dann sind wir für Schöffengerichte. Es ist unmöglich, die Sache ist erledigt, die Minorität ist besiegt.

(Bewegung in verschiedenem Sinne.)

Präsident: M. H.! Die Vorfrage liegt so wenig zweifelhaft, daß ich sagen könnte: ich entscheide als Präsident. Ich will jedoch über die Frage: soll über den Antrag Kühne b. noch abgestimmt werden? der Majorität der Versammlung Rechnung tragen.

Also es war ausdrücklich abgestimmt über den Antrag Kühne ohne Verlesung des ganzen Antrags; Kühne hatte aber b. noch hinzugefügt: den Beschluß der Abtheilung ad 3 in Wegfall zu bringen, nämlich die Worte:

„3. als die geeignetste Form der Zuziehung des Laienelements in Strafsachen erscheint das Schöffengericht.“

Ich bitte nun die Herren, die wünschen, daß über b. in der Fassung Kühne noch einmal abgestimmt werde, sich zu erheben. (Geschieht.)

Das ist die Minorität unzweifelhaft. Und damit nimmt die Majorität an: das Ganze ist erledigt. (Zustimmung und lebhafter Beifall.)

M. H.! Dürfte ich Sie noch um eine Viertelstunde bitten? Wir werden in einer Viertelstunde die gesammten Geschäfte erledigen. Ich bitte nur um ein klein wenig Ruhe für den Herrn Referenten. Der letzte Gegenstand der Tagesordnung ist nur zur Kenntnißnahme mitgetheilt, wird sich also sehr kurz behandeln lassen.

Referent Staatsanwalt **Werner** (Celle): M. H.! Nur zwei Worte, um die Tagesordnung auch nach dieser Richtung hin zu erledigen.

Es war zur Beantwortung gestellt die Frage, ob nach den bisherigen Erfahrungen sich eine Aenderung der Bestimmungen über die vorläufige Entlassung — das Beurlaubungssystem, wie es genannt wurde — im Strafvollzuge sich empfehle.

Die Abtheilung ist zu folgenden Beschlüssen gekommen:

1. der Verurtheilte, welchem die Vergünstigung der vorläufigen Entlassung zu Theil werden soll, muß zu einer Zuchthaus- oder Gefängnißstrafe von mindestens zwei Jahren verurtheilt sein;
2. derselbe muß drei Viertheile der zu verbüßenden Strafe in der Strafverbüßungsanstalt zugebracht und
3. Beweise der Besserung gegeben haben.

Diese Thesen sind von der Abtheilung angenommen worden; einmal um Zweifeln zu begegnen, die bisher in der Auslegung der bestehenden Gesetzesvorschriften sich vorgefunden und zu erheblichen Mißständen geführt haben; sodann weil man mehr Garantien sich hat schaffen wollen gegenüber einer hervorgetretenen Besorgniß, daß die Wohlthat der vorläufigen Entlassung häufig Unwürdigen zu Theil werden könne und woraus eine übergroße Zurückhaltung in der Stellung und Genehmigung von Anträgen auf vorläufige Entlassung hervorgegangen ist.

Man hat damit zugleich aussprechen wollen, daß das Institut an sich gut ist, daß es besserungsfähig und fortbildungsfähig ist. Man hat sich gesagt, daß dazu die Mittel und Handhaben, die in den drei Thesen vorgeschlagen werden, geeignet erscheinen.

Es ist von dem Referenten unter Zustimmung des Korreferenten noch vorgeschlagen gewesen, eine Verlängerung der Widerrufsfrist herbeizuführen und ferner, den Widerruf der vorläufigen Entlassung bei schlechter Führung des Entlassenen obligatorisch zu machen. Die Versammlung hat indessen abgelehnt, darauf entsprechende Sätze anzunehmen, bezüglich des letzteren Vorschlages anscheinend davon ausgehend, daß dadurch die diskretionäre Gewalt der obersten Justizverwaltungsbehörde zu sehr beschränkt würde. (Bravo!)

Präsident: Nun, m. H., sind die sachlichen Berathungsgegenstände erschöpft.

Ich bedauere, daß wir in einer sehr geschmolzenen Versammlung nun das Hauptgeschäft der Plenarversammlung vorzunehmen haben, die Wahl der ständigen Deputation für die nächsten zwei Jahre. Ich möchte Sie bitten, nunmehr das Resultat der Berathungen Ihrer Vertrauensmänner entgegenzunehmen.

In der statutenmäßigen Weise sind die 30 Vertrauensmänner mit den vier Vice-Präsidenten der Versammlung zusammengetreten und haben eine neue Liste aufgestellt, bei der unsererseits, um den oft geäußerten Wünschen stärkerer Infusion neuer Mitglieder entgegenzukommen, vorweg vier Mitglieder als „ausfallend und resignirend" bezeichnet waren.

Ausgefallen ist unser verehrter verewigter Freund Dr. v. Schwarze; resignirt haben mit Ablehnung jeder Widerwahl Herr Präsident Bardeleben, ebenso Herr Oberlandesgerichtspräsident Kühne und ebenso Herr Reichsgerichtsrath Petersen.

Es wurde demgemäß die Versammlung der Vertrauensmänner aufgefordert, nun zu einer Neuwahl zu schreiten, bei der auch die übrigen 15 Mitglieder der Deputation zwar wieder wählbar waren, aber ersetzt werden konnten durch neue Vorschläge. Und nun hat sich bei der Stimmenzählung Folgendes ergeben.

Die bisherigen nicht resignirten 15 Mitglieder der Deputation sind sämmtlich wieder gewählt worden, theils einstimmig, theils mit erheblicher Majorität. Dagegen sind neu gewählt Herr Landgerichtspräsident Hopmann von Wiesbaden mit 29 von 32 Stimmen; gewählt Herr Rechtsanwalt Dr. Heinsen—Hamburg mit 25 von 32 Stimmen; Herr Regierungsrath Universitäts-Professor Dr. Hiller—Czernowitz mit 23 von 32 Stimmen, und dann wiedergewählt Herr Dr. Petersen, Reichsgerichtsrath aus Leipzig, mit 21 Stimmen.

Es waren außerdem noch ansehnliche Zahlen von Stimmen gefallen auf verschiedene Personen, wie Herrn Geh. Justizrath Dorn, Herrn Professor Eck—Berlin, Herrn Landgerichts-Direktor Olshausen u. A.

Die geehrte Versammlung hat nun die Befugniß, diese Vorschlagsliste durch Zettelwahl zu bestätigen oder zu ändern, oder sie hat die Wahl einer Acclamation, die bisher immer beliebt worden ist.

(Ruf: Ja, Acclamation!)

und erhebt sich kein Widerspruch gegen die Acclamation —

(Nein!)

es erhebt sich kein Widerspruch — so möchte ich Sie bitten, m. H., durch das Aufstehen von den Sitzen die Liste zu bestätigen.

(Geschieht.)

Ich bin Ihnen sehr zu Dank verpflichtet sowohl im Namen der alten Mitglieder, die sie in officiis bestätigt haben, wie für die neugewählten Mitglieder und das ihnen geschenkte Vertrauensvotum.

Sodann, m. H., habe ich noch ganz kleine Mittheilungen zu machen.

Der Ausschuß derenglischen Friedensgesellschaft („Peace Society") und der Gesellschaft für internationale Schiedsgerichte („International

Arbitration & Peace-Association") zu London haben uns den Entwurf eines Projektes zur Errichtung eines Gerichtshofes für internationale schiedsrichterliche Entscheidungen mitgetheilt, den Entwurf, den viele von Ihnen schon kennen aus dem englischen Text.

Ein Mitglied aber hat sich freundlich der Aufgabe unterzogen, uns eine deutsche Uebersetzung des Projekts in einer größeren Anzahl von Exemplaren mitzutheilen. Diese sind draußen ausgelegt, es sind auch hier noch mehrere vorhanden und ich stelle anheim, der Offerte entsprechend sich, soweit der Vorrath reicht, mit einem Exemplar zu versehen.

Nachdem unser Programm nunmehr erledigt ist, liegt uns noch auf die Erfüllung der sehr angenehmen Pflicht unserer Danksagung; zunächst der Danksagung für das Lokalkomité, welches sich so liebevoll und erfolgreich unserer Versammlung angenommen hat, und wenn die Versammlung dieses Jahr wieder nicht die erwünschte Frequenz gewonnen hat, — wir haben in den letzten Jahren durchschnittlich etwa 300 Mitglieder gehabt, diesmal sind es wieder gegen 300 — so haben wir uns schon wiederholt ausgesprochen über die muthmaßlichen Gründe der abnehmenden Frequenz, die sich ändern wird, wenn unser Civilgesetzbuch weiter vorrückt.

Vor allen Dingen sind wir dem Lokalkomité zu großem Danke verpflichtet für die zweckmäßige Anordnung. Wir haben uns, abgesehen von der Akustik, die kein Mensch so rasch ändern kann, höchst komfortabel befunden in allen Lokalen, die auch sehr nahe bei einander lagen.

Wir haben besonders der Spezialabtheilung, die sich Vergnügungskomité nennt, unseren Dank zu sagen für den höchst interessanten und anregenden Theil der vielerlei Festlichkeiten, die uns Alle in höchstem Maße befriedigt haben.

Sodann habe ich aber auch noch den Dank auszusprechen für den Herrn Oberbürgermeister und die Stadtverwaltung von Wiesbaden, die ja in der freundlichsten Weise uns empfangen haben. Wiesbaden hat seinen alten Ruf, vermöge dessen ein großes Bad mit dem „Noblesse oblige" die Sache immer mit einer Varietät zu machen weiß, sich bewahrt. Wir werden mit den dankbarsten und angenehmsten Erinnerungen von hier scheiden.

Darf ich fragen, ob außer dieser Danksagung noch ein Gegenstand für das Plenum anzuregen ist.

Reichsgerichtspräsident Dr. **Drechsler** (Leipzig): Ich denke, wenn der geehrte Herr Präsident nach außen hin die Danksagung ausgesprochen hat, so erfüllen wir nur eine Pflicht, wenn wir auch unter uns eine Danksagung beschließen, nämlich den Dank an den würdigen Herrn Präsidenten, Staatsrath Dr. Gneist, der auch diesmal wieder mit großer Hingebung nicht bloß diese Verhandlungen geleitet, sondern sich auch noch an den Verhandlungen im Plenum und in der Abtheilung betheiligt hat. Wir haben anzuerkennen, daß ein großer Theil des Einflusses, den der Juristentag hat, mit und hauptsächlich seinem treuen Festhalten an unseren Arbeiten zuzuschreiben ist. Und so ersuche ich Sie, m. H., zum Zeichen der Anerkennung für die Verdienste dieses Mannes, sich von den Sitzen zu erheben. (Bravo!)

(Die Versammlung erhebt sich.)

Präsident: M. H., mit meinem wiederholten Vorbehalte, dem nothwendigen Bescheidenheitsvorbehalte, bin ich Ihnen zu herzlichem Danke verpflichtet und kann Ihnen versichern, daß ich mich nun hinreichend alt genug fühle und daß nun wohl der Zeitpunkt eingetreten sein wird, wo die hochverehrliche Versammlung jüngere Kräfte berufen muß. Als Mitglied will ich gern so lange Theil nehmen, als ich noch im Stande bin, mitzuarbeiten. Im Uebrigen bitte ich Sie, in Zukunft die Leitung frischen und, wie ich glaube, würdigeren Händen anvertrauen zu wollen, und ich meine, deren sind viele vorhanden.

(Schluß der Sitzung gegen 2 Uhr Nachmittags.)

Druck von G. Jansen in Berlin.

Kolibri 360 GmbH
Ferdinand-Jühlke-Straße 7
99095 Erfurt, Deutschland
produktsicherheit@kolibri360.de